中国近代
思想家文库

◎

郭沫若卷

谢保成 魏红珊 潘素龙 编

中国人民大学出版社
·北京·

总　序

　　对于近代的理解，虽不见得所有人都是一致的，但总的说来，对于近代这个词所涵的基本意义，人们还是有共识的。一个国家、一个民族走入近代，就意味着以工业化为主导的经济取代了以地主经济、领主经济或自然经济为主导的中世纪的经济形态，也还意味着，它不再是孤立的或是封闭与半封闭的，而是以某种形式加入到世界总的发展进程。尤其重要的是，它以某种形式的民主制度取代君主专制或其他不同形式的专制制度。中国是个幅员广大、人口众多、历史悠久的多民族国家，由于长期历史发展是自成一体的，与外界的交往比较有限，其生产方式的代谢迟缓了一些。如果说，世界的近代是从 17 世纪开始的，那么中国的近代则是从 19 世纪中期才开始的。现在国内学界比较一致的认识，是把 1840 年到 1949 年视为中国的近代。

　　中国的近代起始的标志是 1840 年的鸦片战争。原来相对封闭的国门被拥有近代种种优势的英帝国以军舰、大炮再加上种种卑鄙的欺诈打开了。从此，中国不情愿地加入到世界秩序中，沦为半殖民地。原来独立的大一统的中央集权的君主专制国家，如今独立已经极大地被限制，大一统也逐渐残缺不全，中央集权因列强的侵夺也不完全名实相符了。后来因太平天国运动，地方军政势力崛起，形成内轻外重的形势，也使中央集权被弱化。经历第二次鸦片战争、中法战争、甲午战争、八国联军入侵的战争以及辛亥革命后的多次内外战争，直至日本全面侵略中国的战争，致使中国的经济、政治、教育、文化，都无法顺利走上近代发展的轨道。古今之间，新旧之间，中外之间，混杂、矛盾、冲突。总之，鸦片战争后的中国，既未能成为近代国家，更不能维持原有的统治秩序。而外患内忧咄咄逼人，人们都有某种程度"国将不国"的忧虑。

　　"天下兴亡，匹夫有责"，读书明理的士大夫，或今所谓知识分子，尤为敏感，在空前的危机与挑战面前，皆思有所献替。于是发生种种救亡图存的思想与主张。有的从所能见及的西方国家发展的经验中借鉴某些东西，形成自己的改革方案；有的从历史回忆中拾取某些智慧，形成某种民族复兴的设想；有的则力图把西方的和中国所固有的一些东西加以调和或结合，形成某种救亡图强的主张。这些方案、设想、主张，从世界上"最先进的"，到"最落后的"，几乎样样都有。就提出这些方案、设想、主张者的初衷而言，绝大多数都含着几分救国的意愿。其先进与落后，是否可行，能否成功，尽可充分讨论，但可不必过为诛心之论。显而易见，既然救国的问题最为紧迫，人们所心营目注者自然是种种与救国的方案直接相关的思想学说，而作为产生这些学说的更基础性的理论，及其他各种知识、思想，则关注者少。

围绕着救国、强国的大议题，知识精英们参考世界上种种思想学说，加以研究、选择，认为其中比较适用的思想学说，拿来向国人宣传，并赢得一部分人的认可。于是互相推引，互相激励，更加发挥，演而成潮。在近代中国，曾经得到比较广泛的传播的思想学说，或者够得上思潮的，主要有以下几种：

（一）进化论。近代西方思想较早被引介到中国，而又发生绝大影响的，要属进化论。中国人逐渐相信，进化是宇宙之铁则，不进化就必遭淘汰。以此思想警醒国人，颇曾有助于振作民族精神。但随后不久，社会达尔文主义伴随而来，不免发生一些负面的影响。人们对进化的了解，也存在某些片面性，有时把进化理解为一条简单的直线。辩证法思想帮助人们形成内容更丰富和更加符合实际的发展观念，减少或避免片面性的进化观念的某些负面影响。

（二）民族主义。中国古代的民族主义思想，其核心是"非我族类，其心必异"，所以最重"华夷之辨"。鸦片战争前后一段时期，中国人的民族思想，大体仍是如此。后来渐渐认识到"今之夷狄，非古之夷狄"，"西人治国有法度，不得以古旧之夷狄视之"。但当时中国正遭受西方列强的侵略和掠夺，追求民族独立是民族主义之第一义。20世纪初，中国知识精英开始有了"中华民族"的概念。于是，渐渐形成以建立近代民族国家为核心的近代民族主义。结束清朝君主专制，创立中华民国，是这一思想的初步实现。第一次世界大战爆发，中国加入"协约国"，第一次以主动的姿态参与世界事务，接着俄国十月革命爆发，这两件事对近代中国的发展历程造成绝大影响。同时也将中国人的民族主义提升到一个新的层次，即与国际主义（或世界主义）发生紧密联系。也可以说，中国人更加自觉地用世界的眼光来观察中国的问题。新生的中国共产党和改组后的国民党都是如此。民族主义成为中国的知识精英用来应对近代中国所面临的种种危机和种种挑战的一个重要的思想武器。

（三）社会主义。社会主义作为一种模糊的理想是早在古代就有的，而且不论东方和西方都曾有过。但作为近代思潮，它是于19世纪在批判近代资本主义的基础上产生的。起初仍带有空想的性质，直到马克思和恩格斯才创立起科学社会主义。20世纪初期，社会主义开始传入中国。当时的传播者不太了解科学社会主义与以往的社会主义学说的本质区别。有一部分人，明显地受到无政府主义的强烈影响，更远离科学社会主义。直到五四新文化运动兴起之后，中国人始较严格地引介、宣传科学社会主义。但有一段时间，无政府主义仍是一股很大的思想潮流。中国共产党的成立，从思想上说，是战胜无政府主义的结果。中国共产党把在中国实现社会主义乃至共产主义作为自己的奋斗目标。此后，社会主义者，多次同各种非科学社会主义思想的信仰者进行论争并不断克服种种非科学社会主义思想的影响。

（四）自由主义。自由主义也是从清末就被介绍到中国来，只是信从者一直寥寥。直到五四新文化运动兴起，具有欧美教育背景的知识精英的数量渐渐多起来，自由主义始渐渐形成一股思想潮流。自由主义强调个性解放、意志自由和自己承担责任，在政治上反对一切专制主义。在中国的社会条件下，自由主义缺乏社会基础。在政治激烈动荡的时候，自由主义者很难凝聚成一股有组织的力量；在稍稍平和的时候，他们往往更多沉浸在自己的专业中。所以，在中国近代史上，自由主义不曾有，也不可能有大的作为。

（五）激进主义与保守主义。处于转型期的社会，旧的东西尚未完全退出舞台，新的东西也还未能巩固地树立起来，新旧冲突往往要持续很长的时间，有时甚至达到很激烈的程度。凡助推新东西成长的，人们便视为进步的；凡帮助旧东西排斥新东西的，人们便视为保守的。其实，与保守主义对应的，应是进步主义；与顽固主义相对的则应是激进主义。不过在通常话语环境中人们不太严格加以区分。中国历史悠久，特别是君主专制制度持续两千余年，旧东西积累异常丰富，社会转型极其不易。而世界的发展却进步甚速。中国的一部分精英分子往往特别急切地想改造中国社会，总想找出最厉害的手段，选一条最捷近的路，以最快的速度实现全盘改造。这类思想、主张及其采取的行动，皆属激进主义。在中共党史上，它表现为"左"倾或极左的机会主义。从极端的激进主义到极端的顽固主义，中间有着各种程度的进步与保守的流派。社会的稳定，或社会和平改革的成功，都依赖有一个实力雄厚的中间力量。但因种种原因，中国社会的中间力量一直未能成长到足够的程度。进步主义与保守主义，以及激进主义与顽固主义，不断进行斗争，而实际所获进步不大。

（六）革命与和平改革。中国近代史上，革命运动与和平改革运动交替进行，有时又是平行发展。两者的宗旨都是为改变原有的君主专制制度而代之以某种形式的近代民主制度。有很长一个时期，有两种错误的观念，一是把革命理解为仅仅是指以暴力取得政权的行动，二是与此相关联，把暴力革命与和平改革对立起来，认为革命是推动历史进步的，而改革是维护旧有统治秩序的。这两种论调既无理论根据，也不合历史实际。凡是有助于改变君主专制制度的探索，无论暴力的或和平的改革都是应予肯定的。

中国近代揭幕之时，西方列强正在疯狂地侵略与掠夺殖民地和半殖民地，中国是它们互相争夺的最后一块、也是最大的资源地。而这时的中国，沿袭了两千年的君主专制制度已到了奄奄一息的末日，统治当局腐朽无能，对外不足以御侮，对内不足以言治，其统治的合法性和统治的能力均招致怀疑。革命运动与改革的呼声，以及自发的民变接连不断。国家、民族的命运真的到了千钧一发之际，危机极端紧迫。先觉分子救国之心切，每遇稍具新意义的思想学说便急不可待地学习引介。于是西方思想学说纷纷涌进中国，各阶层、各领域，凡能读书读报者，受其影响，各依其家庭、职业、教育之不同背景而选择自以为不错的一种，接受之，信仰之，传播之。于是西方几百年里相继风行的思想学说，在短时期内纷纷涌进中国。在清末最后的十几年里是这样，五四时期在较高的水准上重复出现这种情况。

这种情况直接造成两个重要的历史现象：一个是中国社会的实际代谢过程（亦即社会转型过程）相对迟缓，而思想的代谢过程却来得格外神速。另一个是在西方原是差不多三百年的历史中渐次出现的各种思想学说，集中在几年或十几年的时间里狂泻而来，人们不及深入研究、审慎抉择，便匆忙引介、传播，引介者、传播者、听闻者，都难免有些消化不良。其实，这种情况在清末，在五四时期，都已有人觉察。我们现在指出这些问题并非苛求前人，而是要引为教训。

同时我们也看到，中国近代思想无比的多样性与复杂性呈现出绚丽多彩的姿态，各种思想持续不断地展开论争，这又构成中国近代思想史的一个突出特点。有些论争为我们留下了非常丰富的思想资料。如兴洋务与反洋务之争，变法与反变法之争，革命与改良之争，共和与立宪之争，东西文化之争，文言与白话之争，新旧伦理之争，科学与人生观之争，中国社会性质的论争，社会史的论争，人权与约法之争，全盘西化与本位文化之争，民主与独裁之争，等等。这些争论都不同程度地关联着一直影响甚至困扰着中国人的几个核心问题，即所谓中西问题、古今问题与心物关系问题。

中国近代思想的光谱虽比较齐全，但各种思想的存在状态及其影响力是很不平衡的。有些思想信从者多，言论著作亦多，且略成系统；有些可能只有很少的人做过介绍或略加研究；有的还可能因种种原因，只存在私人载记中，当时未及面世。然这些思想，其中有很多并不因时间久远而失去其价值。因为就总的情况说，我们还没有完成社会的近代转型，所以先贤们对某些问题的思考，在今天对我们仍有参考借鉴的价值。我们编辑这套《中国近代思想家文库》，希望尽可能全面地、系统地整理出近代中国思想家的思想成果，一则借以保存这份珍贵遗产，再则为研究思想史提供方便，三则为有心于中国思想文化建设者提供参考借鉴的便利。

考虑到中国近代思想的上述诸特点，我们编辑本《文库》时，对于思想家不取太严格的界定，凡在某一学科、某一领域，有其独立思考、提出特别见解和主张者，都尽量收入。虽然其中有些主张与表述有时代和个人的局限，但为反映近代思想发展的轨迹，以供今人参考，我们亦保留其原貌。所以本《文库》实为"中国近代思想集成"。

本《文库》入选的思想家，主要是活跃在 1840 年至 1949 年之间的思想人物。但中共领袖人物，因有较为丰富的研究著述，本《文库》则未收入。

编辑如此规模的《文库》，对象范围的确定，材料的搜集，版本的比勘，体例的斟酌，在在皆非易事。限于我们的水平，容有瑕隙，敬请方家指正。

《中国近代思想家文库》编纂委员会

目　录

导 言

郭沫若（1892—1978），生于四川乐山沙湾。学名开贞，1919 年 9 月开始自名沫若，20 世纪 30 年代发表学术成果和文艺创作时往往使用"鼎堂"一名，成为展示其学术成就的一个响亮名号。

一

1914—1923 年，郭沫若走着一条从立志学医到弃医从文之路，出版诗歌集《女神》，开一代诗风，确立起在新文学史上的地位。1924 年初步转向马克思主义方面来，经瞿秋白推荐、林伯渠安排，1926 年为广东大学（不久改为中山大学）文科学长。随即投笔从戎，参加北伐，任北伐军总政治部秘书长（少将军衔）、副主任（中将军衔）。1927 年 3 月底发表《请看今日之蒋介石》，8 月初赶赴南昌参加武装起义，经周恩来、李一氓介绍加入中国共产党。1928—1937 年亡命日本，"走了他应该走的唯物主义的研究道路"，奠定了在甲骨文、青铜器研究领域的崇高学术地位，与罗振玉（雪堂）、王国维（观堂）、董作宾（彦堂）被誉为"甲骨四堂"，同时为"新史学"辟出更新的"草径"，成为中国马克思主义历史学的开拓者。1937 年抗日战争全面爆发，"别妇抛雏"，秘密回国，出任国民政府军事委员会政治部第三厅厅长（后改为文化工作委员会主任），"主盟文坛，从事抗建之役"，一面撰写大量政论性文章，一面在学术研究和文艺创作上取得诸多成就，1948 年与陈垣、陈寅恪等同时被评选为中央研究院第一届院士。

中华人民共和国成立后，任中国人民政治协商会议第一、二、三、五届全国委员会副主席，当选为中国保卫世界和平委员会主席、世界和平委员会执行局副主席（约里奥-居里为主席），被任命为中央人民政府政务院副总理兼文化教育委员会主任，出任中国科学院院长，当选为中华全国文学艺术界联合会主席。连选连任第一届至第五届全国人民代表大会常务委员会副委员长。中国共产党第九届、第十届、第十一届中央委员会委员。作为国务活动家和世界和平使者，从政之余，郭沫若依然实践着要在学术研究和文艺创作上"努力攀登不问高"的誓言。

20 世纪是中国社会不断发生巨变的 100 年，中国文化也随之而不断更新、不断创新、不断求新。从世纪初的思想解放运动（新文化运动）登上文坛，到世纪下半叶的另一次思想解放运动（呼唤科学的春天），整整 60 个年头，郭沫若始终站在文化大潮的潮头，肩负着"弄潮儿"的历史使命，成为一位与时俱进、不断创造民族新文化的巨人。其学术文化历程大体可以作如此划分：20 世纪 20 年代前后，凭着感情的喜好，弃医从文，迈出新文学的步伐；20 年代末至 30 年代中，以甲骨文和青铜器等古文字、古器物为基础，进行中国古代社会研究，走出新史学之路；30 年代后期至 40 年代中，一面配合历史剧创作进行历史人物研究，一面纵论先秦诸子思想学说；50 年代，主要精力在古代社会分期问题和古籍整理方面；60 年代，以历史人物研究与历史剧创作影响着当时的社会科学和文学艺术领域。在 50—70 年代的 20 余年间，随时都有关于古文字、古器物的单篇考释或研究论文发表。

二

"不断的毁坏，不断的创造"，是进入 20 世纪的中华民族迫切需要的时代精神。在以创造者的姿态努力创造光明世界的同时，郭沫若更以创造者的姿态努力创造民族新文化。

创造精神贯穿郭沫若整个人生和全部学术文化历程，郭沫若的学术思想可以用他自己多次说过的七个字概括——"创造民族新文化"。这一学术思想体系，包含吞吐中西的文化观、科学的中国化思想、追求艺术与社会双重价值的美学思想，三者交织，融于一体。

（一）吞吐中西的文化观

在新文化与旧文化、外来文化与本土文化一次次剧烈碰撞的历史进程中，郭沫若形成长期影响其思想认识和学术研究的文化观——唤醒我们固有的文化精神，瞩目异民族的优秀文化，以国情为基点考验其适应度，吸吮其纯粹科学的甘乳，促进民族新文化的创造，填写世界文化史的白页。

20年代初，他明确提出这样的认识：

> 我国的古代精神表现得最真切、最纯粹的总当得在周秦之际。那时我国的文化如在旷野中独自标出的一株大木，没有受些儿外来的影响。

> ……以后，固有的文化久受蒙蔽，民族的精神已经沉潜了几千年，要救我们几千年来贪懒好闲的沉痼，以及目前利欲熏蒸的混沌，我们要唤醒我们固有的文化精神，而吸吮欧西的纯粹科学的甘乳。①

同时强调："要宣传民众艺术，要建设新文化，不先以国民情调为基点，只图介绍些外人言论，或发表些小己底玄思，终竟是凿枘不相容的。"②

20年代末30年代初，在从事国外理论与学术、文艺著作的翻译过程中，郭沫若注意到辩证唯物论的阐发和高扬"已经成为了中国思想界的主流"，但认为"只作为纯粹的方法来介绍，而且生硬地玩弄着一些不容易消化的译名和语法，反而会在这个方法的接受和运用上增加阻碍"。为了使"这种新思想真正地得到广泛的接受"，郭沫若采取了"使它中国化"的做法，"使得一般的、尤其有成见的中国人，要感觉着这并不是外来的异物，而是泛应曲当的真理，在中国的传统思想中已经有着它的根蒂"，而关键在其是否适合中国的国情：

> 我也正是想就中国的思想，中国的社会，中国的历史，来考验辩证唯物论的适应度。③

以中国的实际作为检验外来文化真理性的标准，这是郭沫若在接受外来文化方面超越同时代其他许多思想家之处。不仅如此，他还看到"世界文化史的关于中国方面的纪载，正还是一片白纸"，"在这时中国人是应

---

① 郭沫若：《论中德文化书——致宗白华兄》，见《郭沫若全集·文学编》，第15卷，149、157页，北京，人民文学出版社，1990。

② 《郭沫若致宗白华》，见《郭沫若全集·文学编》，第15卷，20页。

③ 郭沫若：《跨着东海》，见《郭沫若全集·文学编》，第13卷，331页，北京，人民文学出版社，1992。

该自己起来，写满这半部世界文化史上的白页"①，便以《中国古代社会研究》提供出恩格斯《家庭、私有制和国家的起源》"未曾提及一字的中国的古代"，填写了"以新兴科学的观点"来认识中国古代的这一世界文化史白页。

进入 40 年代，郭沫若看到世界上各民族的文化大都有兴有替、有盛有衰，唯独中国文化"五千年中永远保持着了它的一贯的进化体系"，"看着便要达到老境了，立地便有一针青年化的血清注射"，而这"青年化的血清"便是"异民族的文化之优秀成分"，由此提出："我们因以创建与时俱进的优秀的文化，并吸收异民族的文化之优秀成分使之成为自己的血肉，或成为自己文化创造力的触媒。"②

1949 年以后，郭沫若更进一步指出："从历史发展中来进行爱国主义教育、提高民族自信心、促进民族新文化的创造"，"在世界史中关于中国方面的研究却差不多还是一片白页。这责任是落在我们的肩头上的，我们须得满足内外人民的需要，把世界史的白页写满"③。

在发掘传统文化积极、进取精神的同时，郭沫若深感固有文化的另一面："以前的中国文化诚然是很有光辉的，但就因为太有光辉，在变革时期便不免是一个很大的负担了"，"因为历史太久，光辉太灿烂，动不动就往后看，而不往前看"，"这是接受西欧文化不能成功的一大原因"④，"固有文化优越于一切的观念依然为主持杼轴者之一大方针。而所谓固有文化要不外帝王时代所钦定之体系而已"⑤。因此，如何处理外来文化与固有文化的关系，就成为创造民族新文化的一大关键。郭沫若的态度是：一则以传统文化为前提，寻出外来文化与固有文化的"一致点"，检验外来文化的"适应度"，并使之"中国化"；二则吸收"异民族的文化之优秀成分"，作为自己文化"创造力的触媒"，或借助外来文化冲击"固有文化"的"惰性"，给渐渐"要达到老境"的固有文化

---

① 郭沫若：《〈中国古代社会研究〉自序》，见《沫若文集》，第 14 卷，9 页，北京，人民文学出版社，1963。

② 郭沫若：《青年化，永远青年化》，见《郭沫若全集·文学编》，第 18 卷，323～324 页，北京，人民文学出版社，1992。

③ 郭沫若：《开展历史研究，迎接文化建设高潮》，见《沫若文集》，第 17 卷，423 页，北京，人民文学出版社，1963。

④ 郭沫若：《中日文化的交流》，见《郭沫若全集·文学编》，第 18 卷，87 页。

⑤ 郭沫若：《为革命的民权而呼吁》，见《郭沫若全集·文学编》，第 19 卷，462 页，北京，人民文学出版社，1992。

注射"青年化的血清"，使之成为"自己的血肉"，焕发新的生命力，保持中华民族文化的"一贯的进化体系"①。唯其如此，才可能在学术文化上取得具有开拓性的成就。一旦失去对"固有文化"的"惰性"的警惕，沾沾于"固有文化优越"，或为"帝王时代所钦定之体系"所"桎梏"，便很难有所创新了。

创造民族新文化，填写世界文化史的白页，既是郭沫若学术思想的核心，又是他在 1919 年至 1978 年的 60 年间所走过的学术道路。在中华民族进一步同世界各个国家、各个民族深入交往的今天，在"异民族的文化"弥漫中华大地的时候，郭沫若的这一思想依然有着十分重要的现实意义，需要我们进一步发扬，在不断求新中创造出我们自己的新文化！

（二）接受科学，走科学的中国化途径

1945 年 4 月，郭沫若提出一个关于"科学的中国化"的系统思想：

今天要接受科学，主要的途径应该是科学的中国化。要使科学在中国的土壤里生根，从那儿发育出来，开花结实。科学的理论和实践要能和中国的现实生活配合得起来，要使它不再是借来的衣裳，而是很合身的裁剪，或甚至是自己的血肉。②

接受科学，走科学的中国化之路，郭沫若为之努力奋斗一生。这一思想，包含着"以大众化为其目标，以文学化为其手段"和以"政治的民主化以为前提"的完整内容。

前面说过，20 年代郭沫若即提出"吸吮欧西的纯粹科学的甘乳"的思想。在"整理国故"成为"流风"之际，他明确指出"研究的方法要合乎科学精神"，"国学的范围如果扩大到农艺、工艺、医药等，那情况又不同"③。郭沫若所强调的"科学精神"，把范围扩大到自然科学领域，涉及科学的"综合化"问题。

1930 年出版《中国古代社会研究》，反复强调"瞻往可以察来，这是一切科学的豫言的根本"，"我们应该用近代的科学方法"，"以新兴科学的观点来研究中国社会的古代"。他的甲骨文、金文研究，与历史语言研究所"能充量的辨别着去用一切材料，如金文、甲骨文等，因而成

---

① 郭沫若：《青年化，永远青年化》，见《郭沫若全集·文学编》，第 18 卷，323～324 页。
② 郭沫若：《"五四"课题的重提》，见《郭沫若全集·文学编》，第 19 卷，544～545 页。
③ 郭沫若：《整理国故的评价》，见《郭沫若全集·文学编》，第 15 卷，161 页。

就的文字学，乃是科学的研究"，"能利用各地各时的直接材料，去把史事无论巨者或细者，单者或综合者，条理出来，是科学的本事"的办所旨趣完全吻合。

1931 年 3 月至 1936 年 9 月，生活在"屡屡使人窒气"的日本的郭沫若，断断续续地翻译了英国学者威尔士（H. G. Wells）① 等所著 150 万言巨著《生命之科学》（*The Science of Life*），着眼于书中的"科学之综合化，大众化，与文艺化"及三者的关系："综合化是以大众化为其目标，以文学化为其手段的"②，认为不仅把有关生命科学的各种相关知识大体"网罗尽致"，而且使这些知识系统化。原书最后一编"人类生物学"既是全书的"结穴"，又被郭沫若看作是威尔士"另一巨制"《历史纲要》（*The Outline of History*）的"绪论"，反复强调书中"所奉仕的精神是生命之合理的解释，宇宙进化观之推阐，人类向大一统之综合"③，"对于人类社会的展望，主张传统主义的废止，全人类向整一的集体而综合，人类要统制自己的运命并统制一切生命之运命"④。重视生命科学知识的综合，更注重人生与社会的关系在更大范围上的综合。

1947 年 5 月，上海天下图书公司编辑出版《大众科学丛书》，郭沫若为《丛书》作序，指出一般人对于科学存在两种肤浅的认识，一认为科学是科学家的事，与一般人没有什么关系，二认为科学是物质文明，与精神文明无关，随后强调：

> 科学在今天是我们的思维方式，也是我们的生活方式，是我们人类精神所发展到的最高阶段。⑤

这是科学在最高层次上的综合，即人文科学、社会科学与自然科学的全方位的综合！

郭沫若的学术生涯无处不充满科学思想，科学思想在郭沫若的学术

---

① 通译韦尔斯，此为郭沫若的译法。下同。

② 郭沫若：《〈生命之科学〉译者弁言》，见《生命之科学》，第一册，1~2 页，上海，商务印书馆，1934。

③ 郭沫若：《〈生命之科学〉第三册译后》，见《生命之科学》，第三册，2205 页，上海，商务印书馆，1949。

④ 郭沫若：《〈人类展望〉书后》，见《郭沫若集外序跋集》，319~320 页，成都，四川人民出版社，1983。

⑤ 郭沫若：《〈大众科学丛书〉序》，见《郭沫若集外序跋集》，121~122 页。

思想中同样形成了一个独特的体系。因此，本书在文学、史学、考古之外，选录其有关序、跋，以反映这方面的思想。

(三) 追求艺术与社会双重价值的美学思想

郭沫若的美学思想，是在广泛吸收西方近代美学思想精华的基础上，从个人审美需要、民族审美风尚和时代审美要求出发熔铸形成的，具有鲜明的民族特色和强烈的时代性。

1943 年 3 月，郭沫若为李可染《村景》作题画诗，概括了中国美学的最基本的特征，并将其"美学化"(诗歌化)：

作诗与作画，难得是清新。有品方含韵，无私始入神。悠悠随白鹭，淡淡泛芳醇。美在蹄筌外，庶几善与真。①

领联的"含"和"入"富于中国美学色彩，"韵"和"神"为中国美学最有价值的两个范畴，"有品"、"无私"为审美主体必须具备的品格和素质。尾联完整地提出真、善、美相结合的美学命题，"美在蹄筌外"最得中国美学神髓。《庄子·外物》篇的"筌者所以在鱼，得鱼而忘筌；蹄者所以在兔，得兔而忘蹄；言者所以在意，得意而忘言"，魏晋王弼、陆机，南朝刘勰引入美学，形成"情在词外"的命题，晚唐司空图、北宋苏轼、南宋严羽等都有进一步发挥。郭沫若在继承的基础上，对中国美学作出"美学化"的概括。

表现在文艺创作方面，郭沫若将浪漫主义与现实主义紧密结合，以两种同中有异、异中有同的艺术体系互用互补，表现"自我"、时代、民族的情绪、灵魂和美学追求。女神、凤凰、地球母亲等形象的创造，构建起一个推崇创造、具有"动的精神"的新的文艺美学。

将"审美意识"引入历史、考古领域，把青铜器研究纳入"美术的视野来观照"，郭沫若提出"大凡一时代之器必有一时代之花纹与形式"，"今后研究殷、周彝器者，当求出花纹形式之历史系统为其最主要之事业"②，创立了彝器形象学，以"形象学"的视角审视青铜器发展的四个阶段，以"标准器"及"花纹形式之历史系统"确立起认识两周青铜器的科学学术体系，进而将青铜器花纹、器制、铭辞、字体等的演变"从社会史上来加以说明"，把青铜器考古与社会史研究紧密联系在一起。

---

① 《郭沫若全集·文学编》，第 2 卷，240 页，北京，人民文学出版社，1982。
② 郭沫若：《毛公鼎之年代》，见《沫若文集》，第 14 卷，671 页。

把握时代审美意识和时代精神，开出先秦美学史研究新天地。以花纹图案的感性特征来界定不同时期的文化、审美特征，由此划分文化史阶段，具有美学史的意义。郭沫若看到铸器本意在服用，但施以文镂，巧其形制，是为了"求美观"，制作者更是"发挥其爱美之本能"，这种"于审美意识之下所施之文饰"，"其效用与花纹同"，由此将"审美意识"下所施彝铭分作四个阶段，并指出"中国以文字为艺术品之习尚当自此始"①，即始于春秋中叶。

甲骨文研究中《释祖妣》一篇，引入文化人类学的"生殖神崇拜"，表明其美学思想受到生命哲学的某种影响。

这里提醒注意的是，"科学文艺化"是郭沫若科学思想中的独特认识。科学与美学在郭沫若身上往往融而为一体，形成科学思维与艺术思维的巧妙结合，上述将审美意识引入青铜器研究之外，"文艺工作和科学精神是分不开的"，"科学家有时需要文艺方面的活动，而文艺工作者在现在更需要科学的帮助"② 也被郭沫若强调着。在 1920 年 1 月致宗白华的信中，郭沫若这样比较诗人与哲学家的异同：

> 诗人与哲学家底共通点是在同以宇宙全体为对象，以透视万事万物底核心为天职；只是诗人底利器只有纯粹的直观，哲学家底利器更多一种精密的推理。诗人是感情底宠儿，哲学家是理智底干家子。诗人是"美"底化身，哲学家是"真"底具体。

同时表示："哲学中的 Pantheism 确是以理智为父以感情为母的宁馨儿。"③

"以理智为父以感情为母"，追求宇宙间之"真"与"美"，是贯透郭沫若一生的突出特点。"从事研究，也从事创作"，缜密研究以求"真"，抒情创作以求"美"，体现出郭沫若不同于其他学者的独特之处。研究屈原与创作《屈原》，是郭沫若"从事研究，也从事创作"的最具代表性的成就，是将历史的真实与艺术的真实完美地结合的典型之一。

郭沫若的吞吐中西的文化观、科学思想、美学思想的三位一体的"创造民族新文化"的学术思想体系，贯穿于他的全部著作之中，这里

---

① 郭沫若：《周代彝铭进化观》，见《青铜时代》，268、271 页，重庆，文治出版社，1945。

② 郭沫若：《科学与文艺》，载《文汇报》，1946-06-12、1946-06-13。

③ 《郭沫若致宗白华》，见《郭沫若全集·文学编》，第 15 卷，22～23 页。

引述的片断文字可视为一个索引，读者需要仔细阅读原文方可领悟。

三

作为 20 世纪中国最富时代特征的文坛巨擘，郭沫若创造民族新文化呈"球形"态势，表现在哲学社会科学的诸多领域，包括文学、艺术、历史学、考古学、甲骨文金文研究以及马克思主义理论著作和外国进步文艺的翻译介绍等方面。

（一）作为杰出的作家、诗人和戏剧家，成果主要集中在《郭沫若全集·文学编》20 卷，包括诗歌 5 卷、历史剧 3 卷、小说 2 卷、自传 4 卷、文艺论集 2 卷、杂文 4 卷，而以诗歌、戏剧成就最为杰出。

郭沫若的文艺思想随其政治思想变化而变化。由个人本位的"自我表现"的创作主张到"革命文学"的文艺主张，再进到"人民本位"的文艺观，是郭沫若所走文学创作道路。

诗集《女神》站在时代精神的高度，以崭新的文化内涵、崭新的表达形式，开出一代诗风。"革命文学"新潮涌起，郭沫若开始接受马克思主义，明确表示："在大众未得发展个性、未得享受个性自由之时，少数先觉者倒应该牺牲自己的个性，牺牲自己的自由，以为大众人请命，以争回大众人的个性与自由！"①诗集《恢复》反映其"革命文学"主张，实现诗风的转变。30 年代后期，逐渐确立起"人民本位"思想，至 40 年代中期正式提出"以人民利益为本位的文艺"，并对"人民本位"文艺观作出完整论述。这中间，折射着他对中国传统文化的认识：孔孟以人民为本位，墨子以帝王为本位，老庄以个人为本位。把握住这一点，就比较容易理解其对历史人物的种种评论了。《文艺论集》和《文艺论集续集》是反映郭沫若文艺思想变化的两个重要集子，本书在选录 30 年代这两个论集中主要篇章的同时，选录其 40 年代几个集子中的相关单篇，如《沸羹集》中《为革命的民权而呼吁》、《文艺与民主》，《天地玄黄》中《走向人民文艺》、《人民至上主义的文艺》，等等。

把"运动、变化"的中国历史"大舞台"的若干片断（细节）"复制"出来，以艺术的形式再现于戏剧小舞台，产生出巨大的社会效应，是其他学者无法追及郭沫若的一个方面，郭沫若的史剧创作在其全部著

---

①　郭沫若：《〈文艺论集〉序》，见《郭沫若全集·文学编》，第 15 卷，146 页。

作中占有非常特殊的位置。30 年代后期、40 年代前期，郭沫若的史剧创作进入成熟阶段。五幕史剧《屈原》为其杰出代表，蕴含着他研究屈原的重要成果。五幕史剧《虎符》在把握"历史的精神"方面使其历史研究与史剧创作关系的理论最终形成，即"没有研究便没有创作"，"史学家是发掘历史的精神，史剧家是发展历史的精神"。本书选录一篇关于史剧创作缘起的文章、一篇戏剧理论文章以及三篇谈史剧创作的文章。

（二）作为马克思主义历史学家，研究论著主要集中在《郭沫若全集·历史编》8 卷，包括《中国古代社会研究》、《青铜时代》1 卷，《十批判书》1 卷，《奴隶制时代》、《史学论集》1 卷、《历史人物》、《李白与杜甫》1 卷，《管子集校》、《盐铁论读本》4 卷。《中国古代社会研究》、《青铜时代》、《十批判书》、《历史人物》四部论著出版于 1949 年以前，其他论著著成于 1949 年以后。

以新兴科学的观点为指导，运用"两重证据法"把纸上材料与地下材料"熔冶于一炉"，确立起"中国古代文化体系"，是郭沫若历史研究最具开拓意义的成就。

"对于未来社会的待望逼迫着我们不能不生出清算过往社会的要求"，在"清算"中国过往社会时，郭沫若发现恩格斯《家庭、私有制和国家的起源》"没有一句说到中国社会的范围"，决心以这部名著为"向导"来撰写"续篇"，提供出恩格斯"未曾提及一字的中国的古代"，以填补世界文化史的白页，出版了开辟"草径"的《中国古代社会研究》。"甲骨四堂"之一的董作宾称郭沫若把《易》、《诗》、《书》里面的纸上材料，把甲骨卜辞、周金文里面的地下材料"熔冶于一炉"，"制造出来一个唯物史观的中国古代文化体系"①。因此，本书选录了《中国古代社会研究》一书的"导论"，关于《周易》、关于"卜辞"的长篇以及"自序"、"解题"与"追论及补遗"中的两则短论。

郭沫若考察周秦诸子思想，与其对中国古代社会的认识密切相关。1921 年初涉周秦诸子，郭沫若即勾画了中国远古历史的轮廓，设想的"各家学术之评述"包括老子、孔子、墨子、庄子、惠施等。当确立起中国古代文化体系之后，郭沫若于 1935 年底写成《先秦天道观之进

---

① 详见董作宾：《中国古代文化的认识》，载《大陆杂志》，第 3 卷第 12 期（1951 年 12 月）。

展》，不仅注意诸子的承传，更留神相互间的影响和趋同，同时对《周易》作出进一步考察，出版了《周易之制作时代》一书。时值 40 年代中，郭沫若不满意"游离了社会背景"而专谈周秦诸子的做法，以"彻底剿翻"秦以前史料的功力，对秦以前的社会和思想作出系统研究，呈献出考察周秦之际学术高潮的"姊妹篇"——"偏于考证"的《青铜时代》和"偏于批评"的《十批判书》，辨识儒家的两重性、探究道家的渊源与流派、区分法家与法术家的研究，都颇具久远影响，成为其贯通诸子学说的代表作。本书选录《十批判书》的第一篇《古代研究的自我批判》和《后记——我怎样写〈青铜时代〉和〈十批判书〉》，选录《青铜时代》中关于先秦天道观、《周易》和专论青铜器时代的长篇和一篇《后记》。

在历史研究中贯穿"人民本位"思想的代表作是《历史人物》一书，本书选录书序、《甲申三百年祭》以及推崇王国维、鲁迅的文章共三篇。郭沫若自谓其《甲申三百年祭》是"曾经引起过轩然大波的一篇文章"，即当时国共两党出于政治原因而认识不同。郭沫若本人并没有那样看待自己的这篇文章，即既不是"特利用明亡底历史事实来作材料，而妄想以明朝来隐射国民政府"，也不是想提醒革命队伍"不要重犯胜利时骄傲的错误"，用以"引为鉴戒"，而是认为"主要的原因就是因为我同情了农民革命的领导者李自成，特别是以仕宦子弟的举人而参加并组织了革命的李岩，这明明是帝王思想与人民思想的斗争，而这斗争我们还没有十分普遍而彻底地展开"，郭沫若的着眼点在于"帝王思想与人民思想的斗争"，这与他所主张的"人民本位"思想是相一致的。

（三）作为杰出的古文字、古器物学家，主要成果集中在《郭沫若全集·考古编》10 卷，包括甲骨文研究 3 卷，青铜器铭文（含部分甲骨文）研究 5 卷，石鼓文、诅楚文等研究 1 卷，其他单篇考释 1 卷，以甲骨文、青铜器研究成就最为杰出。

甲骨文研究经罗振玉、王国维"导路"、"考史"，走出草创阶段。1928—1937 年，中央研究院考古组对殷虚进行了 15 次科学发掘，郭沫若在日本同时推出《甲骨文字研究》、《卜辞通纂》、《殷契粹编》三部巨著，使甲骨学由草创迈向成熟，形成"甲骨四堂"——罗雪堂（振玉）、王观堂（国维）、董彦堂（作宾）、郭鼎堂（沫若）——各展其长的格局。郭沫若的甲骨文研究走着一条"读破它、利用它、打开它的秘密"的路径。《甲骨文字研究》反映的是他对于甲骨文"读破它、利用它"

初始阶段的水平。《卜辞通纂》通过传世的甲骨精品确立起认识甲骨文的"系统",将甲骨文按照干支、数字、世系、天象、食货、征伐、畋游、杂纂8类编排,先从判读卜辞干支、数字、世系入手,进而探寻其所显示的社会内容。这一"系统"的建立,既使其得以纠正罗振玉、王国维的错误考释,认识罗振玉、王国维未认识的字句,更使其洞悉了甲骨卜辞本身的诸多奥秘。对卜辞自身奥秘的探索,主要表现在两个方面:一是当时如何占卜记事(包括占卜、刻写、用辞、行文等),二是后人如何科学利用(包括区分时代、断片缀合、残辞互足以及校对去重等)。关于当时如何占卜记事,郭沫若虽无亲身发掘的经历,仍然获得了与参加实地发掘的董作宾差不多是殊途同归的巨大成就,二人都提出了一些带规律性的概括和有预见性的合理探索。特别是甲骨文的刻写部位、行款顺序,即所谓甲骨文例,《卜辞通纂》阐发尤多,纠正了前人不少错读。在科学利用卜辞方面,断片缀合和残辞互足是郭沫若的重大创获。断片缀合,是将两片乃至三片、四片残破、分散的甲骨片进行缀合,基本恢复原貌,使片断记事得以完整。残辞互足,是由于一事多卜,涉及同一事的残损卜辞可以相互补足,成为比较完整的记事材料。经过缀合和互补,发现不少重复著录的甲骨片,即所谓"校对去重"。在甲骨学发展近80年的历史中,有50年取得的成就与郭沫若的创造性探索密不可分。本书选录《卜辞通纂》一书的序和述例,集中反映郭沫若甲骨文研究的主要成就。

殷周青铜器,自北宋以来著录多达三四千件,大多年代和来历不明。郭沫若通过翻译德国学者米海里斯著《美术考古一世纪》,以书中"对于历史研究的方法"进行最初的实践,完成《殷周青铜器铭文研究》。考释、韵读、综合研究的思路和编次,一年以后被《两周金文辞大系》吸收和扩展。郭沫若"颇有创获"的地方是改变以往"以器为类"的著录方法和孤立考释器铭的传统,严格选定"自身表明了年代的标准器",以"标准器"作为联络站,寻出一个比较接近历史实际的条贯。所谓"标准器",是指铭文中有周王名号或著名人物、事迹的铜器,即"自身表明了年代"的器物。"标准器"之外的器铭年代判定,一方面根据"标准器"铭文中的人名和史事,联系与之相关的年代不明的器物,借以推断其所属王世;一方面根据文辞字体和年月日辰,联系比较"标准器",推定其所属王世。《两周金文辞大系》及增订本《两周金文辞大系图录考释》,自中外古今43种著录中录取"金文辞中之精华"

323 器，西周 162 器，"仿《尚书》体例，以列王为次"，自武王至幽王，仅缺共和一代；列国 161 器，"仿《国风》体例，以国别为次"，共30 余国。这一以"标准器"为基石的著录方法，理出两周青铜器的历史系统和地域分布，第一次建立起认识和研究两周青铜器铭文的科学体系。"标准器"断代法被视为后之学者"殆难逾越"的划时代贡献。进而，从彝器形象出发，勾画出中国青铜器发展的基本轮廓，将中国青铜器时代划分为滥觞、勃古、开放、新式四期，为中外学界所沿用。本书选录《两周金文辞大系·序文》、《两周金文辞大系图编序说——彝器形象学试探》、《周代彝铭进化观》以及《美术考古一世纪·译者前言》，反映郭沫若在金文研究领域的开拓性成就。

＊　　　　　＊　　　　　＊

郭沫若对自己出版的著作，1954 年前后进行过一次全面的修订改版，出版了新的改版本。50 年代末 60 年代初，经过自选自编出版了《沫若文集》17 卷。郭沫若去世后，郭沫若著作编辑出版委员会编辑出版《郭沫若全集》文学编 20 卷、历史编 8 卷、考古编 10 卷。

根据《中国近代思想家文库选编体例》"原则上不选录 1949 年以后撰写的论著"以及"原则上不收诗词、译文"等规定，本书选编郭沫若1949 年以前出版的结集文章和研究论著。为忠实反映郭沫若 1949 年以前的学术思想，选编郭沫若的著作选用 1949 年以前的通行本或最后版本。以著作为基础，选录其中重要篇章的同时，兼选部分单篇文字，两相结合，反映其学术思想体系。

确定基本书目、篇目后，魏红珊负责文学部分编选，潘素龙负责史学、考古部分编选及"郭沫若年谱简编"编制，钟作英、龙丹梅负责其他资料整理和编务，最后由我合成。

谢保成

2013 年 11 月 16 日

文学

文学，分文论与戏剧创作两部分。

文论，选录《文艺论集》、《文艺论集续集》、《羽书集》、《蒲剑集》、《今昔集》、《沸羹集》、《天地玄黄》七个集子中的部分文章，集中反映郭沫若吞吐中西的文化观、追求艺术与社会双重价值的美学思想以及由个人本位的"自我表现"的创作主张到"革命文学"的文艺主张，再进到"人民本位"的文艺观的历程。七个集子，按照初版的先后顺序排列；每个集子中的文章，按照集子的编排顺序，不以发表先后为序。

戏剧创作，把"运动、变化"的中国历史"大舞台"的若干片段（细节）"复制"出来，以艺术的形式再现于戏剧小舞台，产生出巨大的社会效应，是郭沫若的独特学术个性。故在七个集子之后，集中选录五篇文章，前两篇为其史剧创作思想缘起及史剧创作基本理论，后三篇为其史剧代表《棠棣之花》、《屈原》、《虎符》创作实践的总结。

文艺论集 *

序

这部小小的论文集，严格地说时，可以说是我的坟墓罢。

我的思想，我的生活，我的作风，在最近一两年之内可以说是完全变了。

我从前是尊重个性，景仰自由的人，但在最近一两年之内与水平线下的悲惨社会略略有所接触，觉得在大多数人完全不自主地失掉了自由，失掉了个性的时代，有少数的人要来主张个性，主张自由，总不免有几分僭妄。

是的，僭妄！我从前实在不免有几分僭妄。但我这么说时，我也并不是主张一切的人类都可以不要个性，不要自由；不过这个性的发展和自由的生活，在我的良心上，觉得是不应该由少数的人独占罢了！

要发展个性，大家应得同样地发展个性，要生活自由，大家应得同样地生活自由。

但在大众未得发展其个性，未得生活于自由之时，少数先觉者无宁牺牲自己的个性，牺牲自己的自由，以为大众人请命，以争回大众人的个性与自由！

所谓"我不入地狱，谁入地狱？"的话便是这个意思。

这儿是新思想的出发点，这儿是新文艺的生命。

在我一两年前的文字中，这样的见解虽然不无一些端倪，然从大体

---

* 《文艺论集》1925 年 12 月上海光华书局初版，1926 年 3 月再版、1927 年 2 月第三版、1929 年 7 月第四版、1930 年 6 月第五版（调整、改动颇大）。

上看来，可以说还是在混沌的状态之下。

如今"混沌"是被我自己凿死了，这儿所收集的只是它的残骸。

残骸顶好是付诸火化，偏偏我的朋友沈松泉君苦心孤虑地替我收集了拢来，还要叫我来做篇序。好，我就题这几句墓志铭在我这座墓上罢。

> 有喜欢和死唇接吻的王姬，
> 有喜欢鞭打死尸的壮士，
> 或许会来到我的墓头
> 把我的一些腐朽化为神奇。
>
> 化腐朽而为神奇，原本是
> 要靠有真挚的爱情，或者敌意——
> 这是宇宙中的一个隐谜，
> 这是文艺上的一个真谛。

民国十四年十一月廿九日，上海

（本篇最初发表于 1925 年 12 月 16 日上海《洪水》半月刊第 1 卷第 7 号，选自《文艺论集》，上海光华书局，1927 年 2 月版）

中国文化之传统精神

关于三代以前的思想，我们现在固然得不到完全可靠的参考书，然而我们信认春秋战国时代的学者，而他们又确是一些合理主义的思想家，他们所说的不能认为全无根据。他们同以三代以前为思想史上的一个黄金时代，老子与庄子尤极端反对三代之宗教的思想，憧憬于三代以前之自由思想与自然哲学，而奉为自己的学说之根底。所以我们纵疑伏羲神农等之存在，而我们有这样的一个时代，这时代的思想为一些断片散见于诸子百家，我们怎么也不能否定。我们研究希腊哲学而认 Thales, Pythagoras, Heraclitos 等之存在，然而这些学者的完全的著述早已经莫由寻觅了。关于他们，我们所能知道的，亦不过一些后人的传说与断片的学说而已。像不能因为没有完全的著述，便把这些希腊的学者抹杀了一般，我们怎么也不能由中国思想史上把三代以前的这一时代的存在轻轻看过了。

三代以前的思想，就我们所知，确与希腊哲学之起源相似。在我们的原始的时代，我们的祖先，就把宇宙的实体这个问题深深考察过了。"易"这个观念，好像便是这最先的一个。据列子的《天瑞》篇与《易传》，则"易"为无际限的，超越感觉的，变化无极的，浑沦的宇宙之实体。万物由"易"来，仍往"易"归去。这种思想到了后来的有炎氏（神农）更加进化，至以音乐喻他，赞美他为天乐，"听之不闻其声，视之不见其形，充满宇宙，包裹六极"。于是以智的作用由自然抽象出来的观念，渐为憧憬的情热之色彩所美化，以至于渐渐神化而生出种种宗教的仪式出来。我们只要一读《尚书》之《帝典》与《皋陶谟》，便可以知道那时候原始的宗教之肖影与"上帝"的观念之为何物。那时候，一切的山川草木都被认为神的化身，人亦被认为与神同体。

然而这种素朴的本体观与原始的自然神教，一至三代，便全然改变，好像有异国文明侵入来了的样子。在三代，神是人形而超在的。灵魂不灭之说，与祖宗崇拜之习显现出来，吉凶龟卜等之迷信观念，如黑潮汹涌，卒至横占了千年以上的时日。这时代的思想，现于洪范之中，最是系统的。那时候，国家是神权之表现，行政者是神之代表者。一切的伦理思想也是他律的，新定了无数的礼法之形式，个人的自由完全被束缚了。我们想仿着西洋的历史家，称这时期为"黑暗时代"。

千有余年的黑暗之后，到了周之中叶，便于政治上与思想上都起了剧烈的动摇。一时以真的民众之力打倒王政，而热烈的诗人更疑到神的存在起来了。雄浑的鸡鸣之后，革命思想家老子便如太阳一般升出。他把三代的迷信思想全盘破坏，极端咒咀他律的伦理说，把人格神的观念连根都拔出来，而代之以"道"之观念。他说："道"先天地而混然存在，目不能见，耳不能闻，超越一切的感觉而绝去名言，如"无"，而实非真无。这"道"便是宇宙之实在。宇宙万有的生灭，皆是"道"的作用之表现，道是无目地在作用着。试看天空！那里日月巡环，云雨升降，丝毫没有目的。试观大地！他在司掌一切生物之发育与成长，没有什么目的。我们做人的也应当是这样！我们要不怀什么目的去做一切的事！人类的精神为种种的目的所搅乱了。人世苦由这种种的"为"（读去声）而发生。我们要无所为（去声）而为一切！我们要如赤子，为活动本身而活动！要这样我们的精神才自然恬淡而清静。……

老子的"无为说"对于我们是这样的声响。

我们在老子的时代发见中国思想史上的一个 Renaissance，一个反抗宗教的，迷信的，他律的三代思想，解放个性，唤醒沉潜着的民族精神而复归于三代以前的自由思想，更使发展起来的再生运动。

中国古代的思想大抵被秦以后的学者误解了。他们把老子的"无为说"完全解做出世间的，如佛教思想一般；孔子所教却被他们太看做入世间的了。从来的学者有把《论语》来谈孔子的全部之倾向。专靠《论语》，我们不会知道孔子。孔子的教育法，是动的自发主义，应各弟子的性情而施。聪明的子贡，经济家的子贡，尝叹孔子的文章可得而闻，惟性与天道则不得而闻。然这是因为子贡这人不是可使闻知之器，并不是孔子自己全然没有形而上的知识。固然，他自己没有像老子一样建设了新的宇宙观。他只解明古代的诸说，使他们调和，为自己伦理思想的根底就满足了。他晚年好易，又曾受教于老子。他把三代思想的人格神之观念改造一下，使泛神的宇宙观复活了。他与老子一样，认形而上的实在为"道"，而使与"易"之观念相等了。"易"与"道"在他是本体之不同的两个假名。他的本体观与老子大不同之点是：

1. 在老子眼中是无目的与机械的底本体，在他是以"善"为进化之目的。

2. 老子否定了神的观念，他认本体即神。

本体含有一切，在不断地进化着，依两种相对的性质进化着。本体天天在向"善"自新着。然而本体这种向"善"的进化，在孔子的意思，不是神的意识之发露而是神之本性，即本体之必然性。

> 一阴一阳之谓道，继之者善也，成之者性也。
>
> 富有之谓大业，日新之谓盛德。
>
> 生生之谓易……阴阳不测之谓神。

他以为神的存在与作用，不是我们的感觉的知识所能测量的。神是一切的立法者，而只能统律感官界的范畴与规律是由彼所生，所以不能范围彼。

> 易与天地准（此句与字应解作动词，准字应解作名词。）
>
> 神无方而易无体。

由以上所述，我们可以于孔子得到一个泛神论者。而他认本体在无意识地进化，这一点又与斯宾诺莎 Spinoza 的泛神论异趣。我们觉得孔子这种思想是很美的。可惜仅仅在名义上奉行他的教义的秦以后之学者，好像没有把他了解。宋儒比较的有近似的解释，然而种种字语的概念屡被混同，总不免有盲人说象之感。现在的人大抵以孔子为忠孝之宣传者，一部分人敬他，一部分人咒他。更极端的每骂孔子为盗名欺世之徒，把中华民族的堕落全归咎于孔子。唱这种暴论的新人，在我们中国实在不少。诬枉古人的人们哟！你们的冥蒙终久是非启发不可的！

我在这里告白，我们崇拜孔子。说我们时代错误的人们，那也由他们罢，我们还是崇拜孔子——可是决不可与盲目地赏玩骨董的那种心理状态同论。我们所见的孔子，是兼有康德与歌德那样的伟大的天才，圆满的人格，永远有生命的巨人。他把自己的个性发展到了极度——在深度如在广度。他精通数学，富于博物的知识，游艺亦称多能。尤其他对于音乐的俊敏的感受性与理解力，决不是冷如石头而顽固的道学先生所可想像得到。他闻音乐至于三月不知肉味的那种忘我 ecstasy 的状态；坐于杏林之中，使门人各自修业，他自己悠然鼓琴的那种宁静的美景；他自己的实生活更是一篇优美的诗。而且他的体魄决不是神经衰弱的近代诗人所可比拟。他的体魄与精神的圆满两两相应而发达。他有 Somson 的大力，他的力劲能拓国门之关。……

我们将再进一步而窥他的人生哲学。

> 天行健，君子以自强不息。

孔子的人生哲学是由他那动的泛神的宇宙观出发，而高唱精神之独立自主与人格之自律。他以人类的个性为神之必然的表现。如像神对于他不像是完全无缺，人性的粗形他也决不以为是善。他认人类有许多的缺陷。如想使人性完成向上，第一步当学神之"日新"。大学一书中奉古代的铭文为自我完成的标语之一：

> 苟日新，日日新，又日新。

这样不断地自励，不断地向上，不断地更新。他决不许人类一切的本能，毫无节制，任情放纵。他取正当的方法音乐地调节本能的冲动与官能的享乐，他自己这样自励，他也这样教人。他对弟子中之第一人颜回说"仁"之道，他说"克己复礼"，这便是他的仁道之根本义。真的个人主义者才能是真的人道主义者。不以精神的努力生活为根底之一切的人道的行为，若非愚动，便是带着假面的野兽之舞踊。这里我们所要注意的，是"礼"之一语。他所谓"礼"，决不是形式的既成道德，他所指的，是在吾人本性内存的道德律，如借康德的话来说明，便是指"良心之最高命令"。康德说我们的良心命令我们"常使你的行动之原理为普遍法而行动!"孔子的"非礼勿视，勿听，勿言，勿动"之积极的说法，便是"君子动而世为天下道，行而世为天下法，言而世为天下则"。我们在这里可以看出康德与孔子之一致。在这里我们才像了解得孔子"礼乎礼乎，玉帛云乎哉"的叹声了。

与"克己"同意之语，我们还可以在《大学》中发见。那便是"格物"之一语。我们关于此语，不能同意于宋儒"穷理"之解释。这明是"取正当的方法，调节官能的欲望"之意。人类执着于官能的假象世界，为种种欲望所乱时，真理之光是决不能看见的。殉欲的行为有忧患随至。岌岌于忧患之中，便不论如何放纵，也决不能是真的自由。哥德亦云：

> 能克己者，能由拘束万物之力脱出。

所以"仁者不忧"，能凝视着永恒的真理之光，精进不断，把自己净化着去。

然而孔子决不闭居一己。他能旷观世界。对于吸收一切的知识为自己生命之粮食，他的精神每不知疲。他努力要做到"人十能之己百之，人百能之己千之"。这不是无益的虚荣心，是真的"自强不息"之道。人生在他是不断努力的道程，是如哥德所思"业与业之连锁"。休息的观念在他是死，是坟墓。他认神为"富有的大业"，他要使人生也为全能全智。"好学近乎智"，他好学问而重智德。智是使人生充实之道。智者有如流水。"智者不惑"，他投身于永恒的真理之光，精进不断，把自己充实着去。

净化自己，充实自己，表现自己，这些都是天行，不过天能自然而然，吾人便要多大的努力。这种努力，这种坚固的意志，便是他所谓勇。不自欺与知耻，是勇，然是勇之初步。进而以天下为己任，为救四海的同胞而杀身成仁的那样的诚心，把自己的智能发挥到无限大，使与天地伟大的作用相比而无愧，终至于于神无多让的那种崇高的精神，便是真的"勇"之极致。这样的人，不论遇何种灾殃，皆能泰然自适。"勇者不惧"，他自己成了永恒的真理之光，自己之净化与自己之充实，他可不努力而自然能为，他放射永恒的光，往无穷永劫辉耀着去。

我们不论在老子，或在孔子，或在他们以前的原始的思想，都能听到两种心音：

> ——把一切的存在看做动的实在之表现！

——把一切的事业由自我的完成出发！

我们的这种传统精神——在万有皆神的想念之下，完成自己之净化与自己之充实以至于无限，伟大而慈爱如神，努力四海同胞与世界国家之实现的我们这种二而一的中国固有的传统精神，是要为我们将来的第二的时代之两片子叶的嫩苗而伸长起来的。

　　这篇东西是沫若为今年日本大阪《朝日新闻》的新年特号抽点时间写出来的，原文尚多，我只把他的要点节译了。不论是在一般的人或在专门的学者，不论是中国人或是外国人，没有像我们文化的精神与思想被他们误解得这样厉害的。外国人可不必说，即我们的新旧的学者，大抵都把他误解得已不成话。旧的先入之见太深，新的亦鲜能捉到真义，而一般假新学家方且强不知以为知，高谈东西文化及其哲学。在这样混沌的学界，能摆脱一切无谓的信条，本科学的精神，据批评的态度而独创一线的光明，照彻一个常新的境地的，以我所知，只有沫若数年以来的研究。我们现在一般的所谓哲学家，差不多有大多数是欠少素养，没有经过严密知识的训练，所以他们只是一味武断，一味乱讲，几乎使大多数的人以为哲学是可胡言乱讲的了。前几天沫若接到了宗白华由德国寄来的一信，中间有关于东西哲学的几句话，我们又不觉谈到了中国文化的真精神，而太息他被一般的人误解。沫若要覆宗君一封长书，我劝他多多写出在《创造周报》上发表，并约为他把这篇东西译出。我觉得今后思想界的活动，当从吞吐西方学说进而应用于我们古来的思想，求为更确的观察与更新的解释。我们对于这种事业，将渐次尽我们的微力，我们希望博学的朋友们，也齐来作热心的探讨。

　　　　　　　　民国十二年五月十四日仿吾译后附识

（本篇系用日文为日本大阪《朝日新闻》1923年新年特号所作，5月14日由成仿吾节译，发表于5月20日上海《创造周报》第2号，选自《文艺论集》，上海光华书局，1927年2月版）

论中德文化书
——致宗白华兄

德人对于我国文化近来仍是十分倾心，这真足以使我们增加无限的自觉与自信。德国最近书报，少有机会阅读，但观他们对于相对论量子论等科学上的新论争，与乎艺术上的表现主义的狂飙运动，他们对于欧洲固有的科学精神与进取主义，似乎并未全盘唾弃。

> 东方的精神思想可以以"静观"二字代表之。儒家佛家道家都有这种倾向。……这种东方的"静观"和西方的"进取"实是东西文化的两大根本差点。

> 欧洲大战后疲倦极了，来渴慕东方"静观"的世界，也是自然的现象。中国人静观久了，又破开关门，卷入欧美"动"的圈中。

前年在《民铎》杂志二卷五号上得读你致李石岑的信，我对于你这种观察，早不免有几分怀疑。动静本是相对的说辞，假定文化的精神可以动静界分，以中国文化为静，西方文化为动，我觉尚有斟酌的余地。一国的或一民族的文化受年代与环境的影响，本难有绝对纯粹之可言：如容许我们在便宜上或在一般常习上把世界各种文化思想粗略地划分时，我们至少可以得四种的派别：（一）中国，（二）印度，（三）希伯来，（四）希腊。以地点而论，前二者虽同属于东方，然而中国文化与印度文化之不能混同，犹之乎西方文化的希伯来思想与希腊思想之不能混同一样。印度思想与希伯来思想同为出世的，而中国的固有精神与希腊思想则同为入世的。假使静指出世而言，动指入世而言，则中国的固有精神当为动态而非静观。

我国的固有精神表现得最真切最纯粹的总当得在周秦之际。那时我国的文化如在旷野中独自标出的一株大木，完全没有受些儿外来的影响。自汉以后佛教传来，我国的文化精神已非纯粹。我国的文化在肯定现世以图自我的展开，而佛教思想则在否定现世以求自我的消灭。我国的儒家思想是以个性为中心，而发展自我之全圆于国于世界，这不待言是动的，是进取的精神。便是道家思想也无甚根本上的差别。老子的无为清静说每为后人所误解，误认为与佛教思想同科，我辈似宜有所辩正。无为二字并不是寂灭无所事事，是生而不有为而不恃的积极精神。

我们试把为字读成去声便容易得其旨趣。人类的精神为种种功利的目的，占有的欲望所扰，人类的一切烦乱争夺尽都从此诞生。欲消除人类的苦厄则在效法自然，于自然的沉默之中听出雷鸣般的说教。自然界中，天旋地转，云行雨施，漫无目的之可言，而活用永远不绝。自然界中，草木榛榛，禽兽狉狉，亦漫无目的之可言，而生机永远不息。然而自然界中之秩序永保着数学的谨严，那又是何等清宁的状态！人能泯却一切的欲望而纯任自然，则人类精神自能澄然清明，而人类的创造本能自能自由发挥而含和光大。老子的无为说正是这样的精神，老子的恬静说正是由这种精神生出来的活静。活静与死静不同：活静是群力合作的平衡状态，而死静则是佛家的枯槁寂灭。道家思想与佛学根本不同，我辈似不宜因形式上之相类而生淆惑。

我国的传统思想，依我所见，于儒道两家并无根本上的差异。我国思想史的幼年，伏羲氏仰观象于天，俯观法于地，观鸟兽之文与地之宜，近取诸身，远取诸物，于是始作八卦，于第一步便已从自然观察发轫，与希腊文明之起源正是两相契合。希腊文明之静态，正如尼采所说：乃是一种动的 Dionysos 的精神祈求的一种静的 Apollo 式的表现。它的静态，正是活静而非死静。希腊文明为近代科学文明之母。我辈如立足于佛教或耶教的钟楼以俯瞰乎现世的一切，则对于现世的科学文明当然不能满足；然而我们既赞扬希腊文明，同时又不能忘情于我国固有的传统，则科学文明当然不能加以蔑视。

此次大战，欧洲人所受惨祸诚甚深剧。然而酿成大战的原因，科学自身并不能负何等的罪责。科学的精神在没去功利而追求普遍妥当的真理，科学家的职志亦在牺牲一切浮世的荣华而唯真理之启迪是务。伟大的科学家，他们向着真理猛进的精神是英雄的行为，而他们超然物外的态度也不输于圣者之高洁。以科学而施诸实用，正是利用厚生的唯一的要道，正足以增进人类幸福于无穷；唯在资本制度之下而利用科学，则分配不均而争夺以起；表面上好像科学自身是在为虎作伥，殊不知所被利用者即使不是科学而争夺之祸仍不能避免。欧战之勃发乃是极端的资本主义当然的结果。远见的思想家在欧战未发以前已断言资本主义之必流祸于人类，伟大的实行家于欧战既发以后更急起直追而推翻其祸本。马克司与列宁终竟是我辈青年所当钦崇的杰士。欧洲不乏近视眼的批评家，见欧战之惨毒而遽行宣告科学文明之破产。我国自印度思想输入以后，几千年来溺佛者遁世无营，避佛者亦故步自画，平素毫不知科学精神之为何物，每举与我利的资本主义混而为一如，一闻欧人因噎废食的肤言，则不禁欣然而色喜，我辈对此似宜有所深戒而详加考察。

人生的幸福如在消极无营的静态之中始能寻求，此种假说于根本上已不免自相矛盾。因为一方面既肯定人生，而他方面却于否定之中以求幸福，归根只好以消灭人生为至上的幸福了。这种矛盾的论理，非我辈所能信认，亦非我辈所能实行。我辈肯定人生，则当于积极进取的动态中以求生之充实。我国固有的传统精神亦正示授我们一个生活的指标，从希腊文明递演出的科学精神亦正是我辈青年所当深深吮吸而以自为营养的一种资料。科学虽不是充实人生的一个全圆，但它是这个全圆的一扇重要的弧面。

科学能诞生于欧洲，能导源于希腊，何以独不能早发生于东亚？这是我们从研究文化哲学者的口中每每容易听得的一个疑问。对于这个疑问，在我辈不承认中国文化与希腊思想根本不同的人，最是容易解答。科学本有在我国发生之可能，并且于历史上曾有发生之事实。我国文化是从自然观察发轫，农业的发达恐比世界中任何国的历史为先，在上古时候与农业有密切关系的星学，在周以前已有特产的独立系统了。我们读我国于考古上最可征信的一部《诗经》，稍微敏感的人，总当得感受一种莫大的惊异。凡世界文明各国的古代文学以及野蛮地方的现存文学之中，其最主要的成分便是原始人的生活状态，如战争，如游猎，如恋爱，如跳舞，如崇祀鬼神等等是原始人的日常生活，也正是原始人表现生活的文学的内容。我国的《诗经》，在现存的书籍中可算是最古的文学了；《诗经》的本来面目虽被迂腐的后儒蒙蔽了几千年，然我们到现在即使撤取一切的有色眼镜去观察，在其自身也不能寻出来多少原人的生态。《国风》中言恋爱的最多。然而那时的恋爱已经是受过深赡的文化的洗炼，已经不是原始人的粗型。其他原始生活的资料更是绝无仅有，有的都是贵族的游乐与国家的行事了。所以我们即以《诗经》一书为证人，已足以证明我国文化于周以前已确有一长时期的焕发。而我们读《诗经》的人尤有不能不惊异之事，则诗中草木鸟兽的名汇之丰富，在孔子时候已教人不可不多读了，而其丰富的智识乃更为当时妇人女子之所赋有！星座中的二十八宿，在我们近代的青年，能举其名的恐怕已不可多得，更不能期望其能在天体中一一按名指实了；而在当时的女子却能即景赋诗，借星辰以指示物候，例如《小星》的第二章"嘒彼小星，维参与昴"，参在西洋的 Orion 星座中，昴是 Taurus 的一部分与邻近的一团小星 Pleiades。两者同是黄道上的二十八宿之一宿。这些名实我是最近两年读了几本关于星学的书才晓得的，回顾我们几千年前做人妾媵的女子竟能借以抒情写实，难道我们不能不深自惭愧吗？惭愧是另外一件事情，我们在这个引证中可以发现两个史实：（一）二十八宿的名称在周时已有成文；（二）星学的智识更已普及于当时的妇人女子。我们从这两个事实更可以得到一个断案：便是我国关于星学的智识，在周或周以前，已经有固有的系统了。

周秦之际，初期的学者于实践理性的探讨诚别开一个新面，如道家的合理的形而上学之建设与儒家的博大的人生哲学之系统，在我国思想史上诚达到空前绝后的最高潮，然于纯粹理性方面则不免有偏枯之憾。我国本来是动的进步的文化精神，殆不能因此而自限，于是末期的学者便大都离去捕风捉影的形而上的玄思，而趋向于自然现象的客观的研究。论理学可在墨子书中寻出其萌芽，物理学也可在该书中寻出一些胎儿的化石。邹衍的"先验小物推而大之"的归纳法，惠施的"遍为万物说"，都是有几分纯粹科学的面目。可惜他的十余万言与五车书，好像被秦人一火都烧得干干净净。及到佛教传来，而我国固有的精神又被后人误解，于是纯粹科学之不能诞生便一直达到我们现在。静观的印度文化之遗误我们，正不啻静观的希伯来主义之遗误欧洲中世纪与利己的资本主义之毒祸欧洲现世纪一样！我国近年有反抗耶教的运动勃兴，在提倡者心中是根据何种精神以从事，我虽尚未曾加以剖析，但这运动自身的表现是合乎正轨的。我根据我自己的想念，我觉得佛教思想与希伯来主义资本主义都在我们所当极力排斥之列。我们要把我国固有的动的文化精神恢复转来，以谋积极的人生之圆满。

德国的文化可算是希腊思想的嫡传，在德国人自身自许是如是，在我们第三者的研究也承认是如是。德国自十八世纪以来，经诸大哲学家诸大艺术家诸大科学家的努力，它于人类全体的贡献实非浅鲜。德国人之受祸是祸在军阀者流的狂妄，妄想为资本主义扶轮，欲以武力统一世界；对于他们自国的先哲的理想仅仅视以为装饰品，不则曲解之以为其军国主义的护符——军国主义是资本主义的派生物，近代国家的政府军队是资本家佣置的鹰狗，刑政举措是资本家拥护财产的藩翰。德国人遭此次大战的打击，痛觉昨日之非而能翻然改辙，正是他们的根本性善良之处，他们于此可以发见自国文化的本相，如拨云雾而见青天，他们无因受困厄而悲观之必要。他们对于我国的文化那么倾心，也怕是他们在我们的镜子之中照出了他们自己的面孔。但是据你此次来信所说：德国的《文艺月刊》（Literarische Rundschau）中第一篇的《亚洲之魂灵》竟"盛称孔子以家庭为本位，给社会国家一个感情组合的基础，不似欧洲社会是以个人与群众的利害关系为基础，容易破坏堕落"。我读你这段引言，觉得德国有一部分人对于欧洲社会之破坏堕落的原因并未十分明了，而对于我国的文化更不免有几分隔靴搔痒盲目赞美的倾向。我国的家族制度乃是原始时代的孑遗，并非创始于孔子，而家族制度对于我国社会之功过亦未容易论定。孔子的人生哲学正是以个人为本位，它的究竟是望人人成为俯仰无愧的圣贤，孝弟的德目只是在小康时期应时的说法罢了。又该文作者以"老子的思想直接道着欧洲近代社会的弊病，所以极受德国战后青年的崇拜；战前德国青年在山林中散步时怀中大半带了一本尼采的 Zarathustra，现在德国青年却带老子的《道德经》了"。老子思想如何道着欧洲社会的弊病，来函过简，虽不能明知作者意向之所存，但我隐隐觉得作者的意思似与你前年的观察相仿佛，便是：欧洲大战后疲倦极了，来渴慕东方"静观"的世界。然我于老子与尼采的思想之中，并发见不出有甚么根本的差别。老子的思想绝非静观，我于前面已稍有溯述，而老子与尼采相同之处，是他们两人同是反抗有神论的宗教思想，同是反抗藩篱个性的既成道德，同是以个人为本位而力求积极的发展。德国的青年如于老子的镜子之中照出尼采的面孔，犹如我们在尼采的镜子之中照出老子的面孔一样，那是我们可以互相欣幸的。但如《亚洲的魂灵》的作者于二人之中竟有何等根本差异之发见，则我恐德国仍有一部分人如在战前误解了尼采一样，把我们中国的老子也误解了。老子的《道德经》，在善读者读之，是神经麻痹者的兴奋剂，绝不是妄想贪眠者的催睡药。

太写长了，恐有渎扰你的清听之处，请你原谅我罢。我国自佛教思想传来以后，固有的文化久受蒙蔽，民族的精神已经沉潜了几千年，要救我们几千年来贪懒好闲的沉疴，以及目前利欲薰蒸的混沌，我们要唤醒我们固有的文化精神，而吸吮欧西的纯粹科学的甘乳。我们生在这再生时代的青年，责任是多么沉重呀！我们要在我们这个新时代里制造一个普遍的明了的意识：我们要秉着个动的进取的同时是超然物外的坚决精神，一直向真理猛进！我的这种意思已经郁集了多时，偶因你来函的启发，便借此机会以一吐为快。你身居德国，望你也将我们这样的意思

传介给德国人，我相信，我们的素心足以安慰受难中的德国青年之
失望。

五月二十日夜书毕

（本篇最初发表于 1923 年 6 月 10 日上海
《创造周报》第 5 号，选自《文艺论集》，上
海光华书局，1927 年 2 月版）

读梁任公《墨子新社会之组织法》

《墨子新社会之组织法》是梁任公著的《墨子学案》的第五章。他
开首便引了《尚同上》的一段话：

> 古者民始生未有刑政之时，盖其语人异义。是以一人则一义，
> 二人则二义，十人则十义。其人滋众，其所谓义者亦滋众。是以人
> 是其义以非人之义，故交相非也。是以……天下之乱若禽兽然。夫
> 明乎天下之所以乱者生于无政长，是故选择天下贤良圣知辨慧之人
> 立以为天子，使从事一同天下之义。

梁氏说，"这种议论，和欧洲初期的'民约论'很相类。……'明
乎天下之乱生于无政长，故选择贤圣立为天子使从事乎一同'，甚么人
明？自然是人民明。甚么人选择？自然是人民选择。甚么人立？甚么人
使？自然是人民立，人民使"。梁氏在这段推论中连用了三个自然，在
他看来，这段推论是再自然没有的了，然而在我们看来，实在是再不自
然没有。我们试问在未有政长之前，既是人各异义，那吗一万个人可以
选出一万个政长了，何以能够共明，共选，共立，共使呢？我们即此可
以知道梁氏的推论是靠不住的了。然而犹可以诿说：墨子的文章原来是
有这样自相矛盾之处。那吗，我们请读他《尚同中》的

> 古者上帝鬼神之建设国都立正长也，非高其爵，厚其禄，富贵
> 佚而错之也，将以为万民兴利除害，富贵贫寡，安危治乱也。

这明明说国都之建设，正长之立，是出于上帝鬼神，他何曾说正长
之立是由于民选呢？不仅《尚同》篇中有这样的话，其他如：

（1）昔之圣王禹汤文武兼爱天下之百姓，率以尊天事鬼，其利人多，故天福之，使立为天子，天下诸侯皆宾事之。（《法仪》）

（2）昔者三代圣王尧舜禹汤文武……其为政乎天下也，兼而爱之，从而利之，又率天下之万民以尚尊天事鬼爱利万民，是故天鬼赏之，立为天子以为民父母。（《尚贤篇中》）

（3）昔者三代圣王禹汤文武……其事上尊天，中事鬼神，下爱人。故天意曰此之我所爱兼而爱之，我所利兼而利之，爱人者此为博焉，利人者此为厚焉，故使贵为天子，富有天下，业万世。……（《天志上》）

（4）吾所以知天之爱人之厚者有矣。曰……为王公侯伯使之赏贤而罚暴。（《天志中》）

全书中像这类的话，正是举不胜举，墨子的主张明明是那"天生民而立之君"的一派神权起源说，他何曾说"国家是由人民同意所造成"，更何曾与欧西的民约论在同一立脚点上呢？

周秦之际的学者大都是反对宗教的无神论者，而于墨子独发生出一个例外。人格神的存在，鬼的存在，这是支配三代的根本观念。三代的政治与宗教并未分离，帝王便是教皇，做民父母的人是天的儿子。所以当时的国家，我们可以说是便是耶教徒所理想的天国。可惜这种天国在理想上是很美丽的而在实际上实同地狱一样。因为思想与权力结婚时，思想便定于一尊，而人类的自由便受其束缚，三代时的往事足以证明，欧西中世纪的黑暗时代也正是这样。周秦之际的学者，承受三代的黑暗时期之后，而蔚成思想革命的潮流。老子最激烈，他要把神鬼龟卜的一些阴魂一齐消灭。孔子稍温和，他虽然不信鬼，不信卜筮，但他也不愿强人不信；他把神改造了，他信的神不是三代时有受想行识的人格神，而是理神或是万有皆神的泛神。道家儒家是这样，而独于后起的墨家，才又把鬼神招呼转来做他们的护符。

墨子信神，而且信的是有意志能够明赏威罚的神。他不唯信神而且还信鬼，他不唯信鬼而且还反对当时非鬼派的儒家之悖理。所以墨子这位大师，我们如能以希伯来的眼光批评，尽可以说他是中国的马丁·路德，乃至耶稣；然我们如以希腊的眼光来批评他时，他不过是一位顽梗的守旧派，反抗时代精神的复辟派罢了。

墨子信神，所以他把神的观念来做他一切思想言论的出发点。他说：他有天志，譬若轮人之有规，匠人之有矩。他要把来上度天下的王公大人之为刑政，下量天下万民之为文学出言谈，合乎他这个规矩便是善，不合乎他这个规矩便是恶。何以他独于说到国家的起源上来，他偏要取消他万法归宗的上帝而创出甚么"民约论"出来，自行破坏自己的规矩法仪，自行作恶呢？

庄子的《天下篇》里说：

> 墨子称道曰昔者禹之湮洪水，决江河而通四夷九州也，名山三百，支川三千，小者无数。禹亲自操橐耜而九杂天下之川，腓无胈，胫无毛，沐甚雨，栉疾风，置万国。禹大圣也，而形劳天下也如此，使后世之墨者多以裘褐为衣，以跂蹻为服，日夜不休以自苦为极，曰不能如此，非禹之道也，不足谓墨。

我们读此，可以知道墨子是以私淑夏禹自任的。我们试问夏禹关于国家起源的想念是怎么样呢？《洪范》九畴是天赐给他的，一切物质精神道德刑政都是天赐给他的，天叫他是它的儿子，说，"天子，作民父母以为天下王"，这不待言明明白白地是神权起源说了。《洪范》虽不能确定说是夏禹著的，但它包含着三代的传统思想，我们是可以无疑的。墨子祖述夏禹，祖述三代的宗教思想，所以三代圣王，据他看来，是天赏他们做皇帝的，把天下做他们的私有财产，教他们传子孙业万世。天是因为爱民，所以才立王公侯伯使之赏贤而罚暴。我们从墨子思想的系统上与渊源上看来，他也明明是一个神权起源论者。

大凡一种有神论的宗教思想，根据总是很浅薄的。维系它的工具，一方面靠着愚民的蒙昧，一方面也要靠提倡者的人格。一种宗教的创始者与改革者，大都是一个伟大的人格。信仰他们的人，先为他们的伟大的人格所慑服，便把他们思想根据的薄弱也就忘了。譬如我们看海的时候，只看见汪洋旷莽的海面便不禁振臂激赞，在那时候我们是没有想到海是含混万浊的怪物，它里面甚么肮脏的东西都有，它的水更是咸得不能入口的。在精神沉闷的时候，看海是必要的一件事情，我们为那种空旷迷茫的一种无边的伟大所荡击，我们小小一点沉闷会被它荡到无何有乡去了。到焦热得不能聊生的时候，跳在海里去和它嬉游，更是件无上的快乐事；但是要能够泅水，能够驾御它的人才行。墨子兼爱的精神和忍苦的毅力，正是他人格的伟大处。他的人格就以我们不信仰他的学说的人看来，也正如像我们看海一样，只要不是盲目的人，总要起一种激越的赞叹。然而我们赞仰海面的伟大，并不能因此而赞奖它的水分是甜的，是清洁的；更不能替它辩护，说它唯其不甜不洁所以适成其为伟大。墨子的兼爱说很和我们现代的人道主义的精神相类，而他事事都要把利害来歆动人的论调又成了实利主义者的先驱，于是赞仰他的人竟苦心孤诣想用无数的近代色彩来替他粉饰。例如胡适之的《中国哲学史》便把实利主义和逻辑来做他的根本观念，梁任公的这部《墨子学案》也把"兼爱"来做墨学的根本观念。可惜墨子自己偏要说他的根本观念是在尊天明鬼，偏要说："我有天志，譬如轮人之有规，匠人之有矩。"在他是有了鬼神然后才有一切，他的逻辑只是要拿来证明他无法证明的鬼神的存在，而他公然证明了——这是近代的科学精神和实验主义所当敬避三舍的。他的兼爱说和实利说都以天为出发点，以天为归宿点。我们要兼爱。为什么要兼爱？因为天是兼爱。为什么因为天是兼爱，我们便当兼爱？因为这样便有利，不这样便有害。怎样是有利？怎样是有害？因为天能赏罚人，能兼爱则受赏，不能则受罚。怎样晓得天是存在？因为古书上是这样说。……这便是他的"为什么"和"怎样"的哲学的全部了。他自始至终是一个在神的观念里面翻筋斗的宗教家，他的思想根据之薄弱是有目共见的。便是胡适之和梁任公也都很知道他这种宗教的循环论证不足以餍我们近代人的要求，所以极力在用改梁换柱的工夫，要把他的根本观念改移到一个较为好看一点的节目上去。胡适之说：墨子的宗教思想是墨学的枝叶。梁任公说：墨子讲天志，纯是用来做兼爱主义的后援。他们都是苦心孤诣想把墨子这容易受伤的地方掩蔽开，其实这只是立脚点的差异。墨子始终是个教主，始终是个宗教家，他的天便是他筑的一座庄严教堂的中梁，不是宗教家的胡氏梁氏定要把他这中梁抽掉，他这座圣堂只好颓然倒地，剩下些散材零石了。只把一木一石来和西洋的木石比较，原是可以说是相同，但不能因为珍爱他的一木一石与西洋相同，便把他全部的建造来打成粉碎，再来说他的建造是西洋式的。

梁氏说墨子是民约论者，正是这种研究法的当然的结果。因为他把墨子的根本观念抽掉了，顺手拾一木一石来和自己脑筋中的西洋木石的观念相比较，觉其切然而吻合，便不觉欣然而色喜，于是乎一连三个"自然"的字眼，便很像自自然然地把墨子粉饰成霍布士，陆克，卢梭了。假使果如墨子所说，鬼神真是存在时，我们尽能听出中鬼烦冤西鬼哭了。

我这么写来，一定有人会说：你后生小子怎得那么任性指摘我们的先觉任公！任公说墨子是民约论者，他正有个坚决的根据，《经上》篇说："君，臣萌通约也"，不正是这个原理吗？

不错，这个根据的确是有趣，的确是梁任公新发明的。他在做《墨学微》的时候，虽已经在说墨子是民约论者了，但还不曾发明这个根据，他在《墨子学案》上便发明出来了，在《墨经校释》上更说得详尽。

（经）君：臣萌（同氓）通约也。

（说）君：以若（？）名者也。（若疑当作约，音近而讹。）

（释）《尚同中》云："明夫民之无正长……而天下乱也，是故选择天下贤良立以为天子。……天子既已立矣，……选择天下贤良置以为三公……诸侯……远至乎乡里之长。……"言国家之起源，由于人民相约置君，君乃命臣。与西方近世民约说颇相类。

萌同氓，同民，约字是现成的，在字面上已经摆起"民约"两个字了，这还不能说是"民约论"吗？并且在经说中"约"字还是因音近而讹成"若"的。这么一来好像真是太平无事了，而无如梁任公自己，他也不敢十分相信，"若"字他便不敢硬改成"约"——即改成"约"，也只是"约民"而不是"民约"——只在旁边加一个问号，在脚注又只能存疑；学者的良心如果明了地放在意识上时，他所取的态度是只能这样的；但可惜梁氏的断案也未免太早计了。他在《墨子学案》中引《经上》去证明《尚同》篇是民约说，此处他又引《尚同》篇来证明《经上》是民约说，这已陷于循环论证的谬误。如他以《经上》有"民约"两个字便能说是"与西方近世民约说相类"，这与乎把"彼美人兮，西方之人兮"解释成"美国人"的究竟有甚么区别呢？古代的书籍，由字体变迁之故，不知经了几次的改写，几次的翻印，然后才成了现在的今样。无关宏旨的难语，断难保无错落，我们本无追求甚解之必要，定要追求甚解，那就非有十分的客观论证，不能服人。墨子的国家起源说决不是民约论而是神权起源论，在他全书中是数见不鲜，他何能在《经上》中特开一个例外？所以即使"通约"二字除"相约"外不能作第二种解释，从通观墨学的统系上看来也不能不怀疑。何况"通约"二字即使作为"相约"讲，而于字义也还不足。现在我们说："君：臣民相约也"，约字下总还要一个补助动词才能成话。我们只说"相约"，倒底相约甚么呢？相约而服从吗？相约而推戴吗？乃至相约而使之子子孙孙万世继承吗？……

胡适之氏说：《墨经校释》有些地方"太牵强"，我觉得这一条也正是牵强之一例。在我的意思，"通约"疑是"统约"。"约"字作契约解是后起之义，它的原意是"缠束"。"通""统"音近而通用。所以"通约"疑是"统约"，"君，臣民通约也"更是"君者臣民之统约也"，便是"天子……一同天下之义"的意思。这么解法从墨子全体的思想上看来无甚龃龉，便照字面上讲来也辞足而意满，似乎比顾文思义的民约说要妥当得多吧。

但是关于此语的解释，胡适之氏的意见与梁氏的也是大同小异。他的《墨经校释》的后序中说：

> 墨子《尚同》各篇深怕"一人一义，十人十义"的危险，故主张"上同"之法，——上之所是，必皆是；所非，必皆非之，——很带有专制的采色。墨家后人渐打破这种专制的正义观，故《经上》有"君臣萌通约"之说，《经说上》释此条道："君以若民者也。"梁先生校改"若"为"约"；"若"字但向来训"顺"，正不烦改字而意义更明显。

其实墨子的书，从《法仪》一直到《非儒》，他都是替王公大人说的治天下的道理，他的思想归根是政教不分，一权独擅，他专制的色彩何止《尚同》各篇！但是我们读胡氏的这段后序，我们可以得到两个可以注意的事实：

（一）《墨经校释》已非原稿。胡序说："梁先生校改'若'为'约'……"，但是《墨经校释》中并未"校改"，只在"若"字旁加一个问号，在句下附了九个字的注脚。假使我的揣测是不错时，我想梁氏大约看见胡氏的"若字向来训顺"的解释，比"若"字改"约"更来得顺当些，所以略略把原稿改变过一下。不然，便是胡序的"校改"两字，用得太自由了一点。

（二）胡适之也承认民约说。胡氏说："若"字向来训"顺"，这是承认了《经上》的"君臣萌通约也"是民约说之后，才生出来的一种解释。这种解释的妥当性，要看《经上》那句话的解释为转移，便是《说》的含义是《经》的含义的函数。《经》义一变，《说》义便随之而变。"若"字的古训并不专限于训"顺"，它的古训是"择菜"，由"择菜"可以引申出"顺"字来，由"择菜"更可以引申出"择"字来（《晋语》秦穆公曰："夫晋国之乱吾谁使先若夫二公子而立之"之"若"字便训"择"）。"君以择民者也"便是"为王公侯伯使之赏贤而罚暴"，于义可通，于我上文的推论亦毫无龃龉。于是乎"若字训顺"的妥当性又被"若字训择"的妥当性至少也夺去一半了。假如更容许我们学点考据家的技俩，依形近而讹的惯例而"改字"时，那吗，我们还可以得两种改法：

（一）君以尹名者也。尹治也，古文或作𡱳，与若𡥉勉强相近。

（二）君以𦯧名者也。《洪范》惟僻作威。《说文》𦯧字读若威，墨子的《明鬼下》便有这个字，"恐后世子孙不能敬𦯧以取羊"是说敬威以取祥。𦯧字与若字无论篆体今体，形态更相近了。

我这两种改字，自然不敢说是墨子原书定是这样，但我觉得"形近而讹"的可能性比"音近而讹"的可能性还要多一点。

据此看来，"君以若名者也"一句至少可以得五种解释。要说"若"字训"择"靠不住，那吗"若"字训"顺"也靠不着。要说"若"字改"尹"或"𦯧"是靠不着，那吗"若"字改"约"更是靠不住了。归根要看《经上》的正解是怎么样，更要看墨家思想的统系是怎么样了。

墨家思想的统系究竟是怎么样呢？——我在前面已经约略说过了。

六月十三日

（本篇最初发表于 1923 年 6 月 23 日上海《创造周报》第 7 号，选自《文艺论集》，上海光华书局，1927 年 2 月版）

惠施的性格与思想

春秋战国期间我国学术史上有一个黄金时代的存在，这是无论若何好于疑古的考古家都是承认的了。在那时初期的学者，如像道家，如像儒家，一则向形而上学的方面驰骋其玄思，一则向人生哲学的方面焕发其讨究，然对于物质上的探讨，则多所忽略。大抵初期的思想偏在唯心，偏在理想，对于眼前的物质界几乎可以说尚未开眼。然在后期的学者则趋向大不相同了，譬如后起的墨家便注重在逻辑的建设，《墨经》更多关于物理数理的考察。又譬如邹衍主张"先验小物"，这可以说是实验精神的发轫，也可以说是归纳法的初基。他的大九州之说，在当年虽是荒唐无稽，而在现代则毫不足惊异了。后期的学者中，惠施正是一位最主要的人物，庄子的《天下》篇把他和老聃墨翟诸人并举，荀子的《非十二子》篇也把他和墨翟仲尼同说，可见他的学者的位置在当时也不亚于他的政治家的位置了。

他的政治家的位置，我们在《庄子》书中知道他在梁国做过宰相，他在梁国的势力我们从《战国策》和《吕氏春秋》二书可以参证。《战国策》上说他曾为魏王（即梁王）出使过一回楚国；魏与齐国打仗在马陵打败了，死了太子，失了十万大兵（这件事我们读过《孟子》的人，大概是知道的），魏王想要大举复仇的时候，他劝他不如折节而朝齐，可以激怒楚王，使与齐国交仗。后来他的政策成功了，楚国终竟把齐国大大的在徐州打败了一次。此外他在魏惠王死后，因为雪大，劝过魏襄王缓葬；曾为韩魏交，令太子鸣（疑是襄王子哀王）为质于齐；又曾劝田需在魏王左右树党。他的政治家的色彩，不外是当时的纵横捭阖之流，以敌攻敌，敷衍一时，并没有甚么伟大深远的政策。他劝魏惠王折节服齐的时候，他的政见，《吕氏春秋》上替我们保存了一段谈话，我觉得很可以纪述。

> 匡章谓惠子曰："公之学去尊，今又王齐王，何其到（同倒）也？"
>
> 惠子曰："今有人于此，欲必击其爱子之头，石可以代之。"
>
> 匡章曰："公取之代乎？其不与？"
>
> "施取代之。子头，所重也。石，所轻也。击其所轻以免其所重，岂不可哉？"
>
> 匡章曰："齐王之所以用兵而不休，攻击人而不止者，其故何也？"
>
> 惠子曰："大者可以王，其次可以霸也。今可以王齐王而寿黔首之命，免民之死，是以石代爱子头也，何为不为？民寒则欲火，暑则欲冰，燥则欲湿，湿则欲燥，寒暑燥湿相反，其于利民一也。利民岂一道哉？当其时而已矣。"
>
> （《开春论》第四章《爱类》）

这段对话在《庄子》上也可以寻出些痕迹。《齐物论》上说：夫随其成心而师之，谁独且无师乎，奚必知代而心自取者有之？愚者与有焉！未成乎心而有是非，是"今日适越而昔至"也……云云，今适昔至是惠施的话，知代自取者必系指责惠施，"知代"二字古人多不得其解，我以为必是"石代子头"之说。庄子的意思是：师心自用，不仅聪明人能够，便是愚人也能够。

我们读这段对话，觉得惠子是主张实利主义的一人，他的政见是当其时有利于人的便是理想，他不主张理想是固定的。他这种精神和孟子是恰相反对，孟子见梁惠王的时候，开口便教他行仁义，便教他复古。惠施的名字在《孟子》书中不曾见过一次，怕正由于他们意气不相投合的缘故。非前期而中的，他可以说是善射，他可以说天下的人皆是后羿（《庄子·徐无鬼》篇）。他是不论手段只论成功，不论理想只论实利。

惠子的外的生活，除他在政界上略有表见之外，我们从古书中得不到甚么详细的面目。他的言行在《庄子》书中前前后后共见过十四次：

《逍遥游》篇两次　　　　　《齐物论》篇两次

《德充符》篇一次　　　　　《秋水》篇两次

《至乐》篇一次　　　　　　《徐无鬼》篇两次

《则阳》篇一次　　　　　　《外物》篇一次

《寓言》篇一次　　　　　　《天下》篇一次

我们从这些材料之中，知道他是会弹琴的人，而且还是诗人或者歌者。《齐物论》说："惠子据梧"。梧字司马彪解作琴。我们再看《德充符》篇的庄子贬惠施的话："今子外乎子之神，劳乎子之精，倚树而吟，据槁梧而瞑"，我们可以想见一个艺术家在一株茂树之下瞑目弹琴而唱歌的状态。吟与琴是连带的游艺，司马彪的解释是合乎情理。成玄英把梧字解成夹膝几，这未免太煞风景了！但是他吟的是甚么？弹的是什么？是他自己做的诗歌？是他自己制的曲谱？那我们便无从得知了。

他是庄子的绝好的朋友。庄子妻死的时候，他去吊孝。（《至乐》篇）他死之后，庄子到他坟上去吊他，很伤知己的零落。（《徐无鬼》篇）但他同时也是庄子的论敌。他们两人的性格完全不同。他彻底是一个"人"，而庄子则几几乎脱掉了人的性味。庄子妻死，他去吊他的时候，看见他在箕踞鼓盆而歌；他便怪他太不合乎人情。他以为与人做夫妇一场，并且生了儿子，人死之后，不哭也就够了，不应得还要鼓盆而歌。他的主张是人是应该有情的，人而无情，便算不得是个人。（《德充符》篇）他彻底是个人，人的美点缺点他都是有的。主张实利主义的他，对于利禄的观念他也非常之重。我们看他劝田需树党，已全然是政客的排场；更看他相梁的时候，庄子去访他，他听信谣言以为庄子是来夺他的相位，竟在国中把他的好友大搜了三天三夜。（《秋水》篇）我们把他这种态度来和庄子比较，两人的性格可以说是地球的两极了。庄

子是乐道安贫，连人两次要他做宰相，他都辞掉了。(《秋水》篇与《列御寇》篇)

他和庄子两人，关于研究学问上的态度，也是完全两样。一个是尽在主观内抽绎玄思，一个定要在客观上探讨真理。他说庄子的学说是没有用处(《外物》篇)，讥诮它是无用的大瓠，讥诮它是无用的大樗(《逍遥游》)。但是庄子也很悲悯他，说他是外神劳精(《德充符》)，说他"舛驳"，说他"散于万物而不厌……驰荡而不得，逐万物而不反"，而其所能只是"一蚊一虻之劳"(《天下》篇)。他们两人同论孔子，惠子佩服孔子"勤志服知"，庄子却赞美孔子的神化。(《寓言》篇)最有趣味的是他们两人在濠梁上观鱼的一段逸事。

> 庄子与惠子游于濠梁之上。
> 庄子曰："儵鱼出游从容，是鱼之乐也。"
> 惠子曰："子非鱼，安知鱼之乐？"
> 庄子曰："子非我，安知我之不知鱼之乐？"
> 惠子曰："我非子，固不知子矣；子固非鱼矣，子之不知鱼之乐全矣！"
> 庄子曰："请循其本：子曰汝安知鱼乐云者，既已知吾知之而问我；我知之濠上也。"
>
> (《秋水》篇)

一个全凭主观去推察物象，一个则非在客观上求出真凭实据来决不肯放手，不讲逻辑的庄子，在这场小小的论战上，的确是被惠施问穷，不免流于诡辩了。这虽是小小的一段逸事，我以为是极关紧要的文章，把两人的性格和思想的态度表现得极鲜明了。

我们读庄子的书，觉得惠施在当时的思想界是一个大宗。我们且看他自己说道："今夫儒墨杨秉(公孙龙)且方与我以辩，相拂以辞，相镇以声，而未始吾非"(《徐无鬼》篇)，庄子也说他以其言"大观于天下而晓辩者，天下之辩者相与乐之"(《天下》篇)。

辩者之徒《天下》篇中举了桓团公孙龙二人。辩者的言说，一共举了二十一项。其中如"一尺之棰，日取其半，万世不竭"，这是数学上的一种发现。希腊古时有一个诡辩派的哲学家 Zero[①]，他也发现了这种现象，而倡出龟兔竞走的奇说。他说龟走一尺时兔走二尺；龟走了二尺

---

① 通译芝诺(Zenon)，Zero 为郭沫若所用。

的时候，兔从后面去追它，永远没有追及的时候。因为龟和兔之间相隔的二尺距离，递次二分时，永远不能分尽，便是兔走一尺时，龟走五寸，兔再走五寸时，龟又再走二寸五，五寸又再二分，分到尽头处终是不能分尽。便是兔永远走不尽二尺，龟只是在朝前走，所以兔永远没有追及龟的时候。这虽是诡辩，但是它的根据是很合乎实理的。我觉得二十一项中的"指不至，至不绝"一项，也可以用同样的道理解释。指与所指间的距离，如递用二分时永远不能分尽，便是所指不能至，所至终非绝对。

"火不热"是热学上简显的道理。譬如手执炽铁而手不遽焚，这是因为手与铁之间顿时生出了一层蒸气的障隔。又譬如以纸包裹铜钱一枚置诸火焰上而纸亦不遽焚，这是因为铜的传热力大，火的热力一时达不到纸的燃点。又如蜡烛的火焰分为三层，最中一层黑焰只是炭氧化气（CO-gas）全无热力。当时的辩者大约是根据这些现象而得出一个火不热的结论。

"飞鸟之影未尝动也"——鸟影之动只是无数个鸟影相衔接，由吾人眼中残像而形成运动，其实各个鸟影实未尝动。这是利用光学的道理。

"目不见"——目所见者只是物的返光，而非物的本体。

"轮不蹍地"（蹍当同辗）——据力学上讲来，轮在地上运转时，系以轮与地面接触之点为中心，instantaneous centre of rotation 以轮之直径为半径而旋转。故严格地说时轮的旋转并不是在地上旋转，实是向地内旋转。（此项据成仿吾解释）

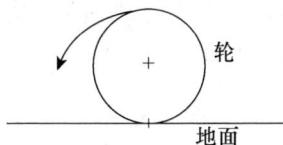

以上六项，在二十一项中比较饶有趣味，我们对于它们的解释，有些虽是出于臆度，但我们相信与原文的寓理并无牵强。当时的辩者大都承受《墨经》的精神，《墨经》中关于数理与物理已多所论究，我们相信上举的浅近的科学的理论与现象，为当时辩者所能见及。从可知辩者之徒都是唯物的思想家，而与之观晓应辩的惠施，亦当然是唯物派的一个领袖了。

惠子的著书，庄子以为有"五车"，可惜我们现在连一本也不能看见。他的性格，他为政的态度与为学的态度，我们据上所考察，可知道都是实际的而非虚玄的。假使"自然科学"一语，容我们在此借用时，我觉得周秦之际的末年，大部分的学者都带有几分自然科学家的色彩，便是他们研究的对象已渐渐移到物质界上来，他们研究的方法已渐渐知道利用观察，经验与逻辑；而就中以惠施为尤杰出。《天下》篇上说南方有个奇人名叫黄缭，问惠施以"天地所以不堕不陷，风雨雷霆之故"，这样的疑问，在现在看来虽是很平常，但在当时看来的确是很奇特。当时离三代神道设教的时代未远，一切天地间的自然现象都是上帝的创造，都是上帝的威棱，不容有人怀疑，也不曾有人过问；然而在这时代竟有人大胆怀疑，而生出探究的野心了。问已问得如此合乎科学的精神，可惜惠施的"不辞而应，不虑而对"的"万物说"，我们竟至一个字也不能知道。

科学家所走的道路，在一般人看来，乃至在拢统的思想家看来，终不外是狭隘的道路；科学家的行为每每轶出一般因袭的道德范围而不暇顾及。庄子批评惠施，说他"弱于德，陈于物，其涂隩"（《天下》篇），这正是我们现代的非科学者非难科学家的口吻。荀子的《非十二子》篇，也说他"不法先王，不是礼义，而好治怪说，玩琦辞，甚察而不惠，辩而无用，多事而寡功，不可以为治纲纪"。其实不法先王和多事寡功，正是科学家的真精神。在思想革命的时期，一种学说初出世之时，谁不受人非难，被诋为非圣无法，离经畔道，欺世惑俗，乃至死于极刑呢？不仅我国的历史上如是，便在欧西中世纪，已经有多少思想革命家死于惨酷的燔刑了。惠施赢得反对者的责骂，我们正足以反证他有独立特创的精神，他的精神之失传，他的书籍之遗失，尤足以使我们述古的人倍感无限的哀慕。他的遗说我们在《荀子》与《庄子》上尚可考见得一些。

> 山渊平，天地比，齐秦袭，入乎耳，出乎口，钩有须，卵有毛，是说之难持者也，而惠施邓析能之。
>
> 　　　　　　　　　　　　　　　　　　（《荀子·不苟》篇）

> 惠施多方，……历物之意曰："至大无外谓之大一，至小无内谓之小一：无厚，不可积也，其大千里。天与地卑，山与泽平。日方中方睨，物方生方死。大同而与小同异，此之谓小同异；万物毕同毕异，此之谓大同异。南方无穷而有穷，今日适越而昔来，连环可解也：我知天下之中央，燕之北越之南也。泛爱万物，天地一体也。"
>
> 　　　　　　　　　　　　　　　　　　（《庄子·天下》篇）

荀子以惠施邓析并举，所举二子之说，"山渊平，天地比"二项，我们参照庄子可以知道出自惠施；其外"卵有毛"在庄子二十一项的辩说中，"钩有须"注家以为即"丁子有尾"，"入乎耳，出乎口"以为即"山出口"。唯"齐秦袭"一语的主人，不知究系惠施或是邓析；好在无关紧要，我们可以存而不论。惠施的遗说，其吉光片羽，幸而尚能子遗于后世者，我们不得不感谢庄子了。庄子所撮述的惠施遗说，从来解说家都分裂为十项，视为各不相伴，等如辩者之说二十一项；但据我个人的考察，我觉得只是六项，并且在意义上大抵是相连续的，我为清醒眉目起见，我再把它胪列出来，附加上我个人的见解。

1. 至大无外谓之大一，至小无内谓之小一：无厚，不可积也，其大千里。

大一是指无穷大的宇宙，然使细分以至于微末，终可以达到无可再分的一个微末的质点。小一便指这种质点而言，他的定义是"无厚"，便是没有 dimension。但是这没有 dimension 的说法，只是在分析而非聚积之状态下所言，若使积聚，则虽小一也可至于无穷。故无穷大的宇宙是从无限小的质点聚积而成。

2. 天与地卑，山与泽平。

天地山泽，在外形上虽有高低之分，就质点的"小一"而言，则同是"无厚"，所以山渊平而天地比。此条正破旧有观念天尊地卑之说，所寓革命的精神非小！匡章说惠施之学"去尊"，而怪他王齐，荀子说他"不是礼义"，我们可以揣想惠施必是个无神论者或无治论者。

3. 日方中方睨，物方生方死。

此言万汇流转，无或已时。

4. 大同而与小同异，此之谓小同异；万物毕同毕异，此之谓大同异。

此条似为针砭当时学者之争辩而言，当时学者墨非儒，儒非墨，道又非儒墨，然而终不能跳出大自然的律法中，只因主观的小同而与小异争辩。譬如同活一百岁的人与同活二十岁的人比较，自然不同，但这所不同者有限，而所同者亦有限，但使大观乎宇宙，则举没不同成于质点，举没不同在变化之中，说同则举没不同，说异则举没不异，学者如就这大同大异上着想，则区区小同小异可以无容置辩了。所以他可以说

天下无公是，而且天下人皆尧。（《徐无鬼》）

5. 南方无穷而有穷，今日适越而昔来，连环可解也：我知天下之中央，燕之北越之南也。

此是地圆说，南方本无定限，南之南更有南，但如绕地一周则南极仍归于初出发之点。又譬如我们从上海到杭州，到了杭州我们还要南行到杭州去，绕地一周再到杭州时，我们可以说是从前来过的了。此理骤看是不易通，但地球是圆形，我们绕他一周恰好如环之两端相连，以此便可以解释。天下的中央可在燕之北与越之南，可见惠施眼中的地球决不是平板。

6. 泛爱万物，天地一体也。

天地万物同是由"小一"而成，外形虽有大异，而根本毕竟大同。识此大同我们可以不生差别，对于天地万物都可以一视同仁。

以上我根据惠施的性格和态度把他的遗说作了一番解释，我相信我这种解释对于惠施的真意或者无甚径庭。

古今来的思想家对于宇宙的解释大抵不外两途，一种是从大处落墨，想在现实之外找出一个存在来包办宇宙；一种是从小处着眼，只想在现实之中寻求世界的胚胎。形而上学家属于前者，科学家大抵属于后者。希腊古代的思想家求宇宙的大元于水于火于超绝感官之物，逮 Demokritos 出，便唱原子之说而为科学的先河。印度古代的婆罗门以为宇宙出于湿婆，出于梵天，逮胜宗（Vaisesika）出而"极微"（Poramanu）之说始盛。——胜宗以地水火风四大为"极微"，为形成万物之因。我国亦然，如道家之"道"，儒家墨家之"天"，都是包办宇宙的大祖宗，而我惠施则明明背叛这个祖宗，而别立与原子极微相类似的小一说。惠施由小一说以达到天地一体观，他的结论虽然与儒家道家相同，但他的出发点是完全相异。譬如庄子说："天下莫大于秋毫之末而太山为小，莫寿于殇子而彭祖为夭。天地与我并生，而万物与我为一"，这固然同在说天地万物为一体，但庄子的意思是以天地万物同出于一个包办宇宙的"道"，他说"夫道有情有信，无为无形，可传而不可受，可得而不可见，自本自根，未有天地，自古以固存，神鬼神帝，生天生地，在太极之先而不为高，在六极之下而不为深，先天地生而不为久，长于上古而不为老"。道是一切的本体，一切都是道的表相，表相虽有时空的限制，而本体则超绝一切。故自本体而言，毫末虽小而它的本体不小；然自表相而言，则泰山虽大终为空间所限。自本体而言，殇子虽夭而他的本体不灭；然自表相而言，则彭祖虽寿终为时间所限。万汇是道的表相，我也是道的表相。体相一如，我与道体非二。本体不灭故我也不灭，本体无穷故我也无穷。故自时间上说：我与天地是并生；自空间上说：万物与我是一体了。一体之说虽同，而他们的出发点迥异，这是我们研究古代思想的人应该注意的地方，胡适之的《中国哲学史大纲》说惠施的天地一体观即是后来庄子所说"天下……"云云，我觉得他不惟没有懂得庄子，而且没有懂得惠施。

惠施以小一为积成大一之基，但小一如何积成大一，宇宙中的运动从何起源，生命现象的起源如何，这些问题的解答在他的五车书与万物说中或者已曾提及，但可惜我们在他的遗说里面，连一些痕迹也不能寻索得了。

地圆说或者是惠施首倡，我们看他"今日适越而昔来"（《齐物论》中作"昔至"）之说，连最能了解他的好友庄周也不能了解，也说他是"以无有为有"了。虽然在《周髀算经》上有"日运行处极北，北方日中，南方夜半。日在极东，东方日中，西方夜半。日在极南，南方日中，北方夜半。日在极西，西方日中，东方夜半"之说，《大戴礼》有"天圆地方四角不揜"之辩，《春秋元命苞》更言"天左旋，地右动"，《河图》言"地有四游，冬至地上行北而西三万里，夏至地下行南而东三万里，春秋二分，是其中矣"，但这些书都是后人的假托。

总上所述，我们再把几个结论撮在后面：

1. 惠施是一位实际的人物，他对于人情世故很精明；
2. 他是一位纵横捭阖式的政治家；
3. 他精通艺术，能弹琴，而且会唱歌；
4. 他是个科学的思想家，倡道原子说与地圆说；
5. 他主张实利主义；
6. 他主张泛爱，万汇平等，无君，无神。

十二年十二月十日

（本篇最初发表于 1923 年 12 月 16 日上海《创造周报》第 32 号，选自《文艺论集》，上海光华书局，1927 年 2 月版）

伟大的精神生活者王阳明

险夷原不滞胸中，
何异浮云过太空？
夜静海涛三万里，
月明飞锡下天风。

四百一十七年前，王阳明先生三十六岁的时候，触犯了刘瑾八虎的狐威，被谪贬为龙场驿驿丞；南下至钱塘，刘瑾命腹心二人尾随，原拟在途中加以暗害，聪明的阳明先生想了一条妙计出来，他把一双鞋子脱在岸头，把斗笠浮在水上，另外还做了一首绝命诗，假装着他是跳在钱塘江里死了，尾随他的两位小人竟信以为真，便是阳明先生的家族也信以为真，在钱塘江中淘索他的尸首，在江边哭吊了他一场。阳明先生投身到一只商船上向舟山出发，船在海上遇着大风，竟被飘流到福建的海岸。上面的一首诗便是咏的这回航海的事情。读者哟，我们请细细悬想罢。在明静的月夜中，在险恶的风涛上，一只孤舟和汹涌着的死神游戏，而舟上的人对于目前的险状却视如浮云之过太空，这是何等宁静的精神，何等沉毅的大勇呢！孔子在陈绝粮倚树而歌的精神会连想到，耶稣在海船上遇飓风呼风浪静止的勇气也会连想到罢。这首诗我觉得是阳明先生一生的写真，他五十七年间在理想的光中与险恶的环境奋斗着的生涯，他努力净化自己的精神，扩大自己的精神，努力征服"心中贼"以体现天地万物一体之仁的气魄，是具足地表现在这首诗里面了。他的精神我觉得真是如像太空一样博大，他的生涯真好像在夜静月明中乘风破浪。他是伟大的精神生活者，他是自强不息的奋斗主义者，儒家的精神真能体现了的，孔子以后我恐怕只有他这一人。

我真正和王阳明接触是八年前的事情了。民国三年正月我初到日本，六月便考上东京第一高等学校，因为过于躐等躁进的缘故，在一高豫科一年毕业之后，我竟得了剧度的神经衰弱症。心悸亢进，缓步徐行时，胸部也震荡作痛，几乎不能容忍。睡眠不安，一夜只能睡三四小时，睡中犹终始为恶梦所苦。记忆力几乎全盘消失了，读书时读到第二页已忘却了前页，甚至读到第二行已忘却了前行。头脑昏聩得不堪，沉重得不堪，炽灼得如像火炉一样。我因此悲观到了尽头，屡屡有想自杀的时候。临到这样，对于精神修养的必要的呼声，才从我灵魂深处呼唤了出来。民国四年的九月中旬，我在坊间买了一部《王文成公全集》来诵读，不久又才萌起了静坐的念头，又在坊间买了一本《冈田式静坐法》来开始静坐。我每天清晨起来静坐三十分，每晚临睡时也静坐三十分，每日必读《王文成公全集》十页。如此以为常，不及两礼拜功夫，我的睡眠时间渐渐延长了，梦也减少了，心疾也渐渐平复，竟能骑马竞漕了——这是在我身体上显著的功效。而在我的精神上更使我澈悟了一个奇异的世界。从前在我眼前的世界只是死的平面画，到这时候才活了起来，才成了立体，我能看得它如像水晶石一样澈底玲珑。我素来喜欢读《庄子》，但我只是玩赏他的文辞，我闲却了他的意义，我也不能了解他的意义，到这时候，我看透他了，我知道"道"是甚么，"化"是甚么了。我从此更被导引到老子，导引到孔门哲学，导引到印度哲学，导引到近世初期欧洲大陆唯心派诸哲学家，尤其是司皮诺若（Spinoza）。我就这样发现了一个八面玲珑的形而上的庄严世界。荏苒之间也就经过八年了，《王文成公全集》我在六年前已经转赠了别人，静坐的工夫近来虽没有一定的时间实行，但是王文成公的精神是深深烙印在我的脑里，冈田氏在脐下运气的工夫我是时时刻刻提醒着的，我的身体在同侪之中还算健实，我的精神在贫困之中也还见静定，这都是王文成公赐给我的。

　　我和王阳明先生是在这样的动机，这样的状态之下相接合的。我对于他的探讨与哲学史家的状态不同，我是以澈底的同情去求身心的受用。普通的哲学史家是以客观的分析去求智欲的满足的。所以我对于王阳明先生的生涯和学问，我没有精细地分析过，我没有甚么有统系的智识。现在我寄居在海外，手中书籍也没带在身边，我也无从再来作一种客观的探讨，我现在仅就我数年间浸润之渐所得的王阳明先生的印象来叙述时，我前面说过，他的一身是自强不息的奋斗主义的体现，他是伟大的精神生活者，他是儒家精神的复活者。

　　王阳明生于明宪宗成化八年（西历一四七二年距今四百九十二年前）九月十三日，死于明嘉靖七年戊子（前西历一四一五年）十一月二十九日。[①] 他一生五十七年中，就我记忆所及的，我以为可分为三个时期：

---

　　① "距今四百九十二年前"，应作"距今四百五十二年前"，《沫若文集》、《郭沫若全集》本均改作"距今四百五十三年前"。"前西历一四一五年"，应作"西历一五二八年"，系误排。

第一期　浮夸时代（三十以前）
　　　　——任侠……骑射……词章——
第二期　苦闷时代（三十至三十九）
　　　　外的生活——病苦……流谪
　　　　内的生活——神仙……佛氏……圣贤之学
第三期　匡济时代（四十至五十七）
　　　　——文政……武功……圣学——

他的一生之中我们可以看出的两个特色便是：

（一）不断地行自我扩充；

（二）不断地和环境奋斗。

他三十以前，所谓溺于任侠溺于骑射溺于词章的时代，在他的生涯中也决不是全无意义的。他的任侠气概是他淑世精神的根株，他的骑射词章是他武功圣学的工具，这单从功利上说来，他三十年间的追求已不是全无意义。更从他的精神上说来，一种不可遏抑的自我扩充的努力明明是在他青春的血液中燃烧着的了。他努力想成为伟大，他便向一切技能上追求，人所十能的他想百能，人所百能的他想千能，人所千能的而他想万能了。这种精神本是青年好胜的常情，然而也是超凡入圣的发轫。常人的常情，为好胜的心事所迫以事追求，在他所追求的目的尚未明了时只是漠然的一种伟大欲望；俗世的名利有时被误认为"伟大"的实体而为其追求的途径。阳明幼时有段逸事，问世上人以何者为第一？其授业师答以"进士第一"，阳明说"不然，以圣贤为第一"。我们就这段逸事看来，授业师的答案不待说是腐俗之见，然而阳明的答案也是未能免俗。他以圣贤为第一，他是只慕圣贤之名，他所尊重的不是"圣贤"，只是"第一"。所以他一方面虽是景慕圣贤，而于别方面却不能忘情于举业。及到他中了进士，入了宦途，俗世的功名他也才渐渐不能满足。人生究竟有甚么意义呢？一个伟大的烦闷，一个伟大的哑谜，前来苦恼着他了。

王阳明中进士时是二十八岁，三十岁时往江北审囚，到这时候他的肺病增剧了，三十一岁时遂不得不告病归养。他从此访道，求神仙，信佛，在四明山阳明洞中静坐。他在这时候时常萌起厌世的念头，黑暗的死影时常来扰惑他，而他对于生之执着，不得不使他求超脱苦闷之途。他求佛求神仙正是他对于生之执着的表现呢。人生的意义究竟是甚么？只是无常吗？只是苦劫吗？名利关头打破后的王阳明走到生死关头来了。他的自我甚强，他的对于生的爱执决不容许他放弃了自己的要求，他的生活的途程便进而努力地和病魔奋斗，和死神奋斗。他的求佛求仙的动机正是出于积极的奋斗精神，他在道家之中求不出满足，他在佛家之中也求不出满足来，我们可以更无些儿疑义了。道家的宇宙本是活泼的动流，体相随时转变，而他的人生哲学却导引到利己主义去了。我在《函谷关》一篇小说中（参看《创造周报》第十五期）借老聃的口来批评过他自己：

> 我在这部书里（《道德经》）虽然恍恍惚惚地说了许多道道德德的话，但是我终竟是一个利己的小人。我说过，晓得善的好处便是不善了，但我偏只晓得较权善的好处。我晓得曲所以求全，枉所以示直，所以我故作蒙瞀以示彰明。我晓得重是轻根，静是躁君，所以我故意矜持，终日行而不离辎重。……

老子的学说在他根本上实在是有这样的矛盾的。他说的道与德是不能两立，他说的道是全无打算的活动的实体，而他说的德却是全是打算的死灭的石棺。他的末流会流为申韩的刻薄，这是势所必至。至于佛氏无论他是大乘小乘，他的出发点便是否定现实，他的伦理的究竟只是清净寂灭；他是极端侮蔑肉体的宗教，决不是正常的人所能如实归依的了。佛氏出而不入，老氏入而不仁，孔氏所以异于二氏的是出而能入，入而大仁。孔氏认出天地万物之一体，而本此一体之观念，努力于自我之扩充，由近而远，由下而上，横则齐家治国平天下，纵则赞化育参天地配天，四通八达，圆之又圆，这是儒家伦理的极致，要这样才能内外不悖而出入自由，要这样人才真能安心立命，人才能创造出人生之意义，人才不虚此一行而与大道同寿。王阳明诗有云：

> 大道即人心，万古未尝改。
> 长生在求仁，金丹非外待。

这正是澈底觉悟了后的惊人语。王阳明的根器深厚，他的不断的追求，血淋的苦斗，终竟引他上了这坦坦的道路了。

儒家精神埋没于后人章句，而拘迂小儒复凝滞于小节小目而遗其大体。自汉武以后，名虽尊儒，然以帝王之利便为背境以解释儒书，以官家解释为楷模而禁人自由思索，后人所研读的儒家经典不是经典自身，只是经典的疏注，后人眼目中的儒教，眼目中的孔子，也只是不识太阳的盲人意识中的铜盘了。儒家的精神，孔子的精神，透过后代注意的凸凹镜后是已经歪变了的。要把这反射率不一致的凸凹镜撤去，另用一面平明的镜面来照他，然后才能得见他的正体。但是这样的行为是被官家禁制了的，而且积习既久，狃于常见的人竟以歪变了的虚像为如实的真容，而不更去考察生此虚像的镜面的性质了。于是崇信儒教，崇信孔子的人只是崇信的一个歪斜了的影像；反对儒教，反对孔子的人也只是反对的这个歪斜了的影像。弥天都是暗云，对于暗云的赞美和诅咒的声音，于天空有何交涉呢？天空的真相要待能够拨开云雾的好手才能显现，王阳明便是这样的一位好手了。王阳明所解释的儒家精神，乃至所体验的儒家精神，实实是孔门哲学的真义。我在此且把阳明思想的梗概来撮录如下列的表式罢。

   Ⅰ．万物一体的宇宙观：
    公式——"心即理"
   Ⅱ．知行合一的伦理论：
    公式——"去人欲存天理"
     工夫（1）"静坐"
      （2）"事上磨炼"

这样虽是简单的表式，但我觉得是阳明思想的全部，也便是儒家精神的全部。此处所说的"理"是宇宙的第一因原，是天，是道，是本体，是普遍永恒而且是变化无定的存在，所谓"亦静亦动"的存在。自其普遍永恒的静态而言谓之"诚"，《中庸》所谓"诚者天之道。……诚者物之终始"。自其变化无定的动态而言谓之"易"，《易传》所谓"生生之谓易。……神无方而易无体"。名目尽管有多少不同，本体只是一个存在。这个存在混然自存，动而为万物，万物是他的表相，他是存在于万物之中，万物的流徙便是他的动态。就如水动为波，波是水之表相，水是显现在波中，波之流徙便是水之动态一样。所以理不在心外，心即是理，这是王阳明的万物一体的宇宙观，也是儒家哲理的万物一体的宇宙观。

  天理的运行本是无善无恶，纯任自然，然其运行于自然之中有一定的秩序，有一定的历程，他不仅周而复始在作无际的轮回，而他的轮回曲线是在逐渐地前进。他在不经意之中，无所希图地化育万物。万物随天理之流行是逐渐在向着完成的路上进化。《易传》"一阴一阳之谓道，继之者善也，成之者性也"。这个"善"字是超乎相对的绝对的善。无目的无打算地随性之自然努力向完成的路上进行，这便是天行，这便是至善。"仁者见之谓之仁"，这便是"天地万物一体之仁"，"智者见之谓之智"，这便是"良知"。王阳明有有名的四句教义：

> 无善无恶性之体，
> 有善有恶意之动。
> 知善知恶是致知，
> 为善为恶是格物。

此处前两句的善恶是相对的善恶，这相对的善恶之发生是由于私欲（即占有冲动）的发生，执着于现相世界之物有欲占以为已有，于是以私欲之满足程度为标准，能够满足私欲的便是善，不能便是恶。这是相对的善恶之所由发生。但这相对的善恶观念阻碍物化之进行，使进行之流在中途停顿，这与绝对的善（无目的无打算随性之自然努力向完成的进行）对待时便成为绝对的恶。四句教义中后二句的善恶便是这绝对的善恶。知道这绝对的恶是人欲，知道这绝对的善是天理，便努力"去人欲而存天理"，努力于体验"天地万物一体之仁"，努力于"致良知"，这便是阳明学说的知行合一的伦理了。入手工夫，一方面静坐以明知，一方面在事上磨炼以求仁，不偏枯，不独善，努力于自我的完成与发展而同时使他人的自我也一样地得遂其完成与发展——孔门的教义便在这儿，王阳明也正正见到了这儿了。

王阳明他见到了，他也做到了。在他三十三岁的时候，他又扶病出山。他和病魔奋斗，和自己的"心中贼"奋斗，更不得不和丑恶的寰境奋斗了。刘瑾奄宦之群舞弄朝政，戴铣、薄彦徽之徒直谏下狱，正义已扫地无存，而他独以铁肩担负，抗议入狱，责受庭杖四十几至于死，这是怎么的坚毅呢？这是他三十五岁时事。翌年赴贵州龙场谪所时，在途更几为奸人所乘，幸脱而又罹风涛之险，我在劈头处已经揭示出了，我们请看他的精神又是怎样的宁静，他的行为又是怎样的沉勇呢？他在龙场谪居了三年，饱尝了九死一生的经验，一直到他三十九岁才从谪所召回，他的苦闷时期才告一终结，以后便是他的自由施展的时期，他的文政，他的武功，他的师道，有他的传记和文录具存，我在前面说过，我是以求道者去亲接他，不是以史学家的态度去研究他的，我在此不愿多钞陈迹了。

总之他的一生是奋斗到底的，难治的肺痨缠绕他，险佞的奸人阻害他，使他的发展虽未能达到尽头，而当其时受他感化，受他教惠的人已经不少了。他终以肺病咯血，死于岭南。死的时候，他的弟子周积在侧，他对周积说他将要去了，周积问他有甚么遗言，他说：

此心光明亦复何言。

啊，这是伟人临终时说的最后一句话，我叙述到这句话上来，我的心尖战栗得难以忍耐了。我们再回头读他《泛海》的一诗罢，我们请看他的精神是不是如像太空一样博大，他的生涯是不是如像夜静月明中的一只孤舟在和险恶的风涛奋斗呢？但是他是达到光明的彼岸了！我们快把窗子推开，看看那从彼岸射来的光明！我们的航海不幸是在星月掩蔽了的暗夜之中，狂暴的风把我们微微的灯火吹灭了，险恶的涛声在我们周围狞笑。伟大的灯台已经在我们的眼前了呢，我们快把窗子推开，吸收他从彼岸射来的光明！我们请把那《泛海》一诗，当成凯旋歌一样，同声高唱罢！

> 险夷原不滞胸中，
> 何异浮云过太空？
> 夜静海涛三万里，
> 月明飞锡下天风。

以上我把王阳明的生涯和学说的梗概叙述完了，觉得还有些意思没有说尽，我要再写几条附论附属在这儿。

附论一　精神文明与物质文明

东西文化之争在现在是很激烈的。欧战过后，西人于精神上受莫大的打击，他们的视线便景仰到东方。"西方的物质文明破产了，东方的精神文明是救世的福音。"——这种呼声从西人叫了出来，东方人也得吐气扬眉而同声相应了。但是这种声音是很盲目，是很笼统的。西方的物质文明？这是指的甚么呢？这假如是指的资本主义的社会组织，这是当然破产了，或者是在不久的时期内是定要破产的。假如是指的科学文明，那岂会破产，要他才真正是救济全世界的福音呢。利用厚生之道非仰之于科学不可，启发智能之途亦非仰之于科学不可。科学不仅不会在西方破产，我们还要望他来救济东方呢。东方的精神文明？这又是指的甚么呢？这假如是指的否定现实的印度思想，假如要借这种思想来救济人类，这诚是出于大慈大悲，但见效太迟，倒不如多多制些绿气炮把人类打死，使全人类同归于涅槃灭谛。是这样时，我们可以不必赞美印度的圣徒，我们尽可赞美德意志的军阀了。在西人看来，希伯来文明（耶教）也是东方的思想，但希伯来文明不曾救济了西方，希伯来文明在他根本上也是反对进化，侮蔑肉体的，纯粹的希伯来也永不会救济人类。那吗东方的精神文明是指的我们中国的思想了，但是我们中国思想，在前面已经说过，是有道家与儒家的两大派别的。两派的思想虽同是肯定现实，而道家的实践伦理是自利自私，假使实行于世时，其极致与西方的资本主义制可以达到同一的结果。剩下的就只有儒家了。儒家的思想本是出入无碍，内外如一，对于精神方面力求全面的发展，对于物质方面亦力求富庶。精神是离不开物质的，精神的教养在富庶之后，这个为政的秩序，孔子自己是已经说过的了。那吗，在我们东方人看来，在我们物质的生产力尚未丰富的时代，我们正不得不仰救于西方的科学文明呢！不过我们所应当提防的地方，是要善于利用科学文明而不受资本主义的毒害。在这儿我在阳明学说中与近世欧西的社会主义寻出一致点了。王阳明主张"去人欲而存天理"，这从社会上说来，便是废去私有制度而一秉大公了。在这儿西方文化与东方文化才可以握手，在这儿西方文化才能生出眼睛，东方文化也才能魂归正宅呢。所以在我自己是信仰孔教，信仰王阳明，而同时也是信仰社会主义的。我觉得便是马克斯与列宁的人格之高洁不输于孔子与王阳明，俄罗斯革命后的施政是孔子所说的"王道"。

附论二　新旧与文白之争

由前论所述，东西文化可以开出一条通路，而在我国目前的新旧思想之竞争也可以折冲樽俎了。我的论旨是：在个人的修养上当体验儒家的精神努力于自我的扩充以向完成的圣域，而在社会的兴革上则当依社会主义的指导努力吸受科学文明的恩惠，使物质的生产力增加，使物质的分配平等，使各个人的精神都得以遂其全面的发展。一切都向着这个目标走去时，一切新旧的争端都可以止息了。就譬如文学上小小的文白之争，一部分人极端重视文言，其结果是凡一切新的白话的都一概摒绝（譬如章秋桐君在白话文的作者中他只晓得一个胡适），而别一部分人又极端重视白话，其结果是凡一切旧的文言的都一概不看（近代的青年很有这样的恶癖，有一派一知半解的批评家更从而怂恿）。这都是见理不全各执一偏的现象。文白只是工具，工具求其利便而已。白话文利而便，这是时会之所趋，就是孔子复生在现在，恐怕也要用白话文罢。"孔子圣之时者也"，他的语录文言不见摹仿《尧典》《舜典》，他的琴操诸作不见涂改清庙生民，居于二十世纪的今日何苦定要学那以艰深文浅陋的扬雄呢？文字的精神不在于其所借以表示的工具，宋儒语录，王阳明的《传习录》之类都是白话，我们不会说他内容的深度因白话的外形而变为浅屑。我们读书求学的目的，要在得意而忘言，得鱼而忘筌耳。于同一的意义内，凡是文言的作品都一概视为陈腐的观念，也是坐地自划的。我们只求其精神，那管他文不文，白不白呢？唯时势日新，青年所当习修的学业愈众，佶屈聱牙的古书在青年实不易理解，只徒糜费时日，为使青年有读古书的机会，把旧书加以新式标点，或把旧书演绎成今言，我是绝端赞成，我以为这样的事业，正可嘉惠士林不少呢。

附论三　王阳明的教育说

王阳明对于教育方面也有他独到的主张，而他的主张与近代进步的教育学家学说每多一致。文集中有一篇《训蒙大意》的文字，最是刬发了儿童教育的精神。可惜我现在手中无书，我不能一一摅论，我在此只写出这一点暗示来，请留心教育的人留意。他的教育是主张启迪，而不主张灌输。他同时注重体育。这是他的特色处。

附论四　静坐的工夫

静坐这项工夫在宋明诸儒是很注重的，论者多以为是从禅来，但我觉得当溯源于颜回。《庄子》上有颜回"坐忘"之说，这怕是我国的静坐的起始，《庄子》上有许多颜回的学说，可惜被后人一概视以为寓言而忽视了。庄子我觉得是颜回的弟子，孔门的微言大义有一部分是从庄子传下来的，这个事实我留待别的机会再论。静坐于修养上真有绝大的功效，我很赞成朋友们静坐，我们以静坐为手段，不以静坐为目的，是与奋斗主义不相违背的。静坐本有种种的方法，我现在就我自己的经验来撮述几条如下，以备有心静坐的人采法。

（一）呼吸　吸长而缓，呼短而促，宜行于不经意之间。
（二）身体部位　端坐。
头部　直对前面，眼微闭，唇微闭，牙关不相接，决不可
　　　紧咬。
胸部　后背微圆，前胸不可开张，心窍部宜凹下，两手叉置在
　　　大腿上。
腹部　上腹凹下，臀部向后突出到可能的地步。脚位两膝不可
　　　并，可离开八九寸的光景。

（三）精神　全身不可用力，力点宜注集在脐下，脑中宜无念无想，但想念不能消灭时亦不勉强抑制。

（四）时间　以午后一二时为宜，至少须坐三十分钟。地点不论，在事务室中也可，在电车中也可，随处都可以实行。

十年六月十七日脱稿①

（本篇系为上海泰东图书局 1925 年 1 月出版的《阳明全书》（又名《王文成公全书》）所写序，12 月收入《文艺论集》，选自《文艺论集》，上海光华书局，1927 年 2 月版）

整理国故的评价

大凡一种提倡，成为了群众意识之后，每每有石玉杂糅，珠目淆混的倾向。整理国故的流风，近来也几乎成为了一个时代的共同色彩了。国内人士上而名人教授，下而中小学生，大都以整理相号召，甚至有连字句也不能圈断的人，也公然在堂堂皇皇地发表著作，这种现象，决不是可庆的消息，所以反对的声浪也渐渐激起。

吴稚晖在《箴洋八股化的理学》（见《人生观之论战》）一文中，便首致不满之意，他以为"现今鼓吹成一个干燥无味的物质文明，人家用机关枪打来，我也用机关枪对打，把中国站住了，再整理什么国故，毫不嫌迟"。

仿吾在《国学运动的我见》（见《创造周报》第二十八号）一文中，也说"国学，我们当然不能说它没有研究之价值。然而现在便高谈研究……未免为时过早"。仿吾教人要注重科学，他的论调与吴稚晖的虽若不期而同，但是吴稚晖所注眼的是功利问题，他以为科学切用于现在的中国，国学不切用，所以应该去此取彼。仿吾的是方法问题，他以为

---

① 1929 年 7 月《文艺论集》第 4 版改作"十三年六月十七日脱稿"，1947 年 7 月收入《历史人物》时为"一九二一年六月十七日脱稿"。由于所署"脱稿"时间不同，造成文中几处时间计算不同。

要有科学的精神才能研究国学。这是他们两人根本上不相同之处。

本来做人行事，在我们信仰良心为至上命令者的人，只要本着良心行动，各就性之所近，各尽力之所能，原不当受第三者的干预。国学研究家就其性近力能而研究国学，这是他自己的分内事；但他如不问第三者的性情如何，能力如何，向着中学生也要讲演整理国故，向着留洋学生也要宣传研究国学，好像研究国学是人生中唯一的要事，那他是超越了自己的本分，侵犯了他人的良心了。这种人不仅欠缺知言之明，同时也犯定了轻蔑人格的罪过。善教者教人只能现身说法，问而后应；他只能说我的做人行事是如是，但不能强勉人一例都应该如是。善教者教人只在于无形无影之间使人不得不受他的感化，学他的步趋，但他却不能大锣大鼓四处去宣传："你们快来学我！快来学我！"如今四处向人宣传整理国故研究国学的人，岂不是大有这种打锣打鼓的风势了吗？国学运动才在抬头，便不得不招人厌弃，实在是运动者咎由自取。

但是厌弃国学的人，果如已本着良心的命令要研究科学或者要造机关枪，那最好是自己向研究室里或向兵工厂里去埋头煅炼。这样不消说是忠于良心，同时也是有功于社会。但如更进一步，只徒笼统地排斥国学，排斥国学研究者，这与笼统地宣传国学，劝人做国学研究者所犯的弊病是同一的，同是超越了自己的本分而侵犯了他人的良心了。

人生的行路本自多殊，不必强天下人于一途。一人要研究国学必使群天下的人研究国学，一人要造机关枪必使群天下的人去造机关枪，这无论是办不到的事情，即使办到了，也同是无用：人人都去研究国学，造机关枪去了，谁还种米来供人吃饭呢？分功易事，本来是社会成立的原则，也是人类进化的原则。主张要造机关枪的人说物质文明切用于现代，但主张研究国学的人也会说国学切用于现代，即使你要斥他无用，他也自承是无用，但他否定的自承实是肯定的自命，他会说"无用之中有大用存焉"，你反对者又把他怎样？所以凡事只能各行所是，不必强人于同。只要先求人有自我的觉醒，同是在良心的命令下作为，则百川殊途而同归于海，于不同之中正可以见出大同，不必兢兢焉强人以同，亦不必兢兢焉斥人以异。

国学研究也正该是这样，只要研究者先有真实的内在的要求，那他的研究至少在他自己便是至善。我们不能因为有不真挚的研究者遂因而否认国学研究的全部，更不能自我的要求以外求出别项的势力来禁止别人。吴稚晖的态度我觉得最难使人心服。仿吾亦失之偏激，但他注重在方法上的立论，犹遗与人以多少伸缩的余地。

至于国学究竟有没有研究的价值？这是要待研究之后才能解决的问题。我们要解决它，我们便不能不研究它。研究的方法要合乎科学的精神，研究有了心得之后才能说到整理。而且这种整理事业的评价我们尤不可估之过高。整理的事业，充其量只是一种报告，是一种旧价值的重新估评，并不是一种新价值的从新创造，它在一个时代的文化的进展上，所效的贡献殊属微末。沙士比与歌德的研究书车载斗量，但抵不住一篇 *Hamlet* 和一部 *Faust* 在英德文化史上所占的势力。千家注杜，五百家注韩，也何曾抵得住杜甫韩退之的一诗一文在我们的文化史上有积极的创造呢？我们常常向朋友谈笑话，说我们应该努力做出些杰作出来，供百年后的考据家考证。——这并不是蔑视考据家或者国学研究家的尊严，实在国学研究或考据考证的评价原是只有这样。它只是既成价值的估评，并不是新生价值的创造。我们从事于国学研究的人应该先认明这一点，然后虚心克己去从事，庶几可以少使多少人盲从，而真挚的研究家方可出现。

十三年一月九日

（本篇最初发表于 1924 年 1 月 13 日上海
《创造周报》第 36 号，选自《文艺论集》，
上海光华书局，1927 年 2 月版）

古书今译的问题

整理中国的古代文书，如考证真伪，作有系统的研究，加新式标点，作群书索隐，都是很必要的事情，但是此外我觉得古文今译一事也不可忽略，且于不远的将来是必然盛行的一种方法。整理国故的最大目标，是在使难解的古书普及，使多数的人得以接近。古书所用文字与文法与现代已相悬殊，将来通用字数限定或则汉字澈底革命时，则古书虽经考证，研究，标点，索隐，仍只能限于少数博识的学者，而一般人终难接近，于此今译一法实足以济诸法之穷，而使古书永远不朽。

今译一法，基督教徒运用最为敏活，一部《圣经》不知道有多少译

本，单是我们中国所有的便有文言，有官话，有甬谈，有苏白，更有国音字母的。他们刻刻求新，惟恐其不普及，惟恐一般人碍难接近。基督教所以能传播于全世界，这种新化 Modernise 的精神实为其最有力的因子。我们中国人的习尚便与此迥不相侔了，对于古代文书尊视如上天符录，惟恐其不神秘，惟恐其被一般人接近了会泄漏天机，凡古人的一句一字都不敢更易，稍有更易便是离经畔道，在从前下科场的时候定会名落孙山，或者犯打手心数十。我们中国人的骨董癖，我怕是全世界人所难肩比的了。儒家典籍不待说，佛经亦亘百世而不易，秃头骗子日日三茶三饭三藐三菩提，木鱼橐橐，谎泥谎木，究竟中华全国中有几个和尚能懂得佛理呢？

小时候读四书五经，读得一个倒背如流，但一句也不知道它们在说些甚么。便是一部发蒙的《三字经》，也就是不明其妙的咒语，倒是后来读了些稍微通俗的《史鉴节要》和《地球韵言》，才认真懂了些历史的概略和世界的大势，但是我们的脑精，在死文字的暗诵里已经消费好几年了。白话文运动的成功，要算是我国文化史上很可特笔的事迹。最近小学教科书都采用白话，纵令如何不完全，我相信读者的受益，总比我们读四书五经时多得万万倍。近来犹有一般顽梗的人，狃于自己的习惯，满口以为文言易懂而白话文转不易懂，痛嗟文教的堕落，要从新编制文言的小学教科书，这种人真是罪过该万死！

四书五经我们读它们时深感困难，并不是它们的内容难深，实在是它们的外观古涩。如像《国风》中许多的抒情诗，我觉得十二三岁的人并不是不能领会，假如我们给它们换上一付容易看懂的衣裳。此外如子书如佛经，只要我们把那针刺层剥掉了，无论甚么人都是可以享用良乡甘栗。可恨是一些变态的古物崇拜狂，他们定要用针刺出血，然后才能感得快感，他们并且要把自己受动的虐淫（Masochism）而变成主动的虐淫（Sadism）！这些人和这些人的文章我希望有秦始皇第二出来，再来焚一次，坑一次！

《国风》中四十首诗我把它们今译了出来，辑成了一本《卷耳集》了。这本书的功果如何，我现在不愿自颂；但我相信青年无染的朋友们读我的译诗必比读《国风》原诗容易领略；不幸而年纪稍长已为先入见所蒙的人，他要理解我离经畔道的行为，至少他先要改换过一次头脑。自《卷耳集》出版后，知我者虽不乏人，而罪我者亦时有表见。故意的无理解，卑劣的嘲骂或挟杂不纯的抨击，我都以一笑视之，我不愿作天下的乡愿，嘲骂抨击原是在所不辞了。最近北京《晨报副刊》上的梁绳炜君和南京《东南评论》上的周世钊君各有一篇《评卷耳集》的文字，他们都以为我的翻译是失败了，因而断定古书今译是走不通的路，古诗是不能译和不必译的东西。其实我的翻译失败是一个小小的问题，而古书今译却另外是一个重大的问题，以我一次小小尝试的成败，他们便要把来解决一个重大问题，他们是必免太早计，未免把我太过于尊重了。我觉得他们的言论大有讨论的必要，所以我不惜辞费，特地来缕述几句。

古书今译的必要，我在上面已经略略说过了；我现在要来说古诗的能译与否。

诗的翻译，假使只是如像对翻电报号码一样，定要一字一句的逐译，这原是不可能的事情；因为这样逐译了出来，而译文又要完全是诗，这除非是两种绝对相同的语言不行，两种绝对相同的语言没有，有时亦无须乎翻译了。随你如何说，诗的翻译，绝不是那么一回事！诗的翻译应得是译者在原诗中所感得的情绪的复现。这个问题我不只说过一次了，然而一般人的先入见总不容易打破，我们最捷近的是读 Fitzgerald《鲁拜集》（*Rubaiyat*），最捷近的是读仿吾所介绍的《莪默伽亚谟新研究》（见《创造周报》第三十四号），我们且看他的译文究竟是否针对，而他的译诗究竟成功与否。便是西洋诗家译中国的诗，如德国檀默尔（Dehmel）之译李太白，我们读了他的译诗每不知道原诗的出处，独于我们的译家定要主张直译，而又强人以必须直译，所得的结论当然是诗不能译了。朋友们哟，你们的脑精要改换过一次才行！诗不能译的话当得是诗不能直译呀！

由一国的文字译成他国的文字可能，由本国的古文译成今言，当然更见容易。因为同是由原诗情绪的第二次表现，原诗如属本国古文，于再感原作者的情绪上当得比较外国言文亲切。由古诗译成今言，并不是我的创举。先我而尝试者在近代的中国已有人（我记得胡适之在《新青年》上曾译过一首唐诗）。我们即向外国文学史探求，除上举《旧约》中《雅歌》《诗篇》不论外，譬如英国最古的 Angro-Saxon 文学便经过多少人的翻译，即最有名的叙事诗 Beowulf 的全译便有下列的几种：

1. Childe's Beowulf（Riverside Literature Series）；
2. Earle's The Deeds of Beowulf，Done into Modern Prose；

3. Gummere's The Oldest English Epic;

4. William Morris and A. J. Wyatt's The Tale of Beowulf;

5. Hall's Beowulf, Translated into Modern Metres;

6. Lumsden's Beowulf, an Old English Poem, Translated into Modern Rhymes.

此外还有选译散见于

1. Pancoast and Spaeth's Early English Poem (P. –529);

2. Cook and Thinker 's Select Translations from Old English Poetry (P. 9–24);

3. Morley's English Writers (Vol. I, P. 278–310);

4. Broake's History of Early English Literature to the Accession of King Alfred (P. 26–73).

以上是据 Reuben Post Halleck 的 *New English Literature* 中所考列，这书是一九一三年出版，距今已隔十年。在这十年中是否尚有新译出世，即在十年之前为他所考见是否尚有遗漏，这非是我浅学的人所能知道，也非是我此后所想考证。不过我们只据上所表见，一首古诗在它本国中已经经了十道的翻译了！

此外如英国十四世纪的古诗人屈刹（Geoffrey Chaucer，1340? —1400），他的诗便有好几首经过瓦池渥斯（W. Wordsworth，1770—1850）翻译过的，如像 The Prioress' Tale, the Cuckoo and the Nightingale, Troilus and Cresda，我们在瓦氏诗集中是容易接触到的。

诸如此类，把古诗今译了的办法在外国文学史中实在举不胜举，便是新兴的日本也极力在采取这种方法了。我举了这些例来，并不是说外人如是，我们也可以照样模仿，但是这明明是一条大众所走的路，我们要想证明这条路走不通，只把我一个人的步法来断定，那是不合论理的。我的步法可以有错，或者是跛行，或者是瞎走，或者只在路上打回旋，那我就在一条通路上走也是把路走不通的。但是不能说是因为我走不通，便说这路是走不通。要想证明这条路走不通，那除非是把从前走过这条路的人的成绩详细（不必全部）调查过一遍，然后才能归纳出一个断案。因一人的行事而断定一事的是非，这不仅是武断而是狂断了！

我国的文字，冗泛不适用的字数太多，为谋教育的普及上，应当早日着手调查加以限制。我的朋友陈慎侯，他费了八年的苦工想做一种标准国语字典，他要把一切不适用的字数删去，把标准字限定成若干，以这些标准字通行一切，古书也可以用这种字去翻译一遍。（请参看《学艺》杂志第四卷第六号）他这事业是很有意义的创举，可惜功待垂成而他竟因劳病故了。字数限制还是目前的姑息手段，实则汉字自身根本是破坏人脑机械，日本人困在这种机械之下千辛万苦的想摆脱，他们的准备已经很周到，他们完全废弃汉字的日子我想总在不远。我自己的儿子是生在日本的，他们回来之后我要教他们的汉字，实在不知从何下手，我教他们的日本字母，他们不到一个礼拜便能书写自由了。假使我教他们的汉字，不知要经过多少年辰才能用这种工具来表现自己的心向。从前在国内中学的时候，我觉得一班五六十人中能把国文写清通的为数不上十人，近来的教育成绩我虽不十分清晰，但据我一两年来编辑的经验，我觉得外来的投稿能够自由运用国语的实属寥寥，我们从可知我们中国的骨董汉字早迟是不能不废的了。代用的工具经几多专门的学者正在讨究中，我希望我们的准备早日完成，使我们后此时代的国民早脱离镣锁的痛苦。

由字数限制，或者汉字废弃的结果，古代书籍的普及自不得不待今译一途。这是自然的趋势，并不是一个人的成败所能左右，也并不是一二人的狂断所能左右。这条坦坦的大路，待一切善走路的人去走，我不过只是在路上跳了两跳的虾蟆，走通了路的人说我不曾走通，我只可以向着他哇哇的赞美。但是未曾上路的人千切不要看见我虾蟆乱跳而畏途，已在路上走的人也千切不要因别人畏途而中辍或返步。我走我的路，别人要嗜好骨董的则骨董具在，我的《卷耳集》译诗于《国风》的存在未损毫末，但我希望这种人放开眼光，不要说这坦坦的道路是走不通的道路！

十三年一月十日

（本篇最初发表于 1924 年 1 月 20 日上海《创造周报》第 37 号，选自《文艺论集》，上海光华书局，1927 年 2 月版）

天才与教育

天才——天才这一个名词，用得比我们中国再滥的国家，恐怕没有了。譬如把中国的新兴文艺来说，我们的喊声虽然很高，但是究竟有甚么作家在那里？我记得前两月在《觉悟》上看见有人说鲁迅说过中国还没有一个作家。我承认鲁迅这句话，决不是目空一切的傲语。的确是我们中国还没有一个作家。不怕以作家自命的很不乏人，但是我们请平心静气地问一问：中国的小说界有没有半个托尔斯泰，钱和甫，戈里奇……？中国的诗坛有没有半个波多雷尔，费尔冷，费尔哈冷……？中国的剧团有没有半个易卜生，斯特林普，威德肯特……？但是天才的字眼却是在中国是常见的了。

英国的道生（E. Dowson）在诗坛上闻名的时候，大卫生 John Davidson 说过一句话："虽说现了一只燕子了，不会便是夏天呢！"他这句话，虽不免带有几分我们中国的名产"文人相轻"的臭味，但是我们要褒贬一个人，的确是不能轻易下断语的。一只燕子来了，不能便说是夏天，然而中国的夏天好像只消要一只燕子飞来的光景。我们批评人的时候，动辄爱用"天才的作家"等类的字眼，严格地说时，中国实在连作家也没有，天才更在那里呢？而有一辈狡黠的人，因之竟把天才来做为骂人的标语了。我们受人赞扬是天才的时候，应该晓得肉麻；受人唾骂为天才的时候，应该晓得愤恨。

天才究竟是甚么物件呢？我们不能和龙卜罗梭（Lombrosso）表赞同，说他便是狂人。我们也不能和一般俗见苟合，说他是天上的星宿。"天才与非天才的区别，不包含有数量以上的意义"——意大利的哲学家克罗采氏 B. Croce 这个见解，我以为最公平而合乎学理。天才是人，绝不是人以外的甚么怪物。他与凡人的区别只有数量的相差，而没有品质的悬异。譬如对于美的感受性这便是在极原始的野蛮人也是有的，文艺家的感受性不过比常人更丰富，更锐敏一点罢了。更以数字来表示时，常人有四十分的，天才有八十，两种的差别就只有这么一点。并不是天才是香油而常人是臭水，天才是黄金而常人是白石，天才是仙人而常人是猴子。

天才所得于自然的是"天赋独厚"，然而自然对于天才的恩惠也只有这么一点。专靠天赋厚是不能成功为天才的。譬如同样的两粒种子，一个落在沃土，一个落在沙碛，它们的发育如何，我们可以不待实验而前定了。

照生物学上说来，一切生物的年龄可以活到它成熟期间的五倍或八倍，人的成熟期间有说是二十年，有说是二十五年，加以五倍或八倍的数量，人总可活到一百岁以上了，但是"人生七十古来稀"，人能活满自己的天寿的，实在极少，极少。精神上的发展也大概是这样。不怕赋有一百分的天赋的人，但是没有机会使他发展，或者只发展得到四五十分，结局只不过同凡人一样，或者连凡人的结果也还不如。譬如只有五十分的天赋的人发展到了四十分，当然比有百分天赋只发展得二三十分的，其成果更占优势了。我们如更把体育来打比，赢弱的儿童卫生得法，比壮健的儿童完全不讲卫生的更能发育。这是易明的事实。

人生七十古来稀，世上难逢百岁人。——我们可以照样的说：天赋发展到七十分的从古以来少有，发展到百分的恐怕更是千载难逢。

发展人的天赋的是甚么？便是教育——广义的教育。教育的至上的目标便是使人人完全发展其所有的天赋。

近代的学校教育有人说是"杀死天才的工具"，这话的意思是说他所取的划一主义与灌入主义，不能使个人的天赋尽量的发展，——其实他也可以使人发展得几分，但终不若尽量，所以归根只养成得一些千篇一律的庸才，归根只是把天才杀死了。

现在我们请说到实际上来。——我们中国近数年来连这一点养成庸才的学校都要无形消灭了，要望我们中国无论在任何方面多生些天才出来，这怎么能够呢？

举凡一国的政治生涯濒于破产的时候，他那一国的文化生活转有蒸蒸日进之势。譬如我国历史上的春秋战国时代，那时候天下的纷乱恐不输于我们现在了，然而他在我们的学艺史上才成一个光昭百世的黄金时代。纪元前五世纪的雅典，东有波斯，南有斯巴达，西有新罗马，北有马克多尼亚（Macedonia），四面受敌，卒至屋覆，然而那时雅典的文化却永远为世界史上光荣的一页，那时的人物如稣格拉底，如柏拉图，如雕刻家的费爹亚士（Phidias）诗人的幼里皮德士（Euripides）剧曲家的亚里士多方（Aristophanes）等等，真可谓人才济济了。文艺复兴时期的一群大星小星突现于黯澹的意大利。法兰西大革命的时候，科学界中竟现出了七曜。德国的康德，歌德，许尔雷等伟大的天才也是出现在他们国度陵夷的时候。

假如只照历史上的表面的变化揣测起来，我们目前的中国是应该产生大天才的时候了。然而我们目前的中国无论任何方面究竟有甚么天才在那里？……这个疑问不仅我一个人在此连发了，现在在报章杂志上同露出这样口吻的人在在皆是。然则我们现在的中国为甚么生不出天才来？要解答这个问题，我觉得是很容易。一言以蔽之，便是我们中国人素来没有教育。

动乱与天才的发生，决不能有甚么直接的因果关系。有教养的国民而经动乱，他的物质生活虽受打击，而他的精神生活转有统一的可能。人莫跌于山而跌于垤，正因为处境艰难的时候，聚气凝神而意识不散，所以不遭颠扑。又譬如用兵的人有处之危地而后生，置之亡地而后存的策略，也正是同一的理由。但是这种兵也总要经过训练的才能成事，假使毫未经过训练，即使处之危亡，不怕就断指满舟，他也要争船而渡了。

危地是需要勇士的时候，乱国是需要天才的时候。有那一种素养而突为迫切的需要所促，所以全军可以尽成干城，而天才可以蓬生于一世。没有这一种素养，只有这一种需要，就譬如把一粒小石种在温室中的花盆里，任你如何促迫，他也发不出树木来了。我们中国目下出不了天才来，便就是这样。平常本无发生天才的可能，纵使需要迫切，也只好像望石头发生树木了。

克罗采把人性的活动分为四种：一是直观的，二是推理的，——这两种是理论的活动；三是伦理的，四是经济的，——这两种是实践的活动。于是他在真善美之外加了一个"利"出来。他准此分别也分天才为四种范型，文学家艺术家便是属于直观的美的天才。哲学家科学家便是属于推理的真的天才。圣人教主之类便是伦理的天才。经济的天才可以说是大政治家大资本家之类了。克罗采氏说这种利的天才是"恶天才"，是"恶魔的天才"。他这种分法我们如可承认的时候，我们素来注重实际而唯小利是图的中国人，处了目前的乱世，无怪乎层出不穷地只出了无数的"恶魔的天才"了。目下我们中国特有的只要钱不要脸的议员诸公和军阀和财阀和其他一切阀，不都是这一种范型的天才么？要是这么说时，我们中国的天才真是太多了，我们庸人复何不幸而生此恶魔的黄金时代哟！

我们中国除这种恶魔的天才多多发生而外，其余三方面的活动可惜太相形见绌了。素来是道义丧尽的民族，我们怎能望他发生伦理的天才？素来是不尚逻辑的国家，我们怎能望他产出哲学和科学方面的尤物？更说到狭义的天才——文艺方面的天才上来，我们中华民族是可怜到十二万分了！美的观感麻木了的国民，像我们中华民族一样的，恐怕世界之中没有两个！无论说音乐，说绘图，说雕刻，说建筑，说舞蹈，说文学，我们近百年来的中国，究竟有那一样可以目无古人而夸耀全世？……我们古时大规模的音乐是已失掉了，可怜只剩些胡琴锣鼓每日乱弹乱打麻痹国民的神经，然而这便是我们现代的音乐！舞是失掉了，文学是化了石，绘画雕刻建筑可不用说了。以这样的国民处到现在迫切的乱世，要望他发生出甚么天才出来，恐怕比望石头发生树木还要难了。

我们便单拿音乐来说吧。要成全一个真正的音乐家在他们西洋至迟要从五六岁教养起走。像我们现代的青年，不怕就住在上海北京，上了二三十岁还不曾看见过比牙琴的人，我恐怕也所在皆是。像生在这样的社会，即使可成为莫查德（Mozart）、悲多汶（Beethoven）、萧邦（Chopin）等大音乐家的天才也早已经死掉了，怎么能够发生出音乐的天才来呢？

个性发展的可能性有一种递减的法则存在。山东有一个朋友对我说过山东有几句谚言，最是道尽了这个法则。"十岁的神童，二十岁的才子，三十岁的凡人，四十岁的老而不死。"——这真是极有价值的一个谚语。凡是职司教育的人，凡是养育儿女的人不可不注意的一个谚语。可以摩天的松柏，栽植在园丁的盆坛里，营养不充，抑制过甚，到老只成一个蜷曲的一株小木；即使把他解放在山林也不能成为巨材了。人生的教育，不仅是音乐一门要从四五岁着手呢！

像我们现在缺乏天才的时代是从古以来所未有，像我们现在需要天才的时代也怕是从古以来所未有。教育是作成人才的唯一的工具，教育在我们现代之必要是无待乎赘言。但在我们教育坏产，司教育的人只知道罢课索薪，受教育的人只知道罢课闹事，卖教育用具的人只知道献贿名人以推广商业的时代，我们要向他们宣传杀天才的学校教育之必要，这是愚而可悯。我在此地所想提倡的是人人能行，而且在人生的历程中，为父母兄姐的人有应该施授的义务，为儿女弟妹的人有应该享受的早期教育！

早期教育的倡始者与实行者是德国的法学博士客尔维德（Karl Witte）的父亲客尔维德（父子同名）。父维德说，"儿童的教育是应该同儿童的智力的曙光开始"——这便是早期教育的定义。他如此主张了，如此实行了，子维德也因之而成了天才了：八九岁的时候便通晓德法意拉英希六国语言；九岁入大学，十四岁提出数学论文而成哲学博士，十六岁又得法学博士而任柏林大学的教授，他一直活到八十三岁。父维德做了一部书叫《客尔维德的教育谈》（Karl Witte：*Oder Frzie-hungsund Bildungsgeschichte Desselben*）叙述他教育子维德的事迹一直到十四岁为止。他这本书在德国算是绝了版，而受他的赐的乃在百年后的美国。民国二年，以十五岁而从哈佛大学毕业的威廉吉姆士赛底司（William James Sidis）同年以十三岁半而入哈佛仅住三年而毕业（照例是四年）的亚多尔夫帕尔 Adolf Berle，他们都是受了维德的赐，因为他们的父亲都是读了《客尔维德的教育谈》而照法施行，竟得了同样的成功的。

我们中国目下是需才孔急的时候了，有许多热心国事的友人，彼此一谈到救国的问题，大多以为非从打破家庭做起不可。这种毁家纾难的古英雄的事业我们自然不惜赞仰的欢迎，但是从自家的儿童着手，为国家作育人才，这正是人人能行的新英雄的事业。

十月三日

（本篇最初发表于 1923 年 10 月 7 日上海
《创造周报》第 22 号，选自《文艺论集》，
上海光华书局，1927 年 2 月版）

艺术家与革命家

有人说：艺术家和革命家是不能兼并的。

说这句话的人大抵不外是这样的两种人：一种是现实逃避的象牙宫殿的顽民，一种是不解艺术的精神而自诩为实行家的暴汉。

前一种的人是"艺术之艺术"的主张者，他们是以人生奉献于艺术，自己膜拜自己泥塑的菩萨。这种人的态度虽是矫奇，但我们还可以容恕。因为无论若何艺术没有不和人生生关系的事情。更无论艺术家主张艺术是为艺术或是为人生，我们都可不论，但总要它是艺术。刀说是杀鸡的也可，说是杀人的也可，我们总要求它是刀然后才能承认，这是易明的事实。

至于后一种人，他们有的不以为艺术是完全无用，便以为艺术家是能说不能行。他们把言与行看成两件事情去了，把革命与艺术也看成两件事情去了。

我在此要向这一类的人说明一句：言说便是行为的一种。我们照心理学上讲来，凡一切意志作用的表现便是行为，言说是意志表现的一种，所以它正是行为的一种。言说家把他自己的意志发表而为言论，他对于人类社会也就算做了一番事业了。我们对于他的批评，只能批评他言论的当不当，不能论及他自己的能行与不行。思想也是一样，思想的发现便是思想家的事业。艺术也是一样，艺术的制作便是艺术家的事业。

艺术家要把他的艺术来宣传革命，我们不能论议他宣传革命的可不可，我们只能论他所借以宣传的是不是艺术。假使他宣传的工具确是艺术的作品，那他自然是个艺术家。这样的艺术家以他的作品来宣传革命，也就和实行家拿一个炸弹去实行革命是一样，一样对于革命事业有实际的贡献。我们不必望实行家做宣传的文艺，我们也不必望革命的艺术家定非去投炸弹不可。俄国的革命一半成功于文艺家的宣传，Galsworthy 的《正义》（*Justice*）一剧，改良了英国的监狱，这是周知的事实。我们不能认这样的艺术家不是革命家，我们更不能说艺术家与革命家是不能兼并的了。

我在此还要大胆说一句：一切真正的革命运动都是艺术运动，一切热诚的实行家是纯真的艺术家，一切热诚的艺术家也便是纯真的革命家。

自由的战士 Kurt Eisner 一九一九年一月三日，在德意志临时国民议会的演说，关于艺术有这样的几句话：

> 艺术不仅要求全部的生命，最大的艺术还要要求生命的断念。……伟大的艺术家寓神明于己之一身，而为自己的艺术之殉教者。……为政也是一种艺术。……这种政治的艺术之对象，这种艺术所当发挥的题材，便是社会，国家，人类。……自由只能在美之国度里繁荣，……今日的艺术已经不是厌世者的逋逃薮了！

爱自由爱人类的青年艺术家和青年革命家哟，我望你们三思这几句话。你们须知二十世纪的文艺运动是在美化人类社会，二十世纪的世界大革命运动也正是如此。我们的目标是同一的。自由之神在前面招致我们，我们走。我们是革命家，同时也是艺术家。我们要做自己的艺术的殉教者，同时也正是人类社会的殉教者。进！进！进！张起美化的大纛，向着自由前进！

九月四日夜

（本篇最初发表于 1923 年 9 月 9 日上海《创造周报》第 18 号，选自《文艺论集》，上海光华书局，1927 年 2 月版）

艺术的评价

从书报的文字上或友人的口舌间我们近来往往接受到一种这样的论调："读了一种作品一点也感不得甚么，该作品于艺术上是全无价值的。"这种论调大抵是从杜尔斯泰的《艺术论》流演出来，但我们觉得只是含着半面的真理，因为我们由同一的前提可以得到一个完全相反的判案：便是读了一种作品一点也感不得甚么，怕是我们自己的教养不足。

作品的内含本有深浅的不同，读者的感受性亦有丰啬之别。在富于感受性的人，主观的感印原可以为客观的权衡；而在啬于感受性的人，主客便不能完全相掩。感受性的定量属于个人的天赋，有百分的定量者虽可减杀之八十分，有八十分的定量者断不能增长至一百；然在一定限量内，个人所能发展之可能性，则依教养的程度而丰啬。同是一部《离骚》，在童稚时我们不曾感得甚么，然到目前我们能称道屈原是我国文学史上第一个有天才的作者；同是一幕旧剧，在旧式的戏迷尽可以叫好连天，而在我们自始至终却一点甚么也感受不得。这可见文艺的感动力是在于受者感受性的丰啬如何，是在于受者的教养的程度如何了。

我国自新文学发生以来，优秀的作家本来寥寥无几，而优秀的批评家亦难屈数只手。批评与创作本同是个性觉醒的两种表现，本同是人生创造的两个法门，可惜在个性尚未完全觉醒之前，少数从事于批评的人便为一种畸形的艺术论所锢囿，而以同样的桎梏以囚禁新醒的作家。杜尔斯泰的《艺术论》早早输入了我国，可以说是我们新兴文学的一种不幸了。

杜氏的艺术观，我们可以得一个简明的系表：

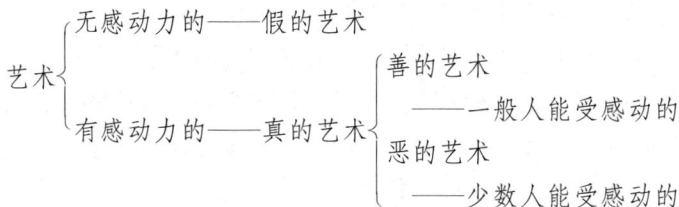

艺术 { 无感动力的——假的艺术
　　　有感动力的——真的艺术 { 善的艺术
　　　　　　　　　　　　　　　——一般人能受感动的
　　　　　　　　　　　　　　　恶的艺术
　　　　　　　　　　　　　　　——少数人能受感动的

杜尔斯泰立脚于功利主义之上，他以为艺术的活动是作家在自己心中唤起已曾经验过的感情，用种种功具以传输于别人使别人得受同样的经验（第五章）。所以他以"感动力"（infectiousness）为艺术的确征，感动力之有无便足以定艺术之真伪，感动力之强弱便足以定艺术品之优劣。感动力之强弱依三种条件而转移：（一）感情之个性，（二）表现之明了，（三）作家之真挚。感情愈有个性，表现愈明了，作家的态度愈真挚，则感动力愈强，而艺术品愈优秀。（第十五章大旨）然一说到题材上来，艺术品所传输的感情须为耶稣教的情绪，须为一般人所能接近的日常生活之单纯感情，而后一般人始能同受感动，该艺术品始为善的艺术；不然则恶。（第十六章大旨）

杜氏的这种立论，我以为在他的根本上有两个绝大的错误：

第一，他把艺术的活动完全认为教化的功具；

第二，他把人类的感受性隐隐假定为一律平等而且无发展之可能。

艺术的活动，诚如杜氏所说在唤起一种感情的经验，然而这种活动每每流行于不经意之间，即使宏巨的制作须得匠心经营，而艺术家的目的只在乎如何能真挚地表现出自己的感情，并不在乎使人能得共感与否。艺术的确征，诚然如杜氏所说在有感动人的力量，然而这种力量之发动亦须视受者之感受性如何，故自受者的方面而言，感动力之有无全不能定艺术之真伪。杜氏忽视此事实，于无形无影之间竟隐隐假定人类的感受性平等不易，故否定一切关于艺术的教养，而以耶教主义为普遍的情绪，以通俗作品为最高的典型，这可谓奇异绝顶的结论了。人类的感受性依禀赋与教养之别绝没有相等之可能，耶教思想在未输入于西方以前，亦未尝普及于欧洲，即在现代更未尝普及于全世界，"四海同胞"之说纵可为结合全人类的信条，但此说不仅出于耶教，至于"神人父子"之说断难得到我辈东方人的信仰，即目今大部分的西人亦久已怀疑而不受其束缚了，而杜氏独兢兢焉于耶教艺术的提倡，充其结果仍不外提倡"排外的艺术"，不见得杜氏所力诋的纯粹艺术便是恶，而宗教艺术便是善。

艺术是提高人类的机关，杜氏于行文中也自承认，但纯粹的艺术使一般的民众碍难接近的理由，并不在乎艺术的高蹈，而在乎社会的制度使民众的智慧停滞，杜氏攻击社会制度之心切，乃迁怒及于艺术与艺术家，而生出偏颇矛盾的论调。一方面以艺术为提高人类的机关，而结果却不能不把艺术迁就乎庸人俗子之感受。一方面以少数人所能了解的艺术为排他的艺术，而不知提倡少数人所宗仰的耶教仍不外乎排他。一方面反抗艺术的教育，而论到未来的艺术仍须有"对于艺术的活动有嗜好有能力的全民众中的天才"（Gifted members of the whole people who prove capable of，and are inclined towards，artistic activity），仍须有"趣味的教养"（Education of taste）以陶冶民众。出发点既已错误，所得的结论自然不能不如是其离奇了。

杜氏淑世的精神是我们所由衷敬慕，然他这种偏激而且矛盾的论调却非我们所能苟同，可惜他的《艺术论》一输入我国后，在我们素来缺少批判精神的文艺界，竟隐隐成了一种疽疣，自标人生派的有人，骂丑恶描写的有人，骂颓唐派的有人，以自己的感受性为万能而排斥一切的更有人了。杜氏的《艺术论》虽然偏激，然他那种反抗的精神，那种推翻一切独立自主的气概，那种耗费十五年的光阴从事于搜讨的努力，这是可以使人永远崇拜的，我期望崇拜杜氏的人，极力效法他这些美德，而勿株守一先生之说以暖姝自划。

十一月二十三日

（附白）本篇所依据的《艺术论》系 Aylmer Maude 的英译 *What is Art*。

（本篇最初发表于 1923 年 11 月 25 日上海《创造周报》第 29 号，选自《文艺论集》，上海光华书局，1927 年 2 月版）

文艺之社会的使命
——在上海大学讲

我不会讲话，又没有预备。今天上午我特意走到法国公园，本想预备一点材料，但是恰遇两位朋友，谈谈笑笑，所以又没有机会。我许久未到法国公园去，现在美丽的花都开放了，黄莺儿和许多不知名的鸟儿歌唱得特别好听，春风轻轻地拂来，那稀疏的几点雨珠儿跳在池中，做出几个波圈又渐渐消灭了。呵！烂漫的春！一切都使我感觉着说不出的美！春天是最快乐的，倘若没有和暖的春日，只让冷酷的冬天占领着宇宙；则我们只能披着很笨重的衣，囚困在房子里，偶然走出门外，也只有灰色的天空，板起那无情的面孔：这样还有什么生趣？我们还能生活下去吗？只有美丽的春天是我们所欢迎的！历来描写仙境总爱说"有四时不谢之花；百世长青之草"。这是世人所希望春的常在。就是但丁在《神曲》里所想像的"地上乐园"，也不过是一年四季都是春天罢了。

要讲的稿子虽没有预备好，但是带来了春天的消息。文艺也如春日的花草，乃艺术家内心之智慧的表现。诗人写出一篇诗，音乐家谱出一个曲，画家绘成一幅画，都是他们天才的自然流露；如一阵春风吹过池面所生的微波，是没有所谓目的。我还可举几个例子来证明：小孩的游戏乃成人艺术的起原，一种内心智慧表现的要求，从孩子们的用小石建筑，唱歌舞蹈等可以看出。他们将全个自我贯注于游戏，有时甚至跌伤流血，还是不休止，不退缩；但他们并没有所谓目的。婴孩每天吃着母亲蜜甜的乳，睡在温暖的摇床中，不饥不寒，生活是很满足的了，但那红嫩的小口中仍要不时发出呀呀的歌声，但他有什么目的呢？

所以艺术的本身上是无所谓目的。

我们文化人类的原始时代的艺术的生活，现在虽不能十分证明，但我们可从遗留着的原始民族的特质的现代野蛮民族中考察出来。知道他们是特别着重艺术的，除却艺术则生活一天也难维持下去。达尔文氏（Darwin）曾到一个野蛮的民族 Fuegia 中去考察他们的生活状况，那种蛮民还不知道穿衣服，达氏赠他们一块红布，他们却拿来撕成小条分赠同伴作装饰品，并不拿着作衣服穿。这很可相信人类的婴孩时代，就有美的要求。

不过凡是一种社会现象发生，对于周遭必生影响；譬如一池平静的水，投进一颗石子，——不管那石子是怎样小，水面必生波圈，而且波及全体的水面。文艺乃社会现象之一，故必发生影响于社会。

有人说文艺乃有目的的，此乃文艺发生后必然的事实。为艺术的艺术与为人生的艺术，这两种派别大家都知道是很显著的争执着。其实这不过是艺术的本身与效果上的问题。如一株大树，就树的本身来说并非为人们要造器具而生长的，但我们可以用来制造一切适用的器物。科学亦如此：如自然科学，纯粹科学的研究，是在探讨客观的真理，人类即使不从而应用之，其所研究之真理是仍然存在的。

艺术对于人类的贡献是很伟大的。我今天就想专讲这个问题，现在先举例来说明艺术的力量：楚霸王兵败被逼垓下，张良一支箫在清风明月之夜吹出那离乡背井的哀怨凄绝的调子；霸王的兵士皆思乡念家，为之感动泣下，终至弃甲曳兵而逃散。呵！音乐的势力是多么伟大！汉王兵多将勇，而最后的成功乃是一支箫！还有日本古时候有一个妙年的尼姑，名字叫作慈门，有一次群盗掩入，缚之柱上，抢劫财物，慈门不能反抗，很超然地唱出一首和歌：

> Yashikaki mo moto wa Nahiwa no
> Ashi nareba,
> Kosu mo kotowari nari,
> Yoru no shiranami
> 编织就的篱栅
> 本来是难波地方的芦苇，
> 逾过来也是当然的道理呀，
> 夜里的白波。

白波在日本文又是强盗之意，这首和歌的表面虽是指波浪逾过芦草，真意是说：庵中所有的东西都是从外面取来的，强盗来拿去也是当然的道理。这几句诗所生的效力怎样？把她从柱上解下，财物一点不拿，那几个强盗各自逃走了。这完全是因慈门超然的情感引起强盗们超然的情感。我们可以知道，艺术可以统一人们的感情并引导着趋向同一的目标去行动。此类的事实很多，一时也说不完：如意大利未统一前，全靠但丁（Dante）一部《神曲》的势力来收统一之效果；法国革命以前福禄特尔，卢梭的著作影响很大；从前德国帝国之成立，Treitschke说，歌德的力量不亚于俾士麦（Bismarck）；俄罗斯最近的大革命，我们都晓得是一些赤诚的文学家在前面做了先驱的呢。

本来艺术的根底，是立在感情上的，感情是有传染性的东西；中国有句话说，"一人向隅满座为之不欢"。这完全是受感情之传染而生的同情心。大人向小孩假哭，小孩却真哭起来；我们看电影看到悲惨处，亦为之挥泪。这样看来，这从心理学上也可找得出证明来的了。

再从个人方面来说，艺术能提高我们的精神，使我们的内在的生活美化，譬如法国大戏曲家 Moliere 每完成一部戏曲，便念给家中老仆妇听，仆妇听了总说很好，Moliere 以为她的话是大不可靠，有一次乃以他所著的不成功的戏曲念给她听，孰料仆妇听了说这不是他自己的著作。这老仆妇是平日受了 Moliere 的感化，无形中养成了批评的能力。又譬如我国郑康成研究《诗经》，他用的使女皆知道《诗经》。一次有个使女被罚跪，其余的使女拿《诗经》中的"胡为乎泥中?"来嘲笑她，她却也用《诗经》中的"薄言往诉，逢彼之怒"来回答。这段雅事，至今还流传着。艺术既能提高精神，美化生活，所以从历史上考察，艺术兴盛的民族必然优美。如欧洲的雅典便是个适例。再就我国讲，周朝是我国文化史上的一个黄金时代，那时的一般平民皆会作诗，一部《国风》就是民间收集的无名诗人的作品。唐代是文学最盛的时期，譬如我们常说的白香山的诗，村姬能解。这在一般人以为是白诗易懂，其实也不尽然，假如我们把白诗念给现在的村姬听，恐怕不会懂吧，就是研究诗学的人也不见得能够完全了解。这在我看来，是因当时代一般人对于艺术的了解力很高，浓厚的艺术空气已充满了社会。又如温飞卿的诗，妓女都能暗诵，这要求诸现在的妓女，岂是能够的吗?

艺术有此两种伟大的使命，——统一人类的感情；和提高个人的精神，使生活美化——已经够有永远不朽的价值了，那怕一般头脑简单的人盲目地向它下攻击，说它是装饰品，是无用的。而且将来只有一天一天发达。

欧洲各国的政府，想许多方法来提倡艺术：如文学奖金，如美术陈列馆，如建筑国立戏院等，一些也不遗余力。就是受人误解为暴徒的俄国，自革命以后亦极力提倡，艺术家由政府特别供养。回头看我们中国：古时候倒还好些，譬如周代有采诗之官，采集民间的诗歌，政府得以明了民间的疾苦。而且对于音乐也特别注重，利用音乐来统一天下。汉唐之世，艺术的空气也还很浓厚。不过到了现代呢？政府固不顾及，社会上对于艺术也看得很轻。古乐古舞都已失传，存留者多是些粗俗不堪，如各舞台上所演奏的，几全失了艺术的真价值。即就建筑上说，已全失却了美的意味，试走到上海华界去，空气的恶臭，房屋的杂乱，几乎可以说是一些垃圾堆。

我们中国现在弄得这般糟，大局不能统一，一般的国民，无论那一阶级的份子，都怀着自私自利，因循苟且的精神，我们中华民族实在是丑化到不可思议的地步了。政治的不完美，科学的不发达……固然是重大的原因，不过艺术的衰亡，堕落，也怕是最大的原因之一。美的意识麻痹了的，世界上无论那一种民族，无论那一种民族的那一个时代，都怕没有我们现代这样厉害的罢。

我们知道艺术有统一群众的感情使趋向于同一目标能力，我们又知道艺术能提高我们的精神，使个人的内在的生活美化，那在我们现代，这样不统一，这样丑化了的国家之中，不正是应该竭力提倡的吗？我觉得要挽救我们中国，艺术的运动是决不可少的事情。我们希望于社会的，是要对于艺术精神的了解，竭力加以保护，提倡，我们应该使我们日常的生活，日常生活的用具，就如一只茶杯，一张邮票，都要具有艺术的风味。至于艺术家的本身，我们也希望他要觉悟到这种种艺术的伟大的使命。我们并不是希望一切的艺术家都成为宣传的艺术家，我们是希望他把自己的生活扩大起来，对于社会的真实的要求要加以充分的体验，要生一种救国救民的自觉。从这种自觉中产生出来的艺术，在它的本身不失其独立的精神，而它的效用对于中国的前途是不可限量的呢。

五月二日

（本篇最初发表于 1925 年 5 月 18 日上海《民国日报·文学》周刊第 3 期（上海大学中国文学系编辑），选自《文艺论集》，上海光华书局，1927 年 2 月版）

生活的艺术化
——在上海美术专门学校讲

登台先写一句成语：就是"崔灏在上，李白不敢题诗"。——刚才刘海粟先生把当代的独一无二的大文学家和艺术家的大帽子套在我的头上，其实这全是"夫子自道"。有他这么一位大艺术家坐在这儿，我郭沫若不说"不敢题诗"，实在是连话也不敢讲了。不过我现刻既已经登上了舞台，譬如在大舞台上唱戏的一样，不敷衍几句，当然是不能下台的。

今夜的讲题为《生活的艺术化》，提到这个题目，诸君一定会联想到英国的十九世纪末期的唯美主义的运动上来。他们的主张就是要借用艺术来使我们的日常的生活美化的。那很有名的 Oscar Wilde（王尔德），他便是这项运动中的一位健将，他曾经穿着很奇特的服装，在伦敦街市上游行，逗得当时的人们注目，这是大家都知道的。他这当然也是一种"生活的艺术化"，不过是偏于外的生活去了。我今夜所说的与此稍微不同，我的意思是要用艺术的精神来美化我们的内的生活，就是说把艺术的精神来做我们的精神生活，我们要养成一个美的灵魂。（Schone Seele）

那末艺术的精神究竟是什么呢？现在我们先从艺术讲起罢。诸君都是知道的，艺术有"空间艺术"和"时间艺术"两大类。譬如，绘画所含者有平面，有长有阔（2 Dimensions）；雕刻，建筑所占者为立体，有长有深远有深度（3 Dimensions），这均是属于空间的……其次如舞蹈，音乐，诗文是时间上的表现，故属于时间的艺术。古时的人多趋重时间的艺术，而轻视空间的艺术；如希腊的司美的女神有九个 Muse，但所管者仅舞蹈，音乐，诗文三种，至于建筑，雕刻，绘画则无神司其事，就是后来的德哲 Hegel（赫智儿）也把艺术分为几种等级，他以所含观念的多寡定它们等级的高下。他的等次，就是：建筑，雕刻，绘画，舞蹈，音乐，诗文。本来照现代的时空论上说来，时间和空间原是相互关系而存在的，绝对不能划然分开。空间艺术和时间艺术的这样分别，乃至要勉强的定出高下的等级来，不过只算得是历史上一件有趣的事象罢了。近代的艺术已把此等无味的分别打破了。如英之 Walter Pater 的《文艺复兴》（*Renaissance*）上有句话说得好，他说："一切的艺术都趋向到音乐的"，这便是说一切空间的艺术打破了静的空间的界限，趋向于动的方面来了。譬如现代绘画中的后期印象派，未来派，表现派，我们都可以看出他在努力表现那动的精神。未来派画马不画四只脚要画二十只脚，画运动不画成直线要画成三角形，这都是动的精神的表现。所以西洋的绘画是由静而动，动的精神便是西洋近代艺术的精神。从这一层看来我觉得中国的艺术实在比他们先进了；那很有名的南齐的谢赫，他所创的画的六法，第一法便是"气韵生动"，便与西洋近代艺术的精神不谋而同，动就是动的精神，生就是有生命，气韵就是有节奏 Rhythm。唐朝的王维，这是谁也知道的，他是个诗人，也是个画家，所以人家称他的诗中有画，画中有诗。不过我觉得诗中无画，还没有十分要紧，因为诗中最重要 Rhythm，便是"气韵生动"的意义；若画中无诗，那就不成为真的艺术了。我们说画中有诗，并不是说画中有甚么五言诗，七言诗或四言诗的意思，乃是指画中含有诗意，这诗意便是"气韵生动"。凡是"气韵生动"的画，才是一张真的画；因为艺术要有动的精神，换句话说，就是艺术要有"节奏"，可以说是艺术的生命。何以我们不重照片而重绘画？又何以我们不重报纸上的新闻而重诗词和小说？因为一则含有生命，一者没有的缘故。

从古到今的诗人画家，很多很多，而千古不朽的大诗人，大画家，却又为什么只为这几个呢？这便是艺术的生命不容易把捉的原故。艺术的生命究竟怎样才可以把捉？这实是一件很难说明的事。一般人因其难以说明，便把他归于"天才"。批评哲学的始祖 Kant（康德）也说："艺术即天才之作品。"但是天才又是个什么东西呢？究竟还是天上落下来的呢？还是生成便与人家不同的？近代精神分析学家 Lombrosso，他说天才就是疯子！这也和说天才就是"天才"一样，因为同一是莫名其妙。其实天才并不是天生成的，也不是甚么疯子，仍旧和常人没有两样，不过我们不曾探求得他的秘密罢了。《庄子》上有段很有趣的故事，我可以抄引下来：

> 梓庆削木为鐻，见者惊若鬼神。鲁侯见而问焉，曰："子何术以为焉？"对曰："臣，工人，何术之有？——虽然有一焉：臣将为鐻，未尝敢以耗气也。必齐以静心，斋三日，而不敢怀庆赏爵禄；斋五日，不敢怀非誉巧拙；斋七日，辄然忘吾四肢形体也。当是时也，无公朝，其巧专而外骨消；然后入山林，观天性，形躯至矣，然后成；见鐻然后加手焉，不然则已。"
>
> （《周礼·冬官考工记》，"梓人为笋虡"，鐻字就是这个虡字。梓人即雕刻师。笋虡为钟磬之架，横柱曰笋，竖柱为虡。上面刻有虎豹，飞禽，龙蛇等形象。）

这一段文字，我以为可以道尽一切艺术的精神，而尤其重要的，便是其中的"不敢怀庆赏爵禄，不敢怀非誉巧拙，辄然忘吾四肢形体也"这几句话，这便是天才的秘密，便是艺术的生命所在的地方。我们的艺术家，如果能够做到这一步，就是能够置功名，富贵，成败，利害于不顾，他的作品自然成了伟大的艺术，他的自身自然成了一个绝顶的天才，所以我说天才不是天生成的，也不是疯子，他并没有甚么秘密，他的秘密就在前面说过的这几句话里面。德哲 Schopenhauer（叔本华）说，天才即纯粹的客观性（Keine Objektivitat），所谓纯粹的客观性，便是把小我忘掉，溶合于大宇宙之中，——即是没我。——即是没有丝毫的功利心（Disinterestedness），这没功利心便是艺术的精神。

艺术的精神就是这没功利性，我们已经明白了。我所说的"生活的艺术化"，便是说我们的生活要时常体验着这种精神呢！我们在成为一个艺术家之先，总要先成为一个人，要把我们这个自己先做成一个艺术！我们有了这种精神，发而为画，发而为诗，自然是伟大的作家；就是不画出画来，不做出诗来，他依旧是个伟大的艺术家了。无论政治家，军人，及其他通常的人民，倘若他们的生活都具有艺术的真精神，都以没功利心为一切生活的基本，那么这个世界便成了一个理想的世界了。至于艺术上之技巧，如诗之音韵，画法之远近，音乐声调之高低，人人都可以习得到的，实非艺术家之第一要素。

上面唱了一大篇的高调，诸君听得很吃力吧，现在我要再唱一点低调了。德国大诗人歌德（Goethe）有篇诗叫做 Der Sanger（《歌者》）。这是一篇 Ballad 体的叙事诗，与中国的弹词相仿。那诗里是叙述一个国王一天坐在堂上，听见外面有个歌者，歌得非常动听，于是便把他招至堂上。王的堂上非常的壮丽，好像今天在此地一样，有雄赳赳，气昂昂的武士们，美貌的女士们；歌者见了，赞颂了一番，于是闭眼不敢仰望那堂上的众明星，便调好声音高唱。他唱完之后，堂上的听者皆被感动，王便赠他一只金杯作为报酬，他却辞谢不受。他说：你把这杯赠与武士吧，他们能在疆场上为王杀敌；你把这杯赠与财政大臣吧，他能为王生息再赚几个金杯；至于我呢，这下边的几句诗很好，我今天晚上所讲的魂髓便在这儿：

> Ich Singe，Wie Der Vogel Singt，
>
> Der in den Zweigen Wohnet；
>
> Das Lied，das aus der Kehle dringt，
>
> Ist Lohn，der reichlich Lohnet.
>
> 我站立在这儿清讴，
>
> 好像只小鸟儿唱在枝头；
>
> 歌声迸出自我的歌喉，

这便是我无上的报酬。

（本篇最初发表于 1925 年 5 月 12 日上海《时
事新报》副刊《艺术》第 98 期，选自《文艺
论集》，上海光华书局，1927 年 2 月版）

自然与艺术
——对于表现派的共感

艺术家应该做自然的儿子，不应该做自然的孙子。

这是十五世纪意大利文艺复兴期中一个伟大的代表达文齐 Leonardo da Vinci 在他《绘画论》中所说的一句话。

他的意思是说：艺术家宜效法自然，不宜效法别人的作品。

他的意思是尊重描写而贱视摹仿。

但是他的精神终还未脱掉摹仿的圈域，他的仅论旨不过亚里士多德的“艺术乃自然的摹仿”而已。

十九世纪的文艺是受动的文艺。自然派，写实派，象征派，印象派，乃至新近产生的一种未来派，都是摹仿的文艺。他们都还没有达到创造的阶级，他们的目的只在做个自然的肖子。

自然派和写实派是善于守财，他们是把他们父亲的财产，无论破铜烂铁，黄金白镪，一文不舍地炫示给人们。

象征派和印象派是顾影自怜的公子，他们是把他们父亲的财产来做些装饰的外观，装饰得一个翩翩出世，他们是值得年青的姑娘们赞美。

未来派只是澈底的自然派，他们是只有魄，没有魂的痴儿。他们把他们父亲的财产东零西碎地铺满了一堂，没有丝毫处理的手腕。

中世纪的欧西文艺成了教会的奴隶，十五世纪的复兴运动把她解放了出来。

但是到了近代，文艺又成了科学的奴隶了。

自然派的末流，他们的目的只在替科学家提供几个异常的材料。

凯撒的应该还他凯撒，上帝的应该还他上帝。

近代的文艺在自然的桎梏中已经窒死了。

二十世纪是文艺再生的时候，是文艺从科学解放的时候，是文艺从

自然解放的时候；

是艺术家赋与自然以生命，使自然再生的时候，是森林中的牧羊神再生的时候，是神话的世界再生的时候，是童话的世界再生的时候；

艺术家不应该做自然的孙子，也不应该做自然的儿子，是应该做自然的老子！

德意志的新兴艺术表现派哟！我对于你们的将来有无穷的希望。

你们德意志的最伟大诗人将又要复活转来，在舞台上高唱了：

> 自然空自缫长丝
> 百世不易地在纺锤头上运转，
> 万汇只是噪杂的集团，
> 百无聊赖地相互击攒。
> 是谁区分出这平匀灵动的节文，
> 永恒生动着一丝不乱地动颤？
> 是谁唤集万散而成一如，
> 调和音雅地鸣弹？
> 是谁使狂风暴雨惊叫怒号？
> 是谁使落日残晖散成绮照？
> 是谁投美丽的春花
> 于彼情人并步的中道？
> 是谁组织无谓的碧叶
> 使成荣誉之冠冠彼人豪？
> 是谁奠定峨岭普司之山聚集神祇？
> 啊，人生之力，全由我们诗人启示！

（本篇最初发表于 1923 年 8 月 26 日上海《创造周报》第 16 号，选自《文艺论集》，上海光华书局，1927 年 2 月版）

文艺上的节产

树木不到春天来的时候不能抽芽，鸡雏不经三礼拜的时间不能孵化。

自然中一切的现象都有待时的契机，地球在未冷到适宜于生物发生之前，只是一团烈火。

艺术的制作和自然现象的发生是同一的。

"艺术是现，不是再现"（Kunst ist Gabe, nicht Wiedergabe）——朗慈白曷教授（Prof. Landsberger）这句简明的论断，把艺术的精神概括无遗了。

甚么是现？这是从内部的自然的发生，这是由种子化而为树木，由鸡卵化而为鸡雏。

甚么是再现？这是微生高的醋：人向微生高讨醋，自己没有跑向邻人转借。向邻人转借来的醋不是制作，向自然转借来的醋也不是制作，一切从外面借来的反射不是艺术的表现。

艺术是从内部的自然的发生。它的受精是内部与外部的结合，是灵魂与自然的结合，它的营养也是仰诸外界，但是它不是外界原样的素材。蚕子啮食桑柘而成丝，丝虽是植物的纤维所成，但它不是桑柘的原叶。

人从受精以至于分娩，在娘怀中总要住九个月以上。在这九个月中的胎儿的营养，自然要仰诸母体的取摄。母亲取摄自然物以营养自己和胎儿，但她所养出的胎儿不与她所摄取的任何自然物相似，只是像她自己。

艺术胎生期，无论如何是必有的。提一个照像机向着无论甚么对象物便撮取一张，提起一枝笔把自己周围的东西看见甚么就誊记在帐簿里，这种我们根本不承认它是艺术了。由内部自然发生的艺术，表现的艺术，无论如何从受精以至于分娩，总有一定的胎生期间。

达文齐 Da Vinci 的名画《最后的晚餐》（*Last Supper*），画了十二年；他的"Mona Lisa"的微笑，是在小时候怀的妊。

歌德的浮士德悲壮剧，从二十几岁做起，一直做到八十二岁。

伟大的是他们这种悠长的等待！他们不到时候来时不做，他们不到时候来时不完成，犹如树木不到开花的时候不开花，不到结果的时候不结实。

伟大的是他们这种悠长的等待！他们等待是甚么？在未从事创作之前等待的是灵感，在既从事创作之后等待的是经验。灵感的发生便是内部的灵魂与外部的自然的构精，经验的储积便是胎儿期中的营养。

早期的破瓜是不能生育的，月数不足的胎儿是不能成长的。

物质文明进步，制造的工场使劳动的女工增添了许多流产早产；

物质文明进步，印刷的工场也使一切文艺家增添了许多流产早产。

未曾成熟的母体逼成早熟，未曾成熟的胎儿逼成早产。

目前的世界为甚么没有甚么伟大的作家，没有甚么伟大的作品？目前的中国为甚么没有甚么伟大的作家，没有甚么伟大的作品？（这个问题尤为是我们国内的批评家时常提说的）我们可以知道了。我们可以说就是早熟的母体太多了，早产的胎儿太多了的缘故！

等待罢！等待罢！青年文艺家哟！

山额夫人的《节产论》（Birth Control）虽然不能直接利用到文艺上来，但是自然的时期是不可不等待的！

尼采为甚么说内养不充的人不能待，也不能怠？笛卡尔为甚么要赞美怠惰？你们可以加一番绰有余裕的思索了。

（本篇最初发表于 1923 年 9 月 16 日上海
《创造周报》第 19 号，选自《文艺论集》，
上海光华书局，1927 年 2 月版）

一个宣言
——为中华全国艺术协会作

平和的春风不从荒漠吹来，自由的醴泉不从冰崖渍涌。

全世界的人类渴望着和平，渴望着自由，已经多历年所了。

全中华的民族渴望着和平，渴望着自由，亦已经多历年所了。

但是平和的春风总不从荒漠吹来，自由的醴泉总不从冰崖渍涌。

我们爱平和爱自由的青年艺术家哟，这是我们应该觉醒的时候了。

世运的杌陧，国度的倾邪，原可说是制度之不良所致；

但是使优美的精神从人类的心中逃逸了的，究竟是谁的罪过呢？

我们爱平和爱自由的青年艺术家哟，这是我们应该觉醒的时候了。

我们自己不要先成了荒漠中的一粒砂，冰崖中的一粒雪。

伟大的使命压在我们的两肩，要我们同心协力地扛举。

*　　　　*　　　　*　　　　*

我们中华民族本是优美的民族之一，我们在四千年前便有极优美的

抒情诗，大规模的音乐，气韵生动的雕刻与绘画；

但是我们的民族精神如今是腐化到了极点了。

创造的灵泉已经消涸，失了水的游鱼只以唾沫相欻濡。

啊啊，我们久困在涸辙中的国魂，正希望我们协力救拯！

我们要把固有的创造精神恢复，我们要研究古代的宝藏，收集古代的遗物，期以辟往而开来。

      *   *   *   *

欧西的艺术经过中世纪一场悠久的迷梦之后，他们的觉醒，比我们先了四五世纪。

许多伟大的前驱和聪明的艺术爱护者已经替我们开辟了无数达到自由达到平和的坦坦的大路。

艺术的薰陶虽远未能普及于人寰，然而这正是我们继起者的事功，这正要赖我们继起者的努力奋勇。

我们应该把窗户打开收纳些温暖的阳光进来；

我们应该针对着前面的灯台开驶我们的航路。

如今不是我们闭关自主的时候了，输入欧西先觉诸邦的艺术也正是我们的急图。

我们要宏加研究，绍介，收集，宣传；借石他山以资我们的攻错。

      *   *   *   *

艺术的起源本与民众有密切的攸关；然自私产制度发生，艺术竟为特权阶级所独占。

民众与艺术接近的机会愈少，民众因之而腐化；

艺术失却了民众的根株，艺术亦因之而凋灭。

两者交为因果，便成了我们中华民族的堕落，我们中华艺术的堕落。

二十世纪的今日已经是不许私产制度保存的时候了。

二十世纪的今日的艺术已经是不许特权阶级独占的时候了。

我们要把艺术救回，交还民众！

我们的目的不是想把既成艺术降低到民众的水平，

我们的目的是想把民众抬高到艺术的境地。

      *   *   *   *

葱茏的佳禾不能发生于硝瘠的田畴，我们是开辟草莱的农人。

伟大的建筑不能安定于浮薄的流砂，我们是奠定基底的工匠。

我们制造艺术的雰围以濡含民众，我们陶冶民众以作育天才。

我们优秀的中华民族，终不会长此陵夷，未来的艺术的天才已经负势竞上，如五岳之嶙嵘，显现在我们的心眼里了。

浩荡的天地在我们面前开放着，我们要同声赞美的欢歌。

（本篇最初发表于 1923 年 10 月 7 日上海《创造周报》第 22 号，选自《文艺论集》，上海光华书局，1927 年 2 月版）

论国内的评坛及我对于创作上的态度

我国的批评界中，我觉得有一种极不好的习气充溢著。批评家每每藏在一个匿名之下，谈几句笼统活脱的俏皮话来骂人，我觉得这真不是一种好习气。批评家为主义而战，为真理而战，原是正当的天职；不过为尊重主义起见，为尊重真理起见，为尊重论敌的人格起见，总应该采取严肃的态度，堂堂正正地布出论阵来，也才能使人心服，才能勉尽其天职于万一。人之欲善，谁不如我？讥讪之伤人，毒于暗刀冷箭，不惟不能折服人，并且反转激成一种反动，不怕自己的论敌就是十恶不善的人，他也会生出一种执著来，永无改善的希望了。

据我个人的意见，批评是当生于一种渊深的同情。父母爱儿，见他有错误时，不惜打他骂他。但他们的打骂是以爱人根据的，是有一掬的眼泪为其调和剂的，所以受他们责楚的儿女也少有实心怨恨他父母的人。我想批评家的态度也当如是。我想批评家总当抱著博大的爱情以对待论敌，或其他的对象，不当存一个"惟我独醒"的存见来拒绝人于千里之外，至于隐姓匿名，含沙射影之举，更表示得自己卑怯了，这更可以不必。批评如果出于同情，出于对于敌人的爱意，即使辞意峻严，形近攻击，但也可以问心无愧，可以放诸四海而无隐。

不过批评家要走到这一步境地，恐怕也是难能的事情。落到我们年青人，尤为是难之又难的了。我们年青人血气方刚，好勇斗狠，每每爱强不知以为知，损他人以益己；我自己内省我自己，便不免时有这种毒龙的爪牙，在我内心中拿噬，想起古人"知之非艰，行之惟艰"的一句话上来，真不免要汗流浃背了。总之人生是一切事业之基，我们从事于一切的事业之中，总当时时内省自己，使自己的生活常常趋近理想的标的，然后所发出来的言论，所做出来的事业，才能真有生命，真有价值，这个我愿意和我表同意的朋友们共同勉力做去。

我对于国内评坛的感想只能说这上面的几句话，以下我要说及我从事于创作上的态度。

我是一个偏于主观的人，我的朋友每肯向我如是说，我自己也很承认。我自己觉得我的想像力实在比我的观察力强。我自幼便嗜好文学，所以我便借文学来以鸣我的存在，在文学之中更借了诗歌的这只芦笛。

我又是一个冲动性的人 Impulsivist，我的朋友每肯向我如是说，我自己也很承认。我回顾我所走过了的半生行路，都是一任我自己的冲动在那里奔驰；我便作起诗来，也任我一己的冲动在那里跳跃。我在一有冲动的时候，就好像一匹奔马，我在冲动窒息了的时候，又好像一只死了的河豚。所以我这种人意志是薄弱的，要叫我胜劳耐剧，做些伟大的事业出来，我没有那种野心，我也没有那种能力。

我既晓得我自己性格的偏颇，意志的薄弱，但是我也很想从事于纠正与锻炼。我对于我不甚嗜好的科学也从事研究，我更决意把医学一门作为我毕生研究的对象。我研究科学正想养成我一种缜密的客观性，使我的意志力渐渐坚强起去。我研究医学也更想对于人类社会直接尽我一点对于悲苦的人生之爱怜。

反乎性格去从事纠正与锻炼，也不能完全无补。我近来对于客观的世界也渐觉得能彀保持静观的态度了。不过我对于艺术上的见解，终觉不当是反射的 Reflective。应当是创造的 Creative。前者是纯由感官的接受，经脑精的作用，反射地直接表现出来，就譬如照像的一样。后者是由无数的感官的材料，储积在脑精中，更经过一道滤过作用，酝酿作用，综合地表现了出来，就譬如蜜蜂采取无数的花汁酿成蜂蜜的一样。我以为真正的艺术，应得是属于后的一种。所以锻炼客观性的结果，也还是归于培养主观，真正的艺术品当然是由于纯粹的主观产出。

至于艺术上的功利主义的问题，我也曾经思索过。假使创作家纯以功利主义为前提以从事创作，上之想借文艺为宣传的利器，下之想借文艺为糊口的饭碗，这个我敢断定一句，都是文艺的堕落，隔离文艺的精神太远了。这种作家惯会迎合时势，他在社会上或者容易收获一时的成功，但他的艺术（？）绝不会有永远的生命。这种功利主义的动机说，从前我也曾怀抱过来；有时在诗歌之中借披件社会主义的皮毛，漫作驴鸣犬吠，有时穷得没法的时候，又想专门做些稿子来卖钱，但是我在此处如实地告白：我是完全忏悔了。文艺本是苦闷的象征。无论他是反射的或创造的，都是血与泪的文学。不必在纸面上定要有红的字眼才算是血，不必在纸面上定要有三水旁边一个戾字的才算是泪。个人的苦闷，社会的苦闷，全人类的苦闷，都是血泪的源泉，三者可以说是一根直线的三个分段，由个人的苦闷可以反射出社会的苦闷来，可以反射出全人类的苦闷来，不必定要精赤裸裸地描写社会的文字，然后才能算是满纸的血泪。无论表现个人也好，描写社会也好，替全人类代白也好，主要的眼目，总要在苦闷的重围中，由灵魂深处流泻出来的悲哀，然后才能震撼读者的魂魄。不然，只抱个死板的概念去从事创作，这好像用力打破鼓，只是生出一种怪聒人的空响罢了。并且人的感受力是有限的，人的神经纤维和脑细胞是容易疲倦的，刺激过烈的作品容易使人麻痹，反转不生感受作用。

总之我对于艺术上的功利主义的动机说，是不承认它有成立的可能性的。我这种主张或者有人会说我是甚么艺术派的艺术家的，说我尽他说，我更是不承认艺术中会画分出甚么人生派与艺术派的人。这些空漠的术语，都是些无聊的批评家——不消说我是在说西洋的——虚构出来的东西。我认定艺术与人生，只是一个晶球的两面，只如我们的肉体与精神的关系一样，他们是两两平行，绝不是互为君主臣仆的。而有些客气未除的作家或者批评家，更揭以自行标榜，在口头笔下漫作空炮的战争，我觉得只是一场滑稽悲喜剧罢了。

有人说："一切艺术是完全无用的"，这话我也不十分不承认。我承认一切艺术，它虽形似无用，然在它的无用之中，有大用存焉。它是唤醒人性的警钟，它是招返迷羊的圣篆，它是澄清河浊的阿胶，它是鼓舞生命的醍醐，它是……，它是……，它的大用，说不尽，说不尽。

（本篇最初发表于 1922 年 8 月 4 日《时事新报》副刊《学灯》，选自《文艺论集》，上海光华书局，1927 年 2 月版）

论文学的研究与介绍

最近读《小说月报》十三卷七号，见通信栏中，有万良濬君把翻译

《浮士德》，《神曲》，《哈孟雷德》，未免太不经济的旧话重提。万君以为"以上数种文学，虽产生较早，而有永久之价值者，正不妨介绍于国人"，他是赞成翻译的。沈雁冰君的答函，说是"翻译《浮士德》等书，……也不是现在切要的事"。他说"个人研究与介绍给群众是完全不相同的两件"；"因为个人研究固能惟真理是求，而介绍给群众，则应该审度事势，分个缓急"。他话里还夹了一段笑谈，因为我不懂他是甚么意思，所以我也就不能涉及；总之，沈君是不赞成翻译以上诸书的。

但丁的《神曲》，在国内的文学家中，究竟有没有人翻译，我不得而知。沙士比的《哈孟雷德》，田汉君在从事翻译，其译品已经在《少年中国》上发表过一部分了。歌德的《浮士德》，我早曾零星翻译过，前年六月，张东荪君函劝我从事全译（原函至今尚存），作为共学社丛书之一种。张君是认定《浮士德》有可译的价值的之一人，我也是认定为有可译的价值的，所以我当时也就慨然应命了。大概是因为有这两种事实，所以才生出经济不经济的问题出来。说翻译以上诸书是不经济的人，我记得是郑振铎君。郑君在去岁夏季的《文学旬刊》上，发表过一篇《盲目的翻译者》的一段杂谭，其中便说的是这么一回事。《文学旬刊》，我手中没有，并且把期数忘了，也不便查考，恕我在此不能把原话引出了。我当时读了他那段杂谭的时候，本以为是有讨论之必要的，不过郑君劈头便在骂人，所以我就隐忍着，直至今日尚不曾说过只词半语。

我们此刻且暂把事实问题丢开，先就我表题所标的来讨论罢。

第一 文学的研究

文学研究的成立，当然有两个因子：（一）是研究的对象——文学作品，（二）是研究的人。人尽可随一己的自由意志，去研究古今中外的一切文学作品，这是很明了的理论，可无庸赘说。

第二 文学的介绍

介绍文学比个人从事研究的当然会多生出一个因子来，便是（一）文学作品，（二）介绍家，（三）读者。但是，这三个因子之中，介绍家是顶主要的：因为他对于文学作品有选择的权能，对于读者有指导的责任。

介绍家，如就广义而言，则学校的教习，俳优，文学批评家，翻译家等等均能包括在内。他们的态度和手段，均不能一概从同；此处的问题只是翻译的问题，我们且专就翻译家上讨论。要论翻译的事情，这其中有两种过程不能混而为一。其一便是翻译的动机，其二便是翻译的效果。

第一　翻译的动机

我们试问，翻译作品是不是要有创作的精神寓在里面？这我恐怕无论是若何强辞夺理的人，对于这个问题，一定要答应一个"是"。那吗我们又问，翻译家要他自己于翻译作品时涌起创作的精神，是不是对于该作品应当有精深的研究，正确的理解，视该作品的表现和内函，不啻如自己出，乃从而为迫不得已的移译？这个我想，无论若何强辞夺理的人，也怕要说一个"是"。那吗，翻译之于研究，到底还是一线的延长吗？还是切然划然，完完全全的两个事件呢？

第二　翻译的效果

这个是依前项的动机问题而定夺的。翻译家在他的译品里面，果如寓有创作的精神；他于移译之前，果如对于所译的作品下过精深的研究，有了正确的理解；并且在他述述之时，感受过一种迫不得已的冲动的时候；那他所产生出来的译品，当然能生莫大的效果，当然会引起一般读者的兴味。他以身作则，当然能尽他指导读者的义务，能使读者有所观感，更进而激起其研究文学的急切的要求。试问读者诸君，我说的这些话诸君以为是不是？如果是时，那吗，这种翻译家的译品，无论在甚么时代都是切要的，无论对于何项读者都是经济的；为甚么说到别人要翻译《神曲》，《哈孟雷德》，《浮士德》等书，便能预断其不经济，不切要，并且会盲了甚么目呢？——我如此说时，读者请莫误会，以为我们在夸讲我们所翻译的《哈孟雷德》，《浮士德》等书，定然寓有创作的精神，定然会生莫大的效果；不过我以为凡为批评家对翻译品要下批评时，只能于译品成功之后，批评其动机之纯不纯，批评其译文之适不适，始能因而及其效果，绝不能预断其结果之不良，而阻遏人自由意志，这种是专擅君主的态度。这种批评超过批评家的本分太觉辽远了。至于雁冰君的论调，尤有个绝大的话病：他说"个人研究固能惟真理是求，介绍给群众，则当审度事势，分个缓急"，难道研究时可以探求真理，介绍时便可以把真理抹杀了吗？这句话我不能了解。

至于说到古代文学作品有无介绍价值的问题，这是关于文学本身上的问题，我对于《神曲》，《哈孟雷德》还莫有充分的研究，我在此不敢乱说。歌德的《浮士德》，说也惭愧，我虽然研究了几年，但是我也还不敢说我有正确的理解。不过据我自家研究的结果，据我自家所能理解的程度，他确是一种超过时代的作品，他是确有可以介绍的价值的。我相信凡为真正的文学上的杰作，他是超过时代的影响，他是有永恒生命的。文学与科学不同，科学是由有限的经验所结成的"假说"上所发出的空幻之花，经验一长进，假说即随之而动摇，科学遂全然改换一次新面目，所以我们读一部科学史，可以看出许多时辰的分捕品，可以看出许多假说的死骸，极端地说时，更可以说科学史是这些死骸，坟墓；文学则不然。文学是精赤裸裸的人性的表现，是我们人性中一点灵明的情髓所吐放的光辉，人类不灭，人性是永恒存在的，真正的文学是永有生命的。我们能说一部《国风》是死文学么？我们能说一部《楚辞》是死文学么？——有人定要说时，我也把他没法。有人能说印度吠陀经典中许多庄严幽邃的颂歌是死文学么？有人能说荷默的诗歌，希腊的悲剧，所罗门的雅歌是死文学么？——有人定要说，我也把他没法。文学的好坏，不能说是他古不古，只能说是他醇不醇，只能说是他真不真。不能说是十九世纪以后的文学通是好文学，通有可以介绍的价值，不能说是十九世纪以前的文学通是死文学，通莫有介绍的价值。文艺的青春化与原始化，正是同一的过程，近代欧西艺术家对于儿童的艺术，对于原始人的艺术，极力加以研究，正是教导我们以这个消息。诸君须知，我们要介绍西洋文艺，绝不是仅仅翻译几篇近代的作品，便算完事的呢。就是要对于近代人的作品，纵则要对于古代思想的渊流，文潮代涨的波迹，横则要对于作者的人生，作者的性格，作者的环境，作者的思想，加以澈底的研究，然后才能无所咎负。即如太戈儿的诗，在一般人看来，就觉很能容易了解了，然而对于印度思想：如婆罗门的教义，《优婆尼塞图》（奥义书）的哲理，吠坛陀派的学说，若是全无涉猎，终竟是存着一层隔膜；就是印度的历史也还要有点研究，不然，会连他 *Lover's Gift* 诗集的第一首诗，我就包管读的人就莫明其妙。据此看来，研究文学的人，不能有所偏枯，而文学的介绍与研究不是完全两事。

我在搁笔之前，再来谈几句私话。我译《浮士德》，在前年八月初间，第一部早已译成；第二部比较要难译些，因为我没有多的静谧的时间，所以我至今还寄放着没有译下去。《浮士德》是一部艰深的巨作，我也承认，不过唯其艰深，我觉得尤宜于翻译，尤值得翻译，翻译成本国的文字时，读的人总要比读难解的原文经济得许多。有人向我说，原作太难，恐怕译出来时，读的人太少，于销路上不能畅行，这个恐怕是个确切的预料；所以我的译稿，在最近一两年之内，如能完成时，我愿意自费出版。假如能得一素心人，读了我的译书，得以感觉得《浮士德》对于人生是切要之书，也还值得一读，不至于痛叹到不经济时，那我也就可以感受着无穷的寂悦了。

七月二十一日

（本篇最初发表于 1922 年 7 月 27 日上海《时事新报》副刊《学灯》，选自《文艺论集》，上海光华书局，1927 年 2 月版）

《西厢》艺术上之批判与其作者之性格

文学是反抗精神底象征，是生命穷促时叫出来的一种革命。屈子底《离骚》是这么生出来的，蔡文姬底《胡笳十八拍》是这么生出来的，丹丁底《神曲》，弥尔敦底《失乐园》，都是这么生出来的。周诗之变雅生于幽厉时期，先秦诸子之文章焕发于周末，哥德许雷出于德国陵夷之时，杜尔斯泰多士陀奕夫士克产于俄国专制之下，便是我国最近文坛颇有生气勃勃之概者亦由于内之武人外之强邻所酝酿。

我国文学史中，元曲确占有高级的位置。禾黍之悲，河山之感，抑郁不得志之苦心，欲死不得死，欲生不得生的渴望遂驱使英秀之士群力协作以建设此尊严美丽之艺堂。吾人居今日而游此艺堂，以近代的眼光以观其结构，虽不免时有古拙陈腐之处，然为时已在五百年前，且于短时期内成就得偌大个建筑，吾人殆不能不赞美元代作者之天才，更不能不赞美反抗精神之伟大！反抗精神，革命，无论如何，是一切艺术之母。元代文学，不仅限于剧曲，全是由这位母亲产出来的。这位母亲所产生出来的女孩儿，总要以《西厢》为最完美，最绝世的了。《西厢》是超过时空的艺术品，有永恒而且普遍的生命。西厢是有生命之人性战胜了无生命的礼教底凯旋歌，纪念塔。

礼教是因人而设，人性不是因礼教而生。礼教得其平，可以为人性底正当的发展上之一助，不能超越乎人性之上而狂舞其暴威。男女相悦人性之大本，种族之蕃演由是，人文之进化亦由是。纯爱之花多结优秀之子，此在一般常识上及学理的实验上均所公认。职司礼教者固当因善利导，以扶助其正当的发展，不能多方箝制，一味压抑，使之变性而至于病。我国素以礼教自豪，而于男女间之防范尤严，视性欲若洪水猛兽，视青年男女若罪囚，于性的感觉尚未十分发达以前即严加分别以催促其早熟。年青人最富于暗示性，年青人最富于反抗性，早年箝束已足以催促其早解性的差异，对于父母长辈无谓的压抑更于无意识之间——或在潜意识之下——生出一种反抗心：多方百计思有以满足其性的要求。然而年龄愈进，防范愈严，于是性的焦点遂移转其位置而呈变态。数千年来以礼教自豪的堂堂中华，实不过是数万万变态性欲者底一个庞大的病院！不消多列条举，便举缠足一事已足证明。就男子方面而言，每以脚之大小而定爱憎，爱憎不在乎人而在乎脚。此明明是种"拜脚狂"Foot-fetichism；就女子方面而言，不惜自受摧残以增添男女间性的满足，此明明是种"受动的虐淫"Masochism。礼仪三百不过制造出拜脚狂几千，威仪三千不过制造出受动的虐淫者几万。如今性的教育渐渐启蒙，青年男女之个性底觉悟已如火山喷裂，不合学理徒制造变态性欲者的旧式礼制已如枯枝槁叶着火即化为灰烬。已死的权威吾人固无所忌惮，特今痛定思痛见多少老年男女已固定于变态性欲之下犹不得不令人汲起万石泪泉而涌出满怀怆痛。

> 你不拘箝我，可倒不想。
> 你把我越间阻，越思量！

郑德辉《倩女离魂记》中由张倩女所唱出的这两句歌调，正道尽我国数千年来数万万变态性欲者底病蒂。

> 想嫦娥西没东生有谁共？
> 怨天公，裴航不作游仙梦，
> 劳你罗帏数重愁她心动。……

《琴心》中莺莺见着月晕时唱出的这几句歌词亦道尽我们青年男女对于礼教底权威所生出的一种反抗的心理。《倩女离魂记》所描写的只是潜意识下第二重人格底活动，而《西厢》所描写的却是第一重人格底有意识的反抗，虽同属反抗旧礼教的作品，然而《西厢》底态度更胆大，更猛烈，更革命的，我说他是"人性战胜了礼教的凯旋歌，纪念塔"，我想凡是有青春的血夜在脉管中流动的人，凡是不是变态性欲者的人总会是赞成我的。《西厢》所描写的是人类正当的性的生活，所叙的是由爱情而生的结合，绝不能认为奸淫，亦绝不能认为滥淫泛卖者底代辩！

《西厢》有南北两种之分。《南西厢》据我所见，更有李日华，陆天池两种，词句鄙俚，卑无足道。《北西厢》即世间流传之《西厢》，王实父作而关汉卿续之，《惊梦》以后之四出即汉卿所续。

王实父大都人，其生平事迹不详。或有以为金时人或有以为元时人者，大概是元金之交的人物。其作品除《西厢记》外尚有十二种：

芙蓉亭	丽春堂	破窑记	多月亭
贩茶船	明达卖子	陆绩怀橘	七步成章
丽春园	于公高门	进梅谏	双题怨

——见《涵虚子》

然除《西厢》与《丽春堂》外，余者均已散失。《丽春堂杂剧》叙金时完颜徒单克宁事，然其结构与词子均远在《西厢》下，现存元曲选中。《涵虚子词品》评"王实父如花间美人"，这是从作品中所窥瞻出的作者底风格，然而影响模糊，恐王实父见之亦未为心许。吾人细读《西厢记》一书，可知作者底感觉异常发达几乎到了病的程度。作者底想像异常丰赡几乎到了狂的地步。他在音响之中可以听得出色彩出来，你看他叙莺莺听琴说出"其声幽，似落花流水溶溶"，落花的红色，流水的绿色，和两种的动态都听了出来，这分明是种"色听"。他见了作对的昆虫和鸟雀也可以激起一种性的冲动，你看他说："春心荡，怪黄莺儿作对，怨粉蝶儿成双"，这明明是种"见淫"。他这人底性的生活我看是很有个莫大的缺陷：他是犯过非法淫的人，他更几几乎有拜脚狂的倾向，你看他说："休提眼角留情处，只这脚跟儿将心事传"，此外在《西厢》中叙到脚上来鞋上来的地方更还有好些处；他这人对于女性的脚好像很有莫大的趣味。所以我揣想王实父这人必定是受尽种种箝束与诱惑，逼成了个变态性欲者，把自家纯粹的感情早早破坏了，性的生活不能完完全全地向正当方面发展，困顿在肉欲底苦闷之下而渴慕着纯正的爱情。照近代精神分析派的学理讲来，这部《西厢》也可说是 Libido 底生活——Libido 便是精神的创痏，Psychische trauma 便是个体的性态由其人之道德性或其他外界的关系所压制而生出的无形伤害。

精神分析派学者以性欲生活之缺陷为一切文艺之起源，或许有过当之处亦不可知；然如我国文学中的不可多得的作品如《楚辞》如《胡笳十八拍》如织锦《回文诗》如王实父底这部《西厢》，我想都可以用此说说明，都是绝好的可供研究的作品。屈原好像是个独身生活者，他的精神确是有些变态。我们试读他的《离骚》《湘君》《湘夫人》《云中君》

《山鬼》……作品，不能说他莫有 Erotic 的动机在里面。蔡文姬和苏蕙是歇司迭里性的女人，更不消说了。如此说时，觉得减轻了作者声价和作品底尊严性，其实不然，唯其有此精神上的种种苦闷始生出向上的冲动，以此冲动以表现于文艺，而文艺之尊严性始确立，始能不为豪贵家儿底一种游戏品。假使屈子不系独身，则美人芳草底幽思不会焕发；蔡苏不成为歇司迭里，则《胡笳》《回文》之奇制不会产生；假使王实父不如我所想像的一种性格，则这部《西厢》亦不会产出。瓦格奈 Wagner 有句话说得好："生活能如意时，艺术可以不要，艺术是到生路将穷处出来的。到了无论如何都不能生活的时候，人才借艺术以鸣，以鸣其所欲。"

一九二一，五，二，于上海。

（本篇为改编王实甫《西厢》所写序，最初刊发于《西厢》，上海泰东图书局，1921 年初版卷首，选自《文艺论集》，上海光华书局，1927 年 2 月版）

论　诗

一

《民铎》杂志三号中胡怀琛先生《诗与诗人》一题，最引起了我注意，但不幸我读了文中第一节，就使我失望。《虞书》"诗言志，歌永言；声依永，律和声"四语，本是论的诗歌和音乐底两件事。此数语在《毛诗序》中变形而为：

> 诗者志之所之也。在心为志，发言为诗。情动于中而形于言，言之不足故嗟叹之，嗟叹之不足故永歌之，永歌之不足，故不知手之舞之足之蹈之也。情发乎声，声成文谓之音。……

此两项文献，就艺术底发生史上观察，最为可珍爱而有价值之材料。据近世欧西学者之研究：凡艺术中，诗歌音乐舞蹈三者发生最早而大抵同源。就中如奈特氏 Knight 有云：

> 诗歌音乐舞蹈三者，无论其于个人的或民族的幼稚时代，均相

结合而同其根元。言语韵律反覆时而诗歌以起。言语反覆时，音有节奏，调有变化而音乐以起。身体运动与诗歌音乐相随伴时而舞蹈以起。（见 The Phylosophy of the Beauty）

揭此数语以与《毛诗序》或《虞书》语相比较，后两者之意义与价值始愈见明了。其中所不可忽视者最为"言"之一字，因为诗歌之发生在于未有文字以前，未有文字以前的诗歌，其所倚以为表显的方具厥为言语，所以说"诗言志，歌永言"。

人文进化，各种艺术之修养煅练愈臻完备，诗歌音乐舞蹈由浑而分，已各有固有之特征而不能相合。综合艺术底歌剧虽合诗歌，音乐，舞蹈，绘画，雕塑，建筑种种艺术而为一，然而只是物理的而非化学的；其中种种成分诗歌自诗歌，音乐自音乐，舞蹈自舞蹈……各各虽相结婚，而夫妇仍各为个体。并且吾人试读瓦各乃 Wagner 歌剧剧本时，只能许其为歌而不能许其为诗，何以故？因为他外在律底成分太多了故。自从文字发明以后，诗歌表示底方具由言语更进化为文字。诗歌遂复分化而为两种形式，诗自诗，而歌自歌。歌如歌谣，乐府词曲，或为感情的言语之复写，或不能离乐谱而独立，都是可以唱的；而诗则不必然。更从积极的方面而言，诗之精神在其内在的韵律 Intrinsic Rhythm，内在的韵律（或曰无形律）并不是甚么平上去入，高下抑扬，强弱长短，宫商徵羽；也并不是甚么双声叠韵，甚么押在句中的韵文！这些都是外在的韵律或有形律 Extraneous Rhythm。内在的韵律便是"情绪底自然消涨"。这是我自己在心理学上求得的一种解释，前人已曾道过与否不得而知，将来有暇时拟详细地论述。内在韵律诉诸心而不诉诸耳。太戈儿有节诗，最可借以说明这个。

> Do not keep to yourself the secret of your heart，my friend！
> Say it to me，only to me，in secret.
> You who smile so gently，softly，whisper，my heart will hear it，not my ears.
> 别把你心中的委曲私下藏着，我友！
> 请说给我，只说给我，悄悄地。
> 你笑得那么微婉，请柔和地说，我心能听，不是我的两耳。
>
> （《园丁集》第四十二首）

这种韵律异常微妙，不曾达入诗底堂奥的人简直不会懂。这便说他是"音乐底精神"也可，但是不能说他便是音乐：因为音乐是已经成了形的，而内在律则为无形的交流。大抵歌之成分外在律多而内在律少。诗是纯粹的内在律底表示，他表示的方具用外在律也可，便不用外在律，也正是裸体的美人。散文诗便是这个。我们试读太戈儿底《新月》《园丁》《几丹伽里》诸集，和屠尔涅 Turgenef 与波多勒尔 Baudelaire 之散文诗，外在的韵律几乎全然没有。惠迭曼 Whitman 底《草叶集》也全不用外在律。然而古今的真诗人能如此诸人者能有几个哟？我国虽无"散文诗"之成文，然如屈原《卜居》《渔父》诸文以及庄子《南华经》中多少文字吾人可以肇锡以"散文诗"之嘉名者在在皆是。至于我国古代真正的诗人，还是屈原，陶靖节，李太白，王摩诘诸人，如白居易者流只不过是中等人物，究竟古来定论是不错。因为诗——不仅是诗——之表示不能纯以浅薄的功利主义以相绳。通俗的，老妪能解的，讴歌俗相的，浅薄的教训诗不能说是真诗，好诗。真正的诗，真正的诗人底诗，不怕便是吐嘱他自己的哀情，抑郁，我们读了，都莫有不足以增进我们人格的。因为诗是人格底创造底表现，或为人格底创造冲动底表现。我们感得了他这种冲动，对于我们的人格上，灵性上不能不生影响。人性是普遍的东西，个性最彻底的文艺最为普遍的文艺，民众的文艺。其所生之效果对于浅薄的功利主义的通俗文艺，其相差之悬隔，不可以道里计。

上面任笔所驱驰，便拉了一大长篇，我最初的动机是指摘怀琛先生错引《虞书》文以为诗底界说之一点。其错误之点：

（一）在把原文音乐诗歌两事误为一事。

（二）在不知道界说之谨严：《虞书》文还是古诗言语的艺术之孑遗，不足以函盖近代文字的艺术底诗谛。

本来还想一一批评下去，我想以上根本问题已经解决，不用再多事了。总之诗无论新旧，只要是真正的美人穿件甚么衣裳都好，不穿衣裳的裸体更好！拘于因袭之见的道德先生们见了罗丹翁们底裸体雕像，不是狂吠起来，也要掉头不顾；他们只讲究的是"衣裳哲学"。怀琛先生说："各国诗底性质又不同"，这句话简直是门外话！不同的只是衣裳罢了，不是性质呀！此外第一节中引冯骥《长铗歌》：长铗归来乎！无以为家！以为是没韵诗，这也错了。古音"家"字读如"姑"，与"乎"字正合韵，并与其他"车""鱼"诸字都合韵，决不是没韵诗。

我国诗坛评论家极少，极少；像胡怀琛先生这么热心评诗，并热心研究的人，我很希望他多于下些根本的研究，对于我国诗坛上发一大光明。我想近来要研究诗的人当得从心理学方面，或者从人类学，考古学——不是我国的考据学——去研究他发生史的方面，然后才有光辉，才能成为科学的研究；不然，仅仅整齐陈语以缕述，要算是多事了。

年来对于我国底文艺界还有些久未宣泄的话，在此一并也说出了罢。我觉得国内人士只注重媒婆，而不注重处子；只注重翻译，而不注重产生。一般在文艺界徂徕的文人大概只夸示些邻家底桃李来逗逗口上的风光，总不想从自家底庭园中开些花果来使人玩味。而一般新闻杂志底体裁亦默默地表示他差别的待遇。凡是外来的文艺，无论译得好坏，总要冠居上游；而创作的诗文，仅仅以之填补纸角。像这种体裁和趋向决不是所以提倡第一义生活，而鼓舞创造精神的好消息！艺术品既为真人生之建设者，至少当得与其他的论理的评论和研究论文等等得相等之位置，而我国杂志界却不然也。本来这种轻微的问题，对于作品之美恶全不能生若何之影响；然而暗足以使作者灰心，而明足以启读者（俗人）轻视艺术之感。所以我希望我国出版界能打破旧时因袭之成例，凡创作品与评论文尽可间插排去，一以其价值之如何而品其先后；更当打破偶像崇拜之陋习，不宜以人定标准。翻译事业于我国青黄不接的现代颇有急切之必要，虽身居海外，亦略能审识。不过只能作为一种附属的事业，总不宜使其凌越创造，研究之上，而狂振其暴威。我们既同为人类之一员，则毕生中种种行为之目的对于全人类社会文化演进之道途上总得有密切之关系才行，进而言之，便是于全人类文化演进上当得有积极的贡献，创作和研究正是完成这种目的的最适的手段。翻译底价值，便专就文艺方面而言，只不过报告读者说："世界底花园中已经有了这朵花，或又开了一朵花了，受用罢！"他方面诱导读者说："世界花园中的花便是这么样，我们也开朵出来看看吧！"所以翻译事业只在能满足人占有冲动，或诱发人创造冲动为能事，其自身别无若何积极的价值。而我国内对于翻译事业未免太看重了，因之诱起青年许多投机的心理，不想借以出名，便想借以牟利，连翻译自身消极的价值，也好像不遑顾及了；这么翻译出来的东西，能使读者信任吗？能得出甚么好结果吗？除了翻书之外，不提倡自由创造，实际研究，只不过多造些鹦鹉名士出来罢了！不说对于全人类莫有甚么贡献，我怕便对于我国也不会有甚么贡献。

总之，"处女应当尊重，媒婆应当稍加遏抑"。

二 (致宗白华)①

我想我们的诗只要是我们心中的诗意诗境底纯真的表现，命泉中流出来的 Strain，心琴上弹出来的 Melody，生底颤动，灵底喊叫；那便是真诗，好诗，便是我们人类底欢乐底源泉，陶醉底美酿，慰安底天国。我每逢遇着这样的诗，无论是新体的或旧体的，今人的或古人的，我国的或外国的，我总恨不得连书带纸地把他吞了下去，我总恨不得连筋带骨地把他融了下去。我想你的诗一定是我们心中的诗境诗意底纯真的表现，一定是能使我融筋化骨的真诗，好诗；你何苦要那样地暴殄，要使他无形中消灭了去呢？你说："我们心中不可无诗意诗境，却不必定要做诗。"这个自然是不错的。只是我看你不免还有沾滞的地方。怎么说呢？我想诗这样东西似乎不是可以"做"得出来的。我想你的诗一定也不会是"做"了出来的。Shelley 有句话说得好，他说：A man can not say，I will compose Poetry. Goethe 也说过：他每逢诗兴来了的时候，便跑到书桌旁边，将就斜横着的纸，连摆正他的时候也没有，急忙从头至尾地矗立着便写下去。我看哥德这些经验正是显勒那句话底实证了。诗不是"做"出来的，只是"写"出来的。我想诗人底心境譬如一湾清澄的海水，没有风的时候，便静止着如像一张明镜，宇宙万汇底印象都涵映着在里面；一有风的时候，便要翻波涌浪起来，宇宙万类底印象都活动着在里面。这风便是所谓直觉，灵感（Inspiration），这起了的波浪便是高张着的情调。这活动着的印象便是徂徕着的想像。这些东西，我想来便是诗底本体，只要把他写了出来的时候，他就体相兼备。大波大浪的洪涛便成为"雄浑"的诗，便成为屈子底《离骚》，蔡文姬底《胡笳十八拍》，李杜底歌行，当德 Dante 底《神曲》，弥尔栋 Milton 底《乐园》，哥德底《浮司德》；小波小浪的涟漪便成为"冲淡"的诗，便成为周代底《国风》，王维底绝诗，日本古诗人西行上人与芭蕉翁底歌句，泰果尔底《新月》。这种诗底波澜，有他自然的周期，振幅（Rhythm）；不容你写诗的人有一毫的造作，一刹那的犹豫，正如哥德所说连摆正纸位的时间也都不许你有。说到此处，我想诗这样东西倒可以用个方式来表示他了：

---

① 这一节收入《文艺论集》时节自《三叶集》中《郭沫若致宗白华》（1920 年 1 月 18 日）。

$$诗＝（直觉＋情调＋想像）＋（适当的文字）$$
$$\text{Inhalt} \qquad\qquad \text{Form}$$

我常想天才底发展有两种 Typus：一种是直线形的发展，一种是球形的发展。直线形的发展是以他一种特殊的天才为原点，深益求深，精益求精，向着一个方向渐渐展延，展到他可以展及的地方为止：如像纯粹的哲学家，纯粹的科学家，纯粹的教育家，艺术家，文学家……都归此类。球形的发展是将他所具有的一切的天才，同时向四方八面，立体地发展了去。这类的人我只找到两个：一个便是我国底孔子，一个便是德国底哥德。

孔子这位大天才要说他是政治家，他也有他的"大同"底主义；要说他是哲学家，他也有他 Pantheism 底思想；要说他是教育家，他也有他的"有教无类"，"因材施教"底 Kinetisch 的教育原则；要说他是科学家，他本是个博物学者，数理底通人；要说他是艺术家，他本是精通音乐的；要说他是文学家，他也有他简切精透的文学。便单就他文学上的功绩而言，孔子底存在，是断难推倒的：他删《诗》《书》，笔削《春秋》，使我国古代底文化有个系统的存在；我看他这种事业，非是有绝伦的精力，审美的情操，艺术批评底妙腕，那是不能企冀得到的。我常希望我们中国再生出个纂集《国风》的人物——或者由多数的人物组织成一个机关——把我国各省各道各县各村底民风，俗谣，采集拢来，采其精粹的编集成一部《新国风》；我想定可为"民众艺术底宣传""新文化建设底运动"之一助。我想我们要宣传民众艺术，要建设新文化，不先以国民情调为基点，只图介绍些外人言论，或发表些小己底玄思，终竟是凿枘不相容的。话太扯远了，我再回头来说孔子。我想孔子那样的人是最不容易了解的。从赞美他方面的人说来，他是"其大则天"；从轻视他方面的人说来，他是"博学而无所成名"。我看两个评语都是对的，只看我们自己的立脚点是怎么样；可是定要说孔子是个"宗教家"，"大教祖"，定要说孔子是个"中国底罪魁"，"盗丘"，那就未免太厚诬古人而欺示来者。

哥德这位大天才也是到了"博学而无所成名"底地位。他是解剖学底大家（解剖学中有些东西是他发见的），他是理论物理学底研究者（他有色素底研究，曾同牛顿辩论过来）。绘画音乐无所不通，他有他 Konkusordnung（破产法条例）底意见，他有政治家和外交家底本能和经验，Lavater 与 Knebel 都称赞他是个英雄，便是盖世的伟人拿破仑一世也激赏他是 Voilaun homme，他有他的哲学，有他的伦理，有他的教育学，他是德国文化上的大支柱，他是近代文艺的先河……他这个人确也是最不容易了解的。他同时是 Faust，Gott Uebermensch；他同时又是 Miehistopheles，Teufel，Hund。所以 Wieland 说：Goethe wurde darum verkanut，weil so wenige faehig seien，sich einen Begriff von einem solchen menschen zu machen. 我看他这句话也可以应用到孔子身上的。Wieland 又说，Goethe 是一个 menschlichste aller Menschen。他这名称似乎可以译成"人中的至人"，可是他的概念终竟还是不易把捉的。可是他比我国底"大诚至圣先师"等等徽号觉得更妥当着实些。哥德是个"人"，孔子也不过是个"人"。孔子对于南子是要见的，"淫奔之诗"他是不删弃的，我恐怕他还是爱读的！我看他是主张自由恋爱（人情之所不能已者，圣人不禁）实行自由离婚（孔氏三世出其妻）的人！我看孔子同哥德他们真可是算是"人中的至人"了。他们的灵肉两方都发展到了完满的地位。孔子底力量"能拓国门之关"，他决不是在破纸堆里寻生活的 Bücherwurm，决不是以收人余唾为能事的臭痰盂！

　　我想诗人与哲学家底共通点是在同以宇宙全体为对像，以透视万事万物底核心为天职；只是诗人底利器只有纯粹的直观，哲学家底利器更多一种精密的推理。诗人是感情底宠儿，哲学家是理智底干家子。诗人是"美"底化身，哲学家是"真"底具体。（这些话自然是要望你指正的了！）可是我想哲学中的 Pantheism 确是以理智为父以感情为母的宇馨儿。不满足那 upholsterer 所镶逗出的死的宇宙观的哲学家，他自然会要趋向到 Pantheism 去，他自会要把宇宙全体从新看作个有生命有活动性的有机体。无论甚么人，都是有理智的动物。无论甚么人，都有他自己的宇宙观和人生观。诗人虽是感情底宠儿，他也有他的理智，也有他的宇宙观和人生观的。那么，自然如你所说的："诗人底宇宙观以 Pantheism 为最适宜"的了。（你这"宇宙观"当中自然是包括着"人生观"说的了。）所以你要做的《德国诗人哥德底人生观与宇宙观》我真是以先睹为快的呢！哥德虽说不是个单纯的诗人，可是包围着他全人格的那个 Strahlenkranz 中，诗人底光彩是要占一最大部分的了。哥德底宇宙观和人生观我虽不曾加以精密的分析，具体的研究，可是我想他确是个 Pantheist。他是最崇拜 Spinoza 的。他早年（二十四岁）的时候，无意之中，寻出了 Spinoza 底书来读了——书名他虽不曾说出来，想来自然是 Spinoza 底 *Ethica cum geometricum* 了——他大大地欢喜；

他说他再不曾感受过那种精神上的慰安和明快。这段事实叙述在他自叙传 *Dichtung und Wahrheit* 底第四部第十六卷中。此书可惜弟处没有，不能把哥德自身的话写出来，真是抱歉。司皮诺若的 *Eahik*，我记得好像是 Hoffding 底《近代哲学史》底评语，说他是一部艺术的作品，是一部 Drama，我看他这句话正道着"诗人底宇宙观以 Pantheism 为最适宜"底反面。司皮诺若是 Pantheist，是不用说的。哥德受了司皮诺若底感化，也是一种既明的事实。所以你意想中的哥德，和我意想中的哥德是相吻合的。只是我对于哥德底作品，许未曾加以详细的研究，精密的分析；有你的研究论文快要出现，可不令我快活欲死么？我想哥德底著作，我们宜尽量地多多地介绍，研究，因为他处的时代——"胁迫时代"——同我们的时代很相近！我们应该受他的教训的地方很多呢！

三 （致宗白华）①

—— Den Drang nach Wahrheit und die Lust am Trug.

哥德这句话，我看是说尽了我们青年人的矛盾心理的。真理要探讨，梦境也要追寻。理智要扩充，直觉也不忍放弃。这不单是中国人的遗传脑精，这确是一切人的共有天性了。哥德一生只是个矛盾方面的结晶体，然正不失其所以为"完满"。我看我们不必偏枯，也不要笼统：宜扩充理智的地方，我们尽力地去扩充，宜运用直觉的地方，我们也尽量地去运用。更学句孟子的话来说，便是"乃所愿则学哥德也"，不知道你可许赞同我这样的意思么？

我对于诗词也没有甚么具体的研究，我也是最厌恶形式的人，素来也不十分讲究他。我所著的一些东西，只不过尽我一时的冲动，随便地乱跳乱舞的罢了。所以当其才成的时候，总觉得满腔高兴，及到过了两日，自家反覆读读看时，又不禁挟背汗流了。只是我自己对于诗的直感，总觉得以"自然流露"的为上乘，若是出以"矫揉造作"，只不过是些园艺盆栽，只好供诸富贵人赏玩了。天然界的现象，大而如寥无人迹的森林，细而如路旁道畔的花草，动而如巨海宏涛，寂而如山泉清露，怒而如雷电交加，喜而如星月皎洁，莫一件不是自然流露出来的东西，莫一件不是公诸平民而听其自取的。亚里士多德说，"诗是模仿自

---

① 这一节收入《文艺论集》时节自《三叶集》中《郭沫若致宗白华》（1920 年 2 月 16 日）。

然的东西"。我看他这句话，不仅是写实家所谓忠于描写的意思，他是说诗的创造贵在自然流露。诗的生成，如像自然物的生存一般，不当参以丝毫的矫揉造作。我想新体诗的生命便在这里。古人用他们的言辞表示他们的情怀，已成为古诗，今人用我们的言辞表示我们的生趣，便是新诗，再隔些年代，更会有新新诗出现了。

你所下的诗的定义确是有点"宽泛"。我看你把他改成文学的定义时，觉得更妥帖些，因为"意境"上不曾加以限制。近来诗的领土愈见窄小了。便是叙事诗，剧诗，都已跳出了诗域以外，被散文占了去了。诗的本职专在抒情。抒情的文字便不采诗形，也不失其为诗。例如近代的自由诗，散文诗，都是些抒情的散文。自由诗散文诗的建设也正是近代诗人不愿受一切的束缚，破除一切已成的形式，而专挹诗的神髓以便于其自然流露的一种表示。然于自然流露之中，也自有他自然的谐乐，自然的画意存在，因为情绪自身本是具有音乐与绘画之二作用故。情绪的律吕，情绪的色彩便是诗。诗的文字便是情绪自身的表现（不是用人力去表示情绪的）。我看要到这体相一如的境地时，才有真诗好诗出现。

诗于一切文学之中发生最早。便从民族方面以及个体方面考察，都可得其端倪。原始人与幼儿的言语，都是些诗的表示。原始人与幼儿对于一切的环境，只有些新鲜的感觉，从那种感觉发生出一种不可抵抗的情绪，从那种情绪表现成一种旋律的言语。这种言语的生成与诗的生成是同一的；所以抒情诗中的妙品最是些俗歌民谣。便是我自己的儿子，他见着天上的新月，他便要指着说道："Oh, moon! Oh, moon!"见着窗外的晴海，他便要指着说道："啊，海！啊，海！爹爹，海！"我得了他这两个暗示，我从前做了一首《新月与晴海》一诗是：

（一）

儿见新月，

遥指天空。

知我儿魂已飞去，

游戏广寒宫。

（二）

儿见晴海，

儿学海号。

知我儿心正飘荡，

血随海浪潮。

我看我这两节诗，正还不及我儿子的诗真切些咧！

诗的原始细胞只是些单纯的直觉，浑然的情绪。到了人类渐渐文明，个体的脑筋渐渐繁复，想把种种的直觉情绪分化蕃演起来，于是诗的成分中，更生了个想像出来。我要打个不伦不类的譬比是：直觉是诗胞的 Kern，情绪是 protoplasma，想像是 centrosomum，至于诗的形式只是 Zellenmembran，这是从细胞质中分泌出来的东西。

我近来趋向到诗的一元论上来了。我想诗的创造是要创造"人"，换一句话说，便是在感情的美化（Refine）。艺术训练的价值只可许在美化感情上成立，他人已成的形式是不可因袭的东西。他人已成的形式只是自己的监狱。形式方面我主张绝端的自由，绝端的自主。至于美化感情的方法：我看你所主张的（一）在自然中活动；（二）在社会中活动；（三）美觉的涵养（你的学习音乐绘画，多读天才诗人诗的项目，都包括在这里面）；（四）哲理的研究；都是必要的条件。此外我不能更赘一辞了。

九，二，一六夜

（本篇三封书，一为致李石岑，最初发表于 1920 年 1 月 15 日《时事新报》副刊《学灯》，二、三为致宗白华，最初分别发表于 1920 年 2 月 1 日、1920 年 2 月 24 日《时事新报》副刊《学灯》，后均编入《三叶集》，这里选自《文艺论集》，上海光华书局，1927 年 2 月版）

文学的本质

科学的方法告诉我们：我们要研究一种对象总要先把那夹杂不纯的附加物除掉，然后才能得到它的真确的，或者近于真确的，本来的性质。

譬如我们要研究水，总要先把水蒸溜过一道，把它所含的种种夹杂的成分除掉，然后才能得到水的真相。假如我们不经过这道工程，有的跑到黄海边上去考察，就说水是色黄而味咸；有的又跑到碧绿的污潴边上去考察，就说水是色青而有臭；这对于水的本性不消说是相隔天渊，而这相隔天渊的两种观察还可以各执一是而互相纷争，纷争得愈见激烈，水的本性却永远没有阐明的时候。

水的问题本很简单，象这种谬误，这种意外的纠纷始终不曾存在：因为我们平常论水，即使不能用科学的方法去蒸溜，我们谁都知道从清洁的源头处取水来讨论，我们对于水的一般的观察是大体一致的。但是我们一论到繁赜的学理上来，象这种同样的谬误，同样的纠纷，却是屡见不鲜的了。

我现在所想论述的，是文学的本质上的问题：就是文学究竟是甚么的问题。这个问题便是极纷拏极难解决的一个；古今东西的学者对于这个问题的解答不知道有多少种类。有的说是自然的摹仿，有的说是游戏的冲动，有的说是性欲的升华，有的说是苦闷的象征，有的说是天才的至高精神的表现，有的说是时代和环境的产物。诸如此类还有许多主义上的派别，技巧上的纷争，我在此不想一一胪列出来以事铺张，我只想就我自己的体验和探讨所得叙述出来提供一个解释。我的解释不必便是出于我的独创，也不敢就说是唯一的真理，不过就我的方法和路径这样探讨起去，我相信所得的结果是只能这样的。

第一，我们请先从文学的净化入手。

我们所研究的文学当然要限于纯文学的范围。纯文学的内含分诗，小说，戏剧三种。但这三种已经是分化得十分严密的个体，各有各的个性，各有各的官能，各有各的形式，要从这三种之中漫然地求出一个普遍性出来，每每容易陷于偏蔽。有许多关于文学上的论争便是这样发生出的，依论者对于这三种的立足点与着目点之不同便可生出极相矛盾的差异。大抵立足于小说戏剧一方面的人，他们的见解便偏重客观，主张文艺是出于自然的摹仿；立足于诗歌一方面的人，他们的见解便偏重主观，主张文艺是出于自我的表现。一方面是主张绝对的无我，一方面是主张绝对的主我，两种极端矛盾的主张，而同时又各含至理，这并不是文艺是一种畸形的怪物，是论者把自己的出发点不曾弄清，把自己所主张的范围太没有加以限制的缘故。

我们研究过化学的人，要先求纯粹的原素，然后才能知道它的真正的性质。我们研究过生物学的人，要先求生命的基本单位，然后才能了解一切繁赜的生之现象。象化学上的原素，生物学上的细胞，我相信在文学上是可以寻求出来的。我们要研究文学的本质的人，须先求文学上的基本单位，便是文学的原素，或者文学的细胞，然后才能免却许多的纠纷，免却许多的谬误。

文学的演进已经有几千年的历史了，由原始时代的文学演化为现代的诗歌，小说，戏剧，就譬如山里的清泉已经流入了大海的一样。从任何地方的海水不能直接取来判断水的真性，从现代文学的任何方面的作品或主义也不能直接取来判断文学的真性。我们先从历史上考察罢，我们知道小说和戏剧的发生是后于诗歌，我们于讨论文学的本质上便不能不暂把小说和戏剧除外。而且既成的诗歌也非原始的雏形，我们要求原始的雏形诗，不能不于原始民族的口头文学或者幼儿的自由诗歌中去涉历。

原始民族的口头文学，近代欧西的学者很多从事于这方面的研究，他们研究的范围大抵在澳非美三洲的野蛮民族间，他们的成绩对于文学的起源和本质上有不少的贡献。德国学者葛乐舍[①]有《艺术的起源》一书便是综合各家研究的成果的有系统的著作，我们请从他论诗的一章中征引几首最简单的出来罢。

> 酋长是不晓得怕惧的呀[②]

这是南美的波陀苦多（Botocudo）人称赞他们的酋长的歌，就只有这么简单的一句；把这样简单的一句加上节奏的音调反反复复地歌出，便成了他们的赞歌。

还有几乎是一个字的反复的。便是澳洲拿林奕里（Narinyeri）人看见一只旗舰上的金鹫旗插在格尔瓦的一家人家的屋顶上，他们便反复地咏叹起来，那反复的咏叹只是这样：

> 哦，格尔瓦的火鸡哟！[③]

除这种反复体的诗歌而外，还有一种叠句体，便是于同一句的反复外，一首诗中至少有一句的说明。例如格雷所报告的：澳洲的土人有一位要乘船到英国去的时候，送行的人反复歌出下边的一首歌：

> 凄凉的一只船，要飘流到那儿去？
> 我是决不会再见我的亲人了！
> 凄凉的一只船，要飘流到那儿去？

这种叠句体的体裁可以有三种表现。上例是说明句在中，还有两种是在前或后。

---

① Grosse："Die Anfange der Kunst"。——郭沫若原注。
② 原书附注见 Ehrenreich："Zeitsich für Ethnol"，Vol XIX P. 61。——郭沫若原注。
③ 原注 Taplin："The Narrieyeri"。——郭沫若原注。

哦，那是甚么脚哟！
哦，那是甚么脚哟！
你这奴才有的是袋鼠的脚哟！①

现刻呀还有谁能杀我？
我文了身了！②
我文了身了！

原始民族的诗大多不外这两种，不是同一句或一字的无限的反复，便是于叠句之外加些说明。但这叠句体我相信比反复体是更进了一步的，同一句或者同一字的反复体我们不能不认为诗的最基本的单位，因为净化到此处要再想简单也无从简单了。

我们再从个体上考察罢。幼儿的自由诗其最初步的也是同一字的反复。我从前还在日本寄寓的时候，我们的住居是在博多湾上。每逢天气晴明的时候，博多湾的海水映在太阳光下现出彩色的分光，时而有点点的白帆在水上悠然浮动。这种光景从我住居的楼上望见的时候，是最足令人神往的。我的刚能说话的孩子看见这光景，必定要反复地叫道："哦，海！哦，海！哦，海！"这便他们的诗了。他们又有时看见一弯的上弦月现在天上的时候，他们便又要这样地呼叫出来：

"Oh Moon! Oh Moon! Crescent Moon!"

因为从小以来月亮这个字我是用英文教他们的，所以他们能够用这样的英国话来表现。

他们这两首诗曾经引出了我的一首诗来，叫着《新月与晴海》：

儿见新月，
遥指天空；
知我儿魂已飞去，
游戏广寒宫。

儿见晴海，
儿学海号；
知我儿心甚飘荡，

---

① George Grey："Journals of two expeditions of discovery in northwest and western Australia"，1841 vol，Ⅱ，P. 303. （原注）——郭沫若原注。

② E. H. Man："Journal of the anthropological institute"，vol Ⅻ，P. 170. （原注）——郭沫若原注。

　血随海浪潮。

我这首诗，形式上虽然比他们更要复杂些，但在根本上也是一种简单的反复体：便是前节的节奏和后节的节奏完全是一样，其中不过有些观念的变化罢了。

　　总之诗到同一句或者同一字的反复，这是简到无以复简的地步的，我称呼这种诗为"文学的原始细胞"，我们在这儿可以明了地看出文学的本质。

　　这种文学的原始细胞所包含的是纯粹的情绪的世界，而它的特征是在一定的节奏。

　　节奏之于诗是与生俱来的，是先天的，决不是第二次的，使情绪如何可以美化的工具。情绪在我们的心的现象里是加了时间的成分的感情的延长，它的自身是本来具有一种节奏的。我们由内在的或者外界的一种或多种的激刺，同时在我们的心境上反应出单纯的或者复杂的感情来。这单纯的或复杂的感情如不加以时序的延长，那是不能发生出诗的表现的。简单的一句感情话绝不能成为诗，感情到顶强烈的时候我们的观念的进行反转有停止的时候。我们假如过于快，或者过于不快，我们每每呆窒着说不出话来，便是这观念停顿的表现。所以纯粹的感情是不能成为诗的。感情加了时序的延长便成为情绪，情绪的世界便是一个波动的世界，节奏的世界；我们的心境呈现情绪的状态的时候，我们的心趣的进行，根据温德（Wundt）的分类[1]，可得到七种的波状线。

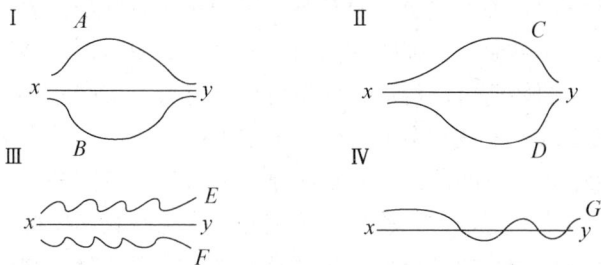

I 　A
x　　　y
III　　B

II 　C
x　　　y
IV　　D

x　E
　　F
x　G
　y

　　XY 的坐标是表示我们的心境在无快无不快的时候。曲线向坐标上的进行假定为快，向坐标下的进行假定为不快。我们的情绪便是可以得到 ABCDEFG 七种的进行，这七种的进行都是自然而然的取的波动的形状，这便是情绪自身的节奏。我们在这种节奏之中被自己的情绪的催眠，会不知不觉地发出有节奏的声音，发出有节奏的语言，发出有节

----

　　① 　Wilhelm Wundt："Grundzüge der Physiolog Psychologie" 193 页。——郭沫若原注。

奏的表情运动。这便是音乐，诗歌，舞蹈的诞生了。

音乐，诗歌，舞蹈，这三者所称为运动的艺术或者时间的艺术的，在心理学上考察，是同出于一源，便在人类学或者社会学上考察，也是一体的表现。在原始民族中，这三种艺术是不可分的，这已经是成了一般的定论了。最有趣味的是我们的《毛诗序》上有这样的话：

> 诗者志之所之也，在心为志，发言为诗。情动于中而形于言，言之不足故嗟叹之，嗟叹之不足故永歌之，永歌之不足不知手之舞之，足之蹈之也。情发于声，声成文谓音。

这几句话不仅把诗的本质表示得十分明了，而同时由心理的根据于数千年前早道破了音乐诗歌舞蹈三位一体的理论。我们古人的这几句陈言，不是很可珍贵的文献吗？

音乐诗歌舞蹈都是情绪的翻译，只是翻译的工具不同，一是翻译于声音，一是翻译于文字，一是翻译于表情运动。而这翻译的工作却是执行于不识不知的半意识的状态里面。这从野蛮人的歌舞与儿童游戏起，以至于所谓"灵感"的伟大的作品止，都是得到满足的说明。我相信艺术的本质是这样，文学的本质也就是这样。这样一推论起来，我们还可以断言文艺的本质是主观的，表现的，而不是没我的，摹仿的。

但是没我的精神，客观的摹仿说，在文艺上我们也不能一概抹杀，譬如画家小说家除掉了客观的摹仿便是不能成就的。大凡静的艺术或者空间的艺术（绘画雕刻建筑）便是不能不偏重客观的摹仿说的理论在这一方面实际上才可成立。那吗前面的一种绝对的主观说，和这一种绝对的客观说，我们如何可以沟通，如何可以使它们并立呢？

我们无论从个人或社会的发生史上去考察，空间的艺术的发生是后于时间的艺术的。时间的艺术是情绪自身的表现，空间的艺术是构成情绪的素材的再现。譬如幼儿看见一只美好的蝴蝶在花丛中翻飞，在他心中生出一种快乐的情趣，他便连连叫道："啊，蝴蝶呀，蝴蝶呀，好看的蝴蝶呀！"这是情绪的直写，这是幼儿的诗。但等他稍稍长大了，他便要摹仿着画只蝴蝶，或者还要添些花草上去。这种工作，至少在他潜意识之下是想保存着构成快乐的情绪的那种素材，使自己或者他人可以由这种素材再感着同样的快乐，这种工作已经不是单纯的情绪问题，这是跳出了情绪的圈外，对于构成情绪的素材先加了一道认识的分析，然后再加以意志的综合。而综合的结果在能使构成原生的情绪再现为尽境。

就我这样的推论，时间艺术和空间艺术好象可以成为二元，但这是无妨于我们的一元的观察的，因为两者的发生有先后的不同，我们在这儿可以得到一个统一的概念：便是空间艺术是时间艺术的分化。它们虽然有直接和间接的差异，但他们所表现的同是情绪的世界。便是两者之间，所不同的只是方法上的问题，不是本质上的问题。方法上的彻底客观说我们是可以承认的。从来的论争，只把方法和本质没有弄清，以致把问题弄得永远难结难解了。

回头再说到小说和戏剧上来。小说和戏剧从来虽与诗歌同属于文学，同属于时间的艺术，但在性质上我宁肯说他们是空间的艺术。小说我说它是文字表现的绘画，戏剧我说他是用文字表现的雕刻或者建筑。小说注重在描写，戏剧注重在构成，它们的精神同空间艺术是一样，是构成情绪的素材的再现——这构造情绪的素材不一定限于外界的物质，便是内在的想象也是一种素材：便是由这种想象在作者自心能起出一种情绪的，把这种想象写出来在读者心中也可以起出同样的情绪。

从来关于文学上的论争就是在这儿没有把各种个体分析得清楚的关系。我现在大胆地就我自己的经验，我把文学和其他艺术比较，得出三个的相似形。

诗歌∞音乐

小说∞绘画

戏剧∞建筑

这样分析出来，以上关于空间艺术和时间艺术的理论可以应用在这儿，一切两绝端的主观说和客观说，唯美说和功利说，都可以沟通，可以并立了。

我在这儿再综合几句罢：

（1）诗是文学的本质，小说和戏剧是诗的分化。

（2）文学的本质是有节奏的情绪的世界。

（3）诗是情绪的直写，小说和戏剧是构成情绪的素材的再现。

一九二五年七月八日草于上海

（本篇最初发表于 1925 年 8 月 15 日上海《学艺》杂志第 7 卷第 1 号，选自《文艺论集》，上海光华书局，1929 年 7 月版）

文艺论集续集*

孤 鸿**

芳坞哟，我又好久不写信给你了。你到了广州写过一封信来，我记得回覆过你一张明片，但是是几时写的我也忘记了。你最近从澳门写来的信，我直到现在还没有答你，你没以为我是已经饿死了，或者是把你忘记了罢。芳坞哟！人的生命，说坏些时，就好像慢性气管枝炎的积痰，不是容易可以喀吐得掉的，而在这空漠的世界上还有你这样使我永远不能忘记的人，也正是我不肯轻易地把这口积痰吐出的原故呢。

你是晓得的，我此次到日本来的时候只带了三部书来，一部是《歌德全集》，一部是河上肇氏的《社会组织与社会革命》，还有一部便是屠格涅甫的《新时代》了。我来日本的原因：第一是想写出我计划着的《洁光》，第二是来盼望我的妻儿，第三是还想再研究些学问。我最初的志愿是想把《洁光》写成后便进此地的生理学研究室里去埋头作终身的研究。我以为这是我们最理想的生活。我们把纯粹的自然科学的真理作为研究的对象，忘却了人世间的一切的扰乱纷繁，我们的天地是另外的一种净化了的天地。我以为我们有多少友人都是应该走上这条路来，把自己的一生献给真理的探求，我们于自然科学上必能有所贡献，我们大汉民族的文明或者能在二十世纪的世界史上要求得几面新鲜的篇页。但是哟，芳坞，这种生活却要有两个条件作为前提呢。第一的物质的条件如像从事于研究的地方和工具，我们在国内虽不能寻求，我们还可以求

---

* 《文艺论集续集》一书，1931年9月上海光华书局初版，为1949年以前唯一版本。

** 本篇是1949年以后编入《文艺论集续集》一书的，并加副标题"——致成仿吾的一封信"。为方便读者察看起见，故作为《文艺论集续集》中的篇目编于此。

诸国外；但是研究者自身的生活的保障，至低限度的糊口的资粮，这求
之于国外，比在国内是还要困难的了。再说到精神的条件上来，譬如渊
博的先觉者的指导——这或者也可以说是物质的条件，因为是外在的，
可以作为工具看待——我们在国内虽不能寻求，我们也可以求诸国外；
但是研究者自身的精神的安定，这几乎是唯一的前提：没有安定的精神
决不能从事于坚苦的学者生涯，决不能与冰冷的真理姑娘时常见面。我
们现在处的是甚么时代呢？时代的不安迫害着我们的生存。我们微弱的
精神在时代的荒浪里好像浮荡着的一株海草。我们的物质的生活简直像
伯夷叔齐困饿在首阳山上了。以我们这样的精神，以我们这样的境遇，
我们能够从事于醹醍的陶醉吗？

甚么人都得随其性之所近以发展其才能，甚么人都得以献身于真理
以图有所贡献，甚么人都得以解脱，甚么人都得以涅槃，这真是最理想
的世界最完美的世界。这种世界是一个梦想者的乌托邦吗？是一个唯美
主义者的象牙宫殿吗？芳坞哟，不是！不是！我现在相信着：它的确是
可以实现在我们的地上的呢！科学的社会主义所告诉我们的"各尽所能
各取所需"的时代，我相信是终久能够到来；"个人之自由发展为万人
自由发展之条件的一个共同团体"，我相信是可以成立。这种时代的到
来，这种社会的成立，在我们一生之中即使不能看见——不待说是不能
看见——我们努力促进它的实现，使我们的同胞得以均沾自然的恩惠，
使我们的后继者得以早日解除物质生活的束缚而得遂其个性的自由完全
的发展，——这正是我们处在这不自由的时代而不能自遂其发展的人所
当走的唯一的一条路径呢！

芳坞哟，我们是生在最有意义的时代的！人类的大革命的时代！人
文史上的大革命的时代！我现在成了个彻底的马克斯主义的信徒了！马
克斯主义在我们所处的这个时代是唯一的宝筏。物质是精神之母，物质
文明之高度的发展和平均的分配终是新的精神文明的胎盘。芳坞哟，我
们生在这个过渡时代的人是只能做个产婆的事业的。我们现在不能成为
纯粹的科学家，纯粹的文学家，纯粹的艺术家，纯粹的思想家。要想成
为这样的人不消说是要有相当的天才，然而也要有相当的物质。在社会
革命未实现以前能成为这样纯粹的人格的天才，我们自然赞仰，但他们
不是有有钱人的父亲，便是有有钱人的保护者，请看意大利文艺复兴期
中的一群大星小星罢，请看牛顿，歌德，杜尔斯泰，更请看我们中国最
近所奉为圣人的太戈儿罢！他们不是贵族的附庸，便是贵族自己，他们

幸好有这种天幸才得以发展了他们的才能；没有这种天幸的人只好中途半端地饿死病死了！古今来有几个真正的天才能够得遂其自由的完全的发展呢？芳坞哟，我现在觉悟了。我们所共通的一种烦闷，一种倦怠——我怕是我们中国的青年全体所共通的一种烦闷，一种倦怠——是我们没有这样的幸运以求自我的完成，而我们又未能寻出路径来为万人谋自由发展的幸运。我们内部的要求与外部的条件不能一致，我们失却了路标，我们陷于无为，所以我们烦闷，我们倦怠，我们飘流，我们甚至常想自杀。芳坞哟，我现在觉悟到这些上来，我把我从前深带个人主义色彩的想念全盘改变了。我改变了我研究生理学的决心也就是由于这种觉醒。这种觉醒虽然在两三年来早在摇荡我的精神，而我总犹缠绵枕席，还留在半眠的状态里面，我现在是醒定了，芳坞哟，我现在是醒定了。以前没有统一的思想，于今我觉得有所集中。以前矛盾而不能解决的问题，于今我觉得寻着关键了。或者我的诗是从此死了，但这是没有法子的，我希望它早些死灭罢。

我最初来此的生活计画，便是移译《社会组织与社会革命》一书。这书的移译本是你所不十分赞成，我对于这书的内容虽然也并不能十分满意，如他不赞成早期的政治革命之企图，我觉得不是马克斯的本旨，但我译完此书所得的教益殊觉不鲜呢！我从前只是茫然地对于个人资本主义怀的憎恨，对于社会革命怀着的信心，如今更得着理性的背光，而不是一味的感情作用了。这书的译出在我一生中形成一个转换的时期，把我从半眠状态里唤醒了的是它，把我从歧路的彷徨里引出了的是它，把我从死的暗影里救出了的是它，我对于作者是非常感谢，我对于马克斯列宁是非常感谢，我对于援助我译成此书的诸位友人也是非常感谢的呢。我费了两个月的光景译完了此书，译述中我所最感惊异的是我们平常至少是把他们当成暴徒看待了的列宁和突罗次克诸人，才有那样致密的脑精，才是那样真挚的学者！我们平常读书过少，每每爱以传闻断人；传闻真是误人的霉菌，懒惰真是误解的根本，我们东方人一闻着"过激派"三字便觉得如见毒蛇猛兽一样，这真是传闻和懒惰的误事呢。书成后卖稿的计画生了变更，听了友人的要求将以作为丛书之一种，遂不得不变成版税，然而我们这两月来的生活，却真真苦煞了。

我自四月初间到此，直到现在已经四阅月了，我的妻儿们比我更早来两月，我们在这儿，收入是分文也没有的，每月的生活费，一家五口却在百圆以上，而我们到现在终竟还未至于饿死，芳坞哟，你怕会以为是奇事罢？奇事！真个是奇事呢！一笔意外的财源救济了我们的生命。我去年回国的时候，所不曾领取的留学生的归国费，在今年四月突然可以支领了，而且我们四川省的归国费还是三百圆——我为这三百圆的路费在四月底曾经亲自跑到东京：因为非本人亲去不能支领。我在东京的废墟中飘流了三天，白天只在电车里旅行，吃饭是在公众食堂（东京现在有市营的公众食堂了，一顿饭只要一角钱或一角五分钱），晚来在一位同乡人的寓所里借宿。我唯一的一次享乐是在浅草公园中看了一场《往何处去》的电影。芳坞哟，这场电影真是使我受了不少的感动呢。感动我的不是奈罗的骄奢，不是罗马城的焚烧，不是培苗龙纽斯的享乐的死，是使徒比得逃出罗马城，在路上遇着耶稣的幻影的时候，那幻影对他说的一句话。奈罗为助长他读荷马的诗兴，下命火烧了罗马全城，待他把罗马城市烧毁之后，受着人民的反对却嫁罪于耶稣教徒，于是大兴虐杀。那时候使徒比得在罗马传教，见奈罗的淫威以为主道不行，便从罗马城的废墟逃出。他在路上遇见了耶稣的影子向他走来，他跪在地下问道：——主哟！你要往何处去？——耶稣答应他说：你既要背弃罗马的兄弟们逃亡，我只好再去上一次十字架了！……啊，芳坞哟，这句话真是把我灵魂的最深处都摇动了呀！我回想起我实行自我的追放，从上海逃到海外来，把你一人钉在十字架上！我那时恨不立地便回到你住的那 Golgatha 山，我还要陪你再钉一次十字架。我在观音堂畔的池边，在一座小小的亭子上坐着追悔了一点钟工夫的光景，阴郁的天气，荒废的东京，一个飘流着的人，假使我能够飞呀！啊……

　　总之三百圆的意外的财源到了手了，除去来往的路费还剩二百五十圆，偿清了前欠已经所余无几了，而《社会组织与社会革命》一书又只能抽取版税，我们五月以后的生活费简直毫无着落了。啊，幸亏上天开眼，天气渐渐和暖了起来，冬服完全没有用处，被条也是可以减省了，我们便逐渐把去交给一家质店替我们保管，这座质店，说起来你该会记起的，便是民国七年的九月你同你的乡人来福冈医病的时候，你最初来访问过我的那座质店呢。我们那年初来，贪图便宜，在那儿质店的小楼上替店主人看管过两个月的质库。这家质店主人的一对夫妇还能念着旧情，或者也是我的不值钱的"医学士"招牌替我保了险，我们拿去的东西他们大抵都要，也还不甚刻薄，我的一部《歌德全集》当了一张五圆的老头票，《社会组织与社会革命》的原本，刚好译完便拿去当了五角钱来。但到五月尾上我们二十圆一月的房金终竟不能全付了。好在米店可以赊账，小菜店也还念五六年来的主顾，没有使我们绝粮，只有无情的房主人几乎每天都要来催问房金。本来我们住的房子是稍为贵得一点，因为是在海边，园子里我们种了些牵牛花，大莲花，看看都要开了。两株橘树开了花，已经结起青色的果实，渐渐地也在长大起来。我的女人时常说，看在孩子们的分上，房金虽是贵得一点，但是有花有木，有新鲜的空气，也觉得对得着他们。所以我们总厚着脸皮住着。但到六月尾上来，所期望的上海的一笔财终断了，房主人终竟把我们赶出来了。六月里我又重温习了一遍《王阳明全集》，我本打算做一篇长篇的王阳明的研究，但因稿费无着，我也就中止了，白白花费了我将近一月的工夫！

我们现在是住在甚么地方呢？你猜想得到么？我们就住在六年前住过的这家质店的仓库的楼上呀！纵横不过两丈宽的一间楼房，住着我们一家五口。立起来差不多便可以抵着望板。朝东北一面的铁格窗，就好像一座鸟笼一样。六年间的一个循环，草席和窗壁比从前都旧得不成形状，但是房钱却比六年前贵得将近一倍了，从前是六圆一月的，如今竟要十圆了。但是守仓库的人也变了，多添了几根脸上的皱纹，多添了两个孩子。六年前我们只有一个和儿，现在是三个了。六年前我初来此地进大学时，膺受过的一场耻辱时常展开在我眼前。

那是八月初间的时候，我们从冈山到福冈来，在博多驿下了车，人力车夫把我们拖到医科大学前面的一座大旅馆的门前。医科大学前面的"大学街"，你该还记得罢，骈列着的都是旅馆，这些旅馆专靠大学吃饭，住的多是病人。我们初进旅馆的时候，下女把我们引上楼，引进了一间很清洁的楼房里。但是不多一会下面的主人走来，估量了我们一下说道：——这间房间是刚才有人打电话来订了的，你们请到楼下去。——楼下还有好房间吗？——是的，楼下的房间比楼上还好。……我们跟着走下楼来。

"比楼上还好"的房间是临街的一间侧室，一边是毛房，一边是下女的寝处。太不把人当钱了！这明明是要赶我们出去！我们到的时候是午后，我不等开晚饭便一人跑出店去，往那人生面不熟的地方去另找巢穴。我只是问人向海边走去的路径，我第一次在青松白沙间看见了博多湾，正是在夕阳西下，红霞涨天的时候。我这位多年的老友，在第一次便和我结下了不解的交情，我的欢心挤掉了我在旅馆里所受的奇辱。我便在松原外面找着了这家质店的房子。

傍晚走回旅馆的时候，晓芙是因为坐火车疲倦了，或者还是因为受了侮辱，已经抱着和儿睡了。我的一份晚饭还留在房里。我饿了，吃起饭来。全不声张地走进来一位店里的"番头"。"番头"拿着号簿来要我报告名姓年岁和籍贯。他对我全没有些儿敬意，我却故意卑恭地说：

——我是支那人，姓名不好写，让我替你写罢。

——那吗，写干净一点！（命令的声音。）

我把我的写好了，他又指着帐中睡着的晓芙。他说：

——这位女人呢？是你甚么人？

我说：是我的妻子。

——那吗一并写清楚一点！

我也把晓芙的名姓（我没有用她日本的真名）都写了。最后他问我们到此地的理由，我说来进大学。他又问进大学去做甚么事（这位太不把人当钱的"番头"不知道是轻蔑我的衣装，还是轻蔑我是华人，他好像以为我是进大学去做苦工的了），但我还是忍着气，回答他说：我进大学里去念书。——啊，真是奇怪！我这一句话简直好像咒语一样，立刻卷起了天翻地覆的波澜！

"番头"恭而且敬地把两手撑在草席上，深深向我磕了几个头，连连地叫着：

——喂呀，你先生是大学生呀！对不住，对不住！

他磕了头便跳起来，出门大骂下女：

——你们搅的甚么乱子啊？大学生呢！大学生呢！快看房间！快看房间！啊，你们真混账！怎么把大学生引到这间屋子？！……

下女也涌起来了，店主人夫妇都涌起来了，晓芙们也都惊醒了。

大学生！大学生！连珠炮一样地乱发。下女们面面相觑，店主人走来磕头。这儿的大学生竟有这样的威光真是出于我的意料之外。我借大学生的威光来把风浪静制着了。"房间可以不必换，纵横只有一夕的工夫呢。"

第二天我们一早要出旅馆，店主人苦苦留住吃了早饭。走的时候番头和下女替我们运搬行李，店主人夫妇和别的下女们在门前跪在一排送我们走出店门……

这场悲喜剧好像还是昨天的事情一样。六年间的一场旧戏重上舞台，脚色添了两个，也死了一个了。猴子面孔的跛脚的质店主人，粉脂一样的他的肥妇，这还是当年的老脚，但是他们之间有一位可爱的女儿死了。六年前她才九岁，她看见我们的时候总爱红脸，我说她是早熟的姑娘；现在她已经死了五年了。

这儿到箱崎有半里路的光景，你是晓得的，我们全靠"医学士"的招牌吃饭的人，每天清早便打发和儿到箱崎的米店和小菜店里去赍小菜，赍豆腐。昨天晚上和儿病了，今晨是我走到箱崎去赍米。我枉道过我海边上的旧居，仍然空着没有赁出，园子的门是开着的，我走进去看时，大莲花被人拔去了，牵牛花也不见了，园角上新标出两株嫩苗，但还没有开花，只是青色的橘子孤寂地长大了好些。回来的时候，晓芙在楼下洗衣，小的两个儿子在一旁戏水。上楼，看见和儿一人仍然睡在窗下，早晨的阳光照进窗来，洒在他的身上。消化不良的脸色，神经过敏的眼光，他向着我，使我的心子丝痛了起来。窗限上一个牛奶筒里栽着的一株牵牛花，开着一朵深蓝色的漏斗——这是移家来时，和儿自己种活了的。——牵牛花哟！我望你不要谢得太快了罢！我的眼泪汹动了起来，我走去跪在他的旁边，执着他的小手，我禁不住竟向他扯起诳来：

——和儿，我到箱崎去的时候，到我们从前住过的房子去来。大莲花不晓得是甚么人扯去了，牵牛花还一朵也没有开，我听见牵牛花好像在说：因为可爱的孩子们都不在，所以我们不开花了。你看，你在这儿，你这栽活了的牵牛花，便在向你开花。

我这样的话竟收了意外的效果，孩子得着安慰，微笑了一下——啊，可怜的微笑！凄切的微笑哟！

我的生活状态本来不想写给你，使你徒扰心虑，但一写又不禁写了这许多。你念到这儿或者会问我："你在七月里做了些甚么呢？你那样怎么过活去呢？你还不想离开日本吗？"芳坞哟，待我来慢慢答覆你。

我手里还留着一本书，便是德译的屠格涅甫的《新时代》，这本勒克兰版的小书当不成钱，所以还不曾离开我的手里。这书是你的呢，你还记得么？民国十年的四月一日，你从大学毕业回国，我那时因为烦闷得几乎发狂，对于文学的狂热，对于医学的憎恶，对于生活的不安，终逼着我休了学，丢下我的妻儿和你同船回去。我们同睡在三等舱的一只角上。从门司上船后便遇着风波，我一动不动地直睡到上海，你却支持着去照应头等舱里你友人的家眷。那时你带着一部德译的《易卜生全集》，和屠格涅甫的两本德译的小说，一本是《父与子》，一本便是这《新时代》，你可还记得么？我第一次读《新时代》便是这个时候。这本书我们去年在上海不是还同读过一遍吗？我们不是时常说：我们的性格有点像这书里的主人公"涅暑大诺夫"吗？我们的确是有些相像：我们都嗜好文学，但我们又都轻视文学；我们都想亲近民众，但我们又都有些贵族的精神；我们倦怠，我们怀疑，我们都缺少执行的勇气，我们都是些中国的"罕牟雷特"。我爱读《新时代》这书，便是因为这个原故呢。

穷得没法了，做小说没有心绪，而且也没有时间。我只好把这剩下的这本《新时代》的德译本来移译，我从七月初头译起，译到昨天晚上才译完了，整整译了四十天。我在四十天内从早起译到夜半，时时所想念起的只是四年前我们回国时的光景，我们去年在上海受难的一年的生活，但那时我们是团聚着的，如今你飘流到广东，我飘流到海外了。在上海的朋友都已云散风流，我在这时候把这《新时代》译成，做第一次的卖文生活。我假如能变换得若干钱来，拯救我可怜的妻孥，我也可以感着些清淡的安乐呢。啊，芳坞哟，我望你也替我欢喜些罢。

《新时代》这书，我现在所深受的印象，不是它情文的流丽（其实是过于流丽了，事件的展开和人物的进出是过于和影戏类似了），也不是其中主要人物的性格，却是这里面所流动着的社会革命的思潮。社会革命两个主要的条件：政治的条件和物质的（经济的）条件；屠格涅甫是认得比较鲜明，他把"马克罗夫"代表偏重政治革命的急进派，把"梭罗明"代表偏于增加物质生产力的缓进派。他促成了马克罗夫式的失败，他激赏着梭罗明式的小成，他的思想我看明明是修正派的社会主义的思想。但是五十年后的今日，成功的却是"马克罗夫"，"匿名的俄罗斯"成为了列宁的俄罗斯了。屠格涅甫的预言显然是受了欺骗！但是这是无损于这书的价值的。社会主义的社会制度之实现终不能不仰给于物质条件的完备，在产业后进的国度里，社会主义的政治革命即使成功，留在后面该走的路仍然是梭罗明的道路，仍然要增进生产力以求富裕。列宁把社会革命分为三个时期，第一是准备（宣传）时期，第二是战斗时期，第三是产业经营时期。目前的俄罗斯革命只走完第二步，还有第三步的最长的一个时期才在刚好发轫呢。

芳坞哟！农奴解放后的七十年代的俄罗斯不正像满清推倒后的二十年代的我们中国吗？我们都是趋向着社会革命在进行，这是共同的色彩。而这书所叙的官僚生活把"扑克"换成"马将"，把雪茄换成鸦片，不正是我们中国新旧官僚的摄影吗？淡巴菰的青烟，弗加酒的烈焰，一样地烧着我们百无聊赖的希望着真明人主出现的中华民国的平民。而涅暑大诺夫的怀疑，马克罗夫的燥进，梭罗明的精明，玛丽亚娜的强毅，好的坏的都杂呈在我们青年男女的性格中。我们中国式的涅暑大诺夫，中国式的马克罗夫，中国式的梭罗明，中国式的玛丽亚娜，单就我们认识的朋友中找寻也能举出不少的豪俊了。我喜欢这本书，我决心译这本书的另一原因，大约也就在这儿，我们在这里面可以照出我们自己的面影呢。但这书所能给与我们的教训只是消极的，他使我们知道涅暑大诺夫的怀疑是无补于大局，马克罗夫的燥进是只有失败的可能，梭罗明的精明缓进，觉得日暮路遥，玛丽亚娜的坚毅忍从，又觉得太无主见了，我们所当仿效的是屠格涅甫所不曾知道的"匿名的俄罗斯"，是我们现在已经明了了的"列宁的俄罗斯"。

　　我现在对于文艺的见解也全盘变了。我觉得一切技俩上的主义都不能成为问题，所可成为问题的只是昨日的文艺，今日的文艺和明日的文艺。昨日的文艺是不自觉的得占生活的优先权的贵族们的消闲圣品，如像太戈儿的诗，杜尔斯泰的小说，不怕他们就在讲仁说爱，我觉得他们只好像在布施饿鬼。今日的文艺，是我们现在走在革命途上的文艺，是我们被压迫者的呼号，是生命穷促的喊叫，是斗士的咒文，是革命豫期的欢喜。这今日的文艺便是革命的文艺，我认为是过渡的现象，但是是不能避免的现象。明日的文艺又是甚么呢？芳坞哟，这是你几时说过的超脱时代性和局部性的文艺。但这要在社会主义实现后，才能实现呢。在社会主义实现后的那时，文艺上的伟大的天才们得遂其自由完全的发展，那时的社会一切阶级都没有，一切生活的烦苦除去自然的生理的之外都没有了，那时人才能还其本来，文艺才能以纯真的性为其对象，这才有真正的纯文艺出现。在现在而谈纯文艺是只有在年青人的春梦里有钱人的饱暖里，吗啡中毒者的 Euphorie 里，酒精中毒者的酩酊里，饿得快要断气者的 Hallucination 里呢！芳坞哟，我们是革命途上的人，我们的文艺只能是革命的文艺。我对于今日的文艺，只在它能够促进社会革命之实现上承认它有存在的可能。而今日的文艺亦只能在社会革命之促进上才配受得文艺的称号，不然都是酒肉的余腥，麻醉剂的香味，算得甚么！算得甚么呢？真实的生活只有这一条路，文艺是生活的反映，应该是只有这一种是真实的。芳坞哟，我这是最坚确的见解，我得到这个见解之后把文艺看得很透明，也恢复了对于它的信仰了，现在是宣传的时期，文艺是宣传的利器，我徬徨不定的趋向，于今固定了。

　　芳坞哟，我要回中国去了，在革命途上中国是最当要冲。我这后半截的生涯要望有意义地送去。我在九月内总想归国一行，妻孥要带着同去，死活都要在一路，我把这《新时代》一书译成之后，我把我心中的"涅暑大诺夫"枪毙了。

好久不曾写信给你，今天趁势写了这一长篇，从正午写到夜半了。妻儿们横三倒四地在草席上睡着，我在他们的脚上脸上手上打了许多血淋淋的蚊子。安娜床畔放着一本翻开着《产科教科书》——可怜的"浅克拉玛殊玲"哟！——《新时代》中的女性我比较的喜欢玛殊玲，我觉得这人最写得好。一张高不满一尺的饭堂，一盏黄电的孤灯，一个乱发蓬蓬的野人……头是屈痛了，鸡怕要叫了罢？我们相会的地点不知道是在上海不知道是在岭南，也不知道我们还有没有相会的时期。我们有闲还是多写信罢。

十三年八月九日夜

（本篇最初发表于 1926 年 4 月上海《创造月刊》第 1 卷第 2 期，选自该刊）

文艺家的觉悟*

我最近在洪水上做了几篇关于社会思想上的文章，赞成我的人不消说是很多，而反对我的人也有一小部分。

在这小部分的反对者里面，有的在思想上根本是和我立在敌对方面的人，如像有一派迷恋于英雄思想的国家主义者和一派无政府主义的青年，他们在口头笔上都在向我中伤。他们说："你是一个文学家，你写写诗，做做小说也就够了，要谈甚么主义哟！"这样的话我觉得真是好笑：好像一种主义是应该有一种甚么包办的人才来专卖的一样，而他们的国家主义或者无政府主义也好像只该得由他们一些包办的人才来谈谈，是应该把"文学家"摒诸化外的了。真是笑话。他们有的把国家主义者的克莱曼梭奉为先生，有的把无政府主义者的克鲁泡特金奉为神

---

* 本篇是 1949 年以后编入《文艺论集续集》一书的，为方便读者察看起见，故作为《文艺论集续集》中的篇目编于此。

明，然而克莱曼梭是做过小说的人，克鲁泡特金是做过诗的人，他们好像是不曾晓得的一样。他们以一点浅薄的学识，狭隘的精神，妄想来做民众的指导者，一有人指摘了他们的不是，他们便弄得耳烧面热，手忙脚乱，逢人便信口弄其雌黄，真是可怜可悯。这类的人我不愿意和他们饶舌，我始终劝他们多读两本书，把自己的见识稍稍恢宏了一点，然后再来鼓吹，也免得徒是欺人欺己呢。

还有是很表同情于我的人，他们看见我近来莫有做小说，莫有写诗，只是没头于社会思想的论述，他们很在替我悲哀。他们觉得我的天职是在做个文人，我一把文学的生活抛弃了，就好像我们中国的文学界上也遭了一个很大的损失一样。这样亲切的同情不消说我是非常感谢的，但我自己也实在有点不敢拜领。我在文学上究竟有了多少造就，我自己实在很惭愧，我不敢夸一句大口。我从前是诚然做过些诗，做过些小说，但我今后也不曾说过就要和文艺断缘。至于说到我的思想上来，凡为读过我从前作品的人，只要真正是和我的作品的内容接触过，我想总不会发见出我从前的思想和现在的思想有甚么绝对的矛盾。我素来是站在民众方面说话的人，不过我从前的思想不大鲜明的，现在更加鲜明了些，我从前的思想不大统一的，现在更加统一了些罢了。但是要说从事于文艺的人便不应该发表些社会思想上的论文，这是无论在那一国的法律上都不会有这样的规定的。要说从事于文艺的人便不应该感染社会思想，这简直是根本上的一个绝大的错误。这个错误的观念在社会上很有巨大的势力，而在一般嗜好文艺的青年的心里，尤为容易先入以搅乱他们的志趣。我觉得这不是一个等闲的问题，所以我在这儿很想来讨论一下。

第一：一个人的精神活动决不是单方面的。他有道德的情操而同时也有审美的情操，他有感情的活动而同时也有智识的活动。这种种的活动既是同出于一人，他们的因果总是互为影响的，这在推论上是理所当然，而在实际上也是事所必然。并且一个人的种种精神活动能够彻底融洽，互为表里，就是一个人的智情意三方面的发展均能完满无缺而成为一个整然的谐和，这在一个人的成就上可以说是最为理想的。那吗一个人虽已从事于文艺的活动，又何尝不可以从事于思想上的探讨呢？假使他思想上的信条和他文艺上的表现尤能表里一致时，那吗他这一个人的思想我们可以说不至于蹈虚，而他这个人的文艺是有他整个的人格作为背境的。这样的文艺正是我们所理想的文艺，怎么能够说从事于文艺的人便不应该感染社会思想呢？

而且一个人生在世间上，只要他不是离群索居，不是如像鲁滨孙之飘流到无人的孤岛，那他的种种的精神活动，无论如何是不能不受社会的影响的。他的时代是怎么样，他的环境是怎么样，这在他的种种活动上，形成一些极重要的决定的因数，他又不能和这些影响脱离，犹如不能和自己的呼吸运动与血液循环脱离是一个样子。便单就文艺而论，所以一个时代便有一个时代的文艺，一个环境便有一个环境的文艺。生在影戏还未发明的时代的诗人，他不会做出捧电影明星的诗；时常和电影明星相往还的人，他自然还做出甚么"亲王"，甚么"女士"的文艺了。这是必然的因果，不是人力所能左右的。

固然人的气质各有不同，人的经验也各有不同，即使同一时代，同一环境的人，他们所受的社会的影响是不能完全一致的，譬如青年人和老年人，粘液质的人和神经质的人，他们的感受性便是各有不同的。但这所谓不同只是量的不同，不是质的不同。就是在同一的时代，同一的环境之下当然感受同一的影响，只是这影响的程度有深有浅，意识到这种影响的程度有明有暗而已。

那吗生在社会思想已经发生了的时代和环境里面的作家，怎么能够不感染社会思想的影响呢？

本来从事于文艺的人，在气质上说来，多是属于神经质的。他的感受性比较一般的人要较为锐敏。所以当着一个社会快要临着变革的时候，就是一个时代的压迫阶级把被压迫阶级凌虐得快要铤而走险，素来是一种潜伏着的阶级斗争快要成为具体的表现的时候，在一般人虽尚未感受得十分迫切，而在神经质的文艺家却已预先感受着，先把民众的痛苦叫喊了出来，先把革命的必要叫喊了出来。所以文艺每每成为革命的前驱，而每个革命时代的革命思潮多半是由于文艺家或者于文艺有素养的人滥觞出来的。譬如一七八九年的法兰西大革命，这是欧洲第三阶级的市民对于第一阶级第二阶级的王族和僧侣的阶级斗争之最具体的表现，而在一七八九年之前有意大利文艺复兴之思潮以为先导，而在法兰西本国亦有卢梭，佛鲁特尔等文艺家作为自由思想的前驱。第三阶级革命成功以后，资本家逐渐发展起来，世界的财富逐渐集中于少数人的手中，于是又产生出无数的无产的第四阶级的民众。资产阶级日日榨取无产阶级，现在已经又达到第四阶级革命的时候了。主张第四阶级革命的思想，现在我们就简称为社会思想。这种社会思想的前驱者，如像马克斯，他年青的时候本是想成为一个诗人，如像早死了的雪莱（他的早死马克斯很替他悼惜，称他为无产阶级革命的前驱），在我们中国怕只有晓得他是诗人的；更如像一九一七年俄国革命的大头，列宁与突罗次克，他们对于文艺的造诣比我们中国任何大学的文科教授，任何思想界的权威者还要深刻，决不像我们专靠主义吃饭的人（不仅是共产主义者）只有做几句"之乎也者"的闹墨式的文章呢。

我们所处的时代是第四阶级革命的时代，我们所处的中国尤为是受全世界的资本家压迫着的中国。全世界的资本家把他们自己的本国快要榨取干净了，不得不来榨取我们，每年每年把我们的金钱榨取二万万海关两去，而且他们把他们的机器工业品来同时又把我们旧有的手工业破坏了，于是民穷了，业失了，平地添出了无数的游民了，而在这个食尽财空的圈子里面又不能不争起糊口的资料来，于是才发生出无数循环不已的内争。一些丧尽天良的军阀，一些狗彘不如的匪徒，我们都要晓得，这就是外国资本家赐给我们的宏福，这就是资本主义赐给我们的宏福呀！我们现在甚么人都在悲哀，我们民众处在一个极苦闷的时代，我们要睁开眼睛把这病源看定！我们自己是不能再模糊的了，我们是已经把眼睛睁开了的人，究竟该走那一条路，这是明明白白的。我们虽然同是生在一个时代，不消说也有许多不自觉的人，有的是托祖宗的宏福生下地来便是资产家，有的愿做资产家和外国人的走狗，有的在做黄金的迷梦想于未来成为一个资产家，有的是醉生梦死的冗人，这些人不消说他是不会感受甚么痛苦的；他所感受的痛苦宁是反面的痛苦，他是怕革命时期的到来要破坏他们的安康，所以社会思想在他们看来完全是洪水猛兽。他们在我们中国是新生的第三阶级，他们根本上和外国资本家是一鼻孔出气的人。中国的革命对于外国的资本家是生死关头，对于本国的资本家也是生死关头，他们的利害是完全共通的。要他们这样的人才是没有祖国的，他们的国家就是一个无形的资本主义的王国。只要他们的资产家的地位能够保持，中国会成为怎样，中国人会成为怎样，他们是不管的。你不相信吗？中国人谁都在希望着关税的独立，然而上海滩上的靠着买空卖空吃饭的大商人，大买办，正在极力反对呢。哼，哼！真是在做梦！有人还要闹甚么全民革命，有人还要闹甚么反对阶级斗争！阶级斗争他要反对，他说阶级是没有的。阶级真个是没有的吗？外国人拼命地在榨取我们，我们也眼睁睁地在受人榨取，军阀们拼命地在屠戮民众，民众也眼睁睁地在受人屠戮，坐汽车的老爷们在坦坦的马路上大事其盘旋，而马路的工人们在辘轳前汗流浃背，有钱的人随随便便地吹掉了几筒"加里克"的香烟，做香烟的工人们一天做了十六点的工辛辛苦苦地还做不上半筒"加里克"的烟钱，阶级真个是没有的吗？喝醉了酒的人要说他自己没有喝醉，发了疯的人要说他自己没有发疯，明明看着两个阶级在血淋淋地斗争着的人，要说是没有阶级，要起来反对阶级斗争，这种喝醉了酒的英雄，发了狂的"三K党"，你把他有甚么法子呢！

总之我们现代是社会思想磅礴的时代，是应该磅礴的时代，我们生在现代的人，尤为是生在现代的文人，看你该取一种甚么态度？

你生下地来就是资产家的儿子，你生下地来就是一位"Happy Prince"吗？那你要去建筑你的象牙宫殿，你要把文艺当成葡萄酒，玫瑰花，鸦片烟，你要吟吟风弄弄月，你要捧捧明星做做神仙，你尽管去，尽管去，你的工作和我们全不相干，可你要晓得，你的象牙宫殿不久便会有人来捣蛋！

你生下地来不一定就是资产家的儿子，而且你假如还是饱尝过人生苦世界苦的人，只要你没有中黄金毒，你不想梦做未来的资产家，你不是酒精中毒者，你没有发疯，你没有官瘾，你不是甚么"棒喝团""三K党"的英雄，那你谦谦逊逊地只好来做一个社会思想的感染者。你的文艺当然会是感染了社会思想的文艺，你的文艺当然会含着革命的精神。

这儿没有中道留存着的，不是左，就是右，不是进攻，便是退守。你要不进不退，那你只好是一个无生命的无感觉的石头！一个超贫富的超阶级的彻底自由的世界还没有到来，这样的世界不能在醉梦里去寻求，不能在幻想里去寻求，这样的世界只能由我们的血，由我们的力，去努力战斗而成实有！这样的世界不是乌托邦，不是死后的天堂，不是西方的极乐，这是实际地在现实世界里可以建设的，我们正要为这个理想而战！你们同情于我的青年朋友哟，你们既同情于我便请不要为我悲哀，你们如要为我悲哀，那你们顶好是和我对敌！真正的友人我是欢迎的，真正的敌人我也是欢迎的，我不高兴的是半冷不热的这种无理解的同情——不消说无理解的敌对，我也是不敢恭维的（北京城里有些比较有进步思想的先生们说我是国家主义者，我真不知道是何所见而云然）。我在这儿可以斩金截铁地说一句话：我们现在所需要的文艺是站在第四阶级说话的文艺，这种文艺在形式上是写实主义的，在内容上是社会主义的。除此以外的文艺都已经是过去的了。包含帝王思想宗教思想的古典主义，主张个人主义自由主义的浪漫主义，都已过去了。过去了的自然有他历史上的价值，但是和我们现代不生关系。我们现代不是赏玩骨董的时代。我们现代不消说也还有退守着这些主义的残垒的人，这些人就是一些第三阶级的斗士，他们就是一些不愿沾染社会思想，而且还要努力扑灭社会思想的。这是我们的敌人。还有一些嗜好文艺的青年，他们也大多是偏袒于这一方面的。他们年纪既轻，而且还有嗜好文艺的余暇，大约总是资产家或者小资产家的少爷公子。他们既没有尝历过人生的痛苦，也没有接触过社会的暗黑面，他们的环境还是一个天堂，他们还不晓得甚么叫社会思想。不过他们的不晓得，和不想晓得乃至晓得而视为危险物的不同，他们只要有接触的机会，只要想有接触的机会，他们总有一天会觉悟的。本来我们现在从事于文艺的人，怕没有一个可以说是纯粹的无产阶级的。纯粹的无产阶级的文艺家中国还没有诞生。我们是少能懂得一两国的语言，至少能自由操纵这些四方四正的文字的人，都可以说是祖宗有德，使我们读了十年二十年的书在前面去了的。所以有人说我不穷，我也不想作些无聊的辩护，不过我自己就算没有穷到绝底，社会上尽有比我穷到绝底的人，而且这种人还占社会上的大多数，那就无论他是怎样横暴的人，他不能来禁制我替这些穷到绝底的人说话——他要禁制我说话，除非是把我杀了！所以我们所争的就要看你代表的是那一方面。你是代表的有产阶级，那你尽管可以反对我，我们本来是应该在疆场上见面的人，文笔上的饶情我是不哀求的，我也是不肯假借的。在现代的社会没有甚么个性，没有甚么自由好讲，讲甚么个性，讲甚么自由的人，可以说就是在替第三阶级说话。你假如要说"不许我有个性，不许我有自由时，那我就要反抗"。那吗刚好，我们正可以说是同走着一条路的人。你要主张你的个性，你要主张你的自由，那你要先把阻碍你的个性，阻碍你的自由的人打倒。而且你同时也要不阻碍别人的个性，不阻碍别人的自由，不然你就要被人打倒。像这样要人人能够彻底主张自己的个性，人人能够彻底主张自己的自由，这在有产的社会里面是不能办到的。那吗，朋友，你既是有反抗精神的人，那自然会和我走在一道，我们只得暂时牺牲了自己的个性和自由去为大众人的个性和自由请命了。这样堂堂正正的大路，我们有甚么悲哀的必要，我们有甚么畏缩的必要呢？

朋友们哟，和我表同情的朋友们哟！我们现在是应该觉悟的时候了！我们既要从事于文艺，那就应该把时代的精神和自己的态度拿稳。

我们现在所需要的文艺是站在第四阶级说话的文艺，这种文艺在形式上是写实主义的，在内容上是社会主义的。——我在这儿敢斩金截铁地说出这一句话。

民国十五年三月二日夜

（本篇最初发表于 1926 年 5 月上海《洪水》半月刊第 2 卷第 16 号，选自该刊）

革命与文学*

我们现代是革命的时代，我们是从事于文学的人。我们所从事的文学对于时代有何种关系，时代对于我们有何种要求，我们对于时代当取何种的态度，这些问题是我想在这儿讨论的。

我们先来讨论革命与文学的关系。

革命与文学一并列起来，我们立地可以联想到的，便是有两种极端反对的主张。

有一派人说：革命和文学是冰炭不相容的，这两个东西根本不能并立。主张这个意思的人更可以分为两小派：一派是所谓文学家，一派是所谓革命家。

所谓文学家，尤其是我们中国人的所谓文学家，他们是居住在别外一种天地的别外的一种人种。他们的生涯是风花雪月，他们对于世事是从不过问的。世事临到清平的时候，他们或许还可以讴歌一下泰平，但一临到变革的时候，他们的生活便感受著一种胁威，他们对于革命，比较冷静的，他们可以取一种超然的态度，不然便要极力加以诅咒。这种实例无论是旧式的文人或者新式的文人，我们随处都可以看见，在他们看来，文学和革命总是不两立的。

的确也会是不两立的。文学家对于革命极力在想超越，在想诅咒，

---

* 本篇是 1949 年以后编入《文艺论集续集》一书的，为方便读者察看起见，故作为《文艺论集续集》中的篇目编于此。

而革命家对于文学也极力在想轻视，在想否认。我们时常听着实际从事于革命的人说：文学！文学这样东西于我们的革命事业究有甚么？她只是姑娘小姐们的消闲品，只是堕落青年在讲堂上懒爱听讲的时候所偷食的禁果罢了。从事于文学的人根本是狗钱不值的。

文学家极力在诅咒革命，革命家也极力在诅咒文学，这两种人的立脚点虽然不同，然而在他们的眼光里，文学和革命总是不能两立的。

文学和革命根本上不能两立，这是一种极普遍的主张，事实上是如此，而且理论上也的确是如此。然而和这种主张极端反对的，是说文学和革命是完全一致！

文学是革命的前驱——在革命的时代必然有一个文学上的黄金时代——这样的主张我们也是时常听见的。

我们且先从历史上来求它的证据罢。譬如一七八九年法国革命之前产生了不少的文学家，如像佛尔特尔，如像卢梭，他们都是划时代的人物，而且法国革命许多批评家和历史家都是说由他们唤起来的。又譬如一九一七年的俄国革命也是一样。在俄国革命未成功之前，俄国正不知道产生了多少文豪，这其中反革命的当然不能说是没有，然而勇敢地作为革命的前驱，不亚于法国佛尔特尔和卢梭的也正指不胜屈。

回头再说到我们中国罢。譬如周代的"变风""变雅"和屈子的《离骚》，都是在革命时期中所产生出的千古不磨的文学。而每当朝代换易，一些忠臣烈士所披沥的血泪文章，至今犹传诵于世的，我们也可以说是指不胜屈的了。

是这样看来，文学和革命也并不是不能两立，而且是互为因果，有完全一致的可能。主张这种见解的人，自然不能说是全无根据。

那吗我们对于这两种不同的主张，怎么才可以解释呢？

同是一个问题而发出两种不同的主张，而且这两种主张都是证据确凿，都是很合理的。我们要怎样才可以解释呢？

这个问题好像是很难解决的问题，但是我们只要把革命的因子和文学的性质略略讨论一下，便不难迎刃而解了。

革命本来不是固定的东西，每个时代的革命各有每个时代的精神，不过革命的形式总是固定了的。每个时代的革命一定是每个时代的被压迫阶级对于压迫阶级的彻底反抗。阶级的成分虽然不同，反抗的目的虽然不同，然而其所表现的形式是永远相同的。

那吗我们可以知道，每逢革命的时期，在一个社会里面，至少是有两个阶级的对立。有两个阶级对立在这儿，一个要维持它素来的势力，一个要推翻它。在这样的时候，一个阶级当然有一个阶级的代言人，看你是站在那一个阶级说话。你假如是站在压迫阶级的，你当然会反对革命；你假如是站在被压迫阶级的，你当然会赞成革命。你是反对革命的人，那你做出来的文学或者你所欣赏的文学，自然是反对革命的文学，是替压迫阶级说话的文学；这样的文学当然和革命不两立，当然也要被革命家轻视和否认的。你假如是赞成革命的人，那你做出来的文学或者你所欣赏的文学，自然是革命的文学，是替被压迫阶级说话的文学；这样的文学自然会成为革命的前驱，自然会在革命时期中产生出一个黄金时代了。

这样一来，我们可以知道文学的这个公名中包含着两个范畴：一个是革命的文学，一个是反革命的文学。

我们得出了文学的两个范畴，所有一切概念上的纠纷，都可以无形消灭，而我们对于文学的态度也就可以决定了，文学是不应该笼统的反对，也不应该笼统的赞美的。这儿我们应该要分别清楚，我们无论是创作文学的人或者研究文学的人，我们是应该要把自己的脚跟认定。每个时代的每种文学都有她的赞美人和她的反对人，但是我们现在暂且作为第三者而加以察观的批判的时候，究竟那一种文学真是应该受人赞美？那一种文学真是应该受人反对呢？我们要解决这个问题，在先有探求社会构成的基调和社会发展的形式之必要。

文学是社会上的一种产物，她的生存不能违背社会的基本而生存，她的发展也不能违背社会的进化而发展，所以我们可以说一句，凡是合乎社会的基本的文学方能有存在的价值，而合乎社会进化的文学方能为活的文学，进步的文学。

社会构成的基调究竟是在甚么呢？我敢相信，我们人类社会的构造是在求最大多数人的最大幸福。假使最大的幸福是被少数人垄断了的时候，社会生活是无从产生，而已成的社会也会归于瓦解。在这已成的社会中，最大多数的不幸的人一定要起而推翻这少数的垄断者，而别求一合乎这个构成原理的新的社会。这就是该个社会中的革命现象。

但是社会中的革命现象，自从私有财产制度产生以后是永远没有止息的，社会中的财富渐次垄断于少数人的手中，所以每次革命都要力求其平，而使大多数人得到平等的机会。所以社会进展的形式是辩证式（dialectics）的。就是甲的制度失掉了统制社会的权威，必然有乙的一种非甲的制度出而代替，待到时代既久非甲的乙渐次与甲调和而生出丙来，又渐次失掉了统制社会的权威，又必然有非丙的丁出而代替。如此永远代替，永远进展起去，其根基都在求大多数人的幸福的生活。所以在社会的进展上我们可以得一个结论，就是凡是新的总就是好的，凡是革命的总就是合乎人类的要求，合乎社会构成的基调的。

据这样看来，我们可以说凡是革命的文学就是应该受赞美的文学，而凡是反革命的文学便是应该受反对的文学。应该受反对的文学我们可以根本否认她的存生，我们也可以简切了当地说她不是文学。大凡一个社会在停滞着的时候，那时候所产生出来的文学都是反革命的，而且同时是全无价值的。我们中国的八股，试帖诗，滥四六调的文章之所以全无价值，也就是这个原故了。

那吗我们更可以归纳出一句话来：就是文学是永远革命的，真正的文学是只有革命文学的一种。所以真正的文学永远是革命的前驱，而革命的时期中总会有一个文学的黄金时代出现。

所以我在讨论文学和革命的关系的时候，我始终承认文学和革命是一致的，并不是不两立的。

文学和革命是一致的，并不是两立的。

何以故？

以文学是革命的前驱，而革命的时期中永会有一个文学的黄金时代出现故。

那吗文学何以能为革命的前驱，而革命的时期中何以会有一个文学的黄金时代出现呢？这儿是我们应该讨论的第二步的问题。

大凡的人以为文学是天才的作品，所以能够转移社会。这样的话太神秘了，我是不敢附和的。天才究竟是甚么，我们实在不容易攫捉。我看我们在这儿不要在题外生枝了，我们让别人拿去作恭维的话柄，我们让别人拿去作骂人的工具罢。我们要解决这个问题，另外当求一种比较不神秘的合乎科学的根据。

我们人类的气质（temperament）是各有不同的，从来的学者大别分为四种：一种是胆汁质（choleric），一种是神经质（melancholic），一种是多血质（sanguinic），一种是粘液质（phlegmatic）。神经质的人感受性很锐敏，而他的情绪的动摇是很强烈而且能持久的。这样的人多半倾向于文艺。因为他情绪的动摇强而且持久，所以他只能适于感情的活动而且是静的活动。因为他的感受性锐敏，所以一个社会临到快要变革的时候，在别种气质的人尚未十分感受到压迫阶级的凌虐，而他已感受到十二分，经他一呼唤出来，那别种气质的人也就不能不继起响应了。文学能为革命的前驱的，我想怕就在这儿。文学家并不是能够转移社会的天生的异材，文学家只是神经过敏的一种特殊的人物罢了。

文学在革命时代能够兴盛的原故也可以同用心理学上的根据来说明。

我们知道文学的本质是始于感情终于感情的。文学家把自己的感情表现出来，而他的目的——不管是有意识的或无意识的——总是在读者心中引起同样的感情作用的。那吗作家的感情愈强烈愈普遍，而作品的效果也就愈强烈愈普遍。这样的作品当然是好的作品。一个时代好的作品愈多，就是那个时代的文学愈兴盛的表现。革命时代的希求革命的感情是最强烈最普遍的一种团体感情，由这种感情表现而为文章，来源不穷，表现的方法万殊，所以一个革命的时期中总含有一个文学的黄金时代了。

更进，革命时期是容易产生悲剧的时候，被压迫阶级与压迫者反抗，在革命尚未成功之前，所有一切的反抗都是要归于失败的。阶级的反抗无论由个人所代表，或者是由团体的爆发，这种个人的失败史，或者团体的失败史，表现成为文章便是一篇悲剧。而悲剧在文学的作品上是有最高级的价值的，革命时期中容易产生悲剧，这也就是革命时期中自会有一个文学上的黄金时代的第二个原因了。

以上我把革命和文学的关系略略说明了。这儿还剩着一个顶大的问题，就是所谓革命文学究竟是怎么样的文学，就是革命文学的内容究竟怎么样。

这个问题我看是不能限制在一个时代里面来说话的。社会进化的过程中，每个时代都是不断地革命著前进的。每个时代都有每个时代的精神，时代精神一变，革命文学的内容便因之而一变。在这儿我可以得出一个数学的方式，便是

革命文学＝F（时代精神）

更简单地表示的时候，便是

文学＝F（革命）

这用言语来表现时，就是文学是革命的函数。文学的内容是跟着革命的意义转变的，革命的意义变了，文学便因之而变了。革命在这儿是自变数，文学是被变数，两个都是 XYZ，两个都是不一定的。在第一

个时代是革命的，在第二个时代又成为非革命的，在第一个时代是革命文学，在第二个时代又成为反革命的文学了。所以革命文学的这个名词虽然固定，而革命文学的内涵是永不固定的。

我们现在请就欧洲的文艺思潮来证明革命文学的进展罢。

欧洲的文艺思潮发源于希腊，希腊的人本主义输入罗马而流为贵族的享乐主义，在五九〇年，罗马法王恪雷戈里一世即位之前，罗马皇帝及其贵族们的专擅，淫奢，使一般的民众不能聊生，而生出厌世的倾向。应时而起者便是基督教的禁欲主义。所以在当时的革命是第二阶级的僧侣对于第一阶级的王族的革命，而在文学上的表现便是宗教的禁欲主义的文学对于贵族的享乐主义的文学的革命。宗教的禁欲主义的文学在当时便是革命文学。

宗教渐渐隆盛起来，第二阶级的僧侣多第一阶级的王族渐渐接近，渐渐妥协，渐渐狼狈为奸，禁欲主义与享乐主义苟合而产出形式主义来。形式主义在文学上最鲜明的表现便是所谓古典主义。在这时候与第一阶级和第二阶级的联合战线相反抗的，便是一般被压迫的第三阶级的市民。当时一般的市民失掉了个性的自由，在两重的压迫之下行将窒息，所以一时个人主义和自由主义的思潮应运而起，滥觞于意大利之文艺复兴，而爆发于一七八九年之法兰西大革命。这时候在文艺上的表现便是浪漫主义对于形式主义的抗争。浪漫主义的文学便是最尊重自由，尊重个性的文学，一方面要反抗宗教，而同时于别方面又要反抗王权，意大利文艺复兴期中的诸大作家，英国的莎士比，米尔顿，法国的佛尔特尔，卢梭，德国的歌德，许尔雷，都可以称为这一派文学的伟大的代表。这一派文学，在精神上是个人主义自由主义，在表示上是浪漫主义的文学，便是十七八世纪当时的革命文学。

然而第三阶级抬头之后，以个人主义自由主义为核心的资本主义渐渐猖獗起来，使社会上新生出一个被压迫的阶级，便是第四阶级的无产者。在欧洲的今日已经达到第四阶级与第三阶级的斗争时代了。浪漫主义的文学早已成为反革命的文学，一时的自然主义虽是反对浪漫主义而起的文学，但在精神上仍未脱尽个人主义与自由主义的色彩。自然主义之末流与象征主义神秘主义唯美主义等浪漫派之后裔均只是过渡时代的文艺，她们对于阶级斗争之意义尚未十分觉醒，只在游移于两端而未确定方向。而在欧洲今日的新兴文艺，在精神上是彻底表同情于无产阶级的社会主义的文艺，在形式上是彻底反对浪漫主义的写实主义的文艺。

这种文艺，在我们现代要算是最新最进步的革命文学了。

我们这样把欧洲文艺思潮的进展追踪起来，可以知道革命文学在史实上也的确是随着时代的精神而转换的。前一个时代有革命文学出现，而在后一个时代又有革革命文学出现，更后一个时代又有革革革命文学出现了。如此进展以至于现世，为我们所要求的革命文学，其内容与形式是很明了的。凡是表同情于无产阶级而且同时是反抗浪漫主义的便是革命文学。革命文学倒不一定要描写革命，赞扬革命，或仅仅在文面上多用些炸弹，手枪，干干干等花样。无产阶级的理想要望革命文学家点醒出来，无产阶级的苦闷要望革命文学家实写出来。要这样才是我们现在所要求的真正的革命文学。

现在再说到我们自己本身上来。我们自己处在今日的世界，处在今日的中国，我们自己所要求的文学是那一种内容呢？

我看我们的要求和世界的要求是达到同等的地位了。资本主义逐渐发展，看看快要到了尽头，遂由国家的化而为国际的。资本主义的国际化便是我们现刻受着压迫而力谋打倒的帝国主义。随着资本主义的国际化而发生的，便是阶级斗争的国际化，所以我们的打倒帝国主义的要求，同时也就是对于社会主义的一种景仰。我们现在除反抗帝国主义的工作外，当然也还有许许多多的国民革命的工作，但在我看来，我们对内的国民革命的工作，同时也就是对外的世界革命的工作。譬如我们中国的军阀，他们完全是由帝国主义派生出来的，他们的军饷是帝国主义的投资，他们的军火是帝国主义的商品，他们的爪牙兵士是帝国主义破坏了我们中国固有的手工业，使一般的人陷为了游民，而为他们驱遣去的鱼雀。所以我们要彻底打倒军阀，根本也非彻底打倒帝国主义不行；所以我们的国民革命同时也就是世界革命。我们的国民革命的意义，在经济方面讲来，同时也就是国际间的阶级斗争。这阶级斗争的事实（须要注意，这是一个事实，并不是甚么人的主张！）是不能消灭的。我们中国的民众大都到了无产阶级的地位了，表同情于民众，表同情于国民革命的人，他们根本上不能不和帝国主义反抗。不表同情于民众，不表同情于国民革命的人，如像一些军阀，官僚，买办，劣绅等等，他们结局会与帝国主义联成一线来压迫我们（实际上已经是做到这步田地的了）。那吗我们的革命，不根本还是以无产阶级为主体的力量对于他们有产阶级的斗争吗？所以我们的国民的或者民族的要求，归根是和他们资本主义国度下的无产阶级的要求完全一致。我们要要求从经济的压迫之下解放，我们要要求人类的生存权，我们要要求分配的均等，所以我们对于个人主义的自由主义要根本划除，我们对于浪漫主义的文艺也要取一种彻底反抗的态度。

青年！青年！我们现在处的寰境是这样，处的时代是这样，你们不为文学家则已，你们既要矢志为文学家，那你们赶快要把神经的弦索扣紧起来，赶快把时代的精神提着。我希望你们成为一个革命的文学家，不希望你们成为个时代的落伍者，这也并不是在替你们打算，这是在替我们全体的民众打算。彻底的个人的自由，在现在的制度之下也是求不到的，你们不要以为多饮得两杯酒便是甚么浪漫的精神，多诌得几句歪诗便是甚么天才的作者，你们要把自己的生活坚实起来，你们要把文艺的主潮认定！你们应该到兵间去，民间去，工厂间去，革命的漩涡中去，你们要晓得我们所要求的文学是表同情于无产阶级的社会主义的写实主义的文学，我们的要求已经和世界的要求是一致，我们昭告着我们，我们努力吧，向前猛进！

民国十五年四月十三日草成于广州

（本篇最初发表于 1926 年 5 月上海《创造月刊》第 1 卷第 3 期，选自该刊）

我们的文化

世界是我们的，未来的世界的文化是我们的。

我们是世界的创造者，是世界文化的创造者，而且这个世界，这个文化已经在创造的途中。

       *   *   *   *

创造的前驱是破坏，否，破坏就是创造工程的一部。

鸡雏是鸡卵的破坏者，种芽是种核的破坏者，胎儿是母胎的破坏者，我们是目前的食人世界的破坏者。

目前吃人的世界，吃人的文化，是促进我们努力创造的动机，也是促进我们努力破坏的对象。

旧的不毁破，新的不会来，破颓了的茅屋之上不能够重建出几层摩天的大厦。

＊　　　　　＊　　　　　＊　　　　　＊

以吃人的世界，吃人的文化为对象而世事毁灭，这世然是世险的事情；惟其世险，所以我们的工程正一刻也不能容缓。

世界已经被毒蛇猛兽盘据，当然的处置是冒犯一切危险与损失，火烧山林。

世界已经有猛烈的鼠疫蔓延，我们只有拼命的投鼠，那里还能够忌器？

和毒蛇猛兽奋斗的人多死于毒蛇猛兽，和鼠疫奋斗的人反多为鼠疫所吞灭，这正是目前社会所不能掩饰的不合理的悲剧；然而这儿也正是我们的世界，我们的文化的中枢的精神。

我们的精神是献身的。

我们的世界是用我们的头饰所砌成，我们的文化便是我的鲜血的结晶。

＊　　　　　＊　　　　　＊　　　　　＊

长江是流徙着的。流过巫山了，流过武汉了，流过江南了，它在长途的开拓中染就了一身的鲜血，但终竟冲决到了自由的海洋。

这是人类进化的一个象征，这是人类进化的一个理想。

人类是进化着的，人类的历史是流徙着的。

人类的历史整个是一个战斗的历史，整个是一个流血的历史。

但是历史的潮流已经快流到他的海洋时期了。

＊　　　　　＊　　　　　＊　　　　　＊

全世界的江河都在向着海洋流，任你怎样想高筑你的堤防，任你怎样想深浚你的陂泽，你不许它直撞它便要横冲，你不许它横冲便要直撞。

你纵能够使它一时停滞乃至倒流片时，然而你终不能使它永远倒流向山上。

在停滞倒流的一时片刻中，外观上好像是你的成功，然而你要知道在那个时期以后的更猛烈更不容情的一个冲决。

谁个能够把目前的人类退回得到猩猩以前的时代？

谁个能够把秦始皇帝的威力一直维系到二十世纪的今天？

＊　　　　　＊　　　　　＊　　　　　＊

河水是流徙着的，我们要铲平阻碍着它的进行的崖障，促进它的奔流。

历史是流徙着的，我们开拓历史的精神也就是这样。

＊　　　　＊　　　　＊　　　　＊

中国的历史已经流了三千年了，它已经老早便流到世界文化的海边。

然而不幸的是就在这个海边，就在这个很长的海岸线上，沿海都是绵亘着的险峻的山崖。

中国的历史是停顿着了，倒流着了，然而我们知道它那不可限量的无限大的潜能。

我们的工程就在凿通这个山崖的阻障。由内部来凿通，由外部来凿通，总要使中国的历史要如像黄海一样，及早突破鸿蒙。

＊　　　　＊　　　　＊　　　　＊

有人说我们也在动，我们也要冲，但我们是睁开眼睛的，不能像你们那样"盲目"的横冲；我们要等待"客观条件的成熟"。

"我们的慰安是尺寸进步，是闪烁的微光。"

好的，真正是你的慰安呀。别人为你准备好的客观条件已经快要成熟了。

为你这对可爱的三寸金莲已经准备下千尺长的裹巾，让你再去裹小一些，好再走得袅娜一点。

为你这个标致的萤火虫儿已经准备好了一个金丝笼子，让你在那儿去慰安，让你也在那儿去进步，让你尾子上的一点微光在那儿去闪烁。

哼，真是不盲目的腐草里面生出的可怜虫！

＊　　　　＊　　　　＊　　　　＊

宇宙的运行明明白白是摆在眼面前的，只有盲目的人才说它是"大谜"。

宇宙的内部整个是一个不息的斗争，而斗争的轨迹便是进化。

我们的生活便是本着宇宙的运行而促进人类的进化。

所以我们的光热是烈火，是火山，是太阳；我们的进行是奔湍，是弹丸，是惊雷，是流电。

在飞机已经发明了的时候，由上海去到巴黎，有人叫你要安步以当车，一寸一尺的慢慢走去。

在电灯已经发明了的时候，在这样个暴风狂雨的漫漫长夜，有人叫你要如像 Eskimo 人一样死守着一个鱼油灯盏，要用双手去掩护着它，不要让它熄灭。

这种人是文化的叛逆者，是自然法则的叛逆者，同时也就是我们当前的敌人。

所以我们的口号是：世界是我们的。

我们要凿通一条运河，使历史的潮流赶快冲到海洋。

我们已经落后得很厉害了的进行，我们要驾起飞机追赶。

我们要高举起我们的火把烧毁这目前被毒蛇猛兽盘据着的山林。

担负着创造世界的未来的人们，我们大家团结起来。

我们同声的高呼：我们要创造一个世界的文化，我们要创一个文化的世界！

（注）本文中所征引的"盲目"与"大谜"诸说系采自中华文化合作社的一位匿名作者的小册子《我们的思想系统及主张根据》。我们看这位作者的"思想"，其实并没有"系统"，"主张"也并没有"根据"，不过在反动正动的两种力量中主张第三种的不动而已。

（本篇最初发表于 1930 年 2 月上海《拓荒者》第 2 期，选自该刊）

文学革命之回顾

一

中国近年来的文学革命，一般人的认识以为是由文言文改变为白话文，有的更兢兢于在那儿做《白话文学史》，其实这是最肤浅最皮相的俗见。白话文不始于近代，更切实的说，则凡各国文字的起源——即是最古最奥的"死文学"——本来都是白话，都是当时的白话。所以白话文的抬头不足为文学革命的表示；历来用白话所写的文字，如宋儒的语录，元明的词曲，明清的小说，也不是我们现代的文学。

我们眼目中的所谓文学革命，是中国社会由封建制度改变为近代资本制度的一种表征。社会的经济制度是一切社会组织及一切观念体系的基础。基础一动摇，则基础上面的各种建筑便随之而崩溃。中国自秦汉以来，物质的生产力固定在封建制度之下，已经二千多年。二千多年的社会组织，虽然屡屡在改朝换代，然而所谓天经地义的纲常，伦教，依然像一条两栖动物的脊骨。蝌蚪变成了青蛙，尾子虽然断了，实际上并没有甚么区分。二千多年来的旧文学要亦不过如是，尽管花样繁多，说来说去不外是一套伦常的把戏。所以至猥亵的小说结果总是福善祸淫，至叛逆的传奇结果总是封侯挂印。再则成神成仙，成僧成佛，在表面上好像超脱了实世间的权势，然其骨子实亦不外在保持封建社会的和平，使实世间的支配阶级固定。

固定了二千多年的封建社会，一接受着外来的资本主义的袭击便天翻地覆了起来。大多数人的身上已经是机械生产的洋货，不再是毛蓝布大衫，所有大部分的手工业都已破产。新的产业虽然不多在中国人的手中，然而沿海都市以及交通便利的内地的都市，大都为外来的资本主义所被化。社会上的生产关系不再是从前的师傅与徒弟，而是近代的股东与工人。学校里的"人之初性本善"，变成了"甚么是那个？那个是一只狗"。《诗》《书》《易》《礼》的圣经贤传变成了声光电化的自然科学。举人进士的老爷夫子变成了硕士博士的教授先生。二三千年来的帝政，二三百年来的满人的统制，摇身一变而成为五族共和，原始的黄色大龙旗一变而为五条颜色的近代欧美式的幌子。社会上起了这样一个天变地异，文学上你要叫它不变，它却怎能不变呢？

古人说"文以载道"，在文学革命的当时虽曾尽力的加以抨击，其实这个公式倒是一点也不错的。道就是时代的社会意识。在封建时代的社会意识是纲常伦教，所以那时的文所载的道便是忠孝节义的讴歌。近世资本制度时代的社会意识是尊重天赋人权，鼓励自由竞争，所以这时候的文便不能不来载这个自由平等的新道。这个道和封建社会的道根本是对立的，所以在这儿便不能不来一个划时期的文艺上的革命。

这就是文学革命的真意义，所以它的意义是封建社会改变为资本制度的一个表征。白话文的要求只是这种表征中所伴随着一个因子，它是第二义的。因为有了这样的一种革命过程，便需要一种更平民更自由的文体来表现，它的表里要求其适合。所以第一义是意识的革命，第二义才是形式的革命。有了意识的革命就用文言文来写那种革命的意识不失为时代的文学，譬如严几道用周秦诸子的文体来翻译斯宾塞的《群学肄言》，赫胥黎的《天演论》，亚丹斯密的《原富》，我们可以说那不是近代资本制下的产品吗？林琴南用左孟庄骚的笔调来翻译多数英美的近代小说，我们可以把那些译品杂侧在宋元人的小说里面吗？反之，如基督教的《新旧约全书》大多是用白话翻译的，而且还有苏白甬白闽白粤白……白到白无可白，然而我们能够把它们认为代表文学革命的文学吗？所以文言文不必便是不革命或反革命，白话文不必便是革命。文言自身是有进化的，白话自身也是有进化的。我们现在所表示的文字，自然有异于历来的文言，然而严格的说时，也不是历来所用的白话。封建时代的白话是不适宜于我们的使用的，已成的白话大多是封建时代的孑遗。时代不断的在创造它的文言，时代也不断的在创造它的白话，而两者也不断的在融洽，文学家便是促进这种创化，促进这种融洽的触媒。所以要认识文学革命的人第一须打破白话文与文言文的观念。兢兢于固执着文言文的人固是无聊，兢兢于固执着所谓白话文的人也是同样的浅薄，时代把这两种人同抛撇在了潮流的两岸。

二

文学革命是资产阶级革命的一种表征，所以这个革命的滥觞应该要追溯到满清末年资产阶级的意识觉醒的时候。这个滥觞时期的代表，我们当推数梁任公。梁任公本是一位文化批评家，他在文学上虽然没多少建树，然而近代资产阶级的意识，他是把捉着的。他的许多很奔放的文字，很奔放的诗作，虽然未摆脱旧时的格调，然已不尽是旧时的文言，在他所受的时代的限制和社会的条件之下，他是充分地发挥尽了他的个性，他的自由的。其他如严几道林琴南章行严诸人都是这个时期的人物。林与章在几年前反对白话文的运动非常剧烈，其实他们自己在文言文的皮毛之下，不识不知之间已经在做离经畔道的勾当。譬如普通所称为最反动的章行严，你在他的文字中可以找出一句孔大圣人所极端表彰的"忠君"的字样来吗？他虽然要极端的恭维段执政，他似乎还不曾表示过要拥护宣统小儿皇帝，如像《宣统皇帝与胡适之》的那种受宠若惊的臭文字，他似乎还不曾做过。他在二十年前所做的《初等文典》（后改名为《中等文典》），其简洁精当之处远在《马氏文通》之上，在当时要算是充分的表现了近代精神。他的文章要讲文法，要讲逻辑（"逻辑"一语便是出于他的翻译），虽是文言，然已决不是从前的文言。这个时代性我们是绝对不能抹杀的。所以在阶级的立场上看来，胡适之无殊于章行严，章行严亦无殊于梁任公，虽然他们的花样不同，党派稍稍也有点差别，然而他们同一是资产阶级的代言人！他们有时候也在互相倾轧抨击，那是他们的封建思想的沾染还没有清算干净。

大抵在滥觞时期中，近代文学的面影还是一个潜流，还没有十分表现出沙面。那个时期中的人每每视文学为余技，无暇顾及，也多不愿意顾及，不过他们东鳞西爪的也有一些表现（这一方面的资料让有心编纂一部公平的近代文学史的人去搜集）。在这个时期之内也有些用白话写出来的小说，如《官场现形记》，如《孽海花》，如《老残游记》，在文学上虽不必有多少价值，然在时代性上，在历史上，则优有它们的位置。它们在对于封建社会的暴露上，在对于近代社会的待望上，那与封建社会中所产出的《水浒传》，《西游记》，《红楼梦》，《镜花缘》，《儒林外史》等迥然不同。近来嗜谈白话文学的人对于封建时代的几部旧小说极力加以表彰，而对于封建社会崩溃期中的几种暴露小说却置诸度外，这可以说是那表彰者的数典忘祖，也可以证明表彰者的头脑受封建社会的毒染实在并未清除。甚么"整理国故"，甚么"新式标点"，要之不外是把封建社会的巩固统治权的旧武器，拿来加以一道粉饰，又利用为巩固资产阶级的统治权的新武器而已。

文学革命的泉水经过了一段长久的伏流时期，在五四运动（一九一八）的前后才突然暴发了出来，成了一个划时期的运动。主持这个运动的机关，谁也知道是《新青年》，主持《新青年》的人谁也知道是陈独秀。陈独秀本来并不是一个文学家，他的行径和梁任公章行严相同，他只是一个文化批评家，或者是文化运动的启蒙家。他的起初其实也不外是一个资产阶级的代言人。对于封建社会的旧文化的抨击，梁任公章行严辈所不曾做到乃至不敢做到的，到了新青年时代才毅然决然的下了青年全体的总动员令，对于战阵全线开始了总攻击，突贯，冲锋，呐喊，镰战，随处的尖端都放出火花，随处的火花都发展成燎原的大火。基础已经丧失了的统治了中国几千年来的"古先圣王之道"，到这时在新兴的青年间真如推枯拉朽一样，和盘倒溃了下来，出现了一个旧时代的人所痛心疾首的洪猛时代，新时代的人所讴歌鼓舞的黄金时代。

但这个黄金时代委实是黄金说话的时代！我们现在要认识明白——只有现在的我们才能认识明白——那时的那个文化运动其实就是资本社会和封建社会的意识上的斗争。我们大家应该都还记得《新青年》所奉的两位导师：一位是德先生的"德模克拉西"（Democracy），其他一位是赛先生的"赛因士"（Science）。这德赛二先生正是近代资本社会的二大明神。德先生的德业是在个权的尊重，万民的平等，赛先生的精神是在传统的打破，思索的自由。更简切了当的说《新青年》的精神仍不外是在鼓吹自由平等。前一时期的自由平等的要求偏重在政治上法律上，这一时期的自由平等的要求进展到思想上文艺上来。这是必然有的步骤。由文化本身来说，政治法律和社会的经济基础逼近，所以基础一动摇，政治法律便不能不先生动摇。思想道德文艺等在上层建筑中比较更上一层，所以它们的影响总要稍稍落后。更从产生文化者的主体来说，便是资产阶级在政治斗争上夺到了统治权之后，它第二步便要在思想上道德上文艺上一切的观念体系上来建设适合于它的统治，使它的统治权可以巩固的各种亭台。《新青年》所做的工作就是这一步——替资本社会建设上层建筑的这一步！这一点并不是有意要替它夸张，也不是有意要把它倒折，它不折不扣的就走到这一步。《新青年》中所有的一个局部战线，文学革命，不折不扣也就只是这一步的革命。

《新青年》上关于文学革命的有两个口号，一个是"反对封建的贵族的文学"，又一个是"建设自由的平民的文学"（大意是如此，原文在字句间当稍有出入，有《新青年》的人可以就正，我现在手中没有这一类书）。这两句话表示得异常正确，所以正确的原因便是它们把那一个文学革命表示的异常精当。旧文学在精神上是封建思想，在形式上是贵族趣味；新文学在精神上是自由思想，在形式上应得反贵族趣味。所谓自由思想自然就是打破传统，尊重个性，鼓励创造，创造适合于新社会的新的观念体系，和各种新的观念的具象化。这根本是和旧有的封建思想的贵族文艺对立的，他在精神和形式两方都把这个对立道破了。不过这个对立是只成立在这个阶段上的，对于封建的所谓自由只是新兴资产阶级的自由，对于贵族的所谓平民是以新兴资产阶级的暴发户为代表，所以当年《新青年》所标榜的"自由的平民的文艺"，再进一个阶段仍不外是"新封建的新贵族的文艺"。这个自然是后话，但在《新青年》时代，这两句话的确是把当时的文学革命的性质和目标完全道穿了。

这儿自然应该提到一位胡适之。幸，或者是不幸，是陈独秀那时把方向转换了，不久之间文学革命的荣冠差不多归了胡适之一人的顶戴。他提出了一些更具体的方案，他依据自己的方案也"尝试"过一些文学样的作品，然而严正的说他所提出的一些方案在后来的文学的建设上大抵都不适用，而他所尝试的一些作物自始至终不外是"尝试"而已。譬如他说"有甚么话说甚么话"，这根本是不懂文学的人的一种外行话。文学的性质是在暗示，用旧式的话来说便是要有含蓄，所以它的特长便在言语的经济，别人要费几千百言的，它只消一两句，别人要做几部文存的，它只消一两篇。"有甚么话说甚么话"的那样笨伯的文学，古往今来都不曾有，也不会有。又譬如他说的"不用典故"，这也不免是逐鹿而不见山。用典是修辞的一种妙技，新文学也有新文学的典故，即如胡适之做文章也在引用孙悟空翻筋斗的典故，你可以知道他的话究竟正确不正确。他的其余的方案我现在不能逐条的覈核，因为我的脑中没有记忆，而他替我们所保存的"史料"——《胡适文存》——也不入我的书橱。

总之文学革命是《新青年》替我们发了难，是陈胡诸人替我们发了难。陈胡而外如钱玄同，刘半农，鲁迅，周作人都是当时的急先锋，然而奇妙的是除鲁迅一人而外都不是作家。

三

然而中国资产阶级的革命是一个畸形的革命。中国的资产阶级在外来资本主义的束缚之下不容易达到它的应有的成长。外来的资本主义要把中国束缚成一个恒久的乡村，作为发泄它们过剩资本，过剩生产的尾闾，同时便是把中国作为世界革命的缓冲地，有中国这个庞大的乡村存在，世界资本主义的寿命便得以延长。在这个条件的束缚之下，所以中国资产阶级的革命永远只是一个畸形的，自满清末年的立宪运动一直到最近的军阀斗争，都是几组半封建资产阶级相互所演出的轩轾戏。中国挂着了共和的招牌已经将近二十年，所有共和政体的眉目你看它具备了没有？这不是中国人没有运用近代政治的能力（外国人的口头禅如是，特别是日本），是立宪政体这个资本制度下的所谓近代政治的物质条件在中国不容易成熟。中国的一大部分依然是封建社会，而封建社会却在外来的资本主义的羽翼之下庇护着，中国的薄弱的资产阶级的势力受着内外的夹攻不能够遂行它的使命，而始终总是萎缩避易以图其妥协的存在。

与资产阶级的势力成反比例的却是无产阶级的勃兴。资本主义的必然的因果是在它进芽的一天同时便要发生出两个利害全然相反的对立的阶级，便是有产阶级与无产阶级的对立。中国有近世的资本家产生，同时便是中国有近世的劳动者的出现，中国的资本家阶级在外来资本主义的束缚之下，不容易发展，而中国的劳动者阶级在外来资本主义的培植之下却是宿命的无可避免的以加速度的形势日渐扩张。在这样的形势之下，中国的资产阶级是遇着了三重的敌人，国内的封建势力，国外的资本帝国主义，和新兴的无产者集团。而新兴的无产者却是国内的资本家，国外的帝国主义，和旧有的封建势力的共同的敌人。于是中国的资产阶级在未能遂行其打倒封建势力以前，它便不能不和利害较近的封建势力妥协苟合，而向同阶级的帝国主义者投降。就这样中国的资产阶级革命便不能不成为一个畸形的革命。

这个形势自然要在一切的文化分野上反映出来，而在文学的这个分野所反映出的尤为明白。中国的所谓文学革命——资产阶级革命的一个表征——其急先锋陈独秀，一开始就转换到无产者的阵营不计外；前卫者的一群如周作人，刘半农，钱玄同辈，却胶固在他们的小资产阶级的趣味里，退回封建的贵族的城垒；以文学革命的正统自任的胡适之，和拥戴他或者接近他的文学团体，在前的文学研究会，新出的新月书店的公子派，以及现代评论社中一部分的文学的好事家，他们倒真确的在资本主义的大纛之下或有意识地或无意识地在那儿挣扎，然而文学革命宣告成功以来已经十余年，你看他们到底产生出了一些甚么划时代的作品？这一大团人的文学的努力刚好就和整个的中国资产阶级的努力一样，是一种畸形的。一方面向近代主义（modernism）迎合，一方面向封建趣味阿谀，而同时猛烈地向无产者的阵营进攻。

中国的封建势力在帝国主义的羽翼之下庇护着长久的维系其生存，同样中国的封建趣味的吃茶文学长久的也有它那不生不死的生存。

中国的资产阶级受着帝国主义的束缚不能成遂其应有的生长，同样中国的有产阶级的文艺也只好长久的在那儿跳跃着一个三寸的侏儒。

中国的无产阶级受着国内国外的资本主义压迫着而猛勇的长成，同样中国的无产阶级的文艺是只有爆发，爆发，爆发，爆发到它成遂了它的使命的一天，即是打倒帝国主义的一天，消灭尽阶级对立的一天。

中国的社会是发生无产文艺的绝好的培养基地，无产文艺的生命是不能扑灭的，就是用绿气炮也是不能扑灭的。你要扑灭它，除非是把中国的社会消掉。

所以由社会的分析，中国的无产文艺只有一天蓬勃一天，绝大的绝丰富的无产文学的材料自五卅以来早已现存着，只待无产文学家把它写出来，我相信在不久的将来总有人要把它纪录出的。你们看，这新兴文学的潮流不是早把有产者的阵营震撼了吗？不是已经有政治的势力发动起来对抗了吗？你看，你看见有水龙飞奔的地方，你总可以知道已经有燎原的大火！这不是甚么个人的力量把它呼唤起来的，这是中国社会的力量，是整个的世界资本主义的力量。你处在这个社会之中，你处在这个潮流之中，任你是怎样的大石都要被席卷着而奔流。商务印书馆所办的《东方杂志》，《小说月报》，不也零星的在登载辩证的唯物论或者是倾向无产阵营的作品吗？不管你愿意不愿意，不管你顾盼不顾盼，潮流的力量总要推着你向大海奔驰，不然便把你抛撒在两岸的沙滩。

四

末了我们来批判创造社的一团。

创造社这个团体一般是称为异军特起的。因为这个团体的初期的主要分子如郭，郁，成，张对于《新青年》时代的文学革命运动都不曾直接参加，和那时代的一批启蒙家如陈，胡，刘，钱，周，都没有师生或朋友的关系。他们在当时都还在日本留学，团体的从事于文学运动的开始应该以一九二〇年的五月一号《创造季刊》的出版为纪元（在其一两年前个人的活动虽然是早已有的）。他们的运动在文学革命爆发期中又算到了第二个阶段。前一期的陈，胡，刘，钱，周主重在向旧文学的进攻，这一期的郭，郁，成，张却主要在向新文学的建设，他们以"创造"为标语，便可以知道他们的运动的精神。还有的是他们对于本阵营的清算的态度。已经攻倒了的旧文学无须乎他们再来抨击，他们所攻击的对像却是所谓新的阵营内的投机份子和投机的粗制滥造，投机的粗翻滥译。这在新文学的建设上，新文学的价值的确立上，新文学的地位的提高上是必经的过程。一般投机的文学家或者操觚家正在旁若无人兴高彩烈的时候，突然由本阵营内起了一支异军，要严整本阵营的部曲，于是群议哗然，而创造社的几位份子便成了异端。他们第一步和胡适之对立，和文学研究会对立，和周作人等语丝派对立，在旁系上复和梁任公，张东荪，章行严也发生纠葛，他们弄到在社会上成了一支孤军。

其实他们所演的脚色在《创造季刊》时代或《创造周报》时代，百分之八十以上仍然是在替资产阶级做喉舌。他们是在新兴资本主义的国家，日本，所陶养出来的人，他们的意识仍不外是资产阶级的意识。他们主张个性，要有内在的要求，他们蔑视传统，要有自由的组织。这内在的要求，自由的组织（大意见《创造季刊》二期的"编辑余谈"）无形之间便是他们的两个标语。这用一句话归总，便是极端的个人主义的表现。个人主义就是资本主义社会中的根本精神。他们在这种意识之下，努力行动了，努力创造了，然而结果是同样受着中国的资产阶级的文化不能遂其自然成长的诅咒，他们所"创造"出来的结果，依然不外是一些不具体的侏儒，划时代的作品在他们的一群人中也终竟没有产出！

然而天大的巨浪冲荡了来，在五卅工潮的前后，他们之中的一个，郭沫若，把方向转变了。同样的社会条件作用于他们，于是创造社的行动自行划了一个时期，便是洪水时期——《洪水》半月刊的出现。在这时候有潘汉年，周全平，叶灵凤等一批新力军出头，素来被他们疏忽了的社会问题的分野，突然浮现上视界里来了。当时的人称为是创造社的"剧变"，其实创造社大部分的份子，并未转换过来，即是郭沫若的转换，也是自然发生性的，并没有十分清晰的目的意识。（这个目的意识是规定一个人能否成为无产阶级真正的战士之决定的标准，凡摆脱不了这个自然生长的意识的，他不自觉的会退出革命战线。）

然而在这时期中他们内部便自然之间生出了对立，便是郭沫若和郁达夫的对立，明白的说便是无产派和有产派的对立。郁达夫在郭沫若参加了实际革命的期中，他把创造社改组了，把周，叶，潘诸人逐出社外，实际上就是这个对立的表示。一方面郭在参加革命，另一方面郁偏在孙传芳的统治期中骂"广东事情"。一方面郭在做《文学与革命》，另一方面郁便在骂提倡无产文学的人是投机份子。郁对内部取出清算的态度，对外部却发挥出他的妥协的手腕。他一方面做着创造社的编辑委员，另一方面又在参预以胡适之为主席的新月会议；以后更在《小说月报》中做《二诗人》的小说来嘲骂创造社的同人，那时候一批读着郁达夫所编的《洪水》的人，他们异口同声的说，这是创造社的现代评论化！

郁达夫一人的反动，敌不过的依然是整个的中国社会的潮流，他的行动在不久之间受了不甘反动的创造社会人的反对，他自己便不能不退出了创造社的队伍，并且率性专以嘲骂创造社为能事了。

不久之间到了一九二八年，中国的社会呈出了一个"剧变"，创造社也就又来了一个"剧变"。新锐的斗士朱，李，彭，冯由日本回来，以清醒的唯物辩证论的意识，划出了一个《文化批判》的时期。创造社的新旧同人，觉悟的到这时候才真正的转换了过来，不觉悟的在无声无影之中也就退下了战线。创造社是已经蜕变了，在到一九二九年的二月七日他便遭了封闭。

这是创造社一派的十年的回顾，它以有产文艺的运动而产生，以无产文艺的运动而封闭。它的封闭刚好是说无产文艺的发展，有产文艺的告终。

有水龙飞驰的地方总是有火灾的，朋友，你如看见有多数的水龙在拼命的飞驰，你可以知道燎原的火灾是已经逼近！（完）

一九，一，二六。

（本篇最初收入 1930 年 4 月上海神州出版社出版的《文艺讲座》第一册，署名麦克昂，选自该书）

关于文艺的不朽性

文艺的不朽性，或者是悠久性——

这个问题我在前曾经肯定过，高调过；到后来又曾经否认过，但是苦闷过。

这本是由事实上导引出来的一个问题，因为无论是若何古远的文艺作品都有使我们发生鉴赏的快乐的可能。而且有时候作品愈古，艺术的价值反愈见深浓。

我们最好举例来说吧。

例如一部《国风》要算是中国存世的最古的抒情诗，它传世已继有三千年，但那艺术的价值丝毫没有更变——甚且在"圣经"的漆灰之下久淹没了的它的本来的面目，到近代人的手中把那漆灰剥落了，又才显示了出来。

又例如青铜器时代的殷周的古器，那全体的形式，花纹，色泽（是由青铜的配剂而来）以及款识文字的古朴生动，无论谁人看了都觉得有引人的魔力；而且后世的作伪者，尽管怎样苦心惨苦的去仿制，总是追及不到，遇着略有经验的人，一眼便可以看出它的真假。

这样的例子正自举不胜举，不仅中国是这样，其它各国都是这样；不仅文明的国家是这样，就连野蛮民族的艺术，新旧石器时代的人类的幼年时代的艺术都是这样。

由这些事实所导引出的一个概念：便是文艺的不朽性，文艺的悠久性。

这个从事实上引导出来的概念是不能否认的，否认了便不能不苦闷，因为对于那些事实便无从说明，对于反对者的驳斥便无从解答。屠格涅甫在他的小说《新的一代》里面，托在巴克林的口中热烈地反对过对于这个概念的否认者，他说：

> 假使艺术中没有甚么不朽性，没有甚么悠久性时——那吗让他滚到地狱里去吧！像在科学里面，在数学里面——我们会把威勒尔（Euler），拉普拉司（Laplace），皋士（Gauss）当成腐败人物吗？全然不会！我们是愿意承认他们的权威！但是罗斐尔（Raphael）或者牟差特（Mozart）——在你们眼中看来便只是呆子，你们的矜持会反对他们的优越了！艺术的律例比科学的更难发现——这个我能承认；但总不会是没有的，有人要否认它的存在，这个人是个瞎子——不管他是有心无心，他到底是个瞎子！

假使是否认了，这个非难的确是不能反驳的，要强为反驳，要亦不过是出于"矜持"。

回头一肯定下去，于是有心无心地站在有产者的立场上的人，他便要自鸣得意了。

有了这样的一种永恒不朽的东西存在，那里还能够和你的辩证法两立呢？艺术岂不是超过时代的东西？艺术岂不是超过阶级的东西？艺术的对象岂不就是人，无阶级无限制的一般的人？艺术的本质岂不就是纯真赤裸的人性？——这样的论调我相信上海滩上有不少的文人新月派的那些少爷公子或准少爷公子，一定是很拿手的在那儿高唱着。但是我现在也并不想嘲笑他们，侮辱他们，因为在七八年前的我自己都是曾经这样唱过的，我还相信怕那里面有一部人或多或少地是受了我的影响。

我在一九二二年七月二十一日做的《论文学的研究与介绍》中曾经说过这样的话：

> 我相信凡是真正的文学上的杰作，它是超过时代的影响，它是有永恒生命的。文学与科学不同，科学是由有限的经验所结成的"假说"上所发出的空幻之花，经验一长进，假说即随之而动摇，科学遂全然改换一次新面目，所以我们读一部科学史，可以看出许多时辰的分捕品，可以看出许多假说的死骸，极端地说时，科学史便是这些死骸的坟墓。
>
> 文学则不然。文学是精赤裸裸的人性的表现，是我们人性中一

点灵明的情髓所吐放出的光辉，人类不灭，人性是永恒存在的，真正的文学是永有生命的。我们能说一部《国风》是死文学么？我们能说一部《楚辞》是死文学么？——有人定要说时，我也把他没法。我们能说印度《吠陀经典》中许多庄严幽邃的颂歌是死文学么？我们能说荷默的诗，希腊的悲剧，索罗门的雅歌，是死文学么？——有人定要说，我也把他没法。文学的好坏不能说它是古不古，只能说它是醇不醇，只能说它是真不真。……

这便是我七八年前的调门，在当时所演的脚色真真是惭愧，我不知道是遗误了多少人的。

不过这些论调，要说有甚么大错，那也不见得是怎样的大错：因为那所根据的是事实上的问题，文艺有所谓不朽性，这是事实；要了解这个事实并不困难，困难的是在这个事实的说明，便是文艺为甚么有这所谓不朽性。

这在封建社会的闭关时代或者是在包含着封建思想的闭关头脑中，他们也认定了这个事实，他们便名之为"国粹"。因为他们只知道本国本族有"粹"而不知道他国他族也有"粹"，或者是知道了没有充分的能力去鉴赏——鉴赏力也是依着时代进展的，——他们在这样的情形之下对于所谓不朽性的解释，用同义语来反覆便是甚么民族的精华，国家的精华，再进一步便是自己的民族性的优越；本民族是天帝的选良，是神明的胄裔。这种见解在我们现在看来好像已经隔了好几个世纪，要想回忆起来都很要费一番大力的一样，但在我们中国这个半封建的社会里，就在上海这个近代的都市里面，只要你肯略略费一点工夫去检阅那稍稍旧式点的刊物，你会知道在那儿的一些文章里面还是乱坠天花地触目皆是。

但这种民族性的优越说，随着时代的进展已经不攻自破了。近代的产业破坏了封建社会的藩篱，在前只知道本国本族有"粹"而不知道他国他族也有"粹"的，到现代来不仅是知道了，而且还知道他国他族的"粹"，有时比本国本族的"粹"还要"粹"——例如希腊艺术便远在中国的之上。在前只以为这种精粹的艺术只有文明人才能有的，然到现代来知道了现存的野蛮民族和新旧石器时代的原始人类，都已经有了"粹"的存在——事实上中国的音乐演剧和跳舞自来便多是由所谓"胡人"输入的。

民族性一站不住脚，于是起来代替它的便是这所谓"人性"。这个人性自然比民族性的范围要概括得宽些。然而前者比后者也就更是混沌，更为不可撵捉。人性到底是甚么东西呢？同一是人便有人性。为甚么同一有人性，不见得人人都是艺术家，不见得时时代代的艺术都是一样？连含混着谈人性的人他自己都是把握不住，所以在我从前的论调里，只要一口把"人性"咬定了之后，第二口便来一句"人性中一点灵明的情髓"，这用德国诗人 Schiller 的话来表现时就是所谓"美的灵魂"（Schöne Seele），再用中国某"大诗哲"的话来表现时便是所谓"诗人的灵性的晶球儿"，但是说来说去仍然是在问题的圈子里面没有进展得一步。

这本是一种演绎的办法。所谓民族性的优越所谓人性的甚么都是由先有艺术有不朽性的这们观念演绎出的。因为艺术既有甚么不朽性，那吗产生艺术的便必定也是一个甚么不朽的东西；便抽象的混混沌沌的名之为"人性"，为"美的灵魂"，为"灵明的情髓"，为"灵性的晶球儿"，为"甚么的甚么"。然而结果总不外是一种同义语的反覆。泛称的"人性"实际上就是"美的人性"的略语，这"美的人性"实际上就是美的艺术的翻译，由客观的翻译成主观的说素而已。结局是把问题导引进了一个迷宫，丝毫也没有得到解决。

所以在一些高谈人性说者的文学青年中，有多少人我们是应该要认识清楚，他们的立场暗默地自然是在反动的一方面，但我们与其斥之为"反动"，倒不如怜之为"不通"。他们实在是还没有把这个问题把握得着。同时我也相信就在我们的立场上站着脚的人把这个问题通解透了的恐怕也还是在少数的。我们的通病是容易"矜持"，在我们的这种矜持病下，每每有抹刷一切的倾向。但这类倾向和辩证的唯物论却是相背驰的。老实说最近的两三年前，我就是这种人中的一个，我为这个问题实在是苦闷过来。但我的这个苦闷已经在四十三年前，由我们的伟大的导师马克思，老早替我们解决了。

马克思在他一八五七年所做的《经济学批判导论》上，端的地论了这个问题上来。

他先替我们说出了艺术的黄金时代和社会一般的不相应，例如希腊艺术在现在的社会里便绝对产生不出来，那是因为产生希腊艺术的那个希腊的神话世界，那是希腊的自然和社会关系透过了希腊人的幻想所点染出的世界，和现代的自动机器，铁路，蒸汽机，电信等不能两立。社会发展的结果把对于自然界的观感上，所有一切的神话的关系，神话化的关系都排除了，我们对于艺术家所要求的是脱离于神话的另一种空想，所以社会发展不能形成为希腊艺术的地盘。

这个很扼要而毫不矜持的见解，不是比甚么"粹"，甚么"神兴"，甚么"灵感"，甚么其它半神话化的似通非通的一些说明，透辟到了万分吗？假使这样还嫌抽象，那吗我们最好把中国的例子引用来说明。譬如我们住在上海的中心——中国的所谓文坛现在是建设在这儿的——或者更是睡在东亚酒楼或远东饭店的钢丝床上，你听见的只是汽车的咆哮，或者是黄浦滩头的轮船拔锚，你能听出甚么河洲上的"关关雎鸠"吗？有自鸣钟挂在你的壁上，遇必要时你可以把闹钟放在你的床头，你和你的爱人可以安安稳稳的睡到你所规定的时候，那里还会闹到"女曰鸡鸣"的使你在半夜里起床？在避雷针之前那里还会有丰隆？在有无线电和交通飞机的现存在面前那里还会希望要"前望舒使先驱，后飞廉使奔属"？……所以整个的一部《国风》，整个的一部《楚辞》在现代是不能产生出的。（中国的社会本很复杂，除掉一些交通便利的近代都市之外，有好些地方差不多还在原始的状态里，因而有少数的文人还在守着"凤凰"和"楚辞"的古调，这在我们并不是怪异。）

"但是，"马克思说，"困难的不在乎去了解，希腊艺术与叙事诗，和某某种的社会的发展形态有密切的关系。困难是在乎希腊艺术对于我们还给与艺术的享乐，在某种关系上是视为规范而且是不可及的典型。"

在这儿我们可以看出马克思对于所谓艺术的不朽性是并不否认的，他不惟不否认，而且对于这个问题解答他豫先知道了我们的"困难"，早就替我们克服了。

他说："一个大人是不能再成为孩子的，成时便只是呆子。但是孩子的朴质不能使他愉悦，他在更高的一个阶段上不是在力求再造出自己的纯真，童心犹存的人无论在任何年龄不是都能把自己的特质在天真中苏活起来吗？为甚么人类社会的幼年期，在当时人类〔是〕最美好地发展过来的，不能作为一个永不复归的阶段而发舒其永恒的魅力？世间上有不良的儿童，也有早熟的儿童。有许多古代民族便属于这些范畴。希腊人是正常的孩子。希腊艺术的魅力在我们看来，和她所在上面发生着的未发展的社会阶段并不矛盾。魅力宁是这未发展的社会的成果，宁是和那些未成熟的社会的蒙条件，希腊艺术在其下所由成立，所独能成立的诸条件之永不复归，是不可分地紧系着的。"

这几句简单扼要的话，真是道破了几千年来艺术学上的秘密，新兴艺术学成美学的胚芽便含蓄在这儿。我们透过了优越的民族性，美的人性，现在是得到一个永不复归的社会性来把这个艺术的不朽性的问题解决了。

这个理论同样地可以适用于封建时候的艺术，就是"沙士比亚的艺术对于近代的关系"，马克思在他的原稿中已例举过两次，看他的本意是要加以详细的叙述的，但可惜他的原稿中断，在论了希腊艺术之后便没有继续，关于这一个阶段的推阐他没有展开出来。然而聪明的人举一可以反三。我们得到了他这个根本理论，其它是可以类推的。

总之我们可以抚爱孩子，但无须乎定要去学"呆子"。孩子之中我们也要知道有些是"早熟的"，有些是"不良的"。同样世间上也尽有"不良的"青年，乃至"不良的"老年，这种不良的分子是我们应该极力排除的。所以承认艺术"在某种关系之内"有其不朽性，与辩证法的理论并不矛盾（辩证法的本身便有不朽性），同时也并不便是承认他是超阶级的。所以不良的孩子，不良的青年，特别是不良的老年，在我们是在排除之列。

还有我们所应该知道的，便是这"正常的孩子"虽然可以抚爱，而抚爱的权利对于无产者阶级是被剥夺了的！无产者没有鉴赏艺术的机会和时间，连自己的生命都是被人剥夺了的！所以无产大众的当前的急务是在夺回自由的生命，夺回一切社会的成果——艺术品也包含在内。在这期间内一切行动的主要契机便是夺取，用艺术的手段把这种夺取精神具象化的活动，便是无产阶级的艺术。这种艺术的阶级性随着阶级的尖锐化而尖锐化到了绝端。主张艺术无阶级性的公子们，你们有那样的雅量承认，这种艺术也是超阶级的吗？

一个人在蒙昧中说着冬暖夏寒的诨话时——就如像七八年前的我——与其美之为反动，宁可斥之曰不通。但在暖寒的意识，冬夏的区分，已经由社会提供了出来。依然还有少数的人要昧着良心说着甚么冬暖夏寒的话，那种东西便只好答之曰狗种。有心寻求真理而尚在暗中摸索的，我希望他们即早达到通路来。但已经存心狗化的人，那我们不客气便只好举起铁棒！

3 Ⅳ 1930

（本篇最初收入 1930 年上海天成书店出版的《孤鸿》，选自《文艺论集续集》，上海光华书局，1931 年 9 月版）

羽书集[*]

青年化，永远青年化

三民主义青年团把今年"五一"至"五七"的七天作为青年运动周，并把"五四"规定为青年节，这是很有意义的擘画。二十年前的"五四"运动，的确是值得我们全中国的青年们永远纪念的大有光辉的历史事件。中国的一切是从那个划时代的运动起，透辟地青年化了。我们要纪念它，就是要全中国的青年永远保持着那种蓬蓬勃勃的朝气。我们要纪念它，就是要全民族的精神永远发扬着那种青年化的光彩。我们无数先烈的心血是在"五四"运动上开了花，这花我们要不断的用心血来培植，要使它永不断绝地开放，要使它永不断绝地结成硕大无朋的果，果，果。

"五四"运动的意义，我们是永远不会忘记的。它是在抗敌行动中进行了建国工作的最显著的先例。它以抗拒日本的侵略，肃清汉奸，拒绝不合理的和约起，而蔚成了中国历史上划时代的新文化运动的洪流，这洪流还在前波后澜的奔涌着，并且望它永远不断的奔涌着。在目前抗战建国的工作达到最高潮的期中我们来纪念它，是希望青年们，乃至全中国的同胞，都成为"五四"时代的斗士；是希望万年无疆的与宇宙共悠久的全中国的历史，每一页都充满着"五四"运动的精神，每一日都是"五四"纪念。

---

　　* 《羽书集》一书，1941 年 11 月香港孟夏书店初版，1945 年 1 月重庆群益出版社改版，1947 年 3 月上海群益出版社再版。

一切自然现象的运行都是呈着波状曲线的，便是有上行的轨迹，达到一定的高峰后便要次第的下行，但加以人为的努力，这种自然的运行可以使它生出极度的变化，便是上行的轨迹，我们可以使它上行到无止境的高度，或者达到了一定的最高峰时，我们可以使它保持着这一定的最高水准，永远不让它下降。这便是人类的精神力足以克服自然力的最高准度，也便是人类文化所应当企及的理想的究竟。这便是所谓"唯天下至诚为能尽其性，……能尽人之性，……能尽物之性"，而达到"至诚如神"的境地。事实上这种"神"的威权，实在是人性所能独具的功用。人的充实便是神，我们充实我们人的精神力，确是可以做到这一步的。

我们中国民族便是富有这种神性的民族。我们五千年来的生生不息的一部文化进展史，便是充分的证明。世界上的各种民族，各种民族的文化，尽管有兴有替，有盛有衰，或则曾光荣一时而永远消声匿迹，或则突经外患而一蹶不振，但我们中国民族和中国文化，五千年中永远保持着了它的一贯的进化系统。我们虽然也曾经遭遇过极险恶的外患，但每经受一次外患，只增加了我们民族和文化的繁荣。我们的民族精神是确实地保持着了它的永远青年化的动向。我们的民族确实是永远不老的。看着便要达到老境了，立地便有一针青年化的血清注射。这妙机是我们能够尽量发挥我们的力量去克服自然，我们因以创建与时俱进的优秀的文化，并吸收异民族的文化之优秀成分使之成为自己的血肉，或成为自己文化创建力的触媒。我们对于自己的反文化的自然隋性能尽力加以克服，对于异族的反文化的自然隋性也尽力的抗拒，更进而使之同化，把人类的大患消灭于未萌。在这儿正表现着我们民族的仁，我们民族的智，我们民族的勇。我们的民族是以仁民爱物为发展精神的指针，以好学不倦为推进文化的动力，以知耻不屈为抗拒横逆的武器。这些是我们的先哲所给予我们的遗训，是亘古不磨的真理，我们中国民族的发展史是把这些真理具体化了的。

我们要复兴我们的民族，是要复兴我们民族的这种精神——这种自强不息，永远青年化的精神。我们不是像少数法西斯蒂的极权国家那样，高唱着"复兴"的口号以肆行侵略，向着反文化的下行曲线进行。他们的"复兴"只是自趋于毁灭，充其极并将使全人类及全人类的文化同趋于毁灭。那种途辙和我们民族精神的动向根本相反，我们的民族自有历史以来便是反抗那种行径的。我们要复兴我们创建文化的力量，要复兴我们同化异民族的优秀文化的力量。我们要克服我们自己的反文化的隋性，同时也要克服异民族的反文化的隋性，这种反文化的隋性，把全人类拉向无文化状态的堕落的下行曲线，正由少数的极权国家，尤其是我们当前的寇仇日本，用尽蛮力的在牵引着，我们正要竭尽我们全民族的力量来加以克服，而且我们深信是能够克服。克服这种隋性的精神力量和物质条件我们有充分的具备。以往的由外患中复兴的史绩，我们无须乎一一的缕述了，"五四"运动便是一个最显著最捷近的先例。我们震慑了当时的误国媚敌的北洋政府，我们制止了当时的日寇野心，我们相当地提高了吸收科学文明的同化力，而确切地走上创建新文化的上坡路。我们中国的一切，从那时起，确切地又接受了青年化血清注射的一针。有这"五四"运动的成功也就足以证明我们目前的抗战建国之必胜必成是断无疑义。

全中国的青年们，我们尽量发挥我们人性中所具有的神性吧！我们要不断的努力，不断的自新，把奔向无文化惨状的目前世界的狂潮挽回理想高峰，把我们的祖国和全人类，从危机中救起。一切反文化的隋性——侵略与向侵略的投降——是与神性为对的兽性，是我们当前大敌，我们要尽量的加以克制而使之帖服。我们要保持我们中华民族的生生不息的精神，永远上行，永远前进，要使我们自身的一切，中国的一切，世界的一切，时时刻刻青年化，永远青年化！

二十八年五月三日

（本篇最初收入 1941 年香港孟夏书店版《羽书集》，选自上海群益出版社，1947 年 3 月版）

复兴民族的真谛

（一）

复兴民族是要复兴我们中华民族的精神。我们中华民族的精神是什么？

一，富于创造力；

二，富于同化力；

三，富于反侵略性。

（二）

我们的民族创造了五千年的文明的历史，直到现在，我们所固有的文化，依然在世界上焕发着灿烂的光辉，无论是语言，文字，思想，文艺，学术，产业，生活，都有我们民族的特征，表现在里面。创造欲望强，占有欲望弱，这是我们民族的第二天性。

我们的祖先把文化创造了出来，使我们本族得到了丰饶的享受，而同时也使环绕着我们的后进的兄弟民族得到了丰饶的享受。我们把许多民族同化了，或则诱导了他们，使他们也发挥了他们的创造本能而臻于文明的畛域。

我们的祖先，不仅能创造有特征的文化，并能吸取异民族的文化的精华。印度的佛法，西域的音乐，斯基泰的艺术，希腊的星历，都尽量为我们所吸收，化为了我们自己的血，自己的肉，使我们固有的文化愈加充实了起来。

故我们在同化异民族和异民族的文化上，都是具有特殊的能力的。

而我们的特性尤其表现于富有反侵略性的一点。凡是和我们站在对立地位的民族，即占有欲望强而创造欲望弱的民族，我们却和它势不两立。自有历史以来，凡具有民族性的战争，可以说都是我们的反侵略战争。我们从不曾以武力去侵略过别人，但遇着别人以武力来侵略我们的时候，我们总是彻底的反抗，纵使绵亘至二三百年，非将侵略者消灭或同化，我们永不中止。我们是具有着举世无匹的最强韧的弹性。

（三）

但在满清的二百六十年的统制间，我们的民族精神，无可讳言地是遭了损失。

我们费了二百六十年的间歇性的反抗，虽算终于把满族同化了，但我们的同化力不免因而减衰，而反侵略性亦不免因而模棱了。对于科学文明之不易接受成功，对于和平之无条件的酷爱，使我们由进取变而为保守，由坚毅变而为懦弱，由生动变而为硬化，由自信自力变而为自暴自弃。创造的本能是遭受了锢闭的。

民族在世界文化的竞赛上便因而落伍了，更因而招致了目前的空前的危难。

(四)

现在是我们民族复兴的时候，我们的民族精神渐渐地苏活转来了。我们应该尽量地发挥我们的创造力，同化力和反侵略性。

二十七年十二月廿三日，于桂林

（本篇最初收入 1941 年香港孟夏书店版《羽书集》，选自上海群益出版社，1947 年 3 月版）

蒲剑集 *

中国美术的展望

美术活动是人类精神企图征服自然并改进生活的最显著的一面，也就是人类文化的最显著的一面。美术固不能脱离自然，然而也不能屈服于自然；美术固不能脱离生活，然而也不能执着于生活。摄取自然底美的要素，驱遣自然底物的资源，而加以综合配布，提炼造作，以供应人生之需要，并不断地提高社会福利之水准，这是美术活动的任务，也就是美术家的使命。美术的发展，因而应该是一条不断的进化的流。但由人类社会各个时代的不合理的关系，却每每使他受着阻挠，不能采取直线的进行，恰如在山谷中纡回着的泉水，委宛屈折，甚而至于后退。

中国的美术，绘画，雕塑，建筑，工艺等等，各个部门的发展历程不尽相同，而都是纡回屈折的一点，却是毫无例外，尤其在清代末期，可以说是整个地形成了一个大后退。绘画，无论是山水，人物，花卉，虫鱼，差不多都脱离了自然，仅仅在前人的窠臼中，古代作品底摹仿中，作着观念的游戏，和社会生活的游离更自不用说。雕塑已沦为最下贱的匠技，不仅盲目于自然与人生，而且盲目于古代的摹拟，一切成品仅存依稀仿佛的形似而失去生命。这是最可悲的一环。建筑喘息在因陋就简的不生不死的状态里面。各地的大寺院患了象皮肿，号称为近代最大工程的圆明园，只是些不调和的拙劣的中西混合。工艺品，都

---

* 《蒲剑集》一书，1942 年 4 月重庆文学书店初版，后与《今昔集》的部分文章合为《今昔蒲剑》。

一般地堕落了，就以代表清代美术的磁器而论，乾隆以后也就日趋拙劣。

这退潮的原因是很鲜明的。异族专肆的政治压迫，尤其不合理的文化统制，使美术脱离了人民大众而成为专供上等社会的奉仕品，聪明的美术家便有所不屑为或不敢为而养成高蹈或退婴的态度，上焉者浮游于生活之上而成为高等流氓，下焉者窒息于生活之下而成为庸俗工匠。美术家失掉被人尊崇的品格，美术教育也因而废弛，旧者失其传授，新者无由启发，驯至每况愈下而一落千丈。其次是外来的经济压迫，使全国的农村经济渐濒于破产，人民大众失去了生活的余裕，使那已和美术罕于接近的生活，更加与美术绝缘。美术与社会生活距离愈远，便愈益丧失其本来的任务而没却其存在价值。就由这内铄与外铄的两种因素，招致了中国美术的整个退化，这是毫无疑问的事实。

然而，文艺复兴的气运却也由这极端的退化而逐渐酝酿起来了。外来的资本主义几乎压死了中国的旧美术，而同时也确实的把旧时的封建社会诸种关系已经压得半死，已往的不合理的统制失掉了权威，而科学方法的输血，使我们对于自然重新睁开了眼睛，对于生活发生了改进的要求。我们要活，而且要活得自由、平等、幸福、美满。这个民族生活的迫切要求必然地要促进各种精神生产的复活，美术活动自不能例外。

复兴中国美术的客观条件，在目前是相当充分地具备了。科学方法的坚实步骤，社会生活的迫切需要；都促醒着民族美感的自觉与美术家的自觉。以自然为师而有所抉择，以社会生活为源泉而施以净化，为大众服务而导引大众，这几乎成为了现代中国美术家们所共守的一般原则，尤其是抗战以来。的确的，中国美术家们是逐渐担负起了他们本来的任务，而他们的社会地位也断然的提高了。他们是社会建设的工程师。人们是这样地尊崇着他们，他们也大率有这样的自负。复兴中国美术的主观条件，在目前也是相当充分地具备了。

绘画已经形成着复兴气运的前驱。抗战以来的绘画在跃进着。大之如壁画的制作，小之如方寸的木刻；都透露着美术的真实精神——科学的、大家的、现实的、革命的。这倾向如不受阻挠而继续下去——应该使它不受阻挠而且加以策进，扩充到一切美术的领域，那是断然预约着中国绘画，乃至中国美术的一个伟大的将来。这，不能专靠美术制作家的努力，还须得一切文化部门的通力合作，而尤其是行政者的加意扶掖——至少是不生阻挠。

三十年四月

（本篇最初发表于 1941 年 1 月重庆《中苏文
化》文艺特刊，选自《蒲剑集》，重庆文学
书店，1942 年 4 月版）

"民族形式"商兑

一

"民族形式"的提起，断然是由苏联方面得到的示唆。苏联有过
"社会主义的内容，民族的形式"的号召。但苏联的"民族形式"是说
参加苏联共和国的各个民族对于同一的内容可以自由发挥，发挥为多样
的形式，目的是以内容的普遍性扬弃民族的特殊性。在中国所被提起的
"民族形式"，意思却有些不同，在这儿我相信不外是"中国化"或"大
众化"的同义语，目的是要反映民族的特殊性以推进内容的普遍性。所
谓"马克思主义必须通过民族形式才能实现"，便很警策地道破了这个
主题。又所谓"洋八股必须废止，空洞抽象的调头必须少唱，教条主义
必须休息，而代替之以新鲜活泼的，为中国老百姓所喜闻乐见的中国作
风与中国气派"，更不啻为"民族形式"加了很详细的注脚。这儿充分
地包含有对于一切工作者的能动精神的鼓励，无论是思想、学术、文艺
或其他，在中国目前固须充分吸收外来的营养，但必须经过自己的良好
的消化，使它化为自己的血、肉、生命，而从新创造出一种新的事物
来，就如吃了桑柘的蚕所吐出的丝，虽然同是纤维，而是经过了一道创
化过程的。

中国因为在封建经济中过于长期的停滞，一切事物都非常落后，百
年来已陷入于半殖民地的境遇。为要由这境遇中解放，百年来我们的民
族也不断的在振作，不断的在吸收外来的事物以补救自己的落后。这在
已往是无可否认的事实，就在今后是尤必须策进的事实。凡是世界上适
合自己的最进步的东西，无论是精神的或物质的，我们都须得尽量的摄
取。譬如我们在经济上便必须促进重工业的建设，在政治上便必须促进

新民主主义的实现，我们是不能专靠外来生产品的输入，或仅挂上一个民国的招牌便可以满足的。假如由于我们民族的努力，我们的重工业建设成功了，民主主义实现了，同是根据于科学的原理原则所产出的成品不会有什么根本的不同，但经过我们本民族自己的创造，便自然的赋与了"中国气派"和"中国作风"，也就是所谓"民族形式"。我们中国能够自己创造出来的进步的事物，难道还不是"新鲜活泼的"，难道还不是"中国老百姓所喜闻乐见的"？

譬如就是香槟酒也吧，威士忌也吧，只要不是纯粹的洋货，只要是酿造自中国人和中国的材料，而且使"中国老百姓"都有领略的机会，我不相信他们就不会"喜"，不会"乐"。

又譬如我们目前所必需的飞机和坦克车之类，这可说纯全是外国形式，"中国老百姓""闻"之，"见"之，已就不胜其"喜"，不胜其"乐"了，假如这些精锐的武器更经过了一道"中国化"，完全由中国人自己多量的把它们制造了出来，其为"喜"，其为"乐"，难道会不致增加万倍？

问题本来是很简单的，而且也不限于文艺，但一落到文艺上来，便立地复杂化了。"喜闻乐见"被解释为"习闻常见"，于是中国的文艺便须得由通俗文艺再出发，民间形式便成为民族形式的中心源泉。这个见解我们认为是不正确的。如以"中国老百姓所习闻常见"为标准，那末一切形式都应该回复到鸦片战争以前。小脚应该恢复，豚尾也应该恢复，就连鸦片烟和吸烟的各种形式都早已成为"中国老百姓所习闻常见"，而且是不折不扣的中国所独有的"民族形式"，也有其合理的存在，那中国岂不糟糕！这本是浅而易见的道理，何独于文艺而发生例外？

中国新文艺，无可讳言的是受了外来的影响，这犹如重要的生产方式，经济机构，社会组织，政治制度，以及各种各样的意识形态，都是受了外来的影响一样。工厂、公司、轮船、铁道、汽车、公路、电信、电话、电灯、电梯、自来水、自来火、学校、政党、声光化电、朵列米伐，乃至大总统、主席、委员长、中华民国，那一样是"中国老百姓所习闻常见"的？如这一切都要从新来过一遍，以某种中国所固有的东西为"中心源泉"，任何人听了都会震骇，何独于文艺而发生例外？

中国新文艺，事实上也可以说是中国旧有的两种形式——民间形式与士大夫形式——的综合统一，从民间形式取其通俗性，从士大夫形式取其艺术性，而益之以外来的因素，又成为旧有形式与外来形式的综合统一。而且凡中国近百年来的新的事物，比较上"中国化"了的，还当推数文艺这一部门。其他多半还是直接使用舶来品，竟连《中国社会史》之类都还在使用东洋货。就拿自然科学来讲吧，高级一点的学校都还在使用外国教本，且以使用外国教本为荣。各项部门的术语学名都还没有译定，或者也竟直使用东洋货。和这些比较起来，文艺究竟不能不说是较胜一筹的。尤其是关于作品方面，"中国化"的工夫，进行得更深，更广，更相当澈底，把来和文艺理论的批评文字一比较便可明白了。"洋八股"，"空洞抽象的调头"，"教条主义"等等的非难，毋宁是属于批评文字方面的多。就拿这一次的"民族形式"的议论文章来说吧，有好些朋友的笔调，便应该还要尽力民族化一点才好。用"洋八股"的调头来斥责文艺作品的"欧化"，那是有点近于滑稽的。

应该还要记起，中山装在衣裳文化上已经是崭新的一种"民族形式"了，但它的中心源泉何尝出自蓝袍青马褂？

二

凡事有经有权，我们不好杂糅起来，使自己的思路绞线。譬如我们要建军，经常的大道自然是要整备我们的陆海空的立体国防，在陆上，尤其要多多建立些精锐的机械化部队，但这是有种种物质条件限制着的，这样的理想一时不易达到。尤其在目前我们在和强敌作殊死战，争国族的生死存亡的关头，我们不能说要等待理想的国防军建好了，然后才能抗敌。我们在这时就必须通权达变，凡是可以杀敌的武器，无论是旧式的蛇矛、牛角叉、青龙偃月刀，乃至如镰刀、菜刀、剪刀，都可使用。前年台儿庄之役，菜刀剪刀是发挥过相当的威力的。而且在必要的时候，就是我们的牙齿、手爪、拳头、脚头，都是必要的武器。以量来讲，这些原始的、旧式的武器，在目前比我们精锐的武器更多，但我们不能够说将来的新武器形式是以这些旧武器形式为中心源泉。

一切生产事业我们在理想上是需要机械化，电力化的，但在目前这样的理想还不能达到，而且沿江沿海的民族工业，有的被敌人摧毁了，有的迁到大后方来还未布置就绪，在这样的时候我们是只好尽力奖励手工业的，只要多少能够供给国民的需要，任何原始的作业都可以搬出来。例如在抗战前差不多绝迹了的手摇纺线车，自抗战以来在四处复活了。这也就是权。这种一时的现象，在抗战胜利以后，是注定仍归消灭的，我们当然不能说，将来的新纺织工业形式会从这手摇纺线机再出发。

文艺又何尝不是这样。中国的新文艺，因为历史尚短，又因为中国的教育根本不普及，更加以国家的文艺政策有时还对于新文艺发挥掣动机的力量，一时未能尽夺旧文艺之席而代之，以贡献其应有的教育机能。这是事实。在目前我们要动员大众，教育大众，为方便计，我们当然是任何旧有的形式都可以利用的。不仅民间形式当利用，就是非民间形式的士大夫形式也当利用。用鼓词、弹词、民歌、章回体小说来写抗日的内容固好，用五言、七言、长短句、四六体来写抗日的内容，亦未尝不可。例如张一麐老先生的许多关于抗战的绝诗，卢骥野先生的《中兴鼓吹集》里面的好些抗战词，我们读了同样的发生钦佩而受鼓舞。但为鼓舞大多数人起见，我们不得不把更多的使用价值，放在民间形式上面。这也是一时的权变，并不是把新文艺的历史和价值完全抹煞了，也并不是认定民族形式应由民间形式再出发，而以之为中心源泉——这是不必要，而且也是不可能的。

万物是进化的，历史是不重复的。一个时代有一个时代的形式，凡是过去时代的形式即使是永不磨灭的典型也无法再兴。因为产生它的那个时代的一切条件是消失了。例如古代希腊的雕刻是典型的美，但断不能复活于现代希腊，亦不能复活于受希腊文明陶冶的欧美各国。就是古代罗马曾经极尽模仿的能事，也没有把希腊雕刻复活转来。文艺复兴期中的诸豪，无法再现于意大利，英国不能再生莎士比亚，西班牙不能再生西万提斯，德国不能再生歌德，法国不能再生巴尔扎克，且如果戈里、托尔斯泰、契诃夫也无法再生于苏联。同样，任我们怎样的祈愿，我们是不能够再得到屈原、司马迁、杜甫、李白，也不能再得到施耐庵、罗贯中、吴敬梓、曹雪芹。这是无可如何的，他们之不能复返，也就如殷周青铜器时代的无名巨匠，铸造出了那些典重、瑰奇、古勃的青铜器的，之不能复返一样。

说到中国的古铜器，尤其是殷末周初的器物，那与希腊的雕刻比较，在别种意义和形式上，形成着一种世界的典型美。但中国文艺的民间形式，无论怎样过高的评价，实在并没有达到世界典型的这个阶段，而且追溯起那源泉来，我相信有好多朋友定会惊讶，那也并不纯粹是中国式的。

前些年辰在敦煌所存的唐代文书中发现了一大批"变文"出来。那是后来的民间形式的各种文艺的母胎，是一种韵散兼行的文体。内容大部分是关于佛教故事的，如《维摩诘经变文》、《阿弥陀经变文》、《八道成相变文》、《大目乾连冥间救母变文》等；但也有小部分是关于民族故事的，如《大舜至孝变文》、《伍子胥变文》等。这种文体在唐代以前是没有的，分明是受了印度的影响，例如马鸣的《本生鬘论》，便是韵散兼行的文体，中国是照样把它翻译过来了的。有文笔的佛教徒们，起初一定是利用了这种文体来演变了难解的佛经，使它通俗化、大众化，多多与民众接近，以广宣传。后来由这宣教用的目的转化为娱乐用的目的，故内容由佛教故事发展到了民族故事。唐以后的民间形式的文艺便从这儿开辟出了一条门径，由这儿变为宋代的"说经"，"说史"，"平话"；变为明清二代的宝卷、弹词、鼓词及章回体小说。"诸宫调"也是从这儿演变，更演变为元明的杂剧及以后的皮簧等等戏剧形式。

这段通俗文艺的演变史，我想凡是研究通俗文艺的人是应该知道的吧。这段史实可以导引出种种意见。（一）民间形式的中心源泉事实上是外来形式。（二）外来形式经过充分的中国化是可以成为民族形式乃至民间形式的。（三）民间形式本身有它的发展。这些意见，从别的艺术部门方面也可以得到有力的支持。如绘画、雕塑、建筑等造形美术，我们同样地是深刻地受了印度的影响。与西乐为对的所谓国乐，其乐理、乐调、乐器，强半都是外来的，而且自南北朝以来，这些外来成分在国乐中实占领导地位。这些艺术部门，元明以后便衰颓了下来，现在要拿来和西方技巧比较，公平地说，实在是有逊色。例如中国音乐仅有谐调（melody）而无和音（harmony），怎么也不能不说是落后。好在文学部门的退潮尚没有如此的迅速，章回体我们可以认为是平话小说的最高发展形式，皮簧剧在戏剧构成上也占着超越的地位，但把这些来和近代的小说与近代的话剧比较，那怎么也不能不说是相形见绌的。

与其雄辩，不如详审事实。中国的新音乐，如公私所用的军乐队，抗战歌曲的基本原素，不都是取材于西乐吗？公众的重要建筑，不是都脱离了旧式而采取西式吗？由于建筑的改革，图画必然的要受限制，那种写意的文人画式只能认为游戏笔墨，图画的前途是有限的。请看抗战以来的宣传画吧，不是仍以洋画为其主流吗？雕塑是"旧谷既没，新谷未登"的时代，但我们如要塑先烈铜像乃至铸汪逆铁像，都不得不请求西式的雕刻家，断不会去找塑菩萨的泥水匠了。新兴文艺要离开民间形式，而接近最新阶段的西式，同一是由于历史的必然性，不是一人的好恶或主张所能左右的。

三

封建的社会经济产生出了各国的民间形式，同时也就注定了各种的民间形式必随封建制度之消逝而消逝。中国的封建经济早就在进行着它的下坡路，因此中国的民间文艺也早就达到了它的下行期。我们承认它在民间的势力依然大，但并不承认它的势力毫未动摇，如门神已经很少人张贴的一样，民间艺人和民间文艺各种形式的演出机会，在乡间已经是很少很少的了。有趣的是这种艺人和演出机会反而在都会里倒要多些，这当得怎么说明呢？很简单。也就如有价值的古董都集中在城市里的一样，它们是靠着满足都会有闲人的古董癖或猎奇欲而存在着的。外国人到中国来，也每每为这猎奇欲所驱使而搜集各种各样的废物。百折罗裙面在梭发椅上，花衣补裰张在客厅壁间，小脚穿的绣花鞋，幼儿戴的猫猫帽，和着一些泥人木偶，杂陈在壁炉的上缘。这样陈设着也有他的风味，但除掉这样的利用外，是无法恢复它们的使用价值了。民间形式的文艺并未没落到绣花鞋和百折罗裙的程度，不过已相隔不甚远。我们现在来利用它们，其实乃是促进它们的升华。中国女人的脚完全脱掉了脚带的束缚，绣花鞋便失掉了它的效用；中国民众的智识如完全脱掉了封建制度的束缚，一切民间形式也同样的失掉了它们的效用。我们现在是在尽力扬弃我们的半封建半殖民地的命运的，把这些和时代精神盛在民间形式里面去教育民众，宣传民众，民众获得了这种精神，结局是要抛弃那种形式的。旧瓶的形式如其本身含有若干艺术价值，尚可作为古董而被人保存，如其本身并没有具备这种价值，即使是用来盛过一次极新极新的美酒，也挽救不了它那将被抛弃的运命。

民间形式的利用，始终是教育问题，宣传问题，那和文艺创造的本身是另外一回事。就如教书和研究是两件事的一样，教书是要力求浅显，研究是要力求精深。一方面以研究来提高文化的水准，另一方面则靠教育来把被教育者提高到研究的水准，二者是必须同时并进的。不能专事牵就，把研究降低或停顿，那样便决不会有学术的进步。文艺的本道也只应该朝着精进的一条路上走，通俗课本，民众读物之类，本来是教育家或政治工作人员的业务，不过我们的文艺作家在本格的文艺创作之外，要来从事教育宣传，我们是极端欢迎的。他在这样的场合尽可以使用民间形式，若是他能够使用的话。有些人嫌这样的看法是二元，但它们本来是二元，何必一定要去把它们搓成一个！不过一切的矛盾都可统一于国利民福或人文进化这些广大的范畴里面，如你一定要一元，尽有的是大一元。

其次，民间形式的被利用固然可以说是由于它们是"中国老百姓所习闻常见"，但这"习闻常见"的对象并不是民间文艺的本身，而实在是民间文艺的演出。所以民间文艺的被利用，还是以民间艺人的被利用为其主要的契机，这点我们是不可看掉的。中国的文盲症，无论你任何通俗的民间形式的文艺，都不能直接克服。这儿全靠有各种的艺人为其媒介。这些艺人在抗战期间自然是应该动员起来的，而且他们的培植不是一朝一夕的工夫，他们大多数是具有天才的人，只是开始培植他们的艺道时是走向民间形式去了，便不免形成一种偏向。由于这些人的本领和价值，民间形式无形之中便增加了重量。例如新打的鼓词如《骂汪》和《武汉秋》之类，拿文艺的价值来说，事实上是很平常的，然而出自山药旦和富贵花的口里，被鼓音的抑扬，身手的动作所随伴，便非常的动人。这种人的要素，每每被人算在民间文艺的账上，这是应该打个折扣的。宣传人才不易多得，新的宣传人才更不易养成，民间艺人的价值实在值得尽量的使用，也可以说是为了便利他们，才有民间文艺的利用的。更可以说同样的民间形式，依其艺术部门的不同，而其利用价值亦大有差别。音乐部门的民间形式比起文学部门的民间形式来，利用价值便要大得多了。最显著的是旧剧，各种唱本连辞句都不通，然而唱起来却也很能动听。绘画部门的民间形式如连环画，其利用价值也很高，重要的原因是他自己本身便能把文盲症克服。

文盲症的克服，这是中国教育的根本问题。本来在目前是有比较良好的工具可以使用的，便是新文字的推行。这项工作，近来连张一麐老先生都大赞成了，但有好些人直到现在都把它视为危险的东西。他们担心新文字推行了，中国的固有文化便会消亡，其实那完全是杞忧。不仅中国文化的精粹成分将由新文字普遍地传播而绵延下去，就是旧文字本身也永远是不会消灭的。巴比仑的楔形文，古代埃及文，希腊文，拉丁文等，何尝消灭了！倒是百分之九十九的文盲定会消灭，到了那时候尊重旧文字，认识旧文字的人，必比现在更加认真，是断断乎可以预言。现在号称认识旧文字的人，仅靠着习惯上的使用，认识其表皮而已，无论由本国文字的进展上，或与别国文字的比较上，都少有人作精深的研究。而他们有好些人却兢兢于保存国粹，深恐中国国粹一旦会粉碎。中国国粹是那样脆弱的东西吗？

教育的根本问题如能得到解决，可以排除无数的困难，许多加于新文艺上的谴责，本来是不应该专怪文艺作家的，也可以解消了。最大的谴责，不通俗，不能与大众接近，更不能全由作家方面来负责。新文艺比较起士大夫形式的旧文艺来，已就够能通俗了，但即使是最通俗的民间文艺又何尝与文盲大众能够接近？事实上有好些所谓通俗文艺，比较起新文艺来，还远远的不通俗。因为他们爱袭用陈语，爱驱使古典，各种藻饰多是文言的成分，尤其是夹有韵文的弹词鼓词之类，被韵脚和句法所限，是和文言接近的。总之，把教育家所应该做的事体要文艺家去做，已经是求全；把教育上的缺陷斥为文艺上的缺陷，那倒是真真正正的责备。

文艺究竟要通俗到怎样的程度才可以合格，本没有一定的标准，不过我们还有一点事情值得注意的，便是不可把民众当成阿木林，当成未开化的原始种族。民众只是大多数不认识字，不大懂得一些莫测高深的新名词，新术语而已，其实他们的脑细胞是极健全的，精神发育是极正常的，生活经验是极现实而丰富的，只要一经指点，在非绝对专门的范围之内，没有不可了解的东西。只习惯于驾驶独轮车的老百姓，经过短期的训练，不是便可以驾驶汽车，坦克车吗？大银行，大公司的宏大的西式建筑，那一座不是中国老百姓所砌成的？做惯了中国衣服的裁缝，同样可以做西装，而且做得满好。做惯中国菜的厨房，差不多专门替外国人任烹调。中国民族并不是阿木林，不是原始种族，要说新文艺的形式是舶来品，老百姓根本不懂或者不喜欢，那不仅是抹杀新文艺，而且是有点厚诬老百姓的。问题是要让老百姓有多多接近的机会。我决不相信老百姓看电影没有看连环画那样感兴趣，我更不相信老百姓听交响曲以为没有锣鼓响器那样动人。从前我们都有一种成见，以为话剧的吸引力决赶不上旧剧，但据近年来在都市上的话剧演出的情形和各种演剧队在战区或农村中的工作成绩看来，话剧不及旧剧的话是须得根本改正的。群众是要教训，要智识，要娱乐，而且是饥渴着的，只是我们没有充分的适当的东西给他们。他们饥不择食，渴不择饮，只要你给他们任何东西，他们都肯接受。一向只是拿些低级的享乐给他们吧了，并不是他们只配享那些低级的东西，也并不是他们毫无批判能力。没有高级的东西同时给他们，使他们发生比较，自然表现不出批判能力出来。请看苏联吧，革命以后仅仅二十九年，工农群众的智识水准已经完全改变了。一九三四年第一次苏联作家代表大会上，拉迭克的报告里面有这样的一句话：他们"在十五六年间，使牧童发展成了哲学家，发展成了军长，发展成了大学教授"。

但我也并无丝毫存心，想袒护新文艺，以为新文艺是完美无缺或者已经有绝好的成绩；相反的，我对于新文艺正是极端不能满意的一个。

最大的令人不能满意之处，是应时代要求而生的新文艺未能切实的把握时代精神，反映现实生活。主要的原因是新文艺的历史为时尚短，优秀的文艺干部尚未能多量的培植出来。从事新文艺运动的人，在五四前后，大抵都是青年，对于国内的现实未能有丰富经验，其中有大部分人是在外国受教育的，更远远的离开了本国的现实。就拿我自己来举例吧。在新文艺运动以来的二十年中，我差不多整个都在国外，自己时时痛感着对于中国现实的隔膜，不能从活生生的生活与言语中采取资料。这便结果出自己的毫无成就。但如鲁迅则完全不同，在五四以前早已把留学生活结束了，二十年中都在国内和现实保持着密切的联系，而且以他的年龄而论，对于生活的经验与批判都比较我们充裕而确实，他之所以能够成功决不是偶然的。

其次，新文艺的来源地是中国几个受近代化的程度较深的都市，尤其像上海，那差不多等于外国的延长。住在那些地方的人，和中国伟大的现实生活仍然是隔离着的。就这样因为生活经验的不充裕，在取材上便不能不限于身边杂事，外国情调，传奇想像等等。而在形式上便不免要追求末梢的技巧。这样便又生出第二个令人不能满意的缺点，便是用意遣调的过于欧化。这个差不多是共同的倾向。这种倾向早就感觉着是应该克服的，尤其是在提倡革命文学的前后，曾经极力地强调过。在民国十五年的春间，我写《文学家的觉悟》和《革命与文学》的时候，便提倡过"社会主义的内容，写实主义的形式"那样的号召。但这个主张提得过早，还没有得到什么影响的时候，"唯物辩证法的创作方法"便输入了，一时轰动了整个的中国文坛。总的方向固然是正确的，但观念的地限制了作家的能动精神，限制了作品的取材范围，甚至连读书范围都限定了。这儿又产生了一种新型的欧化，便是"洋八股"，"空洞抽象的调头"，"教条主义"。这种倾向在前也早就有过"文艺大众化"的提倡来加以调剂，但结果仍然是没有多大的影响。

中国新文艺的积弊要想祛除，专靠几个空洞的口号是不济事的，主要的是要那些病源的祛除。要怎么来祛除病源呢？是要作家投入大众的当中，亲历大众的生活，学习大众的言语，体验大众的要求，表扬大众的使命。作家的生活能够办到这样，作品必能发挥反映现实的机能，形式便自然能够大众化。我对于这层是抱着乐观的，尤其是自抗战以来，作家的生活澈底变革了，随着大都会的沦陷，作家们自动地被动地不得不离开了向来的狭隘的环境，而投入了广大的现实生活的洪炉——投入了军队，投入了农村，投入了大后方的产业界，投入了边疆的垦辟建设。这些宝贵的丰富的生活体验，已经使新文艺改观，而且在不久的将来一定还会凑合成为更美满的结晶体。在抗战前不久，高尔基由苏联广播出来的现实主义的号召，抗战发生后快满三年的今天由我们自己所提出来的"民族形式"的要求，这一次我看是一定可以兑现的了。

我们要再说一遍，"民族形式"的这个新要求，并不是要求本民族在过去时代所已造出的任何既成形式的复活，它是要求适合于民族今日的新形式的创造。民族形式的中心源泉，毫无可议的，是现实生活。今天的民族现实的反映，便自然成为今天的民族文艺的形式。它并不是民间形式的延长，也并不是士大夫形式的转变，从这两种的遗产中它是尽可以摄取些营养的。像旧小说中的个性描写，旧诗词的谐和格调，都值得我们尽量摄取。尤其是那些丰富的文白语汇，我们是要多多储蓄起来充实我们的武装的。外国的名作家有抱一字主义的，是说对于一种事物只有一个适当的字表示，作家要费尽苦心来追求这一个字。语汇的储蓄丰富时，遇着这样的场合，便可以取诸左右而逢其源。文艺的大众化，并不是说随便涂写，或写得尽量通俗，而是要写得精巧恰当。写得精巧恰当的文章，任何人看了都没有不懂的，只要是能识字的人。要办到这个程度便须得抱定一个字主义，这个字无论是文言，白话，或甚至外来语，只要精当，是要一律采用。不要以为用外来语便是"欧化"，其实中国话中有不少的外来成分，在目前国际洞开的时代，彼此的言语的交流正是使国语充实的一个契机。文艺家不仅要活用国语，而且要创造国语，意国的但丁，英国的莎士比亚，德国的歌德，对于他们的国语的创造上都是有着显著的业绩的。世界伟大作家的遗产，我们是更当以加倍的努力去接受，我们要不断的虚心坦怀去学习，学习他们的方法，怎样取材，怎样表现，怎样剪辑，怎样布署，怎样造成典型，怎样使作品成为浑一体。这些都很可以帮助我们，使我们有充分的把握来处理我们自己的材料，促进我们的形式的民族化。

将来究竟会成就出怎样的一些形式出来，这是很难断言的。但我们可以预想到一定是多样的形式，自由的形式。人类的精神是更加解放了，封建时代的那种定型化，我们相信是不会有的。以诗言，决不会有那千篇一律的绝诗、律诗、弹词、鼓词。以小说言，决不会有那千篇一律的章回体。以戏剧言，决不会有那千篇一律的杂剧。一定的诗型，一定的小说型，一定的戏剧型，在资本主义的社会中不会产生，就在将来的社会中我们相信也绝对不会产生。反而在这些既成部门之外，还要产生些新的部门，新的形式出来，如现在所已有的报告文学或其他快速度的文学，倒是必然的形式。因此有一部分的朋友要求今后的诗须有一定的"成形"，我们认为那也是对于"民族形式"的误解。

内容决定形式，这是颠扑不破的真理。我们既要求民族的形式，就必须要有现实的内容。深入现实吧，从这儿吸取出创作的源泉来。切实的反映现实吧，采用民众自己的言语加以陶冶，用以写民众的生活、要求、使命。但这样也并不是把形式的要求便简单地解消在内容的要求里去了。不然，形式也反过来可以影响内容的。初学画兰的人每每像茅草，乃至像蚯蚓。技巧的练习是断然不可少，近代的画家雕刻家对于实体的素描要费很大的工夫，而且始终不间断。文艺工作者也应该在素描上多绞些心血，不要把中国人画成为金发碧眼去了。各种进步的学问，尤其社会科学，都应该广泛地去涉猎。这些都是钥匙。没有钥匙，摆在面前的现实殿堂不会自行为你把关门洞开。

一九四〇年五月三十一日

（本篇最初发表于 1940 年 6 月 9 日、10 日重庆《大公报》，选自《今昔蒲剑》，上海海燕书店，1947 年 7 月版）

今昔集[*]

今天创作底道路

前些年辰我们有几位朋友组织创造社从事文艺活动的时候，曾经有过这样的号召，便是本着内心底要求以图个性的发展，颇引起了一部份人底非议，以为这便是创造社主张"为艺术的艺术"而非"为人生的艺术"底供状。直到现在，在好些人底文坛回顾里面，还反复着或人云亦云地沿用着这样的见解。这其实是极肤浅的无批判的批判。无论任何能发生价值的活动没有不是本着内心底要求，拿最积极的革命活动来说，假如你不是本诸内心底要求，即是没有深切的自觉，那你只是盲动、蠢动、或假革命，你必然会得不到结果或生出反结果。无根的树木是不能存活的，无源的水流是容易枯涸的，这不是显而易见的道理吗？有自觉性的活动必然能收到它的相应的成果，从活动者个人来说，便可以得到他的个性底发展。这样解释出来，我们可以知道创造社同人底那个号召，其实是作为一个文艺工作者的极应分极谦抑的说法，他们只是没有夸大他们的成果会对于国族或人群发生怎样怎样的作用而已。

"为艺术的艺术"，在欧洲固然是曾经有人号召过，在中国就是目前似乎也还有些人在以此自豪，事实上只是不通的一个偏见。无论任何艺术，没有不是为人生的，问题只是在所为的人生是为极大多数人，还是为极少数人；更进是为极短暂的目前，还是极为长久的永远。这里便可

---

* 《今昔集》一书，1943 年 10 月重庆东方书社初版，后与《蒲剑集》部分文章合为《今昔蒲剑》。

能有些矛盾底交错。假如是为极少数人目前享受，如世纪末一些个人享乐的刹那主义派的文艺，或者便是所谓"为艺术的艺术"派吧，我们是认为没有多大的价值的。但即使是为极大多数人底享受，而只为的是极短暂的目前，就如迎合低级趣味的一般的通俗文艺，还是同样地没有价值，而且有时是更加有害：因为它所害的不是少数的个人而是多数的大众。又假如是为极大多数人极长久的永远享受，便是深入浅出，体现着永恒的真理，而又平易近人，始终是极新鲜、极明朗、极健康、极有力的那种作品，我们认为是可以算作理想底极致。但如为的极长久的永远，而在目前仅能得少数人的了解，或因理想深刻，难于把握，或因表现特异，脱乎常轨，文艺史中每不乏这样的先例，便是当代无闻而日久弥光的作品，那价值由它本身便可得到证明，它根本为的是永远，而结果也就是为的极大多数的人生。再要详细的分析，则依价值底久暂与接受者底多寡，应该还可以得出无数的等次，但我们尽可以不必在这些空洞的问题上多费笔墨了。

艺术是价值底创造，它根本是为人生的。怎样的生活，无论是内心的或外在的，才可以使人生美满，怎样的自然和社会才适合美满的人生，如何而后可以创造那些美满者适合者或消灭那些相反的部分，这是艺术底一些基本命题。这些命题和文化部门底其他活动，事实上是共通的。它们并没有什么根本的不同，不同只是方法和态度。譬如以科学言，它的究极目的，同样是在乎理想的人生之创建，但它几乎纯是由理智活动去分析、提炼、综合、应用，而偏重于物质建设。艺术则多靠情意活动去体验、想像、批判、构成，而偏重于心理建设。而两者亦互相为用，德国的物理学家赫尔牟和慈曾经说过"自然科学家是须要有艺术家底幻想力的"，而艺术家更断然不可缺少科学底教养，例如近代的建筑、雕刻、绘画、音乐，实际是以力学、解剖学、色彩学、光学、音响学等为其基础；而近代的文学，无论是小说、戏剧、诗歌，除应有关于自然科学底丰富的常识之外，尤须仰仗于心理学、精神病理学、社会科学等底结晶。诚然一人底智能是有限的，要通晓近代的全般智识，那在事实上是不可能。但要作为一个有力的文学工作者，在其范围内的智识是必须具备的，或者对于某一部分科学有相当湛深教养，在创作上也可收到事半功倍之效。

"创作"这个名词，在日本人方面习惯上差不多是用来专指小说底制作和其作品，戏剧文学有时包括在内，而诗歌便全然除外了。这个偏颇的习惯在中国似乎也受着感染，而且变本加厉，不仅戏剧被抛在创作之外，甚至像诗歌或"诗人"有时竟成了嘲笑底对象。这种风气是应该改变的。我们现在采用着"创作"这个名词是把它解释为一切文艺作品底创制，无论是小说、戏剧或诗歌，乃至文学以外的各种艺术部门底作品，都应该是"创作"。但我在这下文里面，我只想限于文学部门提供一些意见，文学以外的部门我是不想说及的，因为我的能力有限。

文学本有进展和分化，这是初步的常识。古时候的文学是限于有韵的诗歌的，诗有抒情、叙事、剧诗底三大分类，后来叙事诗发展为小说，剧诗发展为话剧，诗歌底领域里面就只留下抒情的部分了。假使从广义来说，应该把小说和戏剧都称为诗，但从狭义来说，则诗是只限于抒情诗的。中国的情形虽然稍有不同，但也并无大异。中国的古人说："有韵者谓之文，无韵者谓之笔"，文章竟为诗歌所独占。中国虽然没有长篇大作的民族史诗，但如周秦诸子中底许多韵文对话故事（这种故事，《庄子》中最多，但要通晓古韵方能识别），汉魏底赋，六朝以来底骈文，在形式上都是诗，都可归于叙事诗底范畴。拿民间文学来说吧，则历代的弹词和鼓词，都是属于这一类的。中国的剧诗乃至一般的戏剧活动最不发达，本来由周秦诸子底韵文对话，再加上复化底过程，便可以成为剧诗的，但中国的古代文学不曾向这条路上发展。韵文对话发展成为赋，但只是把对话无限制的拖长，人物却只停留在两三人底简单。古代文人对于形式的株守是可以惊人的，一种形式可以株守到几百年乃至一两千年而无多大改变。这原因大约是由于中国社会底长期定型化，或许也怕是中国人缺少创造形式底天才吧。中国的戏剧是到了宋以后才发展出来，而且是直接或间接地受着印度底影响。由元人底杂剧发展到皮黄，戏剧在构成上是经历着复杂化的程序，但始终未脱离歌剧底限阈，虽然有些不大契合，我们是通可以称为剧诗的。

不过我们中国人对于诗的鉴别可以说特别敏感，自周以来，我们对于诗的认识差不多就只限于抒情，诗三百篇便纯粹是抒情之作，有好些人以中国无雄大史诗为遗憾，在我看来，倒是值得夸耀的，用诗的形式来叙事，我们中国人早就觉得不甚合理，所以凡是属于欧洲叙事诗范畴的辞赋骈文，在我国却只称之为辞赋骈文，而不称之为诗，看待它是和诗有别。因而很早我们就知道利用更适当的散文来叙事，我们的伟大的史家司马迁，在这一点上他实在有光辉灿烂的开辟，他不仅是一位伟大的散文家，同时是可以称为伟大的小说家的。可惜他这一开辟只是在正史或传记文学上得到传承，此外没有更进一步的发展。在小说方面则仅仅漫衍为某生式的笔记体，像章回体比较规模宏大的小说，还是由印度来的"变文"演变出来的，而章回小说也始终没有脱掉那讲唱体的形式。

诗以限于抒情底这个传统很值得宝贵，我们在这一点上确确实实是比欧西诸国先进。但奇妙的是欧洲文学底传统到中国来之后，我们中国人却来了一个走回头路的倾向，以中国诗中没有叙事诗和严密的剧诗为遗憾，而要尽力从事于叙事诗与剧诗底建设。直到现在还有些诗人在努力竞做长诗，有的要做到一万行，有的要做到一万八千行，这努力我看是有点近于浪费的。诗并不是以长为佳，要长于其所不得不长，短于其所不得不短，拼命拉长而且要限定行数，那简直等于在拉挂面了。诗如严格地限于抒情，则事理上是不能过长。中国除《离骚》以外没有更长的诗，也就是这个事实底证明。要做长诗，势必叙事或者纪行，但要满足这些目的不是有更自由更合理的散文在吗？中国人已经脱离了两千年，外国人也已经脱离了一世纪的那种形式，为什么还要把它捡起来以惊奇立异？

我们曾说要建立"纪念碑性的建国史诗"，这是要建立足以纪念目前这个大时代伟大的作品，并不是要限于做"诗"。假如有大规模的小说或戏剧出现，足以纪念目前的时代，我们同样是称之为"史诗"的，无宁是这些形式可能性较大。好些人一说到诗便和韵脚或分行底形式相联，这不外是一种俗套的习惯上的成见。其实就是纯粹的诗，可以有韵，可以无韵，可以分行，也可以不分行。有韵和分行不必一定就是诗，有韵和分行写出的告示，你能说它是"诗"么？诗是情绪底摄影，韵语是言语底曲谱，二者性质虽相近，但并不是不可分离的一体。情绪是有节奏的，故诗不能无节奏，在这里很容易和言语底音乐性合拍。有诗底内容而有适当的韵语以表达，准同性质的物相加可以使效果倍增的合力作用（Synergy）底原则，故诗多有韵。但这适当底程度是不容易得到的，言语的音乐成分过多，反足为诗的桎梏，到了这样，倒不如解脱桎梏而采取自由诗或散文诗底形式，反足以维持诗底真面目，所谓"清水出芙蓉，天然去修饰"也。优美的抒情散文或抒情小品，本质的地是诗。它们是原来无韵，而也无须分行。未来的诗人，我看是会多多在这一方面去开拓的。歌之所以异于诗，即在于言语底音乐成分多，诗的成分较少，有好些歌词，和韵文告示相差得并不多远，但与乐谱配合而唱起来，却也很能感动人。但那是音乐底力量，并不是诗的力量了。歌与诗是只有日渐分歧的，在我看来，作歌这一件事体，会同制谱一样，将来是会划归音乐部门的吧。即在目前，诗人做的歌，音乐家每每不易制谱而必须修改，然由音乐家所作的歌词，在诗人看来，却好些是庸俗得不堪忍耐。这两者将来是否可以调和，我还没有看出那个可能性。词人所作的曲子不能唱，能唱的曲子难入眼。皮黄剧本底好些慷慨激昂或者低回反覆的唱白，用文学的眼光看起来，大部分近于不通。可见矛盾之分是自古已然而于今尤烈的。

同样，歌剧底创作将来怕也只好委诸音乐的专门家，或者说让音乐家而有文学底素养者或文学家而有音乐底素养者来担任这项任务吧。例如旧剧底改进便是一个确例，如不是旧剧的专家或对旧剧有素养者，便决没有可能来从事，如要勉强便只好失败。但说到新歌剧底制作，却有好些新诗人便很跃跃欲试，或且跃跃在试，我看这本身怕也就是一幕悲喜剧吧。如有那样的热心，以诗人而定要从事新歌剧底制作，我看至少是应该做一番乐理研究底工夫。

在现在看来，话剧和小说仍不失为发展文学才能的广泛的园地。诗是不能勉强的。话剧和小说却多少可以勉强得来。多和社会面接触，或和某种社会面作深入的接触，而摄取其一般的生活、习惯、言语、动态，和人物们底性情想念等等，更能站在超越一段的批判态度上，有计划有组织地加以描绘、裁成、塑造，大体上应着努力底程度，是可以得到相当的收获的。除社会生活之外当然还有其它种种可能的对象，如心理底世界，历史底世界，自然风物等等，都须要有科学家底精神，精神上的显微镜、望远镜、摄影机，以作贪婪的摄取而再加以无情的淘汰。假使真是有文学才能的人，经过这样的步骤，必定能够有所建树的吧。

自然，所谓文学才能，我相信也并不是天生成的，事实上仍然由教养得来。幼小时的家庭教育和初级的学校教育是有最大的关系。一个文学家的家庭，尤其他的母亲，大抵是有文学上的教养。幼时所接触的人物或师长也是有极大的关系的。未成年以前所接近过的人或读过的书籍，其影响往往足以支配人底一生。这些都是一般所公认的真实。凡是对于文学有嗜好或倾向的人，事实上在幼年时是已经有文学底资本积蓄在那儿了，这是起码的本钱。不过这些资本是应该使它不断地生产和再生产，而使它不断的积蓄，多读名家底著作，多活用自己的感官，多摄取近代新颖的智识，多体验社会上的各种生活，多熟练自己的手笔，多接受有益的批评和意见，是储蓄文学资本的必要条件。资本雄厚的人，生产底规模必然宏大，这是无须乎再多说明的目前的现实了。又如有组织地由国家培养文学人才，即是由国家底力量来使倾向于文学的人积蓄文学资本，这比在无政府状态下由个人底努力来从事积蓄自然是效率更大，因而可以促进生产，也是毫无疑虑的问题。不过要展开这个问题，便不免要跨进政治底领域，未免离题太远，在这儿也就只好留着这样一个提示，而不必多事缕述了。反正在目前文学底制作依然是个人底问题，至多也只能靠着少数同好者间的集体努力。

究竟应该写些什么呢？应该赶自己所最能接近，最能知道的东西写，这是最妥当的办法吧。不要好高骛远，应该脚踏实地的凝视着现实。不怕就是一匹苍蝇或一匹蚊子，你只要注目的观察，你可以看出有不少的种型，无限的生态。最平常的东西说不定是最新奇的东西，最微末的存在有可能是最伟大的存在。"化腐朽而为神奇"，文艺家正应该要有这样的用意和本领。人是社会的动物，不能离开社会，也不能脱离时代，处在此时此地，应该求得此时此地底美化与革新，"彰善瘅恶，树之风声"，不仅是伦理的课题，同时是文艺底课题。自然要有美恶底标准。这标准不应是高蹈的悬拟，而要是内在的必然。发掘社会进展底轨迹和其归趋，世界上已经有不少的哲人为此消费了无限的脑力，虽然表达底方式各有不同，但为极大多数人底久远幸福，各个人能够得到尽量的发展并能贡献其所能以增进人生底福利，这毫无疑问地是无可动移的铁则。超人底想念只是狂人底想念。以一部份特权的阶层役使其它各阶层，以一种自认为特别优秀的民族奴化其它各民族，这些都是应当克服的病态。人类底一切活动所应该依据的批判的标准，便是这些发展常态和克服病态的内在必然。文艺活动当然不能除外。要站在这样一种超越的立场以观照人生，批判人生，领导人生，文艺家才能尽到美化社会、革新社会的使命。这是透澈现实的超越而非脱离现实的高蹈。古人曾作"乘长风破万里浪"底豪语，正因为他不曾乘长风破万里浪。假如把他放在太平洋底海船（还不必说是古代的木板船）上，遇着卷起海啸的飓风，即使他就是最熟练的水手，也只好抛锚静待，那是丝毫也豪不起来的。近人又有的在作"航空姿态"底壮梦，大约也由于没有多大的航空经验。飞机凌空，在不甚高的地方对于下界倒还可以作一个爽豁心目的大观，然而在不十分习惯或体质虚弱的人已经就不免眼花头晕甚至于呕吐，稍高则朦胧，更高则只是一片云海，再高则空气稀薄或真空的地方，不怕就有氧气吸入底准备，专门的飞行家都是冒着生命底危险的。脱离现实的高蹈只是书斋中的白昼梦而已。

要之，为了大众，为了社会底美化与革新，文艺底内容断然无疑地是以道义美底发扬和维护为其先务。目前的中国乃至目前的世界，整个是美与恶，道义与非道义，斗争得最剧烈的时代，也就是最须得对于道义美加以维护而使其发扬底时代。文艺工作者底任务因而也就再没有比现时代更为鲜明，更为迫切。现实，最迫切地，要求着文艺必须作为反纳粹、反法西、反对一切暴力侵略者的武器而发挥它的作用。在中国而言，则是抗战第一，胜利第一：凡是足以支持抗战而争取胜利的事项，都是无上的文学的题材，积极方面的品德底表扬，消极方面的黑暗底暴露，创作家们对于这些工作正应该苦于应接不暇，所谓"与抗战无关的作品"，在目前应该是没有产生底余裕。假如仍然有人低回在这种境地里面，那是他根本并没有把文艺和文艺工作者底任务认识清楚。这在道义上是难以容许，在文艺上也是难以容许的。中国目前是最为文学的时代，美恶底对立，忠奸底对立异常鲜明，人性美发展到了极端，人性恶也有的发展到了极端。这一幕伟大的戏剧，这一篇崇高的史诗，只等有耐心的，谦抑诚虔、明朗健康的笔来把它写出。说不定这项荣誉是会落到既成的专门文学家之外的吧。

（本篇最初发表于 1942 年 3 月桂林《创作月刊》第 1 卷第 1 期，选自《今昔蒲剑》，上海海燕书店，1947 年 7 月版）

关于"接受文学遗产"

"接受文学遗产"这个号召已经相当旧了，但一个正确的号召并不因为它的旧而减少它的重要性。文学的宝贵遗产，直到现在乃至再延到永远的将来，总是应该接受的。究竟要如何去接受，始终是值得讨论的一个问题。

首先来谈谈文字吧。文字是文艺家的工具，总要把文字用得恰当，然后才能够创作出良好的文艺作品。把文字用得恰当看来好像容易，其实也并不容易。好些伟大的作家都要在文字的运用上费尽苦心。他们并不是要堆花簇锦，而是要确切地做到字斟句酌。"推敲"这两个字的故事，便道尽了这番苦心了。但在目前的文艺工作者对于文字却不免胡乱的使用。

我近来读了一本不甚知名的作家的剧本，在序文上发现了这样一句："无数的父老兄妹遭受倭寇涂炭。"这"涂炭"一个动词便是乱用了的。"涂炭"本是名词，可变为自动词。例如"如以朝衣朝冠坐于涂炭"是名词，也是这个词的起源，"生民涂炭"则被用为自动词了。可是用为他动词的例子却不曾见过。

在同一剧本的正文里面又有这样的一句："老师和爸爸都不惜牺牲，我还有什么辜惜的呢？"这"辜惜"也十分奇怪。说是"姑息"的别字吧，和作者的原意不符。或许是"顾惜"吧，虽然勉强得一点。就像这样，连起码的文字运用都还没有弄清楚，全剧的结构怎样，效果怎样，可以不必过问了。

这种现象并不稀奇，每天的报纸副刊，每种的文艺杂志上，只要你肯留心去找寻，差不多是俯拾即是。例如鼎鼎大名的章秋桐，他素来是反对新文艺而以道敝文丧为浩叹的人，却把感叹词的"夥颐"（此如今之"嚇哟"）当成多字用，这早就被人指责过。我最近看见一位新的文艺作家写出了"辛苦恣睢"这样的句子，也未免太"恣睢"了点。"恣睢"是横肆的意思，在《史记》的《伯夷列传》里面可以见到"暴戾恣睢"，但怎么也不会和"辛苦"的字样发生联系的。又有一位在陪都常常嚷屈原的诗人却不懂"初度"就是生日的意思，把别人的寿启里面的"初度"字样改为了"初次"。我真不知道他究竟读过《离骚》没有？他把《离骚》开首几句的"皇览揆余于初度兮肇锡余以嘉名"，是作怎么在解？

因此有一部分诗人有这样的主张："凡是没有把握的字最好不要用"，这倒是很聪明的避重就轻的办法。不过从此更进一步："凡是旧的词汇，如徘徊、徬徨、蔚蓝之类，都不要用"，那却未免是因咽废食了。

新的时代生活应该用新的语言文字来表示，这在原则上是毫无问题。新的词汇应着时代而产生，文艺家也正负有产生新词汇的一部分的责任，这也是事实。但旧的词汇有好些是简洁而富于韵致的，却偏偏死去了，我们正应该赋予以新的生命而使它们复活转来，这也正是产生新词汇的一种方法。例如徘徊、徬徨这样的字，目前的口语虽然不用了，正不失为宝贵的遗产。这些词汇比走来走去或动摇不定要精粹得多。死了的我们都应该使它起死回生，更何况并没有死定！

语言也是有堕落的可能性的。由于教育的不普及或内乱或外患的侵凌，可以使一切的生产堕落，同样也可以使这精神生产的语言堕落。许多旧词汇在古时其实同样是口语！不是旧词汇的通没有价值而被筛去，而是有些有价值的珠宝被人遗失了。我们正应该在垃圾堆中把这些珠宝找回来才是。因此我倒有一个卑之无甚高论的，或许有点近于侮辱作家的主张，便是希望作家们多多查字典。特别是有意于做作家的人应该把比较完美的中国字典预备一部，时时备查，甚至时时翻读。做诗的人能把古时的韵本时时翻翻，也可以增加自己的词汇，而且可以醇化自己的文学技能。有些词汇，虽仅两三个字的组合，实在有启人性灵的功用。

口语的价值近来已被提得相当高了，有的人竟至主张"一切文艺作品要以民间形式为中心源泉而再出发"。"老百姓们所喜闻乐见"一句话，每每被人有意的曲解或无心的误解了。迄今还有好些作家依然在喊着"我们作出来的诗应该是农民大众都听得懂的"，喊是喊得很甘脆，但无论怎样通俗的诗，我们不相信可以使文盲的一切大众都能听得懂。人总是爱唱高调，文的要文到极端，武的也要武到尽头。事实上那些唱高调者们所作出来的东西离农民大众往往比天还远。活的言语是文学的丰富的源泉，但活的言语不经化炼也依然不能成为文学的言语。言语能予文学以量的丰富，文学能予言语以质的提高，要这样作辩证的看法，似乎才能把握得创造的本质。作家是语言文字的主人，而不是语言文字的奴隶。不然何以被尊为"灵魂的工程师"？

中国还缺乏一部好的辞典。旧式的辞典只偏重文言，把活的口语完全抛弃了。主因是把语言和文字分了家。现代的论客偏重口头语的，也同样犯了这个毛病。我们应该把语言文字打成一片，无分文白新旧，并蓄兼收。其在文艺作家，也应该无分文白新旧，取其有生命的，取其能赋予以生命的，一炉共冶。完整的百科全书那样的辞典，在目前很难产生，但在目前我们不能不有那样的呼吁。这呼吁假如能得到美满的回答，对于接受文学遗产上不知道有多大的便利。

中国也缺乏一部良好的通史，更缺乏关于文艺各部门的良好的专史。这也是值得我们同声呼吁。这些著述假如是已经有了，对于我们文艺工作者也不知道是多么大的一些恩惠。然而在目前也是求之不得的事。无已我们只能够选择一些既成的来读。读这些书并费不了多少时间，但无论是怎样不完备的成品，读了总可以增加我们对于民族生活和历代文艺思潮的认识。在刺激我们的创作欲上，虽不必一定能唤起我们的观摩，至少总可激发我们的比赛，供给我们以若干有意义的题材。尽管新文艺作者对于旧文艺总不免含有鄙屑的心情，但公平的说，有好些新文艺作品并没有达到旧文艺所已经达到的水准。诗在质上，小说在量上，新旧的悬异是特别显著。

儒家的经书，一提起来大家都感觉不时髦，落后，甚至反动，其实"六经皆史"，前人早就说过。我们把来作为史料看时，正是绝好的史料。就作为文学作品来看时，如像《诗经》，它的价值是永不磨灭的。《论语》的简练和精粹，无论如何也是必读的书。《礼记》，《孟子》，《春秋左氏传》，值得我们选读。

往年曾经闹过读《庄子》与《文选》的问题，经过鲁迅指责，在近人的论调中还时时发现其微波；但平心而论，这两部书依然是值得一读的。旧时提过这个问题的人是要一切青年都须得读这两部书，用意盖别有所在，故鲁迅极力驳斥他们。现在我们把范围缩小些，凡是有志于文学的青年，能读读这两部书，我看是很有益处的。庄子固然是中国有数的哲学家，但也是中国有数的文艺家，他那思想的超脱精微，文辞的清拔恣肆，实在是古今无两。他的书中有无数的寓言和故事，那文学价值是超过于它的哲学价值的。中国自秦以来的主要的文学家，差不多没有不受庄子的影响，就是鲁迅也是深受庄子影响的一个人，除他自己曾经表白之外，我们在他的行文和构思上都可以发现出不少的证据（请参看拙作《庄子与鲁迅》）。梁昭明太子的一部《文选》，我看鲁迅也一定熟读过来，鲁迅对于魏晋时代的文学是极有研究的人，要说他没有读过《文选》，那未免不合理。不过不读《文选》，径读《文选》所依据的原书，那是更高超的办法。但在普通的读者却是不可能的事，而且《文选》中所选的资料，有好些是仅见于此了。读《文选》能对两汉魏晋的文学精华得到赏玩的机会，特别是晋魏人的诗，我觉得是有难于割舍的风格存在的。

屈原的作品以及整个《楚辞》，近年来已渐渐把它们的声价恢复了。学习屈原，研究《楚辞》，差不多成为了一种风尚。但似乎应该还要沉着一点，不要再闹出连"初度"都不了解的那种笑话。本来凡是中国古代的好的作品或好的书能够用口语把它们翻译出来，我看也不失为是接受文学遗产的一个方法。关于屈原的《离骚》，我在前曾经翻译过，但关于其它的作品至今还没有着手。这项工作在别的国家是做得相当澈底的，在我们中国注释的工作虽然为历代文人所好尚，但总嫌寻章摘句，伤于破碎，没有整个翻译的那样的直切了当。这项工作的执行在现在似乎也是值得呼吁的。

《二十五史》中旧时的人奖励读"四史"，便是《史记》、前后《汉书》、《三国志》。在专门研究史学的人，这样自然是不够，但在作为文学的赏鉴上，我看至少《史记》是在所必读，或者选读的。司马迁这位史学大家实在是值得我们夸耀。他的一部《史记》不啻是我们中国的一部古代的史诗，或者就说它是一部历史小说集也可以。那里面有好些文章，如《项羽本纪》、《刺客列传》、《货殖列传》、《廉颇蔺相如列传》、《信陵君列传》等等，到现今都还是富有生命。同一类型的书，如《国语》、《战国策》，在旧时是必经选读的，到现在也依然值得我们选读。

周秦诸子差不多都是文章的妙手。除《庄子》之外如《老子》，《荀子》，《韩非子》，都值得我们作为文学作品而阅读。《老子》本是战国时楚国的环渊所著录的书，内容并不多，即通读一遍也花不了两三个钟头。那可以说是中国的一部古代的哲理诗。那样精粹而韵致深醇的作品，在别的民族的古代，我看是很少有的。儒家的《论语》与道家的《道德经》，一是现实主义的箴言，一是形而上学的颂扬，的确是可称为双璧。《荀子》的谨严而有条理，《韩非子》的警策而能周到，对于做论说文章的人，就到现在似乎都不失为良好的轨范。

历代以来可读的文章或书籍很多，我自己所读到的也有限，不能一一遍举。但如唐人的诗，宋元以来的词曲，明清的小说，这差不多是人人都知道，应该多读的东西。明清的几大部小说在坊间流行甚广，自五四以来也有人加意赞扬，或加新式标点，或加详细考证，使我们更加容易接近了。和这比较起来，唐宋以来的诗歌词曲却还没有得到充分的有条理的整理。关于这些，我们很希望能够有一部用现代的眼光加以甄别的选集。或者我们更可以说能够有得一部不分韵散，不分文白，不分新旧的历代诗文总选集。中国的做选集工作的人，在昭明太子以后，差不多都是韵散分途，文白不两立。选诗歌的人不选散文，选散文的人不选诗歌，而历代的口语文尤在共同排斥之列。例如姚姬传的一部《古文辞类纂》，这为曾涤生所极端推崇，而在清末形成了一个文章派别的选集，便把诗歌是排斥了的（仅有赞颂和《离骚》之类被收容，而处在附庸地位），对于说部更完全视为草寇流贼了。这种正统文人的毛病，在我们也应该尽力铲除。用公平无私的眼光，用纯粹文学的立场，对于历代的诗文来它一个总选举，不以文体为类，只依时代登录，不求多，只求精，含英咀华，钩玄提要，我看对于接受文学的遗产上，一定会有很切实的贡献。

中国固有的东西是我们的遗产，但外国的东西被我们翻译了过来的，也应该是我们的遗产。例如佛教的经典固然是印度的原产物，但自六朝以来不断的输入，在中国已经生了根，在中国人的生活和文学上有了无限的影响。例如唐宋的诗文，宋元的词曲，明清的小说，有一大部分可以说是以佛教思想为其骨髓。在这儿我们已经分不开那是固有，那是外来，我们自应该一视同仁的来加以看待。佛教经典的确是一大部文学源泉，但汗牛充栋的《大藏经》，要我们一一去翻读，我们没有那样的工夫，也没有那样的必要。有那样热心的专门研究家，自然希望他们去作通盘的整理和研究，但我们更希望有相当研究的，能够化除向来的佛教居士们的积习，不要专门拈香吃素，也不要专门卖弄些翻译名汇，能够明白晓畅地把佛教思想，特别是关于经典中的文学部分，介绍些出来。在日本方面，《大藏经》已经有口语的新译本了，中国恐怕很难办到。我所奇怪的是古时的和尚多是诗人，而今代的和尚则多是政客，不知道是怎么一回事。

同样耶稣教的《圣经》对于中国的文学，不用说是现代文学，似乎也不能说没有影响。在欧西方面希伯来主义与希腊主义本来是文化上的二大主流，不仅限于文学。中国的现代文化毫无问题的是更多地受了欧西的影响，因而无论直接或间接，《新旧约》在中国的现代文学上是有着很大作用的。因此我也劝文学家们翻读《圣经》。好在这书并不如佛典那样汗牛充栋，也并不如佛典那样诘屈聱牙。《圣经》的译文不甚高妙本是事实，前几年听说有人要从事新译，这声浪似乎已经早消下去了。日本教徒所用的《圣经》在前是根据汉译本重译的，前些年辰已完全新译了一遍。不过《圣经》的新译似乎也不是容易的事情，原因是要你懂得希伯来文才可以胜任。这工作大约将来总会有人做吧。可是我也同样的奇怪，以前的耶教徒多是道高学博的圣者，而现在的耶教徒都也多是奔走江湖的政客。总会有一二不同凡响的人，能够对于文化或文艺，做些积极的贡献的吧。但这些都可不必过于深入，我很希望我们从事文艺的人，至少能把不十分完善的汉译《圣经》翻阅它一两遍。

旧时代的翻译是遗产，今时代的翻译，不用说也是遗产。近五十年来我们所翻译的欧美文学作品已经有不少的东西。最近由名手翻译出来的名家作品，是在所必读。读名家译文，认真的说比读本国人自己的创作要受益得多，比读中国古代文学作品也要受益得多。就连读林纾的翻译小说都可得到这同样的效果。原因是我们现代的生活已经和欧美更相接近，作为这生活的反映与批判的欧美文学，对于我们自然会感觉着亲切，而提供出近代人的思维、想像、情操、构成等的无数具体的示范。

说到这儿，我们应该更把限界放宽些。凡是文艺或文化的成品应该是无国界种界的。举凡先觉者的精神生产都应该是全人类所共有的遗产。不仅固有的东西当接受，既成的新旧译文应当接受，凡是世界上有价值的东西，一切都应该把它遗产化，赶快设法接受。因此在接受遗产上，翻译也就成为一项必要的工作。世界上的文化成品很多未经我们翻译的良好的东西，例如中国虽有不少的回教徒，却还没有一部汉译的《可兰经》。单拿欧洲的文学作品来说吧，经过我们介绍翻译的，实在还微乎其微。但丁的《神曲》早听说有人在翻，但似乎还没有出版。莎士比亚的作品译出的仅寥寥的三五部。此外如巴尔扎克，左拉，莫泊桑，如托尔斯泰，杜斯多益夫斯基，契诃夫，如易卜生，斯特林堡……这些巨匠的全集的出世，简直还是遥遥无期。但这些在日本是已经老早实现了。我们应该翻译的东西实在很多，应该做的工作也实在很多。要企图这些工作的更有系统，更有组织，更有效率，单靠文艺家、翻译家的努力是不够的。像苏联那样由国家的文艺局来统筹，那自然是很理想，但在中国一时也难办到。我看最好是由文艺界，出版界，读书界，来一个通力合作吧。现在的出版界差不多都是零分碎割，要出十万字以上的书便有难色，这样的大事业决不能期待一二书店来单独举行。能用刊行会的名义，由多数书店集资统筹，广大的征求预约，敦请有能力有责任心的文艺家们，来作大规模的通盘介绍，我看在稿费上出版费上是不会成为大问题的。我在这样梦想：譬如重庆的各家书屋联合起来介绍莎士比亚，桂林的各家书屋联合起来介绍托尔斯泰，昆明成都又各各介绍另外的人，来他几个五年计划或三年计划，介绍完了一位又介绍其它。像这样下去，一定可以丰富我们的遗产，而使接受者更受实惠。日本出版界之所以成功，大抵上是用这个方法。但这在日本已经成了现实的方法，而在我们却只是梦想。——连我写到了这儿，自己都觉得好像是心血来潮了的一样，好笑。

我们中国人是自诩为大国民的，但事实上实在渺小得很，一切都是私心和算盘在那里周旋，而算盘也打得并不大。门户之见，百行皆然，甚至于可以闹到一个人一门，一个人一户，将来总不会闹到连一个人身上的左右手都要分起门户来的那个境地吧。——谈"如何接受遗产"而发起了牢骚来，似乎有些脱轨，然而不然也。方法尽管你怎样谈得上天，总还是要人来执行的。大家如能够更开明得一点，更克己得一点，不专看到自己而同时要看到他人，或许也就是最良好的接受遗产的方法了。

三十一年八月八日

（本篇最初发表于 1943 年 1 月重庆《抗战文艺》月刊第 8 卷第 3 期，选自《今昔蒲剑》，上海海燕书店，1947 年 7 月版）

沸羹集 *

谢陈代新

—

文化是随着人类的生产力量而进展的，它的地方性少，而时代性大。

拿自然科学来说，同盟国的和轴心国的没有什么不同，社会主义国家的和资本主义国家的也还没有什么多大的悬异。因为是在同一时代里面差不多具有着同一面貌。

但如时代不同，即在同一国家，同一民族里面，也就有天渊的悬别。欧洲中世纪的点金术和近代的化学是怎样的不同，那几乎就像是在不同的星球上所有的现象了。

准此，我们可以决定接受文化遗产的一个主要方针，便是对于古代的东西，不怕就是本国的，应该批判的扬弃；对于现代的东西，不怕就是敌国的，应该批判的摄取。

二

一切进展都呈出曲线形，它有上行阶段，有下行阶段。

在上行阶段的文化活动，大抵上是以人民幸福为本位的，在下行阶段的时候便被歪曲利用而起了质变，变为了以牺牲人民幸福为本位了。

* 《沸羹集》一书，1947 年 12 月上海大孚出版公司初版，为 1949 年以前唯一版本。

然而以人民幸福为本位的思想并未消灭，它永远是文化进展的基流，不过它有的时候是洪水期，有的时候是伏流期而已。

准此，我们在从事批判的时候，应该把对象的时代性分析清楚，而把握着它的中心思想，合乎人民本位的应该阐扬，反乎人民本位的便要扫荡。

三

对于古代的批判应该要有一个整套的看法。尽可能据有一切的资料，还元出对象的本来面目。是什么还它个什么，是最严正的批判。"疯狗过街，人人喊打"，只要你把疯狗的姿态刻划出来，你就不喊一声打，别人自然要打它了。

歪曲了的矫正过来，粉饰着的把粉给它剥掉。但用不着矫枉过正，用不着分外涂乌。矫枉过正，分外涂乌，反授敌对者以口实，会使全部努力化为乌有，甚至生出反效果。

对于意见不同者是在说服，除别有用心的顽固派之外，只要有公平的正确的见解，人是可以说服的。说服多数的人便减少顽固派的力量。

我们应该要比专家还要专家，比内行还要内行，因此不可掉以轻心，随便的感情用事。不要让感情跑到了理智的前头，不要强不知以为知。一切的虚矫、武断、偷巧、模棱、诡辩、谩骂都不是办法。研究没有到家最好不要说话。说了一句外行话，敌对者会推翻你九仞的高山。

四

应该分工合作，让一部份的朋友专门去研究陈古货色，大规模地，有组织地，细心地，整理出一些头绪来。戳破神秘，让人们少走冤路。

我们希望有一部新的中国通史，中国思想史，和艺术各部门、文化各部门的专史。就是史纲也好，但要货真价实，一言九鼎，一字千钧，使专家们也要心悦诚服。

这工作是相当艰苦的，非奖励扶翼不能成功，但每每有些一知半解的人常常对这些艰苦工作者奚落嘲笑。毫无研究，胡乱发言，未免太不负责。

知其然，还要知其所以然。况所谓知其然者，未必真正知，也未必真正然。道听途说，人云亦云，公式主义的号筒而已。

五

新儒家、新墨家、新名家、新道家，凡把过去了的死尸复活到现代来的一切企图，都是时代错误。我们现代所有的东西比一切什么"家"都进步到不可以道里计了。

我们现在是清算古董的时代，不仅不迷恋古董，宁是要打破对于古董的迷恋。

我们要以公证人的态度来判决悬案，并不希望以宣教师的态度来宣讲"福音"。

为了接近那一"家"，便把那一"家"视为图腾，神圣不可侵犯，那是最不科学的态度。例如喜欢墨家，便连墨家崇拜鬼神都要替它辩解，或说出一番民主的意义出来，那未免近于嗜痂成癖了。

墨家在汉以后并没有亡，它是统归在儒里面去了，尤其是自宋以来的道学家者流，他们的极端轻视文化，菲薄文艺，是充分地含有墨子的非乐精神的。这些地方我们不要轻忽看过，过分地同情了。

要打倒孔家店，并不希望要建设墨家店。

六

新的东西我们大有应接不暇之势，我们自应当尽量摄取，但除以人民本位为原则之外，还须以切合实际为副次的原则。

我们不是拿文化来做装饰品，而是用文化来作为策进人民幸福的工具。

高视阔步的空谈理论，和现实脱节的浮夸子，他们的毒害并不亚于别有用心的顽固派。

现代学识的中国化或民族化，是绝对的必要。要使学问和实际打成一片，不能分为两截。使现代学识在中国的实生活里生根，再从这实生活里求现代学识的苗发。

七

切切实实地把欧美近百年来的一些典型著作翻译过来是绝对必要的。

通史、专史、作家传记的负责介绍也同样必要。

青年实在苦于找不到书读，而出版界中不负责任的包含毒素的书籍又太多了。最近看到了一段妙文，我不妨把它转录在下边：

> 莎士比亚不仅是英国最大的诗人，也是世界最杰出的天才。但我们知道，天才不是由天生成，而是由不断的努力磨炼而成的。莎士比亚之所以成为伟大的诗人，成为杰出的天才，实由他刻苦精励，努力学习所致。他遍读古今世界有名的诗篇，尤嗜拜伦，海涅，歌德，普希金诸浪漫诗人之诗，然时代影响亦为培育莎士比亚之主要条件，设非维多利亚女王之爱好文学，对他优渥有加，养成重文风气，则莎士比亚决不能跻于若是之高之地位，又倘非马克斯之《资本论》对莎氏提供现代资本主义之种种知识，则《威尼斯商人》，《马克柏司》，《哈姆来特》，《第十二夜》中所描写之现代资本主义之罪恶，决不致如彼其深刻动人。……

> （见胡雪著《帮闲文学》第二一页所引，原书未揭出作者姓名，大率是恩施的作者。文中所引列的诸人名，拜伦、海涅、歌德、普希金、维多利亚女王、马克斯，均后于莎士比亚，莎氏作品中也并未描写现代资本主义之罪恶。）

这样的一片不负责任的胡诌，不是可以惊愕的吗？但他却是畅所欲言的说得像煞有介事，年青人读了有几位会知道它是胡诌？又谁能保证这样的胡诌不会流传呢？

这也不过是矫伪的一例而已。世间上存心歪曲历史，存心歪曲别人的思想和著作的所谓著作正是汗牛充栋，不把原有的本来面貌忠实地介绍些出来，实在是辨不胜辨。

翻译是极端艰苦的工作，不仅需要有玄奘和马丁路德的那种虔敬精神，而且需要有社会上的充分的物质保障。有良心的出版家在目前也是绝对地需要的。

一九四四年五月十九日

（本篇最初发表于 1944 年 9 月重庆《群众》半月刊第 9 卷第 18 期，选自《沸羹集》，上海大孚出版公司，1947 年 12 月版）

为革命的民权而呼吁

全世界已经判为了民主与反民主的两大阵营，全世界在战争的炼狱里面，为民主精神的兴废正作着生死的斗争。

中国是民主阵营里重要支柱之一，中国人民应有争取民主的一切权利，和反抗非民主的绝对自由。这是现世界人类的革命民权，也就是我们中国人民的革命民权。

中国在三十三年前已经成为了民主共和的国，虽然直到现在还是训政时期，而所训之政自当为民主共和之政。训政如能提早完成，即为职司训政者的较大功绩。因而在训政时期，正不应怕民主自由之过多，而应愁民主自由之过少。

为争取战争的胜利，为促进训政的完成，在革命民权所允许的范围内，我们文化工作者应有权要求思想言论的自由，学术研究的自由，文艺创作的自由。

＊　　　　＊　　　　＊　　　　＊

中山先生所创导的三民主义，我们认为是足以保护革命民权并发展革命民权的主义。它毫无疑问是国利民福的工具，但决不应当视为国祀民仰的图腾。工具必见诸实用，砥砺改进，以期日新又新；图腾则珍逾拱璧，禁忌万端，使人不可侵犯。

工具因愈用而愈利，军队因愈战而愈强，不用之具，不战之军，虽巾笥而藏诸庙堂之上，结果必趋于腐朽。三民主义之图腾化，实即三民主义之无用化。事苟如此决非创导者中山先生之初心，谅亦决非奉行三民主义者诸公之所宜企冀。

主义非一成不变，思想乃万化无穷。主义之职既在利国福民，则凡有益于民族，有张于民权，有补于民生的思想，均与主义不相抵触。不仅不相抵触，反可凭借思想之相辅相成，而促进主义之尽美尽善。

浅屑者流每谓三民主义之外无自由，三民主义之外无思想。此实大昧于主义创导之精神与思想发展之规律。充其极，不仅有害于国家的健全，且将限制其主义之生命。

自由乃主义之母，思想乃主义之乳。我辈正为尊重主义，故愿有革命思想之自由，以供主义之滋养，而使国家人民果能因主义之效用而获得幸福。

　　　　＊　　　　　＊　　　　　＊　　　　　＊

　　由思想表现而为言论，无论其发诸唇齿，或著诸笔墨，亦无论其对群众宣扬，或偕专家研讨，均应有绝对之自由，不当受不合理之干涉。

　　我辈文化工作者既能有思想之酝酿，其发表而为言论，自有其是非善恶之一定的权衡，亦自有其利害得失之自觉的责任。苟非丧心病狂谁能倒非为是，反黑为白，以犯天下之大不韪，而膺众人之诛戮？

　　欲善人之所同；爱国我何能后？甘心遗臭万年的人，固人人得而诛之，然此如非元恶大憝，必为蛇蚋细奸，此等人的思想既讳莫如深，而其言论亦善于诪张为幻。人间世决没有真恶的奸人而不为伪善的言论的。

　　言论限制之设，其志当在防奸，而防奸之道实不在此。苟专赖此以防奸，不仅奸不能防，反阻碍健全言论的发展而授予真恶者以伪善的机会而已。

　　是畏人民批判政治吗？政治假使修明，何畏乎人民的批判？政治假使不修明，人民正为政治的主人，何缘而不得批判？

　　民主国家的主权在民，此乃民权的初步阶。为人民公仆者而昧此雏义，如是出于无知尚有可原，如是出于故意，则直是反民主的帝王思想之余孽。

　　是畏人民无知而泄漏国家秘密吗？此为战时或平时相对限制言论的唯一合理的理由，但逾此以往即为僭越。

　　人民有话不能言，言者无责可自负。其结果必然成为瓦釜雷鸣，黄钟毁弃的世界。秦赵高可指鹿为马，袁世凯得阅御用伪报，一时虽觉予智自雄，而卒致天下大乱。

　　故言论限制除施于泄漏国家秘密，于利国福民有决定的危害者外，乃绝对有害无益之举，征诸古今中外之史实，证据班班，无烦胪列。

　　　　＊　　　　　＊　　　　　＊　　　　　＊

　　帝王时代的愚民政策应随焚书坑儒的污史而永远被埋葬于过去了。但法西轴心国家却仍追随此暴政而死不觉悟。

　　以德国言，学术机关为一党所垄断，学术研究为御用所奸污。不仅社会科学，历史科学等所谓文化科学部门应受绝端的箝制，即如自然科学及其研究者亦均受极不合理之迫害。爱因斯坦的相对论不见容于纳萃，即其本人在德国亦无居住之自由，倒不仅因为他是犹太种系的原故。

中国既系民主国家，则学术机关不应有垄断之嫌疑，学术研究不应有御用之痕迹。然而事实却颇相背驰。

自然科学的研究在中国尚未充分发达，其所受限制，尚无若何显著者可言，而关于文化科学之探讨，则禁制纷繁，使学者每每动辄得咎。

例以史学言，奖励研究皇汉盛唐，抑制研究宋末明季。帝王时代之传统史观仍被视为天经地义，有起而拨正之者即被认为"歪曲历史"。洪秀全仍是叛徒，曾国藩依然圣哲。李自成万年流寇，崇祯帝旷代明君。似此情形，颇令人啼笑皆非，真不知人间何世？

种族优越之谬论本为纳萃信条，日耳曼族为上帝选民，邪马台人乃天孙神子，狗屁不通，竟欲以支配世界，奴役万族。由此谬论之猖獗，人类正流血至今，而受着铁火的锻炼。

中国本首先受害之国，亦即首先抗敌之国，敌人的谬论本应与我不共戴天。然在我却于无形之中仍受其感染。固有文化优越于一切的观念依然为主持杼轴者之一大方针。而所谓固有文化要不外帝王时代所钦定之体系而已。

中国文化自有其优越之点，但不因其"固有"而特加尊崇。国体已为人民本位之民国，对于旧有文化自应以人民本位之思想而别作权衡，更不能沿既定体系以为准则。然而"臣罪当诛，天王圣明"，一反乎此者即被认为"诬蔑中国文化"。

像这种固有文化优越论其实也就是种族优越论的变形，箝束学术研究之自由，较之各种消极的禁条，其为害更有过之而无不及。因为消极禁条尽多，而母亲只是这优越的一感。

我们并不蔑视文化遗产，但要以人民本位为依归，本此绝对的是非，不作盲目之墨守。优越不因其固有或非固有，选择不因其钦定或非钦定。在这种限度内，研究者有其绝对的自由，亦有其绝对的责任。孰为"歪曲"，孰为"诬蔑"，决不是简单两句条文所能规定的东西。简单地规定了，这便铁案如山地剥夺了学术研究的自由。

*　　　　*　　　　*　　　　*

文艺作品和活动本身，近来也差不多快要被视为罪恶了。文艺有麻醉性，败坏青年的品德，纠纷青年的思想，且惯于歪曲诬蔑以诋毁当道。这是近来负责审查的人所曾公开发表过的言论。其实这就是固有文化的钦定文艺观了。所谓"文人无行",所谓"士先气质而后文艺",所谓"一为文人便无足观",不是古今来对于文人与文艺的定评吗?

在上者对于文人当"倡优畜之",如不甘此待遇者便是叛逆分子。然而文艺恰是具有这叛逆性的,它是人民要求的录音。因而历代以来也尽有些不安分的文人,不愿意做倡优,而甘于成为叛逆。明清时代的几部伟大小说便是由这种人产生出来的。而这种人也就被迫得潦倒终生,甚至姓名埋没。这就是中国固有的文艺政策。

中国已经是民主国家四大强之一,这种文艺观和这种文艺政策,应该是早被废弃的时候了。然而不幸的是既定的固有文化系统的优越感依然是中国政治的脊梁,因而文艺家所受的待遇便特别地悲惨。

首先,你得清高,得遵守"穷而后工"的铁则,就把你抛在物质生活的狂涛暴浪中让你多喝盐水。而接着是须得歌颂光明,不得暴露黑暗。作家到头不免是粉饰太平的倡优,让一些吃饱了饭的名公巨卿泄泄气的资料。

这决不是民主国家所应有的行为,我们以文化工作者的资格敢于为作家们控诉。

作家的代表者一人已经在痛切地陈诉了,我们只是"像小贼似的东瞧西看"。不安本分的人在目前生活的高压下实在只能做"小贼",假使是在古时生活多少还能有点余裕的时候,或者还能有施耐庵罗贯中那样的大贼出现,而现代不是那样的时候了。这也就是某些人所时时高嚷着的"中国没有伟大作品"的重要的原因了。

不是检查尺度放宽不放宽的问题,也不是放宽的尺度有多少的问题,而是应该根本改变检查的尺度。旧式的帝王本位时代的尺度根本不能再用了。

我们要求民主的尺度,以人民为本位的尺度。文艺在作为人民的喉舌上应该有绝对的创作自由。有光明固然值得歌颂,有黑暗尤须尽力暴露。十足的光明可容许只写一分,一分的黑暗应该要写得十足。民主国家是不容许有丝毫的黑暗存在的。讳疾忌医,是最危险的慢性自杀。

你说"家丑不可外扬"吧,但"西子蒙不洁则人皆掩鼻而过之",不外扬它自己也会外扬。聪明的西子最好是去掉不洁,无须乎多打香水。如有家丑最好是让它播扬干净,我们应该努力于无可外扬的家丑。

文艺活动和学术研究是自由思想的孪生子，人类文化的两翼，在利国福民的观点上，同样足以利国福民。这两种活动都须要有民主精神才能发达，而两种活动本身事实上也就是民主精神。谁要摒弃文艺的，谁也就并不懂科学，并不理解政治。举凡轴心国家，文艺活动和学术活动都同时枯窘了，便是这事实的说明。

  *   *   *   *

全世界已经判分为民主与反民主的两大阵营，全世界在战争的炼狱里面，为民主精神的兴废正作着生死的斗争。

我们中国既是民主阵营的重要支柱之一，我们的一切设施便应该澈底民主化。我们既参加了全世界的民主同盟，决心无条件的肃清敌人的法西斯思想，在我们自己本身便也应该无条件的不为这种思想的细菌所侵犯。这是根本问题。

口头虽万遍说中国最民主，但中国并不因此而显得更民主。

纸上虽万遍修改宪法草案，但中国并不因此而显得已经立宪。

问题是实际，问题是处理实际的精神。我们不愿个别地指摘既往的错误，因为这错误实在举不胜举。举出了如只换汤不换药，依然无济于事。

我们也不愿开出个别的丹方，因为总的丹方已经由中山先生开在那儿，就请切切实实地实行三民主义及各种遗教吧。

如果有切实实行三民主义的诚意，则在革命民权的范围内所能容许的，思想言论的自由，学术研究的自由，文艺创作的自由，是丝毫也不会有问题的。

中山先生说得好：

> 现在中国既定为民国，总要以人民为主，要人民来讲话。（在上海莫利艾路招待记者演讲。）
>
> 共和与自由，全为人民全体而讲，至于官吏则不过国民公仆，受人民供应，又安能自由？（《释自由》演讲。）
>
> 人类的思想总是望进步的，要人类进步便不得不除去反对进步的障碍物。除去障碍物，便是革命。

这些就是革命民权的基本认识，三民主义的真精神也就在这儿。

切实地把三民主义作为利国福民的工具而运用，而砥砺，而改进，兼收并蓄，广益集思，以求其尽善尽美，达成目的吧。只是作为图腾而神圣视之，绝对不能完成中山先生所遗留下来的革命使命。

以上是我们的呼吁，我们迫切地为革命而呼吁，为革命的民权而呼吁。

一九四四年六月十三日

（本篇最初收入 1947 年 12 月上海大孚出版公司出版的《沸羹集》，选自该书）

文艺与民主

文艺创作，在表面上看来，很像是作者个人的精神活动，与民主主义无甚关联。这在一般人的常识里面，不必一定要尼采式的想念者，差不多扩展成为了金科玉律。他们都强调天才，强调个性，强调"度越流俗"，似乎愈文艺的便是愈反民主的，愈反民主的也就是愈文艺的。

宋朝的苏东坡说过这样的话，文章须得脱俗，俗便不可医。俗是什么呢？自然就是为人民大众所能了解，所喜闻乐见，所自己创造的东西，自然也就是所谓民主气息了。

歌德在《浮士德》的序幕里面由"诗人"的口里作着这样的喊叫：

> 切莫要向我呀，说出那诸色人群，
> 我只消瞥见了，便要丧失灵魂。
> 请替我藏却那嚣嘈的人海，
> 免被他们强拉去堕入漩洄。
> 请把我引到那清静的天乡，
> 那儿有纯洁的欢花专为诗人开放，
> 那儿有爱情与友谊以神手经营，
> 育护我们深心中深心中的欣幸。

这种反民主的文艺观是极普遍的一种想念，然而也就是极糊涂的一种错误。

文艺从它的本质上说来，它便是反个人主义的东西。任何个人都不能脱离社会而生存，因而任何个人活动也都不能缺乏对象而存在。如是专为个人享受，根本便不会有文艺的要求产生了。

故尔任何民族的文艺，在它产生的第一步上，都是集体创作，集体享受，集体保存的东西；无论是伟大的民族史诗或简短的歌谣俚谚，以及音乐、舞蹈、绘画、雕塑、建筑，没有一项不是这样。

只有在社会的内部起了严格的上层与下层的分化，然后所谓文艺乃至一切的生活方式，才有所谓雅与俗之分。一部分好的东西为上层所独占而与下层脱离，这种御用的东西和产生这种东西的御用的人便开始自命为雅，而视保留在下层的为俗。雅者为要迎合上层的怪癖而满足他们的优越感，便愈见向脱离下层的方向走，而成为夸诞淫侈的一些畸形的物什，愈见脱离下层，便愈见畸形化；愈见畸形化，便愈觉得风雅。例如三四十年前中国妇女有缠足的习惯，在当时不是把三寸金莲认为风雅无比，而看见农家妇女的天足认为要作三日呕的吗？今天我们换了一个立场了，谁都知道，究竟那一种东西才值得令人作呕！

中国的一部正统文学史差不多全部都充满着这种令人作呕的三寸金莲。明清的八股已经是臭不堪闻的东西了，等而上之，所谓韩柳欧苏的古文，王杨卢骆的骈体，扬马班张的大开大阖的古赋，一样都是可以令人作呕的东西。到今天，这些正统文章的评价，应该要完全倒过来了。任何文艺作品，凡是与下层生活脱离的，便都是歪辟的东西。文艺作品的价值和它与人民生活的距离成反比，距离愈大，价值愈低，距离愈小，价值愈大。我并不是在这儿信口开河，而是由无数的实例归纳出来的结果。

第一部古代的诗集要算是《诗经》，《风》《雅》《颂》的三体，《风》的价值高于《雅》，《雅》的价值高于《颂》，就在古时无成见的文人，我相信都会表示同意的。其所以然的原故，是《风》乃采自民间的歌谣，《雅》出诸贵人的吟咏，《颂》更是庙堂上祭鬼神的东西。

第二部古代的诗集要算是《楚辞》，屈原的辞赋高于宋玉之流，而宋玉之流复高于汉以后的一切所谓"骚体"文字。这不单是个人才气的问题，而主要的原因仍在与人民大众的距离的远近上。屈原凭着他的对于人民艰苦的无限的同情与对于上层丑恶的极端的愤怒，而采用了民间的歌谣体以极尽诅咒丑恶的能事，这是他之所以能够振动万人心灵，凌轹百代作者的地方。宋玉学了他的体裁，而成为了对于上层的帮闲著作。等而下之，所谓"骚体"差不多更连学步都不像了。

两汉和魏晋六朝，最能传世而永远有生命的作品却多是一些无名氏的乐府歌谣。唐人杜甫被尊为"诗圣"，其所以能享此盛名的原故，也因为他的诗接触了当时的社会。诗自中唐以后，愈趋文采化而路愈穷，长短句的词起而代之。词在五代，还保持着它的素朴作风的时候是最有生命的阶段，入宋以后也愈趋文采化而路愈穷。元人以异族入主中国，宰制年限仅仅八十年，不十分知道驱使中国文人以为御用，文人不管是有意或无意，便只能以人民大众为对象，因而元代的剧曲便独出千古，在中国文艺史上卷起了一个特殊的高潮。但到朱明代御，文人有了御用的机会，剧曲的对象不再是人民，潮流又因而衰退了。由平话发展出来的章回小说便又卷起了另一个特殊的高潮，《水浒传》，《三国志》，《西游记》，《金瓶梅》等所谓"奇书"以惊人的充沛的力量席卷了中国社会，而这些伟大著作的作者却差不多都隐姓埋名，不敢以自己的身世表白于世。

一部中国文艺史，今天可以作正确的评价了。凡是在前认为文学正宗的著作，都是一些死板的东西，而不登大雅之堂的一般俗文学倒反而富有生命。一代的文学正宗差不多都导源于前一代的俗文学，待到俗文学一登了大雅之堂以后，有生命的又逐渐化而为死板的东西去了。

这些轨迹告诉我们，文艺的生命是植根在民众里面；文艺脱离了民众，它便要失掉它的生命。欧洲的情形也差不多是这样，就如歌德他是德国近代文学的开山之一，他虽然假托"诗人"的口里，说出了上面所揭举的诋毁民众的话，其实他是代表着德国由封建社会脱出渐就资本制化的一个阶段的精神，他的诗在当时是最善于摄用民间情调和言语的，他的《浮士德》之所以成功，一多半也是靠在这个因数上。

关于文艺和民主的关系，在这儿我们可以作出一个比较正确的判断了。文艺本身便是民主精神的表现，没有民主精神便不会有真正的文艺。这可以从作者的主观条件和客观条件的两方面来加以申述。

文艺创作，首先必须有对于客观事物的反应，或是憎，或是爱，均发生自对于某种对象的同情，例如同情民众，对于民众便表现而为爱，对于有害于民众者便表现而为憎。憎到极端爱到底，便是文艺所以动人的力量的源泉。作者所同情的对象愈大，而理由愈正确，那他的作品的力量也就愈普及而愈正常。这种根据于正确思想的广大同情便是民主精神。一个作家，不管他是有意识或无意识，这样的精神是必须具备的。

自然是以有意识的明确的思想领导为最理想，作家自己宰制着自己，掌握着思想的舵轮，使自己的一只笔或其它工具专为人民服务，从属于人民，高瞻远视，运用自如。即使牺牲声誉，冒犯炮烙的危险，都丝毫也不反顾，那确实是最理想的境地。但也有的作家靠着幼时寰境和教育，养成了一个谦冲的性格，每每出于无意识地能对于客观事物作广大而正当的同情。这种作家虽然没有十分明确的领导思想，他可以说是行其所无事，比前一种作家的成就是未遑多让的。甚至有的作家有明确的落后思想，而于创作方法上却得到了正当的指归。如法国的巴尔扎克，在思想上是保皇党，而他的小说却暴露了法国王政的腐败及其必然的崩溃。这在文艺创作上是极有趣的一个问题，在表面上显示着思想与创作方向之不必一致。也有的朋友，强调这个现象，而游离思想的，在我认为这是认识的不足。巴尔扎克虽然是保皇党，但他所希望于法国王政的是开明的路，虽然有立场和时代的不同，他在同情王朝的情绪当中包含有对于人民的同情。这是为他的创作所开出的一线生路。假使他是赞成路易暴政，而从根腐败的作家，那他是决不会有值得人们传诵的作品出现的。

故从主观方面来说，一个作家，不管是有意识或无意识，必须具有民主的精神，然后才能有像样的作品。

再从客观方面来说，一个国家社会，必须有民主的园地，然后才能使文艺得到正常的发育。这个社会，首先要使作家能够得到民主精神的培养，或至少是不要受到过分的阻碍。反过来，如是得不到培养，或甚至受到过分的阻碍，文艺活动便最容易萎缩而变质。

凡在王权集中统制的时代（是宗教上的权威也可以），使一切文艺工作者的笔都集中于对于王威或神权的歌颂，甚至于歌颂到色情和寺宦，那样的时代便是没有文艺的时代。文艺其形的彻底变了质，文艺其质的萎缩了它的外形。这样的事实在中国历史上不乏例证，现今法西斯统治下的国家也都呈现着这样的现象。

政治尽管黑暗，但在统治者对于文艺一方面的控制没有十分注意或比较放任的时候，文艺其质的东西也可以获得了安全瓣，而偷巧地把对于人民大众的同情，尽量地向这方面发舒。元代剧曲的发达，正是这个事实的说明。帝俄时代的末期也有这样的情形，他们的文艺检查官，虽然也并不怎么放松，但比起对于政治运动的控制上来是要宽大得多，故尔能有那样一大批的伟大作家辈出。到今天我们阅读果戈里，托尔斯泰等大家的著作，看他们对于当时俄国社会的黑暗大胆而尽情地暴露，实在是不能不令人羡慕了。

开明的社会，如像今天的苏联和战时的美国，毫无疑问，是文艺作品的最理想的培植园地。国家以民主精神来培养作家，号召作家和作品得到充分的护育和保障，一切都以人民为主体，以人民为前提，以人民为对象，以反法西斯的民主胜利，以恒久和平的理智胜利为总目标。作者的精神亢扬了，读者的精神也亢扬了，整个国家社会成为民主精神即创造精神的形象化。有史以来，人类社会从不曾有过这样大规模的民主高潮时期，这保证着苏联和美国的文艺，乃至其它的精神活动必然有宏大的展开。目前已经是这样，只要指导精神不变，将来必永远是这样。

我们的文艺界，目前太可怜了，歌颂已经达到了色情和间谍的阶段，和盟邦比较起来，可不令我们惶愧吗？主观条件的培植我们要自己用心，客观条件的改良我们要尽量呼吁。和目前民主高潮的大时代配合起来，放下剪刀尺子，向苏联和美国看齐，救救我们的文艺！

一九四五年一月十八日

（本篇最初发表于 1945 年 2 月重庆《青年文艺》双月刊新 1 卷第 6 期，选自《沸羹集》，上海大孚出版公司，1947 年 12 月版）

天地玄黄[*]

走向人民文艺

文艺在它原始的阶段上是只有着一种形态的，便是由公众所集体创作，集体享受，集体保存的人民文艺。它是人民生活的直接反映，把人民的喜怒哀乐好恶和一切愿望，用人民的言语，真率地表达出来，同时也就尽了它的领导生活，批判生活，改善生活的能事。它是社会共同的财宝，也是人类共同的财宝。任何开化民族的古代文艺或落后民族的现存文艺，都往往蕴含着无尽藏的美，而有普遍永恒的价值。何以会这样？理由很简单，就是因为这种文艺的产生最契合于文艺的本质。

人类社会有了分化，文艺因而也有了分化，有专门向上层统治者取媚的文艺，有留在下层仍然为人民所享用的文艺。取媚上层者隶于统治者的权势之下，得到攀龙附凤的结果，逐渐被视为了文艺的正统，而蟠据着支配者的地位，文艺的美名更几几乎为它所独占了。留在下层的，成为了不足以登大雅之堂的土俗的东西。然而中国的一部文艺发展史告诉我们，只有这种土俗的东西才是文艺的本流，所谓正统的贵族文艺或庙堂文艺，其实是走入了断港横塘的畸形的赘瘤。

中国每逢换一次朝代，差不多就有一种新的文艺形式出现。这新的文艺形式，追溯起来都是起源于民间。朝代的换取者是由民间起来的草莽英雄，故随着新朝新代便有新的民间形式登上庙堂。但和登上了庙堂的人不久便失掉了他的人性一样，登上了庙堂的文不久也就失掉了它的

---

* 《天地玄黄》一书，1947 年 12 月上海大孚出版公司初版，为 1949 年以前唯一版本。

文性。一部《廿四史》是人民和贵族的斫杀史，一部文艺史也是人民文艺和贵族文艺的斫杀史。但历朝历代留下了贵族文艺的尸骸，而人民和人民文艺却始终是浩浩荡荡的活流。中国的文艺遗产，只有没有脱离人民生活，没有脱离人民言语的那一部份，是永远有价值有生命的精华。周秦以来的民间歌谣，五代的词，元代的曲，明清的小说，这里面正有不少的这种精华的结晶。所谓扬马班张，王杨卢骆，韩柳欧苏，那些专门逢迎上层的文人及其作品，认真说，实在是糟粕中的糟粕。试问两汉的古赋，六朝的骈俪，唐宋的古文，在今天究竟有什么光彩呢？那些不是和明清的八股一样，都是无用的长物吗？

人民始终是保卫着文艺的本流的，一部《水浒传》虽然在今天我们还不能确切地知道它的作者究竟是谁，是施耐庵，是罗贯中，是他们两人或和其它别人的集体创作，但它的文艺价值和社会价值，没有任何庙堂文艺可以和它比配。人民并不需要作者的官衔和地位，而是需要有滋养的作品和作品中的养分。黍稷稻粱，松杉桧柏，家家都知道保重，奇形怪象的盆栽，那是脱离了正常生活者的慰情聊胜于无的玩品。请你把一个盆栽放在大森林的边沿去赏玩吧，那贫弱相是多么的可怜啊！

今天是人民的世纪，一切价值是应该恢复正流的时候。一切应该以人民为本位，合乎这个本位的便是善，便是美，便是真，不合乎这个本位的便是恶，便是丑，便是伪。我们要制造真善美的东西，也就是要制造人民本位的东西。这是文艺创作的今天的原则。现时代的青年如有志于文艺，自然是应该写作这样以人民为本位的文艺。人民在今天最迫切需要的是什么，也就是今天的文艺工作者最迫切的课题。能够把这个课题抓紧，解答，而且解答得详尽周到，那便是为人民所欢迎的东西，也可能就是最伟大的作品。我们时常听见人说，自五四运动以来，中国的新文艺里面还没有够得上称为伟大作品的成绩出现。假如要追求它的主要的原因，那应该就是文艺工作者还没有认真体贴到人民的需要，而给予以满足的供给。这儿正留着一个宏大无垠的处女地，等待文艺青年们来垦辟。

应该怎样来垦辟这个处女地呢？先决的问题是在人民本位的思想的把握，要把封建时代的一切陈根腐蒂肃清，澈内澈外地养成为一个科学的民主的思想的所有者。是什么种子才能生出什么树木，是什么树木才能开出什么花朵，结出什么果实，这是不能够假冒的。蒺藜上生不出蜜橘，蓬蒿上长不出葡萄。在能写作民主文艺作品之前必须首先是民主的人。凡是不合乎民主范畴的一切想法都必须毫不容情的严密的自行纠正，自己不能成为人民以上或以外的任何东西。一切必须于生活实践中求取正当的解决。先驱者在生活实践中提炼出了一种正确的思想，这思想的发生过程分明是生活在先。但在我们后进者则可以根据一种正确的思想以规范生活，这思想的体验过程是生活在后。譬如先有测量而生地图，这是前一种，依据地图而旅行，这是后一种。依据地图旅行并不是耻辱，要这样才能使地理知识生根，根据自己的体验，使地图上的知识化为自己的知识，可能补充或修正它。就这样思想与生活交织，成为写作的蓝本。没有生活实践的思想搬弄便是公式主义的八股，没有思想规范的生活描写便是黄色报纸的新闻。思想，生活，写作，应该是三位一体。

封建思想在我们的意识里植根太深，在社会的每一个角落里也弥漫着它的网络，我们对于任何问题的看法，很轻易地便落在这种网络里而不自觉察。例如我们在喊"文章下乡"，以为这是很前进的民主思想了。然而为什么不喊"上乡"而要喊"下乡"呢？这可见我们还是轻视人民，轻视老百姓的，我们自己是高高乎在上，而老百姓的"乡下人"是低低乎在下的。这似乎是无关宏旨的区区小节，但其实是思想转换上的根本问题。今天我们搞文艺的人是应该诚心诚意向老百姓学习的，假如依然看不起老百姓，那学习从何说起？看不起老百姓的这种旧毛病，要当如医治淋病梅毒一样，使它彻底断根。或许会有人怀疑，你这样说说也不过学学时髦，什么"向老百姓学习，向老百姓学习"，老百姓究竟有什么了不起的智慧值得我们学习呢？要建筑长江水闸，我们晓得找萨凡奇，要制造原子弹，我们只得找科学专家，为什么谈到文艺我们偏要"向老百姓学习"？——不错，一点也不错。治水有治水的专家，造原子弹有造原子弹的专家，文艺是生活的反映，而老百姓就是生活的专家。我们要表现农人，为什么不向农人学习？我们要表现工人，为什么不向工人学习？农人工人在工农生活方面比任何博士硕士，大总统大主教还要专门，我们为什么不向他们学习？十九世纪初期的法国大画家德勒珂罗亚画奔马在口角上没有画白沫，受了一位马夫的指摘，马夫在熟悉马的生活上便是专家。看不起老百姓的坏习惯，实在是应该痛加针砭的了。我们要向老百姓学习，学习老百姓的言语，把握老百姓的生活习惯，以老百姓的好恶为好恶，合于老百姓的要求者我们极端的爱他，反乎老百姓的要求者我们极端的恨他。由这极端的爱写出我们的颂扬，由这极端的憎吼出我们的咒诅。

这样的文艺当然得不到大人先生们的赞赏，但人民会赞赏你们。到了人民真正成了主人的一天，施耐庵和罗贯中的铜像会遍地林立。

一九四六年六月八日于上海

（本篇最初发表于 1946 年 6 月 24 日重庆
《新华日报》，选自《天地玄黄》，上海大孚
出版公司，1947 年 12 月版）

人民至上主义的文艺

《新文艺》，今天第一次和读者见面，姓名的介绍应该是有必要的。这个刊名是《文汇报》的编辑会议确定下来的。六种副刊，日新又新，新新不息，于是思想，社会，经济，教育，科学，文艺，一律都成了"新"字辈的弟兄。

但这新氏六弟兄，我们在暗默中都有这样的认识。我们是应该以人民至上的意识为意识的。这是我们共通的核仁，从这儿分道扬镳地作出新的展开。因此我们这一批的新，和《新原人》《新理学》《新事论》《新世训》那一批的新，应该是断然不同。本是粪土之墙而涂上些廉价油漆，本是枯枝槁木而贴上些洋纸剪花，那自然也可以算是"新"，但和我们是同姓不同宗的。

我们准据着这样的意识来从事文艺活动，因此我们的《新文艺》本质上应该是人民文艺——人民至上主义的文艺。这是我们的至高无上的水准。

我们多谢朋友们的关注，特别是这样富于友谊的一个义务预告，说我们"将合编一水准极高之纯文艺周刊，选稿严格，态度认真"（见上海《新民晚报》二月廿四日的《艺文坛》）。这个短短的消息，确实是把我们的水准和态度都规定好了，我们是要努力做去的。

"万般皆下品，唯有人民高"。人民是社会的主人，是文化生活的创造者。本质的文艺本来就是人民文艺，这在任何民族都是文艺的本流，而且站着极高的地位。脱离了人民本位的文艺虽然借政治的力量可以博得一时性的月桂冠，但其实那是堕落。旧式的《剧秦美新》是堕落，新式的《看虹摘星》是更悲惨的堕落。那样的作品虽然冒充过，或冒充着"纯文艺"的佳名，其实那是最混杂的排泄，不必说到纯不纯，根本就

不是文艺。

"纯文艺"的真正的意义，我们要作这样的认识。凡是人民意识最纯，丝毫没有夹杂着对于反人民的权势者阿谀，对于不劳而获的垄断者赞颂，或钻穿玻璃室里作自渎式的献媚，丝毫没有夹杂这些成分，而只纯真地歌颂人民的辛劳，合作，创造，而毫不容情地吐露对于反人民者一切丑恶，暴戾，破坏的如火如荼的憎恨，那样的作品，我们便认为是今天的"纯文艺"——纯人民意识的文艺。

这样的纯文艺，在我们积习太深的智识分子的确是一个"极高"的水准。我们受了两千多年来的封建思想的陶冶，一直在今天都还在受着，而且又还活在厄运一天一天加深的半殖民地的环境里面，我们的一切观念差不多根本是倒逆的。卑成了高，杂成了纯，伪成了真，恶成了善，丑成了美。这一切都应该要费很大的努力才能够把它们颠转得过来。

我们应该还没有忘记"三寸金莲"这个名词吧，在前女子缠足时代，人为的畸形小脚的一扭一捏叫作"潘妃步步生莲花"。那时代这三寸的小东西陶醉了多少的色情狂呀！大家把这个东西认为无上的美，而把农家妇女的天足认为无上的丑。今天这观念虽然已经颠倒过来了，但这个记忆，我们应该还保留着的吧？

事实上我们并未那么健忘。"三寸金莲"的时代，认真说，在我们并没有完全过去。这只变形成为了高跟鞋，或珂尔塞特的腰线美。不仅是这样，连我们整个的脑袋子都还在裹脚带里面过活。近代的哲人陶行知先生的遗言：我们文化人的头是"三寸金头"。我们会感觉得他这嘲弄是苛虐吗？岂敢，岂敢，好些朋友似乎还在以有这"三寸金头"为无上的高贵呢！已成三寸者自诩高贵，未成三寸者尽力想在头上穿高跟鞋。风气是这样，环境是这样，大家都在沾沾自喜，而看见大头国人氏反而认为是妖怪了。

然而今天已经到了应该放头的时候了。把"三寸金头"解放出来，成为接近自然的头，而使本是自然的头永远不要受缠缚。要这样，我们才能回复到纯真的人民意识。要由这种意识发生出来，然后才能成为纯真的人民文艺，也就是我们今天的"水准极高的纯文艺"。

但这种基本工作，实在是要费很大的努力，才能够做到的。因此，我们是准备"选稿严格"而"态度认真"的。

"选稿严格"倒并不是专门对外来的稿子而言，而主要倒还是准备侧重于严选自己的稿子。自己的稿子，宁缺毋滥。一个人或少数人主编一种刊物，那种刊物便成为了他的擂台。那样的思想和作风，不管是封建垄断式的或买办独占式的，不管是京派或海派或京海合派，应该是过了时的东西了。我们不仅不想沾染，而且准备尽力地反对。

外来的投稿，只要合乎人民意识，我们都尽量欢迎，我们抱定意识第一主义。只要是意识正确，我们要尽力地赞扬。我们特别欢迎青年的投稿，有着最大的决心准备把这个小小的园地作为青年作家所共有的园地。工人，农人，士兵，店员，学生，在我们认为是最有希望的纯人民文艺的创造者。他们的作品，不问任何形式，都是我们所欢迎的。遇必要时，我们可以尽润色的义务。我们的主要目的，不单在产生新的作品，而是在产生新的作家。

我们要注重批评。要严格地批评自己，并严格地批评别人。当然，并不敢作无原则的严格。我们的原则，不嫌再说一遍吧，也就是人民本位。准据着这个原则，对己对人，都毫无假借。我们自然欢迎外来的批评，特别是严格地批评我们自己。接受批评的这种良好的态度，我们是想尽力培植的。一个人在真正获得了人民意识的时候，他必然能够获得这种态度，和悦地，感激地，接受严格的批评。因此，我们对于鲁迅先生的遗产，杂文形式中的匕首投枪，我们特别重视的。我们宝贵这个遗产，并欢迎这种匕首投枪。

还有一件事情要特别声明，非有绝对的必要时，我们不准备登载文艺作品的翻译。希望朋友们不要认为我们是藐视翻译。我们认为那样的工作不应该零割碎剐的做。那样的工作应该更负责任地以专书的形式或借杂志的篇幅来发表。我们所占的是日报纸面，日报的文艺栏用与现实脱节的译文来搪塞，除掉中国而外，九州万国都很少先例。我们认为，这无形中是买办意识在作祟。对不住，我们是要纠正这种偏向的。我们并不承认：月亮也是外国好。

我们的态度，大体上也就是这些。这是大家的意思，让我笔记了下来的。我们的理想是：尽可能做成一部人民的打字机。

一九四七年三月一日

（本篇最初发表于 1947 年 3 月 3 日上海《文汇报》，为其副刊《新文艺》发刊词，选自《天地玄黄》，上海大孚出版公司，1947 年 12 月版）

国画中的民族意识

古代名画家中不乏民族意识浓烈的人。

有名的《心史》的作者郑所南，在南宋灭亡后，画兰露根不着土，表明大宋的疆土已经没有了。他有一首很痛快的诗，把这层意识说得很明白：

> 纵使圣明过尧舜，毕竟不是真父母；千语万语只一语，还我大宋旧疆土！

和这遥遥相映的是元朝末年的王冕。这位豪放的天才画家，在朱元璋造反时，他曾经做过他的谘议参军，革命性也可以说是很强烈的。他喜欢画梅，在画上也题过这样一首同样痛快的诗：

> 猎猎西风吹倒人，乾坤无处不生尘；胡儿冻死长城下，始信江南别有春。

元人统治了中国的疆土将近一百年，然而统治不了的是中国人的心，由这些画人的诗不是明白地表明着的吗？

明朝灭亡后的那位八大山人，可以说是尤其奇特的了。他装哑一辈子，卒至郁郁以死。人们说他狂了，其实他何尝狂。他在绘画中不仅是一代巨擘，且长于书法，据说"有诗数卷，秘不示人"。诗是失传了，现今仅存的是《题山水画》的一首七绝：

> 郭家皴法云头少，董老麻皮树上多；想见时人解图画，一峰还写宋山河。

请反复读这首诗吧，你可以认为他真是有点狂疾吗？不，绝对的不！假使容许我们作更进一层的了解的话，倒可以悟出南宋以后的中国画，尤其山水画，为什么酝酿成了一种回避现实的倾向的主因。

画山水，应该就是顶现实的画材了。山是此山，水是此水，在人类史开幕以来的几千年内没有什么变更。然而就连这样的题材在南宋以来的画人，都成为回避现实的遁逃薮了。因为在这山水中点缀着的人物衣冠，楼台建制，都十分地可以表现着时代。

在这儿，元末四大家，清初四大僧，以及所谓"四王"，他们在山水画上的倾向差不多是一致的，便是人物必古衣冠，楼台必古建制。这到后来一直便成为了定型。凡是画山水的人，直到今天差不多都还脱不掉这个窠臼。

我们简单地斥为逃避现实，认真说倒是有点冤枉古人的。那些有山河之痛的古人，所以酝酿成了这样的一种倾向，倒是出于极现实的深刻的民族意识呵！

后人把这民族意识忘记了，而只拘守着那逃避现实的皮毛，倒是极可悲悯的事。

不过我们倒也不能专门指责国画家，要说国画仅学着古人的皮毛，新的美术又何尝不是仅学着西洋人的皮毛呢？更说宽一点，不仅画家是这样，举世滔滔，不都是在学西洋人尤其美国人的皮毛吗？

要紧的是民族意识的觉醒，尤其人民意识的觉醒，但请留心，这决不是排外，也决不是复古。

一九四七年九月六日

（本篇最初收入 1947 年 12 月上海大孚出版公司出版的《天地玄黄》，选自该书）

史剧创作[*]

写在《三个叛逆的女性》后面[**]

在旧式的道德里面，我们中国的女人首先要讲究"三从"：就是在家从父，出嫁从夫，夫死从子。女人的一生都是男子的附属品，女人的一生是永远不许有独立的时候的。这"三从"的教条真把男性中心的道德表示得非常地甘脆了！

女人在精神上的遭劫已经有了几千年，现在是该她们觉醒的时候了呢。她们觉醒转来，要要求她们天赋的人权，要要求男女的彻底的对等，这是当然而然的道理。女权运动在我们中国虽是才在萌芽，但在他们欧美已经是很有成效的了。《女权主义》（*Feminism*）一书的作者华尔士（Walsh）曾把女权主义的运动和社会主义两相比较，他说：社会主义是唤醒阶级意识而形成阶级斗争，女权运动是唤醒性的意识而形成性的斗争。这个比较我觉得不仅在被压迫者方面的志趣是完全相同，就是在压迫者方面的态度也几乎是全然一致。

无产阶级困在资本主义的社会组织之下，起而对于有产阶级提出贫富对等的要求，而资产家对于他们依然持著高压的态度。

女性困于男性中心的道德束缚之下，起而对于男性提出男女对等的要求，然而男性中心道德的支持者依然视以为狂妄而痛加阻遏。

---

[*] 这部分是郭沫若关于史剧创作思想与史剧创作理论的文章选编。

[**] 本篇为《三个叛逆的女性》一书后语。《三个叛逆的女性》，1926 年 4 月上海光华书局初版、1927 年 6 月上海光华书局再版，1929 年 4 月改由创造社再版。

女性的解放，怕和无产阶级的解放一样，一时总还不能达到完满的目的罢。

我在此不妨把我自己的态度来表明一下。

我自己对于劳动运动是赞成社会主义的人，而对于妇女运动是赞成女权主义的。无产阶级和有产阶级同是一样的人，女子和男子也同是一样的人，一个社会的制度或者一种道德的精神是应该使各个人均能平等地发展他的个性，平等地各尽他的所能，不能加以人为的束缚而于单方有所偏袒。这从个人的成就上和社会的进展上，都是合理的要求；而无如这种要求在一般的人，尤为是以明理自命的智识阶级，却每每不能理解而横施攻击。他们以为私有财产制度和男性中心道德就好像天经地义一样，只要这经义一破，人类便要变成禽兽，文明便要破产。其实他们的天地也未免太踌局了呀。他们假如真是以人类和文明为怀，那他们该得知道现在的人类状况和现在的文明是靠有产者——专门是有产者的男性——维持发展出来的。那吗，假如一切的无产者都变成有产，一切的妇女都和男子一样得以发挥她们的才能，岂不是于人类文明之促进上更加了无限的生力军吗？然而他们偏要说是社会主义和女权主义是洪水猛兽。他们虽在替人类文明设想，我们是不能不替洪水猛兽设想的。一些洪水，一些猛兽，在人类文明之下永远是洪水猛兽的时候，这真是人类文明的一个绝大的殷忧呢。私产制度一天一天地发展起去，大资产家吞并小资产家，小资产家又变为无产的流氓，妇女不消说是跟着堕落的，到头是全世界的人类怕只能归纳成一打半打的富豪，而全世界的文明就要靠这一打半打的人类来维持发展，人类和文明到了这步田步，那才可以说全部都要变成禽兽，全部都要破产的呀。我们这些洪水猛兽虽然不敢替人类文明设想，然而不能不替自己设想；所以我在劳动运动上要赞成社会主义，在妇女运动上要赞成女权主义的。

本来女权主义只可以作为社会主义的别动队，女性的彻底解放须得在全人类的彻底解放之后才能办到。女性是受著两重的压迫的，她们经过了性的斗争之后，还要来和无产的男性们同上阶级斗争的战线。

啊，如今是该女性觉醒于时候了！她们沈沦在男性中心的道德之下已经几千年，一生一世服从得个干干净净。她们先要求成为一个人，然后再能说到人与人的对等的竞争。但是有人说：女性是劣于男性的，她们是另外一种动物，她们和男性之比好像是猩猩和人之比。不错，这种言论在历史上也诚然可以得到证明，历史上女性的成绩是诚然不如男子的，但这正是她们受了 Handicap 的证据呢！她们一生受著束缚，她们一生没有受过与男子同等的机会，她们的才能怎么能够表现，她们怎么不能够降为猩猩，或者猩猩以下呢？我们试看历史上有名的女性，便单就中国而论，如像卓文君，如像蔡文姬，如像武则天，如像李清照，她们的才力也并不亚于男人，而她们之所以能够成人，乃至成为男性以上的人，就是因为她们是不肯服从男性中心道德的叛逆的女性。她们不是因为才力过人，所以才成为叛逆；是她们成了叛逆，所以才力才有所发展的呀。女子也并不是生下地来便是猩猩，是男性中心的道德把她们猩猩化了的。我们男子要嘲笑女子是猩猩，但我们男子也有猩猩化的可能性。我们中国人在文化上的表现能力几乎是减到了零小数点以下的第好几位了。我们中国的男子不是一天不如一天，我们中国的男子，把来与外国的男子比较，不是几乎可以说全部都是女性了吗？我们中国人的好猜疑，中国人的好忌妒，中国人的好偷惰，中国人的好服从，中国人的好依赖，中国人的好小利，中国人的好谈人短长，中国人的除了家事以外不知道有国事，除了自己以外不知道有社会的，这些都是女性的特征，然而不已经完全都表现到男子的性格上来了吗？本来女子的性格在根本上不一定就是这样的害虫，稍微有些教养的女性，她们把这些恶德都是能够超越了的。不过她们之中的大多数，几千年来久困在奴隶的地位之下，奴隶的根性已经积蓄得很深，这些恶德便不得不成为她们全部的品格了。她们秉著这些品格起来组织家庭，我们所受的家庭教育除这些恶德之外还有甚么可以观摩的呢？我们到此是可以觉悟了。男性中心的道德在第一段的工程上把女性化成了猩猩，而在第二段的工程上更把男性化成了女性。像我们中国这样个国家真可以称为"母国"的呢！我们已经到了这步田地，难道还能够甘心堕落，一点也不想自行拯救吗？

女性之受束缚，女性之受蹂躏，女性之受歧视，像我们中国一样的，在全世界上恐怕是要数一数二的。"在家从父，出嫁从夫，夫死从子"，一生一世都让她们"从"得干干净净的了。我们如果要救济中国，不得不彻底要解放女性，我们如果要解放女性，那吗反对"三从"的"三不从"的道德，不正是应该提倡的吗？"在家不必从父，出嫁不必从夫，夫死不必从子"——这就是"三不从"的新性道德。这儿不消说是有一定的范围，就是女性的生活，在这一定的范围之内，当然有不能完全和家庭的关系脱离的时候——就在理想社会实现了的时代，夫妇的关系至少是会保存著的，但是这儿所说的"一定的范围"是指为女为妻为母的与为父为夫为子的所应享或应尽的权利义务而言，超过了这个范围之外的无理的束缚，在男女两方都是罪过呀。这在女的方面不消说要觉悟才行，就在男的方面也是应该要彻底觉悟的。甚么"天尊地卑，乾坤定矣"的话，根本上是不能成立的；天有时是在地的下面，地有时是在天的上头呀。当从的当然可以从（如像幼年时分的生活问题教育问题等），不当从的不能强人以必从（如像成年以后的婚姻问题职业问题等）。要这样我们的中国，或者也才能够成为男性的中国罢。

在旧式的道德家看来，一定是会诋为大逆不道的，——你这个狂徒要提倡甚么"三不从"的道德呀！大逆不道！大逆不道！但是大逆不道就算大逆不道罢，凡在一种新旧交替的时代，有多少后来的圣贤在当时是谥为叛逆的。我怀著这种想念已经有多少年辰，我在历史上很想找几个有为的女性来作为具体的表现。我在这个作意之下便作成了我的《卓文君》和《王昭君》。让我来细细地向著不骂我的人谈谈罢。

卓文君的私奔相如，这在古时候是视为不道德的，就在民国的现代，有许多旧式的道德家，尤其是所谓教育家，也依然还是这样。有许多的文人虽然也把它当风流韵事，时常在文笔间卖弄风骚，但每每以游戏出之，即是不道德的仍认为不道德，不过也觉得有些味儿，可以供自己潦倒的资料，决不曾有人严正地替她辩护过，从正面来认她的行为是有道德的。我的完全是在做翻案文章。"从一而终"的不合理的教条，我觉得完全被她勇敢地打破了。本来她嫁的是甚么人，她寡了为甚么又回到了卓家，这些事实我在历史上是完全不能寻到，我说她是嫁给程郑的儿子，而且说程郑是迷恋著她的，都是我假想出来的节目。不过她的的确确是回到了她的父家，而且她的父亲卓王孙是十分势利的人，这在史实上是明载著的（请参看《史记·司马相如列传》）。她大归了，私奔了相如，这是完全背叛了旧式的道德，而且把她的父亲是十分触怒了的。这全部的事实虽不能作为"在家不必从父"的适例，但她在"不从父"的一点上的的确确是很好的标本。从来不满意她的道德先生们当然不止是不满意于她的"不从父"的这一节，不过这一节恐怕也是重要的分子，而这一节在我的剧本里面要算是顶重要的动机。

不满意于卓文君，因而更不满意于我的剧本的人，在我想来很多，听说民国十二年，浙江绍兴的女子师范学校演过我这篇戏剧，竟闹起了很大的风潮。听说县议会的议员老爷们，借口剧中相如唱的歌词是男先生唱的（原剧本登在第二卷一号的《创造季刊》上，司马相如一直到底都没有出场，现刻改变了），以为大伤风化，竟要开除学校的校长，校长后来虽然没有开除，听说这场公案还闹到杭州省教育会去审查过一回，经许多教育大家审定，以为本剧确有不道德的地方，决定了一个议案禁止中学以上的学生表演了。这些事实我一半是从报上得来，一半是从朋友的口中得来的，详细的情形我不知道，或许也有传闻失实的地方，但我想即使稍有失实的地方，这对于绍兴的议员老爷们，和杭州的教育大家们是有益无损的，因为他们的行为总要算是大道德而特道德的了。歌功颂德的文章即使稍微用了些谀词，这素来是不犯禁例的呢。

一篇剧本的禁演本来很小很小的问题，并且在中国的现在表演新剧（尤其是新的史剧）的时机尚未十分成熟，我也没有在这儿大书特书的必要。不过问题是关系道德和教育的根本大计的，我觉得我国的男性的觉醒期还很遥遥，我对于那受了冤罪的校长和演员们是不能不深致歉意的了。这篇剧本听说后来杭州女子师范和北京女子师大都已曾表演过，此外也还有些地方的女学也写过信来要求表演，这怕是禁果的滋味特别甜蜜，不必就是我的剧本真能博得这许多的同情。不过表演过的都是女子学校，这使我非常乐观：我想我们现代的新女性，怕真真是达到性的觉醒时代了呢。

《王昭君》这篇剧本的构造，大部分是出于我的想像。王昭君的母亲和她的义兄，都是我假想出来的人；毛淑姬和龚宽也是假想出来的——龚宽这个人的名字在历史上本来是有，他是与毛延寿同时的画师，但不必一定就是延寿的弟子。他和淑姬的关系不消说更是想像中的想像了。但是这些脚色都是陪衬的人物，我做这篇剧本的主要动机，乃至是我主要的假想的，是王昭君反抗元帝的意旨自愿去下嫁匈奴。

王昭君这个历史的人物，本是素来受尽了人的赞美和同情的。她的琵琶的哀怨，青塚的黄昏，至今还使人留恋不置。她的行为在事实上本来是一点儿不道德的痕迹也没有的。她的一生诚然是一个悲剧，但这悲剧的解释在古时是完全归诸运命——就是她不幸被画师卖弄，不幸被君王误选，更不幸的是以美人之身下嫁匈奴（这一层悲哀之中不消说是含有很浓厚的民族主义的彩色的），这些都好像冥冥之中有甚么在那儿作弄，不是人力所能左右的一样。像这种运命悲剧的解释，我完全把它改成性格的悲剧去了。王昭君这个女性使我十分表示同情的，就是她倔强的性格。别的妃嫔们都争着献贿于画师，望其笔上生春以求得君王的爱宠，而王昭君却一人不肯苟同。在她看来，君王的爱宠是不在她的眼中的，君王也是不在她的眼中的，不消说卑劣的画师更是不在她的眼中的了。她的受选入宫，在她看来，好像根本不是甚么荣耀的事情，这和一般无主见无性格养成了奴隶根性的女子是完全不同的。这点是我根本对于她表示同情的地方。我从她这种倔强的性格，幻想出她倔强地反抗元帝的一幕来。我想我的想像怕离事实是不很远的罢。因为汉元帝看见了王昭君的真美，既是那么迷恋，竟斩杀了作伪的画师，那他以君王的权威把王昭君借故控留下来，我想也不是甚么为难的事体。王昭君不消说不会喜欢是嫁给匈奴，她之从嫁匈奴只能作为自暴自弃的反抗精神解释，不然以她那样倔强的性格，她在路上也可以如像马致远的《汉宫秋》里所想像的一样寻个自尽了。愈倔强的人愈会自暴自弃，要使她倔强到底，那由元帝挽留她的一幕是不能不想像出来，但这样一来我又把王昭君嫁成了一个女叛徒，她是彻底反抗王权，而且成了一个"出嫁不必从夫"的标本了。

还有元帝的变态性欲，我想在事实上或许也会是有的。照《前汉书》的本纪赞看来，他分明是能棋能画的人，他当然是一位风流天子，你看他只看见了王昭君一眼便会那样执迷，他的好色的程度也是很有点样子的啦。在全剧中我把他写得很坏，惹得一位批评家竟骂起我来，说我堕落了，竟写得出那样的人物。（原文见民国十二年年末的《学灯》，时期和评者的姓名我都不记得了。）我记得小的时候听过一段笑话，说是有位乡下人看戏，看见演奸臣的演得太逼真了，一步跳上台去把那演奸臣的戏子杀了。那位批评家我觉得很有点像这个样子。他似乎把我自己当成了汉元帝，或者是我这篇剧中汉元帝这个人物比较地写得逼真，这倒是我意想外的成功呢。

以上的两篇是我完全含著作意来做的文章，"三不从"中算做了两不从，本来还想把蔡文姬来配上去，合成一个三部曲的。蔡文姬陷入匈奴左贤王，替胡人生了两个儿子了，曹操后来遣发使臣去以厚币金璧把她赎了回来。她一生前后要算是嫁过三嫁，中间的一嫁更是化外的蛮子。所以她在道德家，如像朱熹一样的人看来，除她的文才可取之外，品行是"卑不足道"的，顶"卑不足道"的要算是她"失身陷胡而不能死节"了。这是素来的人对于蔡文姬的定评。但是在我看来，我觉得是很有替蔡文姬辩护的余地。本来结婚的先决条件要看两造有没有爱情。有爱情的结合才能算是道德的结婚，不管对手者是黑奴，是蛮子，都是不成问题，一切外形的区别在爱情之前都是消灭罄尽的。没有爱情的结合，就算是敬了祖宗，拜了神明，喝了交杯酒，种种仪式都是周到至十二万分，然而依然只是肉体的买卖。不论两造就是王侯将相的少爷小姐，这种的结合依然是不道德的。我们认清了这一点，再来研究蔡文姬对于胡人的结婚，究竟是不是有爱存在。

蔡文姬的《胡笳十八拍》我觉得比她的《悲愤诗》要高超得多。有人说十八拍是后人伪造的，但我觉得那样悲壮哀切的文章，不是身经其境的人，怕不易做到罢。我们看她第二拍的头一句"胡人宠我兮有二子"，她自己用了一个"宠"字，我想她和胡人的结合至少在外面上是不能说是没有爱情。惟其不是没有爱情，所以她才"含羞茹垢"和胡人成了夫妇，而且还养了两个小孩子了。假使曹操不去赎她，她定然是甘居于异域不愿回天汉的。不幸的是曹操去赎她，而胡人竟公然卖了她，这儿才发生了她和胡人的婚姻的悲剧来。胡人的卖她就是证明其不爱她，前日的外形的"宠"到此才全部揭穿，所以文姬才决然归汉，而且才把她两个胡儿都一道弃了。我们看她十八拍中那样思儿梦儿，伤心泣血的苦况，那她终至弃了她的儿子的苦衷，决不是单单一个思乡的念头便可以解释的。她父亲已经死了，前夫当然是没有存在（看她归汉后又另外嫁了人便可以知道），她归了汉朝又有什么乐趣呢？我想她正是愤于胡人的卖她，愤于胡人以虚伪的爱情骗了她，所以她才决心连儿子都不要了。她那时候自量是没有养儿子的力量，或者也是胡人不许她带起走，所以她后来才那样梦魂萦绕痛心号泣的了。儿子她既不能养，留在匈奴转是他们的幸福，这也是以反证她假如不受卖，不受欺，她也会终生乐著她异域的家庭而不自悲悔的呢。所以在我看来，我的蔡文姬完全是一个古代的"诺拉"。我想把她表写出来的已经有三四年，然而终竟没有写成。于是乎所谓"三不从"的标本便缺少了一不从，我的三部曲的计划当然是没有成功的，但在去年六月我又才无心之间把《聂嫈》写了出来。

我最初从事于戏剧的创作是在民国九年的九月。我那时候刚好把《浮士德》悲剧第一部译完，不消说我是很受了歌德的影响的。歌德的影响对于我始终不是甚么好的影响。我在未译《浮士德》之前，在民国八九年之间最是我的诗兴涌溢的时代，《女神》中的诗除掉《归国吟》（民国十年作）以外，大多是作于这个时期。第三辑中的短诗一多半是前期的作品，那是受了海涅与太戈儿的影响写出的。第二辑的比较粗暴的长诗是后期的作品，那是受了惠迭曼（Whitman）的影响写出的。我的诗的创作期中，在这后半期里面觉得最有兴趣，他那时的一种不可遏抑的内在冲动，一种几乎发狂的强烈的热情，使我至今犹时常追慕。我那时候的诗实实在在是涌出来，并不是做出来的。像《凤凰涅槃》那首长诗，前后怕只写了三十分钟的光景，写的时候全身发冷发抖，就好像中了寒热病一样，牙关只是震震地作响，心尖只是跳动得不安，后一半部还是临睡的时候摊在被盖里写出的。假使所谓"茵士披里纯"（Inspiration）的状态就是这样，我那时候要算是真是感受过些"茵士披里纯"的了。但是自从我把《浮士德》第一部译了之后，这种状态我是绝少感受著的了。内在的感激消涸了。形式的技巧把我束缚起来，以后的诗便多是没有力气的诗，有的也只是一些空嚷。很有些人称赞我《女神》以后的诗而痛诋《女神》的，但在我觉得还是《女神》里面是没有欺诳自己的一样。

我的信念：觉得诗总当由灵感迸出，而戏剧小说则可以由努力做出的。努力做出来的诗，无论她若何工巧总不能感动人深在的灵魂，戏剧小说的力量根本没有诗的直切，也怕是这个原故。我自从译完《浮士德》第一部之后我便开始做起戏剧来了。第一篇的试作就是《棠棣之花》（《女神》第一辑，民国九年双十节初发表于《学灯》增刊），最初的计划本是三幕五场（从严仲子来访之前一直做到聂嫈之死），收在《女神》上的是第一幕第二场，第二幕是发表在《创造季刊》创刊号（十一年五月一日）的。全幕的表现完全是受著歌德的影响（像使聂嫈和聂政十分相像的地方，不消说也是摹仿了点子莎士比），全部只在诗意上盘旋，毫没有剧情的统一，自从把第二幕发表以后，觉得照原来的做法没有成为剧本的可能，我把已成的第一幕第一场（聂政之家）及第三幕第一场（韩城城下）全行毁弃，未完成的第三幕第二场（哭尸）不消说是久已无心再继续下去的了。

突然之间惊天动地地发生了去年的五卅惨案！那天我和全平偶尔要到南京路去。刚好走到浙江路口的时候，看见许多的人众从对面涌来，市场都已混乱了。我们还不知道是怎么一回事体。接著便遇着几个大夏大学的学生，他们才告诉我们是英国巡捕在工部局门口开枪，打死好几位学生和工人。那时候另外还有一位友人从对面走来，叫我们千切不要再向前进的，但我和全平却违背了他的好意，匆匆地穿过南京路，先向先施公司门口走去。南京路的交通已经断绝了，先施公司和永安公司的两旁站著无数的行人，拥挤得几乎水息不通。我刚到先施公司的门口，全平竟不知被挤到那儿去了。先施公司斜对面的工部局门口和附近，站著无数的印度巡捕和中国巡捕，印度巡捕和中国巡捕都是揣著枪的，几名西捕头和印度巡捕把挂在颈上的手枪拿在一只手上，一只手拿著黑棒，站在街心时常东跑西跑地四处打人，两眼比鸷鸟还要凶猛。街上愈拥愈多的行人看见打人的跑来了，急忙向后散窜，两个公司急忙又把铁门关起来；人渐静定了，铁门又从新打开。接著又涌起波浪转来，铁门又关了。如此一开一关的间隔，大约有四五分钟的光景，我们去得迟了一些，那时街上的死骸和血迹已经都收拾干净了。从华英街以西是不准人通行的，有不识趣的人要蒙昧地去通过，当头就是一棒。我平生容易激动的心血，这时真是遏勒不住，我几次想冲上前去把西捕头的手枪夺来把他们打死。这个意想不消说是没有决行得起来，但是实现在我的《聂嫈》的史剧里了。我时常对人说：没有五卅惨剧的时候，我的《聂嫈》的悲剧不会产生，但这是怎样的一个血淋淋的纪念品哟！

我那天在先施公司门前跟着群众拥挤了半天。第二天全上海的罢市罢工罢学的形势逐渐实现，我国空前的民气澎湃了起来，逐渐地波动及于全国了。啊！那个空前的民气哟！那个伟大的波动哟！后来的结果虽然终归失败了，然而使我们全国的民众知道了帝国主义的野心，知道了外部的高压的淫威，内部的软化的鬼祟，都是资本主义的罪恶，我想第二次更有根基更有具体计划的掀天撼地的更伟大的波动，不久总会又要澎湃起来的了！我们中华民族是没有病没有睡没有老没有死的，全世界大革命的机键握在我们的手中，我们生在这个时代，生在这个地位的青年，是多么可以有为，是多么应该彻底自觉自勉，努力奋进的哟！青年，青年，我们二十世纪的中国青年！我们应该一致觉悟起来，一致联合起来，全世界是在我们的手中的呢！

我在五卅潮中就草成了这篇悲剧。刚好草成，上海美专学生会组织一个救济工人的游艺会，叫我做篇剧本来表演，我就把《聂嫈》交给了他们。于是全平替我司印刷校对（《聂嫈》的单行本，便是这时候赶著印刷出来的），葆炎任全剧的导演，贻德在美专的内部奔走一切，全部的十几二十位的男女的同志在一百度的暑热之中忘饥忘渴地拼命演习起来，仅仅十天的工夫便把甚么都准备好了，在七月一日的新舞台表演了出来，那时候我们大家的热心，大家的奋迅哟！表演的结果在我作家自己是只有感激，只有感激，只有感激的。听说那天的收入共有七百多元，为数虽然不多，对于站在第一战线上的工友们虽然没有甚么多大的效益，但是我们那时候的热心，我们那时候的奋迅哟！我最受感发的是那位扮演聂嫈的陆才英女士。听说她本来是有肺病的人，已经是辍了学的，她自己甘愿来表演聂嫈。她冒着炎热，每天上学去练习，练习到第三晚上，竟至吐起血来了。大家都愁着，怕全部的计划会要破坏，因为难得找人来替代她的，但是她却坚忍不屈，就是吐着血，她也要支持到底。她终竟同着其余的热心的男女同志，在七月一日把全剧演完了。啊，她这种精神，怎么能够叫人不佩服呢！啊，中国的新女性，中国新女性的战斗者哟！我赞美你，我赞美你，我祝你的精神永远健在着罢！肺病有甚么？肺结核菌又有甚么？就像资本帝国主义者，军阀——甘做外人走狗的军阀一样，他们纵能蹂躏得我们的肉体，但是我们的精神——我们的不屈的精神他们又能够怎么样呢？我们的肉体，一死就算了事，他们总不能使我们再死，三死，四死；但是我们的精神是永远不死的呀！

《聂嫈》的能够演出不消说是全靠诸位演员的热心，但此外还得力于不少的友人的赞助。就中如欧阳予倩先生替我作曲，他还亲自到美专去，教过她们唱歌，教过她们跳舞，汪仲贤先生担任后台的指导，裘翼为先生担任背景，我都是很感谢的。当时我们的目标是在救济工人，我们的热心都是超过于友谊的界限以上的。大家都是在同一的战线上努力，并不是谁替谁帮了忙；但是我的剧本是在五卅潮中草成，而使我的剧本更能在五卅潮中上演，以救济我们第一战线上的勇士，这在作家的我自己，岂不是比谁也还要更受感发的吗？啊，时候已经过去了，但是那时演戏的声音，那时演戏的情趣，犹历历在我的耳目。《聂嫈》此剧以后总还有演的机会的。但是无论就怎样成功，怎样能够博得观客的赞赏，要使我能够有第一次这样的感激的，恐怕是永远没有的罢。第一次演员的姓氏附录于次，以志谢意。

一九二五年七月一日上演于上海新舞台

剧中人	演员
聂嫈	陆才英女士
酒家母	柳演仁女士
酒家女	裘德瑜女士
幼女	陶式英女士
盲叟	刘枝
游人	陶炳耀

卫士甲	徐文碧
卫士乙	张渡
卫士丙	蒋兆余
卫士丁	陶炳耀
士长一二三	魏廷鹤，张翰芬，林子坚

以上我把《聂嫈》的创作史和上演史叙了一大篇，捉题太扯远了，还是归到本论上来罢。我上而说过，我本是想把王昭君，卓文君，蔡文姬三人作为"三不从"的三部曲的，但是蔡文姬我终竟没有做出，不过聂嫈也不失为一个叛逆的女性，所以我就把她收在这儿，编成这部《三个叛逆的女性》。旧式的道德家要说我是大逆不道，那我是甘居于大逆不道，但我不幸的是看见有些新人，他们看见我爱作史剧竟有目我为复古派，东方文化派者，那真不知道是何所见而云然。不受人了解我觉得还不要紧，受人误解我觉得是顶不愉快的事体，我做这篇文字的动机也就在这儿。

十五年三月七日

（本篇最初收入 1926 年 4 月上海光华书局出版的《三个叛逆的女性》，选自该书）

历史·史剧·现实

一

我是喜欢研究历史的人，我也喜欢用历史的题材来写剧本或者小说。这两项活动，据我自己的经验，并不完全一致。

历史的研究是力求其真实而不怕伤乎零碎，愈零碎才愈逼近真实。史剧的创作是注重在构成而务求其完整，愈完整才愈算得是构成。

说得滑稽一点的话，历史研究是"实事求是"，史剧创作是"失事求似"。

史学家是发掘历史的精神，史剧家是发展历史的精神。

史学家是凸面镜，汇集无数的光线凝结起来制造一个实的焦点，史剧家是凹面镜，汇集无数的光线扩展出去制造一个虚的焦点。

史有佚文，史学家只能够找，找不到也就只好存疑。史有佚文，史剧家却须要造，造不好那就等于多事。

古人的心理，史书多缺而不传，在这史学家搁笔的地方，便须得史剧家来发展。

历史并非绝对真实，实多舞文弄墨，颠倒是非，在这史学家只能纠正的地方，史剧家还须得还他真面目。

史学家和史剧家的任务毕竟不同，这是科学与艺术之别。

二

自然，史剧既以历史为题材，也不能完全违背历史的事实。

大抵在大关节目上，非有绝对正确的研究，不能把既成的史案推翻，但因有正确的研究而要推翻重要的史案，却是一个史剧创作的主要动机。

故尔创作之前必须有研究，史剧家对于所处理的题材范围内，必须是研究的权威。

关于人物的性格，心理，习惯，时代的风俗，制度，精神，总要尽可能的收集材料，务求其无瑕可击。

优秀的史剧家必须得是优秀的史学家，反过来说，便不必正确。

三

然而有好些史学专家或非专家对于史剧的创作每每不大了解，甚至连有些戏剧专家或非专家，也有些似是而非的妙论。

他们以为史剧第一要不违背史实，但他们却没有更进一步去追求所谓史实究竟是不是真实。

对于史剧的批评，应该在那剧本的范围内，问他是不是完整。全剧的结构，人物的刻画，事件的进展，文辞的锤炼，是不是构成了一个天地。

假使他是对于历史的翻案，那就要看他翻案的理由，你不能一开口便咬定他不合乎史实。

譬如我们写杨秀清，作为叛逆见于清人纪录或稗官野史上的是一回事，作为革命家在他的本质上又另外是一回事。在这儿便可以写成两个面貌。

你如看见有人把他作为革命家在描写，你却不能说这就是违背史实。

或者你看见两个人写杨秀清，一个把他写成坏蛋，一个把他写成好人，你便以为"不妥"。

先要看作家是怎样在写，写得怎样，再说自己的意见：得该怎样写，写得该怎样。

写成坏也好，写成好也好，先要看在这个剧本里面究竟写得好不好。

应该写成好还是坏，你再要拿出正见来，然后才能下一个"不妥"。

批评家应该是公平的审判官，不是刽子手呀！

"写历史剧就老老实实的写历史，不要去创造历史，不要随自己的意欲去支使古人。"

这样根本的外行话，最好是少施教训为妙。

究竟还是亚理士多德不可及，他在两千多年前说过的话比现代的说教者们高明得无算：

"诗人的任务不在叙述实在的事件，而在叙述可能的——依据真实性，必然性可能发生的事件。史家和诗家不同！"

史剧家在创造剧本，并没有创造"历史"，谁要你把它当成历史呢？

四

史剧这个名称，也只是一个通俗的说法。认真说凡是世间上的事无一非史，因而所有的戏剧也无一非史剧。

"现在"，究竟在那儿？

刚动一念，刚写一字，已经成了过去。

然而有好些专家或非专家却爱把史剧和现实对立，写史剧的便被斥责为"逃避现实"或"不敢正视现实"。

"现实"这个字我们用得似乎太随便了一点。现在的事实固可以称为现实，表现的真实性也正是现实。我们现在所称道的"现实主义"无疑是指后者。

假使写作品非写现成事实不可，那吗中国的几大部小说《水浒》《西游》《三国》等等都应该丢进茅坑。《元曲》全部该烧。但丁，莎士比亚，歌德，托尔斯泰都是些混蛋。

大家都在称赞托尔斯泰的《战争与和平》，说是现实现实，但人们却忘记了他所写的是拿破仑侵略俄罗斯的"历史"。

请不要只是把脚后跟当成前脑。

五

史剧的用语有一个时期也成过问题。

有的人说应该用绝对的历史语言，这简直是有点滑稽。

谁能懂得绝对的历史语言？绝对的历史语言又从什么地方去找？

我们现代的言语在几百千年后一部分倒是可以流传下去的，因为我们已经有录音的工具。但几百千年前的言语呢？不要说几百千年，就是几十百年前也就无法恢复。

但史剧用语多少也有限制，这和任何戏剧用语都有限制是一样。

根干是现代语，不然便不能成为话剧。但是现代的新名词和语汇，则绝对不能使用。

在现代人能懂得的范围内，应该要渗进一些古语或文言，这也和写现代剧要在能懂的范围内使用一些俗语或地方语一样。不同的只是前者在表示时代性，后者在表示社会性或地方性。

写外国题材的剧或翻译，不曾听见说过剧中人非得使用外国语不可，而写历史剧须得用历史语，真是不可思议的一种奇谈。

一九四二年四月十九日

（本篇最初发表于 1943 年 4 月重庆《戏剧月报》第 1 卷第 4 期，选自《沸羹集》，上海大孚出版公司，1947 年 12 月版）

我怎样写《棠棣之花》

真没想出《棠棣之花》，在最近竟搬上了舞台，而且大受欢迎。我知道这一多半是靠导演、演员、音乐、舞蹈及一切前后台工作人员诸君的力量。我深深地感谢他们。

因为这一演出的成功使我发生了好些回忆并接受了好些问题，我感觉着有加以叙述和解答的必要。

我对于聂嫈和聂政姊弟这个故事发生同情，是很小时候的事，现在已经记不清了。《史记》的《刺客列传》，特别关于聂政的一部分，在旧时的古文读本上，大抵都是有选录的。凡是读过这故事的人，我相信没有不同情他们俩的。这在前和荆轲刺秦，专诸刺僚，差不多是成为了民间故事，虽然现在是和一般年青的朋友稍稍疏远了。

我起初把故事戏剧化是远在民国九年的春天。我约略记得是在把《湘累》和《女神之再生》写完之后，开始执笔的。那时候我还在日本留学，是九州医科大学的一年生。我读过了些希腊悲剧家和莎士比亚、歌德等的剧作，不消说是在他们的影响之下想来从事史剧或诗剧的尝试的。

我起初的计画是想写成十幕，便是《屠狗》、《别墓》、《邂逅》、《密谋》、《行刺》、《诀夫》、《误会》、《闻耗》、《哭尸》、《表扬》。完全根据《刺客列传》，从严仲子访问起，写到聂政声名表露为止。

依据《史记》，聂嫈是嫁了人的。在聂嫈哭尸时有这样的几句话："政所以蒙污辱，自弃于市贩之间者，为老母幸无恙，妾未嫁也。亲既以天年下世，妾已嫁夫"。故尔我准备有《诀夫》的一幕，我是想写出聂嫈想去追踪她的兄弟，而她的丈夫（作为一商人）不肯，因而遂致乖离决裂。但我又参考《战国策》（卷二十七，《韩策二》），这同一的故事明明为《史记》所根据的，却没有嫁夫这一段话！这当然是司马迁的画蛇添足。聂嫈是以不嫁夫为更美满。因此，我的计画便中途生了变革。

本来我的前五幕已经是约略写好了的，经这一番变革才停顿了下来。同时我又感觉着第一幕与其他九幕相隔三年多，时间上不统一，而且前五幕主要写聂政，后五幕主要写聂嫈，人物上也不统一，于是便率性把写成十幕的计画，完全抛弃了。写成了的五幕中第二幕和第三幕觉得很有诗趣，未能割爱。在民国九年的双十节《时事新报》的《学灯》增刊上把第二幕发表了。后来被收在《女神》里面。又在十一年五一节《创造季刊》的创刊号上把第三幕发表了。这两幕便被保存了下来，其他都完全毁弃了，一个字也没有留存。

直到五卅惨案发生的时候，那时我在上海，而且就在惨案发生的那一天，我在南京路先施公司的楼上，亲眼看见一些英国巡捕和印度巡捕飞扬跋扈，弹压行人的暴状。这又把我的创作欲触发了，我便费了十天左右的功夫写成了《聂嫈》（即现在的《棠棣之花》的最后两幕）。写成后，上海美专学生要慰劳罢工工友，曾经把它演出过，演了两场。这个独立的两幕剧，后来我把它收进《三个叛逆的女性》里面，还附载有一篇关于演出当时的情形的叙述。

北伐那年的四月，广州的在廖夫人领导下的一个血花剧社却把《聂嫈》和以前发表过的两幕合并起来，作为四幕剧的《棠棣之花》演出过。那是有点不合理的，因为那样的凑合使第二幕和第三幕完全是一个景，假如作为一幕的两场在结构上也够累赘。但就那样，演出时也公然得到了相当的好评。

《棠棣之花》作为五幕剧的现有形态是四年前"八一三"战役发生以后，而且是上海成为孤岛以后的事了。上海成为了孤岛，有一个时期我住在法租界一位朋友的家里，因为工作不能做，而且不便轻易外出，于是便想起了把《棠棣之花》来作一个通盘的整理。加了一个《行刺》的第三幕，把以前割弃了的两幕恢复，就这样便使《聂嫈》扩大了。

以上是写作经过的大略。在这一次的上演上又曾经加了一番增改，特别是第二幕的后半，和第三幕的增加一场，使剧情更加有机化，而各个人物的性格也比较更加突出了。把二幕的单纯的食客演化为韩山坚，作为聂政的向导，过渡到第三幕，这个并未前定的偶然生出的着想，使我感觉着相当的满意。这真真是一个意想外的收获。

讲到《棠棣之花》的故事，在前自己是曾经下过相当的考证的。我主要的是参合着《战国策》《竹书纪年》和《史记》这三项资料，并没有纯粹依据《史记》。《史记》这部书在保存中国的古史上固然是极有光辉的史籍，但它本身实在有不少的瑕疵。这些瑕疵，有些是出于司马迁存心润色，例如上面已经说到的聂嫈已嫁夫之类，有些是出于他的疏忽，在这个故事里面便有由于他的疏忽而弄错了的证据。

根据《战国策》，明明说聂政受着严仲子的请托，到东孟之会"直入上阶，刺韩傀（即侠累），韩傀走而抱哀侯，聂政刺之，兼中哀侯"。又《韩策三》也有"东孟之会，聂政阳坚刺相兼君，许异蹴哀侯而殪之"的话。可见聂政行刺是在哀侯时，而行刺时是把君相同时刺死了。

但在《史记》是怎样呢？《刺客列传》上本说"濮阳严仲子事韩哀侯，与韩相侠累有却"，足见聂政行刺明明是哀侯时事，可他把"兼中哀侯"这一点删掉了，而在《韩世家》里面又写着"列侯三年聂政杀韩相侠累"（据《集解》引"徐广曰六年救鲁也"，可知"三年"必系"六年"之误）。同是一事，一面写在哀侯时代，一面又写在列侯时代，这已经是矛盾。

列侯十三年卒，其子文侯立。文侯十年卒，其子哀侯立。（《史记》

是把哀侯作为列侯之孙，其实这也是错误，依《纪年》与《世本》只是父子关系）。哀侯六年又写着"韩严弑其君哀侯而子懿侯立"，这又把一件事体化而为两件事体了。

这些，我看，完全是出于司马迁的疏忽，可就因他这一疏忽，便以讹传讹，后来的所谓正史多是把这件故事分化成两件而叙列着。

战国时代的史事，讹误最多，《战国策》本是由零星的书简集成的书，文字亦多脱讹。例如上面已举出的"聂政阳坚刺相兼君"的一段，那原文就很难懂，我把它抄录在下边吧。

> 东孟之会，聂政阳坚刺相兼君，许异蹴哀侯而殪之，立以为郑君。韩氏之众无不听令者，则许异为之先也。是故哀侯为君而许异终身相焉，而韩氏之尊许异也，犹其尊哀侯也。……

这怎么也是不通的文字，许异已经把哀侯蹴死了，而又"立以为郑君"，并且"终身相焉"。这当然是有错误。

《竹书纪年》这部书是很可宝贵的，它本来是在晋太康年间出土的魏国的国史，但可惜这书散佚了，现存的是明朝的人所伪撰的。好在司马贞的《史记索隐》时时引到它，替我们保存了好些宝贵的资料。例如在《韩世家》的"韩严弑其君哀侯而子懿侯立"下，便引《纪年》云：

> 晋桓公邑哀侯于郑，韩山坚贼其君哀侯，而韩若山立。

韩若山不用说就是懿侯了，根据这些，我们可以知道，《战国策》那段不通的文字应该增改如下的：

> 东孟之会，聂政阳坚刺相兼君，许异蹴哀侯而殪之，立其子（若山）以为郑君。韩氏之众无不听令者，则许异为之先也。是故懿侯为君而许异终身相焉，而韩氏之尊许异也，犹其尊哀侯也。……

为什么韩侯称"郑君"，根据《纪年》便可以理解，我在剧本中写的韩城就是指的郑邑，这是现今河南的新郑，由濮阳至此，昼夜兼程，两三天是可以到的。

有的人站在纯粹历史家的立场，说阳坚、韩山坚、韩严应该是一个人，而且应该就是严仲子严遂。不错，有些近是。但在《战国策·西周策》中又有"严氏为贼而阳竖与焉"的话，这"阳竖"必然是阳坚的错误，可见阳坚和严遂是判然两个人。假使让我也发挥些考证家的技俩，我想阳坚和山坚倒会是一个人，而且山坚的"山"字恐怕是"由"字的形近而误，由与阳音相近，既系双声且近于阴阳对转。不过我在本剧的人物配置上更发挥了一点创作上的自由，我把韩山坚和阳坚是分化成为两个人的。从酒家女临死时的"濮阳酒店……"讹听成为"仆——阳坚"，点出了阳坚的虚名，而以酒家女顶代。又把韩山坚作为严仲子的心腹，表现成为在暗中活跃的志士。还有许异一名本来也可以利用，因为《战国策》那段文字错落难明，而且许异我疑心就是"遂"字的音变（犹如"侠累"亦称为"傀"），也就是严遂，所以我结局把他抛弃了。

写历史剧并不是写历史，这种初步的原则，是用不着阐述的。剧作家的任务是在把握着历史的精神而不必为历史的事实所束缚。历史的事实并不一定是真实。这两者要想得到统一，恐怕要在真正的人类史开幕以后去了。故尔剧作家有他创作上的自由，他可以推翻历史的成案，对于既成事实加以新的解释，新的阐发，而具象地把真实的古代精神翻译到现代。

历史剧作家不必一定是考古学家，古代的事物愈古是愈难考证的。绝对的写实，不仅是不可能，而且也不合理。假使以绝对的写实为理想的目标，则艺术部门中的绘画雕塑早就该毁灭，因为已经有照相术发明了。

我在这些认识之下，不仅在人物的配置上取得了相当的自由，如无中生有地造出了酒家母女，冶游男女，盲叟父女，士长卫士之群，特别在言语歌咏等上我是取得了更大的自由的。我让剧中人说出了和现代不甚出入的口语，让聂嫈唱出了五言诗，游女等唱出了白话诗，这些假使要从纯正历史家的立场来指摘，都是不合理的。但假如不容许这种类似不合理的魔术存在，则戏剧活动乃至一切的文艺活动都不能成立。我们如想到金兀术在北平舞台上唱平剧，在重庆舞台上又唱川剧，丹麦王子的罕默雷特在伦敦舞台上说英文，在莫斯科舞台上说俄文，这里是可以得到历史剧的用语问题的钥匙的。

反正是幻假成真，手法干净些，不让人看出破绽，便是上选。大概历史剧的用语，特别是其中的语汇，以古今能够共通的最为理想，古语不通于今的非万不得已不能用，用时还须在口头或形象上加以解释，今语为古所无的则断断乎不能用，用了只是成为文明戏或滑稽戏而已。例如在战国时打仗你说他们使用飞机坦克毒瓦斯，古代中国人口中说出了"古得貌宁，好都幽都"（Good morning, how do you do），这实在是滑稽透顶的事。

《棠棣之花》的政治气氛是以主张集合反对分裂为主题，这不用说是参合了一些主观的见解进去的。望合厌分是民国以来共同的希望，也是中国自有历史以来的历代人的希望。因为这种希望是古今共通的东西，我们可以据今推古，亦正可以借古鉴今，所以这样的参合我并不感其突兀。据《史记》，严仲子与侠累的关系只说了"有却"两个字，这实在不够味。到底是谁曲谁直我们都无从知道，只是有点私仇而已，这实在是不够味。《战国策》要周到些，提出了"严遂政议直指，举韩傀之过，韩傀以之叱之于朝；严遂拔剑趋之，以救解"的这些事实。我们据此可以知道严遂是站在公正的一面，而且性格相当直率，侠累则不免是怙过拒谏，跋扈飞扬。但是严遂所议的是什么，所指摘的是什么，这里也没有说出。为要增加严仲子的正直性，同时也是增加聂政姊弟的侠义性，我把三家分晋的事情联合上了。因为韩赵魏三家实际上把晋国分割了的，就在韩哀侯元年，严仲子要"政议直指"，这正是绝好的题材，而且也应该是有的。

严仲子避居在濮阳，这在古是相传为"淫风流行"的地方，所谓桑间濮上的情景，我们读读《国风》的"期我乎桑中，邀我乎上宫"和"维士与女，伊其相谑，赠之以芍药"的那些诗，是不难想像的。为要构成那种气氛，所以我在第二幕和第四幕中插入了冶游男女的歌唱。在这番构成上，日本的风俗也帮助了我，日本人在樱花开放时节，那种举国若狂的情形，实在有些原始的风味，剧中所插入的那首《春桃一片花如海》的歌，事实上是民国八年春天，在博多的西公园看樱花时做的，只是原诗是《春樱》，在插入剧本时，我把"樱"字改成了"桃"字罢了。这些经历，当然只有作者自己知道。总之我是尽量在想托出古代的现实，有好些青年朋友对于古典的素养欠缺，也不大肯研究，喜欢说我的东西是主观的，浪漫的，这样的批评在我倒无关痛痒，不过在批评者本身的态度上，我倒觉得太主观，太浪漫了一点。

三年之丧的制度本来是创制于儒家，就在比聂政更迟的孟子时代在一般的上层阶级都还没有行通，例如孟子教滕文公行三年之丧，便遭了滕国的父兄百官反对，他们说："吾宗国鲁先君莫之行，吾先君亦莫之行也"。我在剧中却让聂政姊弟服了三年丧，这儿是有些问题的。《史记》和《战国策》上本都有"聂政母死，既葬，除服"的话，但所"除"的"服"不必一定就是三年的丧服，而且两种书都是后人的追记并不必绝对可靠。尤其是聂政是游侠之徒，侠与儒在精神上不相容，让聂政来行儒家的三年之丧，觉得有点不合理。这层意思，我自己在前没有考虑到，是几天前周恩来先生向我指出的，我感谢他这个非常宝贵的意见。本来很想根据这个意见把剧本修改一遍，但要牵连到歌词，牵连到几乎全剧的情调，我也就只好踌躇下来了。好在聂政原是孝子，母死之后经历三年余哀方尽，也多少可以衬出他的孝心，对于并无真正的史实概念的一般观众恐反而可以增加效果。因为在一般观众心中，三年之丧还是被认为天经地义的，假使聂政母葬即行，恐不必会认为义侠，而反被认为忤逆。太新了的历史考证有时也难得搬上舞台，这似乎也得列为论历史剧的一个研究项目。又例如《离骚》里有女须谏屈原的一段，女须在前多被认为屈原的姐姐，这已成为一般的定论；但也有的认为是妹子的（郑玄），有的认为是贱妾的（朱熹），经我的考证觉得是相当年青的爱人。假如我们要把屈原搬上舞台上的时候，是把女须写成爱人的好，还是写成姐姐的好呢？我目前正为这事情考虑。我感觉着恐怕以写成姐姐的更加方便，写成姐姐，再配上一位年青的侍女上去，使她对于屈原发生情愫，恐反而会增加效果的。考据和创作，看来毕竟是两条不必一定平行的路。

三十年十二月九日

（本篇最初发表于 1941 年 12 月 14 日重庆《新华日报》，选自《今昔蒲剑》，上海海燕书店，1947 年 7 月版）

写完五幕剧《屈原》之后

在《棠棣之花》第二次上演的时候，有好些朋友怂恿我写《屈原》，我便起了写的意念。但怎么写法，怎样才可以写得好，却苦恼着我。

第一，屈原的悲剧身世太长。在楚怀王时代做左徒时未满三十，在楚襄王二十一年郢都陷落而殉国时，年已六十有二。三十多年的悲剧历史，怎样可以使它被搬上舞台呢？这实在是一个大问题！我为这问题考虑了相当的时间，因不易解决使我不能执笔者有三个星期之久。

其次是屈原在历史上的地位太隆崇了，他的性格和他的作品都有充分的比重。要描写屈原，如力量不够，便会把这位伟大人物漫画化。这是很危险的。有好些朋友听说我要写《屈原》，他们对于我的期待似乎未免过高。在元旦的报章上就有人预言，"今年将有罕默雷特和奥塞罗型的史剧出现"。这种鼓励无宁是一种精神上的压迫。欧洲文学中并没有好几篇《罕默雷特》和《奥塞罗》，莎士比亚的作品中也就算这二篇最为壮烈。现在要教人一跃而跻，实在是有点苦人所难。批评家是出于好意还是出于"看肖神"，令人有点不能摩捉。

然而我终竟赌了一口气，不管他怎样，我总要写。起初是想写成上下两部，上部写楚怀王时代，下部写楚襄王时代。这样的写法是有点像《浮士德》。我把这个意念同阳翰笙兄商量过，他也很赞成，觉得只有这样才是办法。分写成上下两部，每部写它个五六幕，而侧重在下部的结束，这是当初的企图。我现在还留有一张关于下部的分幕和人物表，不妨把它抄录在下边吧。

一、服丧

襄王　子兰　郑袖　屈原　女须　婵娟　群众

二、屈服

襄王　子兰　郑袖　屈原

三、流窜

襄王　子兰　郑袖　秦嬴　屈原　詹尹　女须　婵娟

四、哀郢

襄王　子兰　郑袖　白起　秦兵　屈原　女须　婵娟　群众

五、投江

屈原　渔父　群众　南公

《服丧》是想写襄王三年，怀王囚死于秦归葬时候的事。当时楚国反秦空气极高，屈原得恢复其社会上的地位，凭着群情的共愤，使当时的执政者终于和秦国绝了交。

《屈服》是想写襄王六年时事。秦将白起战败韩国，斩首二十四万于伊阙。秦王借此余威，向楚压迫，要求决战。襄王慑服，向秦求和，并迎妇于秦为其半子。此时屈原理应反对最烈，然而于事无补。

《流窜》是接着《屈服》而来的，想写成两场，首因激怒当局而遭窜逐，继则偕其亲近者在窜逐生活中向郑詹尹卜居。

《哀郢》是想写襄王二十一年白起破郢都襄王君臣出走时事。楚国险遭亡国的惨祸。屈原在这国破的情境当中还须失掉女须与婵娟，增加其绝望。

《投江》便是想写投汨罗时的最后情景。渔父出了场之外，我还想把南公也拉出场。南公见《史记·项羽本纪》，有楚南公曰："楚虽三户亡秦必楚"几句话。本来不知道他是什么时候的人，或许会后于屈原，但我把他拉到这里来作为群众的领率，群众是在屈原死后来打捞他的尸首的。

约略这样的一个步骤，然而在认真开始执笔而且费了几天功夫把目前的《屈原》写出了时，却完全被打破了。目前的《屈原》真可以说是意想外的收获。各幕及各项情节差不多完全是在写作中逐渐涌出来的。不仅是写第一幕时还没有第二幕，就是第一幕如何结束都没有完整的预念。实在也奇怪，自己的脑识就像水池开了闸的一样，只是不断的涌出，涌到了平静为止。

我是二号开始写的，写到十一号的夜半完毕。综计共十天。但在这十天当中，我曾作过四次讲演，有一次（十号）还是远赴沙坪坝的中大。我每天照常会客，平均一天要会十个人；照常替别人看稿子，五号为看凌鹤的《山城夜曲》整个费了一天功夫；也照常在外面应酬，有一次（七号）苏联大使馆的茶会，看影片到深夜。故尔实际上的写作时间，每天平均怕不上四小时吧。写得这样快实在是出乎意外。

写第一幕的时间要费得多些。我的日记上写着：一月二号"晚间开始写《屈原》得五页"。一月三号"午前写《屈原》得十页左右"。一月四号"晚归续草《屈原》，第一幕行将完成矣"。一月六号"写完《屈原》第一幕，续写第二幕"。

写第一幕时在预计之外我把宋玉拉上了场，在初并没有存心要把他写坏，但结果是对他不客气了。我又把子兰认为郑袖的儿子，屈原的学生，为增加其丑恶更写成跛子，都是想当然的事体，并不是有什么充分的根据的。《屈原传》称子兰为"稚子子兰"，把郑袖认为他的母亲，在情理上是可能的。屈原在怀王时有宠，能充当子兰的先生也是情理中的事，故尔我就让他们发生了母子师生的关系。

我在写第一幕的时候，除造出了一个婵娟之外，本来是想把女须拖上场的，但到快要写完一幕时，我率性把她抛弃了。旧时认女须为屈原之姐，唯一的根据就是贾侍中说"楚人谓姊为须"。但只这样，则"女须"犹言"女姊"，不能算是人名。郑玄以为妹，朱熹以为贱妾，是根据《易经》上的"归妹以须"。古时女子出嫁，每以同姓之妹或侄为媵，故"须"可解为妹，亦可解为妾。这样时，"女须"也不能算是人名。因此我率性把女须抛弃了。我别立了一种解释，便是把《离骚》上的"女须之婵媛"解释为陪嫁的姑娘，名叫婵娟。就是《湘夫人》中的"女婵媛兮，为余太息"，《哀郢》中的"心婵媛而伤怀兮，眇不知其所跖"，我都想把它解释成人名。虽然没有其它的根据，但和把"女须"释为姊或妹之没有其它的根据是一样的。又"女须"亦可解作天上的星宿"须女"，此解比较为合理，但我在本剧中没有采用。

第二幕以下的进行情形，让我还是抄写日记吧。

一月七日"继续写《屈原》，行进颇为顺畅。某某等络绎来，写作为之中断"。

一月八日"上午将《屈原》第二幕草完，甚为满意。……本打算写为上下部者，将第二幕写成之后，已到最高潮，下面颇有难以为继之感。吃中饭时全剧结构在脑中浮出，决写为四幕剧，第三幕仍写屈原之橘园，在此幕中刻画宋玉、子椒、婵娟等人物。第四幕写《天问》篇中之大雷电，以此四幕而完结。得此全像，脑识颇为轻松，甚感愉快"。

一月九日"《屈原》须扩展成五幕或六幕，第四幕写屈原出游与南后相遇，更展开南后与婵娟之斗争，但生了滞碍。创作以来第一次遇着难关，因情调难为继"。

一月十日"第四幕困难得到解决，且颇满意。上午努力写作，竟将第四幕写成矣。……夜为第五幕复小生滞塞，只得早就寝"。

一月十一日"夜将《屈原》完成，全体颇为满意，全出意想之外。此数日来头脑特别清明，亦无别种意外之障碍。提笔写去，即不觉妙思泉涌，奔赴笔下。此种现象为历来所未有。计算二日开始执笔至今，恰好十日，得原稿一二六页，……真是愉快。今日所写者为第五幕之全体，幕分两场，着想自亦惊奇，竟将婵娟让其死掉，实属天开异想。婵娟化为永远之光明，永远之月光，尤为初念所未及。"……

目前的《屈原》实在是一个意想外的收获，我把这些日记的断片摘录了出来，也就足以证明在写作过程中是怎样的并没有依据一定的步骤。让婵娟误服毒酒而死，实在是在第五幕第一场写完之后才想到的。因此便不得不把郑詹尹写成坏人。我使郑詹尹和郑袖发生了父女关系，不用说也是杜撰的，根据呢？只是他们同一以郑为氏而已。祭婵娟用了《橘颂》这个想念，还是全剧写成之后，在十二号的清早出现的。回想到第三幕中宋玉赠婵娟以《橘颂》尚未交代，便率性拉来做了祭文，实在再适合也没有。而且和第一幕生出了一个有机的叫应，俨然像是执笔之初的预定计画一样。这也纯全是出乎意外。

我把宋玉写成为一个没有骨气的文人，或许有人多少会生出异议吧。不过我这也并不是任意诬蔑。司马迁早就说过："屈原既死之后，楚有宋玉、唐勒、景差之徒者，皆好辞而以赋见称。然皆祖屈原之从容辞令，终莫敢直谏。"再拿传世的宋玉作品来说，如像《神女赋》、《风赋》、《登徒子好色赋》、《大言赋》、《小言赋》等，所表现的面貌，实在只是一位帮闲文人。《招魂》一篇依照《史记》，应该是屈原的作品，但我为行文之便，却依照王逸的说法划归了宋玉。考据与创作并不能完全一致，在这儿还须得附带声明的。

南后郑袖这个性格是相当有趣的，我描写她多是根据《战国策》上的材料，如送贿给张仪及谗害魏美人的故事都是。（《韩非子》上也有，因手中无书，未及参证。）这个人是相当有点权变的，似乎不亚于吕雉与武则天。在我初期的计画中，是想把她的权势扩展到襄王一代，把襄王写成傀儡，把她写成西太后，前面所列的人物表中一直到最后都有郑袖，便是这个意向的表示了。但就在本剧中，她的性格已经完成，我也感觉着没有再写的必要了。

依据《史记》，在怀王时谮屈原的是上官大夫靳尚，但我把主要的责任嫁到郑袖身上去了。这虽然也是想当然的揣测，但恐怕是最近乎事实的。《卜居》里面有"将促訾栗斯，喔咿儒儿，以事妇人乎"的一问，所说的"妇人"应该就是指的郑袖。又《离骚》亦有"众女嫉余之蛾眉兮，谣诼谓余以善淫"的话，虽是象征的说法，但亦必含有事实。——《离骚》这两句是写到此处时才偶然想到的，与剧中情节不无相合之处，也是意外。

关于令尹子椒的材料很少，《离骚》里面有"椒专佞以慢慆"一句，向来注家以为即是子椒。又楚襄王时是"以其弟子兰为令尹"的，因此我便把子椒作为怀王时的令尹，而写成为了昏庸老朽的人。

写张仪多半是根据《史记·张仪列传》及《战国策》，把他写得相当坏，这是没有办法的。在本剧中他最吃亏，为了裎祀屈原，自不得不把他来做牺牲品。假使是站在史学家的立场来说话的时候，张仪对于中国的统一倒是有功劳的人。

第四幕中的钓者是得自《渔父》辞中的渔父的暗示，性格不用说是写得完全不同。第五幕中的卫士成为"仆夫"是因为《离骚》里面有"仆夫悲余马怀"的一个仆夫。这位仆夫要算是忠于屈原的唯一有据的人物，然而他的姓名无从考见。又这位仆夫我把他定成汉北的人去了，原因是《抽思》里面有"有鸟自南兮来集汉北"的两句，足见屈原初放流时是在汉北，故《思美人》章又有"指嶓冢之西隈兮与纁黄以为期"之语。流窜江南，当是襄王时代的事了。

第五幕中卫士处置更夫，我写出了个活杀自在法，在这儿是相当费了一点思索的，前面日记中所说："夜为第五幕复小生滞塞"，也就是指的写这儿的情形。我起初本是想很甘脆的便把更夫勒死，但想到为要救活一人便要杀一无辜者觉得于心不安。又曾想到率性把更夫写成坏人，譬如让更夫来毒杀婵娟觉得也不近情理。于是便想到活杀自在法，这在日本的柔道家是有的，似乎是把人的会厌骨向下按，便可使人一时气绝，再将骨位复原，人又可以苏醒。日本救不会泅水的人也每用此法，以免手足纠缠。这个方法我相信是由中国传过去的，但我们问了好些朋友都不知道。我自己并不懂这个法术也无从实验，因此又不免踌躇。但我终于还是那样写出了，为了在舞台上能安婵娟的心，我想也是必要的。

关于靳尚，在《战国策》里面有一段故事极富有戏剧价值，便是怀王要放张仪的时候有点不放心，靳尚便自告奋勇去监送张仪。有一位楚小臣，和靳尚有仇，他对魏国的张旄献计，要他派人在路上暗杀靳尚，以离间秦楚。张旄照办了，靳尚便在路上遭了刺杀。于是楚王大怒，秦楚构兵而争事魏。这个故事在初本也想写在剧本里面的，但结果是割爱了。假使戏剧还要发展的话，那位钓者，倒也可以作为楚小臣的。

就这样本打算写屈原一世的，结果只写了屈原一天——由清早到夜半过后。但这一天似乎已把屈原的一世概括了。究竟是不是罕默雷特型或奥塞罗型不得而知，但至少没有把屈原漫画化，是可以差告无罪的。

三十一年一月二十日夜

（本篇最初发表于 1942 年 2 月 8 日重庆《中央日报》副刊，题为《写完〈屈原〉之后》，收入《蒲剑集》时改题为《写完五幕剧〈屈原〉之后》，选自《今昔蒲剑》，上海海燕书店，1947 年 7 月版）

《虎符》写作缘起 *

事情也太凑巧：正月二日我开始写《屈原》，于十一日完成；二月二日我又开始写《虎符》，又于十一日完成了。同是五幕的史剧，时代也相差不远。

《虎符》是把信陵君救赵盗窃虎符的故事拿来做题材的。这故事本身相当有趣，见司马迁的《信陵君列传》，为读者参考的便利，我把它摘录在下边。

> 魏公子无忌者，魏昭王少子，而魏安釐王异母弟也。……封为信陵君。

> 魏安釐王二十年（西纪前二五七年），秦昭王已破赵长平军，又进兵围邯郸。公子姊为赵惠文王弟平原君夫人，数遗魏王及公子书，请救于魏。魏王使将军晋鄙将十万众救赵。秦王使使者告魏王曰："吾攻赵，旦暮且下，而诸侯敢救者，已拔赵，必移兵先击之。"魏王恐，使人止晋鄙，留军壁邺，名为救赵，实持两端以观望。

> 平原君使者冠盖相属于魏。……公子患之，数请魏王，及宾客辩士说王万端。魏王畏秦，终不听公子。

> 公子自度终不得之于王，计不独生而令赵亡，乃请宾客约车骑百余乘，欲以客往赴秦军，与赵俱死。行过夷门，见侯生，具告所以欲死秦军状，辞决而行。侯生曰："公子勉之矣。老臣不能从。"

> 公子行数里，心不快。曰："吾所以待侯生者备矣，天下莫不闻。今吾且死，而侯生曾无一言半辞送我，我岂有所失哉？"复引车还，问侯生。侯生笑曰："臣固知公子之还也。公子喜士，名闻天下，今有难，无他端而欲赴秦军。譬若以肉投馁虎，何功之有哉？尚安事客？然公子遇臣厚，公子往而臣不送，以是知公子恨之，复返也。"

> 公子再拜，因问。侯生乃屏人间语曰："嬴闻晋鄙之兵符常在王卧内，而如姬最幸出入王卧内，力能窃之。嬴闻如姬父为人所

---

* 本篇为五幕史剧《虎符》的附录。五幕史剧《虎符》，1942 年 10 月重庆群益出版社初版、1946 年 6 月群益出版社二版、1949 年 8 月群益出版社四版。

杀，如姬资之三年。自王以下欲求报其仇莫能得。如姬为公子泣。公子使客斩其仇头，敬进如姬，如姬之欲为公子死，无所辞，顾未有路耳。公子诚一开口请如姬，如姬必许诺，则得虎符，夺晋鄙军，北救赵而西却秦，此五霸之伐也。"

公子从其计，请如姬。如姬果盗晋鄙兵符与公子。公子行，侯生曰："将在外，主令有所不受，以便国家。公子即合符，而晋鄙不授公子兵而复请之，事必危矣。臣客屠者朱亥可与俱。此人力士。晋鄙听，大善；不听，可使击之。"于是公子泣。侯生曰："公子畏死耶？何泣也？"公子曰："晋鄙嚄唶宿将，往恐不听，必当杀之，是以泣耳。岂畏死哉？"

于是公子请朱亥。朱亥笑曰："臣乃市井鼓刀屠者，而公子亲数存之，所以不报谢者，以为小礼无所用。今公子有急，此乃臣效命之秋也。"遂与公子俱。公子过谢侯生。侯生曰："臣宜从，老不能。请数公子行日，以至晋鄙军之日，北向自刭，以送公子。"

公子遂行，至邺，矫魏王令代晋鄙。晋鄙合符，疑之，举手视公子曰："今吾拥十万之众，屯于境上，国之重任。今单车来代之，何如哉？"欲无听，朱亥袖四十斤铁椎，椎杀晋鄙。

公子遂将晋鄙军，勒兵，下令军中曰："父子俱在军中，父归。兄弟俱在军中，兄归。独子无兄弟，归养。"得选兵八万人，进兵击秦军。秦军解去，遂救邯郸存赵。

以上便是故事的梗概，司马迁也是用了力量在写，但不用说还是很简单。不过就在这简单的叙述中，司马迁替我们留传了一位值得赞美的女性——如姬。凡是稍有历史常识的人，提到信陵君，没有不知道如姬的。

我想把故事写成剧本，差不多是二十年前的事，但因为如姬的事迹太简略，没有本领赋以与以血肉生命，因而也就不敢动手。现在我又提起兴会竟公然把它写出来了，这不用说是目前的戏剧运动的活跃促进了我，但事实上也是我书案上摆着的一个虎符，不声不响的在催促我。

虎符这种东西，没有点古器物学识的人是不能想像的。那不是后来的所谓安胎灵符之类在纸上画的一个老虎，而是一种伏虎形的青铜器，不大，只有三寸来往长。战国及秦汉就靠着这种东西调兵遣将。照例是对剖为二，剖面有齿嵌合，腹部中空。背上有文，有的是把文字也对剖为二，有的分书在两边，大抵是错金书。所谓错金书者是说把字刻成之后，另外灌以别种金属，再打磨平滑，文与质异色，是异常的鲜明。留存于世的，以半边为多，因为是分开使用，一半在朝内，一半在朝外，自然很难得有两半都留存了下来的。两半都留存了下来的也有，我去年九十月的时候便得到一个。

我所得的虎符，是由一位轿夫手里花了十块钱买来的。据说是由轰炸后的废墟中掏检出来的东西，以前不知道是甚么人的搜藏品。长约三寸，背上有十个错金书分写两边，一边五个，全文是"右须军銜（？）干道车×第五"。军下的一个字不知是间还是銜，车下一个字连笔划都弄不清。字体是汉隶，假如是真的，大约是汉初的东西，因为没有书籍，我还没有工夫来考证。但假的可能性较大，因为两边完全整整地配合着，实在也是少有的事。不过不问它是真是假，我是很喜欢它的。它很重实，而且也古气盎然，我把它当成文具在使用。

但是就是这个铜老虎事实上做了我这篇《虎符》的催生符。我在这样想，将来这《虎符》要搬上舞台上演的时候，它的半边是还须得去串演一番脚色的。古书上的所谓"合符"就是拿一半边去和另一半边相合。普通是左半边在朝外，右半边在朝内。因此我们可以知道，信陵君和如姬所偷的虎符只是右边的半边，左边的是在晋鄙手里。

为了要写《虎符》，我把《史记》和《战国策》（我手中现在可据的只有这两种书）翻来复去的考查了好几天。首先是要定信陵兵救赵的时期，我在剧中把它规定成为了八月中旬，这是有相当根据的，但要声明并不一定确实。在这儿，我把《史记·秦本纪》和《白起传》的两项资料写在下边：

> 四十七年（秦昭王），武安君（白起）击大破赵于长平，四十余万尽杀之。四十八年……正月兵罢。其十月五大夫陵攻赵邯郸。四十九年正月益发卒佐陵，陵战不善，免。王龁代将。……五十年十月武安君白起有罪，为士伍，迁阴密，……十二月武安君白起有罪死。龁攻邯郸不拔，去还，奔汾军……（《秦本纪》）

> （四十八年）正月皆罢兵。其九月秦复发兵使五大夫陵攻赵邯郸。……四十九年正月陵攻邯郸少利，秦益发兵佐陵，陵兵亡五校。——八九月围邯郸不能拔，楚使春申君，及魏公子将兵数十万攻秦军，秦军多死亡。——免武安君为士伍，迁之阴密。武安君病，未能行，居三月诸侯攻秦军，急，秦军数却。……武安君之死也，以秦昭王五十年十一月。（《白起传》）

这第二项末尾的"十一月"应该是十二月的错误，《史记》的文字凡是叙述都每每错误，即如救赵一事，在《春申君传》和《廉颇传》，连年代都不合，这里主要是根据秦国的资料和年表。"八九月围邯郸不能拔"，接着就是楚魏的救兵攻秦，那吗信陵君在八月中下旬出兵是可能的。为舞台效果计，我把它定在了中秋前后，这不用说是我发挥了创作上的自由。

其次是人物。关于信陵君。侯嬴和朱亥，如姬，魏安釐王的资料是根据《信陵君列传》。《魏世家》里面有一长篇信陵君谏魏王联秦攻韩的书，充分的发挥了他的反秦合纵的主张，在本剧中曾多少有些利用。这篇文章，在《战国策》是作为朱己说魏王，朱己与无忌是一音之转，司马迁作为无忌大约是可靠的。

如姬的事情实在太简略，她的父亲不知道是谁，杀她父亲的人也不知道是谁，我为方便计，把她父亲定名为师昭，这是并没有根据的。只是因为在剧中要让如姬弹弹琴，那最好是把她作为琴师的女。又因为《庄子·齐物论》篇里面有"昭文鼓琴……而其子又以文之纶终，终身无成"的话，与晋的师旷和魏的惠施并列，因此我认为大约昭文也是魏人（楚国本有昭姓，但楚人亦可北迁于魏），故此杜撰地安了一个师昭。

关于如姬父之死也很有问题。为什么同在魏国，自国王以下找了三年都没有找到的仇人，信陵君一下子便把他找着了？这使人很难得索解，我在这儿实在也费了不少的思索。结果是使用催眠术，把唐雎老人拉了出来。唐雎老人九十余岁，曾为魏国出使过秦国，《战国策》作唐且。这唐且又是跟着信陵君到了赵国的食客，在邯郸解围之后曾劝信陵君谦抑，勿受赵王的赏赐。在《史记》也有这一段文章但只作为"客"没有指名为唐雎，大约司马迁以为他年纪太老了，不会再跟着跑的原故吧。又《蔡泽列传》里面有一位会看相的唐举。注家以为即《荀子·非相》篇的"梁有唐莒"，照年代说来是相同的，而同是魏人，因此我断定唐雎，唐且，唐举，唐莒，只是一个人，雎且举莒是一音之转。能够看相，又有那么大的年纪，大约是有点道行的人，因此我就让他懂了点催眠术，而且把他搬上了舞台。

如姬在窃符以后的事情是怎样，《史记》没有说到。我在本剧中把她写成了一个悲剧的结束，这是不会有什么牵强的。侯嬴在定计的时候已经就说明了："如姬欲为公子死，无所辞"，而她所犯的情形，实在是该受死罪的。如姬是死了，断无可疑，只是不知她是怎样死法。

如姬这个人物我最感同情。她的父亲被人杀了，她蓄着报仇的志向三年，终于不惜向信陵君哭泣，请求援助，足见得她是笃于天伦的人。她分明知道魏安釐王嫉妒他的异母弟"宽厚爱人"的信陵君，而她偏偏要甘冒死罪，为他盗窃虎符，这怕是不能由纯粹的报恩感德来说明的。我相信他们应该还有一种思想上的共鸣，便是她也赞成信陵君的合纵抗秦的主张。本剧是把她写成了那样的人物。她又是魏王最幸爱的宠姬，她一定年青貌美。这样的人对于人人所敬爱的信陵君，不会说没有情愫。但在故事里却丝毫嗅不出这样的气息，足见得他们很能以礼自闲，我在剧中也就写成了这样。而且不惜加油加酱，在魏王的对于信陵君的嫉妒里面，加添了一层醋意。这也是想当然的事。就单为增加戏剧的成分上，我想也应该是可以得到允许的。

魏安釐王是不是如像我剧中所写的那样的暴君，古书上本没有充分的记载，不过实在是值得讨厌的人，似乎是很自私自利而又没有多大本领的家伙。这种性格的人一有了权势，是很有可能发挥他的暴虐性的，他对于信陵君嫉妒，怕他篡夺王位，是有书可凭。在信陵君救赵以后，不怕就打了胜仗，而他对于他这位异母弟的处分一定也相当苛刻。我们看到信陵君留在赵国，一直过了十年的亡命生活都不肯回去，也就可以知道。而在十年之后，魏国受秦国的压迫日急一日，魏王逼得没法。派人去请信陵君回国的时候，他都还在"恐其怒之，乃诫门下有敢为魏王使通者死"，害怕得那样厉害，戒备得那样决绝，不正说明着史书上还遗漏了一段很大的痛史吗？信陵君回国之后，二次受谗，竟不得不以醇酒妇女以自戕贼，这也与其说是由于信陵君的悲观，失望而至于消极，倒宁可说是由于魏王的猜忌，残忍，而使他不得不韬光隐晦的。我根据这些推测，便把魏王写成了一个暴戾者，而生出了剧中所有的各种场面，我相信并不会是怎样地诬蔑了这位国王。

在当时和信陵君的政治主张立在反对地位的，在魏国一定大有人在。主张联秦的有段干崇（见《魏世家》及《战国策》）与辛垣衍（《鲁仲连传》与《战国策》），这是书上有根据的。我把须贾也写成了这样的人，却是想当然的事。不过这几位人，我都没有让他们上舞台。

在书上没有根据的人，我造出了好几位，便是信陵君的母亲魏太妃和侯生的女与朱亥的女。

信陵君的母亲我写得相当用力，我是想把她写成为当时的一个贤母。而在感情与智理方面与信陵君如姬等却多少有些时代的差别。像信陵君那样的人应该是有一位好的母亲的。我要造出这样一位母亲的动机，是由于看了奥斯托洛夫斯基的《大雷雨》之后，感觉着写那样横暴的母亲，不甚合于我们东方人的口味。有一天周恩来先生在我家里谈到这件事体。他说我们东方人是赞美母亲的，何不从历史中选一位贤母来写成剧本？我受了他这个怂恿，也曾经考虑了一下，便率性无中生有地造出了信陵君之母。但要写母爱，在儿女小的时候容易表现，如推干就湿，画狄和丸之类，都是儿女小时的事，儿女大了，时代生出了悬隔，思想情绪都有了距离，便颇难写好。因此在中国历史上的贤母，在儿女成人之后的嘉言懿行，也很少见。我这位信陵君的母亲，在对如姬的态度上，我觉得写得相当好，但那严格的说来，已不属于母爱的范畴了。

侯生女我把她写成向善走的后一代，朱亥女我把她写成向恶走的后一代，我只是以家庭教育的有无为标准。侯生是有思想教育的人，应该有一个相当有教养的女。朱亥是一位屠户，他的女儿为宰杀的环境所濡染，有可能是不会好的。本来这两位女子，在我开首写出时，只是想用她们来点缀点缀场面的两个侍女，但由于戏剧发展的必然性，一个人被拉上了场之后总要让他有些发展，有些交代，便自然地在写作过程中把她们写成那样去了。我觉得还写得不坏，虽然仍旧不免是点缀品，但是是相当发挥了效用的点缀品，不是徒然虚设的。

我把信陵君的姐姐平原君夫人拉出了场而且还带女兵，这在一般读者恐怕会出乎意外，特别是女兵，会以为我是完全把现代的事实搬进了古代去的。不忙，朋友，关于女兵，却是有根据的啦。《平原君传》里面有传舍吏子李谈（《史记》作同，因避父讳而改）的插话。李谈说平原君："邯郸之民，炊骨易子而食，可谓急矣。……今君诚能令夫人以下编于士卒之间，分功而作，家之所有尽散以飨士，士方其危苦之时易德耳。"平原君便听从了他。又《战国策·中山策》内载白起语："平原君之属，皆令妾妻补缝于行伍之间，臣人一心，上下同力。"据此可知赵国当时确是有女兵的。因为有女兵，我便想到平原君夫人也有亲回魏国求救的可能。平原君自己都曾向楚国去求援，也有充分的可能派他的夫人回娘家来求救。平原君夫人和信陵君大概是同母，书上虽然没有明文，但由《史记》屡称"公子姊"而不言魏王姊或妹，可以推出。

剧中说到秦国的白起得了神经病，是根据他死时说的几句话下的近是的诊断。《白起传》上叙到他被秦王赐剑自裁的时候有过这样的几句话。

　　武安君引剑将自刭，曰：我何罪于天而至此哉？良久曰：我固
当死，长平之战，赵卒降者数十万人，我诈而尽坑之，是足以死。
遂自杀。

　　据这些话看来，他死的时候，的确是有些疑神疑鬼受着良心上的苛
责的。虽然兵不厌诈，但我揣想这人怕的确有嗜杀的变态心理——即所
谓嗜杀狂。他不愿意参加邯郸之战而得病，不管那病是真是假，恐怕都
和他的精神状态有关。

　　以下我还想节录二月二日至十一日的日记来，以表示本剧在写作中
的经过。

　　二月二日：

　　　　午前开始写《信陵君》。觉得有了破题，以下便好写下去了。
侍女之一人打算把她写成侯生之女。侍女甲乙（即侯女与朱女，起
初本作甲乙，未定名），信陵君之母，如姬，平原君夫人。某某等
来，写作被打断。

　　二月三日：

　　　　写《信陵君》得十页左右。人物眉目渐由浑沌中突出。决将信
陵君之母写为贤母，如姬为时代之先驱者。配以侯赢女与朱亥女。
侯女同情于善，朱女濡染于恶，厥后朱女出卖如姬。但将安釐王写
成暴君，须将如姬，侯女，朱女全杀。如此写去，恐欲写《信陵
君》却当写成为上下两部也。槌晋鄙，无须出场。

　　二月四日：

　　　　午前写《信陵君》。十一时须往化龙桥演讲，写作中辍。

　　二月五日：

　　　　整日写《信陵君》，第一幕完，共得三十六页。昨夜在枕上将
全剧结构构想成熟，共分六幕。第一幕写信陵君之家。第二幕夷门
外饯别，第三幕如姬父墓前求窃兵符。第四幕如姬授虎符——此幕
当设于何处，尚待考虑。第五幕魏王焚信陵君之邸，朱亥女叛变，
仍被戮。第六幕，如姬在父墓前自裁，须出现信陵君之幻影，由小
而大。群众出场后闭幕。

　　二月六日：

写第二幕完成，原拟于第三幕方写到乞窃兵符，不意即于第二幕中得到解决。于第三幕由如姬授信陵兵符，如此则五幕即可竣事，无须写六幕也。午后头感发炎，不能执笔，往体心堂街散步，在城垣上小坐，望江景。……夜将二幕写成。此幕比第一幕写得有趣。……《夷门桥歌》系午饭后偶然想到。

二月七日：

第三幕初以为很可容易写出，但却大费气力。因思使如姬将虎符交出，毫无阻碍，未免过于平淡。欲多生波折，遂招致意外困难。午前将二幕校读一遍。

二月八日：

写第三幕颇费思索。要如姬如何交出虎符一点，煞费苦心，终于取了一个间接的办法，由侯生转达。魏王出场之波折，却得良好之效果。一使魏王性格更加突出，二使信陵君之主张得到表现。唐雎老人之效果亦颇好。

二月九日：

第三幕中将平原君夫人拉出场后，却无甚话说，颇觉多此一举。但其母既知其未行，亦非见面不可。拟改为其姊已先行，信陵及朱亥独留。（此案均未采用，因有唐雎等关系，不便改。）今日写第四幕为使情节复杂，亦颇费绸缪。决写成中秋日，因之遂联想到庆节的歌舞，遂将旧作《广寒宫》中之《张果老歌》及《牛郎织女歌》插入。《牛郎织女歌》改作了一遍，较旧作更为满意。想尽力写成先乐后哀，以增加悲感。此幕写太妃较成功，欲使之代如姬承罪。唯写到如姬欲自首处，遂生滞碍。不知道要怎样才可以使如姬退场，而发展为第五幕之墓前自杀。——此处须斟酌，拟勿令如姬先退场，此点明晨再加考虑……夜三时顷醒来，在枕上突然得到解决。由信陵君母劝如姬逃，由侯女作伴。拜月弹琴中，魏王来。母自承虎符为其所盗，王赐之死，朱女畏死吐实，王令人往捕侯生与如姬，捕者返，报知侯生已自刎而如姬逃，仅将侯女捕来。魏王最后杀朱女而带侯女入宫。如姬则于第五幕，在其父墓前自裁。

二月十日：

在傍晚将第四幕完成，决定名为《虎符》副题为《信陵君与如姬》。全剧结尾一歌，于火盆之畔，用脚自敲拍子而成，实一主题歌也。

二月十一日：

昨夜醒来三时左右，得一新鲜观念，使侯女生存，由唐睢领之赴邯郸，唐睢亦得到交代。得"该做就快做，把人当成人"两句，将结尾歌词略加修改。……午后四时顷将全剧完成。继续写缘起，得十三页，已十一时过矣。俟明晨摘录日记，补成之。

一九四二年二月十二日脱稿

（本篇最初收入 1942 年 10 月重庆群益出版
社出版的《虎符》，题为《〈虎符〉缘起》，
选自《虎符话剧》，上海群益出版社，1949
年 8 月版，原题为《写作缘起》）

史

学

史学部分，选录《中国古代社会研究》、《青铜时代》、《十批判书》和《历史人物》四个集子中的部分论文，集中反映郭沫若以新兴科学的观点为指导，运用"两重证据法"把纸上材料与地下材料"熔冶于一炉"，确立起"中国古代文化体系"的研究重点和学术成就，包括考察周秦之际学术高潮的独特方法、贯穿"人民本位"思想的基本原则。

　　四个集子，按照初版的先后顺序排列；每个集子中的论文，按照集子的编排顺序，不以发表先后为序。

中国古代社会研究[*]

自　序

对于未来社会的待望逼迫着我们不能不生出清算过往社会的要求。古人说："前事不忘，后事之师"，认清楚过往的来程也正好决定我们未来的去向。

＊　　　　＊　　　　＊　　　　＊

只要是一个人体，他的发展无论是红黄黑白，大抵相同。

由人所组织成的社会也正是一样。

中国人有一句口头禅，说是"我们的国情不同"。这种民族的偏见差不多各个民族都有。

然而中国人不是神，也不是猴子，中国人所组成的社会不应该有甚么不同。

我们的要求就是要用人的观点来观察中国的社会，但这必要的条件是须要我们跳出一切成见的圈子。

＊　　　　＊　　　　＊　　　　＊

中国的社会固定在封建制度之下已经二千多年，所有中国的社会史料，特别是关于封建制度以前的古代，大抵为历来御用学者所湮没，改造，曲解。

在封建思想之下训练坃垸了二千多年的我们，我们的眼睛每人都成

　　＊　《中国古代社会研究》上海联合书店 1930 年 2 月初版，1930 年 5 月出版第三版，1947 年 4 月上海群益出版社改版，为 1949 年以前最后一个版本。

了近视。有的甚至是害了白内障，成了明盲。

已经盲了，自然无法挽回。还在近视的程度中，我们应该用近代的科学方法来及早疗治。

已经在科学发明了的时代，你难道得了眼病，还是要去找寻穷乡僻境的巫觋？

已经是科学发明了的时代，你为甚么还锢蔽在封建社会的思想的囚牢？

　　＊　　　　　＊　　　　　＊　　　　　＊

巫觋已经不是我们再去拜求的时候，就是在近代资本制度下新起的骗钱的医生，我们也应该要联结成一个拒疗同盟。

胡适的《中国哲学史大纲》，在中国的新学界上也支配了几年，但那对于中国古代的实际情形，几曾摩着了一些儿边际？社会的来源既未认清，思想的发生自无从说起。所以我们对于他所"整理"过的一些过程，全部都有从新"批判"的必要。

我们的"批判"有异于他们的"整理"。

"整理"的究极目标是在"实事求是"，我们的"批判"精神是要在"实事之中求其所以是"。

"整理"的方法所能做到的是"知其然"，我们的"批判"精神是要"知其所以然"。

"整理"自是"批判"过程所必经的一步，然而它不能成为我们所应该局限的一步。

　　＊　　　　　＊　　　　　＊　　　　　＊

在中国的文化史上实际做了一番整理工夫的要算是以满清遗臣自任的罗振玉，特别是在前两年跳水死了的王国维。

王国维一生的学业结晶在他的《观堂集林》和最近所出的名目实远不及《观堂集林》四字冠冕的《海宁王忠悫公遗书》。

那遗书的外观虽然穿的是一件旧式的花衣补褂，然而所包含的却多是近代的科学内容。

这儿正是一个矛盾。

这个矛盾正是使王国维先生不能不跳水而死的一个原因。

王先生，头脑是近代式的，感情是封建式的。两个时代在他身上激起了一个剧烈的阶级斗争，结果是封建社会把他的身体夺去了。

然而他遗留给我们的是他知识的产品，那好像一座崔巍的楼阁，在几千年来的旧学的城垒上，灿然放出了一段异样的光辉。

罗振玉的功劳即在为我们提供出了无数的真实的史料。他的殷代甲骨的搜集，保藏，流传，考释，实是中国近三十年来文化史上所应该大书特书的一项事件。还有他关于金石器物，古籍佚书之搜罗颁布，其内容之丰富，甄别之谨严，成绩之浩瀚，方法之崭新，在他的智力之外，我想怕也要有没大的财力才能办到的。

大抵在目前欲论中国的古学，欲清算中国的古代社会，我们是不能不以罗王二家之业绩为其出发点了。

我们所要的是材料，不要别人已经穿旧了的衣裳；我们所有的是飞机，再不仰仗别人所依据的城垒。

我们要跳出了"国学"的范围，然后才能认清所谓国学的真相。

      ＊   ＊   ＊   ＊

清算中国的社会，这是前人所未做到的工夫。

清算中国的社会，这也不是外人的能力所容易办到。

不是说研究中国的学问应该要由中国人一手包办。事实是中国的史料，中国的文字，中国人的传统生活，只有中国人自身才能更贴切的接近。

世界文化史的关于中国方面的纪载，正还是一片白纸。恩格尔斯的《家族私产国家的起源》① 上没有一句说到中国社会的范围。

奴隶制研究的世界权威殷格林（Ingram）在他的《奴隶制度与农奴制度的历史》的附录中论到中国的奴隶制度的，不上二十行，而说"中国古来无阶级制度"。

外国学者对于东方情形不甚明了，那是情理中事。中国人的鼓睛暴眼的文字实在是比穿山甲比猬毛还是要难于接近的逆鳞。外国学者的不谈，那是他们的矜慎；谈者只是依据旧有的史料，旧有的解释，所以结果便只是与实际全不相符。

在这时中国人是应该自己起来，写满这半部世界文化史上的白页。

外国学者已经替我们把路径开辟了，我们接手过来，正好是事半功倍。

      ＊   ＊   ＊   ＊

本书的性质可以说就是恩格尔斯的《家族私有财产及国家的起源》

---

① "恩格尔斯的《家族私产国家的起源》"，下文作"恩格尔斯的《家族私有财产及国家的起源》"，通译为"恩格斯的《家庭、私制和国家的起源》"。以下均同。

的续篇。

研究的方法便是以他为向导，而于他所知道了的美洲的红种人①，欧洲的古代希腊罗马之外，提供出来了他未曾提及一字的中国的古代。

恩格尔斯的著书中国近来已有翻译，这于本书的了解上，乃至在"国故"的了解上，都是有莫大的帮助。

谈"国故"的夫子们哟！你们除饱读戴东原、王念孙、章学诚之外，也应该知道还有马克思、恩格尔斯的著书，没有辩证唯物论的观念，连"国故"都不好让你轻谈。

然而现在却是需要我们"谈谈国故"的时候。

我们把中国实际的社会清算出来，把中国的文化，中国的思想，加以严密的批判，让你们看看中国的国情，中国的传统，究竟是否两样！

对于未来社会的待望逼迫着我们不能不生出清算过往社会的要求。目前虽然是"风雨如晦"之时，然而也正是我们"鸡鸣不已"的时候。

一九二九年，九月，二十日夜

解　题

一　本书所集各篇均非一时之作。导论的《中国社会之历史的发展阶段》是在去年的《思想》四期上发表过的。作时的目的原无心作为本书之导论，以其性质相近，故收于此。

二　第三第四两篇之《诗》《书》《易》研究②，从去年九十月间到最近，在杜衎的化名之下蒙《东方杂志》连续的登载了出来，这是应该感谢的一件事。

三　以上三篇大率均是我在未十分研究甲骨文字及金文以前的作品，在发表当时很有一些分析错误或论证不充分的地方。错误处在本书中业已改削，论证不充分之处则别出案语以补足之，期以保存原有之状态。

---

①　"红种人"，今称"印第安人"。

②　研究《易》一篇、研究《诗》《书》一篇，《中国古代社会研究》1930年初版分别为第一、第二篇。

四　第一篇之《卜辞中的古代社会》^① 亦非一时之作，其中所引用文字有前人著书所未经解释者，率见拙作《甲骨文字研究》一书。此为避烦及便于印刷起见，概未重加解释。

五　第二篇之《周金中的社会史观》^② 乃新近之作。这个命题本非本书中简单之一篇所能了结，然以种种物质上的关系不能久作勾留。

六　因作者生活的不自由，参考书籍的缺乏，及其他种种纸笔所难写出的有形无形的艰难迫害，使本书的叙述每多草率粗躁的地方，作者自己亦不能认为满足。然而大概的规模路径自信是没有错误，希望更有时间更有自由的同志继续作详细的探求。

七　本书之出版全靠李一氓兄之督促斡旋，各种参考书籍的搜集也多靠他，我特别向他感谢。

一九二九年九月二十一日

（《自序》、《解题》，均收入《中国古代社会研究》1930 年 2 月初版，选自《中国古代社会研究》，上海群益出版社，1947 年 4 月版）

导论　中国社会之历史的发展阶段

第一章　社会发展之一般

人类社会的发展是以经济基础的发展为前提，这已经是成了人众周知的事实了。

而人类经济的发展却依他的工具的发展为前提。大抵在人类只知道利用石器或用青铜器的时候，他的产业是只能限于渔猎和牧畜，他所能加工于自然物的力量只能有这一点。当时的社会便是由动物般的群居生活进化到以母系为中心的氏族社会。

---

① 《卜辞中的古代社会》，《中国古代社会研究》1930 年初版为第三篇，实际篇名均为《卜辞中之古代社会》。

② 《周金中的社会史观》，《中国古代社会研究》1930 年初版为第四篇。

　　原始的人民只知有母而不知有父，这在欧洲是前世纪的后半期才发现了的学说。但在中国是已经老早有人倡道了。《吕氏春秋》的《恃君览》上说："昔太古尝无君矣，其民聚生群处，知母不知父，无亲戚兄弟夫妻男女之别。"所以这种学说在我们中国应该是并不稀奇，并不是那样可以使人惊骇的。不过中国的古人只知道有那种生活的现象而没有人详细地去研究过那种原始社会的各种结构，在这儿我们仍然不能不多谢近代的学者，特别是美国的穆尔刚（Morgan）与德国的恩格尔斯（Engels）了。

　　穆尔刚费了他毕生的精力研究美洲土人的生活而成《古代社会》（Ancient Society，1877）一书，恩格尔斯更依据马克思的遗嘱把它缩写成《家族私有财产及国家之起源》（Der Ursprung der Familie，des Privateigentums und des Staats，1884）。在恩格尔斯的书名上已经表得很明白的，这几位先进是把古代社会的秘密——特别是由氏族社会转移到国家组织的变迁，已经剔发了出来。这两部书在不久的将来一定有介绍到中国来的时候，我们只就在本文的前进上有几个必需知道的准备智识，把它撮录在下边。

　　第一，婚姻的进化是由杂交而纯粹的血族结婚而亚血族结婚而成最后的一夫一妇。在氏族社会的初期是纯粹的血族结婚。就是在同一母系之下的一切男女自然成为配偶。这种交媾的方式经过不知若干年辰的经验，知道了会发生不良的种子，于是才渐渐地加以限制——含有优生学的意义的限制。起初大约以年龄为限，就是在侪辈同一的男女彼此配合，就是同胞的兄弟姊妹自然成为混合的夫妇。更进便成了有名的亚血族结婚，这在穆尔刚和恩格尔斯二氏的书中是称为"彭那鲁亚家族"（Punaluan family；Punaluafamilie）。这是穆尔刚氏的最大的一个发现。

　　穆尔刚氏在研究美洲土人的家族制度的时候，他发现出他们有一种奇怪的遗习，便是父之兄弟与母之姊妹之子皆为子，彼此间亦称为兄弟（姊妹）。父之姊妹与母之兄弟之子则皆为犹子，彼此间亦称为从兄弟姊妹。而且母之姊妹之夫，母亦夫视之；父之兄弟之妻，父亦妻视之。美洲土人的生活早为欧洲人所同化，这种制度的遗留和实际的家庭组织不符合，穆尔刚氏起初很苦于说明。后来在檀香山的土人中才实际发现了这种实际的家庭组织。便是檀香山的土人一直到十九世纪的前半都还实行着异姓间的兄弟姊妹的群婚，便是一切男子除开自己的同胞姊妹之外是一切女子的公夫，而一切女子除开自己的同胞兄弟之外是一切男子的公妻。这些成了公夫公妻的男女便不相谓为兄弟姊妹，而只相谓为"彭那鲁亚"。这个现象一发现，那美洲土人的遗制便迎刃而解了。穆尔刚氏便称这样的血族为"彭那鲁亚家族"。我因为我们中国的《尔雅》上有"两婿相谓为亚"的文献，便双关二意地译为"亚血族群婚"。

这种亚血族群婚一发现了后，实在是并不稀奇的现象，在现在的野蛮民族中很多还实行着，西藏人便是不很完全的一例，而且各文明族的祖先都是经过了这个阶段来的，这个阶段事实上是氏族社会的典型的婚姻。

第二，氏族社会是以母系为中心的，在当时男子要讲"三从"，便是"在家从母，出嫁从妻，妻死从女"。当时的社会是没有父子相承的习惯的，为子的均要出嫁，所以不能承父。反是兄弟可以相承，因为兄弟是连翩出嫁。

第三，那种社会是没有私有财产的，一族内的财物都是共同享受，一族人都是相互扶持，但有一种民主的组织来管理族内的共同事务。大抵一姓（Gens）有一姓人的评议会，由评议会共选出一个酋长以掌理一姓的事务；遇有战争时更选出一个临时的军长。合数姓而为一宗（Phratrie），宗又有评议会，由各姓的酋长或军长组织而成，以共裁一宗中各姓相关的事务。合数宗而为一族（Stamm），族亦有族评议会，其组织成分完全相同。合数族而为一大同盟，盟有同盟大评议会，无单独之元首，而有二人平列之军长。——这个组织是穆尔刚氏就伊洛珂义（Ilocoi①）人的研究所得的结果，这儿自然已经是经过了相当长久的进化的。

就这样在以石器铜器为工具，以渔猎牧畜为生产本位的氏族社会，是以母系为中心的原始共产社会②。

但这种社会可以说因为铁器的发明便完全破坏了。因为铁器的发明促进了农业的进化发展，母系中心的社会便不能不转变为父系中心的社会。

牧畜和农业的发明都是男子的事体。男子由渔猎中发明出牧畜的事业，由牧畜的刍秩中又发现出禾黍菽麦的种植，这是必然的经过。照原始的习惯各人随身的工具便是各人的私有，男子有渔猎用的弓矢，女子

---

① Ilocoi，当作"Iroquois"。

② "共产社会"，后改作"公社社会"。下文同。

便有家庭。到牧畜种植一发明以后，男子也相沿地领有着六畜和五谷。这样生产的力量愈见增加，女子的家庭生产便不能不降为附庸，而女子也就由中心的地位一降而为奴隶的地位，这在社会的表现上便是男权的抬头，私有财产制的成立，奴隶的使用，阶级的划分，帝王和国家的出现。这儿是文明的开始，然而也就是人类榨取人类的悲剧的开始。

在国家初始成立的时候是纯粹的一种奴隶制。奴隶的来源是甚么？便是被征服的异民族和同族中的落伍的弱者。那时候的阶级可以说就只有贵族和奴隶的两种。贵族是奴隶的所有主，奴隶是贵族的所有物。贵族是支配阶级，榨取阶级；奴隶是被支配阶级，被榨取阶级。这时候的氏族的成分可以说还是严密地保存着的，就是贵族阶级至少是一氏一族。

但到铁的冶金术愈见发达，农业愈见进展，而异民族的被同化者愈见加多，同族中的落伍者也愈见增剧，血族的成分渐渐稀薄了下来。以前的贵族习久于养尊处优的习惯，日见与产业相离；而产业的生产权却操纵在多量的奴隶阶级的手里。这已经成了太阿倒持的形势，到这儿便不能不来一个第二次的社会变革，便是贵族的倒溃，奴隶阶级中的狡黠者的抬头，这自然会成为一种分拆的地方割据的形式。在农业上便有庄园制的产生，在工商业上便有行帮制的出现，在政治的反映上便成为封建诸侯，于是奴隶制的社会又一变而为封建制的社会。

封建制的社会和奴隶制的社会并没有多么大的悬殊；不过奴隶制是氏族社会的孑遗，多量地含有血族的成分，而封建制则是多量地含有地域成分的奴隶制罢了。农业上与地主对立的农夫，行帮制下与师傅对立的徒弟，行政上与封建诸侯对立的臣庶，事实上只是变相的奴隶。

但自从蒸汽机关发明了以后，产业便进展到一种更新的阶段；大规模的生产，大资本的集中，海外大殖民地的发现等等——在封建社会的胎内生出它怎么也容纳不下的一个胎儿，于是社会上又来了一个第三次的革命。封建制度逐渐崩溃了，在那封建社会的废墟中高耸出近代资本制度的组织，阶级的分化成为了资本家与劳动者尖锐的对立。

以往的社会的进展就是这样，一切的社会现象决没有一成不变的东西，瞻往可以察来，这是一切科学的豫言的根本。社会科学也必然地能够豫言着社会将来的进行。社会是要由最后的阶级无产者超克那资本家的阶级，同时也就超克了阶级的对立，超克了自己的阶级而成为无阶级的一个共同组织，这是明如观火的事情，而且事实上已经在着着地实现了。现在是电气的时代。电气的生产力不能为目前的资本制所包容，现在已经是长江快流到崇明岛的时代了！

以上我把社会发展的阶段一般，简略地叙述了出来。这儿当然有许多过于图式化的地方，然大抵是现在一般新兴科学的正确的缩写。我们根据这个缩写，回头来看我们中国的社会发展的程序罢。

第二章　殷代——中国历史之开幕时期

我们中国的历史素来是没有科学的叙述，一般的人多半据古代的神话传说以为正史，这是最大的错误，最大的不合理。

我们要论中国的历史先要弄明白中国的真正的历史时代究竟是从那儿开幕。这点如不弄明了，简直等于是海中捞月一样了。

我们中国的历史起源于甚么时候？《尚书》是开始于唐虞，《史记》是开始于黄帝，但这些都是靠不著的。我们根据最近考古学的智识所得的结果是：

（一）中国的古物属于有史时期的只出到商代，是石器，骨器，铜器，青铜器，在商代的末年还明明是金石并用的时期。

（二）商代已有文字（三十年前在河南安阳县有龟甲骨板上镂刻着的贞卜文字出现），但那文字百分之八十以上是极端的象形图画，而且写法的不一定，一字有至四五十种写法的，于字的构成上或倒书或横书，或左或右，或正或反，或数字合书，或一字拆书。而文的构成上亦或横行或直行，横行亦或左读或右读，简直是五花八门。可以知道那时文字的产生还不甚久，文字还在形成的途中。

（三）商代的末年还是以牧畜为主要的生产，卜辞中用牲之数每每多至三百四百以上，即其证据。农业虽已发明，但所有的耕器还显然是蜃器或者石器（请参看拙著《甲骨文字研究》释辰字下），所以农业在当时是很幼稚的。

我们就根据着这三个结论，可以断言的是商代才是中国历史的真正的起头！

在商代都还只是金石并用时代，那吗在商代以前的社会只是石器时代的原始未开的野蛮社会，那是可以断言的。

在商代都还在文字构造的途中，那吗唐虞时代绝对做不出甚么《帝典》《皋陶谟》《禹贡》，在黄帝时代更绝对做不出甚么《内经素问》以及已经消灭的一切道书，更在以前的甚么《三坟》《五典》《八索》《九丘》，那简直是一篇鬼话。

还有，在商代都只还是牧畜盛行的时代，那吗商代的社会必然还是一个原始共产制的氏族社会，只要是对于新兴科学稍稍受过训练的人，立刻便可以得到这个暗示。

事实上竟是这样！

（一）商代的王位是"兄终弟及"，这是从来的历史上已经有明文的。

（二）据《殷虚书契》的研究，商人尊崇先妣，常常专为先妣特祭。（自周以后妣不特祭，须附于祖。）

（三）《殷虚书契》据余所见在殷代末年都有多父多母的现象。

从这些事实上看来，商代不明明还是母系中心的社会，而且那时候的家庭不明明还是一种"彭那鲁亚家族"吗？

在商代都还是这样的社会，那以前的社会就不言可知了。所以黄帝以来的五帝和三王祖先的诞生传说都是"感天而生，知有母而不知有父"，那正表明是一个野合的杂交时代或者血族群婚的母系社会，特别有趣味的是尧舜的传说。

"有虞氏尚陶"，"有虞氏瓦棺"，这是说当时还仅仅是土石器时代[①]。

尧皇帝的两个女儿同嫁给舜皇帝，舜皇帝和他的兄弟象却又共妻这两位姊妹。《孟子》上有象说的话，要"二嫂使治朕栖"；《楚辞》的《天问篇》上竟直说是"眩弟并淫"。所以舜与象是娥皇、女英的公夫，娥皇、女英也就是舜与象的公妻。他们或她们正是互为"彭那鲁亚"。

更进，尧皇帝不能传位给丹朱，舜皇帝不能传位给商均，禹也不能径直传位给启，这表明是父权还没有成立，父子还不能相承。

最后是那时候的禅让了。尧舜禹都是由众人公选出来的。我们在《帝典》中看那些"四岳""十二牧"九官二十二人在皇帝面前你推选一个人，我推选一个人，在那儿很客气的讨论。那不是一些各姓的酋长军长在开氏族评议会，在推选新的酋长或军长的吗？

又尧舜禹的传说，都是二头政长。在尧未退位以前是尧舜二头，在尧退位以后是舜禹二头。尧时又有帝挚为对。均与西印度人之二头盟主相合。

（案）帝舜即是殷人之先祖帝喾，象封有鼻即《天问》之有扈

---

① "土石器时代"，即"新石器时代"。

有狄，故"眩弟并淫"四句叙在商之先世中。详见《甲骨文字研究》中《释祖妣》篇。

（二九年九月十六日后志）

这些正是古代传说上所保存着的一些氏族社会的影子。我们看，在商代以前的社会不明明还是氏族社会吗？

由氏族社会转移到奴隶制国家的这个关键，古人也是注意到了的，用古代的话说来便是"由帝而王"。古时的人以为尧舜传贤而夏禹传子，是家天下的开始，所以贬称帝号为王。所以在夏禹以前都是帝，在夏禹以后便成了三王。但这帝王递禅的时期也有更说得迟一点的，据《史记·殷本纪》的末尾说：

> 周武王为天子，其后世贬称帝号，号为王。

荀子的《议兵篇》上也称尧舜禹汤为"四帝"，称文王武王为"二王"，这可见古人把那第一次的社会革命的时期也有看在殷周之际的时候的。这种见解据我们最近的研究可以说是得着实物的佐证。便是由原始共产制到奴隶制的转变到殷周之际才真正的完成。

本来一种自然发生的社会革命，是要经过很长久的一个时期的，有殷一代或者都可以看成是一个变革的时期，所以就在奴隶制全盛的周代初年都还有氏族社会的孑遗，关于这以后的论证，我们为行文的简便起见，暂且把它们省略了罢。

总之，中国的历史是在商代才开幕，商代的产业是以牧畜为本位，商代和商代以前都是原始共产社会。这是我在这章里得出的结论。

第三章　周代——铁的出现时期——奴隶制

周代姬姓的这一个氏族大约是发明农业最早的民族。我们看它以农神的"后稷"做自己的祖先便可以知道。它自己也有一个独特的传说系统的，我们从《诗经》上可以看出。远的我们且不必说，但到了太公，就是那《瓜瓞》①篇上所说的"古公亶父"，这是文王的祖父，大约到这时候才成了周室的真正的历史时期。但那古公亶父原本是一位穴居野处的牧人，他跟着河流西上走到岐山之下才嫁给一位姜姓的女酋长，到这儿才发起迹来。我们从这诗看来可以知道，周室到古公时都还是氏族

---

① 《瓜瓞》，当作《大雅·绵》。

社会。而且还要注意的，是周室本姓"姜"，自古公发迹以后不知不觉之间便改姓起"姬"来，这正表现着周室本身的在那时的一个社会的变革。古公以后便成了一个男姓中心的社会了。

促进这个变革的原因当然是农业的发达，由古公而王季而文王，三代之间便轰轰烈烈的隆盛起来，接连的征服了昆夷、虞、芮、密、阮、共、崇等种族，竟闹到"三分天下有其二"的地步，终于把殷也灭了。农业的这样骤然的发展又是甚么原故呢？便是铁器的发明！

中国的铁器时代是有三个段落的：

第一次是用作耕器，

第二次是用作手工业的器具，

第三次是用作武器，

用作武器的第三次进化是自西汉以后才完成的。证明本来很多，我们在这儿只消引江淹的《铜剑赞》的序文来就够了。

> 古者以铜为兵。春秋迄于战国，战国迄于秦时，攻争纷乱，兵革互兴，铜既不克给，故以铁足之。铸铜既难，求铁甚易，故铜兵转少，铁兵转多。二汉之世，既见其微。

这是很重要的一段文献而且也是很正确的。铁兵的发生是在春秋末年，发生在长江一带的淮夷民族。北方的汉民族只用来做工具。《国语》上有管子的一句话：

> 美金以铸剑戟，试诸狗马，恶金以铸锄夷斤斸，试诸土壤。

这所谓美金便是铜，所谓恶金便是铁。《管子》的《海王》篇上也说：

> 今铁官之数曰：一女必有一针一刀，……耕者必有一耒一耜一铫，……行服连轺辇者必有一斤一锯一锥一凿。

这至少是证明当时的铁已经用到手工业上了。《管子》本来不必是管仲自己做的书，但那书当得是齐国的国史。我们从那文字的古朴，繁复，并无假托的必要上看来，大约它总不会是后人的伪托。

铁要锻炼到能够制针制刀，制斤制锯，那是要有相当的冶金术的进步的，所以在铁能炼为钢铁应用到手工业之前，必有一个长时期的应用铣铁或者毛铁的时代。

周代的《考工记》上说："攻金之工六：筑、冶、凫、栗、段、桃。""段氏为镈器。"除这段氏以外，其他的五氏所做的削、杀矢、剑、钟、升斗等都说明是青铜器，只有这段氏所做的镈器——就是耕器——没有说明是用甚么金属。关于段氏的那一节文章可惜又残阙了，我们虽然得不出一个坚决的结论，但从那"段"字可以引伸出"铁"的意义看来，那所做的镈器一定是"铁器"。

段字《说文》注曰"椎物也"，案此乃锻之省。"锻小冶也"，虽未明言冶铁，但铁以外之金属则无须乎椎炼。

又《大雅》的《公刘》篇有"取厉取锻，止基乃理"的两句，厉是石器，锻《毛传》训石，《郑笺》谓"石所以为锻质"，则是铁矿之意。这儿正表现着取石器和铁器来大兴土木开辟疆土。《公刘》这诗是周初的文字，所以我们可以断言，在周初的时候铁的耕器是发现了！

就因为有这铁器的发现，所以在周初的时候，便急剧的把农业发达了起来，《诗经》上专门关于农业的诗便有《豳风》、《豳雅》、《豳颂》，从牧畜社会的经济组织一变而为农业的黄金时代。周室的乃至中国的所谓"文明""文物"也骤然的焕发起来了。这个产业革命在比较地研究过《殷虚书契》和周《诗》周《书》的人一见便可以感觉着那天渊的悬隔，在比较地研究过《周易》和周《诗》周《书》的人也可以感觉它的差异。《周易》的年代较《诗》《书》早，那里面说到农业的话只有一句，其他多是牧畜和帝王的畋猎的享乐。

周代有那样发达的农业，所以他终竟把殷室吞灭了，而且完成了一个新的社会。

那所完成了新的社会是甚么呢？我们在《书经》《诗经》里面不可以看见他使用着多量的奴隶来大兴土木，开辟土地，供徭役征战吗？

《周书》的十八篇中（自《牧誓》至《文侯之命》的十八篇）有八篇便是专门对付殷人说的话（本文中所称《尚书》系据今文的二十九篇），我们看那周公骂殷人是"蠢殷""戎殷""庶殷"或者说"殷之顽民"，而且把那些"庶殷"征发来作洛邑，用种种严厉的话去恫喝他们，那不完全是表示着把被征服了的民族当成奴隶使用吗？

（案）《左氏》定四年《传》言："分鲁公以殷民六族：条氏、徐氏、萧氏、索氏、长勺氏、尾勺氏。与康叔以殷民七族：陶氏、施氏、繁氏、锜氏、樊氏、饥氏、终葵氏。"此明言以殷人为奴。此外锡臣仆民人之事于古金中甚多。详见第二篇。

（二九年九月十六日补志）

本来当时的阶级的构成是分成"君子"和"小人"的，"君子"又叫作"百姓"，便是当时的贵族。"小人"又叫作"民""庶民""黎民""群黎"，实际就是当时的奴隶。这些黎民应该是和"庶民"一样的来源，不过是早归化了奴民。他们在平时做农夫百工，在战时就当兵当夫，这在《大雅》和《小雅》的各诗中，叙述得最为明白，并且如像：

> 周余黎民，靡有孑遗。——《云汉》
> 民靡有黎，具祸以烬。——《桑柔》

我们从这些话上看来，可以知道当时的奴隶是怎样受着虐待了。

一方面在族内使用着奴隶，又一方面便向四方八面的异民族进攻。周初的局面被后人粉饰出来虽然很像一个极盛的封建时代，但那全盘是虚伪。我们由最可靠的信史——《诗经》——可以考查得的，直到周宣王时，汉民族都只仅仅局居在黄河流域的中部，当时四方八面都还是比较落后的牧畜或渔猎的异民族。例如，南方的长江流域便有荆蛮、淮夷、徐戎，西方的有犬戎，北方的有蛮貊、狄人、玁狁，山东一带还有所谓莱夷、嵎夷。所以事实上还是被四围的氏族社会的民族围绕着的比较早进步了的一个奴隶制的社会。

所以我们在这一章的推论里面，所得出的结论是：中国的社会在西周的时候，刚好如古代的希腊罗马一样是一个纯粹的奴隶制的国家。

第四章　周代以来至最近时代之概观

奴隶制最盛的时期在周穆王的时候，现在不能够尽情的叙述，但在周穆王末年也就渐渐的衰落下来了。《书经》上周穆王所做的《吕刑》，便设出了以钱赎罪的制度，这换一句话说，就是奴隶的解放的表现。

奴隶在开垦一切的荒土中，在使用为兵士向四方征服中，逐渐的得到自行制造私产的机会，所以奴隶也富庶到有钱来可以买贿刑戮，这是很重要的一个关键。

奴隶在经济上已经逐渐的得到解放，但在政治法律上仍然没有得到解放，这必然的要激起一个社会革命中的插话的政治革命。

这个革命便表现在周厉王的十二年，那时候首都起了暴动，庶民起来把厉王赶跑了，还围着他的王宫，要杀他的儿子宣王，是召公把自己的儿子拿出来替了死。周厉王跑了之后，一般的人去欢迎共伯和来做皇帝，他做了十四年的皇帝，后来终竟被复辟派的周召二公把他推翻了。

这次的革命我们可以说是中国有史后的第一次的平民暴动。在那当时的激烈的情形，我们想来总不会是亚于法兰西的巴黎暴动，和苏俄的十月革命的。虽然那只在历史上留着一个失败了的插话式的痕迹，但周室的乃至中国的奴隶制是从那时在形式上推翻了。从那时候起中国的历史上便起了一个很长久的变乱，社会的阶级层，民族的分配，政治的组织，都起了一个天翻地覆的变更。奴隶主人的周室完全失掉了他的宗主的权威。所以我们在东周前后在《诗经》中可以看出无数的"变风""变雅"的制作，那实质都是表明着当时的经济基础的变革，社会关系的动摇，革命思想的勃发。

那时候有"富人"阶级发生了出来，所谓"择三有事，亶侯多藏"——只要是有钱的人便可以作三卿了；有所谓"如贾三倍，君子是识"——商贾那样贱民的职业，贵族的"君子"也经营起来了。这些虽是很简短的文献，实是道破了当时的社会变革的机缄。东周以后，我们看，如像管仲起于罪隶，甯戚起于牧竖，百里奚起于乞丐，商人的弦高竟能干预军国大事，不便是事实上的证明吗？世卿制逐渐废除，白衣可以为卿相，这在奴隶制是绝对没有的。（虽然古时也有伊尹、傅说、姜太公等起于微贱的传说，但那只是传说，伊尹是空桑中生出的神人，傅说是列星，我们特别要注意的是周室本姓姜，姜太公也不过是周室的一个支姓的酋长。）

事实上周室东迁以后，中国的社会才由奴隶制转入了真正的封建制度。从那时以后在农业方面中国才有地主和农夫对立的庄园制的产生，工商业方面也才有师傅和徒弟对立的行帮制的出现。春秋的五伯，战国的七雄，要那才是真正的封建诸侯。

后来在秦统一了天下以后，在名目上虽然是废封建而为郡县，其实中国的封建制度一直到最近百年都是很巍然的存在着的。

我们不要为文字所拘泥了。周室在古时虽号称为封建，但事实上在周官有"乡""遂""县""鄙"之分，并不是全无郡县。秦以后虽然号称为郡县制，但汉有诸王，唐有藩镇，明末有三藩，清初有年羹尧①，就是一般的行省总督都号称为"封疆天子"，并不是就不是封建制度。我们到了现在，假使要说中国的封建社会在秦时就崩溃了的话，那简直是不可救药的错误。

由奴隶社会变成封建社会的这个变革，中国的古人也是早认识着

---

① "明末有三藩，清初有年羹尧"，后改作"明初有诸王，清初有三藩及年羹尧"。

的。那用古代的话来表示时便是"由王而伯"。这个转机是在东迁以后。从那时候一直到最近百年，中国尽管在改朝换代，但是生产的方法没有发生过变革，所以社会的组织依然是旧态依然，沉滞了差不多将近二千年的光景。

历代的改朝换代可以说本来都是奴隶的抗争，特别鲜明的不是秦朝的灭亡吗？

秦始皇不愧是中国社会史上完成了封建制的元勋，他把天下统一了，把天下的兵器都没收了来做了十二个巨大的铜人。他以为天下可以从此无事，秦家的江山可以至千世万世而为君，然而那料得他敌不过的才是锄头！

在当时的兵器本来是铜做的，而耕器的锄头之类却是铁器，这在上面已经说过，陈涉吴广以铁的锄头举事，这是等于以铁器去征服铜器时代的秦兵。所以一些的农民、伏徒、浪子、流氓，终竟把秦朝的大兵大将克服了，这不是很有趣味的一个插话吗？

不过革命一次便受欺骗一次，奴隶革命一成功，狡黠者立刻又变成一种新的支配阶级，所以尽管一部二十四史成为流血革命的惨史，然而封建制度的经济组织和政治组织，依然无恙。

重要的原因是甚么？

一句话归总：是没有蒸汽机关的发现！

然而发现了蒸汽机关的"洋鬼子"终竟跑来了。尽管是怎样坚固的万里长城受不着资本主义的大炮的轰击。几千年僵定了的社会又起了天翻地覆的动摇，被人视为"睡狮"的老大帝国成为被万人宰割的肥猪。首先与资本势力接近的南方，也就不能不早受传染，在一八五二年①公然有打着天父天兄的旗帜的代表市民意识的洪杨革命出现了。

一八五二年的革命②，那使马克思先生高喊着在中国的万里长城上已经打着：

> 中华共和国：
> 自由、平等、博爱。

的招牌的，那虽然是归了失败，但一九一一年的革命，依然是由南方的市民阶级所领导的革命，终竟把中华民国的招牌打出来了。黄色的大龙

---

① "一八五二年"，后改作"一八五〇年"。
② "一八五二年的革命"，即"太平天国的革命"。

旗不能不变成五条颜色的外国式的旗帜，皇帝变为了大总统，参议院、众议院也成立了起来，数千年的老大帝国公然也就一变而为最新式的民主立宪的国家。虽然那以后还不免有好几次的剧烈的动摇，然而资本制革命的形式总算是具备了。

中国的市民阶级算也赶到了这步"由伯而大总统"的田地，但可惜世界资本主义的进展已经达到了最后的阶段，它老早已经把那国家的形式打破成国际的形式，把地方的形式打破成世界的形式；从前的一国一地方的自然发生的社会革命打破成最后阶段的世界革命的形式了。所以中国的市民阶级尽管是怎样追赶，但资本帝国主义等不及他们把自己的产业扶植起来，已经把百分之九十以上的国民化成了一个全无产者了。

电气是已经早传到了中国来的，"由大总统而委员长"的革命不是早就在酝酿之中了吗？

第五章　中国社会之概览

好了，我好像坐起飞机的一样把中国三千年的历史展望了一次，我的结论可以归纳成下面的一个表式：

中国社会的历史的发达阶段

（时代）	（社会形态）	（组织成分）	（阶 级 性）
（一）西周以前	原始共产制……	氏族社会	……无 阶 级
（二）西周时代	奴隶制	王侯百姓——庶民 （贵族）　（臣仆）	身分的阶级
（三）春秋以后	封建制	官僚——人民 地主——农夫 师傅——徒弟	
（四）最近百年	资本制	帝国主义——弱小民族 资本家——无产者	最后形态的阶级对立

所以中国的社会也算经过了三次的社会革命，和这三次的社会革命相应的也就有三次的文化革命的时期：我现在就只提出一个暗示，也简单的列表在下边罢。

中国社会的革命

	（性　质）	（时　期）	（文化的反映）
第一次	奴隶制的革命	殷周之际	卜辞及金文
第二次	封建制的革命	周秦之际	儒道墨诸家

第三次　　资本制的革命　　满清末年　　科学的输入

（十七年十月二十八日）

〔后案〕以石器、铜器、铁器划分时代，作为先史考古学上的文化的三期，以一八三二年创道于丹麦的学者通牟森氏（C. J. Thomsen），但这和古代社会进展不一定相符合。唯蒸汽机与原子能的发现确是划分时代的标石。文中"电气"应改为原子能，方符实际。

在中国，铁的发现当在春秋年代，当以铁器作为促进奴隶社会向封建社会转变的媒介。

殷代与西周在生产方式与文化水准上并无多大区别。殷代确已使用"众人"作大规模之农耕。原始公社的破坏当在殷代以前。

中国目前仍在半封建，半殖民地的状态当中，这一落后的危险，颇有类于原始人之与封建人，文化水准快要相差到两个阶段了。

（一九四七年三月二十二日晨）

（本篇最初发表于 1928 年《思想》月刊第 4 期，署名杜顽庶，收入《中国古代社会研究》1930 年 2 月初版时篇名前加"导论"二字，改五个部分为五章，选自《中国古代社会研究》，上海群益出版社，1947 年 4 月版）

第一篇　卜辞中之古代社会*

序说　卜辞出土之历史

一八九八年与九年之交，就是庚子八国联军入京的头一年，中国的近代史上发生了一件顶重大的事体——便是在河南省安阳县西北五里的小屯，农民在安阳河畔耕种的时候，在黄土层中掘发了无数龟甲兽骨的破片。骨片上多刻有极原始的文字。文字的内容是三四千年前殷代的王

---

* 1930 年初版为第三篇。

室占卜的纪录。

这件至可珍贵的古物的发现，就这样完全是出于偶然；在其前或已屡有发现而不为人所注意，但到庚子前一二年的那一次才为人所注意了。注意到的是山东潍县一位姓范的骨董商人（罗振玉云"龟甲兽骨潍县范姓估人始得之。亡友刘君铁云问所自出，则诡言得之汤阴。予访之数年，始知实出洹滨"。——见《五十日梦痕录》），这位商人视以为奇货可居，便运往北京市场。起初似亦不甚为人所注意，后来才为当时的显贵福山王懿荣所购买，王氏之搜集已到千片以上，庚子之变王氏死难，他的所藏尽为丹徒刘鹗（铁云）所有。刘氏之搜集不久也到了三四千片以上。

一九〇二年上虞罗振玉在刘氏处始得见龟骨，怂恿刘氏选拓其千余片石印为《铁云藏龟》一书以问于世。这是甲骨文字著录之始，也是罗氏与甲骨文字发生关系的滥觞。

罗氏自一九〇六年也就开始搜集，起初仅由商人手中间接购买，继后于一九〇九年，由范某口中得知甲骨之出土处为安阳小屯，又才先后命其弟戚前往直接探采（据《殷虚古器物图录》序），在一九一一年前后，他的搜集竟至两三万片以上。

罗氏搜藏既富，而于文字之推广流布亦不遗余力。其前后所拓印行世之书有下列数种：

一　《殷虚书契前编》八卷　　一九一三年
二　《殷虚书契菁华》一卷　　一九一四年
三　《铁云藏龟之馀》一卷　　一九一五年
四　《殷虚书契后编》二卷　　一九一六年

这些书都是研究甲骨文字最必要的典籍。《菁华》一种乃原片影印，无缘与甲骨接触的人亦可以得见其原形，余三种均拓片影印，书之精良，为中国从来典籍所未有。

罗氏在中国要算是近世考古学的一位先驱者，他的搜藏与从来骨董家的习尚稍有区别，他不仅搜集有文字的骨片，他还注意到去搜集与骨片同时出土的各种器物，在一九一六年他还亲自到安阳小屯去探访过一次。这种热心，这种识见，可以说是从来的考古家所未有。……
…………

甲骨自出土后，其搜集保存传播之功，罗氏当居第一，而考释之功亦深赖罗氏。罗氏于一九一〇年有《殷商贞卜文字考》一卷，此书仅属椎轮。一九一五年有《殷虚书契考释》一卷（后增订本改为三卷），则使甲骨文字之学蔚然成一巨观。谈甲骨者固不能不权舆于此，即谈中国古学者亦不能不权舆于此。

与罗氏雁行者为海宁王国维。王氏于一九一七年有《戬寿堂所藏殷虚文字考释》一卷；于一九二二年著《殷卜辞中所见先公先王考》一卷，又《续考》一卷（《观堂集林》卷九《史林》一，今收入全集第一辑）；又《殷周制度论》（《集林》卷十）。此为对于卜辞作综合比较的研究之始。卜辞的时代性得以确定，殷代之史实性亦得以确定，大约中国的历史时期便是由殷代开幕了。

王氏之学即以甲骨文字之研究为其主要的根干，除上所列四种之外，其他说礼制、说都邑、说文字之零作更散见于全集中。谓中国之旧学自甲骨之出而另辟一新纪元，自有罗、王二氏考释甲骨之业而另辟一新纪元，决非过论。言"整理国故"，言"批判国故"而不知甲骨文字之学者，盲人摸象者之流亚而已。

关于考释之类辑，罗氏弟子有商承祚者于一九二三年著有《殷虚文字类编》十四卷，就文字之已识者依《说文解字》部汇分别出之，每字广搜各种异形，一字有至四十五种书法者（如羊字），最便于初学者之检阅。且读此书者，即未亲睹甲骨及其影拓诸书，开卷即可得一观念，便是殷虚时代中国文字尚在创造的途中。文字多是纯粹的图画，依许氏"依类象形谓之文"，"形声相益谓之字"而言，则甲骨文字过半以上为文而非为字；其已成字者亦繁简、顺逆、反正、屈伸、析合、上下、左右，全无一定。此与由罗氏所搜集之古器物中所得来的殷代为金石并用时代之结论，适相契合。大抵殷虚文字之单字约在两千左右，据《类编通检》云："都凡七百八十九字，《待问编》字数略同。"

《殷虚书契待问编》一卷亦为罗氏所集，成于一九一六年，全系甲骨文中之未可识者。其中之字后经诸家考定者，已入《类编》，商氏袭其师之意又别有《待问编》十二卷，附于《类编》。此亦考释文字者之一良好的索引书（惜所采集尚未甚完备）。

大抵甲骨文字之学以罗、王二氏为二大宗师。在罗、王之前，瑞安孙诒让有《契文举例》一卷，其书成于一九〇四年，未行于世。一九一三年王国维始于上海发见其原稿，今收入罗氏所刊行之《吉石庵丛书》第三集中。孙氏虽大家，然所获实甚微末。罗、王之外有天津王襄、丹徒叶玉森诸人，亦仅随波逐流而无甚创获。王国维说："书契文字之学自孙比部（即孙诒让）而罗参事（即罗振玉）而余（王氏自谓）所得发明者不过十之二三，而文字之外若人名、若地理、若礼制，有待于考究者尤多。"（见《类编》卷首序）辞虽不免稍稍出于挢谦，然也是此学的实在情形。

以上乃甲骨出土以后一般的研究情形，甲骨的研究此后恐亦未有涯涘。中国的学者，特别是研究古文字一流的人物，素少科学的教养，所以对此绝好的史料，只是零碎地发挥出好事家的趣味，而不能有系统的科学的把握。罗、王二氏其杰出者，然如"山川效灵""天启其衷"的神话时不免流露于其笔端。在这种封建观念之下所整理出来的成品，自然是很难望我们满足的。

我们现在也一样的来研究甲骨，一样的来研究卜辞，但我们的目标却稍稍有点区别。我们是要从古物中去观察古代的真实的情形，以破除后人的虚伪的粉饰——阶级的粉饰。本篇之述作其主意即在于此。得见甲骨文字以后，古代社会之真情实况灿然如在目前。得见甲骨文字以后，《诗》《书》《易》中的各种社会机构和意识才得到了它们的泉源，其为后人之所粉饰或伪托者，胥如拨云雾而见青天。我认定古物学的研究在我们也是必要的一种课程，所以我现在即就诸家所已拓印之卜辞，以新兴科学的观点来研究中国社会的古代。

第一章　社会基础的生产状况

物质的生产力是一切社会现象的基础。这已经成为了社会发展上一般的公例了。

要研究商代的社会，第一步当然要研究商代的产业。

商代的产业状况由旧有的史料可以得到一个大略的概念，例如：

（一）《史记·殷本纪》言商之先人"自契至汤八迁"。自汤至盘庚又迁徙过五次。

（二）《商书·盘庚》系盘庚迁殷时的训告，那里也说："兹犹不常宁，不常厥邑，于今五邦。"

（三）盘庚以后在《殷本纪》中尚屡见迁移，然张守节《正义》引《真本竹书纪年》云"自盘庚徙殷至纣之灭七百七十三年，更不徙都"（即见《殷本纪》）。卜辞中殷室帝王之名盘庚以后仅末二世帝乙与受辛未见，当以《纪年》为是。

这个现象在前人是忽略了的，但这正是游牧民族所必有的现象。

由这些史料来观察，大抵商民族在盘庚以前都还是迁移无定的游牧民族，到盘庚时才渐渐有定住的倾向。《尚书·盘庚上》开始便有一句话：

> 盘庚迁于殷，民不适有居，率吁，众戚出矢言。

这正很明白地表示着当时的时代性，因为一方面表示着游牧民族的迁移性质，另一方面也表示着人民已有了定住的倾向。定住倾向的产生当在牧畜的末期，有农业种植发生的时候。在盘庚当时初步的农业是必然有的。篇中也有像下面的关于农业方面的话：

> 若农服田力穑，乃亦有秋。
> 惰农自安，不昏作劳，不服田亩，越其罔有黍稷。

这都是用来做譬语，表现着当时的农业好像已经有很高度的发展一样，但这些文字是不敢过于信任的。大抵《盘庚》里面只多少有一些史影，大部分是后世史家或孔门所润色出来的东西。不仅《盘庚》这篇是这样，凡《商书》以前的《帝典》《皋陶谟》《禹贡》都是孔门做的历史小说。在商代以前绝对不能有那样完备的文字，这由卜辞的发现已成为一个铁案了。

由旧史料中所得的约略的推测，商代自中叶以后已由牧畜时代渐渐转入农业时代，在新史料里面更可以得到无数的证明。我们现在分作渔猎、牧畜、农业、工艺、商贾五项，先作一个一般的分析。

第一节　渔　猎

卜辞中记载田猎的事项极多。罗辑卜辞一千一百六十九条，分作祭祀、卜告、卜享、出入、渔猎、征伐、卜年、风雨、杂卜等九项。除五百三十八条的祭祀占最大多数外，一百九十七条的渔猎占次多数。这很可以知道当时的一个大概的情形。但这样的数目很容易使人发生一个错误的判断：便是商代的社会是一个渔猎时代的宗教迷信的社会。这个误断应该要先加以防御。

罗释的基本方针乃是"第录其文之完具可读者，其断缺不可属读者不复入焉"（《考释·卜辞》第六）。所以他所考释出的成绩不能作为统计上的根据！不过在便宜上我们就根据他所考释出的成绩也可以得到问题的答案。

第一，一百九十七条的渔猎中有一百八十六条是田猎，十一条是渔。在这一百八十六条的田猎当中每次差不多都书明了"王";而且当王亲自出马时还每每书明着"丝御"的字样。田猎时已在用车马,这是可断言的。

第二,田猎所获的数目于卜辞中屡有登载,但获物到了百匹以上的,就我所见仅得下列数条。

(一)丙戌卜丁亥王狩·鹿(二字合书)罕。允罕三百又四十八。(《后》下,41,12)

(二)壬申卜×贞圍。罕鹿,丙子狩鹿(二字合书),允罕二百又九,一×。(《前》Ⅳ,4,2)

(三)获鹿二百。(《馀》12,3)

(四)(缺)田桼〔往来亡〕灾,丝御。××二百五十×,雉二。(《前》Ⅱ,30,4)

(五)丁卯〔卜贞王〕狩正×罕获鹿百六十二,□百十四,豕十,兔一。[1](《后》下,1,4)

(六)××王卜贞田桼往〔来亡灾〕,王稽,曰吉,丝御。〔获〕×百四十二,兔二。(《前》Ⅱ,33,2)

上了百数的就只有这六项,此外有"狩获罕鹿五十又六"(《前》Ⅳ,8,1),"获狐四十一"(见《前》),"获狐廿五"(《前》Ⅱ,34,6)的纪录,其余的便仅在十匹上下了。

第三,被猎的兽类,无论是被获的次数乃至每次被获的匹数,都以鹿为首位。一百八十六条的田猎中,各种被获的兽类,每类被获的次数以及被获匹数的最高纪录,有如下表:

被获物	次数	最高纪录
鹿	二四	三八四匹
狐[2]	一一	四一匹
羊	八	(无纪录)
马	六	六匹
豕	三	一一三匹
兔	二	一〇匹
雉	二	六匹

---

① 原作"获鹿二百六十二,百十三豕,十兔。一×",据所引原著改。

② 此字原作"犹",罗振玉《殷虚书契前编》释为狼,后郭沫若以"宜释为狐"而改。

雉兔是原始人极应多获的，而在这表里却极占少数。虎豹是原始时代极应多有的，而卜辞中少见。（《后》下 5 叶 12 片有"获虎"二字，又《遗》6 叶 13 片云："甲申王其罕虎。"此二条罗释未收。）有获象的一例（《前》一百八十六条中亦未收，但罗、王二氏已早言及）：

今夕其雨，获象。（《前》Ⅲ①，31，3）（夕字前人释月，非。）

这是极重要的一项纪录，这证明三四千年前的黄河流域，居然还有象的存在。

第四，猎用的工具有弓矢犬马网罗陷穽。这从下面一些文字可以得到实证。

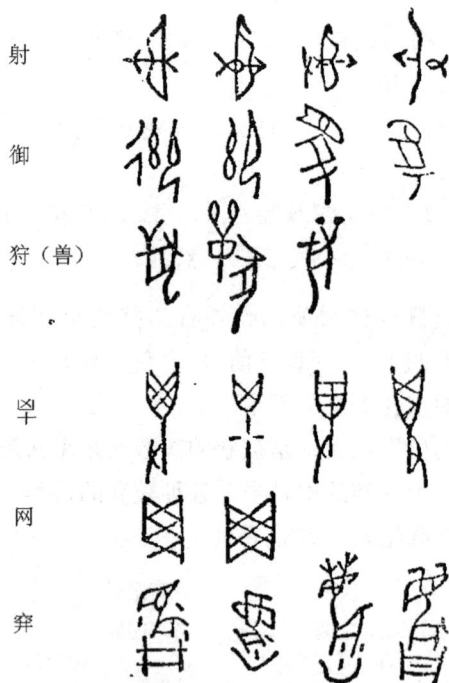

由射字可以看出弓矢的使用。罕网穽三字在字面上已经鲜明。从网之字有兔网之罝，在网下画一小兔；有豕网之羉，在网下画一豕；有鹿网之罘，在网下画一鹿头。这些字本来看不出它的时代性，但如狩御二字，则鲜明地表现着它们的时代。在御字中可以看出马的使用，而且御字第四形还有服象的痕迹。狩字古本作兽，可以看出猎犬的使用。这些

---

① "《前》Ⅲ"，原作"《前》Ⅳ"，据所引原著改。

都是牧畜发明以后的文字。

第五，罗释关于渔的一项列举了十一条，但这十一条有如下的六条的确是错误：

（一）贞乎子渔又于祖乙。（《前》Ⅴ，44，4）

（二）贞×渔又于祖乙。（此条未知所出）

（三）×乎渔又于父乙。（《前》Ⅰ，26，2）

（四）丁亥卜贞子渔其有疾。（《前》Ⅴ，44，2）

（五）贞御子渔。（《前》Ⅶ，13，3）

（六）御子渔亡其从。（《后》上，27，2）

子渔是人名，除这六条外卜辞中尚屡有所见，如下：

贞叀子渔登于大示。（《后》上，28，11）

×贞子渔有×于娥，酒。（《铁》264，1）

壬申卜宾贞乎子渔告于××。（《铁》184，1）（《戬》43，8）

贞御子渔于××。（《铁》124，2）

子渔有从。（《前》Ⅴ，44，3）（《戬》43，9）

古金文中呼字多作乎，此所谓"贞乎子渔"即"贞呼子渔"，卜辞乎字用作呼字例亦屡见不鲜，如：

乎多臣伐吾方。（《前》Ⅳ，31，3）

壬戌贞乎子伐又于昌，犬。（《余》4，1）

皆是呼字，此第二例的子伐亦即人名，与上"贞乎子渔"同例，又与"贞御子渔"同例者有下二例：

丁巳卜宾御子伐于父乙，贞御子伐于兄丁。（《铁》254，2）（《后》上，22，6）

此外人名子某者，辞中屡见不鲜。

鱼的十一条中除去六条。只剩下下边的五条：

（一）辛卯卜贞今夕〔亡〕囚，十月，〔在〕渔。（《前》Ⅴ，45，2）

（二）贞弗其㞷。九月在渔。（《前》Ⅴ，45，4）

（三）癸未卜丁亥渔。（《前》Ⅳ，56，1）

（四）贞其雨在圉渔。（《后》上，31，2）

（五）在圃渔，十一月。（《后》上，31，1）①

此外罗氏所未收入者也还有一二条：

（六）贞众有灾。九月，鱼。（《前》Ⅴ，45，5）

（七）王渔。（《前》Ⅵ，50，7）

统计所有关于鱼的纪录连残缺者一并计算亦不过十二三例，这已经可以证明渔在当时确已不视为主要的生产手段了。

由上五项的分析，我们可以得出下面的几项结论：

一、当时的渔猎确已成为游乐的行事，即是当时的生产状况确已超过了渔猎时代。

二、获兽至百以上者仅仅六七次，其他均在十匹上下。由此可以窥知当时畋猎有大小规模的两种。大规模的畋猎如周代的春蒐、夏苗、秋狝、冬狩，在卜辞中虽无明文，但在殷代应该是有的。

三、获兽多狐鹿，且有野马、野羊、野豕、野象，这可见三四千年前的黄河流域的中部，还很多未经开辟的地方；旧史料中如《孟子》"周公相武王诛纣……灭国五十，驱虎豹兕象而远之，天下大悦"；又《史记·周本纪》"维天不飨殷，……麋鹿在牧，飞鸿满野"，可知也是当时的实在情形。

第二节 牧 畜

和田猎成反比例的是卜辞中极少专为牧畜贞卜的事项。罗释仅列出"刍牧"四条，附在六十一条的"征伐"之后：因为都是往刍或来牧之类战争开衅的原因。此外余曾遍搜卜辞，仅得下列几条残缺不全的文例。

> 庚子卜贞牧×羊。征于丁×用。（《后》下，12，13）
>
> ×亥卜宾牧称册（下缺）。（同 12，14）
>
> 辛巳王贞牧×燕××。（同 12，15）
>
> 卜贞从牧，六月。（《林》Ⅰ，26，1）
>
> 辛酉告，其羑。（《余》6，1）
>
> 贞于羍，大刍。（《前》Ⅳ，35，1）

---

① 这五条引述在《中国古代社会研究》原书第 45 页，1947 年 3 月 25 日郭沫若在本章章末加有 ［后案］。

卯卜王牧。(《前》Ⅵ，23，5)

来刍陟于西示。(《前》Ⅶ，32，4)

告刍，刍十一月。(《戬》36，14)

比较上意义可以领会的就只有这几条。假使单从数字的多少来作判断，好像当时的牧畜还不甚发达的一样，但这却是大错。当时牧畜发达的程度真真有可以令人惊愕的地方。从文字上来说，后人所有的马牛羊鸡犬豕的六畜在当时都已经成为了家畜，而在这六种普通的家畜之外还有后人所没有的象。

商代有象由上文"获象"一例已得到证明。商人有服象由上文御字的第四字更明白地可以看出。《吕氏春秋·古乐篇》"商人有服象，为虐于东夷。周公乃以师逐之，至于江南。"这项旧的史料在新的史料里面又得到一个铁证了（王氏说）。服象畜象的事情在中国是几时消灭了的，可惜无从查考。被驱至江南的象随着气候的转变当然是更往南方去了，目今印度、缅甸犹有服象的习俗，这在中印两国古代文化的交通上当得是重要的一个枢纽。

服象的证据除上御字之外还有一个很有意义的"为"字。据罗释"为字，古金文及石鼓文并作爲，从爪从象。……意古者役象以助劳，其事或尚在服牛乘马以前"（《类编》Ⅲ，9），这可以说是很重要的一个发现。故卜辞中有下列诸字罗氏即释为"为"，这更表现得十分明白。

(《前》V，30)

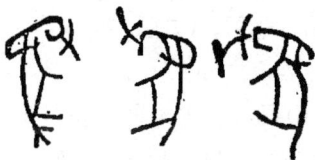

(《后》下，10)

六畜乃至七畜均已存在，其应用也很繁赜。例如服御田猎如上举诸字已可看出有用马用象用犬的痕迹。

用作食物者有羞（从羊）、豚（从豕）、雈（从隹，隹者禽也）诸字可以证明。

服御食用而外，六畜用途的繁夥其令人惊愕的便是用作牺牲。罗释卜祭的五百三十八条差不多每条都有用牲的纪录。罗氏对于此项的研究比较详细，我们先把他的成绩揭在下边，不足的地方在后再加以补充。

（一）用牲的种类

其牲或曰大牢，或曰小牢，或牛或羊，或豕或犬，其中又曰牡曰牝，日骍曰犆。

（二）用牲的数目

其用牲数或一或二，或三或五，或六或九，或十或十五，或二十或三十，或三十三，或三十七，或四十，而止于百。

（三）用牲的方法

其用牲之法曰奞，曰埋，曰沈，曰卯，曰俎。祭时或仅用奞，或仅用埋，或仅用沉；或仅用卯，或兼用奞与埋，或兼用奞与沉，或兼用奞与卯，或兼用奞与俎，或兼用埋与奞与卯，或兼用卯与沉。

（《考释》下，60～62）

就这样已经是一个惊人的现象了。六畜中的牛羊犬豕都用作牺牲，其他的马与鸡罗氏虽不曾列举，但在卜辞中也有用作牺牲的痕迹。《殷虚书契》中有一片（《前》Ⅰ，19，6）上端有下列二辞：

　　a. 羊用。

　　b. 癸巳卜贞祖甲丁其牢丝用。

下端整整齐齐的骈画十马，上五下五。这十马当然便是马牲。祭牲用马在春秋时的宋人都还有此遗习，《左氏》襄九年《传》："春宋灾，……祝宗用马于四墉，祀盘庚于西门之外。"

用鸡的痕迹在彝字中可以看出，彝字在古金文及卜辞均作二手奉鸡的形式。鸡在六畜中应是最先为人所畜用之物，故祭器通用的彝字竟为鸡所专用，也就是最初用的牺牲是鸡的表现。

用牲之数罗氏也有遗漏：

一　有用四者：

辛巳卜豊贞埋三犬，奞五犬五豗，卯四牛，一月。（《前》Ⅶ，

3，3)

（缺）贞叀四羊四豕，卯四牛，四（缺）。（《戬》25，8）

二　有用七者：

贞求×宗其七牛。（《戬》24，12）

又于甲七牡。（《拾遗》Ⅰ，4）

三　有用八者：

又于祖辛八青。（《林》Ⅰ，12，17）

四　有用五十者：

五十犬	五十羊	五十豚
三十犬	三十羊	三十豚
二十犬	二十羊	二十豚
十五犬	十五羊	十五豚

（《前》Ⅲ，23，6）

贞挚牛五十。（《前》Ⅰ，29，1）

（此四"五十"字罗氏均译作十五，非。详《甲骨文字研究·释五十篇》。）

五　有用三百四百者：

贞毕御牛三百。（《前》Ⅳ，8，4）

丁亥卜×贞，昔日乙酉，箙武御〔于〕大丁、大甲、祖乙，百毕，百羊，卯三百×。（《后》上，28，3）

（凡卜辞用卯字例限于牛羊，此例已有百羊，故"卯三百"下所缺一字必系牢或牛。百羊与三百牛相合，则为四百。）

由上的分析，六畜均用作牺牲，且一次确实有用到三百四百的时候，这不是牧畜最盛的时代是决难办到。用三百牛的纪录，后来的文献中曾见一例：

秦德公用三百牢于鄜畤，作伏祠。（《史记·秦本纪》及《汉书·郊祀志上》）

但这已要算是很少见的一例了，而在卜辞中则不仅一次。故即由此祭牲一项破天荒的滥用，已可断定商代是牧畜最蕃盛的时代。

商代是牧畜最蕃盛的时代，旧史料中所得到的一些儿史料，在这儿可算得到了古物上的证明。但这儿有一个疑团，在本章的开端即已曾提及过的，便是在这样蕃盛的牧畜时代为甚么专为刍牧贞卜的纪录却很少见？

我对于这个问题有两个解答。

第一，卜辞中卜年卜风雨的纪录很多。卜风雨者多至不可胜举，其卜年者有言明是"卜受黍年"，当然是属于农业种植一方面的事情，但亦有单言卜年者，如：

> 贞于王亥求年。（《后》上，1，1）
> 壬申贞求年于夒。（《后》上，22，4）
> 贞求年于岳。（《前》Ⅰ，50，1）
> 癸丑卜×贞求年于大甲十牢，祖乙十牢。（《后》上，27，6）
> 壬申贞求年于河。（《后》上，22，3）

像这些纪录我想来和牧畜一定大有关系，刍牧也应该求年。《诗·小雅·无羊》篇，那专咏的是牧人生活，但末章便有"众维鱼矣，实维丰年"的话。

风雨和牧畜也大有关系，那是可无须乎叙述了。

第二，当时牧畜已有用奴隶担任的痕迹。例如《藏龟之馀》第二页有下列一片（《戬》33，14同出）：

> （a）戊戌卜大占奴。①
> （b）癸巳卜令牧坐。

坐字原文象二人相向而坐，张口而言，应即坐讼坐狱之坐。二事相隔仅六日，且同在一片，一条言"牧"，一条言"奴"，二者应系同样的性质。牧在春秋成为最下等的奴隶，所谓"天有十日，人有十等。……王臣公，公臣大夫，大夫臣士，士臣皂，皂臣舆，舆臣隶，隶臣僚，僚臣仆，仆臣台。马有圉，牛有牧"（昭七年，楚无字语）。在殷代虽不必如此过甚，但用奴民牧畜是有存在的可能性的。

牧畜用奴隶经营，则支配者少为牧畜贞卜的理由便可以迎刃而解了。

以上二说，我觉均可适用。结论是：殷代绝无疑虑地是牧畜最蕃盛

---

① 此条引述在《中国古代社会研究》原书第53页第5行，1947年3月25日郭沫若在本章章末加有［后案］。

的时期。

第三节　农　业

牧畜愈见蕃盛，则牧畜的刍料必然成为问题；这是使农业发现的主要的契机。大抵在牧畜最初发明的时候，牧畜的刍料只仰给于自然生的野草，所以当时的人民是逐水草而居，古代民族的发展多是随着河流而下。但到牧畜太多，自然生的野草会到了不能敷给的时候，而屡屡迁徙亦不胜其烦，当时的牧人必渐渐有刍秣的种植。所以在中国的文字上最初的田字不是后来的禾黍粟麦的田，而是供刍牧狩猎的田。这在卜辞中很可得到不少的证据。

> 土方牧我田十人。(《菁华》6)
>
> 舌方亦牧我西鄙田。(同，1)
>
> 舌方出牧我示棘田七，人，五月。(同上)

田中栽的是刍秣，丰草蓬蓬因而可以诱致不少的禽兽，这样便最宜于狩猎，刍秣蹂躏了原是不关紧要的，故即于田中行猎，因而行猎的乐事也就称为田。卜辞中言"田于某地"之例多至不可胜数，前面已举一二例，兹再举二三事以示例：

> 壬子卜贞王田于斿，往来亡灾，兹御。获鹿十一。(《前》Ⅱ，26，7)
>
> 戊申卜贞王田鸡(地名)，往来亡灾。王固，曰吉，兹御，获狐二。(《前》Ⅱ，26，7)
>
> 壬申卜贞王田鸡，往来亡灾，王固，曰吉。获狐十三。(《前》Ⅱ，42，3)

像这些都可以表明田字的古义，就是最古的田是种刍秣的田，也就是最早的种植是以牧畜为对象的刍秣。

刍秣的种植既已发明。由天然的果实本有可以充饥的经验或其他偶尔的机会，必然地会发现以人为对象的禾黍。于是而真正的农业便逐渐出现。

以上是农业发现的应有的经过。

卜辞中的农业如上举已有以牧畜为对象的刍秣的种植之外，以人为对象的禾黍的种植也已经发现了。

从种植一方面来说，于文字上有圃，有囿，有果，有树，有桑，有栗，和种植相关连的工艺品则有丝有帛，大约养蚕的方法在当时是已经发明了的。

从耕稼一方面来说，则有田，有畴，有禾，有嗇，有黍，有粟，有来，有麦。和耕稼相关连的工艺品则有酒有鬯。酒鬯多用于祭祀，祭鬯之数有多至一百卣之例。（鬯据后来的字义就是酒的一种，卜辞每言鬯若干卣，揆其形象大约是一种糯米酒的光景。字中的小点便是表明酿中的酒糟。）

禾黍的种植在当时已很见重视，有不少的"卜受黍年"的纪录，如：

> 庚申卜贞我受黍年，三月。（《前》Ⅲ，30，3）
> 乙未卜贞黍在龙圃，春受有年，二月。（《前》Ⅳ，53，4）
> 己酉卜贞年有正。（《前》Ⅳ，40，1）
> 戊戌贞我黍年。（同上，2）

其卜风雨时也有特别书明是为禾稼而卜的，但是为数极少。

> 庚午卜贞禾有及雨，三月。（《前》Ⅲ，29，3）
> 贞今其雨不佳稿。（《后》下，7，2）

大抵当时的禾稼还发明未久，故颇为支配者所尊重，就如周礼天子须亲耕，"文王卑服，即康功田功"一样，殷室的帝王也有"观黍"的纪录，"省田"的纪录：

> 观黍。（《前》Ⅳ，39，4）
> 丙辰卜永贞乎（呼）省田。（《前》Ⅴ，26，1）

像这样很简单的纪录本来寻不出多少重要的意义，但当时的农业生产和支配者还很亲近，这是明白地可以看出的。

农业尚未发达，此外还有一重要的证据，便是当时的耕具还是石器。此事于实物之外（如《器物图录》中之三石磬即是犁头），于文字上亦可得到证明。此字即农字所从之辰字，盖辰乃耕器（说详拙著《甲骨文字研究·释支干篇》辰字下）。卜辞中辰字变体颇多，然其最通用者 闪 或 闪，农字所从者亦均是此形。了 即石字，卜辞磬字作 磬 从此作，象形，⺊ 即磬形也。（王氏有此说，见《戩释》十八叶。）磬为石器，故知辰亦必石器。殷代文字还在创造的途中，其象形文所象之物必为当时所实有。辰既象石器之形，则当时耕具犹用石刀，殊可断论。

以石为耕器之事乃世界各原始民族所共有，近年于直隶北部已有石犁出土，其见于文献者：

（一）南方藤州以青石为刀剑如铜铁。……国人垦田以石为刀，长尺余。（《本草纲目》）

（二）流求国厥田良沃，先以火烧而水灌，持一锸以石为刃，长尺余，阔数寸。（《北史·东夷传》）

余疑古代王公侯伯所执的圭璧或即耕器的转变。周代耕器称钱，而泉布则多作耕器形。揆其意殆以农为衣食货利之源，故货币即效其形。及秦废泉而行钱，钱字便由耕器之名完全转变而为货币之名。我想圭字亦当同样。古者天子亲耕，在表示重农之意上所执信符亦必仿效耕具，特石器早废，圭字便和钱字一样完全失掉了它的本义。

在以石为耕器的殷代的农业当然还不甚发达。这由上节渔猎一项所导引出的最后的一个结论也可以得到一个旁证。便是当时的野兽还很多，黄河流域的中部还很多未经垦辟的荒土。

第四节　工　艺

工艺是很重要的一个问题，它是社会的基础的基础。因为它是生产能力的测量器，一切物质的生产力量是它的函数。

商代的工艺已经发展到了相当的程度了，单从卜辞中许多宫室器用的文字已可以得到一个证明。我们在便宜上权且分为四项，把那重要的器物表示在下边罢。

（一）食器　　鼎、尊、簋、卣、盘、甗、壶、爵
（二）土木　　宫、室、宅、家、牢、圂、舟、车
（三）纺织　　丝、帛、衣、裘、巾、幂、斿、旒
（四）武器　　弓、矢、弹、箙、戈、钺、函、箙

就这些文字上面已很可看出当时手工技术的盛况。特别是食器一项，那已经超过了粗制的土器和石器的时代，而进展到青铜器的时代了。商代所遗留下来的彝器便是这种青铜制的食器。《殷文存》中所收集的彝器的铭文在七百种以上，这个数目当然不可尽信。因为其中有些是周器的滥入，也有是器盖不分，一器析而为两器的，但大体足以征见当时的青铜器已很发达。今将其器类与件数表列如下：

（一）爵……二三六　（二）卣……一三二　　（三）尊……六九

（四）彝……四九　　（五）觯……四七　　（六）鼎……四一①
（七）簋……三三　　（八）瓡……二八　　（九）盉……一七
（十）角……一五　　（十一）斝……一〇　　（十二）献……八
（十三）匜……七　　（十四）壶……五　　（十五）鬲……五
（十六）罍……四　　（十七）舍……三　　（十八）盘……三
（十九）觥……二　　（二十）豆……一

这些器皿只要有一个即足以证明殷代当时已有青铜器，更何况有这许多的个数呢？商代的彝器其形式、镂刻、文字，均极精巧，因而近世学者，特别是欧美人，很怀疑它的历史性，很多想把它们断成周代或更后期的作品，但自有卜辞出土以后，这个问题可以说完全决定了。

一方面青铜器虽已发达，而另一方面则石器骨器尚盛见使用，《殷虚古器物图录》中之各种石骨器即其铁证。而且尤可注意者则殷虚中无铁器出现。

由此种种证据，可断然作一结论，便是殷虚时代还是考古学上所说的"金石并用时代"（Eneolithic Age）。

第五节　贸　易

贸易的发生应在渔猎社会向牧畜社会转换的时期，牧畜发明之后，生产与需要的状态发生出差异，由是渔猎民族与牧畜民族间发生出第一次的交易行为以互相满足。这种原始的交易起初自然是物对物的交易，后来便渐渐生出等价物的货币来。

这种学理上的推论在中国的古代史上可以说是得着了实物的证明。中国的货币字样多从贝，这显然是由渔猎民族提供出来的东西，而物品字样则从牛，物件的提供者可知是牧畜民族。

商代由前列各项所分析已经是牧畜最盛时代，而且农业种植已逐渐发明了，在这样的社会中当然早有商行为的存在。此事由贝之存在即可得其证明。

贝字于卜辞屡见，如曰：

> 戊申卜×贞大有其囚贝。（《前》Ⅴ，10，4）
> 贞土方×贝。（同上2）

贝好像都是由敌人得来。此外从贝之字如宝、如暖、如贮、如得

---

① 后来改为"八一"。

（卜辞从贝），均由贝义所孳乳，由贝所制之器物有朋，朋乃古人之颈饰，字于骨文金文均作𠦪或𦥑，而骨文更作𧘇或𧘇，即肖颈饰之形。（详见《甲骨文字研究·释朋篇》）

古金中每多锡贝朋之事，其疑是殷彝者（至迟当在周初）有如下举诸例：

> （一）《中鼎》"侯锡中贝三朋，用作祖癸宝鼎。"（《殷文存》上卷，7，5）

> （二）《戍×鼎》"丁卯王令宜子会西方于省，惟反，王赏戍×贝一朋，用作父乙鼎。"（同上，8，3——《愙斋》Ⅵ，5又Ⅻ，2簋，铭同，云是"李山农藏器"。）

> （三）《阳亥彝》"阳亥日遣叔休于小臣贝三朋，臣三家，对厥休，用作父丁尊彝。"（《愙斋》Ⅻ，8）

> （四）《宰椃角》"庚申王在东间，王格，宰椃从，锡贝五朋，用作父丁尊彝，在六月佳王廿祀翌又五。"（《殷文存》上，3，6）

> （五）《邑斝》"癸巳王锡臣邑贝十朋，用作母癸尊彝。佳王六祀肜日，在四月。"（《陶斋吉金录》Ⅴ，32）

锡贝之数以十朋为最多，十朋以上者未见。入周以后则锡朋之数每每二十（《效卣》、《匽侯鼎》），三十（《刺鼎》、《吕鼎》），五十（《效卣》）。卜辞就已著录者已近万片，而锡朋之纪录则仅一见：

> 庚戌×贞锡多女有贝朋。（《后》下，8，5）
> （单言朋当即一朋之义。）

由上可知贝朋在初为物尚少，仅以用以作颈饰，入后始化为一般之货币单位。其事当在殷周之间。

贝之实物于殷虚中已有发现，《古器物图录》中有真贝一，石贝一，罗氏附有试说一段极重要，今抄录之如次：

> 前人古泉谱录有所谓蚁鼻钱，予尝定为铜制之贝，然苦无证。往岁于磁州得铜制之贝无文字，则确为贝形。已又于磁州得骨制之贝，染以绿色或褐色，状与真贝不异，而有两穿或一穿，以便贯系。最后又得真贝，摩平其背，与骨制贝状毕肖。此所图之贝均出殷虚，一为真贝，与常贝形颇异；一为人造之贝，以珧制，状与骨贝同而穿形略殊。盖骨贝之穿在中间，此在两端也。合观先后所得，始知初盖用天生之贝，嗣以其贝难得，故以珧制之。又后则以

骨，又后则铸以铜。世所谓蚁鼻钱者又铜贝中之尤晚者也。蚁鼻钱间有文字者，验其书体乃晚周时物，则传世之骨贝殆在商周之间矣。

这是一段极重要的文字，为谈中国古代社会史若经济史者所不可不知。大抵贝朋用为通行货币之事即起源于殷人，其贝形由图录及我所见之实物（日本东京博物馆有真贝、石贝、铜贝诸事陈列）观察，实为海贝，即学名所称为货贝（Cypraea moneta）者，此决非黄河流域中部所能产。虽其初必有用为颈饰之一阶段，然其来源则必出于滨海民族之交易或抢劫。

故此可作一结论：便是中国古代的贸易行为必始于商人。

第六节　结　论

由上各段的分析，可知：

（一）　商代是金石并用的时代。

（二）　产业状况已经超过了渔猎时期，而进展到牧畜的最盛时期。

（三）　农业已经发现，但尚未十分发达。

（四）　在产业界的一隅已经有商行为的存在，然其事尚在实物交易与货币交易之推移中。

以上四项再总结一句，便是商代的产业是由牧畜进展到农业的时期。

［后案］第四十五页所引"在渔"及"在圃渔"各二例，依文法应均是地名。"圃渔"以音类推之，当即后世之彭衙。

卜辞中前人所释"奴"字均不确，实为契字之省，假为嘉。第五十三页第五行a例亦即嘉字。但殷代已入奴隶时代，实毫无疑问，耕种已用"众人"，实即从事农业的生产奴隶。

（一九四七年三月二十五日）

第二章　上层建筑的社会组织

楔　子

由本篇第一章的分析，殷虚时代是由牧畜进展到农业的时期，主要的生产依然还是牧畜，但是更高级的新的生产手段已经发现了。所以在这儿刚好是一个社会变革的时期。社会的基础已经在动摇，上层建筑的社会也呈出一种过渡时代的现象。

大抵人类在最原始的时候，只能靠极简单的工具猎取自然物以营生，当时是只能有一种群聚生活，和禽兽相差不远。当时的性的生活不消说也完全是一种杂婚，便是一切男女都是自然的夫妇。《吕氏春秋·恃君览》上有几句很重要的话，最先道破了这个秘密。

> 昔太古尝无君矣，其民聚生群处，知母不知父，无亲戚兄弟夫妻男女之别，无上下长幼之道，无进退揖让之礼，无衣服履带宫室畜类之便，无器械舟车城郭险阻之备。

这种群聚生活逐渐进化，就因为"知母不知父"的关系，逐渐的便成为母系中心的社会，便是由从前的散漫的群聚变成为血族的团体。这便是人类社会的最初的雏形。在这种团体的初期，婚姻也应该是很杂乱的，换句话说便是纯粹的血族杂婚。这种结婚当然要获得不良的结果，为强族保种起见，必然在本血族团体中渐渐加以制裁，由纯粹的血族杂婚进而至于亚血族群婚的一步。

亚血族结婚，有名的彭那鲁亚家族（Punaluan family），这是美国近代的学者穆尔刚氏（Lewis H. Morgan）所发见的。穆氏费了他半生的精力研究美洲土人，特别是 Ilocoi[①] 人的生活，结果他发现了两个很重要的原始社会的秘密：一个是这"彭那鲁亚家族"，一个便是氏族社会的组织。

美洲土人的家族中有一种奇异的制度，便是由男性而言兄弟之子皆为子，姊妹之子皆为犹子；由女性而言则反是。又由男性而言凡兄弟之妻皆为妻，由女性而言则姊妹之夫皆为夫。这种遗制与实际生活不符：因为已经被白种人同化。但此遗制若采一夫一妇制的观点则断难说明。继后穆尔刚氏在檀香山的土人中才实际发现了这种生活。檀香山的土人在前世纪的上半期都还有一种群婚的习惯，便是女性除同胞兄弟之外是一切男性之公妻，而男性除同胞姊妹之外是一切女性之公夫。成为了公夫公妻之男女间便不相谓为兄弟姊妹，而相谓为"彭那鲁亚"（Punalua）。就因为这样，穆尔刚氏便名这种婚姻为彭那鲁亚家族。实际就是一种亚血族群婚，更换一句话说，便是兄弟共多妻，姊妹共多夫。自此习俗发现之后，美洲土人的遗制便迎刃而解，而一切未开化民族的实际生活以及一切文明民族的原始时代大都有这一个现象。

---

① Ilocoi，译作"伊洛珂义"。下文同。

这个现象便是氏族社会的出发点。在这儿形式上是多父多母，但是事实上还是知母而不知父，所以氏族社会的初期依然是母系中心。各个氏族都有一个共同的宗母。

Ilocoi 人的生活便是氏族社会的典型，就穆尔刚氏的研究——特别是就 Ilocoi 人中的 Seneca① 族的研究——那儿有几个重要的特征。

Seneca 族有八姓（Gens）：曰狼氏，曰熊氏，曰龟氏，曰海狸氏，曰鹿氏，曰鹬氏，曰苍鹭氏，曰鹰氏。

（一）各氏有酋长及临时性的军侯，由一氏人中选举，惟军侯可选异姓。酋长之子不能继任为酋长，因系母系社会，男子应归于他族。但酋长之兄弟，或姊妹之子则得选任，而且时常被选。选举时男女都有投票权。但其选举应由其他七姓之公认，然后被选举者由全 Ilocoi 人同盟之共同评议会任命。酋长之权是纯道德的家长的性质，没有任何强制的手段，在职务上他是 Seneca 族评议会及 Ilocoi 人同盟的共同评议会的会员。军侯只是在出征的时候，多少有点命令的权柄。

（二）一姓人得以自由罢免酋长及军侯。罢免时也由男女全体出席。被罢免者便复归为庶人。族评议员也有罢免酋长与军侯之权，有时且可以不得该氏人的同意。

（三）同姓严禁结婚。

（四）死者的财产归于同姓人所有：Ilocoi 人所能遗留的财产本来有限，死后即由氏内的近亲分有。男子死时其同胞之兄弟姊妹及母之兄弟分有之，女子死时其由子女及同胞姊妹分有，同胞的兄弟不能参加。正因为这样，所以夫妇不能相续，父子不能相续。

（五）同姓人有相互扶持，相互保卫，及对于外来侵害的共同复仇之义务。所以个人能得同姓的绝对的保障。如有杀人事件，同姓人为异姓人所杀，即有血的复仇的行动。最初可以调解。凶手的同姓评议会开会，向死者的同姓评议会请罪或赔偿，大概便可以了结。如不能了结时，死者的同姓须任命一人以上的复仇者去向凶手穷追，有杀害他的义务。报复后，复仇者无罪。

（六）每姓在其全族中得专用一定的或一个系统的氏姓。个人的名称即以其氏姓为姓。有此氏姓即有此氏族权。

（七）同姓人得以族外人为养子，或螟蛉其全族。

---

① Seneca，译作"森尼卡"。下文同。

（八）同姓人有共同的墓地，共同的祀典。

（九）同姓人有评议会为一切成年男女成员的民主的集合，各人均有同等之表决权。由此评议会选举及罢免酋长与军侯，议决血的复仇及以族外人为养子等事项。氏评议会是一姓的主权所在。

这是 Ilocoi 人的氏族社会的基础组织，随着进化的程度就同在红色人种①中也有多少程度上的不同，有的是已经转移成父系，有的更已经把这个基础组织废弃了。

由这种基础组织再叠累上去，大抵合数姓而为一宗（Phratrie），合数宗而为一族（Stamm），合数族而为一大同盟。各个阶段的组织大抵和氏姓的基本组织相同。各阶段都有评议会，其会员由下阶段的酋长与军长组织，在民众的聚集之前开会，凡 Ilocoi 人均有发言权，表决权则在评议会。最高的同盟中无何等盟长，但有完全平等的两个军侯。有时亦或合二三族而置一高级酋长，权能甚微，大抵由酋长的一人充任。在评议会召集之前为事件进行的敏活起见，他有独行处理之权。这种同盟的组织也就是将来的国家的基础，但在 Ilocoi 人还未发展到国家形成的阶段便被白种人吞并了。

以上是原始社会的进展和氏族社会的大概情形，详见于穆氏原著《古代社会》（*Ancient Society*，一八七七年）一书，本文系根据恩格尔斯氏的《家族私有财产及国家的起源》（*Der Ursprung der Familie*，*des Privateigentums und des Staats*，一八八四年）摘录的。恩格尔斯这部书是根据穆尔刚的研究及马克斯的评注在严密的唯物史观的观点之下综合起来的，所以事实上可以说是穆氏研究的完成者。本文依据了它，也就是这个原故。

第一节　氏族社会的痕迹

一　彭那鲁亚制

社会进展的一般形态已经明了，我们可以回到中国的古代社会上来，中国的古代史事实上是从殷代开幕，是只能从殷代开幕。殷代以前的各种传说，有加以覆核的必要。据我所见，中国的传说大抵可分两种：一种是人为的传说，一种是自然发生的传说。

人为的传说如盘古，天、地、人三皇，有巢氏，燧人氏，伏羲氏，

---

① "红色人种"，今称"印第安人"。

共工氏，神农氏等，那个邃古的传说系统显然是周秦之际的学者们所拟议的一种考古学般的推察，而且是很合理的（！）一个推察。便是在宇宙开辟之前只有混沌，继后才有天，继后才有地，继后也才有人。有了人之后最初只是和禽兽一样穴居野处，稍微进步了一点才有鸟巢式的住居。更稍微进步一点才有火的发明，才脱去茹毛饮血的生活。伏羲氏在字面上便表示着牧畜的发明，共工便是表示着各种器械制作的出现，神农便是农业的发明。这真是十二分合理的一种有科学性的推察，然而也就是那个传说系统完全是人造的证明。

黄帝以后的传说，那性质便稍微不同，那儿有一部分是自然发生，有一部分依然是人造。例如五帝和三王祖先的诞生都是感天而生，知有母而不知有父，那便是自然发生的现象，那暗射出一个杂交时代或者群婚时代的影子。又如五帝三王是一家，都是黄帝的子孙，那便完全是人为。那是在中国统一的前后（即嬴秦前后）为消除各种氏族的畛域起见所生出的大一统的要求。

黄帝之名始见于《山海经》，如云"黄帝生骆明，骆明生白马，白马是为鲧"（《海内经》）。大约夏民族的传说是以黄帝为其祖先。又"黄帝生苗龙，苗龙生融吾，融吾生弄明，弄明生白犬，白犬有牝牡，是为犬戎"（《大荒北经》）。犬戎即后世之匈奴，是匈奴与夏民族同祖。《史记·匈奴列传》谓"匈奴其先祖夏后氏之苗裔也"，大约也就是根据的这项传说的系统了。

殷周人之祖先为《山海经》中之帝俊。帝俊即帝喾，亦即卜辞中之高祖夒，已由王国维证明（见《殷先公先王考》及《续考》）。帝俊在《山海经》中为至上神之"帝"，与黄帝并无血族的关系。

郭璞注《山海经》则云帝俊即帝舜。案此亦非无故。《山海经》中言帝俊者凡十五处：

　　（一）帝俊生中容。

　　（二）帝俊生晏龙。

　　（三）帝俊生帝鸿。

　　（四）帝俊生黑齿。

　　（五）有神名曰奢比尸惟帝俊下友。

　　　　　　（以上见《大荒东经》。）

　　（六）帝俊妻娥皇，生此三身之国，姚姓。

　　（七）帝俊生季釐。

（八）羲和者帝俊之妻生十日。

　　　（以上见《大荒南经》。）

（九）帝俊生后稷。

（十）帝俊妻常羲生月十又二。

　　　（以上见《大荒西经》。）

（十一）帝俊竹林大可为舟。

　　　　（以上见《大荒北经》。）

（十二）帝俊生禺号。

（十三）帝俊赐羿彤弓素矰。

（十四）帝俊生晏龙，晏龙是为琴瑟。

（十五）帝俊有子八人，实始为歌舞。

　　　　（以上见《海内经》。）

帝俊之为帝喾者，帝俊生后稷（案郭璞注此独云"俊宜为喾，喾第二妃生后稷"），"又帝俊之子中容、季釐即《左氏传》之仲熊、季狸，所谓高辛氏之才子也。有子八人，又《左氏传》所谓高辛氏有才子八人也。妃曰常羲，又《帝王世纪》所云帝喾次妃诹訾氏女曰常仪，生帝挚者也。曰羲和，曰娥皇，皆常羲一语之变。"（《先公先王考》）

帝俊之为帝舜者，以帝俊妻娥皇及羲和与常羲。娥皇、羲和、常羲固一语之变，然此实一事化为二事，一人化为二人。其为一人之娥皇者则女娲传说，其为羲和、常羲二女者则二女传说。

尧"釐降二女于沩汭，嫔于虞"，《列女传》云"二女长曰娥皇，次曰女英。"《大戴礼·五帝德》云"依于倪皇"，又《帝系》云"帝舜娶于帝尧之子谓之女匽氏"，《系本》①作女莹，《古今人表》作嫈。娥皇、倪皇自即帝俊所妻之娥皇、羲和；女匽即女英，女莹或嫈乃女英之音变，女英、女匽当即常羲、常仪之音变，古音英常同在阳部，而匽与羲仪则歌元阴阳对转，是则帝俊与帝舜当为一人。

知帝俊为帝喾又知帝俊为帝舜，则帝舜实即帝喾。故《礼记·祭法》"殷人禘喾而郊冥，祖契而宗汤"，而《鲁语》则云"殷人禘舜而祖契"。

又《楚辞·天问篇》叙舜事于夏桀之后，于殷先公先王之前，曰：

舜闵在家，父何以鳏？尧不姚告，二女何亲？厥萌在初，何所

───────
① 《系本》，原名《世本》，唐代避讳改"世"为"系"。

意焉？璜台十成，谁所极焉？登立为帝，孰道尚之？女娲有体，孰制匠之？舜服厥弟，终然为害，何肆犬豕而厥身不危败？

于二女之下复言璜台，璜台则当是简狄事，《离骚》云"望瑶台之偃蹇兮，见有娀之佚女"。言简狄之下复言女娲，而均系于舜事。盖传闻异辞，混淆不分，有时为二人，有时为一人，故此一并叙述而质问。

象事又叙于殷之先公先王间，下文于上甲微之次，成汤之前复夹以象事四句：

眩弟并淫，危害厥兄，何变化以作诈，而后嗣逢长？

王逸《楚辞章句》以此为象事，而王国维疑之，以为所叙"当亦记上甲事，书阙有间，不敢妄为之说"。然知舜即帝喾，则象事叙于此正得其当。且此言"后嗣逢长"，盖承上有扈若有易而言。有扈即有易，王氏已言之，有扈屡与殷人为仇，至上甲微之世始剪灭之，有扈殆象之后嗣，即象所封之"有庳"（见《孟子》）。古庳扈双声（古轻唇音与重唇音无别），而庳易叠韵（古音同在支部），是庳字兼有扈易二音，其音必较扈易二字为更确。

由上可知五帝三王之本身及五帝三王均为黄帝子孙之传说实乃后人所改造。其在殷人则只知有上帝＝帝俊＝帝舜＝帝喾＝高祖夔而已。更约言之，则知有高祖夔一人而已。由高祖夔一人乃化而为帝俊、帝舜、帝喾三人。

羲和、常羲即娥皇、女英之事于卜辞中亦略有痕迹可寻。卜辞有下列二人名：

贞子渔有礼于娥，酒。（《铁》264）
贞有犬于娥，卯麑。（《前》Ⅳ，52，2）
×卯卜×贞求年娥于妣乙。（《林》Ⅰ，21，14）
（于犹与也。"求年娥于妣乙"，犹言求年于娥与妣乙。）

娥字除固有名词之外古无他用，许氏《说文》云："娥，帝尧之女，舜妻，娥皇字也。"故此名娥之女性（字上从我下从女）当即娥皇，亦即羲和。

己未宜于🔲，羊三，卯十牛，中。（《前》Ⅵ，2，3）
己未宜〔于〕🔲，羊（缺）人，卯十牛，左。（同上，2）

此人名奇字，王氏疑峨，罗氏谓从義京（见《商录待问编》）。余谓此乃羲京二字之合书，人名合书乃卜辞通例。羲京由音而言则当即常羲若常仪（古义、羲、仪均读我音，同在歌部，京、常同在阳部）。①

这些虽仅二三例不能有更详细之论证，然人名如此巧合实属异事。大抵《山海经》及《天问篇》中之传说人物，如帝俊、殷王子亥，《天问篇》"该秉季德"之该（即王亥），季、王恒、上甲微等均见于卜辞（见《先公先王考》），则羲和、常羲亦所应有。

由上可知，帝喾之二妃姜嫄、简狄亦当即娥皇、女英之变。姜嫄生后稷之传说为助祭郊禖，简狄生契之传说亦为助祭郊禖。知帝喾高辛氏即帝舜，则姜嫄、简狄亦必即羲和、常羲。神话传说中人物，一人化为二人以上，一事化为二事以上，乃古今中外常有之事。（如羲和在《帝典》中即化为羲氏、和氏司星历之二官。）帝喾之本字当为卜辞中之"高祖夒"，姜嫄、简狄，或娥皇、女英，或羲和、常羲，其初字则当为卜辞中之"娥"与"羲京"。

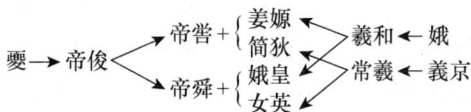

$$\text{夒} \rightarrow \text{帝俊} \left\langle \begin{matrix} \text{帝喾} + \left\{ \begin{matrix} \text{姜嫄} \\ \text{简狄} \end{matrix} \right. & \begin{matrix} \text{羲和} \leftarrow \text{娥} \end{matrix} \\ \text{帝舜} + \left\{ \begin{matrix} \text{娥皇} \\ \text{女英} \end{matrix} \right. & \begin{matrix} \text{常羲} \leftarrow \text{羲京} \end{matrix} \end{matrix} \right.$$

要之（一）五帝三王同出于黄帝之说为周秦间的学者所改造。（二）五帝古无叠承之迹，其发生祖孙父子之关系者当在五行生胜说发生以后，后人言五帝者亦无定说，如张守节《史记正义》（《五帝本纪》第一注）云"太史公依《世本》《大戴礼》以黄帝、颛顼、帝喾、唐尧、虞舜为五帝，谯周、应劭、宋均皆同，而孔安国《尚书序》、皇甫谧《帝王世纪》、孙氏注《世本》，并以伏羲、神农、黄帝为三皇，少昊、颛顼、高辛、唐尧、虞舜为五帝"。（案少昊金天氏帝挚，其实当即是契，古挚契同部，挚之母常仪、契之母简狄，实系一人。）（三）帝喾与帝舜实为一人。（唐尧之名亦属疑问，卜辞称成汤为"唐"。金文《齐侯镈》亦言"虩虩成唐"，疑唐尧即成唐之变。）（四）二女传说古本有之，后世或合而为一人如女娲、女娃、女岐，或分裂之而不相属则如简狄与姜嫄。

故中国有史以前之传说，其可信者如帝王诞生之知有母而不知有父，而且均系野合，这是表明社会的初期是男女杂交或血族群婚。递降如二女传说则是表明社会已进展到亚血族群婚的阶段。娥皇、女英为姊

---

① "羲"、"仪"，分别简化为"义"、"仪"，此处为表明"义"、"羲"、"仪"三字关系保留繁体，其他叙述文字仍用简化字。下文"羲京"的"羲"同样保留繁体。

妹而以舜为公夫。舜与象为兄弟而兄弟"并淫"。这正表明娥皇、女英互为彭那鲁亚,舜与象亦互为彭那鲁亚。

此彭那鲁亚家族的亚血族群婚制,自男女而言为多妻多夫,自子女而言则为多父多母。而卜辞中则确有多父多母之征迹。

一、多母

（一）祖乙之配曰妣己（《前》Ⅰ,34,二见；《后》上,2,3,三见）,又曰妣庚。（《后》上,2,3,三见）

（二）祖丁之配曰妣己（《前》Ⅰ,17；同,34；《后》上,3）,又曰妣癸。（《后》上,3,二见）

（三）武丁之配曰妣辛（《前》Ⅰ,17；同,37；《后》上,4）,又曰妣癸（《前》Ⅰ,17,4与妣辛同见于一片；《后》上,4,9；同,10）,又曰妣戊。（《后》上,4,8）

罗氏曰:"诸帝皆一配,祖乙、祖丁、武丁三配者,犹少康之有二姚欤？抑先殂而后继欤？不可知矣。"案实即多妻或多母之现象,即少康之有二姚亦多妻古制之一例证。单言多妻多母,此乃常事,因此习即今人亦有存者。而在卜辞中则有多父!

二、多父

（一）戊子卜庚〔寅〕于多父旬。（《前》Ⅰ,46,4）

（二）贞帝（禘）多父。（《林》Ⅰ,11,18）

（三）庚午卜×贞,告于三父。（《林》Ⅰ,5,5）

此浑言多父三父,亦有于一片中列举三父二父之名者:

（四）父甲一牡,父庚一牡,父辛一牡。（《后》上,25,9）

（五）贞又于父庚,贞又于父辛。（《戬》7,1）

此父甲、父庚、父辛一片,罗王二氏以为即阳甲、盘庚、小辛,辞当为武丁所卜,因三人均为武丁诸父,故均称父。案此与上多妣相参合,实即亚血族群婚多夫多妻之现象,后人伯叔称诸父实亦此现象之孑遗。与Ilocoi人之遗俗同；后人习以为常而不觉怪异而已。

近年于保定南乡有三商勾刀出土（现归罗氏所有）,其一刀列铭祖名为"大祖日己,祖日丁,祖日乙,祖日庚,祖日丁,祖日己,祖日己"；一刀列铭兄名曰"大兄日乙,兄日戊,兄日壬,兄日癸,兄日癸,兄日丙"；一刀则列铭父名曰"祖日乙,大父日癸,大父日癸,仲父日癸，父曰癸，父曰辛，父曰己"。三刀影片具见罗氏所出《梦郼艸堂吉金图录》中卷（《周金文存》亦有拓影），今将其父刀一具摹录如下：

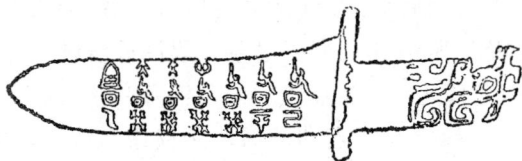

采自《梦郼艸堂》卷三（原大之 1/2①）

此"大父"王国维谓即《尔雅·释亲》之"世父"，古世大字通用。此除二大父一仲父之外亦尚有日癸、日辛、日己三父。视此则商代末年实显然犹有亚血族群婚制存在。卜辞中有此征迹，实物上又有此证明，则此结论实丝毫无可移易。

（案）此习于春秋战国时代犹有遗存。《淮南子·氾论训》"苍梧绕娶妻而美以让兄"，注云"孔子时人"。又"孟卯妻其嫂有五子焉，而相魏"。

二　母权中心

殷代犹保存其先世舜象亚血族群婚之遗习，故卜辞中颇多母权中心之痕迹。其证据如下：

（一）殷之先妣皆特祭（王氏所发现详见《殷礼徵文》）

此于卜祭之例多至不可胜举，其数比祭先公先王者尤多。王氏曰："妣有专祭与礼家所说周制大异。"又周制"妣合祀于祖，惟丧祭与祔始有特祭。……祔男子于祖则祭其祖；祔女子与孙妇于妣则当祭其皇祖妣皇祖姑。……妣于升祔其孙女及孙妇时始有特祭。此外别无特祭之文。商则诸妣无不特祭，与先公先王同"。

（二）帝王称"毓"

毓即后字。甲骨文酷肖产子之形，子为倒子形，在母下或人下，而有水液之点滴；即毓字亦犹可见其遗痕。王氏说："毓从每即母字，从㐬即倒子，……故产子为此字之本谊。"卜辞有"后祖乙"，后亦用此字。王氏云"象倒子在人后故引伸为先后之后"。又屡言"多毓"或"五毓"则为"多后"或"五后"。王氏于此义则本《说文》"后继体君也"之训，以为此乃先后之后之引伸。案此实不免倒置。后字古无继体

---

① 　原书拓印为"原大之 1/2"，此为复印，仅为约略尺寸。

君之义,《书·盘庚》屡称"我前后","我古后","我先神后","高后","先后";《诗·商颂》亦云"商之先后",均非所谓继体君。又《诗·下武》以太王、王季、文王为"三后",《书·吕刑》以伯夷、禹、稷为"三后",乃均所谓开物成务之主。故许氏继体君之说实非其朔。余谓毓字乃母权时代之孑遗,母权时代宗长为王母,故以母之最高属德之生育以尊称之。毓字在古当即读后,父权逐渐成立,则此字逐渐废弃,故假借为先后之后。其读育而固定为毓,则当系后来之音变。然卜辞于今王称为王,仅于先王称为"毓",则女酋长之事似已退下了中国政治之舞台。而相距则当亦不甚远。

(案)《汉书·律历志》载刘歆批评张寿王殷历云:"寿王及待诏李信治黄帝调历,课皆疏阔。……寿王又移帝王录。舜、禹年岁不合人年。寿王言化益为天子代禹(师古曰化益即伯益)。骊山氏女亦为天子,在殷周间。皆不合经术。寿王历乃太史官殷历也。……"案此张寿王所根据之历史,在刘歆眼中虽"不合经术",然由余所考察者则其事均在情理之中。所谓"移帝王录",盖言寿王所根据之传说系统,与刘歆所根据之三皇五帝之说不合。所谓"舜、禹不合人年",则舜、禹本非人而是神,或半神半兽之怪物。(因舜即夒即猴子,夏禹后化为黄熊。)化益《天问篇》亦称后益,《古本竹书纪年》亦言:"益干启位,启杀之"(《晋书·束晳传》)。则烈山氏①女为天子在殷周间亦当是事实。烈山氏古称姜姓,此所言或即周姜。《诗·大雅·绵篇》"爰及姜女,聿来胥宇",周于太王之时犹是女酋长制。此事固在殷周之间。

(三) 兄终弟及

殷代帝王承继多兄终弟及,此为历来史家所已知悉之事实,王氏《先公先王考》之后附有殷代世数异同表,今揭录如下,而略损益之:

帝名	与先世之关系			
	殷本纪	三代世表	古今人表	卜辞王氏考
汤	主癸子	同	同	(一世)
大丁	子	同	同	汤子(二世)
外丙	弟	同	同	
中壬	弟	同	同	

---

① "烈山氏",即"骊山氏"。

续前表

帝名	与先世之关系			
	殷本纪	三代世表	古今人表	卜辞王氏考
大甲	大丁子	同	同	大丁子（三世）
沃丁	子	同	同	
大庚	弟	同	同	大甲子（四世）
小甲	子	弟	子	
雍己	弟	同	同	
大戊	弟	同	同	大庚子（五世）
中丁	子	同	弟	大戊子（六世）
外壬	弟	同	同	
河亶甲	弟	同	同	
祖乙	子	同	弟	中丁子（七世）
祖辛	子	同	同	祖乙子（八世）
沃甲	弟	同	同	
祖丁	祖辛子	同	同	祖辛子（九世）
南庚	沃甲子	同	同	
阳甲	祖丁子	同	同	祖丁子（十世）
盘庚	弟	同	同	阳甲弟①（十世）
小辛	弟	同	同	盘庚弟（十世）
小乙	弟	同	同	小辛弟（十世）
武丁	子	同	同	小乙子（十一世）
祖庚	子	同	同	武丁子（十二世）
祖甲	弟	同	同	祖庚弟（十二世）
廪辛	子	同	同	
庚丁	弟	同	同	祖甲子（十三世）
武乙	子	同	同	庚丁子（十四世）
大丁	子	同	同	
帝乙	子	同	同	
帝辛	子	同	同	

然此表实不可尽信：（一）自盘庚迁殷至纣之灭，《古竹书》既言有七百七十三年；此表自盘庚至纣仅八世十二帝，每帝在位年限，平均当在六十年以上，此不近情理。（二）卜辞中有多数人名疑于帝王者。如祖丙、祖戊、中己、南壬、小丁、小癸、下乙、王矢等，而均为前籍所无。（三）盘庚以后之世系年限既有可疑，则盘庚以前之世系年限更不敢遽信。

惟此表有一重要之指示，则殷代之兄终弟及制为历来史家所承认，

---

① "阳甲弟"，误为"阳甲子"，据表中所列"与先世之关系"各项改。

而于卜辞亦得到了实物上之证明。三十一帝十七世而直接传子者仅十一二三，兄弟相及者在过半数以上。前人知其然而不知其所以然，案此实即氏族社会所必有的现象。所谓父子亦不必便是真实的父子，诸父固可称父，妻父亦可称父，凡母之夫均可称父。《书·无逸》周公称述殷之帝王，曰："其在高宗时旧劳于外，爰暨小人"，曰："其在祖甲不义为王，旧为小人。"古时的小人就是庶民，如今人所谓"小百姓"，与贵族的"君子"是成对待的；则可知高宗（武丁）祖甲（以次第而言当为帝甲，因与"帝甲淫乱"之说不相合，前人以为太甲），都是外族入赘。其他的帝王也就可以类推。

三 氏族会议及联带行动

以上四项（一）亚血族群婚，（二）先妣特祭，（三）帝王称"毓"，（四）兄终弟及，均系以母姓为中心的氏族社会之现象或其孑遗。此外氏族社会之民主的政治组织，评议会，在卜辞无可征考，然于旧文献中则犹有痕迹可寻，如《盘庚篇》中便包含有这项史实的残影。

（一）盘庚迁于殷，民不适有居。率吁，众咸出矢言。……王命众悉至于庭。——（《盘庚上》）

（二）盘庚作，惟涉河以民迁，乃话民之弗率。诞告用亶。其有众咸造，勿亵在王庭。——（《盘庚中》）

（三）盘庚既迁，奠厥攸居，乃正厥位，绥爰有众。曰……今予其敷心腹肾肠，历告尔百姓于朕志。——（《盘庚下》）

看这民众都聚集在王庭，一族的元首向大众表示意见，这正是评议会的现象。这个现象刚好可用《周礼》的外朝之政来证明。

小司寇之职掌外朝之政，以致万民而询焉。一曰询国危，二曰询国迁，三曰询立君。其位王南乡，三公及州长百姓北面，群臣西面，群吏东面。小司寇摈以叙进而问焉。——（《周礼·秋官》）

朝士掌建邦外朝之法。左九棘，孤卿大夫位焉，群士在其后。右九棘，公侯伯子男位焉，群吏在其后。面三槐，三公位焉，州长众庶在其后。——（同上）

《周礼》大约是纂成于周之中叶的文献，在周之中叶犹有遗存之评议会制，在殷代当然存在，惟惜卜辞过简，实不能寻出积极的证明。

族的联带行动于卜辞中每有整族出征之事。例如：

（一）（上缺）迟辇王族从壴页古王事。（《前》Ⅶ，38，2）

（二）贞令多子族从犬侯寇周古王事。（此片由一片折而为二，详见《甲骨文字研究·释寇篇》）

（三）贞令多子族从犬暨宦页古王事。（《前》Ⅵ，51，7）

（四）癸未令斿族寇周，古王事。（《前》Ⅳ，32，1）

于卜辞之外，则殷人为周所灭之后，整氏整族沦化为奴隶。《左氏》定四年《传》有下列一项文献：

> 昔武王克商，成王定之，选建明德以藩屏周。故周公相王室以尹天下，于周为睦，分鲁公以大路大旂，夏后氏之璜，封父之繁弱，殷民六族，条氏、徐氏、萧氏、索氏、长勺氏、尾勺氏……因商奄之民，命以《伯禽》而封于少皞之虚。分康叔以大路、少帛、綪茷、旃旌、大吕，殷民七族，陶氏、施氏、繁氏、锜氏、樊氏、饥氏、终葵氏……命以《康诰》而封于殷虚。

大抵殷人乃为一大同盟，其中不仅一族，由上项文献已知有十三族存在，此外如《史记·殷本纪》：

> 契为子姓，其后分封，以国为姓，有殷氏、来氏、宋氏、空桐氏、稚氏、北殷氏、目夷氏。

司马贞《索隐》以为北殷氏"《世本》作髦氏。又有时氏、萧氏、黎氏，然北殷氏盖秦宁公所伐亳王，汤之后也。"

《秦本纪》"宁公二年遣兵伐荡社。三年与亳战，亳王奔戎，遂灭荡社。"——《索隐》云"亳王盖成汤胤，其邑曰荡社。"

由《史记》与《世本》合又可得十氏。萧氏与分锡于鲁者同，黎氏当即饥氏，《商书》"西伯戡黎"，《史记》作"饥"，当即此氏。合计可得二十一氏。

条 徐 萧 索 长勺 尾勺 陶 施 繁 锜 樊 饥（黎）

终葵 殷 来 宋 空桐 稚 北殷（髦亳） 目夷 时

卜辞所谓"多子族"大约即包含各种子姓之族而言。族名每多与地名相合，卜辞中地名甚多，然与此二十一氏相合者少见。殷或即是"衣"，王国维谓"殷本月声，读与衣同，故《康诰》'殪戎殷'，《中庸》作'壹戎衣'。郑注：'齐人言殷声如衣。'《吕氏春秋·慎大览》'亲郼如夏'，高注郼读如衣，今兖州人谓殷氏皆曰衣。"宋当为"商"之转。卜辞中有商有衣而无殷字。徐疑即徐夷，金文作郐。卜辞中有地名曰"余"者或即其初地。

要之殷人之社会尚为氏族组织。有事则整族出征，国亡则整族化为奴隶。

然而此种社会在卜辞中已有崩溃之征迹，今请分述如下。

第二节　氏族社会的崩溃

一　私有财产的发生

氏族社会的根本精神是氏族联带的公产制，这在中国的古代学者早就认明了了的。《礼运篇》上有几句孔子所说的话——《礼记》本来是汉儒的纂集，说话者究竟是否孔子虽然是一个问题，但本文的眼目不重在言说的人，是重在言说的本身。所以这下面的几句话即使是汉儒的言论也很值得征引。

> 大道之行也天下为公，选贤与能，讲信修睦，故人不独亲其亲，不独子其子，使老有所终，壮有所用，幼有所长，矜寡孤独废疾者皆有所养。男有分，女有归。货恶其弃于地也，不必藏于己，力恶其不出于身也，不必为己。是故谋闭而不兴，盗窃乱贼而不作，故外户而不闭。是谓大同。

这几句话中有一二点是后人的臆说，如"矜寡孤独"是后来的现象，"男有分，女有归"也应该掉转来说，因为当时是女子承家，男子出嫁。但除掉这一二点的臆说外，大体上道破了原始公产社会的秘密。所谓"不独亲其亲，不独子其子"的现象，其实也就是亲多子多的彭那鲁亚的家族。

在这种社会里面一切都是有联带性，一个社会直切了当的说时便如现在的一个家庭。每个家庭都是"各尽所能、各取所需"的小规模的大同社会，这儿不容许有个人积攒私房的现象。但如普通的家庭在产业渐渐发展的途中，便有积攒私房的现象发生，终至于公开的容许私有（分爨），原始氏族社会也就因产业发达的结果，终不能不容许财产的私有了。

殷代，大约就在它的末年，已经有私有财产的成立，如本论第一章中论商行为的一项所举出的各项锡贝的记事，便是这项重大事变的证明。那时的王侯虽然以极少数的货贝宝物赐予其臣下，但那证明族的公有物俨然成为了王的私有，而臣庶也能有私有物的公然的权利。王的这种赏赐权不消说本是社会的反映，可知当时的社会已渐渐的在脱出氏族制的藩篱。

锡朋的纪录在卜辞中仅一见。

　　庚戌×贞锡多女有贝朋。（《后》下，8，5）

朋上不冠以数目当系一朋，卜辞之已著录者就余所见已将及万片，而锡贝之事仅此一见。可见品物私有之权虽已出现而为时未久。

又卜辞中无攘盗窃夺等类之文字，有寇字则限于族与族间之行为，如《周易》"不利为寇利御寇"例，且每自称为寇（见前举"寇周"诸例）。

然无几何时《商书》之《微子篇》便有下列数语：

　　殷罔不小大，好草窃奸宄。……小民方兴，相为敌仇。今殷民乃攘窃神祇之牺牷牲。（末句《史记·宋微子世家》引作"今殷民乃陬淫神祇之祀"。）

此文可信与否尚属疑问，惟"中国政治与文化之变革莫剧于殷周之际"，王国维于《殷周制度论》中已早有揭发。惟王氏于社会科学未有涉历，知其然而未知其所以然，遂盛称"周公之圣与周之所以王"。此亦时代限人无可隐讳之一实例。殷周之际当即所谓"突变"之时期，如水然，水由摄氏零度至九十九度为渐变，其变化之迹不甚显著，至百度则突变而为沸腾。

二　阶级制度的萌芽

个人间攘夺的行为在卜辞中虽不可见，而族与族间的攘夺行为则异常剧烈。卜辞中为征伐贞卜的事项极多，罗氏所考释者已有六十余条，王氏《戠释》亦有二十余条，此外残缺不备及散见于诸家著录者尚不止此数。

从这多数的征伐事项中，可以抽绎出下列的几项知见：

（一）殷民族的敌人

殷民族的根据地在现在河南的黄河流域一带，其四围的敌人有土方、舌方、狗方、井方、洗方、人方、马方、羊方、苴方、林方、二封方、三封方、盂方、下勹、粪方等族。就中土方与舌方二者与殷人所发生之关系最多，战争也最频繁最剧烈，均远在殷之西北部，当即獯狁之二族。

（二）参加战争之人数

人数至多有上五千者，其次为三千，其余多不言人数。

　　（一）丁酉卜×贞今者王收人五千征土方，受有祐。三月。（《后》上，31，5）

（二）丁酉卜×贞今者，王×人五千××方。（《后》下，1，3）

（三）贞今春王伐丱方（登）人五千乎（战）。（《前》Ⅶ，15，4）

（四）庚子卜宾贞勿登人三千乎舌方弗受有祐。（《前》Ⅶ，2，3）

（五）（上缺）人三千乎伐舌方，受××（《后》上，17，1）

（六）（上缺）登人三千乎战。（《前》Ⅵ，38，4）

（七）丁酉卜×贞勿登人四千（下缺）。（《铁》258，1）

五千三千为数似甚微末，然卜辞杀人有一次至二千以上者：

八日辛亥，允戋伐二千六百五十六人。（《后》下，最末一片）

此所伐者当系俘虏。俘虏一次可杀至二千六百以上，则战征之剧烈殊可想见，参加战争之人数也当不止三千五千。《史记·周本纪》载牧野之战"帝纣闻武王来，亦发兵七十万人距武王"，此虽不免夸张，然亦有说。盖当时乃整族之行动，犹言动员全殷人以与武王为敌。《诗·大雅·大明》言"殷商之旅其会如林"，此亦言其多。古人之原始林与后人对于林字之观感，当尤有不同。

（三）俘虏的用途

俘虏于杀戮之外卜辞中多有用为牺牲之纪录。今略举二事以示例：

甲寅卜贞三，卜用血，三羊，册，伐廿，毄卅，牢卅，臤二，×于妣庚。（《前》Ⅷ，12，6）

癸未卜御妣庚，伐廿，毄卅，卅牢，臤三，三×。（《前》Ⅳ，8，2）

此所谓"臤二""臤三"之臤字（在原文为以手捕人之形）即古孚字（古金中俘字均作孚，从爪子），服字从此。此与牢毄之数同列，自为人牲无疑。（又"伐廿"或此外"伐若干人"之伐，罗氏以为"当是武舞，犹左氏言万者二人"。案此说是也。《山海经·海外西经》"大乐之野，夏后启于此舞九伐"即其证。九伐，郭注以为马名，非是。）

然除杀戮用牲之外，卜辞已有奚奴臣仆等字。奚奴之从俘虏而来于字形已显著，今将俘奚奴三字之字形揭示如下，一目即可了然。

（四）奴隶的用途

奴仆臣妾等字既已存在，可见当时确已有阶级存在。其奴隶的用途亦约略可以考见。

其一，用作服御。此于仆字之字形表现得最为分明。骨文仆字作象人形，头上负辛，辛者天也，黥也。黥形不能表示，故以施黥之刑具以表示之。辛即古之剞劂（详见《甲骨文字研究·释支干》之辛字下）。人形头有黥，臀有尾，手中所奉者为粪除之物（箕中盛尘垢形），可知仆即古人所用以司箕帚之贱役。

其二，用于牧畜耕作。

用于牧畜者本论第一章中曾举"戊戌卜大占奴，癸巳卜令牧坐"一事。牧与奴同列于一片，则当如《左氏传》"马有圉，牛有牧"（昭七年）之牧。

用于耕作者由下列一事可以推察。

> 贞叀小臣令众黍。一月。（《前》Ⅳ，30，2）

小臣即是奴隶，此为小臣所命令之众，亦为奴隶无疑。

其三，常备军警。

当时似已有常备军警之设置。如屡见之字偯（或从女）即后之竖字，似为国境上四方之戍卒。如曰"有来偯自西"，"有来偯自北"（见《菁华》）。又"三日丙申允有来偯自东"（《前》Ⅶ，40，2），"贞其自南有偯"（《铁》115，3），"贞云来偯自南"。是东西南北皆有偯，而来报者则为疆理杀伐之事。偯即竖字，由后义以推之，则殷人已用奴隶为戍卒。

又有臣字。臣亦奴隶之古称。《左氏》僖十七年《传》"男为人臣，女为人妾"，卜辞言臣者有下举诸例：

> 乎（呼）多臣伐舌方。（《前》Ⅵ，31，3）
> 贞乎多臣〔伐〕舌。（《戬》12，11）
> 贞勿乎多臣伐舌方，弗〔受有右〕。（《林》Ⅱ，27，7）

此以"多臣"从事战争，亦用奴隶为军警之一例。

用奴隶为军警事，希腊罗马的古代有之，今人亦犹是，如英国人之用印度人为巡捕，法国人之用安南人为巡捕。中国俗谚有"好铁不打钉，好儿不当兵"之语，或即此古代风俗之遗意。

（五）奴隶的私有

在氏族社会之末期亦不能无奴隶，然其奴隶与他种生产品物相同，必为族所公有。待他种生产品物已可成为私有，则奴隶亦可成私有。奴隶私有乃周代经常之制度，周彝中锡人民臣仆之例至多，惟于殷彝中则少见。前举《阳亥簋》有"休（锡）臣三家"语，惟此是否殷器，不敢断言。《旂鼎》有"公锡仆"语，大约因其中有"作文父日乙宝尊彝"语之故，罗氏收入《殷文存》，然其铭首为"唯八月初吉，辰在乙卯"，初吉乃周制（王国维说，见《生霸死霸考》），则此器当是周初之制作。

卜辞亦无锡臣仆之纪录。上举"贞锡多女有贝朋"一例，"多女"不识为受锡之人，抑所锡之物，如"多女"与"贝朋"为同例，则以人为锡之事便仅此一见。

此外有如下列二语：

> 子渔之（有）从。（《前》Ⅴ，44，3）
> 贞子渔亡其从。（《后》上，27，2）

子渔系人名，已见前。此二从字不知是否即为奴隶，如此作仆从解，则殷代当时奴隶已可私有。然辞语太简，实不敢断定。

要之奴隶即使已有私有之事，在殷代中可说仅见其萌芽，如周人经常之奴隶制当时可能还未确立。故殷代当将亡国之时，《商书·微子篇》中有云"今殷其沦丧，我罔为臣仆"，这是怕国亡之后会惨遭屠戮，欲求为奴隶而不可得。这种观念和宗周以来的诗人便大不相同。《小雅·正月篇》曰"民之无辜，并其臣仆"，同一是怕亡国之语，而此则直接怕当奴隶。这正表现着时代的递禅。

本章的结语

由上各项之分析考核，可知殷代已到氏族社会之末期，一方面氏族制度尚饶有存在，而另一方面则阶级制度已逐渐抬头。

此事如与周代作比较研究，则更明了而显著。王国维氏之《殷周制度论》亦有见于此，其总纲曰："周人制度之大异于商者：一曰立子立嫡之制，由是而生宗法及丧服之制，并由是而有封建子弟之制，君天子臣诸侯之制。二曰庙数之制。三曰同姓不婚之制。"其说大抵近是。然此乃时会使然，即经济状况已发展到另一阶段，自不能不有新兴之制度逐渐出现。于理非一人一时之所能为，于事亦实非一人一时之所能就。

即如周公本人在初犹实践兄终弟及之制，于武王没后，自践图籍而为天子。继因管、蔡的反对，以至兄弟交争以兵戎相见，殷之武庚乃乘机而起叛乱。管、蔡乃传子传嫡制之前驱，武庚乃奴隶叛乱的首出者，周公乃一乘时得势之时代儿而已。周公在位七年之间，与成王成为对立，与召公、君奭亦不相容，读《尚书·金縢》《君奭》诸篇，当时时事了如指掌。

同姓不婚之制亦非始于周初。《周礼》有仲春通淫之习，地官媒氏掌万民之判，"中春之月，令会男女，于是时也，奔者不禁；若无故而不用令者罚之。司男女之无夫家者而会之"。这犹是杂交时代之孑遗，女子欲求贞节者公家犹须加以禁止。此习于春秋时代犹有留存，如《鄘风》之《桑中》，一人而御孟姜、孟弋、孟庸三女，《郑风》之《溱洧》，男女殷盈，相谑而乐，所歌咏者均即此事。《墨子·明鬼篇》言"燕之有祖，当齐之社稷，宋之有桑林（《鄘风》之《桑中》即此），楚之有云梦（宋玉《高唐》、《神女》二赋即叙此事）也，此男女之所属而观也"。亦即此野合之遗习（详《甲骨文字研究·释祖妣篇》）。故"观社"在《春秋》为非礼（庄二十三年《三传》），宋公享晋侯于楚丘，请以《桑林》而荀莹辞（《左氏》襄十年《传》）。

野合之习犹有孑遗，则男女有同姓者自在意中。《左氏》昭元年《传》，子产对叔向评晋侯之疾，曰"男女辨姓，礼之大司也，今君内实有四姬焉"。一国之君侯且犹是，其他一般之风习更不言可知。此同姓不婚之制决不始于周初之铁证。

古人之庙亦大有秘密。庙实即古人于神前结婚之所。庙后有寝以备男女之燕私。《诗》之《斯干》《楚茨》等篇所咏者均是此事。《月令·仲春之月》有下列二节：

（一）是月也，玄鸟至。至之日以大牢祠于高禖，天子亲往，后妃帅九嫔御。乃礼天子所御，带以弓韣，授以弓矢于高禖之前。

（二）是月也，耕者少舍。乃修阖扇。寝庙毕备。毋作大事以妨农事。

此与仲春通淫之事恰相印证。所谓"祠高禖"，与驰祖、观社等实系同类事，此时即天子后妃亦须参加。所谓"农事"也就是男女间的大事。后人狃于后世之文明习俗而每欲为古人讳，然古人固自以为国家之大礼大典，不惟丝毫无所隐讳，如无故而不奉令者反有处分。这可见社会进化之一斑了。

要之殷周礼制固大有不同，然礼制非一朝一夕一手一足之所成则殊可断论。大抵所谓礼仪三百、威仪三千，即酝酿于成周一代而集成于周末之儒家。

〔附白一〕

本文原拟分为三篇，第三篇论当时之精神文化，此命题内所有事当为文字、艺术、宗教、历数等，但文字一项商氏《类编》之作即此整个之工作。大抵当时文字尚未脱原始之畛域。（一）象形文字在百分之八十以上。（二）每字之结构无定制，一字之写法有至四十种以上。（三）字多合书，如人名、地名、月份、数字等。（四）亦有析书之例，如宾字犁字等。凡此均可于《类编》中求之。由此可得之结论则殷代文字尚在创造之途中，此与生活状态及社会情形，恰相适合。

艺术十分幼稚，亦因卜辞过于单简，无多可论。其见于卜辞者有舞、有伐，皆用诸祭祀；乐器则有鼓、有磬、有龠、有小笙之和、有大箫之言（详见《甲骨文字研究·释和言篇》），亦均用于祭祀。大抵于《释和言篇》中已言及之。

宗教颇有可观，因卜辞本身即宗教之资料。凡言原始宗教或宗教之起源者不可不读卜辞。大抵宗教实起源于生殖崇拜，其事于骨文中大有启示。如祖先崇拜之祖妣字，实即牡牝器之象征。（骨文祖字作且，妣字作匕。）一切神祇均称"示"，示字作丅或Ⅲ，实即生殖器之倒悬。又如上帝之帝本象花蒂之形，其意亦重在生殖。凡此等详细论证可于《甲骨文字研究》中《释祖妣》篇以求之。惟于此有略当申论者，则原人眼中之宇宙实为一神秘不可思议之宇宙，俨若万事万物均为神祇，观其每事必卜，而每卜必仰之于龟甲兽骨，即可得其仿佛。然卜辞中之社会已有阶级产生，故卜辞中之神祇亦已有"上帝"出现。卜辞言帝之事虽有而罕见，帝之性质无可多言，惟据《山海经》则帝即帝俊，即殷人之祖先帝喾，则上帝自为人格神无疑。且上帝崇拜必即祖先崇拜之延长，亦必即生殖崇拜之扩大。

历数则于《甲骨文字研究·释五十》《释支干》二篇言之甚详。惟有一可注意之事，则卜辞中极普遍之十二辰文字与古代巴比仑十二宫之星象恰相暗合。此事过于进展，与当时之社会不相应，足证其为外来。得此于数千年成为悬案之十二辰始获得其究竟之说明，中西文化于上古即已有交流之事于文献上亦获得其左证。大抵殷民族之祖先殆起源于新疆一带，于殷周之世始逐渐东来。高级文化之交通则当在东来以后。

〔附白二〕

本文自去岁九十月间起稿迄今刚及一年，中间牵于人事，屡作屡辍，稿成全部更易者亦四五次，故文气每多不贯之处，又因印刷之关系，凡原文原字均不便过于征引，读者如有不明之处，可于篇后所列举之参考书以求之。拙著之《甲骨文字研究》与此自是辅车唇齿。

一九二九年九月二十日脱稿。

本篇所引用各种研究材料之略符：

一　铁……《铁云藏龟》不分卷

二　前……《殷虚书契前编》八卷

三　后……《殷虚书契后编》上下二卷

四　菁……《殷虚书契菁华》一卷

五　戬……《戬寿堂所藏殷虚文字》一卷

六　余……《铁云藏龟之余》一卷

七　遗……《铁云藏龟拾遗》一卷

八　林……林泰辅编《龟甲兽骨文字》二卷

九　明……明义士编《殷虚卜辞》一册

本篇重要之参考书籍：

一　《增订殷虚书契考释》三卷

二　《戬寿堂所藏殷虚文字考释》一卷

三　《海宁王忠悫公（国维）遗书全集》

四　《殷虚文字类编》十四卷

五　《殷虚古器物图录》一卷《附说》一卷

六　《殷文存》上下二卷（罗振玉编）

（本篇最初为《中国古代社会研究》1930 年 2 月初版第三篇，选自《中国古代社会研究》，上海群益出版社，1947 年 4 月版）

第四篇　《周易》时代的社会生活 *

发　端

《周易》是一座神秘的殿堂。

因为它自己是一些神秘的砖块——八卦——所砌成，同时又加以后人的三圣四圣的几尊偶像的粉饰，于是这座殿堂一直到二十世纪的现代都还发着神秘的幽光。

神秘作为神秘而盲目的赞仰或规避都是所以神秘其神秘。

神秘最怕太阳，神秘最怕觌面。

把金字塔打开，你可以看见那里只是一些泰古时代的木乃伊的尸骸。

第一章　《周易》时代的社会生活

《周易》相传是三圣的秘籍，就是伏羲画卦，文王重卦，周公作爻辞。更加上孔子的"十翼"便成为四圣，或者把周公挤掉，仍保存三圣的名目。

伏羲画卦在《易传》上本来是有明文的——"古者包牺氏之王天下也……于是始作八卦。"但这明明是神话性的传说。

八卦的根底我们很鲜明地可以看出是古代生殖器崇拜的孑遗。画一以象男根，分而为二以象女阴，所以由此而演出男女、父母、阴阳、刚柔、天地的观念。

原始人数字的观念以三为最多，三为最神秘（三光、三才、三纲、三宝、三元、三品、三官大帝、三身、三世、三位一体、三种神器等等）。由一阴一阳的一划错综重叠而成三，刚好可以得出八种不同的方式。这和《洛书》的由一二三四五六七八九配合而成魔术的方乘一样。这种偶尔的发现，而且十二分的凑巧，在原始人看来是怎样的神奇，怎样的神秘哟！于是乎《河图》、《洛书》的传说便一样地生了出来。八卦就这样得着二重的秘密性：一重是生殖器的秘密，二重是数学的秘密。

数学的程度渐渐进化，晓得三三相重，八八更可以得六十四种不同的方式了，于是乎数学的秘密更加浓重起来，一百九十二片的长砖（阳

爻）和三百八十四片的短砖（阴爻）① 便一片一片的都发出神秘的声音，神秘的天启来了。这便是重卦，这便是系辞，这便是《周易》之所以产生。它的父亲是偶然的凑巧，它的母亲是有意的附会。它的祖父不消说是蒙昧的无知。

但这重卦的，系辞的，究竟是甚么人，这在作《易传》的人已经是不明白的。

> 《易》之兴也其于中古乎？作《易》者其有忧患乎？（《系辞下传》）
>
> 《易》之兴也其当殷之末世周之盛德耶？当文王与纣之事耶？（同上）

像这样关于《易》的作者与时代，一问再问地不敢决定下去，这是很慎重的，而且这些很慎重的质疑我们还可以看出是有相当的根据。便是在经文的《爻辞》里有几个可以作为史实的根据：

（一）"帝乙归妹"：（《泰》六五——《归妹》六五）

关于帝乙，其认为历史上的人物者有两说。《子夏传》、《京房易传》、荀爽《后汉书》本传均以为成汤，虞翻以为纣父。《左传》哀公九年晋赵鞅筮得《泰》之六五，言"微子帝乙之元子也"，此其证。《书·多士》有"自成汤至于帝乙"文，成汤与帝乙显然两人。

（二）"高宗伐鬼方，三年克之"：（《既济》九三）

高宗，古人多以为武丁，李道平以为武乙，引今本《竹书》"武乙三十五年周公季历伐西落鬼戎"为证（见《湖北丛书》李著《周易纂疏》），（案）王国维《古本竹书纪年辑校》言此文出自《后汉书·西羌传注》所引，鬼戎下尚有"俘二十翟王"五字为今本所无。

（三）"王用享于岐山"：（《升》六四）

岐山如系周之岐山，则周室称王当在文王以后。

（四）"箕子之明夷"：（《明夷》六五）

但箕子或作"荄滋"。刘向云今《易》箕子为"荄滋"。邹湛云荀爽训箕为荄，训子为滋（俱见《释文》）。是汉时人连这最可靠的史实都有怀疑者。

以上四种事实，如帝乙果为纣父，高宗果为武乙，则皆在殷周之

---

① 六十四卦，卦各六爻，共三百八十四爻，阴阳各半，阴爻是分而为二的，故此戏称为一百九十二片长砖，三百八十四片短砖。——郭沫若原注。

际。有这种种根据，所以《易传》的作者很慎重地发出那"其当殷之末世周之盛德"的疑问；更因为箕子是纣之诸父，《洪范》是由他传衍出来，他在中国的思想史上应该也有一个相当的地位，《周易》之作论理可以与他同时，所以把范围更缩小了一层而疑是"当文王与纣之事"。但是对于作者的问题依旧不敢武断，而后人却公然把它武断下去了。

后人要使儒教增加神秘性，要使儒教的典籍增加神秘性，要使典籍中已经够神秘的《易经》更增加神秘性，所以不能不更抬些偶像来装饰。《易传》已经称为孔子做的了，那被传的《易经》当然不能不成于圣人——占卜是圣人做的，所以乌龟便成为神物，"不如归去"是诗人所想像的，所以杜鹃便成为古代帝王的灵魂。倒推上去，所称述的文王、周公也不过和乌龟、杜鹃一样。冢中枯骨本无鬼，是人造了一个鬼在枯骨里面。

我们再看这文王、周公是何以产生出来的。

重卦之说并不限于文王，此外还有主张伏羲、神农或者夏禹的人。

（一）伏羲说

《淮南子·要略训》："八卦可以识吉凶、知祸福矣。然而伏羲为之六十四变。"

（二）神农说

《魏志》：《易》博士淳于俊曰："包牺因燧皇之图而制八卦，神农演之为六十四卦。"

（三）夏禹说

孔颖达《周易正义序》："郑玄之徒以为神农（重卦），孙盛以为夏禹（重卦），史迁等以为文王（重卦）。"

《周礼·春官》："三《易》，一曰《连山》，二曰《归藏》，三曰《周易》，经卦皆八，别皆六十有四。"（《连山》相传是夏《易》，但有人以为神农，此处或许就是神农说与夏禹说的根据。）

（四）周文王说

《史记·日者列传》："司马季主曰，周文王演三百八十四爻。"

《论衡·正说篇》："说《易》者皆谓伏羲作八卦，文王演为六十四爻。"

《汉书·扬雄传》："宓牺氏始以八卦，文王附六爻。"

像这样一个问题便有四个解答，我们可以知道每个解答都是不大可靠的了。伏羲、神农、夏禹都是传说上的人，我们可以不用说。我们专来看这盖然性较多的文王。

主张文王重卦的都是汉人，在他们以前并没有何种根据，唯一的根据，怕依然是《易传》。因为《易传》上有一个"其当文王与纣之事"的推测，又有一个"作《易》者其有忧患乎"的质疑，于是他们便更进一步的肯定下去。文王而有忧患，当然是囚在羑里的时候，于是便是"文王拘而作《周易》"了。羑里《史记》作牖里。文王重卦之说固定以后，《易·坎》六四的"纳约自牖"一句，公然也就成为文王的监狱了。这牵强的程度是怎样的可笑呢？

再来说周公。

《正义序》上说：马融、陆绩等说"卦辞文王，爻辞周公"。更后的，连卦辞也说是文王做的了。重卦说都不可靠，这当然更不可靠。周公呢？大约自《左传》上得来。

《左传》："晋侯使韩宣子来聘，观书太史氏，见《易象》曰：吾乃今知周公之德与周之所以王。"[1]

这不必就是周公作《易象》的证据。本来《左传》自身与其认为史乘，毋宁认为小说。但这儿的见《易象》而赞美周公与周室，可以说是赞美他们晓得神道设教，或者是晓得提倡文化——因为宗教神话就是当时的文化。所以我们照文字解释，也不能就确实生出周公作《易象》的断案来。但是后人终于把它断下去了。

周公是多材多艺的。他是孔二先生所时常"梦见"的圣人，而且又稍稍后于箕子，又有韩宣子那句话作根据，于是乎神殿中的三尊神像便完全构造成器了。

但最奇特的是那样心醉周公的相传是《易传》的作者之孔二先生，在《易传》中却没有提及周公一个字。这大约是孔老二的疏忽罢。

第一节　生活的基础

《易经》是古代卜筮的底本，就跟我们现代的各种神祠佛寺的灵签符咒一样，它的作者不必是一个人，作的时期也不必是一个时代。全体六十四卦，三百八十四爻。卦有卦辞，爻有爻辞，合乾卦的用九，坤卦

---

[1]　此处引文为节录文字。

的用六，一共有四百五十项文句。这些文句除强半是极抽象、极简单的观念文字之外，大抵是一些现实社会的生活，我们可以说这些生活一定是在当时现存着的。所以如果从这些表示现实生活的文句分门别类的划分出它们的主从出来，我们可以得到当时的一个社会生活的状况和一切精神生产的模型。让《易经》自己来讲《易经》，揭去后人所加上的一切神秘的衣裳，我们可以看出那是怎样的一个野蛮在作裸体跳舞。

一　渔猎

（一）即鹿无虞，惟入于林中。（《屯》六三）

（二）田有禽，利执言。（《师》六五）

（三）王用三驱，失前禽。（《比》九五）

（四）履虎尾，不咥人。（《履》象辞）

此疑死虎，故列入此项。

（五）噬乾肺，得金矢。（《噬嗑》九四）

（六）噬乾肉，得黄金。（同六五）

肉中得矢当然是从畋猎得来，黄金当即金矢，此处所谓金即是铜。铁的发现一般在铜后，全经中并无铁字。

（七）贯鱼，以宫人宠。（《剥》六五）

宫人当即家人，《困》六三："困于石，据于蒺藜，入于其宫，不见其妻。"宫不一定是王宫。

（八）良马逐。（《大畜》九三）

（九）虎视眈眈，其欲逐逐。（《颐》六四）

此项现象不是人猎虎，便是虎猎人，原始时代的人原是为猛兽所猎的。

（一〇）田无禽。（《恒》九四）

（一一）明夷于南狩，得其大首。（《明夷》九三）

（一二）田获三狐，得黄矢。（《解》九二）

黄矢即金矢，为铜所制。

（十三）公用射隼于高墉之上，获之。（《解》上六）

（十四）包有鱼。（《姤》九二）

包或训作庖。

（十五）包无鱼。（《姤》九四）

（十六）井谷射鲋。（《井》九二）

（十七）雉膏不食。（《鼎》九三）

（十八）鸿渐于磐，饮食衎衎。（《渐》六二）

（十九）鸿渐于木，或得其桷。（《渐》六四）

（二〇）鸿渐于陆，其羽可用为仪。（《渐》上九）

（二一）射雉，一矢亡。（《旅》六五）

（二二）田获三品。（《巽》六四）

（二三）公弋，取彼在穴。（《小过》六五）

像这样可以列于渔猎一项的文句最多，然猎者每言王公出马，而猎具又用着良马之类，所猎多系禽鱼狐鹿之类，绝少猛兽，可知渔猎已成游乐化，而牧畜已久经发明。惟此有可注意之事项：

（一）猎具系弓矢，矢是黄色的金属，当时还是铜器时代。

（二）无网罟之类的文字，这与后列耕植一项相印证，是桑麻之业尚未发达的原故。（《大壮》九三"小人用壮，君子用罔"的罔字可训作网，此条存疑。）

二　牧畜

（一）或系之牛，行人之得，邑人之灾。（《无妄》六三）

（二）童牛之牿。（《大畜》六四）

（三）豮豕之牙。（《大畜》六五）

李道平以为豮豕即幼豕（据《尔雅》），牙同牜代。

（四）畜牝牛。（《离》彖辞）

（五）羝羊触藩，羸其角。（《大壮》九三）

（六）藩决不羸，壮于大舆之輹。（《大壮》九四）

（七）丧羊于易。（《大壮》六五）

《释文》云"陆作埸，谓埸坛也。"

（八）羝羊触藩，不能退，不能遂。（《大壮》上六）

（九）康侯用锡马蕃庶，昼日三接。（《晋》彖辞）

（一〇）丧马勿逐，自复。（《睽》初九）

（一一）见豕负涂。（《睽》上九）

（一二）牵羊悔亡。（《夬》九四）

（一三）系于金柅，……赢豕孚蹢躅。（《姤》初六）

（一四）女承筐，……士刲羊。（《归妹》上六）

（一五）丧牛于易。（《旅》上九）

（一六）月几望，马匹亡。（《中孚》六四）

此外尚有不少的马牛豕羊等字样，但奇异的是寻不出犬字。又"旧井无禽"（《井》初六）"翰音登于天"（《中孚》上九）或即是鸡，经中无鸡字明文。

三　商旅——交通

（一）旅即次，怀其资，得童仆。（《旅》六二）

（二）旅焚其次，丧其童仆。（《旅》九三）

（三）亿丧贝。（《震》六二）

亿同《论语》"亿则屡中"。

这些当然是商贾的起源，从这些文句中可以得到几个注意：（一）当时的商贾还多是行商，（二）童仆是商品之一种，当然是人身买卖，（三）资贝是当时的货币，资字亦从贝，金属的货币还未产生。

商贾既是行商，那交通是很重要的，交通的工具是用马牛车舆。例如"乘马班如"（《屯》），"大车以载有攸往"（《大有》九二），"见舆曳，其牛掣"（《睽》六三）之类，但奇异的是没有舟楫的文字。经文中"涉大川"字样或利或不利凡十二见，这可见涉的重要，但涉的工具没有一处说及，而从反面来说：

（一）包荒，用冯河。（《泰》九二）

（二）过涉，灭顶，凶。（《大过》上六）

（三）曳其轮，濡其尾。（《既济》初九）

（四）濡其首，厉。（《既济》上六）

这是证明涉不用舟楫，好像是全凭游泳，或用葫芦（包荒）或用牛车。由此我们可以揣想到舟楫在当时尚未发明——至少是尚未发达——所以涉川的事才看得那么重要。

四　耕种

不耕获，不菑畬。（《无妄》六二）

关于耕种，全经中就只有这一句。此外关于耕种的器具找不出一个字来，关于五谷的名目也找不出一个字来，有四五处田字：

> （一）见龙在田。（《乾》九二）
> （二）田有禽。（《师》六五）
> （三）田无禽。（《恒》九四）
> （四）田获三狐。（《解》九二）
> （五）田获三品。（《巽》六四）

但没有一处是和耕种有关系的。

此外：

> （一）其亡其亡，系于苞桑。（《否》九五）
> （二）硕果不食。（《剥》上九）
> （三）以杞包瓜。（《姤》九五）

这好像是种植，但也不能断定是野生，还是家产。

五　工艺——器用

通全经中寻不出一个工艺的字样，但是器用是不少的。

先从宫室来说，有门庭家屋庙宫户牖阶墉城藩床枕庐隍井穴等等字样。在这儿应该附带一个注意，便是当时穴居野处的习惯还未完全废掉，证据是：

> （一）需于血，出自穴。（《需》六四）
> （二）入于穴，有不速之客三人来。（《需》上六）
> （三）来之坎坎，检且枕，入于坎窞。（《坎》六三）

（检今本作险，据郑康成，以为木在手为检，在首为枕。坎窞可知是竖坑。）

> （四）困于株木，入于幽谷。（《困》初六）
> （五）困于石，据于蒺藜，入于其宫，不见其妻。（《困》六三）

这明明是穴居和构巢等原始的俗习。原始家屋进化一般是由平穴而竖坑而构巢而石累。倒推上去，我们可以知道那时候的门庭宫庙城墉等等决不能和现在的比拟，顶多是用一些石头砌成罢了。所以楼榭等字样绝对寻不出。

再说到衣履，有黄裳、鞶带、履、朱绂、赤绂、袂等字样。在这儿我们要注意，当时还是游牧很盛行的时候，后代的丝绵织物应该还未发达。当时的衣履的材料除革木兽毛草索之外，我们是很难想像。所以黄裳或许就是"黄牛之革"所裁成。如朱绂赤绂绝对不会如像后世注家所想像的甚么很堂皇的祭服。顶多怕只是染红了的头发或者马尾之类。绂，《礼记疏》引作韍，已从革。今本《乾凿度》更作茀。《既济》六二"妇丧其茀"，此茀字别本复作髴，作弗，作髢，苟爽更作绂。或训鬒发，或训头饰，干宝更以为马髴，与我所想像的，正不谋而同。

再说到纯粹的器用：

（一）土器　缶…瓶…瓮…匕（？）…鼎（？）

（二）石器　圭…玉铉…匕（？）…斧（？）

（三）草器　徽…纆…纑

（四）木器　车…舆…杘…机…枕…梌…校

（五）革器　鞶带…括囊…鼎耳革…鼓

（六）金器　金矢…金杘…金车…鼎（？）…簋（？）…簠（？）…黄耳金铉

这些分类有多少是由于想像，或按照后来的文字的偏从得来。但我们第一要知道现在的经文决不是古代的原文，这在中国文字中是经过几次翻译的。后人用自己惯用的文字去翻译古文，也就如我们用本国的文字去翻译外国文一样，有多少是不能一致。譬如匕字原始人多用石器或者贝壳，后人多用土器，此处便不知是那一种。又譬如鼎也可以土，可以金，照"鼎玉铉"（《鼎》上九）一句来说，那或许是土器，例如是金，以玉为耳环一定是不能支持的。簋簠于古彝中均为金器，而后人文字从竹。

像以上所述关于宫室衣履器用有不少的名物，然而在全部的经文中找不出一处关于工艺的字样来。我们在这儿所得出的推论是：

（一）人类还在自给时代，工艺是人人所必为，还未成为独立的生活手段。

（二）这些工艺是让奴隶童仆专攻，不为君子（当时的贵族）所挂齿。

我看这两个推论是并行不悖的。

第二节　社会的结构

我们从上面所述的生活的基础看来，可以知道《周易》的时代是由牧畜转化到农业的时代，牧畜还是生活的基调，如农业，如工业，如商业，才仅仅见一些儿萌芽。据穆尔刚（Morgan）古代社会的研究，先史民族之进化阶段可表列如次：

```
                          ┌ 上段…巢  居
                   ┌ 野蛮 ┤        言语之形成        杂交时代……群居
                   │      ┤ 中段…用 旧石器之使用 火用                        女性
                   │      └ 下段…用 弓  矢                                  中心
      先史           │          新石器之使用        由血族
      民族          ┤                               群婚至
      进化          │      ┌ 上段…陶  埴           亚血族…     氏族社会
      阶段          │      │     牲畜种植之发明 器  群婚
                   └ 蒙昧 ┤ 中段…铜  器
                          │     牲畜种植极盛
                          └ 下段…铁              由一时
                                文字之发明         的配偶   …国家之…男性
                                                至固定         形成  中心
                                                的夫妇
```

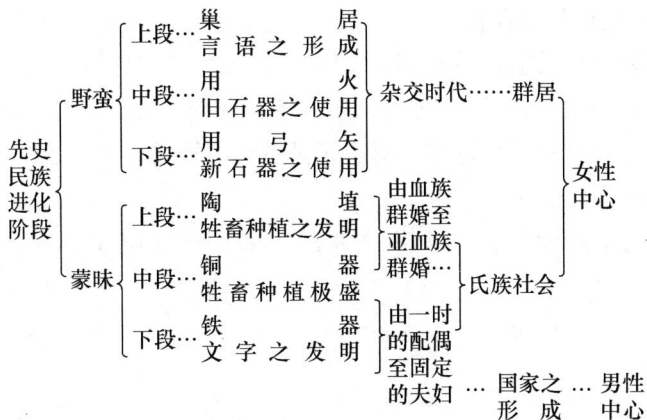

（亚血族群婚在今落后民族犹有此风俗，即是同母兄弟与异母姊妹共婚，在中国史上如娥皇、女英共舜，舜与象复共娥皇、女英，便是最好的范例。）

《周易》时代该当于蒙昧时代之中下段，铁器虽无明证，而文字则确已发明。故当时之社会，当呈一变革之现象。

一 家族关系

在《易经》中群婚的遗习无可考见，惟偶婚的痕迹则俨然存在。

> 舆说辐，夫妻反目。（《小畜》九三）
> 枯杨生稊，老夫得其女妻。（《大过》九二）
> 枯杨生华，老妇得其士夫。（《大过》九五）
> 睽孤，遇元夫。（《睽》九四）
> 鸿渐于陆，夫征不复，妇孕不育。（《渐》九三）

这些都好像是一时的一夫一妻。这偶婚的遗习我们从母系制度的残存还可以得到旁证。

（一）男子出嫁

> 屯如，邅如，乘马班如：匪寇，婚媾。（《屯》六二）
> 乘马班如，求婚媾。（《屯》六四）
> 贲如，皤如，白马翰如：匪寇，婚媾。（《贲》六四）
> 先张之弧，后说之弧，匪寇，婚媾。（《睽》上九）

这骑在马上挟着弓矢纠纠昂昂而来的当然是男子，起初还以为他是为抢劫而来，后来才知道是来求婚媾。这显然是女子重于男子。母系制度的残存此其证一。

（二）女酋长的存在

母系制度的社会，酋长多是女性。《晋》六二"晋如，愁如，贞吉。受兹介福，于其王母。"这王母二字并不是祖母，也不是王与母，更不是所谓西王母——其实这西王母也正是古代的神话了的女酋长。母系制度的残存此其证二。

（三）除这残存的母系制度之外，当时的家族制度确已向父系推移。例如：

一、男子可以娶妻并且蓄妾

　　纳妇吉。（《蒙》九二）

　　勿用取女，见金夫，不有躬。（《蒙》六三）

　　既雨既处，尚德载妇。（《小畜》上九）

　　咸亨利贞，取女吉。（《咸》彖辞）

　　姤女壮，勿用取女。（《姤》彖辞）

　　得妾，以其子。（《鼎》初六）

二、女子可以出嫁并且媵嫁

　　渐女归吉。（《渐》彖辞）

　　帝乙归妹，以祉元吉。（《泰》六五）

　　归妹以娣。（《归妹》初九）

　　归妹以须，反归以娣。（同六三）

　　归妹愆期，迟归有时。（同九四）

　　帝乙归妹，其君之袂不如其娣之袂良。（同六五）

三、子可以承家

　　子克家。（《蒙》九二）

　　幹父之蛊，有子，考无咎。（《蛊》初六）

　　得妾，以其子。（《鼎》初六）

二　政治组织

生产日渐发达，私有财产权已经成立，同时为保护这私有财产权的安定，便不能不有刑政的发生。当时政治组织有下列的各种阶段：

（一）天子

　　公用享于天子。（《大有》九三）

（二）王公——大君——国君

大君有命开国承家。（《师》上六）（其他《履》六三、《临》六五，凡二见。）

王假有家。（《家人》九五）（假同格，至也。）

告公从，利用为依迁国。（《益》六四）

观国之光，利用宾于王。（《观》六四）

用行师，终有咎，以其国君凶，至于十年不克征。（《复》上六）

（三）侯

利建侯。（《屯》彖辞及初九）

利建侯行师。（《豫》彖辞）

不事王侯，高尚其志。（《蛊》上九）

康侯用锡马蕃庶，昼日三接。（《晋》彖辞）

（四）武人——师

武人为于大君。（《履》六三）

利武人之贞。（《巽》初六）

师出以律。（《师》初六）

（五）臣官

王臣蹇蹇，匪躬之故。（《蹇》六二）

官有渝，出门交有功。（《随》初九）（官或作管，或作馆。）

（六）史巫

巽在床下，用史巫纷若。（《巽》九二）

以上是当时的政治上的位阶，国家的雏形是约略具备了，但是我们要知道那仅是雏形，那和氏族社会相隔并不甚远。

所谓"王假有家"，"王假有庙"（《萃》彖辞），这是表明王的职掌是管家政和祭祀的。所谓"利建侯行师"，"康侯用锡马蕃庶"，这是表明侯的职掌是管军政和战争的。所谓"不事王侯，高尚其志"，王侯的连文正表明王与侯的对立。侯而且是临时设置，因为在经文五处侯字之中三处都称"建侯"。这样的关系正刚刚表明王是酋长而侯是军长。

我们中国古时候的所谓国其实仅仅是一个大宗或小宗，所以动辄便称万国万邦。《易经》中的所谓国，当然也不外是这样了。

所谓王所谓侯不外是些大宗或小宗的酋长军长，所谓天子所谓帝当然也不外是一个大族的最高头目。假使容许我们更大胆的驰骋我们的想像，那吗《同人》一卦中的所谓"同人于野……同人于门……同人于宗……同人于郊"，恐怕就是当时的评议会。《序卦传》里说"与人同者物必归焉，故受之以大有"，我们要说就是选举酋长，这并不算是怎么悖谬的。大概宗法社会的人有大事必相聚会。他们的大事是些甚么呢？不外是战争和享祀。

> 同人先号咷而后笑，大师克相遇。（《同人》九五）

这是聚集着在关心战事的情景，起初大约是听见消息不好，所以先号咷；后来战争又胜利了，所以又后笑。《萃》卦初六的"有孚不终，乃乱乃萃，若号，一握为笑"，怕也就是这个同样情景罢。

萃也是聚会。"萃王假有庙，用大牲……利用禴……萃如嗟如……赍咨涕洟"——这分明为享祀而聚会的。

"萃利见大人……萃有位"——或许也是选举酋长或军长。

三 行政事项

政治机关已经有了，我们且看它做些甚么事情。

第一 享祀

（一）拘系之，乃从维之，王用享于西山。（《随》上六）

（二）盥而不荐，有孚颙若。（《观》彖辞）

（三）二簋，可用享。（《损》彖辞）

（四）王用享于帝。（《益》六二）

（五）王假有庙，……用大牲。（《萃》彖辞）

（六）孚乃利用禴。（《萃》六二及《升》九二）

（七）王用享于岐山。（《升》六四）

（八）劓刖，困于赤绂，乃徐有说，利用祭祀。（《困》九五）

（九）震来虩虩，笑言哑哑，震惊百里，不丧匕鬯。（《震》彖辞）

（一〇）王假有庙。（《萃》彖辞）

（一一）东邻杀牛，不如西邻之禴祭。（《既济》九五）

以上十二处①很明显地是表示着享祀的，这可见享祀的重要。其次十二处中有五处便明明表示着王字，这可见王在一国中便是教主。还

---

① 所列虽十一条，但第六条《萃》六二及《升》九二为两处，故云"以上十二处"。

有，我们看《随》的上六和《困》的九五，在当时好像还有人牲供祭的习俗存在。这些人牲是从甚么地方来的呢？不消说会是由战争得来的俘虏。《随》的六二"系小子，失丈夫"，六三"系丈夫，失小子"，这所系的分明是人，不是牛，不是羊，也不是豕。九四"随有获……有孚在道"，孚字或许怕就是俘字罢（案古金文俘字均作孚）。——从《萃》的六二和《升》的九二看起来，觉得一点也不牵强。所以所拘系的"之"，所从维的"之"，不是上文的小子便是丈夫。

第二　战争

战争在原始人的生活上是很重要的，这是谁也可以想像得到。《易经》中战争的文字之多，实在任何的事项之上。

（一）不利为寇，利御寇。（《蒙》上九）

（二）需于泥，致寇至。（《需》九三）

（三）师出以律，否臧，凶。（《师》初六）

（四）在师中，……王三锡命。（《师》九二）

（五）师或舆尸。（《师》六三）

（六）师左次。（《师》六四）

（七）长子帅师，弟子舆尸。（《师》六五）

（八）有孚挛如，富以其邻。（《小畜》九五）

（九）不富以其邻，不戒以孚。（《泰》六四）

（一〇）城复于隍，勿用师。（《泰》上六）

（一一）伏戎于莽，升其高陵，三岁不兴。（《同人》九三）

（一二）乘其墉，弗克攻。（《同人》九四）

（一三）同人先号咷而后笑，大师克相遇。（《同人》九五）

（一四）不富以其邻，利用侵伐，无不利。（《谦》六五）

（一五）利用行师，征邑国。（《谦》上六）

（一六）利建侯行师。（《豫》彖辞）

（一七）迷复凶有灾眚，用行师，终有大败，以其国君凶，至于十年不克征。（《复》上六）

（一八）王用出征，有嘉折首，获匪其丑。（《离》上九）

（一九）晋其角，维用伐邑。（《晋》上九）

（二〇）负且乘，致寇至。（《解》六三）

（二一）扬于王庭，孚号，有厉告自邑，不利即戎。（《夬》彖辞）

（二二）壮于前趾，往不胜。（《夬》初九）

（二三）惕号，莫夜有戎。（《夬》九二）

（二四）得敌，或鼓或罢，或泣或歌。（《中孚》六三）

（二五）高宗伐鬼方，三年克之。（《既济》九三）

（二六）震用伐鬼方，三年有赏于大国。（《未济》九四）

此外还有不少的单独的征字（十四处），以及意义虽然很鲜明而不敢妄定的无数的孚字（经文中的孚字凡三十三处，古人均一律训信，有些地方实在讲不通）。"匪寇婚媾"四字连文的寇字四处。

战争的机会这样的多，惟一的原因就是氏族共有财产的保卫。男子多做了武人，自然从事于生产的时候很少，便不能不用武人的力量去抢劫邻族的财产以富裕己族的私有。于是战争便成为物质生产上一项重要的工具。战争可以抢劫别族的牛马，可以抢劫别族的羊豕，可以抢劫别族的女人以为妻奴，可以抢劫别族的小子丈夫以为僮仆牺牲。由这样的结果自然是武人专权，自然是男子和女子掉换了主从的地位，母系制度之所以逐渐破坏者以此。

眇能视，跛能履，履虎尾，咥人凶，武人为于大君。（《履》六三）

本来是眇的公然睁开眼睛看起来，本来是跛的公然放开脚步走起来，本来是老虎皮，踏惯了它的尾巴的，公然是活老虎转过头咬起人来，本来是只有服从女王的武人公然篡起位来。由军长变成酋长，这是必然的路径。国家之所以成立者亦以此。

第三　赏罚

赏罚在当时已是有的，其权操之于政长：

（一）受兹介福，于其王母。（《晋》六二）

（二）井渫不食，为我心恻，可用汲。王明，并受其福。（《井》九三）

（三）震用伐鬼方，三年有赏于大国。（《未济》九四）

这是赏一方面的证据。

（四）鼎折足，覆公餗，其刑剭。（《鼎》九四）

这是罚一方面的证据。

关于赏的实际——就是怎样行赏赐福？——经文中没有说及。关于罚的方面倒有好几处。

（一）利用刑人，用说（脱）桎梏。（《蒙》初六）

（二）拘系之，乃从维之，王用享于西山。（《随》上六）

（三）噬嗑，利用狱。（《噬嗑》彖辞）

（四）屦校灭趾。（《噬嗑》初九）（校，木械枷械之类。）

（五）何（荷）校灭耳。（《噬嗑》上九）

（六）系用徽纆，置于丛棘。（《坎》上六）

（七）见舆曳，其牛掣，其人天且劓。（《睽》六三）（天，剠额也。）

（八）劓刖，困于赤绂，乃徐有说，利用祭祀。（《困》九五）

（九）鼎折足，覆公𫗧，其刑剭。（《鼎》九四）

从这上面看来，我们知道刑的工具有桎梏、徽纆、监狱（丛棘是自然监狱）。肉刑有剠、劓、刖、剭。刑人的用途有二，一是做祭祀的人牲，二是做奴隶。战争既十分频繁，其必然的结果是生产的颓废与俘虏的增多。这增多了的俘虏最初大概只是作为牺牲便算了事的，但是人的生产价值老早发现了，结果是用到颓废了的生产上去，于是而奴隶制度便产生出来。奴隶便成为财产，成为可以买卖的商品。

四　阶级

当时已经有国家刑政的成立，阶级在理论上是必然存在，而在事实上也公然存在。经文里面除上举政治上的位阶——天子王侯等之外，还有一般的抽象的社会上的阶级，那就是大人君子和小人。

（一）单举

大人……十一处。

君子……十三处。

小人……四处。

（二）对举

大人与小人对举……一处。

　　包承，小人吉，大人否。（《否》六二）

君子与小人对举……六处。

　　童观，小人无咎，君子吝。（《观》初六）

　　硕果不食，君子得舆，小人剥庐。（《剥》上九）

　　好遁，君子吉，小人否。（《遁》九四）

　　小人用壮，君子用罔。（《大壮》九三）

> 君子维有解，吉，有孚于小人。(《解》六五)
> 君子豹变，小人革面。(《革》上六)

全经中合计大人十二处，君子十九处，小人十一处。大人可以和小人对举，君子也可以和小人对举，而大人不曾和君子对举；但《革》卦九五"大人虎变"，上六"君子豹变"，虽不同爻辞而对举成文。虎强于豹，大约大人比君子还要强一点罢？

又小人单举的四处里面，有三处依然是对举的。

> (一) 大君有命开国承家，小人勿用。(《师》上六)
> (二) 公用享于天子，小人弗克。(《大有》九三)
> (三) 高宗伐鬼方，三年克之，小人勿用。(《既济》九三)

这儿和小人对立的是大君，是公，是高宗。我们借此可以知道那时的大人君子就是王侯仕宦，小人就是一般的平民了。

当时阶级的结构大约是由下列的形式：

> (一) 大人——天子……王侯
> (二) 君子——武人……史巫 (＝幽人〔?〕)
> (三) 小人——邑人……行人 (＝旅人〔?〕)
> (四) 刑人——臣妾……僮仆

大人君子是支配阶级，小人刑人是被支配阶级。

史巫大概是执掌当时的教育的，我们看《蒙》卦的象辞"匪我求童蒙，童蒙求我。初筮告，再三渎，渎则不告"。当时的教育不消说只是教人迷信。

所谓"幽人"有两处：

> (一) 履道坦坦，幽人贞吉。(《履》九二)
> (二) 眇能视，利幽人之贞。(《归妹》九二)

这好像都是很有礼仪道德的君子，不一定就是史巫，或者是所谓"不事王侯高尚其志"的当时的知识分子罢？

邑人凡三见，行人一见，旅人一见。

邑人：

> (一) 不克讼，归而逋其邑人三百户。(《讼》九二)
> (二) 王用三驱，失前禽，邑人不诫。(《比》九五)
> (三) 或系之牛，行人之得，邑人之灾。(《无妄》六三)

据第一项看来，邑人也是当时支配阶级的所有物（奴隶），所以在支配者出去争讼，失败了回来，便逃走了三百家。邑人和行人相对大约是土著的人。

行人或者就是旅人——"旅人先笑后号咷，丧牛于易"（《旅》上九），这和《无妄》的六三恰好相对仗，一边是得牛，一边是失牛。这或者是商旅，或者也怕是游牧人。

但是刑人是最可怜的。他根本是失去人的资格。他除本身受种种的肉刑之外，他的运命是被人"利用"为：

（一）牺牲——"劓刖……利用祭祀。"

（二）牛马——"畜臣妾。"

（三）商品——"旅即次，怀其资，得童仆。"

第三节　精神的生产

产业由渔猎牧畜渐渐进化到农业的途中，生产日繁，原始的宗法社会一族一宗的统摄不能胜其烦琐，于是造产者有产的私有权便因以成立。私有权一成立，在同一的单位中自然不能不生出造产者与卫产者的分业出来，于是而国家的基础便因以确定。国家的基础是建设在阶级的对立上。那时的阶级国家显然是奴隶制的组织，支配者即为奴隶所有者。与这样的社会情形相应，自然也有它的意识上的表现。我们且从宗教、艺术、思想三方面来观察。

一　宗教

因为自己的愚昧而且同时有意无意地还要出于愚民，原始人的思想必然是表现而为宗教，或者魔术，或者迷信。

《易经》全部就是一部宗教上的书，它是以魔术为脊骨，而以迷信为其全部的血肉的。

> 舍尔灵龟，观我朵颐，凶。（《颐》初九）
> 或益之十朋之龟，弗克违。（《损》六五——《益》六二）
> 自天祐之，吉无不利。（《大有》上九）
> 用享于帝。（《益》六二）

至上神的观念在当时是已经有了。八卦是天人之间的通路，龟便是在这通路上来往着的传宣使者。所有人的祈愿由它衔告上天，所有天的豫兆由它昭示下民，一切的吉凶祸福都可前知，龟当然可以成灵而谁也不敢违背了。谁敢违背，那便是凶。

但是这上帝是从甚么地方产生出来的呢？

> 公用享于天子。（《大有》九三）
>
> 幹父之蛊，有子，考无咎。（《蛊》初六）

在原始时代起初是"人知有母而不知有父"的母系社会，由母系社会转化成父系社会，又才生出父子的关系来。所以在社会历史上，父是由子所产生的，就是先有子而后有父。

同样，天是天子所产生的，要先有天子而后有天。

天子因为要固定自己的权威，要固定自己父子相承的产业，所以才把自己的模型转化到天上，成为永恒不变的万事万物的支配者。他不称他做天兄天母，而要称他作天父，便是在父系社会成立以后，要使财产继承权神圣化的原故。于是乎天子有双重的父亲，而世界也就成了双重的世界。

一个人能够有两个亲生的父亲吗？

事实上一个人不能有两个亲生的父亲，所以世界也不能够是双重的世界。

上帝是天子产生的。上帝的意旨其实就是天子的意旨。吉凶祸福之权是操在天子手里的，结果就是服从我的便有好处，不服从我的便有灾害。这假手于龟卜蓍筮当然是再灵验也没有的了。

譬如有一个魔术师他利用一个假的梦游患者来预言，说你在今晚上就要死，他在晚上便来把你暗杀了。（从前看见过一种表现派的电影名叫《瓜里瓜里博士》的，有这样的一场结构。）除你以外的人当然会以那梦游患者为真实，而含着无上的信仰和敬畏了。

上帝的骗局就是这样，龟卜的骗局就是这样。

上帝成立了，他是完全和人一样的，不消说他也要吃东西，而且他最喜欢吃牛肉。

上帝喜欢吃牛肉一层，我们知道他一定是牧畜时代产生出来的——假使上帝是产生在现代，那他一定会喜欢吃冰淇淋。

这贪吃的上帝不仅喜欢吃牛肉而且还喜欢吃人肉——"劓刖……利用祭祀"——这可证明当时的习俗至少离吃人肉还不远。台湾的生番①到现在都还在吃人。我们中国人的祖先也好像是很喜欢吃人肉的一种，

---

① "台湾的生番"，今称"高山族"。

一直到后代都还有"析骸而爨，易子而食"和"杀妾享士卒"的史事。

像这样的上帝，你看他是怎样的仁慈呢！

此外如"王用享于西山（或即岐山）"，是庶物崇拜的孑遗，"王假有庙"是祖先崇拜的表示。

庶物崇拜是自然发生的原始人的迷信。它的根据可以说完全是在蒙昧上的。原始人对于一切自然均不明其所以然，只觉得万事万物都是灵异不可思议。男女的生殖器，自然的现象，风云雷雨，山川草木，一切都好像有神明藏在里面。这是原始共产社会应有的观念。宇宙还是群神共产的时代，还不是一神私有的时代。

祖先崇拜的习俗一定在氏族财产发生以后。在原始的人连父的观念都是没有的，不消说更说不上祖先。"古之葬者厚衣之以薪，葬之中野，不封不树，丧期无数"（《系辞下传》）——这分明是没有丝毫崇拜的痕迹。这种弃尸的风俗在作《易》当时好像还有些遗存，我们看《离》卦的九四"突如其来如，焚如，死如，弃如"，便是一个证据。

灵魂不灭的观念确立以后，世界化成了双重的世界：灵的世界和肉的世界。上帝永存的观念随着灵魂不灭的观念发生出来。幽明两界好像只隔着一层纸，宇宙是鬼和人共有的。有这样的鬼世界，所以中国人用不着天堂，用不着地狱。鬼是人的延长，就这样权力可以长有，生命也可以长有。

二 艺术

在《易经》中所能寻出的当时的艺术，有左列的几项：

（一）跳舞——鸿渐于陆，其羽可用为仪。（《渐》上九）

（二）装饰——贲于丘园，束帛戋戋。（《贲》六五）

（三）雕塑——鼎，黄耳金铉。——鼎，玉铉。（《鼎》六五——上九）

（四）音乐——日昃之离，不鼓缶而歌，则大耋之嗟。（《离》九三）

得敌，或鼓或罢，或泣或歌。（《中孚》六三）

这是很幼稚的，但在这幼稚的艺术的萌芽中我们可以看出艺术论上两条原则：

（一）艺术是与当时的物质的生产相应：

以鸿羽为仪而跳舞，连鼓都是用的土器。

（二）艺术是与时代生活有密切的关系：

当时的生活基调是宗教是战争，所以鼓歌不是用之祭祀，便是用之祝捷。鼎也是祭祀的用品，"圣人烹以享上帝"者，所以也那样用铜环用玉环来装饰。"贲于丘园，束帛戋戋"的装饰，或者也怕是为的祀神和祝捷之类。

艺术是生活的附庸，我们就经文自身更可以找出一个实证。

经文的爻辞多半是韵文，而且有不少是很有诗意的，我现举几首在下边罢。

> 屯如，邅如，
> 乘马班如：
> 匪寇，
> 婚媾。（《屯》六二）

这是写一个男子骑在马上，迂回不进，他不是去从征，是去找爱人的。邅班为韵，寇媾为韵，更加三个如字的语助词，把那迂回不进的情趣表示得多么充足呢？

> 贲如，皤如，
> 白马翰如：
> 匪寇，
> 婚媾。（《贲》六四）

与上同调，此侧重色感。

> 突如其来如，
> 焚如，
> 死如，
> 弃如！（《离》九四）

这是多么哀婉的一首抒情诗呢？这当然是有闲阶级的情感，他丰衣足食之后，在百无聊赖之中，对于人生发生出这样的疑问。人生是诚然不可捉摸的，人生是无常的，这便引动了他的无上的悲哀。尽管他的内含是这样的一种支配阶级的情感，但他所表现的方式实在是单纯而且有很大的效果。

> 井渫不食，
> 为我心恻；
> 可用汲。

> 王明，并受其福。(《井》九三)

读这短短的四句，好像在读屈子的《离骚》。

> 震来虩虩，
> 笑言哑哑，
> 震惊百里，
> 不丧匕鬯。(《震》彖辞)

这可以说是绘声绘影之作。

> 女承筐，
> 无实。
> 士刲羊，
> 无血。(《归妹》上六)

我觉得这是牧场上一对年青的牧羊人夫妇在剪羊毛的情形，刲字怕是剪剔之类的意思，所以才会无血。(古人训作刺字，实在讲不通。)剪下的羊毛，女人用竹筐来承受着，是虚松的，所以才说无实。我想我这种解释是合乎正轨的。那吗我们看，这是多么一幅优美的图画呢？假使你画出一片碧绿的草原，草原上你画出一群雪白的羊子，在那前景的一端你画出一对原始人的年青夫妇，很和睦地一位剪着羊毛，一位承着篮子。这怕会比 Millet① 的"牧羊少女"还要有风致罢？这首诗虽然很简单，但就是这样一个白描的世界。

> 鸣鹤在阴，
> 其子和之。
> 我有好爵，
> 吾与尔靡之。(《中孚》九二)

爵就是酒杯，靡当读为波，与和字为韵，大概就是醉酒之意。这简直是享乐的世界了。同一是有闲阶级的心理，由《离》九四的执着一变而为这儿的超脱。他们不可解救的悲哀暂时是在酒里面得着解决了。"吾与尔"假如我们更大胆地解释成一男一女，那会怎样呢？——那也并不勉强，因为"其子"的子字如"之子于归"之子，或"与子偕老"之子，可以解释成雄鹤或雌鹤，——那会是怎样一首有趣的恋歌呢？

---

① "Millet"，通译作"米勒"。

好了，我们就只举这几首吧。我的目的是在想证明艺术和实生活是有关系的。

这些例子总可以算是诗罢？总可以算是艺术罢？但她们是用来做甚么的？她们是用来装饰迷信的符箓的啦。艺术本来是支配阶级的宣传工具。这是千古如出一辙。谁个是甚么"为艺术而艺术"的艺术家？谁个的艺术是"为艺术而艺术"的艺术？

三　思想

"自然是辩证法的证明。"（"Die Natur ist die probeauf die Dialektik"——Engels）

辩证法并不是甚么神秘的事物，只要毫无成见不戴着色眼镜的自然观察者，他自然会得到这个方式。

（一）自然界中一切都是进展着的，一切的万事万物都有发生，成长，死灭；辩证法就是要在这动态中观察事物。

（二）动态的成因是由于内在的相对物的推移，有升有降，有平有陂，有分有合，有成有毁，由这一反一正而生出变化，变化就是进展；辩证法就是要认出事物的内在矛盾。

（三）万事万物是整个相关连的，就如像活动影片一样，要观察它的全体。假使分割地作为片段的观察，那便立地呈出死态；辩证法就要在这整个性上去观察事物。

自然的现象是这样，辩证法就是自然的反映。这就和形式论理的三段论法一样，并不是到近代才发现的，他是在古时候就有的东西。在欧西的古代哲学家中，赫拉克里特（Heraklit，544—457V. U. Z.）便是有名的代表。他有一句名言就是："万物方然而亦方不然：因为万物流徙故。万物在不断的变化中，不断的生成中，不断的消息中。"[①]（Alles ist und auch nicht，denn alles fleiesst，ist in steter Veraenderung，in stetem Werden，in stetem Vergehen begriffen.）这种观察并不怎么稀奇，然而欧洲学者论辩证法的人都以他为始祖。

我现在检讨《周易》中思想，我要说它是一个辩证的观察，想来总不会有人骂我是牵强附会，是在用沟通中西的腐儒的惯技罢。

但是辩证法的形式虽然是一样，各个时代的内容是进展着的。自然

---

① 《中国古代社会研究》各种版本均作"不断的消息中"，据德文及中文文意，似应作"不断的消亡中"。

的观察和自然的认识今人比古人详密到不可思议的地步。辩证法自身也在不断的进展，我们不能够说古代的思辩就和现代的一样，也就和我们不能说墨子的论理该就是现代的逻辑。这点我们要分辨清楚，连这点我们都认不清，那他根本就不了解辩证法，那就是腐儒的态度了。

好，我们现在就来看《易传》中所含的思辩罢。

八卦的基础本来是在男女两性的象征，这在上面我已经说过。所以《易经》的观念就根本是阴阳两性的对立。一切万事万物都是由这样的对立而成，所以我们在《易经》中可以找出不少的相对立的文字，就是吉凶、祸福、大小、远近、内外、出入、进退、往来、上下、得丧、存亡、生死、泰否、损益等等。八卦是四对相对立的现象，六十四卦又是三十二对相对立的事物。就这样宇宙是充满了矛盾。

但这些矛盾是相反相成的，结果是得出一个公式，就是"小往大来，大往小来，无平不陂，无往不复"，就这样便生出变化。

宇宙整个是一个变化，是一个运动，所以统名之曰"易"。——"易者变易也。"

这就是《周易》的作者从自然的观察所得出来的一个辩证的宇宙观，虽然很幼稚，但是是很合乎正轨的宇宙观。

这个宇宙观大概是象征在乾卦的龙字里面的罢？龙起初是潜伏的，渐渐现在田里了，渐渐跃在渊里了，渐渐为云为雨而飞在天上去了，再进便到了高亢的地位，便不得不有悔。宇宙的发生，成长，毁灭，大概就是这个样子。

到这儿一切都是合乎辩证法则的，也可以说是合乎自然的法则的。但是《易》的作者更进了一步，更进了一步是错误的一步，而且是不能不错误的一步。

辩证的宇宙观是很平凡的，一切都有生成，一切都有毁灭，天下没有一成不变的东西。这真是再平凡也没有的一个观念。但是对于那支配阶级是怎样的一个危险的观念呢？

"无平不陂，无往不复"，那吗支配阶级，私有财产，国家刑政，都有它毁灭的时候，而且要毁灭在相反对者的手里。这样怎么能够忍耐得下去呢？

从自然观一转到实践问题上来，在这不能忍耐的一步，一举手便把自然的过程改了。怎样改法呢？

知道大的去了，小的一定会来，陂的平了，平的也一定会陂；目的是要一成不变，不去不来；要不去不来，那就要不大不小，不平不陂；要不大不小，不平不陂，那刚刚是只有中道了，就是所谓"中行"。于是乎而一切都静止了，辩证法也就死灭了。所以说"易者不易也"。这一"不易"下去，于是乎鬼神及鬼神的代身便永久支配着世界，而宇宙便成于五百七十六片长短的砖块。

所以《周易》的实践伦理，结果是折衷主义，机会主义，改良主义。龙亢而有悔的时候，接着就是"见群龙无首吉"了，就是叫你不要发展到尽头。儒家的根本义也就在这儿。我们且看这个思想，在《易传》中是怎样展开的罢。

（后案）《周易》是战国前半肝臂子弓所作，请参看拙作《〈周易〉的制作时代》（收在《青铜时代》里面），卦爻辞多采自殷周资料，成语、故事、民歌等均有之，其时代极为复杂，有极原始的地方，也有极进步的地方。制作时代得以确定，这复杂的情形始可迎刃而解。故在这儿我们要有一个明白的认识：《易经》所用的资料有的虽然远在殷商时代，而整个的思想过程是战国年间的产物。本篇在思想分析上无甚错误，只是时代的看法须改正。

一九四七年三月二十日补志

第二章　《易传》中辩证的观念之展开

《易传》便是"十翼"：（一）《彖上传》，（二）《彖下传》，（三）《象上传》，（四）《象下传》，（五）《系辞上传》，（六）《系辞下传》，（七）《文言》，（八）《说卦传》，（九）《序卦传》，（十）《杂卦传》。历来相传是孔子做的。

《史记·孔子世家》："孔子晚而喜《易》，序《彖》《系》《象》《说卦》《文言》。"

《汉书·儒林传》："孔子晚而好《易》，读之韦编三绝而为之传。"

此外还有《易·乾凿度》也在这样说："仲尼五十究《易》作'十翼'。"

但这些可靠与否实在还是问题。不过孔子研究过《易经》是实在的，对于《易经》发过些议论也是实在的。

《论语》："假我数年，五十以学《易》，可以无大过矣。"——一切晚年好《易》的话怕就是从这"五十"两个字钻出来的，但这五十两个字也有人分解成五与十，就是或五年或十年。当时读书很不容易，既没有纸又没有墨，要靠韦编竹简来自己刻画，或者用漆来涂写，他要费那么长久的时间，我们是用不着惊叹的。

《庄子·天道篇》："孔子往见老聃，而老聃不许，于是翻十二经以说。老聃中其说曰：'太谩，愿闻其要。'孔子曰：'要在仁义。'"——十二经有人说是《诗》《书》《礼》《乐》《易》《春秋》六经加上六纬为十二，有人说是《易》上下经并"十翼"为十二，又有人说是《春秋》十二公经，我们来采取多数决罢——虽然有点滑稽——《易》是占着两票的，大约十二经中总有《易》在里面。

又《天运篇》："孔子行年五十有一而不闻道，乃南之沛见老聃。……老子曰：'子恶乎求之哉？'曰：'吾求之于度数五年而未得也。'老子曰：'子又恶乎求之哉？'曰：'吾求之于阴阳十有二年而未得。'"这度数阴阳大约就是指的易理了？妙在五年十二年的数目与五年十年学《易》的豫定，相差并不多远。

又同篇中有"孔子谓老聃曰：'丘治《诗》《书》《礼》《乐》《易》《春秋》六经……'老子曰：'……夫六经先王之陈迹也。'"这是明明包含有《易经》在里面。

总之孔子是研究过《易经》的，他对于易理当然发过些议论，我们在《易传》中可以看出不少的"子曰"云云的话，这便是证据。大约《易传》的产生至少是如像《论语》一样，是出于孔门弟子的笔录罢。

就这样我们可以规定出《易传》的时代性。

（后案）这是错误；孔子并不曾读过《易经》。《易传》多出于荀子门人之手，其中的"子曰"的子，可能就是荀子。请参阅拙作《〈周易〉的制作时代》。

一九四七年三月二十日

《易经》的时代性在上篇我们已经约略的规定了，它是由原始共产社会变成奴隶制时的社会的产物。

《易传》是产在春秋战国的时候，这个时代是由奴隶制确切的变成封建制度的时代。

所以《易经》的产生是在革命的时代，《易传》的产生也是在革命的时代。不过《易经》的时代是无差别的社会中产生出阶级的时候，《易传》的时代是贵族的臣仆革贵族的命的时候。所以《易传》的作者对于革命的事实用着激越的口调赞美着说：

> 天地革而四时成，汤武革命，应乎天而随乎人，革之时义大
> 矣哉！

这可以见得当时的时代精神了。事实上春秋战国时代的学者多是一些革命家——如老子，如管子，如杨子，如庄子，如韩非子，他们的思想多少都是带着革命性的。此外如墨子算是保守派，孔子算是折衷派。

大凡在一个社会变革时代，随着社会制度的改变总要起一番理论上的斗争，即是方兴的文化与旧有的文化相对抗。中国在事实上只经过三次的社会革命。所以我们在文化史上也可以看出三个激越的时期——真真正正是划时代的时期：

第一，《易》《诗》《书》所代表的一个文化的集团；

第二，周秦诸子（孔子一门包含在里面）的一个文化的集团；

第三，近百年来科学与中学的混战。

由上篇的讨核，我们知道《易》的宇宙观结果是把辩证法毁灭了，把原来是动的世界弄成为定的世界，并且使世界双重化——鬼神的世界与人类的世界，使前者是优越于后者，以巩固人间世之支配阶级的优越。

春秋战国时代的革命思想家，他们起来要革这种旧思想的命，那必然的倾向是：（一）辩证观的复活，（二）排斥鬼神迷信而力求合理的理论——主张理性的优越，（三）因为支配阶级仍然存在，世界仍然保存着双重化的形式，在现实世界里士族代替了贵族，在超现实世界里本体便代替了鬼神——由宗教的变而为形而上学的。结果是一样把辩证观倒置了。

墨家的思想刚好和这反对。他的宇宙观根本是固定的，非辩证的，宗教的，他根本是迷信鬼神。他这一派在当时完全是反革命派。结果他是敌不过进化的攻势，尽管他和他的弟子们有摩顶放踵、赴汤蹈火的精神，死力撑扎着自己的存在，然而终竟消灭了。这正是社会的进展是取辩证式的证明。

孔子的一个集团呢？是在这两者之间游移。他一方面认定了辩证法的存在，然而终竟只求折衷；他一方面认定理性的优越，然而却迷恋着鬼神；他一方面摄取了形而上的宇宙观，然而他立地把它神化了起来。

我们现在专就这《易传》来考核罢。

第一节　辩证的宇宙观

《易传》本来是传《易》的，《易》的出发点原是一种辩证观，《易传》把这一点看得很详细。

譬如《序卦传》一篇。

第一段进化

> 有天地然后万物生焉。盈天地之间者唯万物，故受之以《屯》，屯者盈也，屯者物之始生也。物生必蒙，故受之以《蒙》，蒙者蒙也，物之稚也。物稚不可不养也，故受之以《需》，需者饮食之道也。饮食必有讼，故受之以《讼》。讼必有众起，故受之以《师》，师者众也。众必有所比，故受之以《比》，比者比也。比必有所畜，故受之以《小畜》。物畜然后有礼，故受之以《履》。履而泰，然后安，故受之以《泰》。

第二段进化

> 泰者通也，物不可以终通，故受之以《否》。物不可以终否，故受之以《同人》。与人同者物必归焉，故受之以《大有》。有大者不可以盈，故受之以《谦》。有大而能谦必豫，故受之以《豫》。豫必有随，故受之以《随》。以喜随人者必有事，故受之以《蛊》，蛊者事也。有事而后可大，故受之以《临》，临者大也。物大然后可观，故受之以《观》。可观而后有所合，故受之以《噬嗑》，嗑者合也。物不可以苟合而已，故受之以《贲》，贲者饰也。致饰然后亨则尽矣，故受之以《剥》。

第三段进化

> 剥者剥也，物不可以终尽，剥穷上反下，故受之以《复》。复则不妄矣，故受之以《无妄》。有无妄然后可畜，故受之以《大畜》。物畜然后可养，故受之以《颐》，颐者养也。不养则不可动，故受之以《大过》。物不可以终过，故受之以《坎》，坎者陷也。陷必有所丽，故受之以《离》，离者丽也。

以上是序述《易》上经三十卦的次第的理由，《易经》的卦名究竟是谁个定的，这儿所推测的次序理由究竟是不是作《易》的人的原旨，我们很不能判定。但这儿至少是一个理由。

杜鹃的叫声我们知道是没有意义的——在鸟同志中或许有意义虽不得而知——但在我们好事者听来公然成为"不如归去"了。由这"不如归去"的牵强更可生出"望帝春心托杜鹃"的传说。这种牵强附会在不懂中国话的外国人，乃至不懂中国文言的中国人都会不懂得的，不消说完全与鸟无涉。

但是这总是一个意见，一个不失为诗人的意见。

《易经》的卦名次第，那简单的程度也不过如像杜鹃的叫声一样。然而在推测者的心中可以生出那样一篇议论来。我们可以说《易传》的观念是传《易》的人自己的观念，他以自己的观念输入那卦序里面，就如像诗人以自己的意见输入杜鹃的叫声里面。

不过这个观念究竟是一个很有趣味的观念。这是一个唯物的社会进化观，虽然很含糊，虽然很幼稚，但总是一个很有趣味的观念。

我们看他把万物的生成归于天地的对立，把国家的成立归于人众因食物的斗争，这已经和"天造草昧"，"天生蒸民作之君"的见解是完全不同的。师众之所比集，大概就是原始共产社会——国家的雏形；物立然后有礼，大概就是国家的刑政的开始。由国家与国家的对立，暂时虽然得着小康，结果终归于互相兼并，于是由小国而集成大国，由小宗而集成大宗。到这时候才有种种分功易事的经营，产业上大有可观，所以才渐渐生出文化的装饰出来。这是由野蛮进入文明的地域，天下太平了。但是太平的时期终竟有穷尽的时候。为甚么终竟有穷尽的时候呢？大约就是因为社会的内部是含着矛盾。因为有大有便必定有小有，有上人便必定有下人，大小终必至于相衡，上下终必至于交争，所以终竟是穷于上者必反于下，天子倒了王公代之，王公倒了士大夫代之了。一切事物就是这样，泰必否，否必泰，亨必剥，剥必复，一切都有个尽头，一切都在画着连环扣，但这连环是愈画愈大的。

这就是《序卦传》的前一节中我们可看出来的意义。我们再看它的后一节罢。

> 有天地然后有万物。有万物然后有男女。有男女然后有夫妇。有夫妇然后有父子。有父子然后有君臣。有君臣然后有上下。有上下然后礼义有所错。

这几句话是总结上文而开起下节的关键。上文系叙述人类社会的进化。人类社会的进化就是由这样相反相成的两对立物先先后后产生出来的。在母系社会，只有夫妇，没有父子的关系。在父系社会国家未成立以前，只有父子，没有君臣的关系。所以国家是逐渐产生出来的，礼仪也是逐渐产生出来的。所谓国家，所谓礼仪，也不过是建设在上下的对立上，阶级的对立上。这是总结上文。下文再申述穷上反下的意思，指示一切的进化是一个二个的连环。

第一个连环

> 夫妇之道不可以不久也，故受之以《恒》，恒者久也。物不可以久居其所，故受之以《遁》，遁者通也。

第二个连环

> 物不可以终遁，故受之以《大壮》。物不可以终壮，故受之以《晋》，晋者进也。进必有所伤，故受之以《明夷》，夷者伤也。

第三个连环

> 伤于外者必反其家，故受之以《家人》。家道穷必乖，故受之以《睽》，睽者乖也。乖必有难，故受之以《蹇》，蹇者难也。

第四个连环

> 物不可以终难，故受之以《解》，解者缓也。缓必有所失，故受之以《损》。

第五个连环

> 损而不已必益，故受之以《益》。益而不已必决，故受之以《夬》，夬者决也。

第六个连环

> 决必有所遇，故受之以《姤》，姤者遇也。物相遇而后聚，故受之以《萃》，萃者聚也。聚而上者谓之升，故受之以《升》。升而不已必困，故受之以《困》。困乎上者必反下，故受之以《井》。

第七个连环

> 井道不可不革，故受之以《革》。革物者莫若鼎，故受之以《鼎》。主器者莫若长子，故受之以《震》，震者动也。物不可以终动，止之，故受之以《艮》，艮者止也。

第八个连环

物不可以终止，故受之以《渐》，渐者进也。进必有所归，故受之以《归妹》。得其所归者必大，故受之以《丰》，丰者大也。穷大者必失其居，故受之以《旅》。旅而无所容，故受之以《巽》，巽者入也。

第九个连环

入而后说（悦）之，故受之以《兑》，兑者说也。说而后散之，故受之以《涣》，涣者离也。

第十个无穷的连环

物不可以终离，故受之以《节》。节而后信之，故受之以《中孚》。有其信者必行之，故受之以《小过》。有过物者必济，故受之以《既济》。物不可穷也，故受之以《未济》，终焉。

这些连环若有关系若无关系地衔接着。连环中的各个关系在当时是认为必然性，但在我们现在看来多不免有些滑稽。但这是认识自然的程度有深浅的不同，我们须要晓得那是两千年前的思想，但他们把世界是看成进化，而且进化的痕迹是取的连环形式，这是值得我们注意的。一切都有个尽头，一切都没有绝对的尽头；一切都是相对，一切都不是绝对的相对；相生相克，相反相成的，这样进展起来，这是多么有趣味的一个宇宙观呢？

像这样于事物中看出矛盾，于矛盾中看出变化，于变化中看出整个的世界，这种很正确的辩证观念还散见于《易传》的各篇。

天地睽而其事同也，男女睽而其志通也，万物睽而其事类也。睽之时用大矣哉！（《彖下传·睽》卦）

天地革而四时成。（同《革》卦）

日中则昃，月盈则食，天地盈虚，与时消息。（同《丰》卦）

阖户谓之坤，辟户谓之乾，一阖一辟谓之变，往来不穷谓之通。（《系辞上传》）

日往则月来，月往则日来，日月相推而明生焉。寒往则暑来，暑往则寒来，寒暑相推而岁成焉。往者屈也，来者信（伸）也，屈信相感而利生焉。尺蠖之屈以求信也。龙蛇之蛰以存身也。（同《下传》）

善不积不足以成名。恶不积不足以灭身。小人以小善为无益而

弗为也，以小恶为无伤而弗去也。故恶积而不可掩，罪大而不可解。（同《下传》）

天地绷缊，万物化醇。男女构精，万物化生。（同《下传》）

此外《杂卦传》一篇全部都是对立的错综。

综合上面的思辩，可以归纳成三个定式：

第一个：

天下同归而殊途，一致而百虑。

第二个：

阴疑于阳必战。

第三个：

刚柔相推而生变化。

第二节　辩证观的转化

《易传》的作者把《易》的辩证观展开了，他是约略探寻着自然的理法。假使他向前更进一步，他可以导引出一个必然的革命的实践，就是顺着自然的理法，扶植弱者、被支配者，促进战斗，促进变化。然而他没有走到这一步，他却把方向转换了。

天地之道恒久而不已也。利有攸往终则有始也。日月得天而能久照。四时变化而能久成。圣人久于其道而天下化成。观其所恒而天地万物之情可见矣。（《彖下传·恒》）

他在不已之中看出恒久来，变化尽管变化，但是变化总要变化。变化的形象是相对的，变化这个道理是绝对的。这个绝对的道理是恒久不变。只走到这一步，还不算错误，因为变化本来是绝对的。但这绝对与相对依然相对，就是变化的意义随时在变化。所以变化只能看成相对的绝对，然而他却把它看成绝对的绝对了。

这个要求，根本是站在支配阶级①想保持支配权的恒久。

更进一步他把这绝对的恒久化成本体，依然把世界双重化了起来。

乾坤其易之蕴耶？乾坤成列而易立乎其中矣。乾坤毁则无以见

---

① "站在支配阶级"，当作"站在支配阶级的立场"。

易，易不可见则乾坤或几乎息矣。是故形而上者谓之道，形而下者
谓之器，化而裁之谓之变，推而行之谓之通，举而措诸天下之民谓
之事业。（《系辞上传》）

道，我们知道本来是老子的本体观，这儿输入来变成绝对恒久的至
高理性。于是辩证观倒立起来了。本来是从天地万物看出来的道理，却
一变而为产生天地万物至高的存在。这个存在是"变动不居，周流六
虚，上下无常，刚柔相易"的，空间也不能范围他，时间也不能范围
他，他是无处不在，无时不存，他"范围天地之化而不过，曲成万物而
不遗，通乎昼夜之道而知"，万事万物万理万化都是他裁成的，他是
"知周乎万物而道济天下"的全能全智。

这样的一个存在当然就是神。

故神无方而易无体。

一阴一阳之谓道，继之者善也，成之者性也。……显诸仁藏诸
用，鼓万物而不与圣人同忧，盛德大业至矣哉！富有之谓大业，日
新之谓盛德，生生之谓易，……阴阳不测之谓神。

道即是易，易即是神。

就这样辩证法一变而与形而上学妥协，再变而与宗教妥协。绝对的
愈见绝对化了，相对的只是由他的仁义的性情表示出来的盛德大业。

只是这一着——肯定宗教——还看不出儒家的苦心，还要更进
一步。

宗教肯定下去了，有了宗教便不能不有教主——其实是有了教主然
后才有宗教。这教主是怎么样的人呢？就是"与天地合其德，与日月合
其明，与四时合其序，与鬼神合其吉凶，先天而天弗违，后天而奉天
时，天且弗违而况于人乎，况于鬼神乎？"的"大人"了。这样的大人
便是圣人，是应该奄有天下的。

观天之神道而四时不忒，圣人以神道设教而天下服。

崇高莫大乎富贵①，备物致用，立成器以为天下利，莫大乎
圣人。

圣人之大宝曰位。

这位诞登大宝的圣人——大人，与《易经》上的大人稍微不同，

---

① 原文作"崇高乎富莫大贵"，据所引《系辞上传》改。

《易经》上的大人是物质上的贵族，这儿的大人是精神上的贵族，这样的贵族才配做人主与教主。在这儿政教合一的原始政体才合理化了，这正是士大夫阶级的哲学。更明白的说，就是因为士大夫阶级做了统治者，所以不能不找出这一番道理来做自己的根据。

一切都得着根据了，一切都合理化了。

但这个秘密是"民可使由之，不可使知之"的。这应该把他神化起来，圣化起来。古人的迷信尽管是迷信，然而有用是多么有用的。所以

（一）神道设教

　　天生神物，圣人则之。

（二）鬼神的肯定

　　精气为物，游魂为变。

（三）享祀的肯定

　　显道神德行，是故可与酬酢，可与祐神。

（四）卜筮的肯定

　　探赜索隐，钩深致远，以定天下之吉凶，成天下之亹亹者，莫大乎蓍龟。

就这样在原始人是自然发生的宗教的骗局，到这儿竟成为有意识的愚民政策。

第三节　折衷主义的伦理

相对的绝对成为绝对的绝对，所以相对的相对也成为绝对的相对。相对物间的推移转变完全停止了。

　　天尊地卑，乾坤定矣。卑高以陈，贵贱位矣。动静有常，刚柔定矣。

　　女正位乎内，男正位乎外，男女正，天地之大义也。

　　负且乘，致寇至。负也者小人之事也。乘也者君子之器也。小人而乘君子之器，盗思夺之矣。

就这样阶级便固定下去了。但是你怎样能够把它固定下去呢？自然是变动着的，人事也是变动着的，你就要想它固定，单是一片的祈愿是不能够成功的。

在这儿《易经》的中行之道便不能不强调起来了。就是一切的事情都要无过无不及。在上的不妨迁就一下，在下的应该顺从。多的不妨施舍一点，少的也应该安分守己。

> 天道下济而光明，地道卑而上行。天道亏盈而益谦，地道变盈而流谦，鬼神害盈而福谦，人道恶盈而好谦。谦尊而光，卑而不可逾，君子之终也。

自然现象的盈谦是无意识的，自然法则的或亏或益也是无意识的。人道的盈谦是有意识的，人的好恶也是有意识的。假使人道真真是顺着自然的法则，那当然只有使盈者早亏，而谦者（不足者）早益。然而儒者的意思不是这样。他晓得盈者是要亏的，但他叫他提防，要客气，要谦虚，虽然是盈，要装出一个不盈的样子，以免遭人忌恶而受自然淘汰。

> 危者安其位者也。亡者保其存者也。乱者有其治者也。是故君子安而不忘危，存而不忘亡，治而不忘乱。是以身安而国家可保也。

不错，危者的确有安的时候，亡者的确有存的时候，乱者的确有治的时候；就是被否定的一面，的确有否定其否定的时候；同时就是被肯定的一面，的确也有否定的时候。这是天道——自然法则。假使顺着自然法则，那是只好叫肯定者早被否定，而被否定者早否定其否定。就是使一时的平衡状态早早打破，使社会发展到更高的一个阶段，达到一个更高的平衡。然而儒家的理想不然，他想一平不陂，永远到底。他教人在和平的时候要不忘记你的敌人，就是在治安的时候要不忘记扰乱平衡的乱党。这再进一步当然就是屠杀主义了。一个人为要安身，为要保全地位，甚么事情不可以做呢？

> 当位以节，中正以通。天地节而四时成。节以制度，不伤财。不害民。

不错，自然界是有节度，是按步就班的前进的。但它的节度并不是走到半途不走。它不曾叫寒天少走几天，或者暑天少起几度，树木少吸些肥料，雷火少烧些山林。然在儒家看起来，自然的节度却变成有意识的节省。结果是产业不能发达，不惟伤了财，而且害了民。

总之儒家的实践伦理由一个中字可以包括，所谓"执其两端用其中于民"，所谓"允执厥中"，除在《易传》以外要找证明实在举不胜举。

《中庸》一篇全部都是这个道理。

> 道之不行也我知之矣，知者过之，愚者不及也。道之不明也我
> 知之矣，贤者过之，不肖者不及也。
>
> 天下国家可均也，爵禄可辞也，白刃可蹈也，中庸不可能也。
>
> 庸德之行，庸言之谨，有所不足，不敢不勉。有余，不敢尽。
>
> 在上位不陵下，在下位不援上，正已而不求于人。

无过无不及，无不足无有余，得过且过，平平凡凡，这就是所谓中
庸之道了。

《大学》的絜矩之道也就是这个样子。

> 所恶于上毋以使下。所恶于下毋以事上。所恶于前毋以先后。
> 所恶于后毋以从前。所恶于右毋以交于左。所恶于左毋以交于右。
> 此之谓絜矩之道。

这是多么完善的一个折衷主义、改良主义、机会主义的标本哟！

这在《易传》上表现成几个公式：

（一）折衷主义

> 各正性命，保合太和。

（二）改良主义

> 裒多益寡，称物平施。

（三）机会主义

> 损益盈虚，与时偕行。

这三个主义结果只是一个。要使刚柔相应，当然不能不加以人力的
裁成。但是裁成的标准是没有一定的，当然只好看机会说话。

第四节　《大学》《中庸》与《易传》的参证

上段我把《大学》《中庸》的话引用了来证明《易传》的儒家的折
衷主义。我现在率性把这三部书的一贯的主张再来详论一下：

《大学》《中庸》与《易传》是同性质的书，当然不是孔子做的，但
也不敢说就是曾子、子思。不过它们总可以算是儒家的重要的典籍①。
特别是《中庸》，那简直把孔仲尼当成了通天教主，在极端赞扬，可见

---

① "儒家的重要的典籍"，《沫若文集》第 14 卷作"儒家的一部分重要典籍"。

儒家在当时的确是成了一个宗教。

《中庸》的理论差不多是一个完整的宗教的系统,《大学》只是实践伦理的一部分。《中庸》是包含了一个形而上学在里面的。

（一）本体即诚

> 诚者天之道也。……诚者物之终始,不诚无物。

（二）本体自因

> 诚者自成也,而道自道也。

（三）本体自变

> 诚者非自成己而已也,所以成物也。……不见而章,不动而变,无为而成。

本体不期然而然地发育万物,万物有终有始而他自己不动不变,悠久无疆。这就是"易者不易"的道理了。

圣人就是要学他这种诚,就是要达到这种不动不变悠久无疆的目的。要达到这目的,那是只好采取中道。所以说:"诚者不勉而中,不思而得,从容中道,圣人也。"

"从容中道"这就是《中庸》的本旨。《大学》的"知止而后有定,定而后能静",也就是这个意思。因为你要得着重心才能够静止,才能够不动不变,才能够永恒。但是你要采取中道,你要求得重心,那是非有智识不可,非知道自然的变化的轨迹不可,所以根本要看重理智,而出发便在研究自然("格物致知")。自然的变化知道了,晓得物盛而衰,事极必反,所以才能够执中乘时,而自己的意志才有把握("意诚"),而自己的心理才有权衡("心正")。就把这样的把握、权衡来齐家、治国、平天下,那是无往而不适用的(注意"齐"字和"平"字),就这样便与天地的化育工夫相参赞,甚至于超过天地而与本体合一了。

用图式表现出来就是这样:

就这图表看来好像是很严整无缺的一个系统,但是我们要晓得它是包藏着几个骗局的。

第一个是神的骗局:

我们知道,这个系统的出发点是在格物致知,就是肯定了客观的存在,由这客观的存在而生出自己的知识。知识本是从客观来的,但是渐渐渐渐把它升华起来，化成了神明。回头再由这神明来创化天地万物。这是世界的倒置。世界是立在头脑上了。

第二个是尽性的骗局：

我们知道，这个系统所致的知，只是在知道执中，知道乘时，就是在知道妥协，知道把捉机会，知道零碎的改良。那吗它所说的尽性是甚么呢？尽其性就是发挥自己妥协的个性。尽人性就是叫人要妥协。尽物性或者就是爱惜，就是节用罢？物是所谓宝藏货财。

> 何以守位？曰仁。何以聚人？曰财。理财正辞，禁民为非曰义。（《易传》）
>
> 生财有大道。生之者众，食之者寡；为之者急，用之者舒；则财恒足矣。仁者以财发身，不仁者以身发财。（《大学》）
>
> 来百工则财用足。……日省月试，既禀称事，所以劝百工也。（《中庸》）

大约这些款项就是所谓尽物性罢？

生众食寡，为急用疏，在从前的人视为天经地义的大道理，其实只是榨取阶级的心理罢了。它根本是注重在财上而不注重在人上。以财发身就是散财聚民，就是多用些钱去招些百工来，当一个大的榨取家。以身发财，就是聚财散民，就是只是自己动手而当一个小小的富豪。

第三个是阶级的骗局：

这个系统根本是支配阶级的心理。新兴的支配阶级要使自己的支配权合理化，要使自己的支配权恒久不变，所以创造出一个合理的至上神出来，使他统治万物，回头又使自己和这至尊的统治者相等。至上神是一成不变的，所以自己的统治权也就一成不变。所以神就是他自己的化身，就是他自己支配欲望的化身，就是他自己了。他自己"开物成务，见几而作，知微知彰，知柔知刚，损益盈虚，与时偕行"，既元亨而且利贞了。

儒家的系统，全体就是这样的一个骗局。它是封建制度的极完整的支配理论，我们中国人受它的支配两千多年，把中国的国民性差不多完全养成为一个折衷改良的机会主义的国民性。一直到现在都还有人改头换面地表彰着儒家的理想，想来革新中国的社会，有意识地执行着它的"絜矩之道"，有意识地在"执其两端用其中于民"。本来在阶级对立着的社会，一切立在支配阶级上的理论，在每个进展的阶段上多少都是可以适用的。在每个阶段推移的时候，新旧虽然略有冲突，但到支配权的转移对象一固定，在旧的里面所发现的昔日的桎梏，会发着很庄严的辉光而成为今日的武器。所谓"昔日之事子为政，今日之事我为政"，"易地则皆然"了。昨天敌人准备下来斫我头首的青龙偃月刀，今天我不可以利用来斫敌人的头首吗？所以原始共产社会的犹太教，一经耶稣的改革便成为奴隶社会的信仰，再经繁琐哲学家的钩通便为封建时代的护符，三经马丁·路德的个人主义的改革便成为今日的资本社会的武器。《易经》的道理不也就是一样吗？本来是奴隶社会的中行之道，一变而为封建思想的儒家中庸，再变而为现在的资产阶级革命的不左不右的中立主义了。

折衷主义根本是立在支配阶级上了。所以名目虽折衷，而实际是偏袒一个阶级。我们回头还是来论《易传》罢。我们看《易传》上说：

> 小往大来则是天地交而万物通也，上下交而其志同也，内阳而
> 外阴，内健而外顺，内君子而外小人。君子道长小人道消也。
>
> 大往小来则是天地不交而万物不通也，上下不交而天下无邦
> 也。内阴而外阳，内柔而外刚，内小人而外君子。小人道长君子道
> 消也。

本来小的往了大的来，与大再相对立的新的小的也一定会来。这正是必然的道理。然而《易传》的儒者立在大的地位，立在君子的地位上，只肯定自己来的一方面而把去的一方面打消了。这是必然的要露出马脚的。

折衷主义根本只是折半面的衷。单是一片理论究竟不能保持永久的平衡，一定要有实际的行动来维系。礼乐刑政便是立足于折衷主义的维系支配权的武器。

> 知崇礼卑，崇效天，卑法地。

这是说法制（礼）是从理智产生出来的，便是实现折衷主义的工具。

> 圣人有以见天下之动，而观其会通，以行其典礼。

典礼就是用来掣动的，会通便是折衷，在变化中看出可以不变化的中道来，便根据这个理论，叫一边来迁就，而禁止一边的超越。叫一边把头埋下，而禁止一边不准抬头。

在上的把头埋下去保全自己的生命财产，这是自由意志，这是很容易办到的。在下的要不准抬起头来让别人剥削自己的生命财产，这是违背自然的本性，这是不容易办到的。

不容易办到，偏要强人办到，那是非用严刑峻法不可了。

> 雷电噬嗑，先王以明罚饬法。
> 雷电皆至，君子以折狱致刑。

不消说他也有他的温情主义，所谓"君子以明慎用刑而不留狱"，所谓"君子以议狱缓死"，但他的温情是有权衡的，权衡是操在他的手里的啦。

折衷主义对于工贼的收买是诉于温情，对于乱党的惩治是利用恐怖，所谓"君子怀德小人怀刑"，就是这个把戏了。

折衷主义根本是披着一件羊皮的虐杀主义。

十六年八月七日①

（本篇最初发表于 1928 年 11 月 10 日、25 日
《东方杂志》第 25 卷第 21 号、22 号，篇名为
《周易的时代背景与精神生产》，署名杜衎，
收入《中国古代社会研究》1930 年 2 月初版
时改用此名和章节形式，选自《中国古代社
会研究》，上海群益出版社，1947 年 4 月版）

附录　追论及补遗

一　殷虚之发掘

顷蒙燕大教授容君希白以董作宾《新获卜辞写本》见假，始知董君
于一九二八年冬曾从事殷虚之发掘，新获卜辞三百八十一片。辞虽无甚
精萃，然物由发掘而得，足为中国考古学上之一新纪元，亦足以杜塞怀
疑卜辞者之口。（章太炎《国故论衡》卷上之《理惑论》，日本饭岛忠夫
博士《支那历法起原考》第十章《干支起原说》，均怀疑卜辞，而理由
甚薄弱。）

惟惜董君于近代考古学上之智识，无充分之准备：发掘上所最关紧
要的地层之研究丝毫未曾涉及，因而他所获得的比数百片零碎的卜辞还
要重要的古物，却被他视为"副产物"而忽略了。《写本》后记第二十
一叶上有下列一句话：

> 同时出土之副产物，有骨贝制器，玉器，石器，各种兽类之骨
> 角爪牙，及铜、铁、瓦、瓷、炭、土之类，其时代及与甲骨之关
> 系，皆待考订。

然此等古物一离地层"其时代及与甲骨之关系"即无以·"考订"。
而尤可惊异者乃"铁"之一字！除此字外所获古物大抵与罗振玉《古器
物图录》中所载无甚出入，与殷代为金石并用时代之断案亦甚相符。惟
此"铁"字实是一声霹雳！董君所得之"铁"，乃铁器耶？铁块耶？铁

---

① 《东方杂志》发表时署为"一九二八年八月一日脱稿"。

矿耶？抑为毛铁耶？炼铁耶？钢铁耶？"铁"的出土处是在地表？是在浮土层？是与甲骨同在？甲骨所在地层在地质学上有何等性质？"铁"是否有由外层渗入的痕迹？所在的位置怎样？……这些都是极关紧要的问题，而且非就地层（此乃最正确的古代简篇）便无从考订的问题，而董君乃以一字了之。留待后日考订，殊属出人意外。

近又得希白来信，云"李济之发掘殷虚，得商代石象，花纹与彝器同，可称创获。复得尺二大龟四"云云；李君之发掘闻亦有董君同事，能得多种珍奇之物诚可为发掘者贺，为考古学的前途贺，然我辈所急欲知悉者乃殷虚之地层关系与商室之人种问题（此事由地层中发掘之人骨可以考订），深望此次之发掘或较董君前次更有进境。

…………

九　夏禹的问题

顾颉刚所编著《古史辨》第一册，最近始由朋友寄来，我因为事忙，尚没有过细地翻阅；但就我东鳞西爪的检点，我发现了好些自以为新颖的见解，却早已在此书中由别人道破了。例如：

钱玄同说："我以为原始的易卦是生殖器崇拜时代的东西！乾坤二卦是两性生殖器底记号。……许多卦辞爻辞，这正和现在底签诗一般。"（原书第七七叶）

丁文江说："《禹贡》系晚出的书，是没有疑问的，据我的朋友章演群考证（《石雅》末篇），铁是周末（最早是周的中叶）才发见的，而《禹贡》已经讲梁州贡铁。钢的发明还迟，而《禹贡》梁州贡璆铁银镂，许氏训镂为钢。若许氏说的不错，则《禹贡》为战国之书无疑。"（原书第二〇叶）

这些见解与鄙见不期而同，但都是先我而发的。（铁的出现时期尚是问题，最后解决只能仰望于地底发掘。）

便是胡适对于古史也有一番比较新颖的见解。他以商民族为石器时代，当向甲骨文字里去寻史料；以周、秦、楚为铜器时代，当求之于金文与诗。这都可算是卓识。不过他在术语的使用上却还不免有点错误。发见仰韶辛店①等时期的安得生②（J. G. Anderson）疑商代是石器时代

———————

① "辛店"，原文误作"新店"，据实改。
② 安得生，通译为"安特生"。

的晚期，是说的新石器时代的晚期；在这时候是已经有铜器的使用的。（安得生在甘肃的收获中也曾发现了一个小铜扣。）考古学上一般是称为金石并用时代（Eneolithic Age），胡君漫然的引为石器时代，并于"石器时代的晚期"之下注以"新石器时代"，这却未免纰谬。盖新石器时代为期至长（单言石器时代更无庸说），早的如像埃及开幕于西纪[①]前一万二千年代。中间的绵延有六千年。其它欧美各国，大抵均开幕较迟，而绵延却约略相等。中国的地质学上的时代，在目前科学的发掘方在萌芽之时，自然谁也说不出它的定限，然而殷代是新石器时代的末期，即金石并用时代，却是可以断言的。以周秦为"铜器时代"亦是错误。在考古学上铜器时代和青铜器时代判然有别。铜器时代是新石器时代的末期，便是金石并用时代的另一种说法。青铜器时代则是更高级的文化，周秦确已是青铜器时代，照现在所有的古器物学上的智识说来，连殷代末年怕都应该包括在里面。胡君泛泛的以石器时代概括商代，以铜器时代概括周秦，在表面上看来虽仅是一二字之差，然而正是前人所谓"差之毫厘而谬以千里"！

胡君又说："以山西为中心的夏民族，我们此时所有的史料实在不够用，只好置之于神话与传说之间，以俟将来史料的发现。"（以上见原书第九八叶。）

这个态度是很矜慎的，虽然夏民族是否以山西为中心，还是问题。

胡君的见解较一般的旧人大体上是有些科学观念，我前说他在《中国哲学史大纲》中"对于中国古代的实际情形，几曾摩着了一些儿边际"，但就《古史辨》看来，他于古代的边际却算是摩着了一些，这可以说是他的进步。

顾颉刚的"层累地造成的古史"，的确是个卓识。从前因为嗜好的不同，并多少夹以感情的作用，凡在《努力报》上所发表的文章，差不多都不曾读过，他所提出的夏禹的问题，在前曾哄传一时，我当时耳食之余，不免还加以讥笑，到现在自己研究一番过来，觉得他的识见委实是有先见之明。在现在新的史料并未充足之前，他的论辨自然并未能成为定论，不过在旧史料中凡作伪之点大体是被他道破了的。我现在想来对这夏禹问题，提出我的见解。

照我的考察是：（一）殷周之前中国当得有先住民族存在，（二）此

---

① "西纪"，后通作"公元"。

先住民族当得是夏民族，（三）禹当得是夏民族传说中的神人，（四）此夏民族当即是通古斯人种，即现今蒙古人满洲人的祖先。

在目前准实物的材料，第一项当推《齐侯镈》及《钟》。钟铭两称"桓武灵公"，一曰"有共于桓武灵公之所"，再曰"桓武灵公锡厥吉金"，此以《陈侯因脊敦》称其父桓公午为"孝武桓公"例之，知《齐侯镈》《钟》必系作于齐灵公末年。齐灵公二十八年卒，当鲁襄公十九年，西纪前六五二年，为时在春秋中叶以后。其中关于夏商之史料云：

> 虩虩成唐，有严在帝所。敷受天命。刻伐颗司，败厥灵师，伊小臣惟辅，咸有九州，处禹之堵。

成唐即成汤，伊小臣即伊尹，禹即夏禹，孙诒让及王国维均已言之，然留有问题者为"刻伐颗司"句。

"刻"字宋刻摹作🀫，左旁甚诡谲，余意当为前字之伪（前即古剪字）。前古作🀫，与此形近。《鲁颂·閟宫》"实始翦商"，又《召南·甘棠》"勿翦勿伐"。

"颗"字自宋以来释履，以履之古文作🀫，孙诒让以为即夏桀名履癸。然🀫字之主要成分为舟字，舟即履之意，象人以足蹑履也。（页于古文即人形。）颗则省舟而成赤足，何能更为履字耶？字如省足省页尚可说，而省舟则断无可说。余谓此乃夏字。许书夏字篆文作🀫，古文作🀫，新出《三体石经》夏之古文作🀫。足上所从均即页之讹变，从页省曰，与此作颗者正同。

"司"字于镈铭作"同"，案当以司为是。铭文以所、司、辅、堵为韵，司在之部，古与鱼部字常相借韵，此正其一例。司通祀，卜辞两见"王廿司"（《前》Ⅱ，4及Ⅵ，28），即"王廿祀"也。

故"刻伐颗司"当为"翦伐夏祀"，犹《书·多方》云："刑殄有夏。"（刻不改字亦可通，惟字形可疑。）

"翦伐夏祀"与"处禹之都"相条贯，则历来以禹为夏民族祖先之说，于金文上已得一证。

其次为《秦公簋》。

> 秦公曰"丕显朕皇祖受天命，鼏宅禹赍。十又二公在帝之坏，严恭寅天命，保业厥秦。虩使蛮夏。"

"禹赍"即《大雅》之"维禹之绩"，《商颂》之"设都于禹之迹"。王国维已言之。

"蛮夏"即华夷，是则春秋中年中国确亦称夏。上言"禹迹"，下言"夏"，则夏与禹确有关系。

由上可知在春秋时代一般人之信念中，确承认商之前有夏，而禹为夏之先祖。是夏民族当为中原之先住民族。然自遭殷人驱逐以后，这个民族住那儿去了？

有一部分（或其全部）朝北方迁徙了，是理所应有。在这儿旧史料上有一些证据。

（一）《山海经》

> 黄帝生骆明，骆明生白马，白马是为鲧。（《海内经》①）
>
> 黄帝生苗龙，苗龙生融吾，融吾生弄明，弄明生白犬②，白犬有牝牡，是为犬戎。（《大荒北经》）

此言犬戎与夏民族同祖。案黄帝即是皇帝，上帝。后人以为轩辕，轩辕又为星名，即西方之狮子座，其最大一星亦称"王星"，与黄帝号有熊，鲧化黄熊，禹化黄熊等传说，均有关系。此别有说。（见《甲骨文字研究·释支干篇》。）

（二）《左氏》定四年《传》

> 分唐叔以大路、密须之鼓，阙巩姑洗，怀姓九宗。职官五正，命以《唐诰》而封于夏虚，启以夏政，疆以戎索。

此以夏政与戎索对文，并于夏虚施行戎法，可知戎夏确有攸关。

（三）《史记·匈奴列传》

> 匈奴其先祖夏后氏之苗裔也。

所谓昆夷、犬戎、鬼方（即怀姓戎）、荤粥、熏鬻、獯狁、休浑、匈奴，均一音之转，前人已言之。由上三证则夏民族被殷人驱逐后，多逃往北方，殆是事实。（有一部分系逃往南方，《史记·越王勾践世家》"越王勾践其先禹之苗裔，而夏后帝少康之庶子也。封于会稽以奉守禹之祀，文身断发，披草莱而邑焉。"）

此外尚有一例，余以为大有可考索之价值者，即《商颂·长发》"洪水茫茫，禹敷下土方"二韵。

"禹敷下土方"句甚奇特，"禹敷下土"可以为句，亦可以为韵，因

---

① 原文作《山海经》，实为《海内经》。
② 原文作"融吾生白犬"，后据《山海经》补为"融吾生弄明，弄明生白犬"。

土与茫乃鱼阳对转。"禹敷下方"可以为句，自亦可以为韵。然二者均不取，而独用五字为句曰"禹敷下土方"，此当非单为音节之故。余意"土方"当即卜辞中所常见之敌国名"土方"。

"土方"之地望由《书契菁华》下列数事可以考见。

（一）五日丁酉允有来媾自西，沚戛告曰："土方征于我东鄙，哉二邑。舌方亦牧我西鄙田。"

沚乃国名，卜辞习见，沚戛当即沚国之长名戛者，此人于卜辞亦屡见不鲜。由此例可知沚国在殷之西，而土方在其东，舌方在其西。

（二）九日辛卯允有来媾自北虫殳，敏婴告曰："土方牧我田十人。"

虫殳亦国名。敏婴当即虫殳国人。此国在殷之北，则土方亦必在殷之北。合上例而言，则土方当在殷之西北或正北。

（三）四日庚申亦有来媾自北，子肆告曰："昔甲辰方征于虫殳，俘人十又五人。五日戊申方亦征，俘人十又六人。六月在×。"

子肆当亦虫殳国之人，此所告方，由上例证之即土方。方征虫殳凡二次，甲辰一次，戊申一次。观其首言"四日庚申亦有来媾"，可知四日前之丁巳必曾有来媾。丁巳来媾所告者为甲辰之寇；庚申来媾所告者为戊申之寇。甲辰至丁巳十四日，戊申至庚申十三日，前后两次所费之时日恰相若，可知虫殳国离殷都（即今之安阳）有十三四日之路程。每日途行平均以八十里计，亦已千里而遥。则土方之疆域盖在今山西北部，或包头附近也。是则土方当即獯狁之一大族。

獯狁于《诗》称朔方，金文《不娶簋》又称驭方，朔、驭、土，古音均在鱼部，则所谓土方当即朔方、驭方。

知此则所谓土方即是夏民族，夏字古音亦在鱼部，夏、土、朔、驭一也。

是则"禹敷下土方"当为禹受上帝之命下降于土方之国（即后之华夏、禹迹、禹甸、禹域）以敷治洪水。《商颂》虽是西周中叶宋人所著（王国维说），然宋人犹保存卜辞中所常见之国名，此毫不足怪。

又《逸周书·世俘解》"太公望命御方来，丁卯望至，告以馘俘。"此御方亦当即《不娶簋》之"驭方"（孔注未得其解），盖夏后氏之后獯狁与殷为世仇，故周人伐殷时即请其援助。此亦一于旧纸堆中久被淹没之新史料也。

要之禹与夏就文献中所见者确有关系，此必为夏民族之传说人物，可无疑。又夏民族与通古斯人种有近亲之关系，通古斯人种当为中原之先住民族，此事于将来大规模的地底发掘上可望得到实物上的证据。

一九三〇年二月七日补志

　　[后案]《商颂》乃春秋宋襄公时人正考父所作，可参看拙作《青铜时代》① 中《驳〈说儒〉》一篇。王国维说不确。

一九四七年四月十七日晨记

（《殷虚之发掘》收入《中国古代社会研究》
1930 年 2 月初版，《夏禹的问题》收入《中
国古代社会研究》1930 年 5 月第三版，选
自《中国古代社会研究》，上海群益出版社，
1947 年 4 月版）

后　记

《中国古代社会研究》出版于一九三〇年，到现在已经整整十七年了。这在我是一部划时期的作品，在中国的史学界似乎发生了很大的影响。我用的方法是正确的，但在材料的鉴别上每每沿用旧说，没有把时代性划分清楚，因而便夹杂了许多错误而且混沌。隔了十几年，我自己的研究更深沉了一些，见解也更纯熟了，好些错误已由我自己纠正。那些纠正散见于《卜辞通纂》、《两周金文辞大系》、《青铜时代》、《十批判书》、《屈原研究》等书里面，尤其是《十批判书》中的《古代研究的自我批判》那一篇。

大体上西周是奴隶社会的见解，我始终是维持着的。这个见解在我自己是认为极重要的发现。只是在今天我们把这界限更扩大了，上则殷代也被包含，下则迄于秦汉之际。本来，社会发展的阶段并不是斩钉截铁地可以划分的，各个阶段之间有相当长期间的游移，依资料的多寡可

---

　　① 　原文作《青铜器时代》，据实改作《青铜时代》。

以勉强地上属或下属。例如殷代则原始社会的孑遗比较多，春秋战国时代则奴隶制已在崩溃，两者要认为前后两阶段的推移期似乎都是可以的。然而西周是典型的奴隶社会则毫无问题。但一直到现在还有人认西周为封建社会的，我认为那是完全错了。

这本书只是我研究过程中的初期的阶段，在我自己看来，是应该从新写过的。我也起过这样的雄心，想写一部完整的《中国古代史》，把社会研究，思想批判等，通统包括在里面。但这项工作我没有着手，我相信，恐怕永远也不会着手。我自己的兴趣是在追求，只想把没有知道的东西弄得自己知道。知道了的我一旦写出过，我便不想再写了。这怕是我的一个毛病，或许也就是浪漫的性格吧。像编教科书那样的古典风味，我自己是很缺乏的。因此，朋友们假使要想知道我的全部，只好读我的全部著述，孰先孰后，按着时代追踪，便可以知道我走了一些什么样的路。我假如有了一些收获，还是让性格古典的朋友去加以综合吧。

本书在思想分析的部分也有它独到的地方，就是十七年后的自己也写不出来了。现在读起来，都还感觉着相当犀利。大约主要就由于这一部分还牵系着朋友们的忆念吧，有不少的朋友希望这书的重版问世。我现在也就勉副着朋友们的这种希望使它复活了。整个把版样改了，以前是横排的，如今改成竖排。篇目的次第也改了，以前是《易经》、《诗》《书》、卜辞、金文的次第，现在改成卜辞、金文、《诗》《书》、《易经》了。但内容除少数字句略有修正或删削之外没有什么大的更动。事实上要更动起来也感困难，譬如一座十七年前修建的房子，你要使它完全适合到十七年后的意欲，那是非整个推翻从新建筑不可了。

经过了这样的一些小修改，似乎比初版更要适意一些。全部经过我自己校对了一遍，大约错字总会比较地要少得一点。有些地方我也加了一些后案，以作错误的修正或缺陷的补充。但这自然是不够的。要想知道我的全部的朋友，还是须得费些工夫来读我上举的几部著述。如其没有工夫或方便，或不想对于古代作专门的研究，那就请读《古代研究的自我批判》一篇吧。那儿的见解在我认为是最正确的。

一九四七年四月十日

（选自《中国古代社会研究》，上海群益出版社，1947 年 4 月版）

青铜时代 *

先秦天道观之进展

一

生在二千五百年前的孔子，在古代研究上对于资料的缺乏，已经在发着浩叹。他说："夏礼吾能言之，杞不足征也，殷礼吾能言之，宋不足征也，文献不足故也，足则吾能征之矣。"（《论语·八佾》）夏、殷距孔子时未远，已无十足的文献可征，但在孔子以后的礼家，对于夏礼殷礼却言之头头是道，甚至如唐、虞揖让，君臣赓歌，其表现在《典》、《谟》上的俨然就像昨天的事情一样。这是表明了七十子的后学，在求学的态度上远不如其先师之有客观的精神。在现今传存的《尚书》中，所谓《虞书》和《夏书》都是战国时的儒者假造的，已经成为了定论。就是《商书》，除掉殷末的几篇而外，也都大有问题——这个问题我在本节中要附带加以解决。照现在由地下发掘及古器物古文字学上所得来的知识而论，大抵殷商以前还是石器时代，究竟有没有文字还是问题，《周书》上的周初的几篇文章，如《多士》、如《多方》、如《立政》，都以夏、殷相提并论，夏以前的事情全没有说到。就是说到夏、殷上来在详略上也大有悬殊，夏代只是笼统地说一个大概，商代则进论到它的比较具体的事迹。尤其是《无逸》与《君奭》两篇，叙殷代的史事，颇为详细，而于夏代则绝口不提。可见夏朝在周初时都是传说时代，而殷朝

---

* 《青铜时代》一书 1949 年以前有两个版本，一为重庆文治出版社 1945 年 3 月版，一为上海群益出版社 1946 年 5 月改版。

才是有史时代的。《多士》上周公的一句话也说得很明白，便是"惟殷先人有册有典"，典与册是用文字写出来的史录，只有殷的先人才有，足见得殷之前是没有的了。单是根据这项周初的纪录，我们要断定夏代还是传说时代，可说是不成问题的。断定夏代是传说时代，并不是说夏代没有。有是有的，不过不会有多么高的文化，有的只是一点口头传下来的史影。凡是传说，在时间的经过中是要受着多量的粉饰的，特别是夏代还有杞国那样的后裔存在，在后来文化进展了的时候要把自己的祖先粉饰起来，那是毫不足怪的。孔子所说的"文献不足"的话，大约也就是可信赖的资料不足。而周末秦汉的儒者和礼家也就是把那些不可信赖的资料当成了信史，所以说起古礼古事来比周公、孔子更详。然而要说他们全无根据，他们也是多少有点根据的，所以也能博得一部分人的相信。

但关于殷代，我们却是很幸运，我们得到了一大批恐怕连孔子也不曾见过的殷代太史太卜们所留下来的纪录。那便是自一八九八年以来由安阳小屯出土的在龟甲兽骨上契刻着的殷代卜辞。那项资料在初本是出于偶然的发现，是安阳的农民胡乱地挖出来的东西。有一部分很慎重的学者对于它取着怀疑的甚至否认的态度。但近几年来由于有计划的发掘，已经把地层的关系弄得相当明了了，尤其是关于卜辞本身的研究已达到能够断代的地步，便是那一片骨版是殷王的那一代卜的都可以知道了。对于这项资料到了现在还要怀疑或否认，那和前几年的一般人把龟甲兽骨当成"龙骨"，拿来做药品的态度，是同样的不足取。因为那是恰好该当着孔子所说的"过犹不及"。

卜辞是卜的纪录，殷人最为迷信，无论什么大小的事情都要卜，一卜总是要连问多次。卜的资料主要是使用龟的腹甲和牛的肩胛骨，所卜的日期和事件便纪录在兆的旁边。有时连卜的人和所在的地方都记载上去。有时更纪录着所卜的效应，便是在卜之后若干日期果然效验了的事情。那种效验有在一百七十九日①以后的，有那样长远的日期，可以说每一卜都是不会失掉时效的。据此可以想见殷人是怎样的迷信了。但是殷人之所以要卜，是嫌自己的力量微薄不能判定一件行事的吉凶，要仰求比自己更伟大的一种力量来做顾问。那个顾问是什么呢？龟甲兽骨只是用来传达那位顾问的意旨的工具，并不是直接乞灵于龟甲兽骨。因为

---

① 《卜辞通纂》第七八八片。——郭沫若原注。

殷人把龟甲兽骨用过之后便拿来毁弃，这在殷墟的地层中是表现得很明白的，殷人并没有直接以龟甲兽骨为灵。卜这项行为之成分是卜问者的人加卜问的工具龟甲兽骨加被卜问者的一位比帝王的力量更大的顾问。这位顾问如没有，则卜的行为便不能成立。这位顾问是谁呢？据《周书》的《大诰》上看来，我们知道是天。

> 于（粤）天降威，用文王遗我大宝龟，绍天明。……天休于文王兴我小邦周，文王惟卜用，克绥受兹命。今天其相民，矧亦惟卜用。

周代的文化都是由殷人传来的，据此我们知道殷人所卜问的对象也一定是天，便是在殷墟时代的殷民族中至上神的观念是已经有了的。这在卜辞本身也有它的十足的证明。

一　帝隹（唯）癸其雨。(《卜辞通纂》三六四片，下略称《卜》。)
（天老爷在癸的一天要下雨。）

二　今二月帝不令雨。(《卜》三六五)
（在这二月里天老爷不会下雨。）

三　帝令雨足年？帝令雨弗其足年？(《卜》三六三)
（天老爷要下雨来使年辰好吗？天老爷要下雨使年辰不好吗？）

四　帝其降堇（馑）？(《卜》三七三)
（老天爷要降下饥馑吗？）

五　伐舌方，帝受（授）我又（佑）？(《卜》三六九)
（要出兵征伐舌国，天老爷肯给我们以保佑吗？）

六　勿伐舌，帝不我其受（授）又（佑）。(同上)
（不要出兵征伐舌国，天老爷不会给我们以保佑。）

七　王封邑，帝若。(《卜》三七三及三七四)
（国王要建都城，天老爷答应了。）

八　我其已宾，乍（则）帝降若。我勿已宾，乍（则）帝降不若。(《卜》三六七)
（我要免宾的职，天老爷是答应的。我不免宾的职，天老爷是不会答应的。）

这几条是比较上文字完整而意义明白的纪录，大抵都是武丁时的卜辞。这儿的"帝"自然是至上神无疑。凡是《诗》、《书》、彝铭中所称的"帝"都是指的天帝或上帝，卜辞中也有一例称"上帝"的①，惜乎上下的文字残缺，整个的辞句不明，但由字迹上看来是帝乙时代的东西。大抵殷代对于至上神的称号，到晚年来在"帝"上是加了一个"上"字的。上下本是相对的文字，有"上帝"一定已有"下帝"，殷末的二王称"帝乙""帝辛"，卜辞有"文武帝"的称号，大约是帝乙对于其父文丁的追称，又有"帝甲"当是祖甲，可见帝的称号在殷代末年已由天帝兼摄到了人王上来了。

在这儿却有一个值得注意的现象，便是卜辞称至上神为帝，为上帝，但决不曾称之为天。天字本来是有的，如像大戊称为"天戊"，大邑商称为"天邑商"，都是把天当为了大字的同意语。天者颠也，在卜辞作䍃，在周初的金文如《大丰簋》作𠀤，《大盂鼎》作𠀤，都是画一个人形，特别显示着有巨大的头脑。那头脑便是颠，便是天。颠字是后起的。因为头脑在人体的最高处，故凡高处都称之为颠，树顶称颠，山顶称颠，日月星辰所运行着的最高的地方称天。天字被太空所独占了，又才有颠字出来，连山颠也都另外造出了一个巅字。天字在初本没有什么神秘的意思，连《说文》所说的"从一大"，都是臆说。卜辞既不称至上神为天，那么至上神称天的办法一定是后起的，至少当得在武丁以后。我们可以拿这来做一个标准，凡是殷代的旧有的典籍如果有对至上神称天的地方，都是不能信任的东西。那样的典籍在《诗经》中有《商颂》，在《尚书》中有《商书》。《商颂》本是春秋中叶宋人做的东西，在《史记·宋世家》中是有明文的，因为宋字本是商的音变，春秋时的宋人也自称商，如《左传》僖公二十二年宋子鱼言"天之弃商久矣"，便是例证。故尔宋人做的颂也可以称为《商颂》。至于《商书》在现今还有人在整个地坚信着是商代的古书，这是应该加以讨论的。我现在就检《今文尚书》所有的几篇以及散见于各种古籍的真《古文尚书》的佚文，凡有关于天的说话引列在下边。

《微子》："天毒降灾荒殷邦。"

（《史记·宋世家》作"天笃下菑，亡殷国"。）

《西伯戡黎》："天既讫我殷命。……天弃我。……天曷不降威？……我生不有命在天？……责命于天。"

---

① 《卜辞通纂》第三六八片。原文二字合书，故知确是"上帝"。——郭沫若原注。

（《史记·殷本纪》及《宋世家》所引大抵相同，无末句。）

《高宗肜日》："惟天监下民，典厥义，降年有永有不永，非天夭民，中绝其命。民有不若德，不听罪。天既附命正厥德。……王司敬民，罔非天胤。"

（参照《殷本纪》订正。）

《盘庚上》："先王有服恪谨天命。……罔知天之断命。……天其永我命于兹新邑。"

《盘庚中》："予迓续乃命于天。"

《盘庚下》："肆上帝将复我高祖之德。"

《汤誓》："有夏多罪，天命殛之。……予畏上帝不敢不正。……尔尚辅予一人致天之罚。"

《太甲》佚文："顾諟天之明命。"（《礼记·大学》）

《太甲》佚文："天作孽犹可违〔也〕，自作孽不可活〔逭〕。"（《孟子·公孙丑》及《礼记·缁衣》）

《伊训》佚文："天诛造攻自牧宫。"（《孟子·万章》）

《仲虺之告》佚文："我闻有夏人矫天命于下，帝式是曾（憎），用爽（丧）厥师。"（《墨子·非命下》〔《上》《中》文稍异〕）

《汤诰》佚文："惟予小子履敢用玄牡告于上天后。"（《墨子·兼爱下》）

（《论语·尧曰篇》作"予小子履敢用玄牡，敢昭告于皇皇后帝"。）

以上十二项都有"天"或"上帝"的称呼，除掉《微子》和《西伯戡黎》的两篇是在卜辞的年代范围以外，其余的都是不能够相信的。《高宗肜日》据《史记》是作于祖庚时代，在武丁之后，称帝为天庸或有之。但那种以民为本的观念，特别是"王司敬民，罔非天胤"（国王应该尊重老百姓，没有一人不是天的儿子）的说法，在古时是不能够有的。民在周人本是和奴隶相等的名词，卜辞中没有见到民字以及从民的字。《高宗肜日》一篇也是不可信的。

此外还有《洪范》的一篇，《左传》三引其文以为"商书"①，《说文》六引其文亦以为"商书"②。《汉书·儒林传》言"迁书在《尧典》、

① 文五年、成六年、襄三年。——郭沫若原注。

② 亟、釋、敀、圛、毋、无，诸字下。——郭沫若原注。

《禹贡》、《洪范》、《微子》、《金縢》诸篇多古文说",《洪范》列在《微子》之前，可见班固也是认《洪范》为商书的。但《洪范》那篇文章其实是子思氏之儒所作的，其出世的时期在《墨子》之后和《吕氏春秋》之前。《墨子·兼爱下》引周诗曰："王道荡荡，不偏不党。王道平平，不党不偏。"这分明是《洪范》中语，而称为"周诗"，可见在墨子及其弟子们的时代，《洪范》还没有出世。《洪范》根本是一篇尊重神权的宗教论文，并托始于禹，在以继承禹道自任的宗教家墨子，不应不多事征引，且偶一引用之反误其名。但到了《吕氏春秋》便不同了，《孟春纪》的《贵公篇》上说：

> 《鸿范》曰无偏无党，王道荡荡。无偏无颇，遵王之义。无或作好，遵王之道。无或作恶，遵王之路。

语次虽然和现传的《洪范》依然不同，但《洪范》的名称已经出现了。《韩非子·有度篇》也有所征引：

> 先王之法曰：臣毋或作威，毋或作利，从王之指。毋或作恶，从王之路。

这也分明是《洪范》中的话，但字句稍有不同，而引作"先王之法"。《有度篇》论到荆、魏等国之亡，事在韩非死后，可知本非韩非所作。作者殆秦、汉间人，已经把《洪范》当成为信史了。要之《洪范》是子思子之徒著的，本文在后面还别有证明。

由上所论足见殷时代是已经有至上神的观念的，起初称为"帝"，后来称为"上帝"，大约在殷周之际的时候又称为"天"：因为天的称谓在周初的《周书》中已经屡见，在周初彝铭如《大丰簋》和《大盂鼎》上也是屡见，那是因袭了殷末人无疑。由卜辞看来可知殷人的至上神是有意志的一种人格神，上帝能够命令，上帝有好恶，一切天时上的风雨晦冥，人事上的吉凶祸福，如年岁的丰啬，战争的胜败，城邑的建筑，官吏的黜陟，都是由天所主宰，这和以色列民族的神是完全一致的。但这殷人的神同时又是殷民族的宗祖神，便是至上神是殷民族自己的祖先。在这儿有种种的传说可以证明。

第一是帝俊的传说。帝俊在《山海经》中一共有十六处。

> 帝俊生中容。
> 帝俊生晏龙。
> 帝俊生帝鸿。

帝俊生黑齿。

有五彩之鸟相乡（向）弃沙，惟帝俊下友。帝下两坛，彩鸟是司。

（以上见《大荒东经》）

帝俊妻娥皇，生此三身之国。

帝俊生季釐。

羲和者帝俊之妻，生十日。

（以上见《大荒南经》）

帝俊生后稷。

帝俊妻常羲，生月十有二。

（以上见《大荒西经》）

帝俊竹林在焉，大可为舟。

（《大荒北经》）

帝俊生禺号。

帝俊赐羿彤弓素矰。

帝俊生晏龙，晏龙是为琴瑟。

帝俊有子八人。

帝俊生三身。

（以上见《海内经》）

这位帝俊是日月的父亲，不用说是天帝，而同时又是一些圣贤的父亲，又好像是人王。特别如像"妻娥皇"和帝舜的传说是一致的。因此《山海经》的注者晋时的郭璞便以为帝俊即帝舜，只有在"帝俊生后稷"的条下说是"俊宜为喾"。近时王国维更证明了帝俊均当是帝喾。（一）《史记·五帝本纪·索隐》引皇甫谧说"帝喾名夋"，《初学记》九引《帝王世纪》言"帝喾生而神异，自言其名曰俊"。王氏云即夋。（二）《左传》文十八年言"高辛氏有才子八人，伯奋、仲堪、叔献、季仲、伯虎、仲熊、叔豹、季狸"，王氏谓"帝俊有八子"，即此才子的八人，其中中容便是仲熊，季釐便是季狸。（三）《帝王世纪》说"帝喾次妃诹訾氏女曰常仪"，王氏谓常仪即常羲，羲和与娥皇均一音之转。（四）卜辞卜祭其先祖有名夒者，有时又称为高祖，如云"于夒高祖来（祓）"（《殷契佚存》第六四五片）。夒字原文与夋字形极相近，而夒音与喾音亦复相近。盖帝喾本即是夒，因形讹而为夋若俊，更由音变而为喾若倍。王氏根据这些论证断定帝俊即是帝喾，亦即是卜辞上的"高祖夒",而同时否认帝俊之为帝舜。王氏的考证自然较郭璞更进一境,但在我看来,帝俊、帝舜、帝喾、高祖夒,实是一人。《山海经》中帝俊传说与帝舜传说相似之处可无庸论,此外如《国语》和《礼记》便各有一条足以证明舜即是喾。

> 商人禘舜而祖契。(《国语·鲁语》)
> 殷人禘喾而郊冥,祖契而宗汤。(《礼记·祭法》)

舜与喾分明是一人。还有《楚辞》的《天问篇》也有一个绝好的证据。在那儿舜的传说是序在夏桀之后、殷的先公先王之前的。从前的人不明这个情形总以为是文字上的错误,或简编的错乱,其实断没有错得这样凑巧的。总之根据这些资料我们可以知道卜辞中的"帝"便是"高祖夒",夒因音变而为喾为佶,又因形误而为夋为俊,夋俊又由音变而为舜,后世儒者根据古代传说伪造古史,遂误帝俊、帝舜、帝喾为三人,这是明白地可以断言的。

第二是二子传说。二子传说见《左传》昭元年,此外在《史记·郑世家》中也有纪录,两者相差甚微。今根据《左传》的文字录之如次:

> 昔高辛氏有二子,伯曰阏伯,季曰实沉,居于旷林,不相能也,日寻干戈以相征讨。后帝不臧,迁阏伯于商丘主辰,商人是因,故辰为商星。迁实沉于大夏主参,唐人是因,以服事夏商。

《左传》本是有问题的书,但是二子传说既同见于《史记》,可知当是真的《左氏春秋》的原文,不会是刘歆的窜入。并且除《史记》而外还有准古物上的证据,便是卜辞有无数的干支表,所用的十二辰文字第一位的子作児,是《说文》"籀文子"的省略,第六位的巳却作子。这个事实一被发现,解决了在金文上的一个问题。金文上常见"辛子""癸子""乙子""丁子"等的日辰,为六十干支中所无,自宋以来便不得其解的,有了卜辞的出现才涣然冰释了。但是一个问题解决了,却另有一个问题发生了出来,便是十二辰中古有二子。这个新的问题根据作者的研究也算是解决了的,详细论证请看拙著《甲骨文字研究》的《释支干篇》,在这儿只能道其大略:便是十二辰本来是黄道周天的十二宫,是由古代巴比伦传来的。子当于房心尾,即是商星,巳当于参宿,参商为高辛氏之二子,故十二辰中有二子。

又《左传》襄九年还有一段关于阏伯的说话,便是:

> 陶唐氏之火正阏伯居商丘,祀大火,而火纪时焉。相土因之,

故商主大火。

这以阏伯为陶唐氏的火正，参照昭元年传文，可知陶唐氏即是后帝。高辛氏帝喾据上述帝俊传说知即帝舜，帝舜在儒家的经典上是受了陶唐氏的禅让而为人王的，但照传说上看来，这禅让的一幕史剧是应该演在天上的。这是极有趣的一个问题，但在这儿不想有更进一步的展开。

第三是玄鸟传说。

> 天命玄鸟，降而生商。(《商颂·玄鸟》)
> 简狄在台喾何宜？玄鸟致贻女何嘉？(《楚辞·天问》)
> 高辛之灵盛兮，遭玄鸟而致诒。(同上《九章·思美人》)

这传说是说殷人的祖先最初的王母简狄在春分的时候到河边上去沐浴，看见玄鸟遗卵，便取来吞了，因而怀孕，生下了契来。玄鸟是天遣下来的，故尔契依然是上帝的儿子。这个传说比较前两个传说要迟一点。因为前两个传说，殷人是在天上的，到了这传说来，天和人有了区别，其中是以玄鸟为媒介。玄鸟旧说以为燕子，但是我想和《山海经》的"惟帝俊下友"的"五彩之鸟"是同一的东西。在《离骚》中可以找到一个证据，便是"望瑶台之偃蹇兮，见有娀之佚女。……凤凰既受（授）诒（贻）兮，恐高辛之先我"。这分明说的是简狄的故事，"凤凰受诒"便是"玄鸟致贻"，可见玄鸟就是凤凰。玄是神玄之意，不当解成黑色。"五彩之鸟"大约就是卜辞中的凤。晚期的卜辞有祭凤的纪录，称凤为"帝使"。

> 于帝史（使）凤，二犬。(《卜》三九八)
> 甲戌贞其宁凤，三羊三犬三豕。(《簠室殷契徵文》典礼一六)

大约是凤或"五彩之鸟"在传说的演进中化为了玄鸟或燕子的。但无论是凤或燕子，我相信这传说是生殖器的象征，鸟直到现在都是生殖器的别名，卵是睾丸的别名。

由以上三种传说，可以知道殷人的帝就是帝喾，是以至上神而兼宗祖神。

但还有可注意的是"帝"的称号的产生。

帝字在甲骨文是作束，周代的金文大抵和这相类。这是花蒂的象形文，象有花萼、有子房、有残余的雌雄蕊，故尔可以断言帝字就是蒂字的初文。那么以至上神而兼宗祖神的尊贵者为什么用了花蒂的帝字来命名呢？要说果实从蒂出，由果实中又能绵延出无穷的生命，借此以表彰神之生生不息的属性也可以说得过去。但蒂有成果实的，有不成果实的，与其拿蒂来象征神，何不就假借果实或根元一类文字呢？这儿的确是一个问题。

外国的学者例如波尔，主张帝字是由巴比伦的渼字而来。因为巴比伦的这个字，字形与帝字相似，有 din-gir，di-gir，dim-mer 等的发音，首音与帝音相近，而又和帝字一样兼有天神和人王二义①。这个见解在帝的字源未被揭发以前，的确是一个很有见地的提示。但中国的帝字本是花蒂的初文并非外来，而巴比伦的渼字是星形的转化，两者在字源上是全不相干的。不过波尔的见解也还不好便立被抛弃，就近年安得生博士的彩色陶器的发现以及卜辞中的十二辰的起源上看来，巴比伦和中国在古代的确是有过交通的痕迹，则帝的观念来自巴比伦是很有可能的。我现在对于波尔氏说要提出一番修正，便是巴比伦的渼的观念在殷商时代输入了中国，殷人故意用了字形和字音相近的帝字来翻译了它，因而帝字便以花蒂一跃而兼有天神和人王的称号。

但是巴比伦的渼字是天上的一切神祇的通称，而殷人的帝字在初却是至上神所专有的称号，在这儿我看是有殷人的一段发明潜藏着的。殷人的帝就是"高祖夔"，在上面是已经证明了的。但是夔字本来是动物的名称。《说文》说："夔贪兽也，一曰母猴，似人。"母猴一称猕猴，又一称沐猴，大约就是猩猩（orang utan）。殷人称这种动物为他们的"高祖"，可见得这种动物在初还会是殷人的图腾。殷人待与巴比伦文化相接触，得到了渼的观念，他们用帝字来对译了之后，让它成"高祖夔"的专称，把自己的图腾动物移到天上去，成为了天上的至上神。故尔他们的至上神"帝"同时又是他们的宗祖。至上神的这样的产生我敢断定是殷人的独自的发明。

二

《礼记》的《表记》上有几句话：

> 夏道尊命，事鬼敬神而远之。……殷人尊神，率民以事神。……周人尊礼尚施，事鬼敬神而远之。

这所说的"夏道"是没有根据的，但所说的殷人和周人则颇近乎事实。殷人尊神的态度在上章中已经说得很详细，到了周人在关于天的思

---

① C. J. Ball：Chinese and Sumerian，p. 26．——郭沫若原注。

想上却有了一个很大的进步。

周人本是后起的民族，在古公即太王的时代都还在穴居野处，经过王季和文王的两代便突然兴盛了起来，仅仅五六十年间终至把殷朝灭了。在这民族的递禅上有一个很重要的关键，便是殷末的经营东南。文王的父亲，根据《古本竹书纪年》是被殷王文丁所杀了的，大约文丁是看见了周人的兴盛，所以对于他们加过了一番惩膺。但到了帝乙和帝辛的时代，这两位帝王都尽力在东南方面，把西北方面的敌人忽视了。《后汉书》的《东夷传》有下列的记述：

> 夷有九种，曰畎夷、于夷、方夷、黄夷、白夷、赤夷、玄夷、风夷、阳夷。……殷汤革命，伐而定之。至于仲丁，蓝夷作寇。自是或服或畔，三百余年。武乙衰敝，东夷浸盛，遂分迁淮岱，渐居中土。

这所说的"分迁淮岱，渐居中土"，在卜辞中是有实证的。卜辞中记载帝乙征伐夷方和盂方的纪录很多，夷方即是东夷，盂方即是于夷。征伐所经的地方有齐有雇（即"韦顾既伐"的顾），都是在山东方面，有淮有灉都是在安徽北部的淮河流域。征伐的时期是在帝乙十年前后，又在二十年也有长期的南征。大约终帝乙之世，东夷都是或叛或服的，直到帝辛的时代才彻底把东南征服了。

> 商纣为黎之蒐，东夷叛之。（《左传》昭四年）
> 纣克东夷而陨其身。（同上昭十一年）
> 纣之百克而卒无后。（同上宣十二年）

殷纣之征略一定是大规模的，因为古本《泰誓》说："纣有亿兆夷人亦有离德，余有乱臣十人同心同德"（《左传》昭二十四年所引）。这亿兆的夷人是他得来的俘虏，俘虏有亿兆之多，可见殷的士卒之损耗也必定是很大的。原有的兵力受了创伤，用归附的民众来填补，等他一和周武王接触时，便发生了有名的"前徒倒戈"的故事，那便是俘虏兵的掉头了。

就在这帝乙和帝辛的两代没有余暇顾到西北的时候，周人便乘着机会把自己的民族振兴了起来而获得了最终的胜利。

周人的祖先是没有什么文化的。在现今所有周代的青铜器传世的很多，但在武王以前的器皿一个也还没有出现，而自武王以后则勃然兴盛起来。这分明是表示着周人是因袭了殷人的文化。

关于天的思想周人也是因袭了殷人的。周初的彝铭《大丰簋》和《大盂鼎》，和《周书》中的《大诰》、《康诰》、《酒诰》、《梓材》、《召诰》、《洛诰》、《多士》、《无逸》、《君奭》、《多方》、《立政》等十一篇，以及《周颂》的前几章都是很明显的证据。

> 王祀于天室降，天亡尤王。衣（殷）祀于王不显考文王，事喜上帝。文王监在上。（《大丰簋》）

> 不显文王，受天有（祐）大命。在武王嗣文作邦，辟厥匿，匍（抚）有四方，畯正厥民。……故天冀临子，法保先王（成王），×有四方。（《大盂鼎》）

这两项彝铭可以说是第一等的证据，因为在铭词中自己表明了自己的年代，便是前者是武王时代的，后者是康王时代的。我们根据着这两个证据，同时可以安心着信赖《周书》中的十几篇和《周颂》，虽然免不了是有些讹变和脱佚，但大体上是周初的文章，因为它们的文笔和思想都相同。我们权且从《周书》中引用些资料来吧。

> 于（粤）天降威，用文王遗我大宝龟，绍天明。……天休于文王兴我小邦周，文王惟卜用，克绥受兹命。……天明畏，弼我丕丕基。（《大诰》）

> 天乃大命文王殪戎殷，诞受厥命越（与）厥邦厥民。（《康诰》）

> 惟天降命，肇我民，惟元祀。（《酒诰》）

> 皇天既付中国民越（与）厥疆土于先王。（《梓材》）

> 皇天上帝改厥元子兹大国殷之命。（《召诰》）

> 旻天大降丧于殷，我有周佑（有）命，将天明威，致王罚，敕"殷命终"于帝。……今惟我周王，丕灵承帝事，有命，曰（爰）割殷，告敕于帝。（《多士》）

> 惟我周王灵承于旅，克堪用德，惟典神天。天惟式教我，用休。简畀殷命，尹尔多方。（《多方》）

这些例证所有关于上帝的属性以及说话者对于上帝的态度是和殷人完全一致的。但是把眼光掉向另一方面看的时候，周人和殷人的态度却又大有不同。

> 天棐（非）忱，尔时罔敢易法。（《大诰》）

> 天畏（威）棐（非）忱，民情大可见，小人难保。……惟命不于常。（《康诰》）

> 天不可信。(《君奭》)

所谓"天棐忱"或"天畏棐忱"便是《大雅·大明》的"天难忱斯，不易惟王"，也就是"天不可信"的意思。棐都是非字（孙诒让说），旧时的注家都训为辅，弄得大错。"惟命不于常"和《大雅·文王》的"天命靡常"也是同义语。

像这些例子都是对于天取着怀疑的态度的。从这关于天的思想上说来，的确是一大进步。这一进步是应该有的，因为殷人自己那样虔诚的信仰上帝，并且说上帝是自己的祖宗，然而结果是遭了失败，殷家的天下为周人所得到了。这样还好再信天吗？所谓"天命"，所谓"天威"，还是靠得住的吗？这是当然要发生的怀疑。周人一面在怀疑天，一面又在仿效着殷人极端地尊崇天，这在表面上很像是一个矛盾，但在事实上一点也不矛盾。请把周初的几篇文章拿来细细地读，凡是极端尊崇天的说话是对待着殷人或殷的旧时的属国说的，而有怀疑天的说话是周人对着自己说的。这是很重要的一个关键。这就表明着周人之继承殷人的天的思想只是政策上的继承，他们是把宗教思想视为了愚民政策。自己尽管知道那是不可信的东西，但拿来统治素来信仰它的民族，却是很大的一个方便。自然发生的原始宗教成为了有目的意识的一个骗局。所以《表记》上所说的"周人事鬼敬神而远之"，是道破了这个实际的。

周人根本在怀疑天，只是把天来利用着当成了一种工具，但是既已经怀疑它，那么这种工具也不是绝对可靠的。在这儿周人的思想便更进了一步，提出了一个"德"字来。

> 天不可信，我道惟文王德延。(《君奭》)
> 文王克明德慎罚，不敢侮鳏寡，庸庸祇祇，威（畏）威显民，用肇造我区夏。(《康诰》)
> 王曰封，予惟不可不监，告汝德之说于（与）罚之行。……敬哉，无作怨，勿用非谋非彝蔽时（是）忱，丕则敏德，用康乃心，顾乃德，远乃猷裕，乃以民宁，不汝瑕殄。(《康诰》)
> 肆王惟德用和怿先后迷民，用怿先王受命。(《梓材》)
> 天亦哀于四方民，其眷命用懋，王其疾敬德。……王敬作所，不可不敬德。……王其德之用祈天永命。(《召诰》)

这种"敬德"的思想在周初的几篇文章中就像同一个母题的和奏曲一样，翻来覆去地重复着。这的确是周人所独有的思想。在《商书》的

《高宗肜日》中虽然也有这种同样的意思，但那篇文章在上面说过是很可疑的。还有一个主要的旁证，便是在卜辞和殷人的彝铭中没有德字，而在周代的彝铭中如成王时的《班簋》和康王时的《大盂鼎》都明白地有德字表现着。

> 父身三年静东国，亡（罔）不咸斁天畏（威），否奥屯陟。公告厥事于上："佳（唯）民亡（泯）徂（拙）哉。彝昧（昧）天命，故亡。"允哉，显。佳（唯）敬德，亡（毋）卤（攸）违。（《班簋》）

> 今我佳（唯）即刑禀于文王正（政）德，若文王令二三正。今余佳令汝盂诏荧敬雍德经，敏朝夕入谏，享奔走，畏天畏（威）。（《大盂鼎》）

这些都是把周初的思想继承了下来的。根本的主意是"人定胜天"，便是要把人的力量来济天道之穷。德字照字面上看来是从值（古直字）从心，意思是把心思放端正，便是《大学》上所说的"欲修其身者先正其心"。但从《周书》和周彝看来，德字不仅包括着主观方面的修养，同时也包括着客观方面的规模——后人所谓"礼"。礼字是后起的字，周初的彝铭中不见有这个字。礼是由德的客观方面的节文所蜕化下来的，古代有德者的一切正当行为的方式汇集了下来便成为后代的礼。德的客观上的节文，《周书》中说得很少，但德的精神上的推动，是明白地注重在一个"敬"字上的。敬者警也，本意是要人时常努力，不可有丝毫的放松。在那消极一面的说法便是"无逸"。还有《周书》和周彝大都是立在帝王的立场上来说话的，故尔那儿的德不仅包含着正心修身的工夫，并且还包含有治国平天下的作用：便是王者要努力于人事，不使丧乱有缝隙可乘；天下不生乱子，天命也就时常保存着了。

这一套思想，以天的存在为可疑，然而在客观方面要利用它来做统治的工具，而在主观方面却强调着人力，以天道为愚民的政策、以德政为操持这政策的机柄，这的确是周人所发明出来的新的思想。发明了这个思想的周人，在《周书》中表示得很明白，那便是周公。因为上揭的《周书》十一篇中除掉《召诰》的前半是召公所说的话外，其余的都是周公所说的话。那其中流露着的思想我们不能不说是周公的思想。在三千年前的周公已经有这样进步的想法，的确不能不说是一位杰出的人物。他如果不是政治家，不是立在统治者的立场上的人，说不定他在思想上早就把天神来完全否认了，而另外构成了一个什么观念来代替了它的。但他的意识却不能不为他的存在所囿，他的怀疑的精神没有更进一步发展的必要，因而也就没有可能。

周公的思想除开《周书》而外，在《大雅》里面也还见得一些。《大雅》的首篇《文王》据《吕氏春秋·古乐篇》所说是周公所做的，大概可靠，因为我们从本诗中可以得到几个内证。例如：

> 天命靡常。
>
> 聿修厥德，永言配命，自求多福。
>
> 上天之载，无声无臭，仪刑文王，万邦作孚。

这和见于《周书》中的思想完全一致。并且不仅是《文王》这一篇，就是《文王之什》里面所收的十篇，似乎都可以认为是周初的文字，纵使有些地方是经过后代儒者的润色。大凡周初的文字在追颂祖德的时候只说到太王而止，《绵篇》的"古公亶父"自来是说为太王，太王以前，周人还是以女性为酋长的社会。但一到后来便不同了，《吕刑》里面钻出了后稷来，《大雅》的《生民之什》里面，更有了姜嫄生后稷的传说，又有所谓公刘传说。这些传说，据我看来，都是由成康时代或以后的人所编造出来的，用意是要笼络殷人而掩盖自己的暴发。后稷的传说自然是由"帝俊生后稷"的传说敷衍而来，更仿着简狄的故事造一个姜嫄，或者是把自己的宗母推到了帝喾和后稷的中间，与殷人认成了同宗。同在《大雅》中，《生民之什》和《文王之什》的时代是完全不同，但在诗的体裁上却几乎是完全相同的。这是表示着《诗经》全体经过后代的纂诗者（不必是孔子）的一道通盘的润色，以纂者的个性把全书整齐化了。请看《墨子》中所引的诗和今诗的语句多所不同，便可以证明。周人本是初兴的民族，而在初期却已有《周书》和《文王之什》那样的文字似乎是一个矛盾，但这个矛盾是不难解决的，便是那些文字都是仰仗殷人的手笔，就和满清入关前后所有的文诰是仰仗汉人的手笔一样。不过文字虽然是殷人做的，意思可以说是周公授的。

《文王篇》的头几句"文王在上，于昭于天；周虽旧邦，其命维新；有周不显，帝命不时；文王陟降，在帝左右"；这和"文王监在上"的语意是相同的。这表示着在殷末周初的时候，中国人确是有天堂的思想。这种思想在南方的楚人的文学中多少还有些保存，譬如《招魂》上说：

> 魂兮归来，君无上天些。虎豹九关，啄害下人些。一夫九首，

> 拔木九千些。豺狼从目，往来侁侁些。悬人以娱，投之深渊些。致
> 命于帝，然后得瞑些。

这些虽是后来的文字，但楚人是倾服殷人而不满意周人的，这种观念可
以相信一定是由殷代传来。

　　周公的思想可以说就是周人的"建国方略"，一方面是利用宗教以
统治愚民，一方面是努力不懈以操持政柄。周人的统治方略都是根据着
他的思想传继下来的。譬如夷、厉时代的彝铭，如《大克鼎》、《虢旅
钟》、《番生簋》、《叔向父簋》等一直都是守着这个传统。

> 穆穆朕皇祖师华父，冲让厥心，虚静于猷，淑哲厥德。肆克龚
> （恭）保厥辟龚王，谏乂王家，惠于万民，柔远能迩。肆克友于皇
> 天，顼于上下，贲屯亡敃（浑沌无闷），锡釐亡疆。（《大克鼎》）

> 不显皇考惠叔，穆穆秉元明德，御于厥辟，贲屯亡愍（浑沌无
> 闷）。……皇考严在上，翼在下，數數溥溥（蓬蓬勃勃），降旅多
> 福。（《虢旅钟》）

> 不显皇祖考，穆穆克哲厥德，严在上，广启厥孙子于下，擢于
> 大服。番生不敢弗帅型皇祖考丕丕元德，用绸缪大命，定王位。虔
> 夙夕敄求不僭德，用谏四方，柔远能迩。（《番生簋》）

> 余小子嗣朕皇考，肇帅型先文祖，共明德，秉威仪，用绸缪奠
> 保我邦我家。作朕皇祖幽大叔尊簋，其严在上，降余多福繁釐，广
> 启禹身，擢于永命。（《叔向父簋》）

凡在这些文字里面所表现的都是以德为基础，以德为修身齐家治国
平天下的根本义，因而上获天佑。有德的人死了是升在天上的。在《虢
旅钟》和《番生簋》里面和德并列的虽然有一个"元"字出现，但这个
字似乎是本源的意思，或者如像《易传》说的"元者善之长也"的意
思。故尔从整个上说来，夷、厉时代的这些为政者的思想是和周公的思
想没有什么距离的，但是对于天的信仰却远在周公之上。周公的思想是
由怀疑出发的，天只是政策上的工具。宗周的统治一经久了，所谓"殷
鉴"渐渐远隔了起来，"天命靡常"的认识朦胧了，周公的那种怀疑精
神完全受了隐蔽，只是所利用的工具焕发着异样的光辉。我们试把厉王
用卫巫使监谤的事情来思索一下，便可以知道那时的为政者对于天的信
仰是怎样的专一了。

> 厉王虐，国人谤王。邵公告曰："民不堪命矣。"王怒，得卫巫

使监谤者，以告则杀之。国人莫敢言，道路以目。告邵公曰："吾能弭谤矣。"……三年乃流王于彘。(《国语·周语》)

且看他用的是巫，而且用的是卫巫，卫是殷之旧地，这很明显地表明着厉王是怎样地依赖神祇。王者的暴虐是得到神权的保证的，王者的屠杀谤者自然是"恭行天罚"。王者在政治上的责任可以说是让天来担任了。在这儿不仅激起了政治上的反动，向来相信着是"福善祸淫"的天，也成为了众矢之的，被当时一般"变风""变雅"的诗人们责嚷了起来。《大雅》中相传是厉王时代的几篇如《板》、如《荡》、如《桑柔》，及时代相近的《云汉》，责嚷天的话言是层出不穷的。例如：

上帝板板，下民卒瘅。……天之方难。……天之方蹶。……天之方虐。……天之方懠。(《板》)

荡荡上帝，下民之辟，疾威上帝，其命多辟。天生烝民，其命匪谌。(《荡》)

国步灭资，天不我将。……我生不辰，逢天僤怒。……天降丧乱，灭我立王。(《桑柔》)

这里面的"上帝"和"天"，旧时的注家都讲成厉王，那是秦以后的语法，在《诗经》里是绝对讲不通的。而且这些诗人并不是立在民众立场上怨天，而是立在王室立场上怨天的，他们是怨天不作主宰，使下民暴动了起来。板板荡荡都是恶字眼，意思是上帝反动了，上帝昏乱了，上帝闹着乱子，上帝跌了交，上帝暴虐，上帝冒了火，上帝多邪僻的行为，上帝出言不信。……把一个上帝骂得不亦乐乎。又如《小雅》的《十月之交》也是厉王时的诗，近时由《函皇父簋》的出土已经得到了证明。那里面说：

下民之孽，匪降自天。噂沓背憎，职竞由人。

(老百姓受的苦，并不是天上降下来的。互相排斥，互相诽谤，都是人干的事。)

天命不彻，我不敢效我友自逸。

(天命没有一定的轨道，我是不敢跟着我的同僚学乖，不图自勉。)

由对于天的信仰降到了相信人力来，这位诗人的想念可以说是周公思想的复活。

大抵由夷、厉以后，天的思想发生了动摇。这一次的动摇和周初的不同，是很普遍而深刻的。周初的一次动摇只是一二杰出者的怀疑，并且那一二杰出者是有意识地要利用宗教，不仅不肯使宗教的信仰在民间稍稍生出动摇，甚且用尽了全力来要维系着那种信仰。我们可以说在夷、厉以前周代关于天的思想的传统是一贯的，没有改变的。到了夷、厉时代，那动摇是发生在民间，且看民众可以纠合起来放逐天的代理者的"天子"，便可以知道那深刻的程度是怎样。在政治上周人的统治虽然还经历过一次宣王的中兴，但不久仍然衰颓了下来，卒竟失掉了他的真实的统治权，只是留存着一个"天子"的虚位一直绵延到周赧王为秦所灭。天的思想在古时候和政治是不能分离的，所取的路径和政治上的路线也刚好是一样。在宣王的时候随着政治的中兴，天的思想也曾中兴过一回。《大小雅》中好些是宣王时代的诗，特别像《崧高》和《烝民》两篇，连作者的名字都是在诗里面自行表示着的。吉父便是《兮甲盘》的兮伯吉父，连他的彝器在世上都有流传。《烝民》里说：

> 天生烝民，有物有则，民之秉彝，好是懿德。
> 天监有周，昭假于下，保兹天子，生仲山甫。

这是说一切的庶民都是天所生的，有物质上的身体，有精神上的规律，人之守常务正者是喜欢有好的身体和好的精神。这种人便是有德的人，是天生来保佑国家和王者的。物与则两方并没有偏轻偏重，所以知道的是在下文：

> 仲山甫之德，柔嘉维则。令仪令色，小心翼翼。古训是式，威
> 仪是力。

"令仪令色……威仪是力"是物一方面的修饰，"柔嘉维则……小心翼翼"是则一方面的执守，诗人的德是两方面兼顾着的。这种有德的人便足以治国平天下，故又说："既明且哲，以保其身。夙夜匪懈，以事一人。"明哲保身的意思是说要心地光明，同时要保存着自己的身体之有威仪，这被后世错解了，以为是图身体的安全，避免祸败。诗人的意思并不是那样退缩的。所谓"维仲山甫，柔亦不茹，刚亦不吐，不侮矜寡，不畏强御"，这岂是徒靠聪明避免祸害的态度吗？由这几句话可以看出"柔嘉维则"的意思。柔是消极一方面的谦冲，嘉是积极一方面的刚毅。虞注《易·遁卦》的"嘉遁"说"乾为嘉"，又《随卦》的"孚于嘉"说"阳为嘉"，便是这儿的嘉字的意思。故尔所谓"柔嘉维则"是说"刚柔合中"。审察尹吉甫的这种一面尊天，一面尚德的思想，和

周公的思想并没有什么两样，他称仲山甫"古训是式"，可以见得他自己实在是保守"古训"的了。

还有《毛公鼎铭》也是宣王时的文字，那儿所纪录的是宣王自己所说的话。例如说：

> 不显文武，皇天宏厌厥德，配我有周，膺受大命。……唯天将集厥命，亦唯先正襄义厥辟，劳勤大命，肆皇天无斁，临保我有周，丕巩先王配命。

这说到天眷有德及有德者必配天的意思，但已经含有"天命靡常"的意思在里面，便是没有德的便不会得着天佑。所以接着又说：

> 敃天疾威，司余小子弗及（急），邦将害（曷）吉？……余非庸又昏，汝勿敢妄宁，虔夙夕惠我一人，雍我邦小大猷，毋折缄，告余先王若德。用印（仰）邵皇天①，绸缪大命，康能四国，俗（欲）我弗作先王忧。

明明是兢兢业业，不敢懈怠，恐天命将要失坠的意思。

在宣王时代为政者一方面虽然努力在把周初的思想唤醒起来希图恢复周家的统治，但已经普遍而深刻地遭了动摇的天，有意志的人格神的天，再不能有从前的那样的效力了。一入春秋时代，天就和他的代理者周天子一样只是拥有一个虚名，信仰的人自然也还有，但毫不信仰的人却是特别的多。譬如在古时候王者是要仰仗龟卜来传达神命的，而楚的斗廉要说："卜以决疑，不疑何卜？"（《左传》桓十一年）古时候说一切的休咎祸福是由天降下来的，而郑的申繻说："妖由人兴也，人无衅焉，妖不自作。人弃常则妖兴，故有妖。"（《左传》庄十四年）晋的伯宗说："民反德为乱，乱则妖灾生。"（《左传》宣十五年）又如鲁昭二十六年有彗星在齐的分野，齐侯要禳，晏婴劝他莫禳。哀六年"有云如众赤鸟夹日以飞"，楚昭王命人去问周大史，周大史叫他禜，可以把祸移给令尹，楚昭王也终不肯禜。郑国的子产有一句话更说得透彻，便是"天道远，人道迩，非所及也"（《左传》昭十八年）。这些都表示着春秋时代的为政者的思想是很有点程度地脱离了天的羁绊，连把旧时的愚民政策的各种工具都没有热心再维持下去了。这层由官制的进化上也可以证明。古

---

① 《两周金文辞大系图录考释》第一三七页云"印邵皇天"，当是体会天心之意。印旧释为仰，误。邵通照。

时候的官职是以关于天事即带宗教性质的官居于上位的，其次是政务官和事务官。《曲礼下》说：

> 天子建天官，先六大：曰大宰、大宗、大史、大祝、大士、大卜，典司六典。天子之五官：曰司徒、司马、司空、司士、司寇，典司五众。天子之六府：曰司土、司木、司水、司草、司器、司货，典司六职。天子之六工：曰土工、金工、石工、木工、兽工、草工，典制六材。

六大中的大宗、大祝、大卜，都是宗教性质的官职，在初原是很显要的，但在春秋时代这些官职都式微了下来，转是次位的五官大出其风头。更到汉代，如司马迁《报任少卿书》上所说：

> 文史星历近乎卜祝之间，固主上所戏弄，倡优所畜，流俗之所轻也。

这部官职贵贱之推移史正明白地表现着天道思想的没落。

三

春秋时代的智者对于天虽然取着不信的态度，但天的统治如周王仍拥有天子的虚位一样，依然在惯性中维持着的。所以当时的诸侯强凌弱，众暴寡，完全在执行着以力为正义的霸道，而声罪致讨的时候，动辄便要称天，动辄便要闹一出勤王的把戏。就如声称"天道远，人道迩"的子产也时而要高谈其鬼神（参看昭七年《左传》）。所以春秋在政治上是争乱的时代，在思想上是矛盾的时代。政治上的争乱是在求定，思想上的矛盾是在酝酿着新的统一的。在春秋末年这种新的统一是逐渐地出现了，在中国的思想史上展开了灿烂的篇页。

在这儿是应该讨论老子的思想的，但在说到他的思想之前，却有讨论老子这个人的存在和年代的必要。老子这个人的存在和他的年代，近年来成了很大的问题：原因是世间所传的《老子》那部书明显地表示着战国时代的色彩，那决不是春秋末年所能有的书。由这个事实便生出了对于人和年代的怀疑。有人说老子这个人和他的书一样都是战国时人所假造的，这是根本否定了老子的存在。又有人说老子是有其人，但不是春秋末年的老聃，而是《史记·老子列传》里所说的在孔子死后百二十九年的周太史儋。问题到现在依然是没有解决的。

据我自己最近的研究，知道了对于老子的怀疑在汉初本来就是有的。《史记》的一篇《老子传》表示得非常明白。那儿对于老子的存在有三种主张:一说是老聃,是孔子的先生;一说是老莱子,与孔子同时;又一说是太史儋,是在孔子死后百二十九年。太史公自己和他同时代的人又想调和这几种说法,创出了老子长寿说来,说"盖老子百有六十余岁或言二百余岁"。老子有这样的长寿,那么上而老聃,下而太史儋,都含盖在里面去了。然而调和说和其它三种主张一样都是没有把问题解决了的,看太史公在自己的长寿说上加上一个"盖"字,便可以知道连太史公自己都是没有把握的。但我们要知道这些问题之所以发生,在《老子传》中虽然未曾明言,那一定是汉人早见到了《老子》那部书的时代性,故尔对于老子这个人才生出了怀疑,并生出了提供新的解说的要求的。

但我们要知道老子就是老聃,本是秦以前人的定论,《庄子》、《吕氏春秋》、《韩非子》,都是绝好的证明。

《庄子·天下篇》里论及老聃,引用了他的"知其雄守其雌为天下谿,知其白守其辱为天下谷"的话,那在今存《老子》的第二十八章中,可见《天下篇》的作者是认定老子即是老聃。而老聃曾为孔子的先生,是在《德充符》、《天道》、《天运》诸篇里散见着的。

《吕氏春秋》里有五处说到老聃的地方。

> 一 荆人有遗弓者而不肯索,曰:"荆人遗之,荆人得之,又何索焉?"孔子闻之曰:"去其荆而可矣。"老聃闻之曰:"去其人而可矣。"故老聃则至公矣。(《贵公》)
>
> 二 孔子学于老聃、孟苏、夔靖叔。(《当染》)
>
> 三 老聃则得之矣,若植木而立。(《去尤》)
>
> 四 老聃贵柔,孔子贵仁,墨翟贵廉(兼),关尹贵清,子列子贵虚,陈骈贵齐,阳生贵己,孙膑贵势,王廖贵先,儿良贵后。(《不二》)
>
> 五 圣人听于无声,视于无形,詹何、田子方、老耽(即老聃)是也。(《重言》)

这所谓"至公""贵柔""听于无声,视于无形"的老聃明白地是《道德经》中所表现着的老子,而老子与孔子同时,且为孔子的先生,在吕氏门下的那一批学者也是毫无疑问的。

《韩非子》有《解老》、《喻老》诸篇,所解所喻的《老子》都和今存的《老子》无甚出入。而《六反篇》里引老聃有言曰"知足不辱,知止不殆",在今本第四十四章。《内储说下·六微》里言:"权势不可以借人……其说在老聃之言'失鱼'也。"其下所引伸的说明又引用着"国之利器不可以示人"的话,都在今本第三十六章中。《喻老篇》也有同样地解说着这一章的话。可见韩非子眼中的老子也就是老聃。

老子即老聃,在秦以前人本来是没有问题的,而在秦以后便生出了问题来,这是什么原故呢?这是因为秦以前人都知道《老子》成书甚晚,是老子的遗说而为后人所纂集的,就和《论语》是孔门弟子所纂集,《墨子》是墨家弟子所纂集的一样,那自然是不会有问题发生的;而在秦以后的人以为《老子》是老子自己所作,故尔在一发现到书中饱和着战国时代的色彩的时候,便对于老子的存在发生了问题。提出了这问题的汉人是表示着大有研究的精神,但可惜那研究没有到家,没有把问题的全面顾虑周到,便性急地提出了些结论来,那便结果成了太史公的那篇支离灭裂的《老子传》。

其实老子的《道德经》是纂成于战国时人的环渊,在《史记》的《孟荀列传》中替我们保存下了这一个史实。《孟荀列传》上说:

> 自驺衍与齐之稷下先生,如淳于髡、慎到、环渊、接子、田骈、驺奭之徒,各著书言治乱之事,以干世主。……慎到赵人。田骈、接子,齐人。环渊楚人。皆学黄老道德之术,因发明序其旨意。故慎到著《十二论》,环渊著《上下篇》,而田骈、接子皆有所论焉。

太史公的这段文字自然是根据着齐国的史乘而来的。但这"学黄老道德之术,因发明序其旨意"的环渊所著的《上下篇》,不就是老子《道德经》的"上下篇"吗?太史公引用了这个史实,连他自己都不曾明白这《上下篇》就是《道德经》,却在《老子列传》里面又另外记出了一段《上下篇》成立的传说。

> 老子修道德,其学以自隐无名为务。居周久之,见周之衰,乃遂去。至关,关令尹喜曰:"子将隐矣,强为我著书。"于是老子乃著书《上下篇》,言道德之意五千余言而去,莫知其所终。

这完全是传说,而且造出这个传说的一定是汉人,是那主张老子即太史儋的那批汉人。在汉人的眼目中总是把《老子》认为是老聃自己做的书,因为书的时代性太晚,故尔又把老聃认为太史儋。太史儋是由周入秦的,其中必然要经过一些关门,故尔又造成了这项过关做书的传说。

这传说中的"关令尹"就是《庄子·天下篇》和《吕氏·不二篇》中的关尹，关尹其实就是环渊的音变。《天下篇》中所举的墨翟、禽滑釐、尹文、宋钘、彭蒙、田骈、慎到、关尹、老聃、庄周、惠施、桓团、公孙龙，《不二篇》里所举的老聃、孔子、墨翟、关尹、子列子、陈骈（田骈）、阳生、孙膑、王廖、兒良，都是人名，断不能说"关尹"两个字特别是官职。只因环渊由方言之故变成了关尹，这就和老聃一作老耽，田骈一作陈骈，宋钘一作宋牼（见《孟子》）的一样，在秦以前是常有的现象，落到汉人手里便望文生义地把关尹弄成了"关令尹"，又因环渊本是著《上下篇》的人，便又转化成老子为"关令尹"做书的故事。这种转变已经是可笑的。弄到《汉书·艺文志》更生出了"《关尹子》九篇，名喜"的话。《关尹子》不用说是汉人的依托，"名喜"的根据是由于误读了太史公的"关令尹喜曰"的那句话，其实"喜"字是动词，是说"关令尹"欢喜，并不是说"关令尹"名喜。

环渊这个人的姓名讹变得最为厉害，除变为关尹而外，在典籍中还有玄渊、蜎渊、娟嬛、蜎蠉、便蠉、便蜎等种种异称。而在《荀子》的《非十二子篇》中误为它嚣，在《韩诗外传》中更误为范睢。关于这些转变我另外有详细的专文，在这儿不愿意多生枝节。我在这儿所要说的，只是《道德经》是环渊所纂集的老子的遗说，他是楚人，游宦于齐，而与孟子约略同时。环渊除掉纂录了《上下篇》之外也还有他自己的著作，便是《艺文志》的"《蜎子》十三篇"，可惜那部书是亡逸了。环渊纂集老子遗说，就和孔门弟子纂集孔子遗说，墨家弟子纂集墨子遗说一样，在秦以前人大约是周知的事实，故尔完全没生问题。而《庄子·天下篇》把关尹（环渊）和老聃并举，特别称他们为"古之博大真人"（这是说古时候有过的博大真人，不是以关尹、老聃为古人），足见得环渊和老聃的关系很密切。他是道家的正统，而庄子的一派又是自认为是承继着这个道统的。但是环渊是文学的趣味太浓厚的楚人，他纂集老子遗说的态度却没有孔门弟子那样的质实，他充分地把老子的遗说文学化了，加了些润色和修饰，遂使《道德经》一书饱和了他自己的时代色彩。因此我们对于《道德经》所应取的态度，虽不是完全的不信，然也不可全信。便是文章的词藻多半是环渊的，而所言道德的精神则是老子的。阐明了《老子》这部书的来历，我们然后才可以在限定的范围内利用它来讨论老子的思想以及中国思想史的发展。

老子的最大的发明便是取消了殷周以来的人格神的天之至上权威，

而建立了一个超绝时空的形而上学的本体。这个本体他勉强给了它一个名字叫作"道"，又叫作"大一"。《道德经》的第二十五章说：

> 有物混成，先天地生，寂兮寥兮，独立而不改，周行而不殆，可以为天下母。吾不知其名，字之曰道，强为之名曰大一。（一字原夺。）

这段文字是老聃的根本思想，不是到战国时候才生出来的东西，在《庄子》和《韩非子》上是有旁证的。《庄子》的《天下篇》说：

> 以本为精，以物为粗，以有积为不足，澹然独与神明居。古之道术有在于是者，关尹、老聃闻其风而悦之。建之以常无有，主之以太一。

所谓"常"便是"独立而不改"，所谓"无"便是"寂寥"，所谓"有"便是"混成""周行"，所谓"太一"便是"大一"，便是"道"。

《韩非子》的《解老篇》上也说：

> 夫物之一存一亡，乍死乍生，初盛而后衰者不可谓"常"。唯夫与天地之剖判也俱生，至天地之消散也不死不衰者谓"常"。……圣人观其玄虚，用其周行，强字之曰"道"。然而可论，故曰"道可道非常道"也。

所谓"强字之曰道"即出本章，而"道可道非常道"更是《道德经》中的第一句。故尔在资料上以及由文字上说来，"道"这个观念为老子所发明，是毫无疑义的。

道字本来是道路的道，在老子以前的人又多用为法则。如《尚书·康王之诰》的"皇天用训厥道，付畀四方"，《左传》中子产所说的"天道"、"人道"，以及其它所屡见的道字，都是法则或方法的意思。但到了老子才有了表示本体的"道"。老子发明了本体的观念，是中国思想史上所从来没有的观念，他找不出既成的文字来命名它，只在方便上勉强名之曰"大一"，终嫌太笼统，不得已又勉强给它一个字，叫作"道"。选用了这个道字的动机，大约就因为有"天道"的成语在前，而且在这个字中是包含有四通八达的意义的吧。这些话正表示着老子的苦心孤诣的发明。

"道"是宇宙万物的本体，是为感官所不能接触的实在，一切由人的感官所生出的范畴不仅不能范围它，且都是由它所引伸而出；一切物质的与观念的存在，连人所有的至高的观念"上帝"都是由它所幻演出来的。

> 道冲而用之或（又）不（丕）盈，渊兮似万物之宗，……湛兮似或存。吾不知谁之子，象帝之先。（第四章）

连"上帝"都是由"道"所生出来的，老子对于殷周的传统思想的确是起了一个天大的革命。帝和鬼神没有道的存在是不能存在的；有了道，在智者看来，鬼神也就失其威严。

> 天得一以清，地得一以宁，神得一以灵，谷得一以盈，万物得一以生，侯王得一以为天下贞。（第三十九章）

> 以道莅天下其鬼不神；非其鬼不神，其神不伤人。（第六十章）

第六十章的话亦见《韩非子·解老篇》，第三十九章有"贵以贱为本，高以下为基"的话见于《战国策·齐策》四，为颜蠋所引用为老子语，故尔这些话我们是能够相信的确是老子的。鬼神都失其尊严，则相传为通达鬼神之意的卜筮自然失其神秘。故尔他说：

能无卜筮而知吉凶。（《庄子·庚桑楚篇》所引）

但是在政治思想上老子是主张"愚民"的人。在作为愚民的手段上，他对于天或鬼神仍然肯定着。例如说：

天之所恶，孰知其故？（第七十三章）

天将救之，以慈卫之。（第六十七章）（亦见《韩非子·解老篇》）

天道无亲，常与善人。（第七十九章）

是谓配天，古之极。（第六十八章）

善建者不拔，善抱者不脱，子孙以祭祀不辍。（第五十四章）

（亦见《韩非子·解老篇》及《喻老篇》）。

这些辞句和向来的传统思想并无多大的差别，这正是春秋时代的矛盾思想的孑遗。老子自己把那矛盾没有清算得干净。他的思想的特色是建立了一个新的宇宙的根元，而依然保守着向来的因袭。就是他的新的发明也还没有十分圆熟。例如本体的"道"是从什么地方发生出来的，在他都还是疑问。他说"吾不知谁之子"，便是这个疑问的表明。又譬如第二十五章上说：

> 人法地，地法天，天法道，道法自然。

于"道"之上又列出"自然"来，所谓"自然"当然是指天地中一切云行雨施的变化，让"道"来取法乎它是连"道"也失掉了它的至上性了。这些地方正表现着老子思想的未圆熟，也表现着他的苦心处，他对于他自己所产生出的"道"的来历确实是还在苦心探索着的。

继老子而起的伟大的智者是孔子，孔子和老子有过师生的关系，在孔子自己和他的门徒们都是承认着的。《论语·述而篇》说"述而不作，信而好古，窃比于我老彭"，老彭就是老聃①。《礼记·曾子问》记载四处论礼的话，孔子都说是"闻诸老聃"。孔子既向老聃问过礼，想来于老聃的形而上学的思想一定是曾经接触过的。但遗憾的是孔子是自称"述而不作"的人，他的思想没有由自己体系出来。他所表彰的"六经"都不是他自己作的。《易经》的"十翼"在前是以为孔子作的，但到近年来已经遭了否认，竟连他曾经见过《易经》的话都是靠不住的。孔子和《易经》发生过关系的痕迹，在《论语》上只有两处。

> 子曰："加我数年，五十以学《易》，可以无大过矣。"（《述而》）

> 子曰："南人有言曰'人而无恒不可以作巫医'，善夫"，"不恒其德或承之羞。"子曰："不占而已矣。"（《子路》）

但这前一例在《鲁论》是作"五十以学，亦可以无大过矣"（据《经典释文》），又汉《高彪碑》"恬虚守约，五十以斁"也就是根据的《鲁论》。后一例"不恒其德或承之羞"是《周易·恒卦》九三的爻辞，但《论语》上并没有引作"《易》曰"。还有《宪问篇》有曾子曰"君子思不出其位"的话和《易经·艮卦》的大象相同，也没有引作"《易》曰"。这些与其说是孔子、曾子曾经见过《易经》，宁是编制《易经》的人盗用了他们的话。因为《周易》的经部本来是由既成的繇辞或谚语所编集出来的。晋时太康年间由汲郡的魏襄王墓所发掘出的竹简，关于《易》的部分很多。

《晋书·束皙传》云：

> 其《易经》二篇与《周易》上下经同。《易繇阴阳卦》二篇与

---

① 马叙伦说，见所著《老子覈诂》卷首《老子老莱子周太史儋老彭是非一人考》。——郭沫若原注。

《周易》略同，繇辞则异。《卦下易经》一篇似《说卦》而异。《公孙段》二篇，公孙段与邵陟论《易》。……《师春》一篇，书《左传》诸卜筮，"师春"似是造书者姓名也。

其次，杜预《左传集解后叙》云：

《周易》上下篇与今正同，别有《阴阳说》而无《彖》《象》《文言》《系辞》。……又别有一卷纯集《左氏传》卜筮事，上下次第及其文义皆与《左氏传》同，名曰《师春》。"师春"似是抄集者人名也。

据此则《周易》上下《经》在魏襄王时即孟子时代确已成书，然又有与"《周易》略同繇辞则异"的《易繇阴阳卦》二篇，可见《易经》的编制在当时也不只一种。今存《左传》中所载的卜筮繇辞有与《周易》同，也有与《周易》不同的，大率即由于根据这些不同的底本而来。《师春》当是师春的著作，其书在汉之秘府中当有残存，为刘歆所割裂，分载入于《左传》。这部《师春》是可以从《左传》摘取出来使它复元的。《左传》记卜筮终于哀公十一年，所说的都是预言而且都是的中了的，那自然是事后的假托无疑。因此我们可以断定师春一定是孔子以后的人。他做书的目的是在保证《周易》的神秘，而所依据的底本复有种种，同时也可以断定他在保证《周易》之外还保证《易繇阴阳卦》。大约这些书就是公孙段、邵陟、师春这一批人所纂集并依托的。这一批人的年代至早不得过战国初年，而他们和儒家的关系也全不可考，因此孔子和《周易》的关系也就是莫须有了。

至于《庄子》的《天运篇》里言孔子"求之于阴阳十有二年"，又说"丘治《诗》《书》《礼》《乐》《易》《春秋》六经"，而《天下篇》里也说："其在于《诗》《书》《礼》《乐》者，邹鲁之士、搢绅先生多能明之。《诗》以道志，《书》以道事，《礼》以道行，《乐》以道和，《易》以道阴阳，《春秋》以道名分。"虽明白地表示着孔子和《易》的关系，但《天运篇》是庄子的后学作的，大约是在战国末年，而《天下篇》的"《诗》以道志"以下六句，近人马叙伦更疑是"古注文，传写误为正文"的[1]，由上下的文脉来看，此疑很近情理。

孔子和《易》虽然没有关系，但他在老聃思想已经发生了的空气

---

[1]　马氏著《庄子义证》三十三卷二页。——郭沫若原注。

中，受了它的感化是可能的。目前最可靠的资料是《论语》，虽然那已经是曾子的后学所纂集成的，但纂集的态度颇真实，我们是很可以置信的。那儿我们很可以得到一些消极的引证。

> 子贡曰："夫子之文章可得而闻也，夫子之言性与天道不可得而闻也。"（《公冶长》）
>
> 季路问事鬼神。子曰："未能事人焉能事鬼？"曰："敢问死？"曰："未知生焉知死？"（《先进》）
>
> 子疾病，子路请祷。子曰："有诸？"对曰："有之，《诔》曰：'祷尔于上下神祇。'"曰："丘之祷之久矣。"（《述而》）
>
> 子不语怪力、乱神。（《述而》）

据这些资料可见孔子对于殷周以来的传统思想取的是否认的态度。但他却肯定祭祀。

> 祭如在，祭神如神在。子曰："吾不与祭如不祭。"（《八佾》）

这儿好像是一个矛盾。但我们要看重那两个"如"字，鬼神是如像在，并不是真正的在。他的肯定祭祀是求的祭祀者的心理的满足，并不是认定被祭祀者的鬼神之真正的存在。《礼记·檀弓》里有一段话："惟祭祀之礼，主人自尽焉尔，岂知神之所飨？"正是这句话的注释。后来的礼家谈到祭礼的精神上大抵都是这一种态度的发挥。所以孔子又说：

> 务民之义，敬鬼神而远之，可谓知矣。（《雍也》）

这也就是《檀弓》上的"之死而致死之（死了就当他是死了），不仁而不可为也。之死而致生之（死了还当他是活的），不智而不可为也"的另一种说法。孔子是否认鬼神的；有以鬼神为存在的，他说是不智，但自然界与祖宗父母对于自己有很大的恩德，他在祭祀中便来表示着自己的思恩的意思，若连这种思恩的意思都要否定，他是认为不仁。所以他的肯定祭祀始终是在感情方面的满足[①]。

孔子又相信命。

> 不知命无以为君子。（《尧曰》）
>
> 君子有三畏：畏天命，畏大人，畏圣人之言。（《季氏》）

---

① 冯友兰《儒家对于婚丧祭礼之理论》一文（《燕京学报》第三期），可参照。——郭沫若原注。

> 道之将行也与？命也。道之将废也与？命也。（《宪问》）
>
> 五十而知天命。（《为政》）

也时常称天。

> 子畏于匡，曰："文王既没，文不在兹乎？天之将丧斯文也，后死者不得与于斯文也。天之未丧斯文也，匡人其如予何？"（《子罕》）
>
> 颜渊死，子曰："噫！天丧予！天丧予！"（《先进》）
>
> 不怨天，不尤人，下学而上达，知我者其天乎！（《宪问》）
>
> 获罪于天，无所祷也。（《八佾》）
>
> 吾谁欺？欺天乎？（《子罕》）
>
> 唯天为大，唯尧则之。（《泰伯》）

这些命和天或天命，假使是殷周传统思想上的至上的人格神和神的意旨的解法，那和否定鬼神的态度又是矛盾的。然而孔子所说的"天"其实只是自然，所谓"命"是自然之数或自然之必然性，和向来的思想是大有不同的。且看下列的一句话便是证据。

> 天何言哉？四时行焉，百物生焉，天何言哉？（《阳货》）

这儿的两个"天"字古本有作"夫"的，但由四时百物的两句话看来，那显然是字误。看了孔子这句话便可以知道孔子心目中的天只是自然，或自然界中的理法，那和旧时的有意想行识的天是不同的。故尔他可以"不怨天"，也不必向天祈祷。假使他心目中的天是有意想行识的，那在道之不行的时候，一定会和做"变风""变雅"的那一批诗人一样，对于天生出怨嗟祈向来了。

　　从《论语》中所能剔取出的孔子的天道思想就止于此，但就仅止这一点在天道思想的整个的历史上要算是一个进步。他是把老聃思想和殷周的传统思想融和了。他避去了老子的"道"的一个名称，而把取了他的精神来对于向来的天另外加了一番解释。他是把天来合理化了，也可以说把老子的道来神化了。在他的思想中"道"即是"天"。后来的儒家，特别是做《易传》的人，是深深地体得了这种思想的。

　　老子和孔子在根本上都是泛神论者，而在肯定人格神的狭隘的宗教家看来，便都是无神论者。故尔到了宗教家的墨子对于他们便一样地非毁了起来。

　　墨子是一位宗教家，他的思想在今存的《墨子》书中只能够根据左列的几篇。

《尚贤》 《尚同》 《兼爱》 《非攻》 《节用》

《节葬》 《天志》 《明鬼》 《非乐》 《非命》

这几篇是分成上中下三篇的，都是大同小异的文字，那便是墨家三派所个别著录出的墨子的语录。其余的各篇都是后人所附益的。

《韩非子·显学篇》说：

> 自墨子之死也，有相里氏之墨，有相夫氏之墨，有邓陵氏之墨。……墨离为三。

《庄子·天下篇》也说：

> 相里勤之弟子，五侯之徒，南方之墨者苦获己齿、邓陵子之属，俱诵《墨经》而倍谲不同，相谓"别墨"。

"相夫"，孙诒让《札迻》云："蒲阪圆引山仲质云'相夫一本作祖夫'。"又云："《元和姓纂》二十陌有伯夫氏，引《韩子》云伯夫氏墨家流也。"孙以为殆均是柏字之误。今案孙说是也，柏夫殆即五侯。又《艺文志》墨家有《胡非子》，疑是一人。苦获己齿似一氏一名，当连"南方之墨者"为读，因为是南方人故有此奇异的姓名。前人将"南方之墨者"属上读，又分苦获己齿为二人，似乎都是错误了的。墨家有这三派，故尔他们所据的《墨经》有"倍谲不同"的三篇，《墨经》就是那分成上中下的十篇，并不是今本《墨子》中的所谓《经上》、《经下》的那两篇。

《墨子·鲁问篇》里面更有下列的一段话。

> 子墨子曰：凡入国必择务而从事焉。国家昏乱则语之尚贤尚同，国家贫则语之节用节葬，国家憙音湛湎则语之非乐非命，国家淫僻无礼则语之尊天事鬼，国家务夺侵凌则语之兼爱非攻。

所说的也只提到那十篇的主旨。这正是一个显明的证据。就这样在我们讨论墨子思想的时候，不应该跳出了这十篇的范围。

就那十篇中看来，墨子根本是一个宗教家，他是把殷周的传统思想复活了。他是肯定了一位人格神的天，自然也肯定了鬼神。人民万物都是天所造生的，国家政长都是天所建立的，有天在作一切的主宰，由天之意志在赏善罚恶，善恶无所逃形，没有什么自然之数在里面。这便是他的根本思想。这样的主旨贯串于那全十篇中，且引几项扼要的文字在下面。

> 我有天志，譬若轮人之有规，匠人之有矩。(《天志上》)
>
> 天不可为林谷幽门无人，明必见之。……天欲义而恶不义。……顺天意者兼相爱，交相利，必得赏。反天意者别相恶，交相贼，必得罚。(《天志上》)
>
> 鬼神之能赏贤而罚暴。……鬼神之所赏，无小必赏之。鬼神之所罚，无大必罚之。(《明鬼下》)

他的兼爱、尚贤、非攻、节用等等学说都是以这天鬼为规矩而倡导出来的。他的这些学说是天的意旨，能够实行这些学说的便是体贴了天的意旨，一定要受赏，不然便要受罚。但是天鬼和这些学说的根据是从那里来的呢？一问到根据上来他总离不了古书、古史，便是古书上是这样说，古史上有这样的记载。所以他实际上是一位复古派。最可注意的是他所引的古人，在善人方面有尧、舜、禹、汤、文、武、伯益、伊尹、傅说、泰颠、闳夭、散宜生、南宫括诸人，大抵与儒家相同，而却没提到周公。《所染》、《耕柱》、《贵义》诸篇虽然也提到了周公，但那些是在十篇之外。在这儿最明显地表现着墨子和孔子的态度之不同。因为凡在周初的《诗》《书》中所表现着的周公的思想，对于天取的是怀疑的态度，根本信仰上帝的墨子自然提不到他，而把天看成一种自然中流行的理法并否定其为人格神的孔子自然要时常梦见周公了。

墨子的思想从历史的演进上看来，实在是一种反动。他的立论根据异常薄弱。但他的学术一出却是风靡一时，不久便与儒家和道家的杨朱三分天下。揆其所以然的原故，大约即由于他的持论不高，便于俗受。本来殷周二代都是以宗教思想为传统的，尤其是周代乃利用宗教思想为统治的工具，宗教思想是浸润于民间的。就直到二千年以后的今天，对于"天老爷"的信仰也依然是根深蒂固地存在于民间，只要有一"替天行道"的狂信者出现便立刻可以造成一种教派。墨家在当时之所以流行，大约也就和这一样。墨子的家世不详，《元和姓纂》以为是"孤竹君之后"，毫无根据。近人钱穆谓"墨本刑徒之称"，又解"墨子兼爱，摩顶放踵"一语，以为"摩顶者摩突其顶。盖效奴作髠钳，所以便事。放踵则不履不綦，出无车乘"①。这种解法很近情理。或者他的先人本

---

① 钱说见《古史辨》第四册序，今案此说不可靠。近年有人认为墨子乃宋墨胎氏之后。墨胎即宋公子目夷，较为可信。——郭沫若原注。

是职司刺墨的贱吏，后世以为氏。总之他和老子、孔子比较起来，出身当得是微贱的。老子为周守藏史，孔子的先人是宋国的贵族，他们都是当时的上流人物，故他们的陈义甚高，而墨子则迥然不同，只是一味的保守。所以楚的威王说他"言多而不辩"（《韩非子·外储说左上》），荀子讥他的是"役夫之道"（《王霸》），又说他"蔽于用而不知文"（《解蔽》）。汉时的王充也说他的学术"虽得愚民之欲，不合知者之心"（《论衡·薄葬》），是很得乎正鹄的。不过王充以他那种见解为墨学不传的原因，那却是说到反面。因为不辩不文能得愚者之欲，正是墨学之所以传，它的所以不传是因墨子后学溺于辩而流于文，取消了自己的宗教的特质。墨子的后学自己也见到了有不辩不文的缺点，故在言说上力求其文而趋于名辩，在思想上便力求其宗教色彩之淡薄而拜借儒家道家的理论。在《墨子》书中如《经》《经说》四篇及《大取》、《小取》，便是前一种的表现，如《亲士》、《修身》、《所染》，便是后一种的表现。那些都不是墨子本人的见解，是他的后学所演化出来的。但那样一转变，他的学派是自行取消了。他的学统的完全失传是所谓"鱼烂而亡"。

四

中国的思想史上自从有老子、孔子、墨子这三位大师出现以后，在战国年间演出了一个学术的黄金时代，同时也是学派斗争得最剧烈的时代。墨家的一派非毁儒道，道家的一派非毁儒墨，儒家的一派非毁道墨。"道家"这个名称是汉人所取的，在战国时代的人是以杨朱为其代表，孟子说："圣王不作，诸侯放恣，处士横议，杨朱、墨翟之言盈天下。天下之言不归杨，则归墨。杨氏为我，是无君也。墨氏兼爱，是无父也。无父无君是禽兽也。"（《滕文公下》）又说："距杨、墨，放淫辞。……能言距杨、墨者圣人之徒。"（同上）又说："杨子取为我，拔一毛而利天下不为也。墨子兼爱，摩顶放踵，利天下为之。"（《尽心上》）又说："逃墨必归于杨，逃杨必归于儒。"（《尽心下》）《庄子》的《骈拇篇》上也说："骈于辩者，累丸，结绳，窜句，游心于坚白同异之间，而敝跬誉无用之言，非乎？而杨、墨是已。"《胠箧篇》上说"削曾、史之行，钳杨、墨之口"。孟子和庄子都是以杨、墨对举。杨朱本是老聃的弟子，在家派的竞争上不攻击老聃而攻击杨朱，当是因为老聃是百家的元祖，对于他有一种特别的尊敬或规避。庄子本是道家也在攻击杨朱，那是因为在同一家派中又有斗争，就和儒家的荀子在攻击子思、孟子等的一样，而且《骈拇》《胠箧》等篇是庄子后学做的。

杨朱的著述可惜没有留存，晋人伪托的《列子》中有《杨朱篇》，是不足信的。看孟子说"距杨、墨，放淫辞"，庄子把杨、墨同归于辩者之流，足见杨子的后学也和墨子的后学一样流入了坚白同异之辩的一班诡辩派。孟子既说"杨、墨之言盈天下"，代表墨辩的有《墨子》书中的《经》、《经说》、《大小取》诸篇，代表杨子的不会说没有人。在这儿我找着了一个根蒂，我发觉了惠施、公孙龙之徒本是杨朱的嫡派①。

惠施与孟子同时，是庄子的极好的朋友。因为派别不同而且在被排斥之列，故孟子不曾提过他，但在《庄子》书中则屡见不一见。最重要的是《天下篇》里的一段关于惠施的评述。

> 惠施多方，其书五车（龉龃），其道舛驰（据郭庆藩校），其言也不中。历物之意曰："至大无外，谓之大一。至小无内，谓之小一。无厚，不可积也，其大千里。天与地卑，山与泽平。日方中方睨，物方生方死。大同而与小同异，此之谓小同异。万物毕同毕异，此之谓大同异。……泛爱万物，天地一体也。"惠施以此为大观于天下而晓辩者，天下之辩者相与乐之。……桓团、公孙龙辩者之徒，饰人之心，易人之意，能胜人之口，不能服人之心，辩者之囿（尤）也。

庄子所举出的惠施、公孙龙这一批人的坚白同异之辩，正是孟子所谓"淫辞"，但这一批人的代表惠施，他的学说也不尽全是诡辩。我们看他说"至大无外，谓之大一"，"天与地卑，山与泽平"，"万物毕同毕异"，"泛爱万物，天地一体也"，这却是一派泛神论的断片。而同时从这些学说上便可以断定他是老聃、杨朱的一派。还有《吕氏春秋》的《爱类篇》上有左列一段记载：

> 匡章谓惠子曰："公之学去尊，今又王齐王，何其到（倒）

---

① 《庄子·杂篇·徐无鬼》中有庄子和惠子的一段对话，庄子向惠子说："儒、墨、杨、秉四，与夫子为五。"惠子自己也说："儒、墨、杨、秉且方与我以辩。"照这些话看来，惠施显然不是杨派。但这儿的两个"杨"字都该是"料"字的错误。《尸子·广泽篇》言："料子贵别囿。"料子自是《庄子·天下篇》"接万物以别囿为始"的宋钘、尹文一派人。《天下篇》序当时的学派以儒、墨、宋钘、尹文一派，彭蒙、田骈、慎到一派为次，正与此"儒、墨、料、秉四"相合。秉即彭蒙，秉、彭一音之转。料即料子，因料子罕见，故被后录书者任意改为形近的杨字。又料子有人说即是宋钘。或者宋以国著，料以氏著，亦未可知。如公输班一称鲁般之类也。——郭沫若原注。

也?"惠子曰:"今有人于此,欲必击其爱子之头,石可以代之。"匡章曰:"公取之代乎?其不与?""施取代之。子头所重也,石所轻也。击其所轻以免其所重,岂不可哉?"……

匡章见于《孟子》(《滕文公下》),取石代子头的譬喻便是《庄子·齐物论》上的"奚必'知代而心自取者'有之,愚者与有焉"的注脚。在这儿说惠施之学"去尊",也和孟子责备杨朱的学说"无君"相一致。"去尊"译成现代的话当是无政府主义,老聃、杨朱的学说充其极是应该到达这一步的,在这儿也明显地可以看出惠施是杨朱之徒。

惠施继承着老聃的"大一"的思想似乎把它扩展到了无神,他是把本体来代替了天的。但他的思想比老聃更进了一步是提出了"小一"来。这个观念颇如今之原子电子,他是说万物有其"大一"的本体,而万物之实现是由"小一"所积成的。无论由"大一"言或由"小一"言,天地万物都是一体。故尔他能够说"天与地卑,山与泽平"。时间空间都不是绝对的,故尔他能够说"南方无穷而有穷,今日适越而昔来"。由这些观念导引出他的"泛爱"说来,这是把老子的"慈柔"、杨子的"为我"扩大了,把儒家的"仁"和墨子的"兼爱"都是含括了的。在这些地方可以看见学派的分裂,也可以看见学派的融和。各派在互相斗争,而同时也在互相影响着的。便是惠施这"小一"的观念,虽是由他所取的分析的态度所必然得出的结果,然而也应该是受了儒家的五行说的影响。

五行说倡导于儒家的子思,《荀子》的《非十二子篇》上说:

> 犹然而材剧志大,闻见杂博,案往旧造说,谓之五行,甚僻违而无类,幽隐而无说,闭约而无解,案饰其辞而祗敬之曰此真先君子之言也。子思倡之,孟轲和之。世俗之沟犹瞀儒嚾嚾然不知其所非也,遂受而传之,以为仲尼、子弓为兹厚于后世。

所谓"五行"虽没有说出它的内容来,看他用"僻违"、"幽隐"、"闭约"等字面来品评,可知一定是金、木、水、火、土的五行,旧时注家所说的仁、义、礼、智、信的五常是五行说的引伸、发展。子思、孟轲的五行说在今存的思孟的书中虽然不见,但在《尚书》的《洪范》中是保存着的。《洪范》那篇一定是子思所做的文章,就文笔和思想的内容上看来,《尧典》、《皋陶谟》、《禹贡》也当得是他做的。子思应该说是战国的一批分析学派的创首,他的五行说到了惠施手中变为"小一",

到了邹衍手中便扩大了起来成为了阴阳生胜之学，更演为灾变神异的秘教，儒者也就讳言起来，荀子要尽力地排斥那倡始者是有由来的。

《洪范》的根本思想是以中正为极，和《中庸》一篇正相为表里。它肯定人格神的"天"和"上帝"，在儒家思想上似乎是倒逆，但那是托古的关系，而且也是有意地要"神道设教"。这是受了墨家的影响，看它托始于禹，也就是儒家要起来夺墨子的教主之席的明白的表现。儒家到了子思已经是有意地要构成为一种宗教的企图，在《中庸》里面这种企图是表示得极明白的。看那里面说：

> 仲尼祖述尧舜，宪章文武，上律天时，下袭水土，譬如天地之无不持载，无不覆帱，譬如四时之错行，如日月之代明。万物并育而不相害，道并行而不相悖。小德川流，大德敦化。此天地之所以为大也。唯天下至圣为能聪明睿知足以有临也，宽裕温柔足以有容也，发强刚毅足以有执也，齐庄中正足以有敬也，文理密察足以有别也，溥博渊泉而时出之，溥博如天，渊泉如渊。见而民莫不敬，言而民莫不信，行而民莫不说。是以声名洋溢乎中国，施及蛮貊，舟车所至，人力所通，天之所覆，地之所载，日月所照，霜露所队，凡有血气者，莫不尊亲。故曰配天。

这样堂皇绝顶的一篇大赞辞，十足地把孔子推尊成为了一位通天教主。这不能不说是受了墨家的刺激。然而在《中庸》中也充分地挹取了道家的精华。

> 天命之谓性，率性之谓道，修道之谓教。
>
> 诚者天之道也。诚之者人之道也。
>
> 诚者自成也，而道自道也。
>
> 诚者物之终始，不诚无物。

看他这所谓"诚"便是天，而具现在人身上的便是圣人，分明是从老子的思想演化下来的。诚是道体"独立而不改周行而不殆"的一个简括。诚便是道，便是本体。不过道家是把本体看成一种朴素的实质，而子思是把本体看成一种永恒不变的理法。这是他们不同的地方。而且子思更说出"诚者自成而道自道"的话来，这是本体自因的说法，比老子的"不知谁之子"，"道法自然"的话也更进了一步。要之，子思的天道观是采取了老子的思想，而在说教的方便上则以天立极，维系了殷周以来的传统。儒家到了子思的确是一个宏大的扩张，他的思想是应该把《中庸》、《洪范》、《尧典》、《皋陶谟》、《禹贡》等篇来一并研究的。

　　孟子是直承着子思的传统的，他的关于天的思想和子思的没有两样，他也肯定着上帝。

　　　　虽有恶人，斋戒沐浴可以祀上帝。（《离娄下》）
　　　　天之将降大任于是人也，必先苦其心志，劳其筋骨，饿其体肤，空乏其身，行拂乱其所为，所以动心忍性，曾益其所不能。（《告子下》）

但上帝只是一种永恒不变的自然界的理法。

　　　　诚者天之道也。思诚者人之道也。（《离娄上》）
　　　　天不言，以行与事示之。（《万章上》）

他有时也素朴地把它表现成"浩然之气"。

　　　　我善养吾浩然之气。……其为气也至大至刚，以直养而无害，则塞于天地之间。（《公孙丑上》）

这种"浩然之气"，就是人心中的神，人性中的天。天是无所不在的，天在人之外，也在人之内。

　　　　尽其心者知其性也，知其性则知天矣。存其心，养其性，所以事天也；夭寿不贰，修身以俟之，所以立命也。（《尽心上》）

人与天本是一体，把人扩大起来便是天，便是神，体验得自然界之理法的知道天神就是自己。故尔他说：

　　　　万物皆备于我。（《尽心上》）
　　　　君子所过者化，所存者神，上下与天地同流。（《尽心上》）
　　　　充实之谓美，充实而有光辉之谓大，大而化之之谓圣，圣而不可知之之谓神。（《尽心下》）

《中庸》把仲尼来配天，孟子则骎骎乎要把自己来配天，他是存心想要做第三世教主的，且看《孟子》最后一章以承继尧、舜、禹、汤、文王、孔子自任，便可以知道。

　　孟子的大我思想和庄子的很相一致。《齐物论》上说：

　　　　天下莫大于秋毫之末而泰山为小，莫寿于殇子而彭祖为夭。天地与我并生，而万物与我为一。

庄子是承继着老聃的道统的，他对于本体不另立名目，只是直称之为
"道"。

> 夫道有情有信，无为（象）无形，可传而不可受（授），可得
> 而不可见，自本自根；未有天地，自古以（已）固存；神鬼神帝，
> 生天生地；在太极之先（上）而不为高，在六极之下而不为深，先
> 天地生而不为久，长于上古而不为老。（《大宗师》）

这种道体观和老子的完全一致，而在说出"自本自根"上则和子思一样
比老子更有进境，大约庄子是受了些子思的影响，不过他的道仍然是实
质的。道是天地万物的实在的本体，本体演化而为万物。万物是相对
的，有限的，本体是绝对的，无限的。秋毫之末是本体的表现，殇子也
是本体的表现，于有限之中，体得无限来，则秋毫之末在其本体上是无
限大的绝对，比较起感官界的有限大的泰山来，自然是大到无穷；而殇
子在其本体上是永没消灭，比较起仅仅八百岁的彭祖来，自然是寿到无
穷。我同天地万物都是本体的表现，故从时间上说来天地是和我一同生
出来的，从空间上说来万物是和我一体。庄子的大我观出发点虽然和孟
子略有不同，但结果是一致的。他们两人约略同时，大约同是出于一种
的宗教情操的产物。《庄子·内篇》的七篇中专门论道体的是《大宗师》
一篇。看他选用了"大宗师"这个名目，又看他托诸许由的口，称道为
"师"，所说出的下面的一番话：

> 吾师乎，吾师乎。鳌万物而不为义，泽及万世而不为仁，长于
> 上古而不为老，覆载天地，刻雕众形而不为巧。

可见在庄子的诗人情操中，"道"又被他拟人化了。但他不仅是在做诗，
他在《大宗师篇》中提出了他所理想的人格，便是体得了道体，实现了
大我的"古之真人"。在《天下篇》中他把老聃称为"至极"，又称老聃
和关尹为"古之博大真人"，而把自己来继承着他们。可见庄子有意地
在推老聃为第一世教主，关尹为第二世教主，而他自己是第三世。道家
到了庄子也有了宗教化的倾向，这也不能不说是墨子的影响。

天道思想，儒家到了思、孟，道家到了惠、庄，差不多是再没有进
展的可能了。他们彼此在互相攻击着，也在互相影响着，同时也一样地
攻击墨家，而一样地受着墨家的影响，彼此之间的差异是很微细的。再
后一辈的荀子，他是颇以统一百家自命的人，又把儒道两家的天道观统
一了起来。他在名目上肯定着道家的"道"。他的弟子韩非子流入了道

家是有来由的。

> 大道者所以变化遂成万物也。（《哀公》）
>
> 万物为道一偏。（《天论》）

但他所说的道不是道家的实质的本体，而只是儒家的自然界的理法。他是把道家的根本观念来儒家化了。自然的理法就是神，也就是天。

> 列星随旋，日月递炤，四时代御，阴阳大化，风雨博施。万物各得其和以生，各得其养以成，不见其事而见其功，夫是之谓神。皆知其所以成，莫知其无形，夫是之谓天。（《天论》）

天就是这样，神就是这样，不当更进一步去求。说天是有意想行识的人格神固然是迷信，说天是超越乎感官的物体后面的实在也毫无把握。只知道自然界中有一种生生不息的运行着的大理法，便天之亦可，神之亦可，道之亦可，诚之亦可，用不着去探求，也用不着去迷信。故尔他说：

> 唯圣人为不求知天。（《天论》）
>
> 日月食而救之，天旱而雩，卜筮然后决大事，非以为得求也，以文之也。故君子以为文，而百姓以为神。（《天论》）

荀子的天道思想的确是把儒道两家融和了的。这种思想和《易传》，特别是《系辞传》的思想完全如出一范。在这儿且引几条来和它对照。

> 神无方而易无体。
>
> 一阴一阳之谓道，……显诸仁，藏诸用，鼓万物而不与圣人同忧，盛德大业至矣哉。富有之谓大业，日新之谓盛德，生生之谓易，成象之谓乾，效法之谓坤，……阴阳不测之谓神。
>
> 乾坤成列而易立乎其中矣。乾坤毁则无以见易。易不可见，则乾坤或几乎息矣。是故形而上者谓之道，形而下者谓之器，化而裁之谓之变，推而行之谓之通，举而措之天下之民谓之事业。
>
> 天下同归而殊途，一致而百虑。天下何思何虑！日往则月来，月往则日来，日月相推而明生焉。寒往则暑来，暑往则寒来，寒暑相推而岁成焉。往者屈也，来者伸也，屈伸相感而利生焉。尺蠖之屈以求伸也，龙蛇之蛰以存身也，精义入神以致用也，利用安身以崇德也，过此以往未之或知也。穷神知化，德之盛也。

看这把"道"看为自然界中变化着的理法，同时把它看成神，看成天地，自此以上不主张再去探求，这和荀子的《天论》是完全同一的思想和态度。不同的只是《系辞传》作者是在赞《易》，故又在"易"中看出自然界的理法，易就是变化，而变化是有永恒性的，是呈示在人的眼前再简单也没有的现象，再简单也没有的真理。故尔易是变易，不易，简易。这样的"易"，在作《易传》者的眼里，又看成了可以代替"道"，可以代替"神"的一个新名词。他离开了卜筮来谈自己的哲理，便是易等于道，道等于神，神等于易。

在这儿我们又可以得到一个断案：便是至少这做《系辞传》的人该得是荀子的弟子，而这做《系辞传》的时代当得在秦始皇三十四年焚《诗》《书》"百家"、禁止挟书之后。秦嬴政焚书时，医药、卜筮、种树诸书是在禁令之外的。先秦盛极一时的学人受了这番政治上的高压，他们没有用武之地，自然会向这些在禁令之外的书籍里来韬晦，《艺文志》里面的农家、医家、神仙家、蓍龟杂占阴阳诸家，假托于神农、黄帝、宓戏、天老的一些著作，把一些哲理含混在不犯禁令的向来为学者所不齿的一些小家杂技里面，都得是由这禁书生出来的结果。《易传》正是这样生出的结果之一。而且秦始皇帝是提倡万世一系的人，而作《易传》的人却在高赞变化，那也可以见得作《易传》者的苦心。《易传》的价值是应该从新来估定的。

再者，《荀子》书最后一篇《尧问篇》的最后一节，是荀子的弟子称赞荀卿的文章，那位作者的态度和作《系辞传》者的态度很相似。那儿称赞荀子，谓和孔子不相上下，只是声名没有孔子那样大，门徒没有孔子那样多，光辉没有孔子那样广被，那是因为遭时更难；说荀子"迫于乱世，鳝于严刑，上无贤主，下遇暴秦"，因此便不能不明哲保身，示天下以愚，"怀将圣之心，蒙佯狂之色"。把那一段文字和"尺蠖之屈以求伸也，龙蛇之蛰以存身也"的几句话比较起来，可以见到作者的时代和感慨是怎样的一致。我疑心作《系辞传》的人就是跋《荀子》的那位隐者。即使两者不是一人，而作《系辞传》的人是荀卿弟子，却断无可疑。刘向称荀卿善为《易》。《荀子》书屡以子弓与仲尼并举，子弓当即馯臂子弓。《史记·仲尼弟子列传》："商瞿，鲁人，字子木。……孔子传《易》于瞿；瞿传楚人馯臂子弘；弘传江东人矫子庸疵。"而《汉书·儒林传》云："商瞿子木受《易》孔子，以授鲁桥庇子庸；子庸授江东馯臂子弓。"二说先后不同而传《易》则一。《史记》所据资料较古，应比《汉书》更为可靠。子弓当是《易》理的创道者，而荀子是他的私淑弟子。《荀子》书中引《易》者二处，论《易》者一处。

〔《非相》〕《易》曰："括囊无咎无誉。"（今本《坤卦》六四）

〔《大略》〕《易》曰："复自道，何其咎。"（《小畜》初九）

所引的与今本《周易》同。

〔《大略》〕《易》之咸，见夫妇。夫妇之道不可不正也，君臣父
子之本也。咸，感也，以高下下，以男下女，柔上而刚下。

所谈《易》理与今传《易传》之说亦颇相合拍。由这些证据看来，《易
传》作于荀子的门人是不成问题的。《易传》中所有的"子曰"可以解
为"荀子曰"或"子弓曰"，并不是孔子。荀子弟子因为处在嬴秦严令
禁书之下，虽隐于卜筮之书，也不敢自著姓名，就是师的姓名也不敢明
著，故只统称子曰。后经汉人误会，认为是孔子，于是才生出孔子赞
《易》的那一套莫须有的传说。现在把《易传》的时代和其著述的苦心
阐明了，它在思想史的演进上才得成为有价值的资料，序列在《荀子》
之后正得到了它自己的应有的地位。一切先秦的天道思想在这儿也就告
了一个归宿。①

追　记

《洪范》，"五皇极，皇建其有极"下数语除散见于《墨子》、《韩非
子》、《吕览》及《左传》襄三年以外，《荀子·修身篇》及《天论篇》

---

① 本文的要点可揭示如左图：

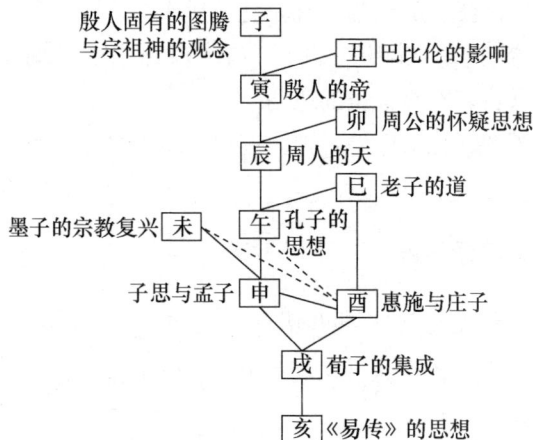

殷人固有的图腾
与宗祖神的观念　子
　　　　　丑　巴比伦的影响
　　　　　寅　殷人的帝
　　　　　　卯　周公的怀疑思想
　　　　　辰　周人的天
　　　　　　巳　老子的道
墨子的宗教复兴　未　午　孔子的思想
子思与孟子　申　酉　惠施与庄子
　　　　　戌　荀子的集成
　　　　　亥　《易传》的思想

——郭沫若原注。

亦有所引："《书》曰无有作好，遵王之道，无有作恶，遵王之路"，与《洪范》文全同。《洪范》认为子思所作，其反对者的荀子乃引用其文似觉悖理。但此数语据《墨子》所引称为"周诗"而言，实是古语，为子思撰述《洪范》时所利用，正荀子所谓"案往旧造说"。荀子引"书"亦引古书而已，于子思作《洪范》说不相悖。

一九三五年十二月二十三日记

（本篇最初由上海商务印书馆 1936 年 5 月出版单行本，选自《青铜时代》，上海群益出版社，1946 年 5 月版）

《周易》之制作时代

一　序说

《周易》的经部与传部的构成时代及其作者，是这儿所想要讨论的问题。

自来的定说，以为《易》的基础的八卦是伏羲氏所画；由文王重为六十四卦，卦各六爻，卦与爻各系以文辞便成为《周易》的经部；《易传》的"十翼"，即《象传上下》、《象传上下》、《系辞传上下》、《文言》、《序卦》、《说卦》、《杂卦》的十篇，都是孔子所作的。

就这样，所谓"人更三圣，世历三古"[①]　所成就出来的《周易》，在儒家经典中是被认为最古，且最神圣的东西。

这伏羲、文王、孔子的三位一体的定说，究竟可靠不可靠，是这儿所当得先行解决的问题。

二　八卦是既成文字的诱导物

伏羲画八卦之说见《系辞下传》，那儿说：

古者包羲氏之王天下也，仰则观象于天，俯则观法于地，观鸟

---

① 《汉书·艺文志》语。——郭沫若原注。

兽之文与地之宜，近取诸身，远取诸物，于是始作八卦，以通神明之德，以类万物之情。

自来相信《系辞传》是孔子所作，故尔这伏羲画卦之说也就被视为天经地义，自汉以来从没有人怀疑过。但是《系辞传》的那篇论观象制器的文章是汉人所假托的。除掉这包羲氏作八卦的一件为先秦文献所未见之外，其它所说的神农、黄帝、尧、舜的制作都和历来的传说不同，而且在思想上有剽窃《淮南子·泛论训》的痕迹。顾颉刚有《论易系辞传中观象制器的故事》[①] 一篇文章，把这件事情论得很透彻，八卦并非作于伏羲，是毫无疑问的。本来伏羲这个人的存在已经是出于周末学者的虚构，举凡有巢、燧人、伏羲、神农等等，都是当时学者对于人类社会的起源及其进展的程序上所推拟出的假想人物，汉人把那些推拟来正史化了，又从而把八卦的著作权送给伏羲，那不用说完全是虚构上的一重虚构。

八卦虽不作于伏羲，但一般人以为总是很古的东西，当得是文字以前的成品。更有些人以为是由巴比伦的楔形文字转化来的。其实这些见解都只是皮相。八卦的卦形大部分是由既成的文字诱导出来的。现在我把卦形列在左边，更进而加以说明：

乾☰ 坤☷ 震☳ 艮☶ 离☲ 坎☵ 兑☱ 巽☴

这八个卦形里面，坤、坎二卦的生成是最为明白的。坎所象征的是水。水字的古文作〣，坎卦的卦形☵分明是由这〣字拉直而横置起来所成的。"坎者陷也"，水是聚集在洼下处的坎陷的，故尔由水字所形成的这个卦，以水所常在处为名，名之曰坎。《经典释文》于坎卦"习坎"下云，"坎本亦作埳，京刘作欿"，近出《汉熹平石经》残石亦作欿，只是坎的异文，盖以臽为声兼义也。

坤字，据《经典释文》云，"本又作〣，坤今字也，困魂反，《说卦》云：'顺也。'"《汉熹平石经》残石作〢，汉碑凡乾坤字亦均作〢，并未见有坤字。可见坤字是后起的，〢才是坤的本来面目。钱玄同疑坤字出于所谓"中古文"《易》，是刘歆所伪造，我看是很正确的。知道〢是坤的本字便可以知道坤卦卦形的来源。我看这分明是由川字变化出来的。川字古作〣，把曲画中断，横置起来便成为☷的卦形。因卦形脱胎于川，故坤有顺的意义，顺字本从川得声，且亦以声兼义。又因大川所

---

① 《古史辨》第三册第三七至七〇页。——郭沫若原注。

系是陆地，故尔坤又用为地的象征。

☳是震字的省略，☱是兑的省略，震与兑的今字和古文相差不远，都是各各把那卦形包含着的。

乾所象征的是天是金是玉，金和玉的两个字里面都包有☰的卦形。就是天字也是包含着的。天，古字作夭，把当中的一笔竖画去掉，稍稍加以修正，便可以成为☰的卦形。

离所象征的是火。火字以及从火的字，在春秋战国时代的铭刻中多作夬，把天字省为☰的同样的方法应用过来便可以得到☲的卦形。

艮和巽颇难解释。据《说卦传》艮有门阙之象，更想到从艮声之字有限，有"门楣"① 的含义，大约艮的卦形☶是由门字省略而来。门字卜辞或作𨵿（《殷契前编》四，十六），卦形是包含在这里面的。

巽字据《说文》有哭、罪、巽的三种字形，又以㢲为巽卦之巽的本字，而《熹平石经》则作巽。由这隶书虽可以导出☴的卦形，但在篆体是不可能的。又由巽所象征着的木风鸡股等的字形也无法导引出来。

以上八个卦形中有六项乃至七项，明白地可以知道是于既成文字加以某种改变或省略而成的。大约画八卦的人最初是发现了坎坤二卦，卦各三爻，爻所共通的画有━与╍两种。用这两种不同的画再作别种的三爻时，连坎坤二卦共可得八种。他为这种数学的必然性所感动，便把自己的理想来依附起来，选了一系列的适当的字来作为了八卦的名号；于是八卦的成因便受了掩蔽，而它们的神秘性就呈显了出来。

由既成文字所诱导出的八卦，它们的构成时代也不能出于春秋以前。由火字所生出的离卦，或☲形所附会出的"离为火"的观念在利用着春秋以来的字形，已经可以明白，而殷周典籍以及古器物文字，如卜辞与金文之类，丝毫也没有表现着八卦的气味。八卦的卦形最好拿来做图案，但是青铜器的图象中尽管有不少的神秘的花样，而却没有一件是利用到了八卦上来的。宋人书中有所谓"卦象卣"，是有一个字的铭文和卦象相似，一个作☰（《博古》九，十六；《啸堂》三，二；《薛》三，二），又一个作☷（《续考古图》五，一），其实并不是卦象。张伦《内府古器评》（上卷十七）称第二器为"渊卣"，又是因为与𤔔字形近之故，然而也不好便定为𤔔字。大凡古器铭文仅有一二奇字，或如图画，或似符篆样的，都是作器者的族徽或花押，是无法认识的。

---

① 《说文》阜部，又木部云："楣，门限也。"——郭沫若原注。

再从八卦所被依附着的思想来说，以乾坤相对立便是以天地相对立，然而以天地相对立的这种观念在春秋以前是没有的。单就金文来说，春秋以前的长篇大作的铭文很多，表现到超现实的观念上来的也很不少，但都是只有至上神的天，或者称为皇天（《大克鼎》、《毛公鼎》），称为皇天王（《宗周钟》），又称为帝，称为上帝（《师訇簋》），称为皇上帝（《宗周钟》），真是屡见不一见。但决不曾见过有天地对立的表现，甚至连地字也没有。便是在典籍中，凡是确实可靠的春秋以前的文献也没有天地对立的观念，并且也没有地字。《尚书》的《金縢》和《吕刑》有地字。《金縢》云："乃命于帝庭，敷佑四方，用能定尔子孙于下地。"《吕刑》云："乃命重黎绝地天通，罔有降格。"这两篇本来都是有些疑问的东西，单是有这地字的出现，也就可以知道它们至少是当得经过了后人的窜改。

总之，八卦是既成文字的诱导物，而其构成时期亦不得在春秋以前。

三 《周易》非文王所作

八卦既不能出于春秋以前，所谓文王把八卦重为六十四卦，再系以卦辞爻辞的说法，不用说完全是后人的附会。但我们为慎重起见，不妨也把这项旧说来研讨一下。

最初说文王演《易》的是司马迁。他的《报任少卿书》上说："文王拘而演《周易》"，又在《史记·周本纪》上说："西伯囚羑里，盖益《易》之八卦为六十四卦。"在重卦说上加了一个"盖"字，已经可以知道这只是推拟之辞，根据是很薄弱的。他所有的根据大约也不外是《易传》上的下列的两项推拟：

> 《易》之兴也，其于中古乎？作《易》者其有忧患乎？（《系辞下传》）

> 《易》之兴也，其当殷之末世，周之盛德耶？当文王与纣之事耶？（同上）

作《易传》的人只是疑《周易》是文王时代做成的东西，并没有说就是文王所作。司马迁却未免太性急了，把作《易传》者的疑问都肯定了下去，而且还更进一步，定为了是文王做的。这真是未免太早计了。

其实照史实看来，文王并不是能够作出《易经》来的那样高度的文化人。在他的祖父太王的一代，周人还是穴居野处的原始民族①，并没有怎样进步的文化。就是文王自己，尽管是一族的王长者，而他还亲自在看牛放马，种田打谷。

> 文王卑服，即康（糠）功田功。（《尚书·无逸》）
> 伯昌号（荷）衰（蓑），秉鞭作牧。（《楚辞·天问》）

荷蓑与卑服固是一样的寒伧，而打谷种田与看牛放马也并没有多么大的文化上的差异。以这样的一位半开化民族的酋长，要说他做出了一部《周易》，那在道理上是怎么也讲不过去的。

不过著《易传》的人疑《周易》起于殷周之际，也多少是有些根据的，便是《易》的爻辞里，有几处明明说到了殷周之际的故事。例如说：

> 高宗伐鬼方，三年克之。（《既济》九三）
> 帝乙归妹。（《泰》六五、《归妹》六五）
> 箕子之明夷。（《明夷》六五）

据这些故事看来，自然会以为《易》之兴是在"中古"，但作《易传》的人却看脱了好些以后的故事。

> 中行告公，用圭。（《益》六三）
> 中行告公，从。利用为依（卫）迁国。（《益》六四）
> 包荒用冯河，不遐遗。朋亡，得尚（当）于中行。（《泰》九二）
> 中行独复。（《复》六四）
> 苋陆夬夬，中行无咎。（《夬》九五）

这几条的"中行"，我相信就是春秋时晋国的荀林父。就前两例的"中行告公"而言，"中行"二字除讲为人名之外，不能有第二种解释。

"中行"之名初见《左传》僖公二十八年："晋侯作三行以御狄。荀林父将中行，屠击将右行，先蔑将左行。"荀林父初将中行，故有"中行"之称，《左传》宣十四年称为中行桓子，而他的子孙便以中行为氏。

《益》六四的"为依迁国"，当是僖三十一年"狄围卫，卫迁于帝丘"的故事。卫与郼古本一字，《吕览·慎大》"亲郼如夏"，高注云

---

① 《大雅·绵》，诗中的古公即是太王。或以为非者，非是。——郭沫若原注。

"郼读如衣"。则"为依迁国"即"为卫迁国",盖狄人围卫时,晋人曾出师援之也。

《泰》九二的"朋亡,得尚于中行"。尚与当通。我相信就是《左传》文七年,先蔑奔秦,荀林父"尽送其帑及其器用财贿于秦"的故事。

《夬》九五的"中行无咎",《复》六四的"中行独复"也就是宣公十二年荀林父帅晋师救郑,为楚所大败,归而请死时的故事。"桓子请死,晋侯欲许之。士贞子谏曰:'不可。……林父之事君也,进思尽忠,退思补过,社稷之卫也。若之何杀之?夫其败也,如日月之食焉,何损于明!'晋侯使复其位。"

据这些故事看来,我们又可以断定,《周易》之作决不能在春秋中叶以前。由这个断定不用说是把文王重卦,文王演《易》之说更完全推翻了。在文王重卦说之外本来还有伏羲说、神农说、夏禹说,这些都是不值一辩的。又有人主张卦辞作于文王,爻辞作于周公,也同一是臆说。

周公说之发生是根据《左传》昭二年韩起的一番话:

> 晋侯使韩宣子来聘,且告为政而来见,礼也。观书于大史氏,见《易象》与鲁《春秋》,曰:"周礼尽在鲁矣,吾乃今知周公之德与周之所以王也。"公享之。

就这一番话看来,观书的一节完全是不可靠的。凡是《左传》上的解经的语句,如"礼也"、"非礼也"一类的文章,都是刘歆所窜加。观书的几句话直承在窜加语的"礼也"之下,而把上下文的聘与享一联的事迹插断,作伪的痕迹甚为显著。故尔这一节不仅完全不能作为周公作爻辞的证据,甚且要想拿来证明《周易》或至少是八卦在当时已经存在,都是不可能的。

四 孔子与《易》并无关系

八卦既利用了春秋时代的字体,《周易》的爻辞又利用了春秋中年晋国的故事,《周易》一书无论怎样不能出于春秋中叶以前是明白如火。因而在那儿浮游着的一些伏羲、神农、夏禹、文王、周公等的鬼影便自然消灭了。剩下的就还有一位孔子。

自来的人都说是孔子赞《易》,《易传》的"十翼"通是孔子著的东西。到了康有为却以为《周易》经部的卦辞爻辞也都是孔子所作,而传部的《系辞传》称"子曰",倒应该是孔门弟子所作。

康说较旧时的学说是更进了一步的,但可惜他的立说并没有根据。

自来使孔子和《易》发生了关系的是根据于《论语》。《论语》上有两处表明着孔子和《易》的关系:

一子曰:"加我数年,五十以学《易》,可以无大过矣。"(《述而》)

二子曰:"南人有言曰:'人而无恒,不可以作巫医',善夫","不恒其德,或承之羞。"(《子路》)

第一项似乎是很坚确的根据,然而陆德明的《经典释文》出"学易"二字,言"鲁读易为亦,今从古",可以知道作"易"的是《古文论语》,而《鲁论》于该句的全文是作

加我数年,五十以学,亦可以无大过矣。

《汉外黄令高彪碑》有"恬虚守约,五十以敩"之语,也正是根据的《鲁论》。这样一来,那第一项的根据便完全动摇了。

第二项的"不恒其德,或承之羞"与《周易·恒卦》九三的爻辞相同,如认爻辞卦辞都是孔子所作,当然一人的言辞两处可以通用;但奇怪的,孔子说过不少的话,何以只共通得这一句?孔子既作了《周易》那样一部大作,何以他的嫡传如子思、孟轲之徒竟一个字也不提及?《系辞传》上诚然有好些"子曰",但子不限于孔子,即使真是孔子,也是后来的人所假托的,就和《古文论语》把第一项的"亦"字改为"易"字一样。

孔子和《易》的关系在《庄子》书中也有几处。《天运篇》载孔子见老聃的说话,说"丘治《诗》《书》《礼》《乐》《易》《春秋》",又说"吾求之于阴阳十有二年而未得",但这是庄子的后学做的寓言,是战国末年或更后的作品。在那时孔子和《易》的关系,由儒者的附会是已经成立了的。《天下篇》里又说:

其明而在度数者,……《诗》《书》《礼》《乐》者,邹鲁之士、搢绅先生多能明之。《诗》以道志,《书》以道事,《礼》以道行,《乐》以道和,《易》以道阴阳,《春秋》以道名分。

"《诗》以道志"以下六句,当如马叙伦所说,是古时的注文,由传写误为了正文的(《庄子义证》三三卷二页)。因为上面只说"《诗》《书》

《礼》《乐》",下面突然钻出了《易》和《春秋》来,在文脉上实在是通不过去的。

总之,孔子和《易》并没有关系,在孔子当时《易》的经部还没有构成,他的话被采用了,也正是一个确实的证据。

五 《易》之构成时代

《易》的经部之构成究竟是在什么时候呢?关于这层,由晋太康二年所发掘的汲县的魏襄王墓的出土品,可以得到一个暗示。《晋书》卷五十一的《束皙传》上说:

> 初太康二年汲郡人不准盗发魏襄王墓……得竹书数十车。其《纪年》十三篇记夏以来至周幽王为犬戎所灭,以〔晋〕事接之。三家分〔晋〕,仍述魏事至安釐王(案当作襄王)之二十年。……其《易经》二篇,与《周易》上下经同。《易繇阴阳卦》二篇,与《周易》略同,繇辞则异。《卦下易经》一篇,似《说卦》而异。……《师春》一篇,书《左传》诸卜筮,"师春"似是造书者姓名也。……

又杜预的《左传集解后序》上也有约略同样的记载:

> 汲郡汲县有发其界内旧冢者,大得古书,皆简编蝌蚪文字。……所纪大凡七十五卷。……《周易》及《纪年》最为分了。《周易》上下篇,与今正同。别有《阴阳说》,而无《彖》《象》《文言》《系辞》。……其《纪年篇》起自夏殷周,皆三代王事,无诸国别也。唯特记晋国。……晋国灭,独记魏事,下至魏哀王(案当作襄王)之二十年。……又别有一卷,纯集疏《左氏传》卜筮事,上下次第及其文义,皆与《左传》同,名曰《师春》。"师春"似是抄集者人名也。

由这两种纪录看来,可以知道在魏襄王的二十年时,《易传》的"十翼"是完全没有的,《易经》是被构成了,但不仅一种,在《周易》之外还有和《周易》约略相似的《易繇阴阳卦》(杜预的《阴阳说》,疑即指此)。同样的东西有两种,正是表明那种东西还在试作时代,这由伴出品的《纪年》与《师春》也可以得到证明①。

---

① 见《新学伪经考》卷三上及卷十,又见《孔子改制考》卷十。——郭沫若原注。

《纪年》就是《竹书纪年》，原书到后来也散佚了，现存的《竹书纪年》是由明时的人所伪托的。关于这件事情，有王国维的《古本竹书纪年辑校》和《今本竹书纪年疏证》的两种很周到的研究成绩①，用不着多说。《古本纪年》的纪事是终结于魏襄王的死前三年之二十年的，明白地是襄王时代的书籍。那么，同时出土的《周易》和《易繇阴阳卦》也当得是时代相差不远的作品。

《师春》虽被认为是《左传》的卜筮事之辑录，但在我看来，宁可认为是在刘歆编制《左传》时被割裂而利用了的一种资料。因为《师春》是关于卜筮的书，不会受到秦始皇的焚书之厄，同时也就可以想到，在汉代的秘府中必然有所搜藏。我们试看《左传》上的卜筮事的繇辞，那里面有和现存的《周易》相合的，也有不相合的，便可以知道所使用的《易》的底本是在一种以上。《左传》的卜筮事都是的中了的预言，明明是事后所假托。其最后的事件是鲁哀公十一年，可以知道《师春》的原本一定是哀公十一年以后的成品。而且它的作伪的目的明明是在对于种种不同的《易》的底本作虚伪的证明。因此那被伪证了的种种不同的《易》的底本也可以明白地推定是出于哀公十一年以后，即春秋以后。

由以上的推论，可知汲冢所出的《周易》及《易繇阴阳卦》，都是孔子以后，即战国初年的东西。《易繇阴阳卦》，又有《归藏易》的名称。《隋书·经籍志》上说："《归藏》汉初已亡，案晋《中经》有之，唯载卜筮，不似圣人之旨。"但晋的《中经》所著录的都是汲冢的出品。《晋书·荀勖传》上说："得汲郡冢中古文竹书，诏勖撰述之，以为《中经》，列在秘书。"据此可以知道所谓《归藏易》不外是由荀勖对于《易繇阴阳卦》所赋与的拟名。原来《归藏》之名仅见于《周礼》的春官太卜，与《连山》《周易》共合为所谓"三易"，但《汉书·艺文志》中并没有《连山》和《归藏》的著录，我疑是和《周礼》一样乃刘歆所伪托的东西，不过那伪托品没有流传便化为了乌有。荀勖得到了《易繇阴阳卦》，便任意把它拟定为《归藏》罢了。他这所拟定的名称也莫有为他的同时代人所公认，且看束皙和杜预都别立名目便可以明白。由荀勖所拟定的《归藏》，到宋以后又散佚了。只是被引用于宋以前的著述的佚文由马国翰所辑录了起来，收在了他的《玉函山房辑佚书》里面。由那

---

① 　见《王氏遗书全集》。——郭沫若原注。

佚文看来，最令人注目的是那南方色彩的浓厚。例如在同是南方系统的书籍《山海经》的注中，由郭璞所屡屡引用的《归藏·郑母经》的佚文里面便有下列的故事：

> 夏后启筮御飞龙登于天，吉。（《海外西经》注）
> 昔者羿善射，毕十日，果毕之。（《海外东经》注）

又如《归藏·启筮》的佚文里面的：

> 空桑之苍苍，八极之既张，乃有夫羲和，是主日月（主字疑是生字之误），职出入以为晦明。（《大荒南经》注）
> 瞻彼上天，一明一晦，有夫羲和之子，出于旸谷。（同上）
> 昔彼九冥，是与帝辩，同官之序，是谓《九歌》。（《大荒西经》注）
> 不（乃）得《切辩》与《九歌》以国于下。（同上）
> （《切辩》疑是《加辩》之误，《楚辞·大招》有"伏羲《驾辩》"之语，《驾辩》即《加辩》，亦即《九辩》也。《离骚》"启《九辩》与《九歌》"。）

像这些故事或传说，和《楚辞》特别和《天问篇》，是共通着的。在《周易》里面这种的色彩虽然多被洗掉了，但也并未全然消灭。例如最初的乾卦的关于龙的观念，特别是九五爻的"飞龙在天"的那种着想，依然是南方系统的东西。乘龙御天的那种浪漫的空想，除掉《楚辞》与《庄子》之外，在北方系统的著述中是没有看见过的。

《周易》的爻辞里面，如上文所述有利用春秋中叶的晋事的痕迹，在着想上又多带着南方的色彩，且与南方色彩更加浓厚的《易繇阴阳卦》复同出于魏襄王墓。关于这两种《易》的生成我们可以得到一些明确的判断，便是《易繇阴阳卦》当是南方的人著的，而《周易》则可以有两种的推想。第一种是著了《易繇阴阳卦》的同一的南人到了魏，为迎合北方人的趣味起见，又另外著了一部繇辞不同的《周易》来。第二种是北方的魏、晋人模仿着《易繇阴阳卦》而自行著出了一部作品。但这两种的推想，由向来所有的《易》学传授的系统看来，是以第一种为近乎事实的。

六 《易》之作者当是馯臂子弓

据汉人的记载，关于《易》学的传统有两种。一种出于《史记·仲尼弟子列传》：

> 商瞿，鲁人，字子木，少孔子二十九岁。孔子传《易》于瞿；瞿传楚人馯臂子弘；弘传江东人矫子庸疵；疵传燕人周子家竖；竖传淳于人光子乘羽；羽传齐人田子庄何；何传东武人王子中同；同传菑川人杨何。何元朔中以治《易》为汉中大夫。

另一种出于《汉书·儒林传》：

> 自鲁商瞿子木受《易》孔子，以授鲁桥庇子庸；子庸授江东馯臂子弓；子弓授燕周丑子家；子家授东武孙虞子乘；子乘授齐田何子装。……汉兴，田何以齐田徙杜陵，号杜田生，授东武王同子中。……同授淄川杨何字叔元，元光中征为大中大夫。

两者大抵是相同的，只有第三世和第四世是互相更易了。我看《史记》是较为可信的。《史记》不用说是出于《汉书》之前，而由两者所举出的人名看来，《史记》是字上名下的古式，《汉书》是字下名上的新式，单据这层两种资料的时代性也就是判然了的。但是《史记》的馯臂子弘应该是经过后人的窜改。我想那原文当是"馯（姓）子弘（字）臂（名）"，因为后来录书的人不知道古代的人名有新旧两种的表现方式，妄根据了《汉书》来把它更改了。弘字应该是肱字的笔误，肱与臂，一字一名，义正相应。弓是肱的假借字。《左传》和《穀梁》的邾黑肱，《公羊》作黑弓，是同一例证。

照这两种传授系统看来，晋人或魏人是于《易》学的传统上没有关系的。因此《周易》与其认为魏、晋人的摹仿作，宁该认为是由《易繇阴阳卦》的作者迎合北人而改作了的成品。问题倒是著出了这两种《易》的南人究竟是谁？由种种的推论上看来，我觉得这位作者就是楚人的馯臂子弓，这是我在这儿要提示出的一个主要的断案。

子弓的名字又见《荀子》的《非十二子篇》，在那儿荀子极端地称赞他，把他认为是孔子以后的唯一的圣人。

> 无置锥之地而王公不能与之争名，在一大夫之位则一君不能独畜，一国不能独容，成名况乎诸侯，莫不愿以为臣。是圣人之不得势者也。仲尼、子弓是也。
>
> 今夫仁人也将何务哉？上则法舜、禹之制，下则法仲尼、子弓之义，以务息十二子之说。如是，则天下之害除，仁人之事毕，圣王之迹著矣。

荀子本来是在秦以前论到《周易》的唯一的一个儒者，他把同时代的一切学派的代表，尤其是同出于儒家的子思、孟轲，都一概摈斥了，特别把子弓提起来和孔子一道并论，而加以那样超级的赞辞，可知这位子弓决不会是通泛的人物。子弓自然就是馯臂子弓；有人说是仲弓，那是错误了的。但馯臂子弓如果只是第三代的一位传《易》者，那他值不得受荀子那样超级的称赞。所以在以上种种推定之外，在这儿更可以得到一个坚确的证据，使我们相信子弓定然是《易》的创作者。子弓生于楚，游学于北方，曾为商瞿的弟子，孔子的再传弟子。这些当然是事实，但是《易》的传统更由他突出而上溯到了商瞿和孔子，那一定是他的后学们所闹出来的玩意。因为孔子是儒家的总本山，凡他的徒子徒孙有所述作都好像是渊源于那儿，而子弓作《易》的事迹也就被湮没了。

从《易》的纯粹的思想上来说，它之强调着变化而透辟地采取着辩证的思维方式，在中国的思想史上的确是一大进步。而且那种思想的来源明白地是受着了老子和孔子的影响的。老子说："万物负阴而抱阳。"他认定了宇宙中有这种相反相成的两种对立的性质。孔子说："天何言哉？四时行焉，百物生焉，天何言哉？"他认定了宇宙只是变化的过程。但到了《易》的作者来，他把阴阳二性的相生相克认为是变化之所以发生的宇宙的根本原理，他是完全把老子和孔子的思想综合了。由时代与生地看来，这项思想上演进的过程，对于子弓之为作《易》者的认定是最为适应的。子弓大约是和子思同时，比墨子稍后。那时的南方人多游学于北方，如《孟子》上所说的"陈良楚产也，悦周公、仲尼之道，北学于中国"，可以说便是他的同志。但子弓怀抱着那种划时代的思想，却为卜筮和神秘的氛围气所围，不待说是时代的束缚使然，我想也怕是由于他所固有的独特的个性吧。我们如想到二千年后的德国的大哲学家莱普涅慈发明了与《易》卦的道理相同的所谓"二元算数"，后来得见了邵康节的《先天易图》而狂喜的神情，对于这作《易》者的矛盾性我们是容易了解的。

七 《易传》之构成时代

《周易》既作于馯臂子弓，那么《易传》的"十翼"不作于孔子，是不待论的。现存的"十翼"是《彖传上下》、《象传上下》、《系辞传上下》、《文言传》、《说卦传》、《序卦传》、《杂卦传》，但是《说卦传》以下的三篇据《论衡》与《隋书》的记载是出于汉宣帝时。

孝宣皇帝之时，河内女子发老屋，得逸《易》《礼》《尚书》各
一篇，奏之。宣帝下示博士，然后《易》《礼》《尚书》各益一篇。
（《论衡·正说》）

及秦焚书，《周易》独以卜筮得存，唯失《说卦》三篇，后河
内女子得之。（《隋书·经籍志》）

《论衡》所说的"一篇"《隋书》说为"三篇"，好像不相符，其实只是
证明《说卦》《序卦》《杂卦》的三种在初本是合成一组，后来分成了三
下罢了。这样一说来，好像"十翼"的名称要到汉宣帝时才有，但事实
上不是那样。《汉书·艺文志》所著录的汉初施、孟、梁丘三家的《易
经》已经都是"十二篇"，这又怎么说呢？这是因为"十翼"的分法，
古时有种种的不同。孔颖达的《周易正义》的第六论《夫子十翼》
上说：

但数"十翼"亦有多家。既文王《易经》本分上下二篇，则区
域各别，《彖》、《象》、《释卦》，亦当随经而分。故一家数"十翼"
云：《上彖》一，《下彖》二，《上象》三，《下象》四，《上系》五，
《下系》六，《文言》七，《说卦》八，《序卦》九，《杂卦》十。郑
学之徒并同此说。

据此可以知道，现存本的"十翼"只是郑玄一派的分法，其他还有"多
家"的分法可惜已经不可考了，但有费直的一种似乎还可以踪迹。《汉
书·儒林传》上说：

费直⋯⋯治《易》⋯⋯亡章句，徒以《彖》、《象》、《系辞》十
篇、《文言》，解说上下《经》。

在《系辞》之下系了"十篇"两个字，如照着那样讲来，便是费氏《易
传》是超过了"十翼"之数。但我想那"十篇"应该是"七篇"的错
误。汉人写七字作十，十字作十，只以横直二划的长短来分别，是很
容易错误的。《系辞传》现存本虽然分成上下篇，但那是没有一定的标
准的，要分成七篇也没有什么不可。我想费氏的"十翼"一定是以
《彖》《象》《文言》各为一篇，与七篇的《系辞传》相合而为十的。

总之现存的"十翼"中，《说卦传》以下的三篇是出现于西汉的中
叶，汉初时所未有。不过这三篇也不必便如近人所怀疑的那样，是汉人
所伪托。据《束皙传》，汲冢的出土品中已有"似《说卦》而异"的
《卦下易经》一篇，那么在战国初年，便是馯臂子弓把《易》作成而加

以传授的时候，一定是有过一些说明自己的假定与理念的一种《传》样的东西。《卦下易经》怕也就是他著的。那么《说卦传》以下的三篇或者就是《卦下易经》的别一种的纪录，如像墨家三派所纪录的他们的先师的学说各有一篇而内容多少不同的一样。我相信《说卦传》以下三篇应该是秦以前的作品。但是《彖》、《象》、《系辞》、《文言》，却不能出于秦前。大抵《彖》、《系辞》、《文言》三种是荀子的门徒在秦的统治期间所写出来的东西。《象》是在《彖》之后，由别一派的人所写出来的。

关于《象传》，有近人李镜池的《易传探源》①比较论得详细。他的结论是：《象传》多有摹仿《彖传》的地方，有时两者的见解又全相背驰；作者大约是齐鲁间的儒者，时代大约是在秦汉之际。对于他的结论，我是全表同意的。因为《彖传》本是秦时的东西。那么摹仿它的《象传》自然是当得在秦汉之际了。《象传》全体显明地带着北方的色彩，而且明白地受着《论语》的影响的地方很多，作者认为是齐鲁间的儒者也是不会错的。故尔在这儿关于《象传》不必多费唇舌，我只把《彖传》、《系辞传》、《文言传》三种来加以研讨。

八 《彖传》与荀子之比较

上面已经说过荀子是先秦儒家中论到《周易》上来的唯一的人，现存的《荀子》书中引用《易经》的话有两处。

一 《易》曰："括囊无咎无誉。"腐儒之谓也。（《非相》）
二 《易》曰："复自道，何其咎。"（《大略》）

一是今坤卦六四的爻辞，二是小畜初九的爻辞，都和现存的《周易》没有出入。还有一处是论到咸卦的，不仅和《彖传》的理论大同小异，而且连用语都有完全相同的地方。现在我把两项文字并列在左边。

《易》之咸，见夫妇，夫妇之道不可不正也，君臣父子之本也。咸、感也，以高下下，以男下女，柔上而刚下。（《荀子·大略》）

咸、感也，柔上而刚下。二气感应以相与，止而说（悦），男下女，是以亨。利贞，取女吉也。天地感而万物化生，圣人感人心而天下和平，观其所感而天地万物之情可见矣。（《彖下传》）

两者之相类似是很明显的。假如荀子是引用了《易传》，应该要标

---

① 《古史辨》第三册。——郭沫若原注。

明出它的来源。《荀子》书中引用他书的地方极多，都是标明了出处的，而关于咸卦的这一段议论却全然是作为自己的学说而叙述着，以荀子那样富于独创性的人，我们可以断定他的话决不会是出于《易传》之剽窃。而且《易传》显明地是把荀子的说话展开了，它把他的见解由君臣父子的人伦问题扩展到了天地万物的宇宙观上去了。无论怎么看，都是荀子的说话在先，而《易传》在后。

再者，在咸卦中看见夫妇的说法须得有《说卦传》中所揭出的假设以为前提。据《说卦传》上所说，兑☱是少女，艮☶为少男，少男与少女相合自然便呈夫妇之象。而卦位是艮下兑上，故尔又生出了"男下女"的说法。由此看来，可以知道《说卦传》里面所有的各种假设是先秦时代的东西。荀子根据了那些假设以解释《易》理，《彖传》又是把荀子的说法敷衍夸大了的。

九 《系辞传》的思想系统

《系辞传》，至少其中的一部分，也明明受了荀子的影响，从思想系统上可以见到它们的关系。本来中国的天道思想是发足于殷周时代的人格神的上帝。到了春秋末叶有老子出现，把一种超绝乎感官的实质的本体名叫"道"的东西来代替了人格神。他的后辈孔子也同样抛弃了人格神的观念，但于老子的"道"的观念也没有表示接受，他是把自然中的变化以及变化所遵循的理法神圣化了。他之所谓天不外是理法。到了墨子，又把人格神的观念复活了起来。由是战国时代思想上的分野便形成了儒道墨三派鼎立的形势。单由儒家来说，在孔子以后，关于天的思想也还有种种的变迁。子思、孟子把本体的名目定为"诚"，或者素朴地称为"浩然之气"，已经不少地带着了道家的倾向，但不肯率直地采用老子的"道"的名目。直到荀子却毫不踌躇地采用起"道"的这个术语来了。

> 所谓大圣者知通乎大道。……大道者所以变化遂成万物也。（《哀公》）
>
> 万物为道一偏，一物为万物一偏。（《天论》）

这些"道"字决不是儒家所惯用的道术的意义，显明地是道家所惯用的本体的名目。不过荀子的道体观和老子学派的依然是两样。他把"道"完全看成一种观念体，"道"便是宇宙中的有秩序的变化，也就是所谓天，所谓神。

列星随旋，日月递炤，四时代御，阴阳大化，风雨博施。万物各得其和以生，各得其养以成，不见其事而见其功，夫是之谓神。皆知其所以成，莫知其无形，夫是之谓天。(《天论》)

这一节文字可以说是他的天论的精髓，同时也就是他的道体观的全面。他是把神、天、道当成一体，看成为自然中所有的秩序井然的变化。自此以往的更深一层的穿凿是为他所摈弃的。

唯圣人为不求知天。(《天论》)

知道了这层再来反顾《系辞传》，荀子学派的风貌便明白地显露了出来。

一阴一阳之谓道，继之者善也，成之者性也。仁者见之谓之仁，智者见之谓之智，百姓日用而不知。……显诸仁，藏诸用，鼓万物而不与圣人同忧，盛德大业至矣哉。富有之谓大业，日新之谓盛德，生生之谓易。……阴阳不测之谓神。(《系辞上传》)

形而上者谓之道，形而下者谓之器，化而裁之谓之变，推而行之谓之通，举而措之天下之民谓之事业。(同上)

不仅在使用着本体的意义的"道"，而且道即是易，易即是神的概念，也完全是荀子思想的复写。本来"易"这个字据《说文》说来是蜥易的象形文，大约就是所谓石龙子。石龙子是善于变化的，故尔借了易字来作为了变化之象征。最初把易即变化认为宇宙之第一原理的，自然是承继了孔子思想的《易》之作者馯臂子弓，然而把道家的术语输入了的却是始于荀子。故尔写出了这些《系辞传》的人们必然是荀子的后学。而且他们也和荀子一样，在变化以上是不再去对于天道作更深的穿凿的。

日往则月来，月往则日来，日月相推而明生焉。寒往则暑来，暑往则寒来，寒暑相推而岁成焉。往者屈也，来者信(伸)也，屈信相感而利生焉。尺蠖之屈以求信也，龙蛇之蛰以存身也，精义入神以致用也，利用安身以崇德也。过此以往，未之或知也。(《系辞下传》)

十 《文言传》与《象传》之一致

《文言传》不成于一人之手，早已由宋的欧阳修揭破了。但其中有一部分和《象传》确是出于同一作者的东西。现在且把两者所共通的地方并列在下边：

《象上传》

> 大哉乾元，万物资始，乃统天。云行雨施，品物流行，大明终
> 始，六位时成，时乘六龙以御天。乾道变化，各正性命，保合大
> 和，乃利贞。首出庶物，万国咸宁。

> 至哉坤元，万物资生，乃顺承天。坤厚载物，德合无疆，含弘
> 光大，品物咸亨。牝马地类，行地无疆，柔顺利贞，君子攸行。先
> 迷失道，后顺得常。西南得朋，乃与类行。东北丧朋，乃终有庆。
> 安贞之吉，应地无疆。

《文言传》

> 乾元者始而亨者也。利贞者性情也。乾始能以美利利天下，不
> 言所利大矣哉。大哉乾乎，刚健中正，纯粹精也。六爻发挥，旁通
> 情也。时乘六龙以御天也。云行雨施，天下平也。

> 坤至柔而动也刚，至静而德方。后得主而有常，含万物而化
> 光。坤道其顺乎，承天而时行。积善之家必有余庆，积不善之家必
> 有余殃。

不仅着想相同，连用语也多一致。这个现象与其解释为某一边的抄
袭，宁当解释为由同一个人在不同的时候所写出的东西，或则是同一个
人的学说由不同的人所笔记下来的。

特别当注意的是两者所共通的"时乘六龙以御天"的一句。古代的
车乘，就是殷代末期的帝王都只是驾着二马的①。到了周人添成为四
匹。驾用六匹，旧说以为是秦制，但在战国末年也早就有了，《荀子·
劝学篇》的"伯牙鼓琴而六马仰秣"，便是证据。"时乘六龙"是由六马
的车驾所得来的联想，这表示着了《象传》和《文言传》一部分的作者
的时代。而"乘龙以御天"是南方系统的着想，却又表示了作者的
国别。

十一 《易传》多出自荀门

以上由思想的系统与表现之一致见到了《象传》与《系辞传》《文
言传》之一部分是明显地受着了荀子的影响，而且三者的着想多带南方

---

① 《卜辞通纂》第七三〇片参照。——郭沫若原注。

的色彩，可以见得那些文字的作者们一定是楚国的荀子门徒。

荀子本是赵人，仕于楚而终竟是在楚的兰陵客死了的。刘向的《荀子叙录》上说：

> 兰陵多善为学，盖以孙卿（即荀子）也。长老至今称之，曰：兰陵人喜字为"卿"，盖以法孙卿也。

荀子的生前和死后，对于兰陵人所加被的感化，可以见得是怎样的普遍而深刻。

秦始皇的二十六年兼并六国的时候，大约荀子是还存在的。秦始皇的三十四年听从了他的弟子李斯的建议，焚毁《诗》《书》"百家"的著作，并且以严刑禁止挟书。第二年又有了坑儒的惨祸。在那样的统治学术思想的高压政策之下，春秋战国以来的盛极一时的学者，特别是受着荀子影响的"善为学"的兰陵人，究竟往那儿走呢？秦人焚书，对于几种书籍是视为例外的，便是关于"医药、卜筮、种树"的那些书。这儿不正好是那些学者们的安全瓣吗？《易经》本是关于卜筮的书，学者们要趋向到这儿来，正是理所当然的事。大部分的《易传》之所以产生，而且多产生于受了荀子的感化的楚人之手，我相信是出于有这样的机缘。

国灭以后把秦人怨恨得最深刻的要算是楚人。楚人有句谚语，是说"楚虽三户，亡秦必楚"。可见得楚人是始终想图报复，而和秦人反抗的。秦始皇帝兼并了天下以后，他自己号称为"始皇帝"，在那时有过一道诏书说明他的这种称号的用意。

> 朕为始皇帝，后世以计数，二世、三世、至千万世，传之无穷。（《史记·秦始皇本纪》）

这种万世一系的期望所包含着的思想是万事万物都恒定不变。这不用说是秦人的统治思想。但这种思想在和秦人反对的楚人，自然是要反对的。想到了这层便可以知道为什么楚国的学者要多多趋向到《易》理的阐发上来。《易经》是注重变化的，这和当时的统治思想正相对抗。那种叛逆的思想自然是不能够自由发表的，而楚人却借了卜筮书的《易》来表示，令人不能不感叹到那些楚人要算是些巧妙的石龙子。

最后还有一件事情可注意的，是《荀子》书中最后一篇的《尧问篇》之最后的一节。那是荀子的门人所著的荀子的赞辞。那儿极力的称赞荀子，以为"孔子弗过"。但不幸的是"迫于乱世，鳍于严刑，上无贤主，下遇暴秦"。所以便不得不"蒙佯狂之色，视（示）天下以愚"。由那一段文字看来，可以知道当时的荀子自身和他的门徒们，是怎样的岌岌乎其危。那些门徒要来讲究卜筮，或许也就是"蒙佯狂之色，示天下以愚"的手段吧。

总之，《易传》中有大部分是秦时代的荀子的门徒们楚国的人所著的。著书的时期当得在秦始皇三十四年以后。

十二　余论

由以上所述，《周易》经传的作者及其时代，算给与了一个通盘的检定。经部作于战国初年的楚人馯臂子弓，我相信是没有问题的。子弓把种种的资料利用了来作为《周易》的卦辞和爻辞，资料的时代本不一致，但所被利用的殷周时代的繇辞特别多，故尔对于那著作全体蒙上了一层原始的色彩。后世的人把《周易》当成一部很古的著作看，便是由于受了这种色彩的蒙混。

子弓之作《周易》，自然是具现了他自己的思想，同时他一定是一位神秘主义者，他存心要提供出一种新式的卜筮方法。他的思想可取，卜筮是他的迷信。

作《易传》的人是无法决定的。但那些作者和子弓不同的地方是存心来利用卜筮以掩蔽自己的思想的色彩。我们知道了作者们的这番苦心时，我们研究《易传》，应该抛撇了那卜筮的部分，而专揖取它的思想的精华。

（本篇作为"孔德研究丛刊之二"，题为《周易的构成时代》，长沙商务印书馆1940年3月初版，中法文对照，选自《青铜时代》，上海群益出版社，1946年5月版）

青铜器时代

中国的青铜器时代，它的下界是很明了的，便是在周秦之际，由秦以后便转入铁器时代。兵器的用材，在这儿是最好的标准。存世古兵器如戈矛剑戟之类，凡是秦以前的都是铜制，铁制者未见，而秦以后的铜制兵器也完全绝迹了。古时候的人也有见到这个现象的，如江淹的《铜剑赞序》有云：

> 古者以铜为兵。春秋迄于战国，战国迄于秦时，攻争纷乱，兵革互兴，铜既不克给，故以铁足之。铸铜既难，求铁甚易，故铜兵转少，铁兵转多。二汉之世，既见其微。

把铜铁的转换归之于使用的频繁，以致材料的缺乏，这表示着古人的知识不够。事实上是铁的效用比铜更大，故有铁的冶铸的发明和进步，便把铜的主要地位夺取了。这也不是一朝一夕便转换到的。铁的开始使用应该比周秦之际还要早。宇宙中除在陨石里面多少含有天然铁之外，所有的铁都是和别的原素化合着而形成为矿物的，由铁矿中把铁提炼出来的发明，不知道是在中国的什么时候。文献上可考见的，大抵在春秋初年已经就有铁的使用了。《管子·海王篇》上已经有所谓铁官。

> 今铁官之数曰：一女必有一针一刀。……耕者必有一耒一耜一铫。……行服连轺辇者必有一斤一锯一锥一凿。

看这样子，铁已经在作为手工业器具的原料而使用着了。《管子》本来并不是管仲做的书，并且也并不是春秋时代的著作，但这项资料即使是战国时代的情形，为时也相差不远。《国语·齐语》上也有管仲的话这样说着：

> 美金以铸剑戟，试诸狗马。恶金以铸锄夷斤斸，试诸壤土。

这美金和恶金的区别，和前项的资料参照起来，可知也就是青铜和生铁的区别了。当铁的冶金初被发明的时候，应该只能有生铁的使用，只能用来铸造一些简单的手工用具，待到后来炼钢术发明了，然后才能用来造积极的兵器。钢的发明大约在战国末年，因为那时的楚国已经在用铁的兵器了。《荀子·议兵篇》云楚人"宛钜铁釶，惨如蜂虿"。（《史记·礼书》引作"宛之巨铁，施钻如蜂虿"。伪撰《商君书》者在《弱民篇》中窃用此文为"宛巨铁釶，利若蜂虿"。）又《史记·范雎传》载秦昭王语："吾闻楚，铁剑利而倡优拙，夫铁剑利则士勇，倡优拙则思虑远。"据这些资料，可以知道铁的冶铸在战国末年已经达到高度的水准了。以前曾经有人论到过，秦始皇二十六年混一六国之后，曾"收天下之兵聚之咸阳，销锋铸鐻，以为金人十二"，是因铁的新兵器已经出现，故销融废铜以铸铜像。这里有划时代的意义，并不是秦人统一了天下，从此放牛归马，不再用兵，而是铜兵已经把地位让给铁兵去了。这是很有趣味的一件揭发，但由我们最近的研究，已经知道销兵铸器并不始于秦始皇，而实始于楚。

是一九三三年的事。那年夏间，安徽的寿县东乡朱家集的李三孤堆，因为淮水泛滥，发现了很多古器。其中有好些器皿刻着两位楚王的名字，一位是熊肯，一位是熊忎。寿县是古时的寿春，是楚国最后的都城，是楚襄王的儿子考烈王于其二十二年由陈城徙都的。因此，在我认为熊肯即考烈王熊完，熊忎即幽王熊悍。后者是大家所同意的，前者还有异说。现在我只想举出两个熊忎的器皿。

一个是鼎，器盖都有铭，器铭为："楚王熊忎战隻（获）兵铜，正月吉日，作铸乔鼎，以共藏常（蒸尝）。"（盖文乔鼎下多"之盖"二字。）还有一个是盘，铭文与鼎全同，只"乔鼎"二字作"少（炒）盘"而已。幽王在位仅十年，据《史记·楚世家》，只于其三年载"秦、魏伐楚"一事，《六国年表》于秦魏栏内亦同载其事。秦言"发四郡兵助魏击楚"，魏言"秦助我击楚"，均未言胜负。除此之外，幽王在位年间无战事的记载。大率幽王"战获兵铜"之事，就是在这"秦、魏伐楚"的一役，而楚国是得到胜利的。幽王得到兵铜，不把来作为兵器或铸铜兵之用，而把它来铸鼎盘彝器之类，可见销兵铸器实始于楚幽王，而楚在当时已确实不仰仗铜兵了。

就这样，中国青铜器时代的下界是很明了的，绝对的年代是在周秦之际。假使要说得广泛一些，那么春秋战国年间都可以说是过渡时代。

但是上界却是很渺茫的。中国究竟是在什么时候由石器时代递禅到青铜器，在今天谁也无法回答。我们在今天所有的知识，只是知道，殷代已经是青铜器时代了。

青铜器的有组织的研究始于北宋末年，到今天算已有一千年的历史。由北宋以来所有业经著录的铜器已有七八千件，就有铭文记载的加以研究，百分之八十以上是周器，但亦有少数可以断定为殷器的。例如有名的《戊辰彝》，铭文里面记着"在十月，佳王廿祀盈日，遘于妣戊，武乙奭"，是说祭武乙之配妣戊。古人称祖母为妣，武乙之配必帝乙、帝辛两代始能称妣。故《戊辰彝》如非帝乙二十年之器，即帝辛二十年之器。像这样由铭文确实可以定为殷器的，大抵有一打左右。故殷代毫无疑问已入青铜器时代。这个断案，由殷虚的发掘更得到了地下的实证。殷虚中发现有若干青铜器和不少的铜模、冶铜工具及铜矿的残存，在今天，谁也不会怀疑，殷周两代是共同包含在青铜器时代里面的。

但值得奇异的是，现存殷彝及殷虚出土的铜器，由其花纹形式及品质而言，冶铸的技术已极端高度化，而可以证明为殷以前的作为前驱时代的器皿却一个也不曾发现。宋人书中有所谓"夏器"，今已证明有的是伪器，有的只是春秋末年的越器。殷以前之物应该有而却未能发见或证明，实在是古代研究上的一个重大的悬案。在这儿可能有两种推测：一种是还埋藏在黄河流域的土里未被发现，另一种是青铜或铜的冶铸技术系由别的区域输入黄河流域的，而原产地尚未发现。在我认为第二种的推测可能性更大。青铜器出土地自来偏在于黄河流域，由南方出土者甚少，如黄河流域为原产地，不应于将近万件的遗器中竟无一件足以证明为前驱时代之物。而中国南方，江淮流域下游，在古时是认为青铜的名产地。《考工记》云"吴越之金锡"，李斯《谏逐客书》云"江南之金锡"，都是证据。金锡的合金即是青铜。在春秋战国时江南吴越既为青铜名产地，则其冶铸之术必渊源甚古。殷代末年与江淮流域的东南夷时常发生战事，或者即在当时将冶铸技术输入了北方。当时北方陶器已很进步，殷虚所出的白陶，其花纹形制与青铜器无甚悬异，以青铜而代陶土，故能一跃而有高级的青铜器产出。我这自然只是一种推测，要待将来的地下发掘来证明。将来有组织的科学发掘普遍而彻底地进行时，青铜器时代的上界必然有被阐明的一天的。

殷代铜器传世不多，且容易识别，在铜器本身及作为史料的研究上没有多么大的难题。而在百分之八十以上的周代铜器，虽然容易认为周代之物，但周代年限太长，前后绵亘八百年，在这儿仅仅以"周器"统括之，实在是一个莫大的浑沌。因而周器的断代研究便成为一个重要的课题。时代性没有分划清白，铜器本身的进展无从探索，更进一步的作为史料的利用尤其是不可能。就这样，器物愈多便愈感觉着浑沌，而除作为古玩之外，无益于历史科学的研讨，也愈感觉着可惜。

以前的学者也每每注意到时代的考定上来，但方法不甚缜密，所考定出的年代相差甚远。例如有名的《毛公鼎》，就仅因为作器者为毛公，遂被认为文王的儿子毛叔，于是便被定为周初之器。其实这器铭的文体和《尚书·文侯之命》相近，决不会是周初的东西。经我考定，它是宣王时代的作品。这一相差也就有三百年左右。彝铭中多年月日的记载，学者们又爱用后来的历法所制定的长历以事套合，那等于是用着另一种尺度任意地作机械的剪裁。在二三十年以前的旧人仅仅就一二例以作尝试，其结果倒也无足重轻，近一二十年来的新人们更扩大规模作整套的安排，大表长编，相沿成为风习。作俑者自信甚强，门外者徒惊其浩瀚，其实那完全是徒劳之举。周室帝王在位年代每无定说，当时所用历法至今尚待考明，断无理由可以随意套合的。

例如有一位恭王，他的在位年代便有四种说法。有二十年说（《太平御览》八十五引《帝王世纪》），有十年说（《通鉴外纪》），有二十五年说（《通鉴外纪》引皇甫谧说），更有十二年说（邵康节《皇极经世》中所推算）。后世史家多根据十二年说，故做《金文历朔长表》的人也多按照着这个年代来安排。但存世有《趞曹鼎》二具，其一云："隹十又五年五月既生霸壬午，龚王在周新宫，王射于射庐。"这分明是龚王在世时之器。龚王即恭王，金文中凡恭敬字都作龚。龚也不是谥号。古时并无谥法，凡文武成康昭穆恭懿等均是生号而非死谥。这件史实由王国维揭发之于前，由我补证之于后，在目前已经成为定论了。死谥之兴大率在战国中叶以后。就这样，我们知道周恭王在位十五年都还存在，虽然二十五年说与二十年说还不知道孰是孰非，而十二年说与十年说却是铁定的错误了。据十二年说以安排的历朔表，岂不是一座蜃气楼吗？

像这样的年代考定实在比原来没有经过考定的更加浑沌。没有经过考定，我们仅是不知道年代而已，而经过所谓考定，我们所得到的是错误的年代。故尔用错误的方法从事考定，愈考定，愈增加问题的浑沌。

这个浑沌，由我所采取的方法，似乎已经渐被凿破了。我是先选定了彝铭中已经自行把年代表明了的作为标准器或联络站，其次就这些彝铭里面的人名事迹以为线索，再参证以文辞的体裁，文字的风格，和器物本身的花纹形制，由已知年的标准器便把许多未知年的贯串了起来。其有年月日规定的，就限定范围内的历朔考究其合与不合，把这作为副次的消极条件。我用这个方法编出了我的《两周金文辞大系》一书，在西周我得到了一百六十二器，在东周我得到了一百六十一器，合共三百二十三器。为数看来很像有限，但这些器皿多是四五十字以上的长文，有的更长到四五百字，毫不夸张地是为《周书》或《国语》增加了三百二十三篇真正的逸文。这在作为史料研究上是有很大的价值的。即使没有选入《大系》中的器皿，我们拿着也可以有把握判定它的相对的年代了。因为我们可以按照它的花纹形制乃至有铭时的文体字体，和我们所已经知道的标准器相比较，凡是相近似的，年代便相差不远。这些是很可靠的尺度，我们是可以安心利用的。一个时代有一个时代的文体，一个时代有一个时代的字体，一个时代有一个时代的器制，一个时代有一个时代的花纹，这些东西差不多是十年一小变，三十年一大变的。譬如拿瓷器来讲，宋瓷和明瓷不同，明瓷和清瓷不同，而清器中有康熙瓷、雍正瓷、乾隆瓷等，花纹、形态、体质、色泽等都有不同。外行虽不能辨别，而内行则有法以御之，触目便见分晓。周代的彝器，我自信是找到了它的历史的串绳了。

大体上说来，殷周的青铜器可以分为四个时期，无论花纹、形制、文体、字体，差不多都保持着同一的步骤。

第一，鼎盛期：从年代上说来，这一期当于殷代及周室文武成康昭穆诸世。在这一期中的器物最为高古，向来为骨董家所重视。器制多凝重结实，绝无轻率的倾向，也无取巧的用意。花纹多全身施饰，否则纯素。花纹种类大率为夔龙、夔凤、饕餮、象纹、雷纹等奇怪图案，未脱原始的风味，颇有近于未开化民族的图腾画。文体、字体也均端严而不苟且。

第二，颓败期：这一期大率起自恭懿孝夷诸世以迄于春秋中叶。一切器物普遍地呈出颓废的倾向。器制简陋轻率，花纹多粗枝大叶的几何图案，异常潦草。前期之饕餮、雷纹等绝迹，而夔龙、夔凤每变形为横写之Ｓ字形。铭文的文体及字体也均异常草率，如欲求草篆可于此期中得之。文字每多夺落重复。古者同时造作各种器皿，每每同铭，比较以观，故能知其夺落重复。但这一期的铭文，平均字数较前一期为多，而花纹逐渐脱掉了原始风味，于此亦表示着时代的进展。

第三，中兴期：自春秋中叶至战国末年。一切器物呈出精巧的气象，第一期的原始风味全失，第二期的颓废倾向也被纠正了。器制轻便适用而多样化，质薄，形巧。花纹多全身施饰，主要为精细之几何图案，每以现实性的动物为附饰物，一见即觉其灵巧。铭文文体多韵文，在前二期均施于隐蔽处者（如在鼎簋之腹，或爵斝之銎阴），今则每施于器表之显著地位，因而铭文及其字体遂成为器物之装饰成分而富有艺术意味。铭文的排列必求其对称，字数多少与其安排，具见匠心。字体的演变尤为显著，在这一期中有美术字体出现，字之笔画极意求其美化，或故作波磔，或多加点饰。甚至有"鸟篆"出现，使字画多变为鸟形，其有无法演变者则格外加上鸟形为装饰。这种风气以南方的器皿为尤甚。

第四，衰落期：自战国末叶以后，因青铜器时代将告递禅，一切器物复归于简陋，但与第二期不同处是在更加轻便朴素。花纹几至全废。铭文多刻入，与前三期之出于铸入者不同。文体字体均简陋不堪，大率只记载斤两容量，或工人自勒其名而已。

这样的分期的说明，自然是只能得到一个梗概。假使要详细地追踪，从这儿是可以发展出无数的研究出来的。例如以文字言，某一字在何时始出现，或某一字在何时却废弃了，一字的字形演变在这四期中经过如何的过程，一字的社会背景和涵义的演变，如向这一方面去追求，不用说便可以丰富文字学或"小学"的内容。又例如就花纹去研究，某一种花纹在何时始出现，某一种花纹在何时废弃了，一种花纹的形式演变经过了怎样的过程，花纹的社会背景和寓意，都同样可以追求，在这一方面便可以丰富美术史的内容。又例如器制，也是同样。有的器皿如爵斝等饮器仅在第一期中有之，以后便绝迹。有的器皿在第三期时始出现，如簠簋之类，到第四期又见隐匿了。这里可见当时社会的风尚，殷人好饮酒，故酒器多。簠簋之类，殷虚中已有陶制器发现，簋以盛稻粱，簠以供烹煮，以陶竹制之即可适用，制之以铜，仅示奢侈，故仅如昙花一现而已。再如鼎类，则可以自始至终清理出它的全部发展史。我且把这一项为例，略加叙述。

鼎是由陶鬲演变出来的。普通的鼎系圆形三足，方形而四足者在第一期中偶见之，乃是变例，可以除外。鬲之三足乃空足，其起源大率由三个尖脚陶瓶（如西字在甲骨文中即为尖脚瓶之形，与希腊之 amphora 相类）在窑中拼合而成。鼎为鬲之变，虽已变为三实足，而初期之鼎，其鼎身仍略如三股所合成，一足分配一股，有类于穿马裤的骑士之腿。初期之鼎除此特征而外，体深，口小而下部略鼓出，质重，脚高，而呈直圆柱形，上略粗，下略细。这样的形式到了第二期便完全变了，三股之势全失，体浅而坦（不及半球），质菲薄，脚矮而曲，呈马蹄形，匾而不平，外凸内凹。再到第三期，则体复深而宏（超过半球），平盖，颇多新鲜之花样（如有流有柄之类），脚高无定形。到了四期以后，则如常见之汉鼎，复矮塌而不成名器，拱盖素身，有纹饰时仅几道圈线而已。

问题还当更进一步追求，在青铜器时代中，何以在器物上会显出这样的波动？

这答案，毫无疑问应该求之于社会的生产方式。

在殷末周初时代是中国奴隶制生产最盛的时候。那时候有所谓百工，也就是把手工制造划为若干部门，驱使无数的工人奴隶以从事生产，而有工官管理之。这些工官和工奴不用说都是官家畜养的，就到了春秋齐桓晋文时代，这制度都还没有十分变革。《国语》告诉我们，齐桓公时，管仲的政策之一是"处工就官府"；晋文公时，晋国还是"工贾食官"。就在鲁成公二年的时候，我们在《左传》上还可以看到，鲁国的木工、绣工、织工、缝工都还是没有人身自由的奴隶。当年楚国侵鲁，鲁国"赂之以执斫，执针，织纴皆百人"以求和，这分明表示着人工直同牛马鸡豚。但这样的情形，自春秋中叶以后便逐渐地改革了，工贾逐渐成为了行帮的组织，脱离了官府的豢养而独立。这便成为后来一直到今天为止的生产方式。

明白了这部社会生产进展的过程，便可以了解，青铜器上无论形式、花纹、文体、字体等所显示出的波动。

殷末周初是奴隶生产鼎盛的时期，故青铜器的制造，来得特别庄严典重。但奴隶制自恭懿以后便渐渐发生了毛病，一些管理工奴的工官偷工减料以敷衍上方，而把工奴的剩余劳动榨取了来，作低级物品的生产，以换取当时新起的地主阶层（本来的农官）的米谷，于是二者之间便大做其生意。所谓"如贾三倍，君子是识"，所说的便是这回事。献给上层的器皿，既是奉行故事，偷工减料的东西，故在这种器皿上所表示着的便是堕落的痕迹。这便是第二期的颓废之所以然的实际。

工官榨取工奴的剩余劳动以事生产，农官榨取耕奴的剩余劳动以事垦辟，在社会史上是平行发展的现象。工官农官逐渐富庶了，成为工头与地主，无须乎再做低级的官，也就尽足以成为"素封之家"了。逐渐更加富庶上去，竟闹到"贵敌王侯，富埒天子"的地步。春秋中叶以后，高级的生产不再操纵在官府的手里，而是操纵在富商大贾的手里了。王侯的用品一样是商品，商品便有竞争，不能再是偷工减料的制作所能争取买主的，故在青铜器上来了一个第三的中兴期，一切都精巧玲珑，标新立异。这正是春秋末年和战国时代的情形。那时候的商业是很繁盛的，中国的真正货币的出现，以至其花样之多，也就是在这个时候。货币多即表示商务盛，花样多即表示货币之兴未久。当时的货币形式有出人想像之外的。周秦的寰法，圆廓方孔，为后人所沿用，这自然不足稀奇。但除此之外有三晋的耕具形，所谓方足布、尖足布之类。有燕齐的刀形，即所谓刀币。有楚国的豆腐干形，一小方铭为"一两"，四两见方即十六小方为一斤。钱也是青铜器的一种，钱的大量和多样的出现，也可以说是青铜器第三期的特征。

但自战国末年以后，青铜器时代整个递禅了，所有各项技巧已经转移到别的工艺品上去了。自然，这儿也有些例外。例如以铜为鉴，是战国末年才行开的。原初的鉴就是"监"，只是水盆，像一个人俯临水盆睁着眼睛（臣字即眼之象形文，即古睁字）看水。在春秋末年有青铜的水监出现，传世"吴王夫差之御监"便是盛水鉴容的镜子。后来不用水而直接用铜，在我看来，就是水监的平面化。大凡铜镜，在背面不必要的地方却施以全面的花纹，这是因为盛水之监的花纹本是表露在外面的，平面化了便转而为背面。积习难除，故于背面亦全施花纹。假使限于铜鉴来说，那是只有第四期才有，而且花纹是十分精巧的。不过这是例外，青铜已经不再是一切器用的主角了。

关于青铜器时代的研究，我所得到的成绩，大体就是这样。这在我认为是相当重要的一件事。因为要把这许许多多的古器的年代定妥了，然后那器物本身和它的铭文才能作为我们研究古史的有科学性的资料。时代不分，一团浑沌，除作为古董玩器之外，是没有方法利用的。当然，中国的考古学上的地下发掘甚少，我所得到的一些断案，有的也还需要将来更多的资料来证明。但我相信，我所得到的成绩，有的也很可以作为日后发掘的参考。文献学的研究，应该也要借鉴于这儿，不在第一步上把时代性弄清楚，那是不能开步走的。

一九四五年二月十日

（本篇最初收入《青铜时代》（重庆文治出版社，1945 年 3 月初版），选自《青铜时代》，上海群益出版社，1946 年 5 月版）

后　记

关于中国古代的研究，断断续续地，前后费了将近十五年的功夫，自己感觉着对于古代的认识是比较明了了。

十五年前所得到的一个结论，西周是奴隶社会，经过种种方面的研讨，愈加感觉着是正确的。

有了这个结论，周、秦之际的一个学术高潮才能得到说明；而那个高潮期中的各家的立场和进展，也才能得到正确的了解。

我是以一个史学家的立场来阐明各家学说的真相。我并不是以一个宣教师的态度企图传播任何教条。在现代要恢复古代的东西，无论所恢复的是那一家，事实上都是时代错误。但人类总是在向前发展的。在现代以前的历史时代虽然都是在暗中摸索，经过曲折纡回的路径，却也和蜗牛一样在前进。因而古代的学说也并不是全无可取，而可取的部分大率已溶汇在现代的进步思想里面了。

对于人体的解剖阐明了的现代，对于猿猴乃至比猿猴更低级的动物的解剖便容易完成。谁还能羡慕猿猴有长尾，而一定要把人体的尾骶骨设法延长？谁又会看到鸟类的盲肠大有效用，而反对在盲肠发炎时剪掉人体的虫样突起呢？

新儒家、新道家、新墨家等的努力，不外是想设法延长尾骶骨；反对科学的方法而提倡八卦五行的动向，更不外是把虫样突起认为人类的心脏罢了。

是什么还他个什么，这是史学家的态度，也是科学家的态度。并不嫌长尾猿的尾子太长而要把它缩短一点，也不因古代曾有图腾崇拜，而要把爬虫之类依旧当成神灵。

本来还想再写一两篇，如对于名家的批判，先秦儒家与民主气息之类，但因兴趣减衰，不愿再糜费时日了。

关于名家，王国维在年青的时候早说过这样的话："战国议论之盛不下于印度六哲学派及希腊诡辩学派之时代。然在印度，则足目出而从数论声论之辩论中抽象之而作因明学，陈那继之，其学遂定。希腊则有雅里士多德自埃利亚派诡辩学派之辩论中抽象之而作名学。而在中国，则惠施、公孙龙等所谓名家者流，徒骋诡辩耳。其于辩论思想之法则，固彼等之所不论，而亦其所不欲论者也。故我中国有辩论而无名学。"[①]

这见解我认为是正确的。只是惠施的学说存留者无几，《庄子·天下篇》所载大一小一之说多少还有些学术价值，而支离灭裂纯作观念游戏的公孙龙，则仅是一名帮闲而已。

关于儒家最难理论。事实上汉人分家的办法已经过于笼统，而后人言儒家尤集笼统之大成。粗略言之，所谓儒家之在秦前秦后已大有不

---

① 《静庵文集·论新学语之输入》（已收入商务版《王国维全集》）。——郭沫若原注。

同。秦以后的儒家是百家的总汇，在思想成分上不仅有儒有墨，有道有法，有阴阳，有形名，而且还有外来的释。总而称之曰儒，因统而归之于孔。实则论功论罪，孔家店均不能专其成。

就是先秦儒家，也有系统上的进展和个人思想上的分歧。孔子和孟、荀不尽同，孟、荀亦各有特点或偏见，孔子门下所谓七十子之徒，他们的言论，更不能让仲尼来负责。但先秦邹鲁之士，既被总而称之为儒，彼辈功过亦统而归之于孔。孔子因而成了超人，也因而成了盗魁。这是断断乎不合逻辑的。

应该从分析着手，从发展着眼，各人的责任还之各人。这可算是对于古人的民主的待遇。

先秦儒家的几位代表人物，在先秦诸子中究竟是比较民主的些。孔子的主张是奴隶解放的要求在意识上首先的反映。他虽然承继了前时代贵族所独占的文化遗产，但他把它推广到庶民阶层来了。他认识了教育的力量，他是注重启发民智的。这和道家的"非以明民，将以愚之"，法家的燔诗书愚黔首的主张完全不同。

常见被人征引来指斥仲尼为非民主的两句话，"民可使由之，不可使知之"，仿佛他也是一位支持愚民政策者。这只坐在把可不可解为宜不宜去了。但可不可是有能不能的意义的，原意无疑是后者，前代注家也正解为能不能，所谓"百姓能日用而不能知"。像这样本是事实问题，而被今人解成价值问题，这未免有点冤枉。

问题倒在百姓不能知，而孔子进一步所采取的究竟是什么态度？是以不能知为正好，还是在某种范围内要使大家能够知呢？孔子的态度，无疑也是后者。他不是说过"举善而教不能"吗？他不是说过"庶之，富之，教之"的次第吗？

又如"刑不上大夫，礼不下庶人"，这本是奴隶社会的制度，在孔子无宁是"刑须上大夫，礼须下庶人"的。然而近人的清算却把先行时代的旧债，堆在孔子身上去了。这也不能说是公允。

在社会变革的时期，价值倒逆的现象要发生是必然的趋势。前人之所贵者贱之，之所贱者贵之，也每每是合乎正鹄的。但感情容易跑到理智的前头，不经过严密的批判而轻易倒逆，便会陷入于公式主义的窠臼。在前是抑墨而扬儒，而今是抑儒而扬墨，而实则儒宜分别言之，墨则无可扬之理。在前是抑荀而扬孟，而今是抑孟而扬荀，而实则孟并未可厚非，荀亦不必尽是。

　　孟子最为近代人所诟病的是"或劳心，或劳力，劳心者治人，劳力者治于人，治于人者食人，治人者食于人"的那个所谓"天下之通义"。在这几句上有"故曰"两个字，本来不是孟子的意见。《左传》（襄公九年）载知武子语："君子劳心，小人劳力，先王之制也。"（《鲁语下》公父文伯母亦引此语。）又《鲁语上》载曹刿语："君子务治而小人务力。"这些便是孟子所依据，而他引用了来主要在反对许行的无政府式的平均主义而已。平均主义是说不通的，一个社会里面有干政治的人，有干生产的人，必须分工合作，各尽所能，倒确实是一个"通义"。

　　问题倒在乎孟子的看法，劳心者是不是一定可贵，而劳力者是不是一定可贱？然而孟子并不是以劳心为贵，以劳力为贱的人。他不是说过"民为贵，社稷次之，君为轻"吗？他不是又说过"君之视臣如草芥，则臣视君如寇仇"吗？

　　大体上说来，孔、孟之徒是以人民为本位的，墨子之徒是以帝王为本位的，老、庄之徒是以个人为本位的。孟子要距杨、墨，墨子要非儒，庄子要非儒、墨，并不是纯以感情用事的门户之见，他们是有他们的思想立场的。

　　荀子后起，自然有他更加光辉的一面，但他的思想已受道家和墨家的浸润，特别在政治主张上是倾向于帝王本位、贵族本位的。"皋牢天下而制之，若制子孙"（《王霸》），这家天下的神气是多末巍巍然！"由士以上则必以礼乐节之，众庶百姓则必以法数制之"（《富国》），完全恢复了旧时代的意识。他主张重刑威罚之治，持宠固位之术，从他的门下有冰寒于水的韩非出现，多少是不足怪的。

　　但我们近人却同情荀子而斥责孟轲。荀子法后王，俨然是进步；孟子称先王，俨然是保守。但其实孟子称道尧、舜、禹、汤、文、武，荀子也称道尧、舜、禹、汤、文、武，这些帝王是在梁惠、齐宣之先故谓之先，是在神农、黄帝之后故谓之后而已。而荀子所说的"声则凡非雅声者举废，色则凡非旧文者举息，械用则凡非旧器者举毁，夫是之谓复古，是王者之制也"（《王制》），这如可说是进步，是很难令人首肯的。

　　孟子道性善俨然唯心，荀子道性恶俨然唯物。但其实两人都只说着一面，而其所企图的却是要达到同一的目标。性善故能学，性恶故须学。两人都是在强调学习，强调教育的。孟子的逻辑倒不能一概诬为"唯心"。例如他视"白羽之白"不同于"白雪之白"，"白雪之白"不同于"白玉之白"：便是他不承认有什么"共相"，有什么"真际"，更不消说还要由"真际"显化而为万物的那种打倒提式的幻术了。在这一方面，孟、荀无宁是同道。他们都不是"错人而思天"的那种观念论者。

荀子对于孟子有所责让，主要是由于他和子思倡导五行学说，所谓"案往旧造说谓之五行，甚僻违而无类，幽隐而无说，闭约而无解，案（爱）饰其辞而祗敬之曰，此真先君子之言也"（《非十二子》）。这所谓五行毫无疑问便是金木水火土的五大原素。思、孟的书不全，他们的五行说是失传了。但如《书经》里面的《洪范》，因而及于《禹贡》、《皋陶谟》、《尧典》那几篇，必然是思、孟所"案往旧"而造的说，饰的辞，我看是没有多大的疑问。

从思想的发展上看来，五行说的倡导倒应该是思、孟的功绩。由神道造化的观念，转向于分析物质原素以求解答宇宙万物之根源，不能不认为是一种进步。只是后来的阴阳家把它们误用了，逐渐又转化为了新的迷信，因而遭到了荀子的唾弃。然而这责任是不应该让思、孟来负的。

由物质分析的五行说更产生了惠施的小一说，益之以当时相当进步的历数与音律的知识，本来是可以产生正派的逻辑学的。例如"天之高也，星辰之远也，苟求其故，虽千岁之日至可坐而致也"（《离娄》），孟子并非天文专家而他竟能有说这样话的自信。又如"金声也者始条理也，玉振之也者终条理也"（《万章下》），他对于音乐可见也并不是外行。但可惜这种分析的倾向被帮闲的公孙龙转化而为了支离灭裂的诡辩。而近人却又慷慨地把分析的功劳归之于这位诡辩家去了。

我确实地感觉着，民主的待遇对于古人也应该给与。我们要还他个本来面目。一切凸面镜、凹面镜、乱反射镜的投影都是歪曲。我们并不要因为有一种歪曲流行，而要以另一种歪曲还它。如矫枉而过正，依然还是歪曲。答复歪曲的反映，只有平正一途。

我自己也不敢夸说，我已经是走上了这一步，但我是努力向着这个目标走的。我尽可能搜集了材料，先求时代与社会的一般的阐发，于此寻出某种学说所发生的社会基础，学说与学说彼此间的关系和影响，学说对于社会进展的相应之或顺或逆。断断续续地也算搜求了十五年。关于纯粹考古方面如卜辞金文之类已有专书。关于社会研究方面，前后的见解有些不同，自当以后来的见解为近是，在本书所收的各文中也大体散见了。有好些朋友要我从新来叙述一遍，加以系统化和普及化，但我实在没有那样的耐心。就是收在这儿的十几篇文章也都是断续地写出来的，我只按照着写作的先后把它们编录了。

这儿正表示着我所走过的迂回曲折的路，是一堆崎岖的乱石，是一簇丛杂的荆棒。这些都是劳力和心血换来的，因而我也相当宝贵它们。有善于铺路的人要使用它们去做素材，我可感觉着荣幸。但如有人认为毫无价值而要踢它们两脚，我也满不在乎。反正我能弄明白了一些事情，自己觉得时间并没有完全虚费，我已算得到了报酬了。

十五年的岁月并不算短，然而自己所走了的路却只有这么一点长！惭愧吧？确实也可惭愧。有的朋友认为干这种工作有点迂阔而不切实用，自己也有些这样的感觉，特别在目前的大时代，而我竟有这样的闲工夫来写这些问题，不免是对于自己的一个讽刺。但有什么妙法呢？迂阔的事情没多人肯干，像我这样迂阔的人也没有别的事情可干。揆诸各尽所能之义，或许也不算是犯了什么罪恶吧！

一九四四年二月二十日重庆

这篇后序本是附录在东南版《先秦学说述林》后面的，现在把它移录在这儿，当作我研究过程中的一项注脚。

一九四六年六月三日上海

（本篇最初作为《先秦学说述林》（永安东南出版社，1945年4月版）的《后叙》，收入《青铜时代》（上海群益出版社，1946年5月版）作为《后记》）

十批判书 *

古代研究的自我批判

(一) 古代研究上的资料问题

关于秦以前的古代社会的研究，我前后费了将近十五年的工夫，现在是达到了能够作自我批判的时候，也就是说能够作出比较可以安心的序说的时候。

我首先要谴责自己。我在一九三〇年①发表了《中国古代社会研究》那一本书，虽然博得了很多的读者，实在是太草率，太性急了。其中有好些未成熟的或甚至错误的判断，一直到现在还留下相当深刻的影响。有的朋友还沿用着我的错误，有的则沿用着我错误的征引而又引到另一错误的判断，因此关于古代的面貌引起了许多新的混乱。这个责任，现在由我自己来清算，我想是最适当的，也是颇合时宜的。

我在这儿想先检讨一下处理材料的问题。

A 关于文献的处理

无论作任何研究，材料的检讨是最必要的基础阶段。材料不够固然大成问题，而材料的真伪或时代性如未规定清楚，那比缺乏材料还要更加危险。因为材料缺乏，顶多得不出结论而已，而材料不正确便会得出错误的结论。这样的结论比没有更要有害。

＊ 《十批判书》1949 年以前多次印刷，重庆群益出版社 1945 年 9 月初版（土纸本，上下册）、1946 年 5 月再版，为通行本。

① 原文误作"一九二〇年"，据实改为"一九三〇年"。

研究中国古代，大家所最感受着痛苦的是仅有的一些材料却都是真伪难分，时代混沌，不能作为真正的科学研究的素材。

关于文献上的辨伪工作，自前清的乾嘉学派以至最近的《古史辨》派，做得虽然相当透彻，但也不能说已经做到了毫无问题的止境。而时代性的研究更差不多是到近十五年才开始的。

例如《周易》固然是无问题的先秦史料，但一向被认为殷末周初的作品，我从前也是这样。据我近年来的研究，才知道它确是战国初年的东西①，时代拉迟了五六百年。我在前把《周易》作为研究殷末周初的资料，当然是完全错误。

又如《尚书》，我们早已知道有今古文之别，古文是晋人的伪作，但在今文的二十八篇里面也有真伪，也是到近年来才开始注意到的。例如《尧典》（包括古文的《舜典》）、《皋陶谟》（包括古文的《益稷》）、《禹贡》、《洪范》这几篇很堂皇的文字，其实都是战国时代的东西——我认为当作于子思之徒。我在前虽不曾认典、谟为"虞书"，《禹贡》为"夏书"，以作为研究虞夏的真实史料，但我却把《洪范》认为确是箕子所作，曾据以探究过周初的思想，那也完全是错误。

《吕刑》一篇文体与《左传》相近，旧称为周穆王所作，我也相信不疑。但其实那也是靠不住的。我揣想它是春秋时吕国的某王②所造的刑书，而经过后来的儒者所润色过的东西。吕国曾称王，彝器中有"吕王作内姬壶"可证，由文字上看来是春秋时的器皿。吕国是大狱伯夷之后，故《吕刑》中两称伯夷，而位在禹、稷之上。这已尽足以证明它决不是周穆王所作的了。

《诗》三百篇的时代性尤其混沌。《诗》之汇集成书当在春秋末年或战国初年，而各篇的时代性除极小部分能确定者外，差不多都是渺茫的。自来说《诗》的人虽然对于各诗也每有年代规定，特别如像传世的毛诗说，但那些说法差不多全不可靠。例如《七月流火》一诗，毛诗认为"周公陈王业"，研究古诗的人大都相沿以说，我自己从前也是这样。但我现在知道它实在是春秋后半叶的作品了③。就这样，一悬隔也就是

---

① 参看拙作《周易之制作时代》（有单行本，亦见《今昔集》）。——郭沫若原注。

② 《吕刑》首句是"唯吕命王享国百年"。古者令命为一字，"令王"殆假为灵王，百年当是四年之讹，古文四与百形极相近。——郭沫若原注。

③ 参看拙作《由周代农事诗论到周代社会》（《中原》四期，亦见《青铜时代》）。——郭沫若原注。

上下五百年。

关于神话传说可惜被保存的完整资料有限，而这有限的残存又为先秦及两汉的史家所凌乱。天上的景致转化到人间，幻想的鬼神变成为圣哲。例如所谓黄帝（即是上帝、皇帝）、尧、舜其实都是天神，却被新旧史家点化成为了现实的人物。这项史料的清理，一直到现在，在学术界中也还没有十分弄出一个眉目来。但这倒是属于史前史的范围，已经超出了古代，并已经超出了历史了。在这一方面，我虽然没有作出什么特殊的贡献，但幸而早脱掉了旧日的妄执，没有坠入迷宫。

B 关于卜辞的处理

靠着殷虚的发现，我们得到一大批研究殷代的第一手资料，是我们现代考古者的最幸福的一件事。就靠着这一发现，中国古代的真面目才强半表露了出来。以前由后世史家所累积构成的三皇五帝的古史系统已被证明全属子虚，即是夏代的有无，在卜辞中也还没有找到直接的证据。但至少殷代的存在是确实被保证着了。

卜辞的研究要感谢王国维，是他首先由卜辞中把殷代的先公先王剔发了出来，使《史记·殷本纪》和《帝王世纪》等书所传的殷代王统得到了物证，并且改正了它们的讹传。如上甲之次为匚乙、匚丙、匚丁，而非报丁、报乙、报丙，主壬、主癸本作示壬、示癸，中宗乃祖乙而非大戊，庚丁乃康丁之讹，大丁以文丁为是，均抉发了三千年来所久被埋没的秘密。我们要说殷虚的发现是新史学的开端，王国维的业绩是新史学的开山，那是丝毫也不算过分的。

继王国维之后，在这一方面贡献最多的要算是董作宾。他同李济博士从事殷虚的科学发掘固然是永不磨灭的功绩，而董氏在卜辞研究上进到断代研究的一步，在作为他个人的功绩上是尤其辉煌的。卜辞是由武丁至殷末（董氏以为迄于殷亡，余则信只及帝乙中年，论尚未定）的遗物，绵延二百年左右，先年只能浑沌地知其为殷，近年来主要即由于董氏的研究，我们可以知道每一辞或每一片甲骨是属于那一王的绝对年代了。这样便更增进了卜辞的史料价值，在卜辞本身中我们也可以看出发展了。

我自己在这一方面也尽了一些绵力，如王国维发现"先妣特祭"之例，足证殷代王室还相当重视母权。但我继进又发现了所特祭的先妣是有父子相承的血统关系的，便是直系诸王的配偶虽被特祭，而兄终弟及

的旁系诸王的配偶则不见祀典。这又证明立长立嫡之制在殷代已有它的
根蒂。

以上可以说是几项重要的发现。卜辞的研究虽然由王国维开其端，
但嗣后的成绩却比王氏更大大的进步了。

王氏在卜辞研究之余有《殷周制度论》[①] 之作，认为"中国政治与
文化之变革莫剧于殷周之际"，这是一篇轰动了全学界的大论文，新旧
史家至今都一样地奉以为圭臬。在新史学方面，把王氏的论文特别强调
了的，首先是我。我把它的范围更扩大了，从社会发展方面来看，我认
为殷代是原始公社的末期，周代是奴隶社会的开始。这一扩大又引起了
别一种的见解，认为殷代是奴隶社会的末期，周代是封建社会的开始。
这见解到现在都还在相持，但其实都是由于演绎的错误。

我自己要承认我的冒昧，一开始便把路引错了。第一我们要知道，
《殷周制度论》的价值已经不能够被这样过高估计了。王氏所据的史料，
属于殷代的虽然有新的发现而并未到家，而关于周代的看法则完全根据
于"周公制作之本意"的那种旧式的观念。这样，在基本上便是大有问
题的。周公制礼作乐的说法，强半是东周儒者的托古改制，这在目前早
已成为定论了。以这样从基本上便错误了的论文，而我们根据它，至少
我们可以说把历史中饱了五百年，这是应该严密清算的。

卜辞研究是新兴的一种学问，它是时常在变迁着的。以前不认识的
事物后来认识了，以前认错了的后来改正了。我们要根据他作为社会史
料，就应该采取"迎头赶上"的办法，把它最前进的一线作为基点而再
出发。目今有好些新史学家爱引用卜辞，而却没有追踪它的整个研究过
程，故往往把错误了的仍然沿用，或甚至援引错误的旧说以攻击改正的
新说，那是绝对得不到正确的结论的。

C 关于殷周青铜器的处理

在古代研究上与卜辞有同等价值或甚至超过它的，是殷周青铜器的
铭文。关于这项资料的研究，在北宋时已开其端，已经有一千年的历
史了。

近五十年来研究这项学问的人才辈出，如吴大澂、孙诒让、王国
维，都是很有贡献的。

---

① 原文误作《殷周礼制论》，据实改为《殷周制度论》。下文均同。

这项资料之所以与卜辞有同等价值或甚至超过它，是因为它也是第一手的资料，数量既多，而且铭文有长至四五百字的，与卜辞的简短而几乎千篇一律的情形不同。但这项资料也有它的缺陷，便是出土地多不明白，亘殷周两代千有余年，各器的时代相当混沌。故如深懂科学方法的王国维，他便发出了这样的慨叹："于创通条例，开拓闳奥，概乎其未有闻"（《殷虚书契考释序》）。这是很知道甘苦者的评判，而决不是漫无责任，任意抹煞一切者的放言。

王氏心目中的"条例"究竟是怎样，因为他自己没有"创通"出来，我们无从揣测。但我们准一般史料研究的公例，大凡一项资料，总要它的时代性准确，然后才有充分的史料价值。殷周的年代太长，浑而言之曰殷周，或分而言之曰殷曰周，都太含混了。因此自北宋以来无论仅存于著录或尚流传于人间的器物尽管将近万件，而却是一团大混沌。

以前的人也略略分殷分周，甚至有分出夏代来的，但所谓夏器近已被证明，不是伪器便只是春秋末年的作品。夏器迄今在铜器中尚无发现。殷周之分所据的标准是所谓"以日为名"。古时传说殷人以生日为名，故名中多见甲乙丙丁字样。因此凡彝铭中有祖甲父乙，妣庚母辛，或兄壬妇癸者，在前便一律认为殷彝。其实这标准是完全靠不住的。近年发现穆王时的《遹簋》有"文考父乙"，懿王时的《匡卣》有"文考日丁"，足见"以日为名"之习至西周中叶都还存在，而且已被证明，不是生日而是死日了。这一条例一被打破，于是举凡以前的著录中所标为殷器的都成了问题。而尤其像罗振玉的《殷文存》那部书，完全根据"以日为名"而搜集的七百种以上的器皿，差不多全盘靠不住。我说"差不多"，因为那里面有些确是殷器。据我们现有的知识，凡疑似殷器中可确切断定为殷器的还不上一打。因此，我在前无条件地把《殷文存》作为研究殷代的资料而使用，近来还有不少的朋友以讹传讹，我是要承认我的冒昧的。

中国青铜器可确定为殷代的均属于殷末，在其前的还未发现。一出马，青铜冶铸的技术便很高度，这是很值得讨论的一个问题。是在黄河流域更早期的器皿还未发现，还是根本没有而那技术是从南方的江淮流域输入的，这些都只好等将来的地下发掘来回答。我揣想后者是比较有更大的可能性，因为古来相传江南是金锡的名产地，而南方的发掘先例向来是很少的。或许是南方低湿，古器不容易保存的原故吧？

周代的铜器很多，在前依然只是一片浑沌，即使偶有年代划分也是漫无标准。例如很有名的《毛公鼎》，以前的人便认为是周文王的儿子毛叔的东西，但近年已经知道它是周宣王时代的作品了。我自己费了五六年的研究，得到一个比较明晰的系统，便是我所著录的《两周金文辞大系》的《图录》和《考释》。我是先寻到了一些年代自己表明了的标准器，把这些作为连络站，再就人名、事迹、文辞的格调、字体的结构、器物的花纹形式等以为参验，便寻出了一个至少比较近是的条贯。凡有国度表明了的，也就国别中再求出时代的先后。就这样我一共整理出了三百二十三个器皿，都是铭文比较长而史料价值比较高的东西，两周八百年的浑沌似乎约略被我凿穿了。从这儿可以发展出花纹学、形制学等的系统，而作为社会史料来征引时，也就更有着落了。

就两周的铜器而言，武王以前的器物无所发现，武王以后的则逐代增多。但西周的多是王室及王臣之器，诸侯国别之器极其罕见，到了东周则王室王臣之器匿迹，而诸侯国别之器极其盛行。从这儿可以看出文化的进展，武王以前的周室没有什么高度的文化，平王以后的周室则是式微得不堪了。

毫无问题，周人的文化是承继着殷人来的，单从文字的演变上来也可以寻出它们递禅的痕迹。周人承用殷人文字，每每有类似之字而被周人错用了的（即是后人的写别字）。如勾本犁字被用为勿，即其一例。

周人的彝器得到整理，于是乎周公制礼作乐之说纯是一片子虚。周公在周初是一位有权变的政治家，那是毫无疑问的。但周人的礼强半是在西周三百年间逐渐累积而成，其中毫无疑问有很多殷礼的成分，至其构成为所谓"礼仪三百，威仪三千"的，老实说是自战国中叶以后。这层关系不明而纵论"殷周礼制"，那是必然要错误的。

大体上二千多年前的孔子所说过的话依然正确，便是"周因于殷礼，所损益可知也"。在前的王国维，其后的我，又其后的认西周为封建制的新史学家们，其实都是错了的。

D　古器物中所见的殷周关系

先就卜辞考察，殷人自己是始终称为商，不称为殷的。称殷似乎是出于周人的敌忾，初称为"衣"，古书中或作郼，在古与衣当是一字，入后更转为殷。《吕氏春秋·慎大览》"亲郼如夏"，高诱注云："郼读如衣，今兖州人谓殷氏皆曰衣"。《康诰》"殪戎殷"，《中庸》作"壹戎衣"。武王时代的《大丰簋》有"丕克三（减）衣王祀"的话，鲁炀公时的《沈子簋》也称"迺妹（敉）克衣"，"衣"字都就是殷字。但到周康王末年的《大盂鼎》便直称为殷了——"我闻殷坠命，惟殷边侯甸，粤殷正百辟，率肄于酒。"

衣本是一个小地名，在卜辞里时常见到，是殷王田猎的地方，据我考证，当在河南沁阳县境内，即是《水经》沁水注所说的殷城。周人对于敌国不称其本号的商，而称为衣或殷，大约也就如像我们现在宁愿称日本为倭，而日本人也宁愿称中国为支那一样的吧。

周人在卜辞中屡次出现，有一例称为"周侯"的，此外有几例说到"聘周"，大抵都是武丁时候的卜辞，足证殷周本来是同盟兄弟之国。关于"聘"字结构很奇怪，照那最复杂的一个字样写下来可以写成㘔字，我从前释为寇，那是不正确的。按照字的构成应该是从㗊玉由（缶也，盛玉之器），弄（古兵字）声，说为聘字，较为合理。武丁以后，周人在卜辞里面便很少见了。

据古本《竹书纪年》，言"文丁杀季历"①，大约是实在的事体。自此以后殷周遂成世仇，周文王蓄意报复，没有成功，到周武王的手里公然也就把仇报了。

但周武王之所以能够报仇雪恨把殷朝的王室颠覆了的，倒并不是因为殷纣王（帝辛）怎样暴虐，失掉了民心，而实在是有另外的一段历史因缘的。这段古史的真相也因卜辞的发现才得大白于世。

殷末在帝乙、帝辛两代，曾长期和东南夷发生战争。据卜辞所载，帝乙十年及二十年屡次征讨夷方，地点不是在山东的齐与雇，便是在淮水流域的条与灉，和"渐居淮岱"的东南夷合拍，可知夷方即指东南夷。在帝辛的一代，《左传》上也屡屡说到，说他"为黎之蒐东夷叛之"，说他"克东夷而殒其身"，说他"百克而卒无后"，可见帝辛继承父业，屡次用兵，终于是把东南夷平定了。故尔他能"有亿兆夷人"作他的"臣"——就是奴隶。俘虏能有亿兆，战争可见猛烈，殷将士的损失也必定不在少数。就在这样的情形下边周人乘虚而入，殷纣王用俘虏兵对敌，卒致"前途倒戈"，遭了失败。这便是殷周之际的所谓征诛的实际情形。

只有三千奴隶的小奴隶主周人结果把有亿兆奴隶的大奴隶主殷人打败了。殷人之所以致败，主要是在帝乙、帝辛经略东南夷的征战下流血

---

① 《晋书·束皙传》，《史通·疑古篇》及《杂说篇》所引。——郭沫若原注。

过多，其次大约殷人好酒，生活腐化，也是一个重要的原因吧。

但殷人虽被打败，并没有灭亡，在殷纣王的儿子武庚时又还反抗过一次，结果又被周公打败，殷人及其同盟民族的一部分便遭了奴役。"殷民六族"被给予鲁公伯禽，"殷民七族"被给予卫康叔，"怀姓九宗"被给予唐叔虞，还有些"顽民"被迁于洛邑——主要也就是建筑来镇抚殷人的一个军事和政治的据点。另一部分的殷人和他们的同盟民族则被压迫到江淮流域，即殷纣王所开拓出来的东南夷旧地，便成为宋、楚、徐等国，终周之世南北都是对立着的。

(二) 论所谓"封建"制

旧时说夏殷周三代为封建制，以别于秦后的郡县制，这是被视为天经地义的历史事实，从来不曾有人怀疑过，也是不容许人怀疑的。但近年来因封建制被赋与了新的意义，因而三代是封建制之说便发生了动摇。

但古时所说的"封建"，是"封诸侯，建藩卫"的事体，假使是在这种含义上，要说三代或至少周代是"封建制"，那当然是可以说得过去的。

夏代渺茫得很，我们现在还不好多谈。就在周朝初年的人说到殷代的史事虽然相当详细，而说到夏代的便已经很少，看《尚书·无逸》等篇便可以知道。我们更后了三四千年，又无地下发掘可据，我们拿什么来说呢？殷代是有材料可以说的。卜辞里面已经有所谓"诸侯"的痕迹，例如屡见"多田（甸）"与"多伯"，又有"周侯"、"噩侯"、"儿伯"、"盂伯"等称谓。周初的《大盂鼎》也称"维殷边侯甸"。故如《孟子》、《王制》、《周官》等所说的五等诸侯，《禹贡》、《职方》等所说的五服九服等所用的一些字面，至少有一部分，在殷代是已经出现了。

到了周代所可说的材料更加多了。首先是《左传》定公四年所载的鲁卫晋的分封，又如僖公二十四年的"周公吊二叔之不咸，故封建亲戚以藩屏周，管蔡郕霍鲁卫毛聃郜雍曹滕毕原酆郇，文之昭也，邘晋应韩，武之穆也，凡蒋邢茅胙祭，周公之胤也"，昭公二十八年的"武王克商，光有天下，其兄弟之国者十有五人，姬姓之国者四十人"，这些我们都可以承认。因为古时所谓"国"本是等于部落的意思，所谓"封建藩卫"也不过是建置大小不等的各种殖民部落而已。异姓之国大抵是原有的部落，同姓之国则多系从新建设的。

《孟子》、《王制》等的五等爵禄，《禹贡》、《职方》等的畿服制，本互有出入，而他们的物证我们在周代的彝铭里面找不出来。

就彝铭所可考见的诸侯的称谓来说，并无所谓等级。如鲁于《春秋》称公而彝器中称侯，晋于《春秋》称侯而彝器中称公，秦于《春秋》称伯而有《秦公钟》、《秦公簋》，又有《秦子戈》。滕薛之器一律称侯。郳有《郳公华》、《郳公牼》、《郳公轻》等钟，而又有《郳伯鼎》、《郳伯鬲》。曾有《曾伯簋》，有《曾子簋》。邓乃称公，都不见于《春秋》盟会者亦称公。许不称男而称子。这些都是有古器物可为证明的。足见等级之制只是后世儒家的依托。

王国维更有一个重要的发现，便是古诸侯在其国内可以称王，他的结论是"古时天泽之分未严，诸侯在其国自有称王之俗，即徐楚吴越之称王者亦沿周初旧习，不得尽以僭窃目之"。这结论是很有根据的。古诸侯在国内既可称王，因而其臣下亦每自称其首长为"天子"，如《献簋》称其君榝伯为"朕辟天子榝伯"便是绝好的例证。但近时的新史学家有的竟连这个发现都不承认，以为称王者仍是化外诸国的僭窃。其实如像《散氏盘》之"矢王"，那是与散氏同在大散关附近的国家，以年代言则在厉王之世。这个宗周畿辅附近的小国也公然称王。且除《散氏盘》之外还有《矢王尊》自称曰"矢王作宝尊"，有《同卣》曰"矢王锡同金车弓矢"。别有《散伯作矢姬簋》，可见矢还是姬姓之国，这是断难目为化外的。

其实要肯定周代的"封建"是一回事，不必一定要否定儒者的托古改制。即使否定儒者的托古改制，而认为周代确有五等诸侯或五等畿服，也和我们现代所说的封建社会的观念完全不同。在这儿不容许我们的新旧观念绞线的。

现代的封建社会是由奴隶社会蜕化出来的阶段。生产者已经不再是奴隶，而是被解放了的工农，重要生产工具，以农业而言便是土地，已正式分割，归为私有，而有剥削者的地主阶层出现，在工商方面则是脱离了官家的豢养，而成立了行帮企业。建立在这阶层上面的国家是靠着地主和工商业者所献纳的税收所维持着的。这是我们现代所说的封建社会。周代尤其西周的经济情形究竟是不是这样的呢？这是我们应该探讨的中心问题，我们进一步来向这个问题追索吧。

A　关于殷代的生产状况

我们先来研究殷代的生产情形。

就卜辞所见，殷代的牧畜应该还是相当蕃盛的，因为祭祀时所用的牲数很多，每每有多至五百头牛的。而牲类则牛羊犬豕俱有，也有了大牢（牛羊豕）和少牢（羊豕）的名称。用牲的方法也非常繁多。这和传说上的盘庚以前殷人八迁，盘庚五迁的史影颇为合拍。这样屡常迁徙，是牧畜民族的一种特征。

但农业却已经成为了主要的生产了。田畴农藉等字已经出现；禾黍来麦稿稟等字也数见不鲜。和农业相关的历法已经相当的严密，例如年字从人负禾，也就是象征一年的收获。春秋冬夏等节季名称虽然还没有得到确证，但已有年终置闰称为"十三月"，系为调整十二月之太阴历与四季之太阳历而设，则四季当已划分。又有祈年的纪录，据所标明的月份上看来，多在春秋二季，似乎周人所行的春社秋社的典礼在殷时已经萌芽了。此外也还屡见"告麦"和"观黍"等的纪录，足见农产品之被重视。

祭神时多用酒鬯，这是农产的再制品，没有农业的发达是不能想像的。殷人好酒也就间接地说明了这回事。

蚕桑丝帛等字已经出现了，大率丝织业也发明了的。工艺品的名汇相当多，殷虚出土的实物也不少。周初的文献里面已经有"百工"的称谓，当然是沿着殷代而来。这些都足以为农业已经发达的旁证。

农耕的工具，由藉字的构成看来有"耒"，原字象一人执一柄两股叉的工具在操作。这两股叉的工具是耒，从金文耒字藉字可以旁证，汉代武梁祠石刻中的夏禹手里也操着这个东西。又有犁字作𠃆，像用耒启土之形。虽然多假借为犁牛之犁（黑色），原文为农具字是毫无问题的。但这些耒，是用木制，还是用金属，无从断定。用铁之事在殷代不能有，青铜器的耕具在中国不曾发现过，就在全世界上也不曾发现过[1]。或者两叉的耒就是木叉，所谓"斫木为耜，揉木为耒"。而犁锄之类或用尖石与海蜃，所谓"剡耜而耕，摩蜃而耨"。由农字从辰，耨字从辰等看来，辰当是耕器，即是蜃之初文。卜辞辰字极多见，其字形上部或作曲线之弯曲形象蜃，或作直线之磬折形象石，可知殷代耕具确曾经过蜃制与石制两个阶段。这些用具是不是已经下了舞台，我们还不敢断言。要说用这样原始的耕具为什么发展出相当高度的农业，我看这也不

---

[1] 世界各国均无铜犁出土，见 M. Ebert 著 "Reallexikon der Vorgeschichte" 第十卷，一一八页，Pflug 项下。——郭沫若原注。

难于说明。因为用多量的奴隶作过分的榨取，是可以达到这个目的的。无宁是工具的原始性发挥着奴隶制的制约性，或保障作用，不然便会用不着大规模的奴隶生产了。

殷人耕田是不是在用大规模的奴隶呢？是在用大规模的奴隶。耕田的人称为"众"或"众人"，我引几项卜辞在下边吧。

> 乙巳卜壳贞：王大令众人曰协田！其受年。十一月。（《粹》八六六，《前》七、三〇、二，又《续》二、六、五）

> 戊寅卜宾贞：王往，以众黍于冏。（《卜》四七三，《前》五、二〇、二）

> 贞维小臣令众黍。一月。（《卜》四七二，《前》四、三〇、二）

这些"众"字都作"日下三人形"，耕种的规模就原辞的气势上看来也是相当宏大的。周初的诗里面耕种者依然叫着"众人"，如《周颂·臣工》"命我众人，庤乃钱镈，奄观铚艾"，便是明证。又有名的《曶鼎》是穆王以后的器皿（因原铭有"周穆王大室"语，我参以它证断定为孝王时器）。铭文的第三段载有名叫匡季的，在一次饥荒年辰抢劫了曶的禾稻十秭，曶控诉匡季于东宫，匡季自愿以田五田，众一夫，臣三人来赔偿。可见众与臣是同性质的东西，而是可以任意转移物主的物什。"众"或"众人"就在周穆王以后都还是奴隶，在殷代的情形便可以由这儿逆推了。

在这儿《尚书·盘庚》三篇值得我们引用，以前我把它们的价值评判过低，现在可以承认是错了。那三篇东西确实是殷代的文献，但次序可是紊乱了。现有的《盘庚上篇》是告"众戚"的①，是迁殷以后相当久的事。《盘庚中篇》是将迁时告民众。《盘庚下篇》是迁徙后不久告百姓。民众，百姓，众戚，三篇的对象不同，三种人的身分也是不同的，民众是"畜民"，也就是奴隶。百姓是百官，是"邦伯师长百执事之人"，众戚是"婚友"，是同姓或异姓的贵族。"畜民"亦屡称为"众"，和卜辞的用语是相契合的。

在卜辞中众或众人又屡用以从事战争。这是当然的情形。凡是奴隶社会的生产者，在战时也就是战士，这是公例。因此我们可以知道牧野

---

① 首句"盘庚迁于殷，民不适有居，率吁，众感出矢言"，言民不安于新居，动辄呼吁，众戚便赌咒说的意思。旧以"率吁众感"为句，致"出矢言"者为民，全文遂不可通。——郭沫若原注。

之战前途倒戈的"亿兆夷人"，在平时也必然是农夫或其他从事工艺的人了。

殷代确已使用大规模的奴隶耕种，是毫无问题的。因此，我在十几年前认为殷代是原始公产社会那种看法，当然要修正才行。

殷人是不是已经用牛耕，没有直接的证据。有犁字作牟，从牛，但均用作犁牛（黑色的牛），不知道那一种是它的本义。又牛字每于角上加横画以示牿，常见告字，即系牿之初文，牛当然已在被服用了，但不知道是用来耕田，还是用来拉车。依照殷人的传说，服牛是先公王亥所发明的。牛既用以拉车，当然也可用以耕田，这或者也就是使殷人农业能够发展的另一个重要因素吧。

殷人的商行为无疑是已经开始了。《周书·酒诰》称妹土人"肇牵车牛远服贾"，肇者始也，可见在周初人的眼目中认商行为是始于殷。大约即因为这样所以后世称经营这种行为的人便为"商人"的吧。但在卜辞里面，关于商行为的直接的例子无可考见。贝字是出现了。这个字的出现尽足以表示商行为业已存在。贝即贝子，学名所谓"宝贝"（Cyprea moneta），是南海出产的东西，特别以中南半岛附近所产为名贵；中国海岸不产此物，殷代已有贝，可知必自南方输入。至今南洋土人犹呼贝子为 Bia，音与华语相近，可知贝之为物不仅是三四千年前的舶来品，即贝之为字也是三四千年前的舶来语。贝子的输入是由实物交易而得毫无疑问。初入中国只是当着装饰品使用的，以若干贝为一朋，一朋即是一条颈链，故赚字从贝（赚，贝连也），赍字从贝（赍，饰也），赞字从贝（赞，美也）。贝不易得，后来替之以骨，更替之以石，全仿贝子之形而加以刻画。后来更兼带有货币的作用。

但这转化过程是到周代才完成了的，周代彝器有《遽伯还簋》，其铭为"遽伯还作宝簋，用贝十朋又四朋"，大约是西周末年的器皿。这确实是把贝子作为货币在使用了。贝子兼有货币作用之后又有铜制的仿造品出现，骨董家称之为"蚁鼻钱"。罗振玉说："蚁鼻钱间有有文字者，验其书体乃晚周时物"（《殷虚古器物图录》下卷二十一叶）。据我所见到的实物，他这个断定是正确的。

周初的彝器中有以金属的若干分量为赏罚的例子，我们可据以推定是承继了殷人的习惯而来的。

第一是《禽簋》：

> 王伐楚侯，周公某（诲）禽祝，禽又（有）睃（贤）祝，王易

（锡）金百乎。

周公据我考定即是周公旦，禽即伯禽，伯禽在周曾为大祝，别有《大祝禽鼎》可证。"金百乎"即铜一百乎。乎重十一铢又二十五分之十三。这个字在今文《尚书·吕刑》作率（见《史记·周本纪》），古文《尚书》误作锾（今本《书经》如是）。率是译音，亦或作律，锾是读了别字。东汉的古文家们古文程度并不深，时常爱读别字。

第二是《师旅鼎》：

> 唯三月丁卯，师旅众仆不从王征于方，雷使厥友弘以告于伯懋父。……伯懋父乃罚得冀古三百乎，今弗克厥罚。

伯懋父经我考定即卫康叔的儿子康伯髦。于方当即卜辞所常见的盂方，是东南夷里面的一族。王，无疑是周成王。"罚得"下一字可惜不认识，或者是显字的变体，读为献吧，但顶重要的是古今两字相对待，器既属于周初，言今自然是指周，言古则当然是指殷了。据此可见殷周的衡量一定有轻重的不同，殷乎必重于周，故言"今弗克厥罚"。而且金属的使用价值，在殷代已经在用一定的衡量来表示，也是毫无问题的。

不过这些例子，我们只知道殷末周初已经在宝贵贝玉，或者竟以之为货（商品），但不是已成为价值媒介的纯粹货币，这层我们是须得注意的。殷末的商业只能在物物交易的阶段，我们从周代经济的发展上来看，更可以得到详细的征明。

B 关于西周的生产状况

西周的文化大体上是承继殷人的遗产。我们无论从周初的彝器来看，或从《尚书》里面的《大诰》、《康诰》、《酒诰》、《召诰》、《洛诰》、《多士》、《多方》、《无逸》、《君奭》那几篇来看，周人自己都承认着是接受了殷人的遗产，而且要以殷先哲王为模范。故从文字结构上看不出差别，在器物形制上看不出差别，甚至如年月日的写法一如欧洲的方式把年放在最后，也看不出差别。殷人用卜，周人也用卜，只是我们现在还没有发现周人的甲骨文字而已，谁也不能断定说：周人一定没有。殷人祀天，周人也祀天。殷人祭祖宗，周人也祭祖宗。侯甸男邦采卫是沿用着殷人的礼制，所有一切的内服外服也一仍旧贯。除掉因军事胜利的结果，主客易位，把殷人奴化，而建立了一些周人的殖民部落而外，我们所看到的最显著的差异，便是殷人嗜酒，周人严厉禁酒；祭祀时殷人用牲特别多，而周人十分少，如此而已。

周公禁酒确是很厉害的，动辄便要杀人，颇有点像现在的禁鸦片烟一样。但这禁酒和嗜酒的区别，与其从道德性上去追求它们的根源，无宁是由于生产力有强有弱吧。酒是农业的精制品，嗜酒必以农业发达为前提。周人生于比较硗瘠的西北，不敢把农产品多事浪费，故养成了禁酒的习惯。周人虽以农神后稷为祖，只表示他们尊重农业，并不能作为农业十分发展的根据。周人的周字是古初的琱字，《函皇父簋》周娟一件作琱娟，便是明证。字象平板上有点线的琱画，金文画字下体从周，也就是象征一只手执刀笔在琱刻点线。有人以古周字和田字相近（古文周或省口，而于田字形的空白中各加一点），以为是象周人的农田种植，那也完全是臆说。

用牲数少，毫无疑问是牧畜业衰颓了的现象。我们看《召诰》里面所用的牲数吧："丁巳，用牲于郊，牛二。越翼日戊午，乃社于新邑，牛一，羊一，豕一。"又看《洛诰》里面所用的牲数吧："戊辰，王在新邑烝祭岁，文王骍牛一，武王骍牛一。"胜利者周公和成王祭天地祖宗所用的牲体才仅只有这么样一二头的数目，和卜辞动辄四五百头的比较起来，不是有天渊之隔的吗？在《逸周书·世俘篇》里面倒有一二例的牲数用得特别的多：

> 乙卯，武王乃以庶国祀馘于周庙……断牛六，断羊二。……用小牲羊犬豕于百神水土。……用牛于天于（与）稷五百有四。用小牲羊豕于百神水土社二千七百有一。

这一些超级的数目，旧时的人不大相信，如孔晁注便以为"所用甚多，似皆益之"，但我以为《世俘》这一篇倒可算是真实纪录，以后人头脑，就要夸张也夸张不到的。但周武王之所以能够这样慷慨地用一次，并不表示周人养猪养羊特别地讲究，而是因为用的是殷人的遗产！而且只慷慨了这一次，以后便倒楣了。在历史上只留下了这么空前绝后的一例。

周初的农业自然已经有了高度的发展，但这发展并不是周人特异的突出，无宁也是殷代遗产的继承。我们看《尚书·无逸篇》吧，周公自己说他的父亲"文王卑服，即康（糠）功田功"，可见文王这位酋长还在亲自下田风谷。又看《楚辞·天问篇》，"伯昌何衰，秉鞭作牧"，可见这位下田风谷的酋长文王，同时也还在看牛看羊。这些都是很可靠的资料，和文王的祖父太公都还在穴居野处的传说是很相称合的。故所以周代的铜器，在武王以前的，一个也没有。

但到了成王时代，气象便迥然不同了。

要考察周初的产业情形，最好是《周颂》里面的几篇关于农事的诗。没有用韵的一两首如《噫嘻》，如《臣工》，特别的早，有韵的便要稍后些。大小《雅》和《国风》里面的那几篇洋洋大作的农事诗，都是西周末年或更后年代的东西了。

我们看《噫嘻》吧。

> 噫嘻成王，既昭格尔。率时（是）农夫，播厥百谷。骏发尔私（耜），终三十里；亦（弈）服尔耕，十千维耦。

这是没有韵的诗，非常素朴。这可能就是成王时代的作品，因为文武成康这些名号都非死谥。死后追谥的事是战国中叶以后才出现的。这由王国维首先发现，继经我补充发展，目前是已经成为定论了。诗也经过改窜是毫无问题的，证据就在一个"尔"字。这个第二人称代名词的使用，由彝器看来，是春秋中叶才开始的。殷代及西周的古器物铭文里面的人称代名词，第一人称主格用我，用余（不用予字）；领格用朕，有时用我；宾格用余，有时亦用我。第二人称主格用女（汝），有时用若（极罕见）；宾格亦用女；领格则专用乃。第三人称主格罕见（春秋时器用皮，即后世彼字）；领格用其，用厥；宾格用之。这是东周以前用字的通例。凡《诗》、《书》中用朕为主格，用予吾尔汝等字，不是后人伪托，便是经过改窜的东西。

《噫嘻》虽然采的诗形，但假如简单化起来，仅只是这么一句：成王叫你们来，带领着这些农夫们去，播种耕田。这和卜辞的"王令小臣以众黍于某"，在根本上并没有什么不同。

特别值得注意的是"十千维耦"的一句，这是讲有二万人在同时集体耕作。这和卜辞的"王大令众人曰协田"，也恰恰彼此得到注释。我们不好把这些辞句只轻率地看为夸张便了事，我从前是曾经犯了这样的轻率的毛病的。西周诗人极其质实，决不肯振奋一下想像力的翅膀。大抵他们所举的数目字都可认为有账簿性的效用。此处的"十千维耦"，《载芟》的"千耦其耘"，以及所谓"千斯仓，万斯箱"，"如茨如梁，如坻如京"之类，都是实写，便是有大规模的集体耕作为它们的蓝本的。这样的场面早已下了历史舞台，后代的诗人是不能想像的了，因此也再没有这样的诗篇产出了，便是要夸张也夸张不出。

在这儿可容许我们考虑到的便是殷周两代曾经实行过井田制。

这个问题，在前被人否定过，也被我自己否定过的，现在我却要肯定它，而且认为这是解决殷周社会组织的一个极重要的关键了。我也算经过了十五年的探讨而来，决不是一时的心血来潮，为了要自圆其说，而任意的翻云覆雨。

井田制是断然存在过的，我们可以得到很多的证明。例如田字本身便是一个证据，这个象形文是有图画价值的，古代必然有过豆腐干方式的田制，才能够产生得出这样四方四正，规整划分的田字。字在甲骨文字里面已经就是这样，几千年来都没有改变。

其次是西周的金文里面有好些赐田和以田地赔偿或交易的纪录，而都是以"田"为单位。例如上面已经提到的《曶鼎》（孝王时）叙匡季起初以田赔偿盗禾之罪"用五田"，不能了息，后又"用田二"，"凡用即曶田七田"。又如《卯簋》乃先后年代之器，叙荣伯赐卯的物品里面有"马十匹，牛十，锡于亡一田，锡于×一田，锡于×一田，锡于×一田"。《不期簋》（夷王时）叙不期伐玁狁有功，伯氏赐他："弓一矢束（五十枝），臣五家，田十田"。《敔簋》（夷王时）叙敔抵御淮夷有功，王赏赐他"贝五十朋，赐田于叙五十田，于早五十田"。像这样以一田、二田、七田、十田、五十田为计，明明是以"田"为计算单位，这更足以证明田的亩积必然有一定的大小。

这样，田有一定的亩积而且规整划分的制度，除井田制之外不能想像。正因为古时候有过这样的田制，故尔《周官·遂人》有治野的方法，《考工记》也才有匠人为沟洫叙述井田构成的方式。又如子产在郑变法还在"井沃衍"，李悝为魏文侯行尽地力之教，也还在"地方百里，提封九万顷"，商鞅在秦变法才开始"坏井田，开阡陌"。这些纪录没有井田制是讲不通的。

井田制必然是施行过的，问题倒应该是：井田究竟是怎样一种形式。

（三）关于井田制

关于井田制，一般大抵是以《孟子》为根据，而逐渐加以发展。孟子劝滕文公行井田时，他说：

> 请野九一而助，国中什一使自赋。……方里而井，井九百亩，其中为公田，八家皆私百亩，同养公田。公事毕，然后敢治私事。

又说：

> 夏后氏五十而贡，殷人七十而助，周人百亩而彻，其实皆什一
> 也。……《诗》云"雨我公田，遂及我私。"惟助为有公田。由此
> 观之，虽周亦助也。

照孟子的意思，三代的田制虽然略有因革损益，但在原则上是一致的，至少八家共井式的井田制是为殷周两代所共通，不同的仅仅殷人以七十亩为单位，周人以百亩为单位而已①。这大约多少是有些根据的。他也引到龙子曰"治地莫善于助，莫不善于贡"，龙子不知何许人，必是孟子先辈而有名于时的人，故孟子引其说为说。或疑为商鞅变法时与之辩论的甘龙，不仅时代稍后，且远在秦国，未必便能相闻。大约殷人七十亩而取七，周人百亩而取十，会是事实，而变为八家共井式的井田，则只是孟子的乌托邦的理想。古者世禄，画方田仅以代禄，即是给予一般的内服臣工，并不是给予一般耕田的人。孟子主张耕者有其田，故假借古时田制史影以图减少阻碍，所引《大田》的"雨我公田，遂及我私"，固是公田与私田的对称，然要解释为井字形田的当中百亩为公田，周遭的八个百亩为私田，那只是孟夫子的"我田引水"而已。

自有这孟子式井田说出世，到汉代的《韩诗外传》与《穀梁传》便逐渐完整化了起来。《韩诗外传》是汉文景时的韩婴"推《诗》之意"所作。他推《信南山》的"中田有庐，疆埸有瓜"而解释为"古者八家而井，田方里为一井……其田九百亩。……八家为邻，家得百亩，余夫各得二十五亩。家为公田十亩，余二十亩为庐舍，各得二亩半。"这样倒计算得很周到，不仅和"什一"的说法很能够牵合，而且从《诗经》里面又找到了一个证据，比孟子所找到的公田私田还要显得更切实些。

《春秋》宣公十五年"初税亩"，《穀梁传》也就根据了韩婴②，而更加说得像煞有介事。

> 初者始也。古者什一，藉而不税。初税亩，非正也。古者三百
> 步为里，名曰井田。井田者九百亩，公田居一。私田稼不善则非
> 吏，公田稼不善则非民。初税亩者，非公之去公田而履亩十取一
> 也。以公之与民为已悉矣。古者公田为居井灶，葱韭尽取焉。

---

① 据余考证，殷尺大于周，殷亩必大于周亩，则七十与百之比在事实上恐无差别。——郭沫若原注。

② 崔适与钱玄同认《穀梁》为古文家，乃西汉末年之书。详钱著《重论经今古文学问题》（《古史辨》第三册）。——郭沫若原注。

这样，当中的公田不仅有庐舍，而且还有水井、灶头、菜园子，想得更比韩生周到了。

然而《信南山》那两句诗的原意，可惜并不是那么一回事。且把那整个一节诗拿来研究一下吧。

> 中田有庐，疆场有瓜，是剥是菹，献之皇祖。曾孙寿考，受天之祜。

庐与瓜是对待着说的，下边统言剥言菹，可以知道庐必与瓜为类，断不会是居宅庐舍之庐。同样的诗例，我们可以举《南山有台》为证。

> 南山有台，北山有莱。……
> 南山有桑，北山有杨。……
> 南山有杞，北山有李。……
> 南山有栲，北山有杻。……
> 南山有枸，北山有楰。……

台既与莱为对文，而其余数章又都是桑杨杞李等植物名汇，则台断非亭台楼阁之台。故古时注家即破台为薹，训为莎草，这便与莱为类了。和这同，与瓜为对文，而可剥可菹（摘来做咸菜）的庐，也必然是假借字。我看这一定是芦字的假借，说文云"芦，芦菔也"，便是如今的萝菔。中田者田中，"中田有庐"亦犹"中谷有蓷"，就是说田当中有萝菔。这样一得到解释，可知韩生引用这两句诗，比孟子引用《大田》的那两句是更加胡涂了。孟子之所以不引这两句，倒可借证孟子也是不把庐训为庐舍的。

假使还需要例证的话也可以举出《七月》的"七月食瓜，八月断壶"。壶字与瓜为对，下文也都说的是植物，故只是葫芦的瓠，而不是茶壶酒壶的壶。这在古人也早就知道了。在前的训诂家称之为"同音通假"，事实上可以说就是写别字。不过壶这个字倒是葫芦之义在先，水壶之意在后，壶起初用葫芦来做，故尔称为壶而已。就是现今的壶也还多少保存着葫芦的形式。

但孟子式的井田说，也并不是毫无根据。它所根据的应该是《考工记》的《匠人》职文，或与《匠人》职文同根据一种古代曾经有过的事实。《考工记》毫无疑问是先秦古书。且看那开首的叙记里说到"有虞氏上陶，夏后氏上匠，殷人上梓，周人上舆"，可知时已不属西周，而书亦非周人所作。又说到"郑之刀，宋之斤，鲁之削，吴越之剑，迁乎其地而弗能为良"，郑宋鲁吴越等国入战国以后都先后灭亡，其技艺亦早已"迁乎其地"，可知这所说的还是春秋时代的情形。又说到"粤无镈，燕无函，秦无庐①，胡无弓车"，或"燕之角，荆之干，妢胡之笴，吴越之金锡"，作者之国别连燕秦荆楚妢胡都是除外了的。当时重要的国家所没有提到的只是齐和晋。"妢胡"，旧注以为"胡子之国在楚旁"，这样的小国不应有被举的资格，我疑妢即是汾，指晋国，胡仍是"胡无弓车"之胡。如此则只剩下齐国一国了。再看书中所用的度量衡多是齐制，如《冶氏》为杀矢的"重三垸"，垸据郑玄注即东莱称重六两大半两（大半两即三分之二两）的环；如《栗氏》为量的釜豆等量名都是齐制。又如"梓人为饮器，勺一升，爵一升，觚三升，献以爵，而酬以觚，一献而三酬则一豆矣"，即所谓"齐旧四量豆区釜钟，四升为豆"（《左传》昭公三年）。据此我们尽可以断定：《考工记》是春秋年间的齐国的官书。

《考工记》的年代国别既明，我们请来看它的匠人为沟洫的职文吧。

> 匠人为沟洫。耜广五寸，二耜为耦。一耦之伐广尺深尺谓之〈
> （畎）。田首倍之，广二尺深二尺谓之遂。九夫为井（井方一里），
> 井间广四尺深四尺谓之沟。方十里为成（十井），成间广八尺深八
> 尺谓之洫。方百里为同，同间广二寻深二仞谓之浍。专达于川。

这就是今文《尚书·皋陶谟》"濬畎浍距川"的详细内容，当然也就是孟子的井田制之所根据。但孟子把它理想化了，把"九夫为井"改为八夫共井，当中一眼改为了公田，以图实现其耕者有其田的理想。《考工记》的井田制大率在齐国是实行过的，《管子·侈靡篇》言"断方井田之数，乘马甸之众〔而〕制之，陵溪立鬼神而谨祭"，虽不必是管子时事，然足见齐国实曾施行过井田。但这和周室施行的办法却又多少有点不同。周室治野的办法在《周官·遂人》职文里面还保持着，那是纯粹十进位的办法，没有"九夫为井"的那一套花样，但遂沟洫浍川等名称是完全相同的。

> 凡治野，夫间有遂，遂上有径。十夫有沟，沟上有畛。百夫有
> 洫，洫上有涂。千夫有浍，浍上有道。万夫有川，川上有路。以达

---

① 这个庐字也不是庐舍的庐，《考工记》"庐人为庐器"，是做戈戟枪矛的杆子，也可以说就是殳。古语说："侏儒扶庐"，就是矮子爬棍棒。——郭沫若原注。

于畿。(这是一纵一横的办法,比《匠人》职文的方式更为简单。)

这项资料我觉得同样值得宝贵,并不是出于刘歆的杜撰。因为《周官》尽管是有问题的书,但只是经过刘歆的剪裁添削,割裂改编而已,其中自有不少的先秦资料。故《周官》和《左传》一样,固不可尽信然亦不可尽不信。使用时须得有一番严密的批评。像这治野一段,如是出于杜撰便应当与《孟子》、《考工记》等相同,而现在不同倒正足以证明其不是杜撰了。

这十进位的办法和古代罗马的百分田法极相类似。古罗马人治野,先要视飞鸟之影以察几祥,卜地既吉,乃用悬规以定地之中点(仿佛古人所谓"土中")。中点既定,即由此引出正交之纵横二路。以此为基线辟一中央四分之方形或矩形(恰如我国田字)。于四隅建封疆,或以木,或以石。(此如用我国古制称之,亦即所谓"封建"。)再与纵横二路两两平行,各作小径,划成无数正整的区域,每区以罗马尺二四〇方尺之正方形或矩形为正规。这种遗迹在意大利境内已经由地底发掘出来了,这和《遂人》职文不是极相类似吗?从前怀疑井田制的人以为那样划豆腐干方式的办法不曾有,也不能有,然而经过考古的证明,罗马在奴隶制时代已经有过了。我们的井田虽然还不曾从地下发掘出,但将来是很有希望的,谁也不能断定它绝对不能出土。

地底的证据虽然还没有得到,古文献和古器物上的证据是已经有得够充分了。例如古时灭人国有改变人的亩道之事。《春秋》成公二年晋郤克打败了齐侯,他所要求的媾和条件便有"使齐之封内尽东其亩"的一项。这也正好是井田的一种证明。因为亩道系以国都为中心,故有南北纵走与东西横贯的两种大道,南北纵走的是南亩,东西横贯的就是东亩。《诗》上所说的"我疆我理,南东其亩",就是这个事实。齐国在晋的东边,"尽东其亩,唯戎车是利",事实上就等于撤销它的首都和国防,把南北纵走的大道一律改为东西横贯,以便一有战事时,兵车便直达全境。这些资料看来与井田制并无直接关系,而其实它们正是绝好的证明。

古器物铭文上的直接资料,如田字本身的结构,周代金文里面的以田为单位的一些纪录,我在上面已经叙述到了,不再赘述。此外也还有几项更确实的证据。

一、《召卣》:

> 唯十又三月初吉丁卯,召启进事奔走事,皇辟尹休。王自榖使

赏毕土方五十里。

这是周初的器皿，由花纹形制与字体都可判定，"十又三月"是年终置闰，也沿用着殷人的习惯。"赏毕土方五十里"，是说予以毕地之土田五十里见方。毕在陕西长安咸阳二县的西北，乃毕公高所封。高召古音同部，因此这位"召"应该就是高的本字了。我从前因为不相信豆腐干式的划土分田法，曾极尽曲解的能事，想推翻这个铁证。现在想起来，真是徒劳的妄举了。

二、《段簋》：

> 唯王十又四祀十又一月丁卯，王在毕烝。……念毕仲孙子，令龚仲遗大则于段。

这是昭王十四年的器皿。"大则"即《周官·大宗伯》"五命赐则"之则。郑玄注："王莽时以二十五成为则，方五十里"，莽制复古，一切都是有根据的。"则"上加一"大"字，或许比方五十里还要多些吧。

三、《贤觥》：

> 唯九月初吉庚午，公叔初见事于卫，贤从。公命史晦（贿）贤百晦（亩）。……

这个器皿的字体也是很古的，断然属于周初。公叔当即卫康叔。这"百亩"地应该就是一田的地积。两个晦字，即古亩字，但上一个是动词，有赐予之义，故知读为（贿），亦即是贿字。

根据以上一些证据，我们确切地可以说：殷周两代是施行过豆腐干式的均田法的，其在西周不仅行之于镐京，于洛阳，而于齐于卫都有朕迹，只是各地所行的方式，多少有些出入。这些，一律都可以叫作井田，不必一定要九夫为井或八家共井。因为那样规整地划分的田地，从其一局部看来，是和井字很相仿佛的——无论甲骨文或金文，井字形都和现行楷书是一样，而纵横笔画更是完全整齐的。

（四）施行井田的用意

为什么要施行这样豆腐干式的井田呢？

这显然是由于两层用意所设计出来的：一是作为榨取奴隶劳力的工作单位，另一是作为赏赐奴隶管理者的报酬单位。古时候没有正确的时间和一定的考核标准，故尔划分出一定的地积来以便容易考查奴隶生产的勤惰。《王制》所谓"制农田百亩，百亩之分上农夫食九人，其次食八人，其次食七人，其次食六人，下农夫食五人"，实际就是要榨取一人的劳力来供养五人至九人的食粮。在上者以这为标准课农夫的勤惰，也以这为标准而定其上下，加以赏罚。

有了生产奴隶出现之后，必然有管理生产奴隶的人。在奴隶数目不多的时候，奴隶主自己可以管理，但如数目一多，生产一扩大了，那就须得有得力的或忠实的管事们来代管，于是官就出现了。这就是阶级统制的形成。等奴隶数目更多，生产规模更扩大，管奴隶的人也就更加多，而管奴隶的人也就须得更有人来管理。于是层层相因，而所谓公卿大夫士的层次，或王公大夫士皂舆隶僚仆台的十等也就逐渐产生出来了。除王以外的这些管事们必得有一定的报酬，在后人是用薪俸，在秦汉是用谷米，而在殷周则更原始地就用生产工具的土地。为要表示出等级，使报酬有一定的多寡，因而也就得利用这规整分地的办法了。

管理奴隶的人除奴隶领主自己的兄弟亲戚之外，愈和奴隶层接近的下层管事，照例是由奴隶提升起来的顺民。普通的官僚在古时称为臣宰，在初都只是奴隶的称号。（臣是亡国奴，宰是"罪人在屋下执事者"[1]。）卜辞中屡见以多臣多宰从事征伐，或命臣以众庶从事战争或耕稼的纪录，臣宰的初义在殷周还未尽失，愈朝后代走便愈涂上了光彩，所谓大臣冢宰之称那差不多是光荣绝顶的名词了。

就这样，阶级统制随着历史的进展便愈见隐晦下来。我们为了要求得它的本来面目，最捷的途径是从今天还停留在原始阶段中的氏族社会里去找资料。在我国这种后进的兄弟民族是很多的，如像倮罗人[2]，那毫无疑问是还停留在初期的奴隶制阶段的。如像凉山倮罗，有黑骨头与白骨头之分。黑骨头便是真正的倮罗人，是贵族。白骨头是先后被俘掳去的汉人，是奴隶——"娃子"。据近年的调查，凡汉人被俘为奴，起初是备受缧绁之苦。但经若干时期之后，只要你诚心归顺，便可以得到身体的自由，而一切的耕作与劳役都得唯命是听，有事时还须参加战争。这些都是所谓"娃子"。娃子如有才干并特别忠顺，为主人所赏识了，便被提升为"管家娃子"，可以让你同另一异性的忠顺娃子结婚，给你一片土地，一所房屋，让你去自耕自食。每年年终只消献纳猪一

---

① 可参看拙著《甲骨文字研究》上卷《释臣宰》。——郭沫若原注。

② "倮罗人"，今通作"彝族"。

头，杂酒一罐。但平时劳役，战时出阵，也都要唯命是听的。管家娃子也能俘掳汉人，驯服之以为自己的奴隶，这种奴隶叫作"三滩娃子"。滩是等级的意思。管家娃子为头滩，普通娃子为二滩，娃子的娃子为三滩。

我们根据这个原始的奴隶社会，很可借以了解我们殷周时代的社会机构。所谓"百僚庶尹，惟亚惟服，宗工，越百姓里居"的内服，其实一多半也就是所谓"管家娃子"。还有所谓"侯甸男卫邦伯"的"外服"，那是些酋长族的分家。那些各个的分家，殖民部落，自然又是一些由奴隶的等级所累积起来的金字塔了。——这就是我们中国古时候的所谓"封建"。近年有些新史学家依然为这种原始字面所蒙蔽，他们说"西周是大封建社会"，或"初期封建社会"，因而也很在努力，想从新的观点来证成这种说法，在我看来，不免是徒劳的。

新史学家们对于史料的征引，首先便没有经过严密的批判。《易经》仍被视为殷末周初的古书，《书经》甚至引用到梅赜的伪古文，《诗经》则一本《毛传》。对于旧文献的批判根本没有做够，不仅《古史辨》派的阶段没有充分达到，甚至有时比康有为、阎百诗都要落后，这样怎么能够扬弃旧史学呢？实在是应该成为问题的。有好些朋友又爱驰骋幻想，对于神话传说之被信史化了的也往往无批判地视为信史。对于甲骨文的引用和解释也太随便。甲骨文字的研究是方兴未艾的一种学问，前人的成说每每不久便被推翻，我们如不去全面追踪或过于轻信，便每每以不狂为狂，以狂为不狂。例如爱被新史学家们征引的"弅奴"说，早就被扬弃了。"弅"是娩字，"奴"是嘉字。又例如同样爱被征引的"归矛"说，也早就被扬弃了，"归"为妇字，"矛"是包字。[①] 然而新史学家们至今都还在引用来著书立说。"帚姪"是人名，而说为子侄之侄。"臣在鬥"的鬥字是地名，而认为奴隶用于角斗。其它错误，不遑枚举。关于金文，《殷文存》仍全被视为殷文。周代的彝器则笼统活脱地被使用着，不肯从分别时代上着眼。这些作风，不能不说是在基本上就颇成问题的。

但是，这些问题我们姑且抛开，且就新史学家们认周代为封建社会的主要根据，重新作一番检讨吧。

---

① 可参考拙著《古器物铭刻汇考续编》中《骨臼刻辞之一考核》一文。——郭沫若原注。

首先他们是否认井田制的，但信手又把孟子所理想化了的井田式认为庄园制的雏型。这是不着边际的循环论证。由我上文的叙述自可表明，无庸再说了。

其次他们认为土地已经分割，即是土地已经私有，也就是庄园地主已经存在。土地已经分割是事实，但只是土地的享有，而非土地的私有。内服的百僚"田里不粥"，外服的诸侯只是殖民地代办，有罪则"有削地"（《王制》"诸侯，其有削地者归之闲田"），有废国（如"降霍叔于庶人"）。削地废国之权直到春秋初年的周室都还保存，如隐公十一年"王取田于郑，而与郑人苏忿生之田"之类，即其证。所以诗人说"普天之下，莫非王土"。

又其次认为耕者都是农奴，是自由民。这由于没有把古代民字的本义认识清楚。殷周两代从事生产者谓之民，谓之众，谓之庶人，其地位比臣仆童妾等家内奴隶还要低。我引了不少的证据，也反覆讨论过多少次，然而总得不到一致的见解，而又无正面的反驳，不知道这问题的症结究竟是在那里。我想，主要的原因或许是由于农业奴隶与封建制下的"农奴"性质相近而生出了混同吧。农业生产奴隶和手工业的生产奴隶或商业奴隶，性质不尽同。这在典型的奴隶制时期的希腊已经是表明着的。注重手工业和商业的雅典，奴隶是无身体自由的，而注重农业的斯巴达，他的农耕者黑劳士（Helos）便有充分的身体自由。这是因为农业的土地便发挥着更大的缧绁韝钳的作用，耕者不能离开土地，离开了便有更深沉的苦痛。这层土地的束缚作用，连那么原始的傈罗人都是无意识地利用着的了。中国是大农业国，故殷周两代的农耕奴隶，能显得那么自由。

爱被新史学家们所引用的《尚书》里面的几句话："尔乃尚有尔土"，"今尔惟时宅尔宅，继尔居"（以上《多士》），"今尔尚宅尔宅，畋尔田"（《多方》），以为都足以证明殷灭亡后的那些顽民都成了"农奴"——自由民，有自己的土田房屋。其实所谓"有尔土"是享有尔土，不是私有尔土。所谓"宅尔宅，继尔居"，或"畋尔田"，是宅尔所宅之宅，继尔所居之居，畋尔所畋之田。我们如把享有误为私有，那是会差之毫厘而谬以千里的。

土地既可作为酬劳臣工的俸禄代替，更重要的生产工具——奴隶，当然也可以作为酬劳品。故鲁公伯禽受封时有"殷民六族"，卫侯康叔受封时有"殷民七族"，唐侯叔虞受封时有"怀姓九宗"。而西周金文中由我所发现的臣民与土田同锡之例，更屡见不鲜。说者也每每认为这些都是"农奴"，"就是因为他们大半连同土地而被赏赐"①。其实土地的束缚性很大，即到资本制下农民和土地都还不容易分开，但它们是可以分开的，分合是可能全凭个人意志。封建制下也可以分开的，分合是可能半凭个人意志。到了绝对分不开，全无个人选择的自由，不正好证明是奴隶吗？在这儿十八世纪绝对专制王权下的俄国暴政，把农奴成千或万的连同土地一道给人，那种变例是不能拿来做证明的。因为农奴在历史的反常期中屡屡被横暴的领主或征服者逆化而为奴隶，在中国秦汉以后的历史上也正不乏其例。就在目前的世界大战中希特勒不正把无数资本主义的乃至社会主义的国家的人民化为奴隶吗？我们能引据目前的资料证明西周已经是资本制度么？

要之孟子式的井田制不能认为庄园。土田虽见分割并非私有，即倮罗社会里也有这样的现象，不能认为封建制的特征。农业奴隶本有较广泛的身体自由，其与土田同被分锡正表示其自由实有条件，决不能认为"农奴"。耕者深受土地束缚，随着土地而转徙，颇类于土地上的树木。然此亦非被分锡者所私有，而实为其所享有，故诗人又说："率土之滨，莫非王臣。"

历史是整个的，个别的社会关系也要看整个的社会关系来决定。西周还是青铜器时代，做青铜器和其它器具的工人都还是奴隶（说明详下），而农耕者已经是半自由民或自由民，那是怎么也说不通的事。

（五）申述人民身份的演变

为了大家省得翻书去逐步找寻起见，我不妨再把我所见到的人民身份的变迁，更综合地叙述一遍吧。

人民本是生产奴隶，这是我在古代社会中所发现的一个重要的事项，但其实这已经是一种进步，人民在达到这个历史阶段之前是连做奴隶的身份都没有的。

我们知道人类的原始时代是纯粹的家族集团或宗族，那时是无所谓奴隶的。一族人就如一家人，虽有族长或家长，并无所谓主奴之分。奴隶是来自异族。起初征服了或战胜了异族，俘获的人是要尽遭屠杀的，每每把这种人来作为牺牲以祭本族的祖宗神祇。就是在卜辞里面以人为

---

① 翦伯赞著《中国史纲》三一三页。——郭沫若原注。

牺牲的纪录正多到举不胜举。用人牲之例多言"伐"①，伐若干人即是杀若干人，有一次伐至二千六百五十六人的。又屡言"劳"，劳若干人即是辜若干人，磔若干人。可见殷人的原始性依然相当强，对于人夫并不怎样爱惜。但人是有使用价值的，起初择其辩黠柔顺者以备驱遣，那便是臣，便是妾，即所谓家内奴隶。继进即其顽强不听命者亦强迫之以事生产，那便是众，便是民。最有趣味是民与臣两个字，在古时候本都是眼目的象形文。臣是竖目，民是横目而带刺。古人以目为人体的极重要的表象，每以一目代表全头部，甚至全身。竖目表示俯首听命，人一埋着头，从侧面看去眼目是竖立的。横目则是抗命平视，故古称"横目之民"。横目而带刺，盖盲其一目以为奴征，故古训云"民者盲也"。这可见古人对待奴隶的暴虐。古人于奴，髡首、黥额、刖足、去势，乃家常茶饭，盲其一目固无所惜。特一目被盲不便生产，后世不用此法而已。盲双目以为音乐奴隶之事则仍未绝灭。

卜辞中无民字，亦无从民之字，但这只是没有机会用到而已，并不是殷代无民。也就如金字亦不见于卜辞，我们也不能说殷代还没有铜。《盘庚》、《高宗肜日》、《微子》那几篇《商书》都已经有了民字，而尤其《高宗肜日》的"王司敬民，罔非天胤"那句祖己所说的话，简直是思想上的一大进步，把人民都平等地看成为天的儿子了。但这无疑是经过后代儒家所润色的。

周初的几篇《周书》都有民字。在彝器方面，成王时代的《班簋》叙毛伯伐东国，三年告厥成功，有"惟民亡拙哉，彝昧天命，故亡"的话，当然指斥的是殷之顽民。康王二十三年的《大盂鼎》，言"在武王嗣文作邦，辟厥匿，匍有四方，畯正厥民"，又言"粤我其遹省先王，受民受疆土"。这些都和《周书》的观念很接近，表示民与土地是天所授予于王室的财产，所谓"皇天付中国民越（与）厥疆土于先王"（《梓材》）。这些都很明显地是殷代传下来的观念。"有人此有土，有土此有财，有财此有用"，疆土和人民本来是分不开的。

民在周初又称为人鬲。《大盂鼎》纪康王锡盂的物品说道："锡汝鬯一卣，冕衣芾舄车马。锡乃祖南公旂用狩。锡汝邦司四伯，人鬲自驭至于庶人六百又五十又九夫。锡汝夷司王臣十又三伯，人鬲千又五十夫。

---

① 伐字旧解为舞，那是臆说。卜辞有祭妣庚二例，所列祭品中上言"伐廿"，下言"艮二"。或"艮三"。艮即古服字，罗振玉说为俘。其实乃假为备，双玉为备。《洹子孟姜壶》"于南宫子用璧二备"，即其证。——郭沫若原注。

亟××自厥土。"所谓"邦司"就是管家娃子，所谓"夷司王臣"也就是专管夷仆的王家娃子。这两项是分开来纪载的，同一人鬲也是分开来纪载着。据此，我们可以推想到"邦司"所管的人鬲是旧有的奴隶，"夷司王臣"所管的人鬲一定是征服殷室后新归附的夷人。特别值得注意的是这人鬲的内函，前项的六百五十九人中分明是包含着"自驭至于庶人"的，庶人在人鬲中居于最下位，这也就和"人有十等"之外而"马有圉，牛有牧"未能入等的是同样①。驭当即十等人中的舆，可见人鬲是把下等的家内奴隶都包含着的。这项把庶人身分表示得绝好的材料，它的价值决不亚于爪哇岛上发现了一个原始人的牙齿，而学者们偏不重视它，不在这些地方驰骋一下想像，倒是有点不可思议的事。

人鬲又省称为鬲。成王时的《作册矢令簋》言"作册矢令尊宜（进肴）于王姜，姜赏令贝十朋，臣十家，鬲百人"。这也是臣与鬲为对。臣以家言，可见是有家有室的管家娃子，鬲以人言，可见还是单身汉的普通娃子。这鬲也就是《逸周书·世俘篇》"馘磿亿有七万七千七百七十又九人"的磿，两字的读音是相同的。在我看来它的起源，恐怕也就是黎民的黎。

臣民本是王家所授予，和"田土不粥"一样，也不宜私相授受，或有所损失。故周初的人时常谆谆告诫，要"怀保小民"。但年代经久了，享有逐渐化为私有，而人臣蕃昌之家又能自备三滩娃子，于是臣下之间也同样把自己的娃子或土地分予人了。这种情形由金文看来，是周穆王以后才频繁起来了的。

人民不仅可以授与，而且可以买卖。《周礼·地官·质人》"掌成市之货贿、人民、牛马、兵器、珍异"，《秋官·朝士》"凡得获货财、人民、六畜者委于朝，告于士"，人民与牛马六畜同科，可以在市上交易。这在有名的《曶鼎》里找到例证，并且找到了在孝王时的人口贩卖的价格。《曶鼎铭》第二段言曶先生向一位奴隶主限先生讲好了"用匹马束丝"买五名奴隶，连马匹丝束都成交了，但限先生变卦，不肯卖，只得又改用一种金属一百寽。但限先生又变了卦。因此便结成讼事，结果限先生输了。据这段彝铭我们可以知道，不仅是在孝王时的贸易还在行着实物交易与准货币交易的两种形式，而且人也可成为交易的货物。

---

① 《左传》"人有十等。王臣公，公臣大夫，大夫臣士，士臣皂，皂臣舆，舆臣隶，隶臣僚，僚臣仆，仆臣台。马有圉，牛有牧"（昭公七年）。——郭沫若原注。

五个人的价格仅抵一匹马和一束丝，而用货币交易时一个人也仅抵二十个孚。一孚等于十一铢又二十五分之十三，用汉代的五铢钱换算时，一个人值不上五十文制钱（当今五个铜板）。这人的价格是多么的贱呀！

《曶鼎铭》的第三段，前面曾经征引过，匡季愿出田七田，众一夫，臣五人去赔偿劫稻而不愿出三十秭禾的罚款。这也足见七个田和六个人的价值比三十秭禾还要低。一秭是半秅（见《说文》），一秅是四百秉（见《仪礼·聘礼》），一秉是一把（郑玄说）。一把禾可取米一合，六千把仅合六石。五个人和七个田还抵不上六石米，这人价和地价不是便宜得可以惊人吗？

但奴隶的价格并不是长久都是这样贱的，入后渐渐地贵了起来。我们在这儿可以引两件有名的故事来足成这段奴隶涨价的历史。

第一件是春秋末年齐国的宰相晏婴赎越石父的故事。越石父为人奴，晏子出而遇之于途，奇其貌，解左骖赎之（见《史记·晏婴传》及《晏子春秋》）。这明明表现着，一名奴隶已经值得一匹上好的马了。比起孝王时的价钱是涨了五倍以上。

第二件是战国梁襄王时候的事，卫嗣君有胥靡逃亡了，到梁国去替襄王后治病。卫君知道了，先请用五十金赎回，往返五次梁王都不肯。后来便决计以一个都邑名叫"左氏"的去更换他（见《韩非·内储说上》）。这些不用说都是特别的情形，不能认为当时一般的奴隶市价。用都邑自不用说，就是用五十金也未免太贵了。因为一金的重量有二十两与十六两的两种说法，五十金则为一千两或八百两。尽管用的是铜，都觉得贵得太利害了一点。但无论怎样，从这个例子里面，总可以反映出战国时代的奴价是比春秋时代更加增高了的。

奴隶为什么会这样涨价呢？这是社会变革的一个契机，且留待下面慢慢地解释吧。

(六) 井田制是怎样破坏了的？

井田除王室或公室自奉而外，其余是公卿大夫士等的俸田，但这一律都为公家所有，也就是一律都应该称为公田的。

井田制的开始破坏应该是由于私田的产生。俸田不得称为私田。即使夺取同僚的俸田，或甚至篡有公家的官田（这样的事在《左传》里面很多），只是所有权易主而已，在仅有的田积里面，也并没有产业的发展，因而也就不能扬弃一种社会制度。夺取别国的田地可能促进一部分的产业的增加，但这只能说明得一种后果，而未能说明其本身的前因。因为兼并侵略是由生产发展派生出来的，是什么因素使生产发展了，并没有得到说明。近时的新史学家们在说明古代社会的变革上差不多翻来覆去地只是强调这兼并侵略的事项，他们的见解，事实上丝毫也没有脱掉旧史学的窠臼。

井田制的破坏是由于私田的产生，而私田的产生则是由于奴隶的剩余劳动之尽量榨取。这项劳动便是在井田制的母胎中破坏了井田制的原动力！这层我们是要特别强调的。

公卿大夫士这些上层的管家娃子所领得的采邑或俸田虽然有限度，但他们对于所获得的三滩娃子的劳动榨取，差不多是无限度的。可幸中国又是温带里面的大陆国，除平衍地区的井田官地之外，有无量的山林陂池可供开拓。那些小奴隶主们是绝对不会放松这些利源的，就这样驱使所有的奴隶以开拓这些羡余，所谓"筚路蓝缕，以处草莽，以启山林"，所谓"庸次比耦，以艾杀此地，斩之蓬蒿藜藿"，这些当然是不犯禁的事体，而且勤劳有加倒常是受国家奖励的。这样所开辟出来的东西便成为自己所私有的东西，鬻卖抵偿，纯是自己的自由；既非受自公家，当然也就毫无纳税的义务。领主们这样纯粹享有着奴隶生产的剩余价值，在时间的经过当中便逐渐富庶起来，所有的私田更多，三滩娃子也更多了。这也就是他们能够更进一步去推行兼并侵略的资本了。

私田的垦殖是在国家大法的范围之外，当然不必遵守你那种四方四正的古板办法，而且也不能遵守。山林陂隰，那是无法拓出井字来的。这就是所谓"暴君污吏必漫其经界"，也就是所谓"辟草莱，拓土地"了。这种因任地势的自然田畴，我们在金文里面可以找出它的详细的刻画，那便是有名的《散氏盘》了。那盘铭一开首就说"用矢扑散邑，乃即散用田"，便是因为矢国在前去扰犯了散国的城邑，结果——大概是打败了——便用田去向散国赔偿。田是两个，一个是眉田，一个是井邑田。铭中把这两田的疆界叙述得很清楚。接着叙出参加验界的双方的官吏。接着是两处田官的先后发誓，自言没有隐瞒，也不会变卦，如有则受重罚。就这样还画成了地图，由矢王送给散氏。

顶值得注意的是两个田的疆界。那儿涉水涉湖，登山下山，一封二封地表示界标，或者利用天然林木，或者利用人行道路，地域究竟有好宽，不得而知，但那田形毫不平坦，也决不规整，是毫无疑问的。从前我就不止一次地征引过这项铭文来否定井田制，以为毫无井田的痕迹。

其实我的思虑是太不周到了。它这本来就不是井田，而是矢族的私田，正因此所以矢王才能够自由处理。故尔这项重要的资料并不足引据以否定井田，倒适足引据以证明井田之渐被否定。

《散氏盘》毫无疑问是厉王时代的东西，足证厉王时各族所有的私田是已经不少了。在同一时代里面有两个鬲攸从的器皿（这个人的名字见于《散氏盘》，故毫无疑问是同时），一个是《鬲从盨》，另一个是《鬲攸从鼎》，两个都说的是田邑的事情。前者是叙说有章氏用八邑去向鬲从换田，又有良氏也用五邑换田，结果都顺当成交。后者是叙鬲攸从分田地给攸卫牧，而攸卫牧没有报酬，遂成讼事，结果是使攸卫牧发誓："我弗具付鬲从其且（租），射（谢）分田邑，则殊（诛）"，于是乎讼事便了结。这倒足以证明厉王时地主形态的人的确是存在了。但一只燕子，还不能算是春天，我们看见了胎儿也还不好就认为是个体。地主关系要经过法定而成为制度，是还需要好几百年的。

然而井田制的危机是出现了，建立在这个基础上的社会关系也就开始动摇。又加以厉王是一位暴君，所以成其为暴者是因为保守旧的势力以压制新的势力，所以结果他曾被新起的地主阶层和下面要说到的工商阶层，把他从京城里赶跑，一时曾出现过一次早产的，结果是夭折了的地主政权，便是十三年间的"共和行政"。——共和是共伯名和；这由古本《竹书纪年》、《庄子》、《吕氏春秋》等书表示得很明白，但被《史记》误为周召二公共和而治。近时的新史学家也还有根据《史记》为说的，我要请这样的朋友读读朱右曾、王国维的关于《竹书纪年》的研究。

这早期政权虽然失败了，但等宣王即位时已开始"不籍千亩"，这正表明井田制下的仪式已经形式化而不被遵守了。又开始"料民于太原"，也是想把涣散了的奴隶统制来从新编配，借以维持其反动政权。对于新兴地主们的锐锋是使他们由内部转向外部，北伐玁狁，南征淮徐，以满足他们开疆拓土的欲望。就这样又把内在的危机一时延引下去了。这便是旧式史家所说的"宣王中兴"。

有两个《召伯虎簋》，那是千真万确的宣王时候的器皿。其中有一个是宣王的后妃责备召伯虎的，那里面重要的一句话是："余考止公仆庸土田，多债，必伯氏纵许"，是说父家田赋多积欠，是召伯虎没有帮忙。看情形是召伯虎在对于新兴的兼并势力加以削弱，至少被疑为是。

又有一个《兮甲盘》，也是宣王时器皿。那是宣王五年，兮甲从王刚好伐了玁狁之后，又奉命去征收四方的积欠一直南到淮夷。王的命辞这样说道：

> 淮夷旧我帛赇人（犹言朝贡之臣），毋敢不出其帛其积。其进
> 人，其贮，毋敢不即次，即市。敢不用命，则即刑扑伐。
>
> 其惟我诸侯百姓，厥贮，毋敢不即市。毋敢或入蛮究贮，则
> 亦刑。

说得有声有色，甚为严烈。在这儿正表示着把内乱转化为对外侵略的机微。诸侯百姓等所谓内外臣工都已经不奉命令，而却远远去和淮夷算账，要叫他服力役之征（"进人"），要叫他献纳赋贡（"贮"）。结果是引起了徐淮的战争，《大雅》里面有好几篇歌功颂德的诗，写得十分堂皇，把胜利也形容得十分澈底。"于疆于理，至于南海"（《江汉》），"四方既平，徐方来庭"（《常武》），俨然像淮徐都被征服，一直打到了南太平洋，而文武盛世又重现了的一样。然而徐楚在春秋时正大称其王[1]，而外强中干的周室却不久便为犬戎所扫荡了。一切对于统治帝王所呈献的功德颂本是骗人的东西，我们是不好轻信的。

周室就这样倒霉了下去，便形成为"礼乐征伐自诸侯出"的时代（春秋前半）。但那些老牌诸侯也并没有辉煌得多久，又挨一连二地沿走着周室的途径而趋向末路。姑且把鲁国来举例吧。这是西周诸侯中坐第一把交椅的。虽然他在春秋初年也曾经红过一时，如桓公十三年"春二月，公会纪侯、郑伯。己巳，及齐侯、宋公、卫侯、燕人战，齐师、宋师、卫师、燕师败绩"（《春秋》），仅和纪、郑两小国联盟便打退了四个大国的联军，不是颇有点霸主的风度吗？然而在春秋末年却已经让孔子发出了"禄之去公室五世矣，政逮大夫四世矣，三桓之子孙微矣"的浩叹了。这"五世"大概是从宣公起算[2]，"四世"是从成公起算的吧，约略当春秋的一半。在春秋二百四十二年当中，鲁国的产业情形虽然书阙有间，但就在宣公十五年却留下了一项在社会史上极其重要的纪录，便是上面举出过的"初税亩"这三个字。虽然只是这样的三个字，但它们确是新旧两个时代的分水岭，以前的《春秋》三传，也同样重视了这

---

① 彝器中有"徐王义楚"之器，以前清光绪十四年（一八八八）出土于江西高安。此即《左传》昭公六年"徐仪楚聘于楚"的仪楚，古义仪为一字。足为徐在春秋称王之证。楚国的例证可无须引举了。——郭沫若原注。

② 董仲舒《春秋繁露·玉杯篇》"政逮大夫四世矣，盖自文以来之谓"则五世当自僖公起算。然董说亦不过推测之辞。——郭沫若原注。

三个字。这的确是井田制的死刑宣布,继起的庄园制的汤饼会。

我们为什么要重视这三个字?因为在这时才正式的承认了土地的私有。自殷周以来的土田都是国有的或王有的公田,虽然在西周末造已经有私田出现,但和国家的经济机构毫无关系,也可以说是未经合法承认的私有。因为初出现时不能影响大局,公家一直默认了它。然而时间一经久了,私田的亩积便超过公田,私门富庶了,公家便式微了下来。因而"礼乐征伐"便逐渐"自大夫出",更达到"陪臣执国命"的地步。公室为挽救自己的式微,便被逼得把传统的公田制打破,而公开承认私有,对于私田一律课税。这样便是社会制度的改革。

私肥于公,因而泯却公私而一律取税,这在初是有利于公家而不利于私家的。公家可以多得些税收,而私家则不能再偷税了。因此这一税亩制度在初必曾遭遇过反对,果然在三十二年后的襄公十一年,三家来一次总反攻,"三分公室而各有其一,季氏尽征之,叔孙氏臣其子弟,孟氏取其半焉"(昭五年),季孙氏采用征税的新制度,叔孙氏沿用奴隶制,孟孙氏则新旧参半。再隔二十五年,又"四分公室,季氏择二,二子各一,皆尽征之,而贡于公"(昭五年),行新制度的季孙掌握了霸权,就这样三家都采取征税制,而把鲁公室瓜分了。但鲁公室依然存在,它是靠着三家的贡税而维持着的。这"贡"在哀公时已是十分取二,但仅限于三家所分的公田,其三家的私田不在献贡的范围之内。这一部制度变革的经过,由《论语》上左列一段颇难索解的故事,可以得到补充。

> 哀公问于有若曰:"年饥用不足,如之何?"有若对曰:"盍彻乎?"(十分取一为彻。)曰:"二吾犹不足,如之何其彻也?"
>
> 对曰:"百姓足,君孰与不足?百姓不足,君孰与足?"

这段文字骤看起来是有点滑稽的,一向的注家把它当作仁政在讲,那是只有更增加滑稽的程度。哀公已经增加了田税,十分取二了,还感国用不够,而有若却教他"何不十分取一"。这位有若先生岂不是一位十足的书呆子吗?然而我想,有若不会有这样的呆——这样的呆得不成话!但假如我们明了了当时的情形,那这段滑稽文字便并不那么滑稽了。哀公所说的"二吾犹不足"是由鲁国旧有的公田十分取二,而有若的"彻"是叫他撤去公私之分,不管你公田私田,而一律的十分取一。这样从多量的田积中虽然取得少些,实在比你从少量的田积中取得多些的,还有更多的收获。故所以说"百姓足,君孰与不足?"——百姓在这儿是指三家等的贵族的。贵族们都有十足的私田，你公家从多中捞末，为什么会不足呢？这样十分富有社会史料价值的一段故事，可惜一向竟被人忽略而且完全误解了。我们现在得到了正确的解释，便可以知道鲁国的公田制，也就是井田制，是在春秋末年才废除了的。

这样的变革在当时的中国并不是平衡地发展起来的，大多数的国家都比鲁国迟，而有的国家来不及蜕变便被人吞并了；但在战国年代所有存在着的国族都先先后后起着变革，一直变到秦始皇并吞六国，乃至陈吴刘项的奴隶大暴动的成功为止，才达到了它的最后的终结。

（七）工商是怎样分化出来的？

原始工艺大抵都是农人的副业，例如织布抽丝，织屦编笠，制造简单的匏土革木之器，甚至修造古时的简单的宫室社庙，这些都用不着怎样高超的技术，无须乎有人来专司其事的。但社会进展了，工艺品的需要提高了，特别是领主贵族们已经领略了安逸享受的滋味，不能再满足于农人们在农忙之暇所造作出来的那种土气十足的东西了。于是工艺就来了一个初步的分化，那便是有高级品（雅）与低级品（土）的两种东西。高级品不再是让农人们偷闲来干得了的，于是便不得不有专门职司的人。故尔殷周两代都有“百工”，就是职司各种工艺的百官。就在春秋时代，管仲也说“处工就官府”（《齐语》），而晋文公时的晋国也是“工贾食官”（《晋语》）。

《考工记》前面说过是春秋时齐国的官书，他们的“攻木之工七，攻金之工六，攻皮之工五，刮摩之工五，抟埴之工二”，三十工也都是官。那儿所管的工事差不多全部都是上等的东西，只有一项“段氏为镈器”是和农业生产有关的，而职文独于缺了。

官也要来做工的吗？有人如肯这样发问，问题便容易得到答案。其实那不是官自己动手，而是把工艺分成若干部门，设些官来专门掌管这些部门的无数群工艺奴隶而已。管理工奴的有工官，也就和管理耕奴的有农官一样。管理耕奴的农官，在卜辞里似乎称为“藉臣”，其在周代则称为“田畯”或“保介”。农业生产尽管庞大，但生产样式只有那么一套，故尔管理奴隶的官职比较少（人数却不必少），而工艺部门的生产花样多，故尔管理工奴的官职要比较多。就从工艺这一分野，我们也尽足以证明，殷周同是奴隶社会。这些并不是我在驰骋幻想，请记起鲁成公二年，楚国侵鲁，鲁国“赂之以执斫、执针、织纴皆百人”（《左传》）以求和的故事吧。那不足以证明就在春秋中叶以后，鲁国的木工、绣工、织工、缝工都还是没有人身自由的奴隶吗？

《考工记》的工官，单就那六种"攻金之工"来说，那所攻的金大抵都是青铜。青铜是铜与锡的合金，各种器具所用的青铜，在它们的合金成分上各有不同，《记》中都是详细地记载着的。

> 金有六齐（剂）。六分其金而锡居一，谓之钟鼎之齐。五分其金而锡居一，谓之斧斤之齐。四分其金而锡居一，谓之戈戟之齐。参分其金而锡居一，谓之大刃之齐。五分其金而锡居二，谓之削杀矢之齐。金锡参半，谓之鉴燧之齐。

只有镈器之剂没有提到，镈器在春秋时是已经有了用铁的征据的。青铜的冶铸都有工官职管，因而我们可以知道，殷周两代传世的青铜器都是出于工艺奴隶之手，而青铜器也就恰好是殷周社会所遗留下来的时代铜像了。在这儿我们看不出殷周之间有怎么划时代的区别，不仅没有，就像青铜合金一样泯合着，铜与锡分不开来。

中国的青铜器时代起源于什么时候，现在还不知道。但我们所知道的是殷末和西周前半已经达到了青铜冶铸的最高峰。体质、形式、花纹、铭辞、字体，一切都非常庄重，丝毫也不苟且。这一时期的古器，向来是为骨董家们所特别珍重的。除掉直接由殷虚发掘，或由铭文本身表露着是殷是周，我们因而可分别为殷器或周器之外，无铭或仅一二个图形文字，以及有"以日为名"的一二个简单的名号，如祖甲父乙，妣丙母丁，兄壬妇癸之类的，我们是无法分别殷周的。旧时以"以日为名"为殷习，凡有那种名号之器统称为殷彝，现在我们已经知道"以日为名"之习就在西周中叶都还保留着，那个根据是完全不能成为标准了。

西周初年的一切差不多都是沿袭着殷制，尤以这青铜器为最显著。最好请从花纹上去看时代吧，所谓夔龙、夔凤、饕餮、雷纹，全部都沿用着殷代的图案，原始的图腾气味是十分浓厚的。但到恭王、懿王以后就渐渐改变了。体质、形式、花纹、铭辞、字体，一切都变得很潦草。以花纹而言，前期的那些图案渐渐消灭，或变而为异常简单的粗枝大叶的几条曲线，如夔龙变成为横写的 S 字形之类，非是细心的人，追迹着全时代的进展，是找不出它们之间的联系的。铭辞字体都非常草率，甚至有不少夺掉字句的例子。这颓废的气韵一直传到春秋中叶，又才来了次一期的变化。这一次的变化可以说是"中兴"，然而与殷末周初还是判然不同的。在中兴期里面，一切都变得精巧玲珑了。体质轻便，形式新鲜，花纹工细，铭辞多韵文，字体用花文，草率的陋习完全革掉，而原始的风味也完全扬弃了。特别是在花纹里面，有现实的动物形象出现，工细之极已经开始使用印板。字体有意求工固不用说，而且有所谓"鸟篆"出现，一字的笔画尽可能使之鸟形化，或把鸟形附加上去，纯粹是装饰的意味。这一期也可以称为艺术期，自春秋中叶至于战国末年。但自战国末年以后随着青铜器时代的下台，这些艺术的努力便从青铜器上面移往别的器用上去了。

以上是青铜器的演变。这样的波动，我们从社会史上怎么来加以说明呢？这很简单，和农业的发展是一致的。便是在殷末周初是奴隶生产的最高度发展的时期。恭懿以后毛病渐渐生出来了，就和有农田和耕奴的人尽力榨取耕奴的剩余劳动以成为地主一样，管工奴的人也尽力榨取工奴的剩余劳动以成为工头了。怎样榨取法呢？便是对于公家的器皿尽力草率，敷衍塞责，而把劳力挪用到低级品的生产上，以换取新兴地主或耕奴们的米谷钱财。这样也就促进了商行为。所谓"如贾三倍，君子是识"，所说的就是这个事体。因为交易主要发生于农工之间，而农官工官都是所说的"君子"。就这样百工们也领略到做生意比做工官还要有利，他们也就渐渐脱离官籍，而新成为一种工商阶层，故尔他们的姓氏多半是沿用着他们的职名。这分化和地主的产生过程相同，而时期也先后一致。在初这些私人生产也和私田一样，国家是不课税的，所谓"市廛不税，关讥不征"。然而涓涓之水，后来成了江河，和私田不能不取赋一样，关市也就不能不征税了。这一转变，在周室大约是在厉王的时代，所谓厉王"学专利"（《国语》），案其实也就是想把那些私人生产的所得收归国有，而结果是遭了大反对，被逼着出了京城。宣王承继着他，把政策缓和了一点，所谓"不籍千亩"，所谓"诸侯百姓，厥贮毋敢不即市"，是表明着私田有税，关市有征，然而不是全盘夺取的了。

新兴的地主阶层和工商阶层，在初起时，在本质上并没有什么差异。地主依然靠奴隶的剥削，工商也一样靠奴隶的剥削。金文里面有把邑来和田交换的例子。邑中必带有生产的工奴，田中必带有生产的耕奴，不然那是不成意义的。还有把邑来做赏赐品的，也不能认为只有房屋没有人。《易·讼卦》九二"不克讼，归而逋其邑人三百户"，这些逃亡了的"邑人"，岂不同样是奴隶吗？这样无限制的剩余劳动的剥削便同样地使商人的势力后来逐渐庞大了。拿郑国的情形来说，在东周初年郑国的建国差不多就是纯全靠执政者（新兴地主）和商人的同盟而成立的。子产有一段建国的追忆，这样说道：

> 昔我先君桓公，与商人皆出自周。庸次比耦以艾杀此地，斩之蓬蒿藜藋（当时的河南还是这样的情形，请注意），而共处之。世有盟誓以相信也，曰："尔无我叛，我无强贾。毋或匄夺。尔有利市宝贿，我勿与知。"恃此质誓，故能相保，以至于今。（《左传》昭十六年）

地主和商人都是遭了亡国的惨祸，由宗周逃走出来的，走到新开的土地，组织了这么一种新式的联合政权，而这政权的联系看来也是很疏松的，商人毫无纳税义务，竟俨然敌国。这种商人如没有控制着多量的奴隶以从事生产或流通，那是怎么也不能想像的事。

说到郑国的商人使我们必然联想到的是弦高犒师的故事。鲁僖公三十三年春，秦国的兵走过周的北门，到了滑地，打算侵袭郑国。适逢其会，郑国的商人弦高要到周去做生意，便在路上碰着。弦高便把十二条牛拖着四车皮革以犒劳秦师，矫称奉郑国的君命，以表示郑国有备。一方面又派人兼程回郑国报信。结果秦兵也就不敢侵郑，把滑灭了之后各自回去了。

这弦高的气派不也俨然像一个王者吗？这假如不是驱策着一大群奴隶而且有干戈兵甲的保卫以组成一个大商队行进，那也是不能令人想像的事。

郑国是由西周蜕变出来的，它的情形比其它各国要早些的，而实际上不过如此。其它国度，如有名的货殖大家白圭，是战国初年魏文侯时代的人，他所有的大本领之一，是"能与用事童仆同苦乐"（《史记·货殖列传》）。可见他用来经商的管事，都还是家奴。一直到战国末年的吕不韦，以一个国际商人的资格，一跃而登上秦国的政治舞台，他所有的家僮是万余人，比起弦高的气派来，不用说是更加煊赫了。汉时也还有家僮存在，如西蜀的卓氏、程郑是有名的例子，但那只是奴隶制的残余，不能认为生产的本流了。

准上我们可以知道，青铜器的制作至春秋中叶之所以突然中兴的关系，是因为新分化的工商业发达了的结果。特别显著的是花纹、器制、铭辞、字体，差不多无分南北，都有一致的倾向。十几年前在山西归化城北一百里左右的李峪村，曾经出现过一大批铜器，精巧异常，由法国的商人王尼克（L. Wanieck）运往了欧洲，一时漫无根据地称之为"秦式"。但到后来，在洛阳韩墓，在寿春楚墓，以及淮河流域一带，和最近在长沙出土的器物，都和归化器群的花纹形式相差不远。因此才得以断定，那并不是什么"秦式"，而是春秋中叶以还普遍于南北的一种新型。——这样的普遍性的说明，自然也只好求之于工商业的普遍发展了。

但这一发展是在西周以后，而不是在西周时代，我们是须得把它认识清楚的。

西周的商行为并不是没有，但不能说是已经发展。前面已经提到过，孝王时的奴隶买卖还在实物交易与准货币交易的状态。厉王时的田邑交易，也是实物交易的一例。还有一个《格伯簋》，大约是上下年代的东西，那铭文载着有"格伯叚（沽）良马乘于佣生，厥贮（价）卅田则析"，以三十田去换四匹马（四马为乘），也依然是实物交易。

在西周，货币制并未发达。周人曾经沿袭殷人的习惯，使用过贝子与铜块，终西周之世似乎都是这样的情形。金文中有一个字，为西周后半叶所常见的，便是《毛公鼎》（宣王时器）的"取赉卅寽"的取下一字。这个字在别的器皿里面或从双人旁（如《曶鼎》、《载簋》），或从走之（如《扬簋》、《番生簋》、《趠簋》）。这大约就是货字吧，依"六书"来说，是从贝，垂声，从彳或从辵的是表示通行之义。但这种东西是以寽为单位的，可见依然是生铜，如后世使用金锭银锭那样。这只能说是准货币，还未达到纯粹货币的阶段。就是贝子的使用也是这样的，因为它是兼备着装饰品和价值媒介的双重使命的。

纯粹货币的使用，盛行于战国年间。它的绝对年代还未十分考出，但至古也不能超过春秋中年。战国时代的货币，形式是多种多样的，概略言之，可以分为四种。一种是秦式，圆形方孔，铸有"半两"二字，古泉家称为寰法。二种是晋式，钱镈形（钱本是耕具，货币因之而名为"钱"，原义反失），大小轻重不等，古泉家称为布，有方足布，尖足布等名。三种是齐式，刀形，出于齐地的有"齐邦法化""即墨法化"，化就是货。出于燕地的有"明"字，古泉家称为明刀。这些都统被称为刀币。四种是楚式，豆腐干形，近年始出土，古泉家称为媛。每于一小方中有"一两"二字，一大方为十六小方，即为一斤。文献中常见"金若干斤"之语，到现在才得到解释。后来，这些形式都统一于寰法，秦国混一天下固然是政治的原因，事实上还是它本身便当，形成了优胜劣败的现象。世界万国的钱都通行着圆形。

货币的发展和商业的发展是相应的，商业的发展又依存于农工，以故货币的形式也多是取自农人工人的用具，这是很有趣味的一个现象。例如晋式的镈形是取象于耕具，而楚式的豆腐干形是取象于井田。又例如齐式的刀形是工人用具，而秦式的寰法也是环状石斧的再转化（环状石斧一转化而为璧，再转化而为钱）。

在这儿我还要郑重地纠正我自己的另一个错误，便是关于铁器使用的时期。

中国的铁器时代是秦以后才正式登上了历史舞台，这是毫无疑问的，例如以铁造兵器的史实是在汉代才普遍化了的。江淹的《铜剑赞序》说："古者以铜为兵。春秋迄于战国，战国迄于秦时，攻争纷乱，兵革互兴，铜既弗克给，故以铁足之。铸铜甚难，求铁甚易。故铜兵转少，铁兵转多，二汉之世，既见其微"。这和考古上所见到的情形是一致的。存世古代兵器都是铜制，至迟的有如秦《上郡戈》和《吕不韦戈》，足证秦始皇初年都还在用铜兵。汉代的铜兵却一件也不曾发现过。

但铁兵的使用并不始于汉，在战国末年已经在开始使用了。《荀子·议兵篇》楚人"铁鉏，惨如蜂虿"，又秦昭王曾赞叹"楚之铁剑利而倡优拙"（《史记·范睢列传》），可见铁兵的使用始于楚。在楚之外也还有别的国家在用铁器的，如中山的力士吾邱鸠的"衣铁甲，操铁杖以战"（《吕氏春秋·贵卒篇》），魏国信陵君的食客朱亥"袖四十斤铁椎，椎杀晋鄙"（《史记·信陵君传》），商鞅的铁殳（《韩非·南面篇》），韩国的铁幕（《韩策》）、铁室（《韩非·内储说上》）等。大率冶铁的技艺还未十分纯熟，没有制出像楚国那样更有效的积极的兵器。

铁兵使用的开始并不就是铁的使用的开始，因为铁要能炼成钢，然后才能铸造成高级的兵器，在钢的使用之前应该还有一段长时期的毛铁的使用的。《孟子》书中已言"以铁耕"，可知当时耕具已在用铁。这种使用可以上溯至春秋初年。有文献可考的是在齐国。《管子·海王篇》"今铁官之数曰：一女必有一刀，……耕者必有一耒一耜一铫，……行服连辇者必有一斤一锯一椎一凿"。《管子》本来是战国时代的书，但它所纂集的资料是齐国的史籍，可能上溯至管仲时代。又《国语·齐语》也载有管仲的话："美金以铸剑戟，试诸狗马；恶金以铸锄夷斸斤，试诸壤土"，美金自然是青铜，恶金可能就是毛铁了。

但要再朝上溯便毫无根据了。《考工记》的"段氏为镈器"，职文适缺，是一件遗憾的事，即便是铁器也只是春秋后半叶的情形。《诗经·

秦风》"驷驖孔阜"（襄公时诗），说者谓马色如铁故名驖，然安知非马名在先而铁名在后，即金色如驖故名铁？铁字并不古，在西周和以前的铁器也始终没有发现过。殷虚的发掘，得到了不少的铜器，有斧斤刀椎针镞矛戈之属及少数礼器，更还有不少的铜模，铜锅，铜矿及大块孔雀石，而却无丝毫的铁的痕迹。铁的发现不能上溯至殷末，由这比较科学的发掘是可以下出断案的。

我从前发表《中国古代社会研究》的时候，殷虚才刚开始地面试掘，方法是很成问题的，我曾因试掘者董作宾的《新获卜辞写本》后记里面，于"同时出产之副产物"中有一个铁字，表示过极大的惊异。这经后来的科学的发掘证明，是从被窜乱了的表层里面所拾得的后代窜入物而已。

但我比这更草率的，竟据《诗经·公刘篇》的"取厉取锻"一语，而解释为周初已发现铁，作为周人的生产力超过了殷人的根源。这所犯的错误相当严重。《公刘篇》绝不是周初的诗，锻字的初文即是段字，有矿石，石灰石以及椎冶的含义，并没有铁矿的意思。我以前根据郑玄"石所以为锻质"的解释认为铁矿，那完全出于牵强附会。

现在我却可以得到一个更正确的推论了。冶铁技术的发明和发展不用说是冶金工业的一大进步，而把铁作为耕具及手工具的使用，又增加了整个的生产力，而使社会生产得到了更高一段的发展。这无疑便成为社会变革上的一个重要的契机。但这些事实，我们知道，并非出现于周初，而是出现于春秋战国时代，那吗，这铁的使用倒真正成为春秋战国时代是古代社会的转扭点的"铁的证据"了。

（八）奴隶就这样得到解放

一些大夫或陪臣们，起先是靠着残酷的剩余劳动的剥削，逐渐起家，等到他们的羽翼丰满了，与更上层的榨取者成为敌对的形势，他们必然的要转换作风，把被剥削者的大群作为自己的同盟军，而与公家对抗。人民争夺战便不间断地展开来。《左传》昭公三年齐国的晏婴和晋国的叔向谈到齐晋之政的那一番有名的对话，是值得我们注意的。

晏婴先说到齐国的情形上来，他说道：

> 此季世也，吾弗知齐其为陈氏（即田氏）矣。公弃其民而归于陈氏。齐旧四量：豆区釜钟。四升为豆，各自其四，以登于釜，釜十则钟。陈氏三量，皆登一焉，钟乃大矣。以家量贷而以公量收

之。山木如市，弗加于山。鱼盐蜃蛤，弗加于海。①

> 民参其力，二入于公而衣食其一。公聚朽蠹而三老冻馁。国之诸市，屦贱踊贵。民人痛疾而或燠休之，其爱之如父母，而归之如流水。欲无获民，将焉避之？

这所说的新旧势力的对比相当详细，看这情形和鲁国的三家，特别是季孙氏，与鲁国公室斗争的步骤，差不多是一样。

叔向说到晋国的情形上来，可惜又含糊了一点。且看他说：

> 虽吾公室今亦季世也。戎马不驾，卿无军行。公乘无人，卒列无长。庶民罢敝而宫室滋侈，道殣相望而女富溢尤。民闻公命，如逃寇仇。栾、郤、胥、原、狐、续、庆、伯降在皂隶。政在家门，民无所依。君日不悛，以乐慆忧。公室之卑，其何日之有！

这只说到公室的糊涂，而没有说到家门究竟是在怎样为政。不过我们从这里也可以推想得到一些影子。因为人民既闻公命如逃寇仇，必然另外有吸引他们的力量。而这力量既在家门，则家门所为的政必然是一些德政，至少总不是"宫室滋侈"而"女富溢尤"的暴政。不过晋国的情形要复杂些，不比齐国那么简单。晋国是六卿专政，在家门与公室之间既有斗争，而家门彼此之间又有斗争。可惜史籍上所剩下来的多是他们在军事上斗争的痕迹，而他们在政治上的施设，却差不多完全地湮灭了。

像这样私家与公室之争，争取人民，在春秋战国年代差不多是每一个国家所共通的现象，一直到秦始皇与吕不韦的斗争为止，才逐渐地走下了历史舞台。这儿正表明着一个社会变革的关键，人民就是在这样的契机下从奴隶的羁绊得到解放的。

更进还有值得我们注意的是在春秋年间有所谓"士"的一种阶层出现。人民分化成为四民，所谓士农工商，而士居在首位。这是后来的封建社会的官僚机构的基层。我们如把这层忽略了，不仅周秦之际的社会变革我们得不到正确的了解，那种变革之在周秦诸子的意识形态上的反映，不用说我们是更得不到正确的了解的。

士的起源究竟可以追溯在什么时代呢？士的含义颇多，如士女对言，那只是等于一般的男子。如公卿大夫士的所谓元士，那只是一些下

---

① 《韩非·外储说右上》有"景公与晏子游于少海"一节，所述与此大同小异。——郭沫若原注。

级的官吏。这些都和我们现在所追求的士民的士不同。因此，如像《周书·多士篇》的"殷遗多士"，那在事实上只是一些"殷之顽民"，和后来的士也是不相同的。后来的所谓士，大率可以追溯到齐桓公的时候。

管仲相齐桓公①，"制国（都城）以为二十一乡，工商之乡六，士乡十五"，农人则居于鄙野，这是他的"四民者勿使杂处"的政策。他说："昔圣王之处士也，使就闲燕，处工就官府，处商就市井，处农就田野"，虽然是假托之于古先圣王，但看他所说的士的内容和古代的情形已经是大有不同了。

> 今夫士，群萃而州处，闲燕则父与父言义，子与子言孝，其事君者言敬，其幼者言悌。少而习焉，其心安焉，不见异物而迁焉。是故其父兄之教不肃而成，其子弟之学不劳而能。夫是故士之子恒为士。

看这样子完全是一座世袭官僚养成所。这当然是从古时的庠序学校等所演变出来的，但在奴隶制时代，庠序学校等是教养贵胄子弟的地方，庶民子弟不能高攀。而在桓公时则有所谓"三选"之法，"匹夫有善可得而举"，可见庶民子弟已经可以上升为士。故所以这种士已经不纯是贵胄而至少有一部分是人民了。这是值得特别注意的。

《王制》里面也有一节选举的叙述更为详细，我率性把它摘录在下面吧。

> 命乡论秀士，升之司徒，曰选士。司徒论选士之秀者而升之学，曰俊士。升于司徒者不征于乡，升于学者不征于司徒，曰造士。
>
> 乐正崇四术，立四教，顺先王《诗》《书》《礼》《乐》以造士。春秋教以《礼》《乐》，冬夏教以《诗》《书》。王大子，王子，群后之大子，卿大夫元士之适子，国之俊选，皆造焉。……
>
> 大乐正论造士之秀者以告于王而升诸司马，曰进士。
>
> 司马辨论官材。论进士之贤者以告于王而定其论。论定然后官之，任官然后爵之，位定然后禄之。

这无疑也是从春秋或战国时代的文献所纂录下来的。因为司徒司马等官在春秋以前，其官位并不隆崇，他们只是天官六大（大宰、大宗、

---

① 以下根据《国语·齐语》。——郭沫若原注。

大史、大祝、大士、大卜）之下的事务官而已。到了春秋时代，天官倒了楣，司徒司马等职才辉煌了起来的。

在这一节叙述里面所值得注意的，是一些选士俊士等的所谓"国之俊选"，都是从人民里面选举出来的人。这就更加严密地接近后人所谓士了。当然，这些士虽说都由乡里所选进，而在事实上也并不必选自真正的劳力的人民，而只是选自新起的一些小地主。但这些小地主们的本身也多半还是奴隶，故从整个来说，奴隶是获得解放，而且获得了参预政权的门路，是毫无疑问的。

这些初期的所谓士在性质上多少也还有些不同，便是他们是文武不分。故尔平时虽在讲学论道，而战时却一样地要被坚执锐。

士既由民间上升，则上层的礼乐刑政所谓文化，也就因士为媒介而下降。文化便起了对流。不下庶人的礼乐，一部分下了下来。不登大雅之堂的东西，一部分也要登了上去。这种变革在文字上表现得最为明显。中国的头号古文如《诗经》的《雅》、《颂》，《书经》的《诰》、《命》，以及卜辞金文等，那和民间口语是绝对隔离的，焉乎也者那样的语助（表示口语形态的音符）是绝对不用的，到了春秋和战国时代，有这种语助辞的文体便大批出现了，我是称之为中国的二号古文，在当时其实就是口语。故从这文字的变革上也正明白地反映着社会的变革。

士在春秋前期大抵是由各诸侯的公室所养畜，贵族或逃亡贵族的子弟占多数。但到末叶以后，私门和公室斗争，公室既在养士，私门也在养士。例如齐陈成子"杀一牛，取一豆肉，余以养士"（《韩非·外储说右上》），又如鲁"季孙养孔子之徒，所朝服而与坐者以十数"（《韩非·外储说左下》），可见私门养士之风已大盛行。至战国时代，公室如鲁穆公、魏文侯、齐威王、齐宣王、梁惠王、燕昭王等都曾经有一段时期成为文士的集中保护者。而私门如四公子——孟尝君、春申君、平原君、信陵君及秦的吕不韦，也都动辄是食客三千，真可谓登峰造极。私门与公室之间就在养士上也有竞争。公室不能容便走私门，如田骈受谄于齐而奔薛，孟尝君闻之，使人以车迎。私门呆不住便跑公室，如李斯因吕不韦失足而上《谏逐客书》以媚秦王。于是乎所谓士的流品也就日渐复杂了。士成为了一种吃饭的职业，有所谓游士，有所谓辩士，走公室，跑私门，不狩不猎，不工不贾，四体不勤，五谷不分，也就尽可以糊其口于四方了。

士一成为职业，自然也就成为择业的对象。有的人认此为终南捷径，便大家竞争着来学做士。《韩非·外储说左上》载有两段故事，便是"中章胥己仕，而中牟之民弃田圃而随文学者邑之半；平公腓痛足痹，而不敢坏座，晋国之辞仕记者①国之锤（四分之一为垂）"。这些都是春秋末年的事，想见当时学读书学做士已经成了风气。孔子和墨子那两大读书帮口，便是在这样的风气中形成的。既有多数的人要靠着读书来取进身之阶，自然也就有孔墨这样的大师，靠着教书来铺张自己的场面了。孔子有弟子七十二人，墨子有弟子百八十人，这些数目大概都是可靠的。孔子是宋人的私生子而生于鲁，自称"少也贱"，后来做到鲁国的大夫，墨子是鲁国贱人，后来也做到宋国的大夫，这些大概也都是事实。但他们的出身都是文学之士，墨子曾"习儒者之业"，这也是毫无问题的，不然他们根本就得不到接近学术的机会，那里还能够一跃而成为天下的"显学"呢？

士之中也有专门的武士，便是士卒。高级一点的自然是官，最低级的便只是兵。在战国时代为保卫所有权并侵夺弱者的所有权起见，各国便开始有常备兵的设置。因而当兵也就成为了人民解放的一个门径。关于兵的待遇，各国的情形不同，《荀子·议兵篇》替我们保存了一些极重要的资料，在这里面，战国时，各国的社会由奴隶制蜕化的情形也表示得非常显明。

> 齐人隆技击，其技也，得一首者则赐赎锱金。（取得一个首级的，给以八两黄铜。）
>
> 魏氏之武卒以度取之。衣三属之甲，操十二石之弩，负矢五十个，置戈其上，冠胄带剑，赢三日之粮，日中而趋百里。中试则复其户（免其奴役），利其田宅。（公田公宅归其私有。）
>
> 秦人……功首相长也，五甲首而隶五家。（取得五名著甲者的首级的，便给以五家奴隶。）

《汉书·刑法志》引用此文，以为"齐湣以技击强，魏惠以武卒奋，秦昭以锐士胜"，这可见齐之技击，魏之武卒，秦之锐士，为时先后，相差不远。齐人用金钱赏赐是商业式的办法，魏人用田宅赏赐是农业式的办法，秦人用奴隶赏赐可以说是工业式的办法。虽然方法不尽相同，但当兵的靠着自己的体力和本领，不仅解放了自己的奴役（"复户"），

---

① "仕记"二字或作"仕托"，疑均是误字。由其故事的含义揣之，当是"经纪"二字，言人弃商贾而求学为士也。——郭沫若原注。

而且得到了财力物力人力的私有。这无疑又是奴隶解放的另一种直接的关键，从这儿当然又可以有小规模的有产者出现了。

又有所谓隐士或"辟世之士"。这在《论语》里面便有楚狂接舆，子桑伯子（即《庄子》的子桑户），荷蓧丈人，荷蒉，晨门，长沮，桀溺。孔门里面的颜回，原宪，琴张，曾晳，牧皮（即孟之反），也是这一流。就连孔子自己多少都有些这样的倾向。孔子的老师老聃，老聃的弟子杨朱，不用说也就是这一派的大头目了。

这一派人产生在春秋末年的社会关系，也是很容易地可以得到说明的。他们有的是由贱人上升起来的，有的是由贵族降落下来的，他们都有相当优越的智慧，并也都有不愁饥寒的小的官职或产业，在那社会的大动荡中经不起波折，或者无心上进，或者也无法上进，便乐得高尚其志，过着脱离现实的独善生活。有的疾世愤俗，做出些狂放不检的行为，故意去破坏既成的或方生的秩序（即所谓"礼教"），有的又恬淡无为，安贫乐贱，而陶醉于自己所幻想出的精神世界。表现的方式虽然不同，但他们都是一群脱离现实的利己主义者，那是毫无问题的。

既有这样的生活，当然会有超现实的理论出现以作为这种生活的根据。人是喜欢找理由来说明自己的立场的。因而老聃、杨朱的形而上的思想便发生了。但这思想，因为是脱离现实或超现实的东西，没有群众的基础，所以它不能像孔墨那样，在春秋战国之交及早形成为一种有力的潮流。它的发展而为家派，要到齐国的威王、宣王时代，新兴的地主政权已经获得初步的稳定的时候，在一种高等的文化政策保护之下，才被培育了起来的。当时的稷下先生们里面，一大半是道家，如宋钘、尹文、田骈、慎到、接子、环渊之流，在稷下是执掌着牛耳的。在当时墨家已流入于秦，为秦惠王所保护，巨子腹䵍是惠王的先生，唐姑果是他的亲信，而齐国则保护道家。所以栖栖遑遑，找不着主子的儒家代表孟轲，便大发其牢骚，说"天下之言，不归杨，则归墨"，这话倒也是当时的学派势力的正确的反映。

近时学者对于这些发生和发展的过程，不曾作出充分的追迹。他们只在浮面上看见杨朱没有著作传世（《列子》中有《杨朱篇》是晋人伪托），又看见传世《道德经》是战国时人的述作，于是便怀疑杨、老的存在，有的又要把他们的年代降到战国中叶以后，这是受了形式逻辑的限制，在我看来，正是"知其一而不知其二"的见解。

春秋末年还没有专门著书的风气，这早为学术界所承认了。故如孔墨的书都只是门弟子们的纪录。像老聃和杨朱那样避世者流，当然更不会自己动手著书了。但他们总得也有些口说流传，我们是没有理由否认的。例如《庄子·天下篇》论到彭蒙、田骈、慎到的一派，说明了彭蒙是田骈之师，而彭蒙又有"彭蒙之师"。彭蒙之师曰"古之道人至于莫之是，莫之非而已矣"，这是先秦古籍中的唯一的资料。以年代而言，"彭蒙之师"或当与墨翟同时，相当于孔门弟子或再传弟子，然而他已经在说"古之道人"，而见解也是道家的见解。我们不因《天下篇》的孤证而否认"彭蒙之师"，以何因缘而能否认先秦诸子所公认的杨朱、老聃呢？

以前的人，又有的因为要争道统，不愿在通天教主的孔仲尼之上还有教祖存在，故尔要否定老聃。像唐代的韩愈就是这一派的代表，他认老聃是道家假造来争夺教席的，甚至儒家也胡涂了，竟承认孔子的确师事过老子。这完全是不顾事实的偏见。我们还有什么争持道统的必要吗？尽管你是怎样的通天教主，但你总不能没有老师。其实孔子自己早就承认了，"述而不作，信而好古，窃比于我老彭"，老就是老子，我们无须乎一定要强辞夺理地来剥夺这层关系的。

我的看法倒很老实。我认为老子确有其人，也确是避世理论的倡导者。他虽然不曾著书，但有口说流传。现存的《道德经》是环渊亦即关尹所著录，但这书不是纪录体，而是赞颂体，因而强半以上都是环渊自己的东西。孔子是师事过老子的，但他们的生活态度不同，思想上没有多大关涉。老子的思想虽在孔墨之先，而它的成为学派是在孔墨之后。这种现象，就在近代的科学史中也有类似的例子。例如门德尔的遗传律在发表当时为达尔文的进化论所掩，埋没了三十六年之后又才被人再发现，这是很有名的故事。幸而是在现代，印刷方便，故尔门德尔的业绩未至失传，不然岂不是永远消灭了吗？

最后，还有所谓任侠之士，大抵是出身于商贾。商贾而唯利是图的便成为市侩奸猾，商贾而富有正义感的便成为任侠。故在古时如聂政、朱亥、剧孟、郭解之流，都大大小小地经营着市井商业，直到现在的江湖人士也还保存着这个传统。这在后来虽不再以士视之，而在古时可依然是士的一部分。《墨经》上说"任，士损己而益所为也"，可见墨家后学也还视任侠为士。大约就因为这样吧，近时的学者差不多普遍地有认任侠出于墨家的倾向，但那是不正确的。司马迁很同情游侠，曾为侠士们立传，除掉把延陵、孟尝、春申、平原、信陵，都认为是豪侠之外，而他说"闾巷之侠，儒墨皆排摈不载"，可见侠固非儒，然亦非墨。墨家的行谊有些近于任侠是实在的，但儒家里面有漆雕氏之儒，"不色挠，不目逃，行曲则违于臧获，行直则怒于诸侯"（《韩非·显学篇》），而却为墨家所反对，谓"漆雕刑残，[辱]莫大焉"（《非儒篇》）。汉初甚至有道家而"尚任侠"的人，最明著的如张良，如田叔，隐僻一点的如黄石公，如乐巨公都是。足见任侠出于墨，实在是富于盖然性的揣测，而缺乏事实上的根据。主要是由于墨家的基本立场隐晦了，我们只看见他们在"摩顶放踵"或"赴刃蹈火"，而忽略了他们是在为谁如此。最好是平心静气地把《非儒篇》来研究一下，在那里面，墨家非毁儒者都是以帮忙私家——所谓"乱臣贼子"为根据的，那吗墨家自己岂不是明显地站在公室一方面的吗？这种立场，和任侠的态度，根本相反。因此，我很诚恳地请求研究古代思想的朋友们，应该从这项资料上来从新加以考虑。

士的流品的复杂，所谓鸡鸣狗盗，引车卖浆者流，都可以成为士，那倒表示着在社会变革的过程当中，奴隶解放的程度相当澈底。但这种现象是不能够长久的，社会的动荡一平静了之后，士的成分便逐渐纯化下来，工农所打出来的天下，又由新的贵族们来君临着。那些地主和工商业的巨头代替了奴隶主的地位，把所谓"士"垄断了，也就是说把刑政大权垄断了。于是又形成一种新的封建秩序。工农所得的是什么呢？由有形的锁链变而为无形的锁链而已。

（本篇写成于 1944 年 7 月 18 日，最初发表于 1944 年 10 月 31 日重庆《群众》半月刊第 9 卷第 20 期，选自《十批判书》，上海群益出版社，1946 年 5 月版）

后 记
——我怎样写《青铜时代》和《十批判书》

一

小时四五岁起所受的教育是旧式的，"四书""五经"每天必读，虽然并不怎么懂，但毫无疑问，从小以来便培植下了古代研究的基础。

我和周秦诸子接近是在十三四岁的时候，最先接近的是庄子，起初是喜欢他那洋洋恣肆的文章，后来也渐渐为他的形而上的思想所陶醉。这嗜好支配了我一个相当长远的时期，我在二十年前曾经讴歌过泛神论的思想，事实上是从这儿滥觞出来的。

在庄子之后，我读过《道德经》、《墨子》、《管子》、《韩非子》。对于墨子我从前也讴歌过他，认为他是任侠之源，《墨经》中的关于形学和光学的一些文句，我也很知道费些心思去考察它们，就和当时对于科学思想仅具一知半解的学者们的通习一样，隐隐引以为夸耀，觉得声光电化之学在我们中国古人也是有过的了。

十七八岁时做过一些诸子的抄录，把警粹的文句摘取下来，目的自然是在供给做文章时可以运用的辞藻。（五年前我曾经回过我峨眉山下的老家，发现了这样的抄本，现今我还把它保存着在。）

这些虽然说不上是研究，但也总可以说是我后来从事研究工作的受胎时期了。

我是生在过渡时代的人，纯粹的旧式教育在十二三岁时便开始结束，以后便逐渐改受新式教育。尤其在民二（一九一三）出国，到日本去留学之后，便差不多完全和旧式教育甚至线装书脱离了。

在日本的学生时代的十年期间，博得了医学士学位，虽然我并没有行医，也没有继续研究医学，我却懂得了近代的科学研究方法。在科学方法之外，我也接近了近代的文学，哲学，和社会科学。尤其辩证唯物论给了我精神上的启蒙，我从学习了使用这个钥匙，才认真把人生和学问上的无门关参破了，我才认真明白了做人和做学问的意义。

学生时代完结（一九二三），中国大革命的浪头逐渐高涨，解放祖国应该是每一个中国人民的使命，一九二六年我便参加了北伐。不幸仅仅一年多，我又不能不向日本去渡亡命的生活了。

亡命生活又是十年，在日本人的刑士与宪兵的双重监视之下，我开始了古代社会的研究。为了研究的澈底，我更把我无处发泄的精力用在了殷虚甲骨文字和殷周青铜器铭文的探讨上面。这种古器物学的研究使我对于古代社会的面貌更加明了起来了之后，我的兴趣便逐渐移到意识形态的清算上来了。

在一九三四年与三五年之内，我写了些关于屈原的研究和一篇《老聃·关尹·环渊》，还有是用日本文写的《周易之制作时代》和《先秦天道观之进展》（日本文原名为《天之思想》）。这后两篇由我自己译成了中文，曾经有单行本问世，现在我已经把它们收在《青铜时代》里面去了。

一九三六年我写过一篇《驳〈说儒〉》，是反驳胡适博士的《说儒》而作，原名为《质问胡适》，曾在钱亦石兄所主编的《中华公论》上发表过。发表当时，适值卢沟桥事变与八一三战役的爆发，时代的大波澜把它湮没了，未曾获得世人的注意。往年我曾经把它收进《蒲剑集》，新近我也把它收进《青铜时代》里面去了。

卢沟桥事变使我结束了十年的亡命生活，回到祖国，接着便忙于抗战的宣传，把学术研究工作便又完全中断了。

我的从事古代学术研究的工作，事实上是娱情聊胜无的事体。假如有更多的实际工作给我做，我倒也并不甘心做一个旧书本子里面的蠹鱼。然而时代毕竟善于调侃，回国以来转瞬八年，时局尽管是怎样繁剧，国内国外都是一片连天的烽火，而我在最近的两三年间却又得到了充分的闲暇，使我走起回头路来。

我写了六种历史剧，写作的经过，我在每一个剧本的后记里面都有详细的叙录，不必在这儿重提。我在这儿很想把两个学术论集——《青铜时代》与《十批判书》——的各篇的写作过程叙述一下。上面所提过的在日本写出的几篇，因为当时的日记已被丢在日本，写作的记忆已经模糊，我也可以不用再缕述了。

回国以来担任了将近三年的宣传工作，后来又被改任为文化工作委员会的主任委员。五年来的"文化工作"最近告了结束，我这两个集子也不先不后适在这时完成，倒也是值得纪念的事。但我也须得多谢文工会的一些朋友们，是他们没有让我过问会内的杂务，使我得集中精力读书。又因为每星期的纪念周须得有工作可以报告，我便把朋友们作为对象，火迫地赶写了一些文字出来以供报告的资料。看是凑巧，今天我的工作刚好告了一个段落，而文工会也告解散了。多年朝夕共处的朋友们要向四方分散，这一事实不免也使我增加回忆。

同处在一个环境里面，大概是不能不感受同一空气的影响。历史研究的兴趣，不仅在我一个人重新抬起了头来，同一倾向近年来显然地又形成了风气。以新史学的立场所写出的古代史或古代学说思想史之类，不断地有鸿篇巨制出现。这些朋友们的努力对于我不用说又是一番鼓励。我们的方法虽然彼此接近，而我们的见解或所得到的结论有时却不一定相同。我不否认我也是受了刺激。我的近两三年来的关于周秦诸子的研究，假使没有这样的刺激或鼓励，恐怕也是写不出来的。

我比较胆大，对于新史学阵营里的多数朋友们每每提出了相反的意见。我坚持着殷周是奴隶社会，重新提出了更多的证据和说明。我对于儒家和墨家的看法，和大家的见解也差不多形成了对立。我自然并不一定就敢认定我的见解是绝对的是。但就我所能运用的材料和方法上看来，我的看法在我自己是比较心安理得的。

秦汉以前的材料，差不多被我澈底剿翻了。考古学上的，文献学上的，文字学，音韵学，因明学，就我所能涉猎的范围内我都作了尽我可能的准备和耕耘。

说陈腐了的一句老话：人生如登山。今天这句话对于我却有了新的意义。登山不纯是往上爬，有时候是往下窜。窜过了一个高峰要到达另一个高峰，必须窜下一个深谷。今天我或许已窜到了一个深谷的绝底里，我又须得爬上另一高峰去了。而比较轻快的是我卸下了一些精神上的担子，就是这五十年来的旧式教育的积累。

虽然也有人说我已经老了，但我自幸还没有那样的自觉。再能活多少年辰我不知道，我也无须乎知道。我能再活多少年，我就要再学多少年。我的学习的兴趣并没有减衰，不要让它减衰，无疑也就是我活在这人世上的一部分责任。

以下让我根据我的日记，追述我这两三年来的研究经过。

二

起初是一九四三年的七月尾上，于怀兄要我为《群众》杂志写文章，我答应写一篇关于墨子的东西。那年有所谓"热气团"通过重庆，我从七月二十六日起便中暑发烧，一直到二十九日正午"热气团"过了，我的烧也退了。三十日便挈眷下乡，移住赖家桥。这是每年的惯例，就像候鸟一样，冬天冷的时候住城，夏天热的时候下乡。

赖家桥在成渝公路上，离城四十多公里。桥东不远的公路旁边有一家相当宽敞的农家院子，做了四年半的文工会的在乡地点。就在这院子里面，我把一间原是堆稻草杂具的四面土墙的房屋改修了一下，开了一些窗眼，围了一圈篱栅，也就自成了一个小小的院落，我就住在这儿。

这院子我相当喜欢，特别是门边的一株大白果树最使我留恋。白果树在陪都附近是不容易见到的，而那株树子特别的高大，论年龄总当得在百年以上了。夏天，他是我的一位无言的伴侣，树如有知，至少我一半的甘苦它应该是知道的。

下乡的第二天，七月三十一日的日记上，这样写着："读方授楚：《墨学源流》，仍在梁（启超）、胡（适）余波推荡中，在打倒孔家店之余，欲建立墨家店。杜老以为最平允者，其实际不过如此"。杜老是杜守素兄，日本留学时代的老同学，兼三厅以来的老同事，他是墨学研究的专家而且是相当崇拜墨子的人。只有在这一点上我和他的意见不十分一致。他的生活很坚苦，我们有时戏称他为"墨者杜老"。

墨子，我在前面说过，我在小时也曾经崇拜过他，认他为任侠的祖宗，觉得他是很平民的，很科学的。那时的见解和时贤并没有两样。但约略在二十年前我的看法便改变了。我认为他纯全是一位宗教家，而且是站在王公大人立场的人。前后看法的完全相反，在我是有我的客观根据的，我并没有什么"偏恶"或"偏爱"的念头；我的方法是把古代社会的发展清算了，探得了各家学术的立场和根源，以及各家之间的相互关系，然后再定他们的评价。我并没有把他们孤立起来，用主观的见解去任意加以解释。

继续温习了几天的《墨子》，在八月四日的日记里写着："开始草《墨子思想》得十页"这么一句，五日依然写着"草《墨子思想》"，六日写着"将《墨子思想》交人录副"。

《墨子思想》是我这次恢复诸子研究的第一篇文章，就这样费了两天工夫把它写成了。

由于研究墨子引起了对于吴起的同情。吴起本是儒家，由魏入楚，辅助悼王变法，不幸遭了贵族们的反对，在悼王死时，他便被一些反动的贵族们射杀了。在这贵族中有一位阳城君，而他的老师却是墨家巨子孟胜。在这个故事里面，我看出了儒墨斗争的政治化。因此在八月十二日的日记里面记着这样的话：

> 对吴起发生兴趣，将《吕氏春秋》中关于吴起的故事抄出。读《吴子》，乃伪托。《艺文志·兵权谋类》本有"《吴起》四十八篇"，但今传本仅《图国》、《料敌》、《治兵》、《诠将》、《应变》、《励士》六篇，大率托为吴起与魏文、武二侯之问答，毫无精义。《治兵篇》中竟有"左青龙，右白虎，前朱雀，后玄武"之语，妄甚。殊感失望。

酝酿了一个星期，我在二十日便"开始写吴起"。

二十一日的日记又这样写着：

晨起极早，天尚未明，乃于菜油灯下续草《述吴起》。时复出步中庭，月正当天，颇为明朗。早饭后复就寝移时，始解去困倦。将《论语》温习一遍，看孔子对于军事与政治之主张。"足食足兵"、"世而后仁"、"教民即戎"等应即吴子思想之渊源。续写《述吴起》，至午后四时顷完成。稿约一万二千字。

这以后有几天工夫专门研究建安文学，到二十七日又"查《史》《汉》，获得若干资料，拟写《秦汉之际儒者参加革命之史实》"。这，仍然是墨子研究的补充，因为时贤有的主张墨家曾参加陈涉、吴广的农民革命，陈、吴失败，故墨家因而灭亡。但考之史籍，毫无迹象可寻，反而是墨家以外的各家都曾有参加革命的人物，而以儒者为最多。

二十八日"开始草《秦楚之际的儒者》"。

二十九日"续草《秦楚之际的儒者》。午后草成，得十五页，七千字，此为意外之一收获"。

就在写完《秦楚之际的儒者》的同一天晚上，我的兴趣又被吸引到了音乐问题上面去了。因为儒墨之间所争的主要问题之一便是音乐，我须得澈底根究一下儒家方面对于音乐的见解究竟是怎样，因而公孙尼子的《乐记》便上了我的研究日程。

研究《乐记》费了好几天的工夫，我曾经参考着《史记·乐书》、《荀子·乐论》及其他有关文献，把《乐记》按照着刘向《别录》的原有次第加以整理，整个抄录了一遍。一切准备工作停当了。九月四日"夜，开始草《公孙尼子及其音乐理论》"。第二天也就把它完成了。

九月七日的清早，我到金刚村去访问杜老，他依然辛勤地在研究着墨子。我看见他的书架上有一部钱穆著的《诸子系年》，便向他借阅。这书我是早就闻名的，但还没有看过它的内容。翻到了考证公孙尼子的一节，作者的意见和我所见的完全相反。他认为《乐记》是抄袭《荀子》、《吕览》、《毛诗》等书而成的东西，因而他断定公孙尼子为荀子的门人。我感觉着这样的论据实在是薄弱得可笑。

八日"夜，临睡前，草公孙尼子《追记》千余文，驳钱穆之说。冰藕一大碗，立群恐其久留变味，乃啖食之几尽"。

三

把公孙尼子写好之后，我的兴趣又掉换了一个方向。九月十三日的日记这样写着：

读《吕氏春秋》，初意欲收集关于惠施之材料，忽尔意动，欲写《吕不韦与秦始皇》，写此二人之斗争。吕不韦当为一非凡人物，汉人名之为杂家，其实彼具有集大成之野心，儒道墨法，冶于一炉，细心考之，必有所得。

接连几天，翻来覆去地把《吕氏》读了好几遍，我的一贯的方法是先就原书加以各种注意的标识，再备一个抄本把它们分类摘录下来，这样在下笔的时候，便可以左右逢源了。

开始写作是在九月二十五日，至十月三日夜完成：竟成了四万字左右的长文。

在写作当中，便是十月二日，偶然在报上看见中大出版的《社会科学季刊》的广告，中有程憬《秦代政治之研究》一文，当即以电话通知城内的友人，托为购买，第二天便得到阅读的机会。我的日记里这样写着："程文歌颂嬴政，有意阿世，意见与余正反，毫无新鲜资料"。

在这之后，我曾经"打算开始写'荀子与韩非之比较研究'或'子思孟轲之思想体系'，又想把'庄子与惠施'作一澈底之清算"。——十月四日的日记里这样记着。这三项课题虽然也酝酿了几天，但都没有照原订计划进行，而我的注意力专门集中到韩非子身上去了。

从十月十日起又开始读《韩非子》，翻来覆去的读了好几遍。要征服《韩非子》却费了很大的力气。第一，韩非书很芜杂，有好些不是他的文章。第二，真是韩非的文章如《五蠹》、《显学》之类，完全是一种法西斯式的理论，读起来很不愉快。因此我读得非常的勉强，像"不愉快"或"愈读愈不愉快"这样的话，在日记里屡见。

写时也很感困难。先想从真伪的考证入手，每篇文章都一一加以考核，也着手写过十几页。但那样必然成为干燥无味的学究式的流水帐，而且必然愈拖愈长，我自己的兴趣不容许我写那样的文章，结果我中止了。

还有使我的工作不能不中止的原因，是乡下渐渐寒冷了起来，而立群又将作第四次的分娩，我们又不能不作进城的准备了。

进城是在十月二十二日。计在乡间一共住了三个月，算写好了四篇文章，韩非子的研究在中途抛了锚。

这一抛锚经过了相当长的时间，一直到去年（一九四四）的一月十二日又才"开始草《韩非子的批判》"。二十日的夜间写成。这个使我不愉快的韩非子，和我足足纠缠了三四个月，但到写好之后自己也认为

"清算得颇为澈底"。

不过在入城后的这三个月的期间，立群产了一个男孩，我在左边的鼻道里生过一次疔疮。这些当然也要分担一点耽误了时间的责任。

我的《韩非子的批判》，仍然采取的单刀直入的办法，脱去了最初预计的考证式的打算。但从这预计中有一篇副产物值得提起的，便是《韩非子初见秦篇发微》，这是十二月十七日写成的。我认为《初见秦》是吕不韦所作。这个副产物也是从乡下带来的胎儿，十月十三日的日记里有这样的一段：

> 心境颇寂寞，不愉快。勉强读《韩非子》，除《解老》《喻老》之外，大率全部温习了一遍。其中确有不能一致之处，不知系韩非前后不同之主张，抑系它人文字有所窜入。确为窜入者如首篇《初见秦》即毫无疑问。此篇必作于秦昭王时围邯郸失败事之直后，或疑乃蔡泽或其徒所为。依余所见，乃吕不韦所作也。（下列论证颇长，已见《发微》中，今从略。）

把《韩非子的批判》写完了的同一天（一月二十日），日记里面又写着"明日起拟写'周代的农事诗'"。这是一个新的方面，我的念头又转换到社会机构的清算上来了。好多年辰以来，研究古代社会的人，意见不一，但大多数认为周代是封建社会，我是不赞成的。主张封建说的朋友们，对于我的奴隶社会说，自然也不赞成。我现在想从周代的农事诗来证成我的说法。但这篇文章，事实上是一月三十日才开始写的，断断续续地写了一个礼拜，就是收在《青铜时代》里面的《从周代农事诗论到周代社会》。

在这前后我以偶然的机会得以读到清初的禁书《剿闯小史》的古抄本。明末农民运动的史实以莫大的力量引起了我的注意力。适逢这一年又是甲申年，是明朝灭亡的三百周年纪念。我的史剧创作欲又有些蠢动了。我想把李岩与红娘子搬上舞台。因此我对于古代研究便起着想在此和它告别的意思。在这时早有过一个计划，想把性质相同的一些论文收集为一个专集，名为《先秦学说述林》，连《后叙》都写好了（二月二十日），而且发表过。这书在重庆的出版未能实现，后来我的计划也改变了。最近福建的东南出版社却照旧替我把它印行了出来，虽觉得多余，但也可以作为我并无留恋于古代研究之意的证据。

史剧没有写成功，想和古代研究告别也没有办到，这原因我在这儿可以不必缕述。但在这儿却须要提到的，不仅和古代研究告别没有成功，而研究的必要却更被促进了。主要的原因在上面已经提到过，是在这个期间之内有好几部新史学阵营里面的关于古史的著作出现，而见解却和我的不尽相同。主张周代是封建制度的朋友，依然照旧主张，而对于我的见解采取着一种类似抹杀的态度。这使我有些不平。尤其是当我的《墨子思想》一文发表了之后，差不多普遍地受着非难，颇类于我是犯了众怒。这些立刻刺激了我。因为假如是不同道的人，要受他们的攻击，那是很平常的事；在同道的人中得不到谅解，甚至遭受敌视，那却是很令我不安。因此，我感觉着须得有一番总清算，总答覆的必要。就这样澈底整理古代社会及其意识形态的心向便更受了鼓舞。

四

一九四四年，我下乡比较往年早。在五月三十日，全家便又搬到了赖家桥的乡居。

下乡之后酝酿了一个月，到七月三日才"开始写《古代研究的自我批判》"。

起初我的计划是想由社会机构写到意识形态，一直写成一部长篇论文。但到后来我把这计划改变了。我想分成各个单独的论文来写，而综合起来却又可以成为条贯。我尽量地避免了讲义式或教科书式的体裁，而且要写得容易懂。但这后一种企图却没有十分达到：因为研讨的是古代的东西，反复征引古文，自然难免要具有晦涩的外貌和内容。不过我也不希望任何人都要阅读我这次的著作，只要是对古代的东西感觉兴趣的人，就稍微晦涩一点，我相信是不大要紧的。我们现在还没有达到可以下结论的时候，自然有时也不免要用辩论的笔调。这或许也就是不能写成为讲义式或教科书式的一种制约。

由七月三日起，到十八日止，把社会机构的一部分写完了。这一部分我就尽它占有了《古代研究的自我批判》的题名。中间虽然休息过几天，也还写过些别的文字，但我的意识主要是集中在这一个问题上面的。

我在古代社会的机构上，除掉把我历来的意见综合地叙述出了之外，有了些重要的新的发扬。第一，我把井田制肯定了，由井田制如何转化而为庄园制，我也得到了很合理的阐明。第二，我从工商业方面来证明了和农业的蜕变有平行的现象，即是从事工商业者在春秋中叶都还是官奴，继后才逐渐成为了都市的有产者。第三，《考工记》一书附带着得以考定了它的年代和国别，那是春秋年间齐国的官书。第四，详细地追求了士民阶层的分化，在这上面奠定了后来的封建政权的基础。这些都是比较重要的新的收获，杜老很为我高兴，他看见了我的原稿后，竟做了四首诗来送我。虽然有点近于标榜，但也足见只要有辛勤的耕耘，一定可以得到朋辈的承认和慰勉的。四首诗，我摘录三首在下边：

殷契周金早擅场，井田新说自汪洋。庐瓜一样堪菹剥，批判依然是拓荒。

齐国官书证考工，纷纷臆说廓然空。晚周技史增新页，不下美洲发现功。

管家娃子扬眉日，正是士林得意时。狗盗鸡鸣君莫笑，帮闲衣钵滥觞兹。

不过第三首仅侧重"帮闲"性质来看"士林"，和我的原意还不大相洽，其实"士林"就是封建社会的层累的统治者，"帮闲"仅是其中一小部分的弄臣而已。

社会机构得到明确的清算，从这里建立起来的意识形态然后才能清算得更明确。我的对于孔子和墨子的见解，虽然遭受了相当普遍的非难，但我却得到了更加坚定的一层自信。大家都为后来的渲染所眩惑，孔墨的基本立场究竟是怎样，不是只凭渲染去看，便是只凭自己的想像去描写；有一项重要的资料，墨子书中的《非儒篇》把孔墨之所以对立的关系突露得非常明白，却一向不为人所注意。我抓到了这一项现成的资料，进行着阐述了孔墨的基本立场，在公家腐败，私门前进的时代，孔子是扶助私门而墨子是祖护公家的。

杜老曾经说过我"有点祖护儒家"，其实，话不能那样拢统地说。"儒家"那样一个名词，便是非科学的东西。秦汉以后的儒者和秦汉以前的已经是大不相同，而秦汉以前的儒者也各有派别。不加分析而拢统地反对或赞扬，那就是所谓主观主义或公式主义。因为在你的脑筋里面先存了一个既成的观念，而你加以反对或赞扬，你所如何的只是那个观念而已。假如要说我有点祖护孔子，我倒可以承认。我所见到的孔子是由奴隶社会变为封建社会的那个上行阶段中的前驱者，我是在这样的意义上"祖护"他。我的看法和两千多年来的看法多少不同。假使我错了，应该举出新的证据来推翻我的前提。拘守着旧式的观念来排击我的新观念，问题是得不到解决的。但我也实在鼓起了很大的勇气。我在前写了《墨子思想》，已经瞠惑了好些友人，今年我又开始写着《孔墨的批判》，不仅依然反对墨子而在反面还赞扬了孔子，这也恐怕要使好些友人更加瞠惑。然而我不想畏缩。今天已经不是宋儒明儒的时代，但也不是梁任公、胡适之的时代了。只要我有确凿的根据，我相信友人们是可以说服的。

有的朋友也很担心，以为我这样做会是替旧势力张目。但我的感觉却稍稍两样。在我认为答覆歪曲就只有平正一途。我们不能因为世间上有一种歪曲流行，而另外还他一个相反的歪曲。矫枉不宜过正，矫枉而过正，那便有悖于实事求是的精神。敌对者不仅不能被你克服，而且你将要为敌对者所乘，把问题弄得更加纷挐的。

就在这样的意识之下，我在七月十九日便开始写《孔墨的批判》，写到八月一日得到初步的完成。

在这之后，我的研究有点波动。先是想继续"追求儒墨间的相互影响"；已经写了一些东西，结果不能满意，通同抛弃了。接着便徘徊于儒家八派与黄老学派的探索。在这个时候突然有了一个新的发现，是八月十九日的事，日记里这样记着。

> 读《管子·心术》、《白心》、《内业》、《枢言》、《戒》、《君臣》、《四称》、《侈靡》诸篇。忽悟《心术》、《白心》、《内业》与《庄子·天下篇》宋钘、尹文之学说为近，乃比较研究之，愈觉若合符契。无意之间得此发现，大快于心。此重要学派重见天日，上承孔墨，旁逮孟庄，下及荀韩，均可得其联锁。在灯下更不断发掘，愈发掘，愈信其不可易。

二十日我又把《心术》、《白心》、《内业》等诸篇整个抄写了一遍，发现了《心术下篇》和《内业篇》的中段相同，而简篇是错乱了，依着《内业》把它整理了出来，觉得更有条贯。

这个发现之在性质上是属于考证部门的东西，和我所写的批判有点不相水乳，因此我便把它写成了另外一篇单独的文字。便是收进《青铜时代》的《宋钘尹文遗著考》。这是在八月二十六日开始写作的，二十八日完成。它便成为了我的一项重要的副产物。

宋尹这一派被发现，我对于齐国稷下学宫的黄老学派的清算便得到了一个头绪。

九月一日开始写《稷下黄老学派的批判》，主要依据《庄子·天下篇》的次第，连续批判宋钘尹文、田骈慎到、关尹老聃的三个派别。九月十九日得以完成。

这儿来了一个错综。在九月七日把关于田骈慎到的一节草完之后，我却回到了《儒家八派的批判》里去。九月八日开始写作，十一日完成。到十八日又才回写关于关尹老聃的一节的。

儒家八派的追踪，在我认为是尽了我自己的能事。资料多被秦汉以后的儒者所湮灭或粉饰了，所有的孔门弟子及其门徒都被涂上了正统派的色彩。然而，仔细分析起来，他们内部的派别性实在是相当可观的。而他们对于儒家以外的各派也是在相互影响之下并不是那么互为水火般的存在。

九月二十一日开始写《庄子的批判》。庄子书是我从小时便爱读的一种，至今都还有好几篇文字我能够暗诵。但写起他的批判来却也相当吃力。主要的原因是书里面的各篇，究竟那些真是庄子本人的，那些是他的后学或许别派的，实在划分不出一条显明的界线。我只按照着一般学者间比较近于公认的一些见解，把《内篇》七篇作为庄子本人的文字而处理着，其它《外》、《杂》诸篇使它们处在从属地位，或则完全除外了。

这一批判写成于二十六日。日记里这样写着："草庄子告一段落，拟补写一些庄子后学，但无甚新意。蔺且疑是蔺相如，时代性格均颇相合，可惜别无旁证"。这层意思我没有写在批判里面。我当时为了证成这一说也相当缴了一些脑汁，我疑"相如"即是"且"之缓音，但以终觉勉强，我把它抛弃了。

接着写了《荀子的批判》。十月十五日开始，卅一日完毕。

荀子的思想相当驳杂，最成问题的是《仲尼篇》的"持宠处位终生不厌之术"及"擅宠于万乘之国，必无后患之术"。那完全是后代腐败官僚社会的宦海指南，令人怎么也不能忍耐。我本来是不大喜欢荀子的人，假使我抓到这些"术"便痛贬他一顿，更进而断定无怪乎从他的门下会有韩非那样刻激的术家，李斯那样无耻的卖友者出现，自然是很容易的事。（在《先秦学说述林》的《后叙》里已曾这样说过。）但我踌躇了。我感觉着荀子不至于这样卑鄙，而且那些"术"和他的《臣道篇》的见解也不能相容。是一真一伪，否则便有一先一后，假使说《臣道篇》是伪作或《仲尼篇》是晚年定论，那吗荀子便值得铸铁像了。每读一次《荀子》，对于这一个问题总要伤一次脑筋，想不到妥善的方法来处理。

已经开始写作的第二天，十月十六日，我才终于发觉到《仲尼篇》

不会是荀子的文章。荀子的中心思想之一是把礼看得很隆重的，而本篇通篇却没有一个礼字。因此我又把荀子书通读了一遍，统计了各篇中的礼字。结果就只有本篇和《宥坐篇》没有，而后者自来是被认为"弟子杂录"的。那吗本篇也可断定是"弟子杂录"了。一开首便是问答体，到这时又成了另一个证据。

就这样我总算费了一些心思，没有过于轻率地诬枉古人。

批评古人，我想一定要同法官断狱一样，须得十分周详，然后才不致有所冤曲。法官是依据法律来判决是非曲直的，我呢是依据道理。道理是什么呢？便是以人民为本位的这种思想，合乎这种道理的便是善，反之便是恶。我之所以比较推崇孔子和孟轲，也是因为他们的思想在各家中是比较富于人民本位的色彩的，荀子已经渐从这种中心思想脱离，但还没有达到后代儒者那样下流无耻的地步。

五

下乡之后，不知不觉之间便整整住了五个月，白果树的叶逐渐翻黄，气候寒冷了下来，又到了要作进城打算的时候了。但我所想写的东西却还没有完毕。我想写《名辩思潮的批判》，企图把先秦诸子关于名辩的思想综合起来加以叙述。我不想把所谓名家的惠施、公孙龙诸人孤立起来看，也不想对于墨家辩者毫无批判地一味推崇，那种非辩证法的态度是我在整个的研究中所企图尽力摒弃的。这工程比较艰剧，但我不能再推延了，很想火迫地把它完成，因为时局一天一天地严重了起来，敌人打通大陆交通线的企图快要如愿，似乎不能容许我再有多的闲暇来，在旧纸堆中出没了。

十一月六日我一个人进了城，准备参加第二天的苏联十月革命纪念日的庆祝。在城里住了九天，研究工作是完全停顿了。

十九日往北碚看舍予兄，来回又耽搁了三天。认真"开始写《名辩思潮的批判》"是二十九日。

在这时桂柳相继沦陷，敌人还有西进的模样，一般人都有惶惶然不可终日的情形。逃难呢？上山呢？大家都在那儿认真考虑着。我在这时候却于十二月四日又把全家搬进了城。有的朋友感着奇怪，他问我："别人都在下乡（逃难）的时候，你怎么又搬进城来了？"我的回答是："敌人不会来的。"我却没有想到倒当真猜中了。

进城后的第三天，我又开始继续写作，是关于庄子的部分。但来访的友人很多，"仅一着手，即有人来，进行很不顺畅"。

八日"独山克复消息传出"，群情稍见稳定。接着上司下司亦有相继克复的消息。外界传言"西犯之敌人数极少，只御单衣短裤，盖准备南下广东，误向西来者"。这样陪都的生活经过一番甚嚣尘上之后，似乎又像洒了水的一样了。然而我自己的生活却是相反，日日为人事繁忙，倒弄得甚嚣尘上，很难得安静下来了。文章一天写得一两页，一两行，或甚至一两字。艰涩得比钻石礦似乎还要费力。就这样一直拖延到一月中旬（是那一天，日记里失记），才勉强完了卷。

从《墨经上下篇》看出了墨家辩者有两派的不同，是我进城后的一个发现。这个发现在庄子以后是为前人所从未道过的。《墨经上篇》盈坚白，别同异，《墨经下篇》离坚白，合同异，两者判然不同。《庄子·天下篇》言墨者"以同异之辩相訾"，可见是真确的事实。离坚白，合同异是道家别派惠施、公孙龙的主张，经下派显明地是受了惠施、公孙龙的影响。经上派固然是反对施、龙，然必先有正然后有反，可知墨家辩者的抬头断然是后起的事。先秦人言辩者合称"杨墨"，杨在前而墨居后，正是包含有历史程序在里面的，关于辩的资料，墨者幸运，所被保存的比较多，因而推崇墨家的人便差不多都认为古代逻辑是墨家的独擅场，连惠施、公孙龙都被认成为墨者。那是在研究方法上根本有了错误。

游离了社会背景而专谈逻辑也是以前治周秦诸子者的常态。就是新史学家也未能免此。我是不满意这种办法的。无论是怎样的诡辞，必然有它的社会属性，一定要把它向社会还原，寻求得造此诡辞者的基本立场或用意，然后这一学说或诡辞的价值才能判断。不然，我们只好受着古人的愚弄，得不出他的真象的。

整个说来，无论是先秦名家，墨家辩者或其它学派关于名辩的努力，都没有达到纯粹逻辑术的地步，或许是资料丧失了吧。但是无征而必，高扬先秦的学术成就，或称颂辩者为最有科学精神，都不免是犯了主观主义的毛病。我自信对于这种态度似乎还能保持了相当远的一个距离。

在《名辩思潮的批判》写完之后，我的关于古代意识形态的研究似乎是可以告一段落了。在前我已经写了法家的韩非和杂家的吕不韦，从春秋末年以来一直到秦代，我算已经作了一个通盘的追迹。假使还有一节断径须得架一座桥梁的话，那便是韩非以前的法家思想的清理。因此我便有了《前期法家的批判》以为补充。

在前期法家中，我清理了子产、李悝、吴起、商鞅、申不害诸人。我是一月三十日开始写的，到二月十八日才把关于申不害的一节草拟完毕。关于慎到，因为在黄老学派中已经叙述了，没有重提。很想清理管子书中的法家思想，也反覆研究了好几遍，像《法法》、《任法》、《明法》诸篇无疑是田骈慎到一派的传习录，但因找不出其它的证据，这一清理终竟没有完成。

六

凡本文中所述及的一连串的研究，我本来是想把它们集合成为一部书，分为前编和后编的，但为出版上的便宜起见，把它们分成了两部。《青铜时代》是原拟的前编，《十批判书》是后编。

为使《青铜时代》的名称更有所凭借，我在二月八日赶着起草了一篇《青铜器时代》，是在二月十日草成的。这本是我十几年来研究青铜器所得的结论，腹稿构成了多年，在最近一两年间我曾作过几次的演讲，现在率性把它写了出来。这是错综在《前期法家的批判》写作期中的一个副产物。

在这儿，我不妨把两个集子的内容整个地撮录在下边：

一、《青铜时代》：

（1）先秦天道观之进展，

（2）周易之制作时代，

（3）由周代农事诗论到周代社会，

（4）驳《说儒》，

（5）墨子思想，

（6）公孙尼子与其音乐理论，

（7）述吴起，

（8）老聃、关尹、环渊，

（9）宋钘、尹文遗著考，

（10）韩非《初见秦篇》发微，

（11）秦楚之际的儒者，

（12）青铜器时代。

二、《十批判书》：

（1）古代研究的自我批判，

（2）孔墨的批判，

（3）儒家八派的批判，

（4）稷下黄老学派的批判，

（5）庄子的批判，

（6）荀子的批判，

（7）名辩思潮的批判，

（8）前期法家的批判，

（9）韩非子的批判，

（10）吕不韦与秦王政的批判。

合共二十二篇，除掉四篇是旧作之外，其余都是最近四年①写的，而大多数是写在赖家桥的白果树下。假使这两个集子有合印成一部的机会应该恢复我原来的命名：《先秦述林》，或者称为《白果树下书》也还别致。

在这里把古代社会的机构和它的转变，以及转变过程在意识形态上的反映，可算整理出了一个比较完整的轮廓。依我原先的计划本来还想写到艺术形态上的反映，论到文学、音乐、绘画、雕塑等的情形，或因已有论列，或因资料不够，便决计不必再添蛇足了。已有论列的如文学，有我的《屈原研究》。那是有单行本行世的。

音乐，我曾经写过一篇《隋代音乐家万宝常》，虽是属于后代的事，但其中也涉历到了古代。古代的音乐，我感觉着我们所固有的东西非常简单，卜辞及金文中所见到的乐器，只有钟、鼓、磬、篪等类。音阶在古只有宫、商、角、徵、羽的五音，其起源还不知道。琴瑟是西周末年由国外传来的新乐器，三《颂》中祭神乐器无琴瑟，《风》、《雅》中虽见琴瑟的使用，而是用于燕乐男女之私，足见这类乐器传统不古，没有资格奉供宗庙鬼神，也就如一直到今天二胡琵琶等还不能进文庙的一样。十二律也是春秋时代由国外输入的，有了它的输入才使五音或七音成为了相对的音符。但这些乐器和乐律的来源，我也还没有得到更确切的阐明，只好等待对于这一方面感觉兴趣的人再继续从事发掘了。

绘画、雕塑资料不多。一部分可由象形文字上去追求，一部分可得诸青铜器的花纹形制。关于后者，我在《青铜器时代》一文中略略有所叙述。这是应该作为专书研讨的，而且没有插图是不容易说明的事。这

────────────

① 实为"最近两年"。

些，自然也只好留待研究美术史的专家了。

月来我不断地思念着那株白果树。它的叶盖已经是青翠成云的时候了。假使是在往年，我又是快要作下乡准备的时候，但我现在却十分地踌躇，往年的朋友们已经散了，白果树的无言会给我难堪的忍受，我倒愿意就和我对于古代的研究一样，永远和它告别。

一九四五年五月五日

（本篇最初发表于 1946 年 1 月 1 日、8 日上海《文萃》周刊第十三、十四期，选自《十批判书》，上海群益出版社，1946 年 5 月版）

历史人物 *

序

我是有点历史癖的人，但关于历史的研究，秦以前的一段我比较用过一些苦功，秦以后的我就不敢夸口了。中国的历史实在太长，史料也实在太浩瀚，以一个人的有限的生命，要想把全部都要弄精通，恐怕是不可能的事吧。

不过关于秦以后的一些历史人物，我倒作过一些零星的研究。主要是凭自己的好恶，更简单地说，主要是凭自己的好。因为出于恶，而加以研究的人物，在我的工作里面究竟比较少。我的好恶的标准是什么呢？一句话归宗：人民本位！

我就在这人民本位的标准下边从事研究，也从事创作。但在事实上有好些研究是作为创作的准备而出发的。我是很喜欢把历史人物作为题材而从事创作的，或者写成剧本，或者写成小说。在几篇短篇小说中，我处理过孔丘、孟轲、老聃、庄周、秦始皇、楚霸王、贾谊、司马迁。在几部历史剧中，我处理过聂政与聂嫈、屈原、信陵君与如姬、高渐离等等。但有的创作流产了，而只剩下了些研究文字。在本书里面所收集的，如像《万宝常》、《甲申三百年祭》都是。我还有一篇《钓鱼城访古》，也是想把钓鱼城的故事写成史剧的调查工作。史剧没有写成，那篇调查记，论性质尽可以收在这儿，但已经被收进《今昔蒲剑》里面去了。

---

* 《历史人物》一书，上海海燕书店 1947 年 8 月、1948 年 5 月、1949 年 7 月出版过三版。

我对于王安石是怀抱着一种崇敬的念头的，实际上他是一位伟大的政治家，在中国历史上很难得找到可以和他比配的人。他有政见，有魄力，而最难得的是他是以人民为本位的人。他在历史上出现得太早了，孤立无辅，形成了一个屈原以来的历史上的大悲剧。这悲剧不限于他晚年的失意，而是在他的新政废止之后，宋室卒于遭到异民族的颠覆，中国的农民老是不得翻身，又苦了一千年。

我很有意思把王安石、司马光、苏轼三个人拿来写成一部《三人行》，以王安石代表人民意识，司马光代表地主阶层，苏轼作为游移于两端的无定见的浪漫文人。这些倒也并不是我一个人的主观见解，他们三个人在当时实在是代表着这样的三方面。以司马光为代表，漫衍而为南北两宋及其后的道学家，他们在表面上虽然打着儒家的招牌，吃的是孔、孟的残饭，实际上他们是把儒家形式上最坏的一些成分，和道家的精神结合了。那些鼎戴着司马光的所谓大儒，周、程、朱、张辈，认真说只是一些道士。在秦、汉以后要找一位纯正的儒家代表，恐怕就只有一位王安石吧。

王安石被埋没了一千年，近代人渐渐知道他的价值了。然而他在思想史上所占的地位，就在我们新兴历史家的头脑里似乎都还抵不过司马君实和周、程、朱、张。一种传统观念一被形成，要打破实在是一件不容易的事。

《三人行》没有写成，王安石的研究，在本书所收的实在只是一点轮廓。关于他，我在重庆时曾经作过几次讲演，自己觉得讲得也还不错，然而纪录得实在太简单了。那差不多只是王安石的糟粕的糟粕。不过要了解王安石的精神也不在乎要有更详细的文字，只消举出他的两句话已就足供我们受用。

一、"某自诸子百家，至于《难经》、《素问》、《本草》、诸小说无所不读，农夫女工无所不问。"顶重要的就是这"农夫女工无所不问"，这不是我们现在所说的"向老百姓学习"吗？

二、是他的政策的基本用意是"榷制兼并，均济贫乏"。这不就是我们今天所说的打倒土豪劣绅，使耕者有其田吗？

关于王阳明的一篇已经是二十六年前的东西了，收在这儿实在有点不伦不类，或许还会使少数的朋友感到惶惑。那本是为当时泰东书局版的《王阳明全集》所作的一篇序，其后曾经收进《文艺论集》的初版，在改版时，我自己又把它删掉了。但我今天依然把它收集在这儿，一以表示我自己的思想发展过程，又一想在这儿替王阳明说几句公平的话。

我自己在思想上也是经历过好几度的变迁来的。我信奉过泛神论，甚至实际从事过静坐，因而王阳明在我的心目中有一个时期是最崇拜的一个人。今天拿思想的方法来说，他无疑是一位唯心论者，但我也不想学当今的贤者那样，凡是有唯心论的色彩的，便一律斥之为反革命。其实评价一个人的思想应该在整个的思想史中寻求它的真实的时代意义。唯心论有时候并不比唯物论更反乎进化，或违背真理。历史是采取着辩证式的发展的，在唯物论流而为琐碎，锢没性灵的时候，每每有唯心论起来加以挽救。在这样的变革时期，我们本着矫枉不妨过正的观点，无宁是应该赞扬唯心论的革命性的。王阳明在思想史上的地位无疑是以一个革命者的姿态出现的。一反程朱之徒的琐碎，想脱去一切学枷智锁，而恢复精神的独立自主性，这无宁是值得我们赞美的。我们不要在他所说的"致良知"的一些暧昧的形而上的言语上去拘泥，我们请在他的注重实践，提倡"知行合一"，"事上磨炼"上去做工夫吧。说明了这些，我敢于坦白地承认，我在今天依然是敬仰着王阳明的。

《甲申三百年祭》是曾经引起过轩然大波的一篇文章。主要的原因就是因为我同情了农民革命的领导者李自成，特别是以仕宦子弟的举人而参加并组织了革命的李岩，这明明是帝王思想与人民思想的斗争，而这斗争我们还没有十分普遍而澈底地展开。

关于李岩，我们对于他的重要性实在还叙述得不够。可惜关于他的资料是毁灭了，我们可以坚决地相信，他一定是一位怀抱着人民思想的人，须知他是主张"均田"的。唯其这样，所以他能够与李自成合伙，他的参加农民革命是有他自己的在思想上的必然性，并不是单纯的"官激民变"。

认识了李岩的这层重要性，我们请把他和约略同时的一些学者或思想家来比较一下吧。例如顾炎武在前是被视为承先启后的一大鸿儒，特别被人尊重的是他有民族思想，他不受满清的羁縻，而且还有组织地下运动的传说。但他对于李自成是反对的，可以证明他只有民族思想而无人民思想。

又例如王船山，他在思想史上的重要性近来是够被强调着，骎骎乎驾诸顾炎武之上了。他的民族思想也异常强烈，曾参加南明的抗清斗争，明亡隐于苗洞，坚苦著书，书也到了两百年后才为曾国藩所刊行。这些往事的确是可以增加人对于他的崇敬的。然而在我看来，他也只富于民族气节而贫于人民思想。

这儿有这么一段事实。张献忠到了湖南，慕王船山的大名，特别礼聘他，请他参加他的队伍。王船山躲起来了，不肯和草寇合流。张献忠便用绑票的方式把船山的父亲捉了来，要挟他。弄得船山没法，只好毁伤自己，被肩舆抬着去见张献忠，张献忠看他那样固执，便把他父子一同放了。据这个故事看来，我们可以了解张献忠也并不如一般传说所讲的那么胡涂，而王船山的固执倒是可以惊人的。请把这种态度和李岩比较一下怎样呢？李岩不是可以更令人向往的吗？

我本来想把李岩写成剧本的，但没有成功。已经有好些朋友把《甲申三百年祭》写成剧本了，可以省得我费事。不过我还有一种希望，我们应该把注意力的焦点，多放在李岩的悲剧上。这个人我们不要看他只是一位公子哥儿的读书人，而是应该把他看成为人民思想的体验者，实践者。虽然关于他的资料已经遭了湮灭，在思想史上也应该有他的卓越的地位的。

一九四七年七月二十一日

（本篇最初发表于 1947 年 8 月 15 日北平《骆驼文丛》月刊新 1 卷第 1 期，选自《历史人物》，上海海燕书店，1947 年 8 月初版）

甲申三百年祭

甲申轮到他的第五个周期，今年是明朝灭亡的第三百周年纪念了。

明朝的灭亡认真说并不好就规定在三百年前的甲申。甲申三月十九日崇祯死难之后，还有南京的弘光，福州的隆武，肇庆的永历，直至前清康熙元年（一六六二）永历帝为清吏所杀，还经历了一十八年。台湾的抗清，三藩的反正，姑且不算在里面。但在一般史家的习惯上是把甲申年认为是明亡之年的，这倒也是无可无不可的事情。因为要限于明室来说吧，事实上它久已失掉民心，不等到甲申年，早就是仅存形式的了。要就中国来说吧，就在满清统治的二百六十年间一直都没有亡，抗清的民族解放斗争一直都是没有停止过的。

然而甲申年总不失为是一个值得纪念的历史年。规模宏大而经历长久的农民运动，在这一年使明朝最专制的王权统治崩溃了，而由于种种的错误却不幸换来了异族的入主，人民的血泪更潜流了二百六十余年。这无论怎样说也是值得我们回味的事。

在历代改朝换姓的时候，亡国的君主每每是被人责骂的。崇祯帝可要算是一个例外，他很博得后人的同情。就是李自成《登极诏》里面也说："君非甚暗，孤立而炀蔽恒多；臣尽行私，比党而公忠绝少。"不用说也就是"君非亡国之君，臣皆亡国之臣"的雅化。其实崇祯这位皇帝倒是很有问题的。他仿佛是很想有为，然而他的办法始终是沿着走着错误的路径。他在初即位的时候，曾经发挥了他的"当机独断"，除去了魏忠贤与客氏，是他最有光辉的时期。但一转眼间依赖宦官，对于军国大事的处理，枢要人物的升降，时常是朝四暮三，轻信妄断。十七年不能算是短促的岁月，但只看见他今天在削籍大臣，明天在大辟疆吏，弄得大家都手足无所措。对于老百姓呢？虽然屡次在下《罪己诏》，申说爱民，但都是口惠而实不至。《明史》批评他"性多疑而任察，好刚而尚气。任察则苛刻寡恩，尚气则急剧失措"（《流贼传》）。这个论断确是一点也不苛刻的。

自然崇祯的运气也实在太坏，承万历、天启之后做了皇帝，内部已腐败不堪，东北的边患又已经养成，而在这上面更加以年年岁岁差不多遍地都是旱灾、蝗灾，二年四月二十六日，有马懋才《备陈大饥疏》，把当时陕西的灾情叙述得甚为详细，就是现在读起来，都觉得有点令人不寒而栗：

> 臣乡延安府，自去岁一年无雨，草木枯焦。八九月间，民争采山间蓬草而食。其糙类糠皮，其味苦而涩，食之仅可延以不死。至十月以后而蓬尽矣，则剥树皮以为食，无可稍缓其死。迨年终而树皮又尽矣，则又掘其山中石块而食。石性冷而味腥，少食辄饱，不数日则腹胀下坠而死。

> 民有不甘于食石而死者，始相聚为盗，而一二稍有积贮之民遂为所劫，而抢掠无遗矣。……

> 最可悯者，如安塞城西有翼城之处，每日必弃一二婴儿于其中。有号泣者，有呼其父母者，有食其粪土者，至次晨，所弃之子已无一生，而又有弃子者矣。

更可异者，童稚辈及独行者，一出城外便无迹踪。后见门外之人，析人骨以为薪，煮人肉以为食，始知前之人皆为其所食。而食人之人，亦不免数日后面目赤肿，内发燥热而死矣。于是死者枕藉，臭气熏天，县城外掘数坑，每坑可容数百人，用以掩其遗骸。臣来之时已满三坑有余。而数里以外不及掩者，又不知其几许矣。……有司束于功令之严，不得不严为催科。仅存之遗黎，止有一逃耳。此处逃之于彼，彼处复逃之于此，转相逃则转相为盗，此盗之所以遍秦中也。

总秦地而言，庆阳、延安以北，饥荒至十分之极，而盗则稍次之；西安、汉中以下，盗贼至十分之极，而饥荒则稍次之。

（见《明季北略》卷五）

这的确是很有历史价值的文献，很扼要地说明了明末的所谓流寇的起源，同隶延安府籍的李自成和张献忠辈就是在这样的情形之下先后起来了的。

饥荒诚然是严重，但也并不是没有方法救济。饥荒之极，流而为盗，可知在一方面有不甘饿死，铤而走险的人，而在另一方面也有不能饿死，足有海盗的物资积蓄者。假使政治是修明的，那么挹彼注此，损有余以补不足，尽可以用人力来和天灾抗衡。然而却是"有司束于功令之严，不得不严为催科"。这一句话已经足够说明：无论是饥荒或盗贼，事实上都是政治所促成的。

这层在崇祯帝自己也很明白，十年闰四月大旱，久祈不雨时的《罪己诏》上又说得多么的痛切呀：

……张官设吏，原为治国安民。今出仕专为身谋，居官有同贸易。催钱粮先比火耗，完正额又欲羡余。甚至已经蠲免，亦悖旨横征，才议缮修，便乘机自润。或召买不给价值，或驿路诡名轿抬。或差派则卖富殊贫，或理谳则以直为枉。阿堵违心，则敲朴任意。囊橐既富，则奸慝可容。抚按之荐劾失真，要津之毁誉倒置。又如勋戚不知厌足，纵贪横于京畿。乡官灭弃防维，肆侵凌于闾里。纳无赖为爪牙，受奸民之投献。不肖官吏，畏势而曲承。积恶衔蠹，生端而勾引。嗟此小民，谁能安枕！（《明季北略》卷十三。）

这虽不是崇祯帝自己的手笔，但总是经过他认可后的文章，而且只有在他的名义下才敢于有这样的文章。文章的确是很好的。但对于当时政治的腐败认识得既已如此明了，为什么不加以澈底的改革呢？要说是没有人想出办法来吧，其实就在这下《罪己诏》的前一年（崇祯九年）早就有一位武生提出了一项相当合理的办法，然而却遭了大学士们的反对，便寝而不行。《明季北略》卷十二载有《钱士升论李琎搜括之议》，便是这件事情：

> 四月，武生李琎奏致治①在足国，请搜括臣宰助饷。大学士钱士升拟下之法司，不听。士升上言："比者借端幸进，实繁有徒。而李琎者乃倡为缙绅豪富报名输官，欲行手实籍没之法。此衰世乱政，而敢陈于圣人之前，小人无忌惮一至于此！且所恶于富者兼并小民耳，郡邑之有富家，亦贫民衣食之源也。以兵荒之故归罪富家而籍没之，此秦始皇所不行于巴清，汉武帝所不行于卜式者也。此议一倡，亡命无赖之徒，相率而与富家为难，大乱自此始矣。"已而温体仁以上欲通言路，竟改拟。上仍切责士升，以密勿大臣，即欲要誉，放之已足，毋庸汲汲。……

这位李琎，在《明亡述略》作为李琏，言"李琏者，江南武生也，上书请令江南富家报名助饷，大学士钱士升驳斥"云云。这位武生其实倒是很有政治的头脑，可惜他所上的"书"全文不可见，照钱士升的驳议看来，明显地他恨"富者兼并小民"，而"以兵荒之故归罪富家"。这见解倒是十分正确的，但当时一般的士大夫都左袒钱士升。钱受"切责"反而博得同情，如御史詹尔选为他抗辩，认为"辅臣不过偶因一事代天下请命"。他所代的天下岂不只是富家的天下，所请的命岂不只是富者的命吗？已经亡了国了，而撰述《明季北略》与《明亡述略》的人，依然也还是同情钱士升的。但也幸而有他们这一片同情，连带着使李武生的言论还能有这少许的保存，直到现在。

"搜括臣宰"的目的，在李武生的原书，或者不仅限于"助饷"吧。因为既言到兵与荒，则除足兵之外尚须救荒。灾民得救，兵食有着，寇乱决不会蔓延。结合明朝全力以对付胡虏，满清入主的惨剧也决不会出现了。然而大学士驳斥，大皇帝搁置，小武生仅落得保全首领而已。看崇祯"切责士升"，浅识者或许会以为他很有志于采纳李生的进言，但其实做皇帝的也不过采取的另一种"要誉"方式，"放之已足"而已。

崇祯帝，公平地评判起来，实在是一位十分"汲汲"的"要誉"专

---

① "致治"，原作"政治"，据引书改。

家。他是最爱下《罪己诏》的，也时时爱闹减膳、撤乐的玩艺，但当李自成离开北京的时候，却发现皇库扃钥如故，其"旧有镇库金积年不用者三千七百万锭，锭皆五百（十？）两，镌有永乐字"（《明季北略》卷二十）。皇家究竟不愧是最大的富家，这样大的积余，如能为天下富家先，施发出来助赈、助饷，尽可以少下两次《罪己诏》，少减两次御膳，少撤两次天乐，也不至于闹出悲剧来了。然而毕竟是叫文臣做文章容易，而叫皇库出钱困难，不容情的天灾却又好像有意开玩笑的一样，执扭地和要誉者调皮。

所谓流寇，是以旱灾为近因而发生的，在崇祯元二年间便已蹶起了。到李自成和张献忠执牛耳的时代，已经有了十年的历史。流寇都是铤而走险的饥民，这些没有受过训练的乌合之众，在初，当然抵不过官兵，就在奸淫掳掠、焚烧残杀的一点上比起当时的官兵来更是大有愧色的。十六年，当李、张已经势成燎原的时候，崇祯帝不时召对群臣，马世奇的《廷对》最有意思：

> 今闯、献并负滔天之逆，而治献易，治闯难。盖献人之所畏，闯人之所附。非附闯也，苦兵也。一苦于杨嗣昌之兵，而人不得守其田园。再苦于宋一鹤之兵，而人不得有其室家。三苦于左良玉之兵，而人之居者、行者，俱不得安保其身命矣。贼知人心之所苦，特借"剿兵安民"为辞。一时愚民被欺，望风投降。而贼又为散财赈贫，发粟赈饥，以结其志。遂至视贼如归，人忘忠义。其实贼何能破各州县，各州县自甘心从贼耳。故目前胜着，须从收拾人心始。收拾人心，须从督抚镇将约束部位，令兵不虐民，民不苦兵始。（《北略》卷十九）

这也实在是一篇极有价值的历史文献，《明史·马世奇传》竟把它的要点删削了。当时的朝廷是在用兵剿寇，而当时的民间却是在望寇"剿兵"。在这剿的比赛上，起初寇是剿不过兵的，然而有一点占了绝对的优势，便是寇比兵多，事实上也就是民比兵多。在十年的经过当中，杀了不少的寇，但却增加了无数的寇。寇在比剿中也渐渐受到了训练，无论是在战略上或政略上。官家在征比搜括，寇家在散财发粟，战斗力也渐渐优劣易位了。到了十六年再来喊"收拾人心"，其实已经迟了，而迟到了这时，却依然没有从事"收拾"。

李自成的为人，在本质上和张献忠不大相同，就是官书的《明史》都称赞他"不好酒色，脱粟粗粝，与其下共甘苦"。看他的很能收揽民

心，礼贤下士，而又能敢作敢为的那一贯作风，和刘邦、朱元璋辈起于
草泽的英雄们比较起来，很有过之而无不及的气概。自然也是艰难玉成
了他。他在初发难的十几年间，只是高迎祥部下的一支别动队而已。时
胜时败，连企图自杀都有过好几次，特别在崇祯十一二年间是他最危厄
的时候。直到十三年，在他才来了一个转机，从此一帆风顺，便使他陷
北京，覆明室，几乎完成了他的大顺朝的统治。

这一个转机也是由于大灾荒所促成的。

自成在十一年大败于梓潼之后，仅偕十八骑溃围而出，潜伏于商洛
山中。在这时张献忠已投降于熊文灿的麾下。待到第二年张献忠回复旧
态，自成赶到谷城（湖北西北境）去投奔他，险些儿遭了张的暗算，弄
得一个人骑着骡子脱逃了。接着自成又被官兵围困在巴西鱼腹诸山中，
逼得几乎上吊，但他依然从重围中轻骑逃出，经过郧县、均县等地方，
逃入了河南。这已经是十三年的事。在这时河南继十年、十一年、十二
年的蝗旱之后，又来一次蝗旱，闹到"人相食，草木俱尽，土寇并起"
（《烈皇小识》）。但你要说真的没有米谷吗？假使是那样，那就没有"土
寇"了。"土寇"之所以并起，是因为没有金钱去掉换高贵的米谷，而
又不甘心饿死，便只得用生命去掉换而已。——"斛谷万钱，饥民从自
成者数万"（《明史·李自成传》），就这样李自成便又死灰复燃了。

这儿是李自成势力上的一个转机，而在作风上也来了一个划时期的
改变。十三年后的李自成与十三年前的不甚相同，与其他流寇首领们也
大有悬异。上引马世奇的《廷对》，是绝好的证明。势力的转变固由于
多数饥民之参加，而作风的转变在各种史籍上是认为由于一位"杞县举
人李信"的参加。这个人在《李自成传》和其他的文献差不多都是以同
情的态度被叙述着的，想来不必一定是因为他是读书人罢。同样的读书
人跟着自成的很不少，然而却没有受着同样的同情的。我现在且把《李
自成传》上所附见的李信入伙的事迹摘录在下边。

> 杞县举人李信者，逆案中尚书李精白子也。尝出粟赈饥民，民
> 德之。曰："李公子活我。"会绳伎红娘子反，掳信，强委身焉。信
> 逃归，官以为贼，囚狱中。红娘子来救，饥民应之，共出信。
>
> 卢氏举人牛金星，磨勘被斥。私入自成军，为主谋。潜归，事
> 泄，坐斩；已，得末减。
>
> 二人皆往投自成，自成大喜，改信曰岩。金星又荐卜者宋献
> 策，长三尺余。上谶记云："十八子主神器"，自成大悦。

岩因说曰："欲取天下以人心为本，请勿杀人，以收天下心。"自成从之，屠戮为减。又散所掠财物赈饥民，民受饷者不辨岩、自成也。杂呼曰："李公子活我。"岩复造谣词曰："迎闯王，不纳粮。"使儿童歌以相煽。从自成者日众。

这节文字叙述在十三年与十四年之间，在《明史》的纂述者大约认为李、牛、宋之归自成是同在十三年。《明亡述略》的作者也同此见解，此书或许即为《明史》所本。

当是时（十三年）河南大旱，其饥民多从自成。举人李信、牛金星皆归焉。金星荐卜者宋献策陈图谶，言"十八子当主神器"，李信因说自成曰："取天下以人心为本，请勿杀人，收天下心。"自成大悦，命更名为岩，甚信任之。

然而牛、宋的归自成其实是在十四年四月，《烈皇小识》和《明季北略》，叙述得较为详细。《烈皇小识》是这样叙述着的：

十四年四月，自成屯卢氏。卢氏举人牛金星来归。又荐卜者宋献策，献策长不满三尺。见自成，首陈图谶云："十八孩儿兑上坐，当从陕西得天下。"自成大喜，拜奉为军师。

《明季北略》叙述得更详细，卷十八《牛宋投归自成》条下云：

辛巳（十四年）四月，河南卢氏县贡生牛金星，因有罪，当戍边，李岩荐其有才略，金星遂归自成，自成以女妻之，授以右相。或云："金星天启丁卯举人，与岩同年，故荐之。"金星引故知刘宗敏为将军，又荐术士宋献策。献策，河南永城人，善卜天数。初见自成，即出一数进曰："十八孩儿当主神器。"自成大喜，拜军师。献策面狭而长，身不满三尺，其形如鬼，右足跛，出入以杖自扶。军中呼为宋孩儿。一云浙人，精于六壬奇门遁法，及图谶诸数学。自成信之如神。余如拔贡顾君恩等亦归自成，贼之羽翼益众矣。

牛、宋归自成之年月与《烈皇小识》所述同，宋出牛荐，牛出李荐，则李之入伙自当在宋之前。惟关于李岩入伙，《北略》叙在崇祯十年，未免为时过早。

李岩，开封府杞县人。天启七年丁卯孝廉，有文武才。弟年，庠士。父某，进士。世称岩为"李公子"。家富而豪，好施尚义。

时频年旱饥，邑令宋某催科不息，百姓苦之。岩进言，劝宋暂休征比，设法赈给。宋令曰："杨阁部（按指兵部杨嗣昌）飞檄雨下，若不征比，将何以应？至于赈济饥民，本县钱粮匮乏，止有分派富户耳。"岩退，捐米二百余石。无赖子闻之，遂纠众数十人哗于富室，引李公子为例。不从，辄焚掠。有力者白宋令出示禁戢。宋乃不悦岩，即发牒传谕："速速解散，各图生理，不许借名求赈，恃众要挟。如违，即系乱民，严拿究罪。"饥民击碎令牌，群集署前，大呼曰："吾辈终须饿死，不如共掠。"

宋令急邀岩来议，岩曰："速谕暂免征催，并劝富室出米，减价官粜，则犹可及止也。"宋从之。众曰："吾等姑去，如无米，当再至耳。"宋闻之而惧，谓岩发粟市恩，以致众叛，倘异日复至，其奈之何？遂申报按察司云："举人李岩图谋不轨，私散家财，收买众心，以图大举。打差辱官，不容比较。恐滋蔓难图，祸生不测，乞申抚按，以戢奸宄，以靖地方。"按察司据县申文抚按，即批宋密拿李岩监禁，毋得轻纵。宋遂拘李岩下狱。

百姓共怒曰："为我而累李公子，忍乎？"群赴县杀宋，劫岩出狱。重犯具释，仓库一空。岩谓众曰："汝等救我，诚为厚意。然事甚大，罪在不赦。不如归李闯王，可以免祸而致富贵。"众从之。岩遣弟牟率家先行，随一炬而去。城中止余衙役数十人及居民二三百而已。

岩走自成，即劝假行仁义，禁兵淫杀，收人心以图大事。自成深然之。岩复荐同年牛金星，归者甚众，自成兵势益强。岩遣党伪为商贾，广布流言，称自成仁义之师，不杀不掠，又不纳粮。愚民信之，惟恐自成不至，望风思降矣。

予幼时闻贼信急，咸云："李公子乱"而不知有李自成。及自成入主，世犹疑即李公子，而不知李公子乃李岩也。故详志之。

这是卷十三《李岩归自成》条下所述，凡第十三卷所述均崇祯十年事，在作者的计六奇自以李岩之归自成是在这一年了。但既言"频年旱饥"，与十年情事不相合。宋令所称"杨阁部飞檄雨下"亦当在杨嗣昌于十二年十月"督师讨贼"以后。至其卷二十三《李岩作〈劝赈歌〉》条下云：

李岩劝总（宋）令出谕停征；崇祯八年七月初四日事。又作《劝赈歌》，各家劝勉赈济，歌曰：

"年来蝗旱苦频仍，嚼啮禾苗岁不登。米价升腾增数倍，黎民处处不聊生。草根木叶权充腹，儿女呱呱相向哭。釜甑尘飞炊烟绝，数日难求一餐粥。官府征粮纵虎差，豪家索债如狼豺。可怜残喘存呼吸，魂魄先归泉壤埋。骷髅遍地积如山，业重难过饥饿关。能不教人数行泪，泪洒还成点血斑？奉劝富家同赈济，太仓一粒恩无既。枯骨重教得再生，好生一念感天地。天地无私佑善人，善人德厚福长臻。助贫救乏功勋大，德厚流光裕子孙。"

看这开首一句"年来蝗旱苦频仍"，便已经充分地表现了作品的年代。河南蝗旱始于十年，接着十一年、十二年、十三年均蝗旱并发，八年以前，河南并无蝗旱的记载。因此所谓"崇祯八年"断然是错误，据我揣想，大约是"庚辰年"的蠹蚀坏字，由抄者以意补成的吧。劝宋令劝赈既在庚辰年七月初四，入狱自在其后，被红娘子和饥民的劫救，更进而与自成合伙，自当得在十月左右了。同书卷十六《李自成败而复振》条下云："庚辰（十三年）十二月自成攻永宁陷之。杀万安王朱采铤，连破四十八寨，遂陷宜阳，众至数十万。李岩为之谋主。贼每剽掠所获，散济饥民，故所至威势益盛。"在十三年底，李岩在做自成的谋主，这倒是可能的事。

李岩无疑早就是同情于流寇的人，我们单从这《劝赈歌》里面便可以看出他的思想倾向。首先值得注意的是他说到"官府征粮纵虎差，豪家索债如狼豺"，而却没有说到当时的寇贼怎样怎样。他这歌是拿去"各家劝勉"的。受了骂的那些官府豪家的虎豹豺狼，一定是忍受不了。宋令要申报他"图谋不轨"，一定也是曾经把这歌拿去做了供状的。

红娘子的一段插话最为动人，但可惜除《明史》以外目前尚无考见。最近得见一种《剿闯小史》，是乾隆年间的抄本，不久将由说文社印行。那是一种演义本的小说，共十卷，一开始便写《李公子民变聚众》，最后是写到《吴平西孤忠受封拜》为止的。作者对于李岩也颇表同情，所叙事迹和《明季北略》相近，有些地方据我看来还是《北略》抄袭了它。《小史》本系稗官小说，不一定全据事实，但如红娘子的故事是极好的小说材料，而《小史》中也没有提到。《明史》自必确有根据，可惜目前书少，无从查考出别的资料而已。

其次乾隆年间董恒岩所写的《芝龛记》，以秦良玉和沈云英为主人翁的院本，其中的第四十出《私奔》也处理着李、牛奔自成的故事。这位作者却未免太忍心了，竟把李岩作为丑角，红娘子作为彩旦，李岩的"出粟赈饥"，被解释为"勉作散财之举，聊博好义之名"，正史所不敢加以诬蔑的事由私家的曲笔，歪解得不成名器了。且作者所据也只是《李自成传》，把牛、李入伙写在一起。又写牛金星携女同逃，此女后为李自成妻，更是完全胡诌。牛金星归自成时，有他儿子生员牛诠同行，倒是事实，可见作者是连《甲申传信录》都没有参考过的。至《北略》所言自成以女妻金星，亦不可信。盖自成当时年仅三十四岁，应该比金星还要年青，以女妻牛诠，倒有可能。

李岩本人虽然有"好施尚义"的性格，但他并不甘心造反，倒也是同样明了的事实。你看，红娘子那样爱他，"强委身焉"了，而他终竟脱逃了，不是他在初还不肯甘心放下他举人公子的身份的证据吗？他在指斥官吏，责骂豪家，要求县令暂停征比，开仓赈饥，比起上述的江南武生李琏上书搜括助饷的主张要温和得多。崇祯御宇已经十三年了，天天都说在励精图治，而征比勒索仍然加在小民身上，竟有那样糊涂的县令，那样糊涂的巡按，祖庇豪家，把一位认真在"公忠体国"的好人和无数残喘仅存的饥民都逼成了"匪贼"。这还不够说明崇祯究竟是怎样励精图治的吗？这不过是整个明末社会的一个局部的反映而已，明朝统治之当得颠覆，崇祯帝实在不能说毫无责任。

但李岩终竟被逼上了梁山。有了他的入伙，明末的农民运动才走上了正轨。这儿是有历史的必然性。因为既有大批饥饿农民参加了，作风自然不能不改变，但也有点所谓云龙风虎的作用在里面，是不能否认的。当时的流寇领袖并不只自成一人，李岩不投奔张献忠、罗汝才之流，而却归服自成，倒不一定如《剿闯小史》托辞于李岩所说的"今闯王强盛，现在本省邻府"的原故。《北略》卷二十三叙有一段《李岩归自成》时的对话，虽然有点像旧戏中的科白，想亦不尽子虚。

> 岩初见自成，自成礼之。
>
> 岩曰："久钦帐下宏猷，岩恨谒见之晚。"
>
> 自成曰："草莽无知，自惭菲德，乃承不远千里而至，益增孤陋兢惕之衷。"
>
> 岩曰："将军恩德在人，莫不欣然鼓舞。是以谨率众数千，愿效前驱。"
>
> 自成曰："足下龙虎鸿韬，英雄伟略，必能与孤共图义举，创业开基者也。"遂相得甚欢。

二李相见，写得大有英雄识英雄，惺惺惜惺惺之概，虽然在辞句间一定不免加了些粉饰，而两人都有知人之明，在岩要算是明珠并非暗投，在自成却真乃如鱼得水，倒也并非违背事实。在李岩入伙之后，接着便有牛金星、宋献策、刘宗敏、顾君恩等的参加，这几位都是闯王部下的要角。从此设官分治，守土不流，气象便迥然不同了。全部策划自不会都出于李岩，但，李岩总不失为一个触媒，一个引线，一个黄金台上的郭隗吧。《北略》卷二十三记《李岩劝自成假行仁义》，比《明史》及其他更为详细。

> 自成既定伪官，即令谷大成、祖有光等率众十万攻取河南。
>
> 李岩进曰："欲图大事，必先尊贤礼士，除暴恤民。今朝廷失政，然先世恩泽在民已久，近缘岁饥赋重，官贪吏猾，是以百姓如陷汤火，所在思乱。我等欲收民心，须托仁义。扬言大兵到处，开门纳降者秋毫无犯。在任好官，仍前任事。酷虐人民者，即行斩首。一应钱粮，比原额只征一半，则百姓自乐归服矣。"
>
> 自成悉从之。
>
> 岩密遣党作商贾，四出传言："闯王仁义之师，不杀不掠。"又编口号使小儿歌曰："吃他娘，穿他娘，开了大门迎闯王，闯王来时不纳粮。"
>
> 又云："朝求升，暮求合，近来贫汉难求活。早早开门拜闯王，管教大小都欢悦。"
>
> 时比年饥旱，官府复严刑厚敛。一闻童谣，咸望李公子至矣。其父精白尚书也，故人呼岩为"李公子"。

巡抚尚书李精白，其名见《明史·崔呈秀传》，乃崇祯初年所定逆案中"交结近侍，又次等论，徒三年，输赎为民者"一百二十九人中之一。他和客、魏"交结"的详细情形不明。明末门户之见甚深，而崇祯自己也就是自立门户的好手。除去客、魏和他们的心腹爪牙固然是应该的，但政治不从根本上去澄清，一定要罗致内外臣工数百人而尽纳诸"逆"中，而自己却仍然倚仗近侍，分明是不合道理的事。而李岩在《芝龛记》中即因父属"逆案"乃更蒙曲笔，这诛戮可谓罪及九族了。

李岩既与自成合伙，可注意的是：他虽然是举人，而所任的却是武职。他被任为"制将军"。史家说他"有文武才"，倒似乎确是事实。他究竟立过些什么军功，打过些什么得意的硬战，史籍上没有记载。但他对于宣传工作做得特别高妙，把军事与人民打成了一片，却是有笔共书的。自十三年以后至自成入北京，三四年间虽然也有过几次大战，如围开封、破潼关几役，但大抵都是"所至风靡"，可知李岩的收揽民意，瓦解官兵的宣传，千真万确地是收了很大的效果。

不过另外有一件事情也值得注意，便是李岩在牛金星加入了以后似乎已不被十分重视。牛本李岩所荐引，被拜为"天祐阁大学士"，官居丞相之职，金星所荐引的宋献策被倚为"开国大军师"，又所荐引的刘宗敏任一品的权将军，而李岩的制将军，只是二品。（此品秩系据《北略》，《甲申传信录》则谓"二品为副权将军，三品为制将军，四品为果毅将军"云云。）看这待遇显然是有亲有疏的。

关于刘宗敏的来历有种种说法，据上引《北略》认为是牛金星的"故知"，他的加入是由牛金星的引荐，并以为山西人（见卷二十三《宋献策及众贼归自成》条下）。《甲申传信录》则谓"攻荆楚，得伪将刘宗敏"（见《疆场裹革李闯纠众》条下）。而《明史·李自成传》却以为："刘宗敏者蓝田锻工也"，其归附在牛、李之前。自成被围于巴西鱼腹山中时，二人曾共患难，竟至杀妻相从。但《明史》恐怕是错误了的。《北略》卷五《李自成起义》条下引：

> 一云：自成多力善射，少与衙卒李固，铁冶刘敏政结好，暴于乡里。后随众作贼，其兵尝云：我王原是个打铁的。

以刘宗敏为锻工，恐怕就是由于有这位"铁冶刘敏政"而致误（假如《北略》不是讹字）。因为姓既相同，名同一字，是很容易引起误会的。

刘宗敏是自成部下的第一员骁将，位阶既崇，兵权最重，由入京以后事迹看来，自成对于他的依赖是不亚于牛金星的。文臣以牛金星为首，武臣以刘宗敏为首，他们可以说是自成的左右二膀。但终竟误了大事的，主要的也就是这两位巨头。

自成善骑射，既百发百中，他自己在十多年的实地经验中也获得了相当优秀的战术。《明史》称赞他"善攻"，当然不会是阿谀了。他的军法也很严，例如："军令不得藏白金，过城邑不得室处，妻子外不得携他妇人，寝兴悉用单布幕绵。……军止，即出校骑射。夜四鼓蓐食以听令。"甚至"马腾入田苗者斩"（《明史·李传》）。真可以说是极端的纪律之师。别的书上也说："军令有犯淫劫者立时枭磔，或割掌，或割势"（《甲申传信录》），严格的程度的确是很可观的。自成自己更很能够身体力行，他不好色，不饮酒，不贪财利，而且十分朴素。当他进北京的时候，是"毡笠缥衣，乘乌驳马"（《本传》）；在京殿上朝见百官的时候，"戴尖顶白毡帽，蓝布上马衣，踱韡靴"（《北略》卷二十）。他亲自领兵去抵御吴三桂和满洲兵的时候，是"绒帽蓝布箭衣"（《甲申传信录》），而在他已经称帝，退出北京的时候，"仍穿箭衣，但多一黄盖"（《北略》）。这虽然仅是四十天以内的事，而是天翻地覆的四十天。客观上的变化尽管是怎样剧烈，而他的服装却丝毫也没有变化。史称他"与其下共甘苦"，可见也并不是不实在的情形。最有趣的当他在崇祯九年还没有十分得势的时候，"西掠米脂，呼知县边大绶曰：'此吾故乡也，勿虐我父老。'遗之金，令修文庙"（《李传》）。十六年占领了西安，他自己还是"每三日亲赴教场校射"（同上）。这作风也实在非同小可。他之所以能够得到民心，得到不少的人才归附，可见也决不是偶然的了。

在这样的人物和作风之下，势力自然会日见增加，而实现到天下无敌的地步。在十四、十五两年间把河南、湖北几乎全部收入掌中之后，自成听从了顾君恩的划策，进窥关中，终于在十六年十月攻破潼关，使孙传庭阵亡了。转瞬之间，全陕披靡。十七年二月出兵山西，不到两个月便打到北京，没三天工夫便把北京城打下了。这军事，真如有摧枯拉朽的急风暴雨的力量。自然，假如从整个的运动历史来看，经历了十六七年才达到这最后的阶段，要说难也未尝不是难。但在达到这最后阶段的突变上，有类于河堤决裂，系由积年累月的浸渐而溃进，要说容易也实在显得太容易了。在过短的时期之内获得了过大的成功，这却使自成以下如牛金星、刘宗敏之流，似乎都沉沦进了过分的陶醉去了。进了北京以后，自成便进了皇宫，丞相牛金星所忙的是筹备登基大典，招揽门生，开科选举；将军刘宗敏所忙的是拶夹降官，搜括赃款，严刑杀人。纷纷然，昏昏然，大家都像以为天下就已经太平了的一样。近在肘胁的关外大敌，他们似乎全不在意。山海关仅仅派了几千兵去镇守，而几十万的士兵却屯积在京城里面享乐。尽管平时的军令是怎样严，在大家都陶醉了的时候，竟弄得刘将军"杀人无虚日，大抵兵丁抢掠民财者也"（《甲申传信录》）了。而且把吴三桂的父亲吴襄绑了来，追求三桂的爱姬陈沅沅①，"不得，拷掠酷甚"（《北略》卷二十，《吴三桂请兵始略》），虽然得到了陈沅沅，而终于把吴三桂逼反了的，却也就是这位刘将军。这关系实在是并非浅鲜。

在过分的胜利陶醉当中，但也有一二位清醒的人，而李岩便是这其中的一个。《剿闯小史》是比较同情李岩的，对于李岩的动静时有叙述。

---

① 陈沅沅，即陈圆圆。

"贼将二十余人皆领兵在京，横行惨虐，惟制将军李岩、弘将军李牟兄弟二人，不喜声色。部下兵马三千，俱屯扎城外，只带家丁三四十名跟随，并不在生事。百姓受他贼害者，闻其公明，往赴禀，颇为申究。凡贼兵闻李将军名，便稍收敛，岩每出私行，即访问民间情弊，如遇冤屈必予安抚。每劝闯贼申禁将士，宽恤民力，以收人心。闯贼毫不介意。"

这所述的大概也是事实吧。最要紧的是他曾谏自成四事，《小史》叙述到，《北略》也有记载，内容大抵相同，兹录从《北略》。

> 制将军李岩上疏谏贼四事，其略：
>
> 一、扫清大内后，请主上退居公厂。待工政府修葺洒扫，礼政府择日率百官迎进大内。决议登极大礼，选定吉期，先命礼政府定仪制，颁示群臣演礼。
>
> 一、文官追赃，除死难归降外，宜分三等。有贪污者发刑官严追，尽产入官。抗命不降者，刑官追赃既完，仍定其罪。其清廉者免刑，听其自输助饷。
>
> 一、各营兵马仍令退居城外守寨，听候调遣出征。今主上方登大宝，愿以尧舜之仁自爱其身，即以尧舜之德爱及天下。京师百姓熙熙皞皞，方成帝王之治。一切军兵不宜借住民房，恐失民望。
>
> 一、吴镇（原作"各镇"，据《小史》改，下同）兴兵复仇，边报甚急。国不可一日无君，今择吉已定，官民仰望登极，若大旱之望云霓。主上不必兴师，但遣官招抚吴镇，许以侯封吴镇父子，仍以大国封明太子，令其奉祀宗庙，俾世世朝贡与国同休，则一统之基可成，而干戈之乱可息矣。
>
> 自成见疏，不甚喜，既批疏曰"知道了"，并不行。

后两项似乎特别重要：一是严肃军纪的问题，一是用政略解决吴三桂的问题。他上书的旨趣似乎是针对着刘宗敏的态度而说。刘非刑官，而他的追赃也有些不分青红皂白，虽然为整顿军纪——"杀人无虚日"，而军纪已失掉了平常的秩序，特别是他绑吴襄而追求陈沅沅，拷掠酷甚的章法，实在是太不通政略了。后来失败的大漏洞也就发生在这儿，足见李岩的见识究竟是有些过人的地方的。

《剿闯小史》还载有李岩入京后的几段逸事，具体地表现他的和牛、刘辈的作风确实是有些不同。第一件是他保护懿安太后的事。

> 张太后，河南人。闻先帝已崩，将自缢，贼众已入。伪将军李

岩亦河南人，入宫见之，知是太后，戒众不得侵犯。随差贼兵同众官人以肩舆送归其母家。至是，又缢死。

这张太后据《明史·后传》，是河南祥符县人，他是天启帝的皇后，崇祯帝的皇嫂，所谓懿安后或懿安皇后的便是。她具有"严正"的性格，与魏忠贤和客氏对立，崇祯得承大统也是出于她的力量。此外贺宿有《懿安后事略》，又纪昀有《明懿安皇后外传》。目前手中无书，无从引证。

第二件是派兵护卫刘理顺的事：

> 中允刘理顺，闻有令箭传觅，闭门不应，具酒题诗。妻妾阖门殉节。少顷，贼兵持令箭至，数十人踵其门。曰："此吾河南杞县乡绅也，居家极善，里人无不沐其德者。奉李公子将令正来护卫，以报厚德。不料早已全家尽节矣。"乃下马罗拜，痛哭而去。

《北略》有《刘理顺传》载其生平事迹甚详，晚年中状元（崇祯七年），死时年六十三岁。亦载李岩派兵护卫事，《明史·刘传》（《列传》一五四[①]）则仅言"群盗多中州人，入唁曰：'此吾乡杞县刘状元也，居乡厚德，何遽死！'罗拜号泣而去。"李岩护卫的一节却被抹杀了。这正是所谓"史笔"，假使让"盗"或"贼"附骥尾而名益显的时候，岂不糟糕！

第三是一件打抱不平的事：

> 河南有廪生官周某，与同乡范孝廉儿女姻家。孝廉以癸未下第，在京候选，日久资斧罄然。值贼兵攻城，米珠薪桂，孝廉郁郁成疾。及城陷驾崩，闻姻家周某以宝物贿王旗鼓，求选伪职，孝廉遂一闷而死。其子以穷不能殡殓，泣告于岳翁周某。某呵叱之，且悔其亲事。贼将制将军李岩缉知，缚周某于营房，拷打三日而死。

这样的事是不会上正史的，然毫无疑问决不会是虚构。看来李岩也是在"拷打"人，但他所"拷打"的是为富不仁的人，而且不是以敛钱为目的。

他和军师宋献策的见解比较要接近些，《小史》有一段宋、李两人品评明政和佛教的话极有意思，足以考见他们两人的思想，同样的话亦为《北略》所收录，但文字多夺佚，不及《小史》完整。今从《小史》

---

① 原作"《刘传》一五四"，据《明史》卷二六六改作"《列传》一五四"。

摘录：

伪军师宋矮子同制将军李岩私步长安门外，见先帝枢前有二僧人在旁诵经，我明旧臣选伪职者皆锦衣跨马，呵马经过。

岩谓宋曰："何以纱帽反不如和尚？"

宋曰："彼等纱帽原是下品，非和尚之品能超于若辈也。"

岩曰："明朝选士由乡试而会试，会试而廷试，然后观政候选，可谓严格之至矣。何以国家有事，报效之人不能多见也？"

宋曰："明朝国政，误在重制科，循资格。是以国破君亡，鲜见忠义。满朝公卿谁不享朝廷高爵厚禄？一旦君父有难，皆各思自保。其新进者盖曰：'我功名实非容易，二十年灯窗辛苦，才博得一纱帽上顶。一事未成，焉有即死之理？'此制科之不得人也。其旧任老臣又曰：'我官居极品，亦非容易。二十年仕途小心，方得到这地位，大臣非止一人，我即独死无益。'此资格之不得人也。二者皆谓功名是自家挣来的，所以全无感戴朝廷之意，无怪其弃旧事新，漠不相关也。可见如此用人，原不显朝廷待士之恩，乃欲责其报效，不亦愚哉！更有权势之家，循情而进者，养成骄慢，一味贪痴，不知孝弟，焉能忠烈？又有富豪之族，从夤缘而进者，既费白镪，思权子母，未习文章，焉知忠义？此迩来取士之大弊也。当事者若能矫其弊而反其政，则朝无幸位，而野无遗贤矣。"

岩曰："适见僧人敬礼旧主，足见其良心未不泯，然则释教亦所当崇欤？"

宋曰："释氏本夷狄之裔，异端之教，邪说诬民，充塞仁义。不惟愚夫俗子惑于其术，乃至学士大夫亦皆尊其教而趋习之。偶有愤激，则甘披剃而避是非；忽值患难，则入空门而忘君父。丛林宝刹之区，悉为藏奸纳叛之薮。君不得而臣，父不得而子。以布衣而抗王侯，以异端而淆政教。惰慢之风，莫此为甚！若说诵经有益，则兵临城下之时，何不诵经退敌？若云礼忏有功，则君死社稷之日，何不礼忏延年？此释教之荒谬无稽，而徒费百姓之脂膏以奉之也。故当人其人而火其书，驱天下之游惰而以惜天下之财费，则国用自足而野无游民矣。"

岩大以为是，遂与宋成莫逆之交。

当牛金星和宋企郊辈正在大考举人的时候，而宋献策、李岩两人却在反对制科。这些议论是不是稗官小说的作者所假托的，不得而知，但即使作为假托，而作者托之于献策与李岩，至少在两人的行事和主张上应该多少有些根据。宋献策这位策士虽然被正派的史家把他充分漫画化了，说他像猴子，又说他像鬼。——"宋献策面如猿猴"，"宋献策面狭而长，身不满三尺，其形如鬼。右足跛，出入以杖自扶，军中呼为宋孩儿"，俱见《北略》。通天文，解图谶，写得颇有点神出鬼没，但其实这人是很有点道理的。《甲申传信录》载有左列事项：

> 甲申四月初一日，伪军师宋献策奏。……天象惨烈，日色无光，亟应停刑。

接着在初九日又载：

> 是时闯就宗敏署议事，见伪署中三院，每院夹百余人，有哀号者，有不能哀号者，惨不可状。因问宗敏，凡追银若干？宗敏以数对。闯曰：天象示警，宋军师言当省狱。此辈夹久，宜酌量放之。敏诺。次日诸将系者不论输银多寡，尽释之。

据这事看来，宋献策明明是看不惯牛金星、刘宗敏诸人的行动，故而一方面私作讥评，一方面又借天象示警，以为进言的方便。他的作为阴阳家的姿态出现，怕也只是一种烟幕吧。

李自成本不是刚愎自用的人，他对于明室的待遇也非常宽大。在未入北京前，诸王归顺者多受封。在入北京后，帝与后也得到礼殡，太子和永、定二王也并未遭杀戮。当他入宫时，看见长公主被崇祯砍得半死，闷倒在地，还曾叹息说道："上太忍，令扶还本宫调理"（《甲申传信录》）。他很能纳人善言，而且平常所采取的还是民主式的合议制。《北略》卷二十载："内官降贼者自宫中出，皆云，李贼虽为首，然总有二十余人，俱抗衡不相下，凡事皆众共谋之。"这确是很重要的一项史料。据此我们可以知道，后来李自成的失败，自成自己实在不能负专责，而牛金星和刘宗敏倒要负差不多全部的责任。

像吴三桂那样标准的机会主义者，在初对于自成本有归顺之心，只是尚在踌躇观望而已。这差不多是为一般的史家所公认的事。假使李岩的谏言被采纳，先给其父子以高爵厚禄，而不是刘宗敏式的敲索绑票，三桂谅不至于"为红颜"而"冲冠一怒"。即使对于吴三桂要不客气，像刘宗敏那样的一等大将应该亲领人马去镇守山海关，以防三桂的叛变和满清的侵袭，而把追赃的事让给刑官去干也尽可以胜任了。然而事实却恰得其反。防山海关的只有几千人，庞大的人马都在京城里享乐。起初派去和吴三桂接触的是降将唐通，更不免有点类似儿戏。就这样在京城里忙了足足一个月，到吴三桂已经降清，并诱引异族入关之后，四月十九日才由自成亲自出征，仓惶而去，仓惶而败，仓惶而返。而在这期间留守京都的丞相牛金星是怎样的生活呢？"大轿门棍，洒金扇上贴内阁字，玉带蓝袍圆领，往来拜客，遍请同乡"（《甲申传信录》），太平宰相的风度俨然矣。

自成以四月十九日亲征，二十六日败归，二十九日离开北京，首途向西安进发。后面却被吴三桂紧紧的追着，一败于定州，再败于真定，损兵折将，连自成自己也带了箭伤。在这时河南州县多被南京的武力收复了，而悲剧人物李岩，也到了他完成悲剧的时候。

> 李岩者，故劝自成以不杀收人心者也。及陷京师，保护懿安皇后，令自尽。又独于士大夫无所拷掠，金星等大忌之。定州之败，河南州县多反正。自成召诸将议，岩请率兵往。金星阴告自成曰："岩雄武有大略，非能久下人者。河南，岩故乡，假以大兵，必不可制。十八子之谶得非岩乎？"因谮其欲反。自成令金星与岩饮，杀之。群贼解体。（《明史·李自成传》）

《明亡述略》、《明季北略》及《剿闯小史》都同样叙述到这件事。唯后二种言李岩与李牟兄弟二人同时被杀，而在二李被杀之后，还说到宋献策和刘宗敏的反应。

> 宋献策素善李岩，遂往见刘宗敏，以辞激之。宗敏怒曰："彼（指牛）无一箭功，敢擅杀两大将，须诛之。"由是自成将相离心，献策他往，宗敏率众赴河南。（《北略》卷二十三）

真正是呈现出了"解体"的形势。李岩与李牟究竟是不是兄弟，史料上有些出入，在此不愿涉及。献策与宗敏，据《李自成传》，后为清兵所擒，遭了杀戮。自成虽然回到了西安，但在第二年二月潼关失守，于是又恢复了从前"流寇"的姿态，窜入河南、湖北，为清兵所穷追，竟于九月牺牲于湖北通城之九宫山，死时年仅三十九岁（一六〇六——一六四五）。余部归降何腾蛟，加入了南明抗清的队伍。牛金星不知所终。

这无论怎么说都是一场大悲剧。李自成自然是一位悲剧的主人，而从李岩方面来看，悲剧的意义尤其深刻。假使初进北京时，自成听了李岩的话，使士卒不要懈怠而败了军纪，对于吴三桂等及早采取了牢笼政策，清人断不至于那样快的便入了关。又假使李岩收复河南之议得到实现，以李岩的深得人心，必能独当一面，把农民解放的战斗转化而为对异族侵略的战争。假使形成了那样的局势，清兵在第二年决不敢轻易冒险去攻潼关，而在潼关失守之后也决不敢那样劳师穷追，使自成陷于绝地。假使免掉了这些错误，在民族方面岂不也就可以免掉了二百六十年间为异族所宰治的运命了吗？就这样，个人的悲剧扩大而成为了民族^①的悲剧，这意义不能说是不够深刻的。

大凡一位开国的雄略之主，在统治一固定了之后，便要屠戮功臣，这差不多是自汉以来每次改朝换代的公例。自成的大顺朝即使成功了（假使没有外患，他必然是成功了的），他的代表农民利益的运动早迟也会变质，而他必然也会做到汉高祖、明太祖的藏弓烹狗的"德政"，可以说是断难例外。然而对于李岩们的诛戮却也未免太早了。假使李岩真有背叛的举动，或拟投南明，或拟投满清，那杀之也无可惜，但就是谗害他的牛金星也不过说他不愿久居人下而已，实在是杀得没有道理。但这责任与其让李自成来负，毋宁是应该让卖友的丞相牛金星来负。

三百年了，民族的遗恨幸已消除，而三百年前当事者的功罪早是应该明白判断的时候。从民族的立场上来说，崇祯帝和牛金星所犯的过失最大，他们都可以说是两位民族的罪人。而李岩的悲剧是永远值得回味的。

（本篇最初发表于 1944 年 3 月 19—22 日重庆《新华日报》，选自《历史人物》，上海海燕书店，1947 年 8 月初版）

鲁迅与王国维

在近代学人中我最钦佩的是鲁迅与王国维。但我很抱歉，在两位先生生前我都不曾拜见过，而认识了他们的伟大却都是在他们的死后。毫无疑问，我是一位后知后觉的人。

我第一次接触鲁迅先生的著作是在民国九年《时事新报·学灯》的

---

① "民族"，后改作"种族"。

双十节增刊上。文艺栏里面收了四篇东西，第一篇是周作人译的日本小说，作者和作品的题目都不记得了。第二篇是鲁迅的《头发的故事》。第三篇是我的《棠棣之花》（第一幕）。第四篇是沈雁冰（那时候雁冰先生还没有用茅盾的笔名）译的爱尔兰作家的独幕剧。《头发的故事》给予我的铭感很深。那时候我是日本九州帝国大学的医科二年生，我还不知道鲁迅是谁，我只是为作品抱了不平。为什么好的创作反屈居在日本小说的译文的次位去了？那时候编《学灯》栏的是李石岑，我为此曾写信给他，说创作是处女，应该尊重，翻译是媒婆，应该客气一点。这信在他所主编的《民铎》杂志发表了。我却没有料到，这几句话反而惹起了鲁迅先生和其他朋友们的不愉快，屡次被引用为我乃至创造社同人们藐视翻译的罪状。其实我写那封信的时候，创造社根本还没有成形的。

有好些文坛上的纠纷，大体上就是由这些小小的误会引起来了。但我自己也委实傲慢，我对于鲁迅先生的作品一向很少阅读的。记得《呐喊》初出版时，我只读了三分之一的光景便搁置了。一直到鲁迅死后，那时我还在日本亡命，才由友人的帮助，把所能搜集的单行本，搜集了来饱读了一遍。像《中国小说史略》一书，我只读过增田涉的日译本，一直到现在还没有读过原文。自己实在有点后悔，不该增上我慢[①]，和这样一位值得请教的大师，在生前竟失掉了见面的机会。

事实上我们是有过一次可以见面的机会的。那是在大革命失败后的一九二七年年底，鲁迅先生已经辞卸广州中山大学教务主任早回到了上海，我也从汕头、香港逃回到上海来了。在这时经由郑伯奇、蒋光慈诸兄的中介曾经有过一次切实合作的酝酿。我们打算恢复《创造周报》，适应着当时的革命退潮期，想以青年为对象，培植并维系着青年们的革命信仰。我们邀请鲁迅先生合作，竟获得了同意，并曾经在报上登出过《周报》复刊的广告。鲁迅先生列第一名，我以麦克昂的假名列在第二，其次是光慈、伯奇诸人。那时本来可以和鲁迅先生见面的，但因为我是失掉了自由的人，怕惹出意外的牵累，不免有些踌躇。而正在我这踌躇的时候，后期创造社的几位朋友回国了，他们以新进气锐的姿态加入阵线，首先便不同意我那种"退撄"的办法，认为《创造周报》的使命已经过去了，没有恢复的必要，要从新另起炉灶。结果我退让了。接着又生了一场大病，几乎死掉，病后我又亡命到日本去，创造社的事情以后

———————————

① "我慢"，当作"傲慢"。

我就没有积极过问了。和鲁迅先生的合作，就这样不仅半途而废，而且不幸的是更引起了猛烈的论战，几乎弄得来不可收拾。这些往事，我今天来重提，只是表明我自己的遗憾，我与鲁迅先生的见面，真真可以说是失诸交臂的。

关于王国维的著作，我在民国十年的夏天，读过他的《宋元戏曲史》，那是商务印书馆出版的一种小本子。我那时住在泰东书局的编辑所里面，为了换取食宿费，答应了书局的要求，着手编印《西厢》。就因为这样的必要，我参考过《宋元戏曲史》。读过后，认为是极有价值的一部好书，但我也并没有更进一步去追求王国维的其他著作，甚至王国维究竟是什么人，我也没有十分过问。那时候王国维在担任哈同办的仓圣明智大学的教授，大约他就住在哈同花园里面的吧。而我自己在哈同路的民厚南里也住过一些时间，可以说居处近在咫尺。但这些都是后来才知道的，假使当年我知道了王国维在担任那个大学的教授，说不定我从心里便把他鄙弃了。我住在民厚南里的时候，哈同花园的本身在我便是一个憎恨。连那什么"仓圣明智"等字样只觉得是令人可以作呕的狗粪上的霉菌。

真正认识了王国维，也是在我亡命日本的时候。那是一九二八年的下半年，我已经开始作中国古代社会的研究，和甲骨文和金文发生了接触。就在这时候，我在东京的一个私人图书馆东洋文库里面，才读到了《观堂集林》，王国维自己编订的第一个全集（《王国维全集》一共有三种），他在史学上的划时代的成就使我震惊了。然而这已经是王国维去世后一年多的事。

这两位大师，鲁迅和王国维，在生前都有可能见面的机会，而我没有见到，而在死后却同样以他们的遗著吸引了我的几乎全部的注意。就因为这样，我每每总要把他们两位的名字和业绩联想起来。我时常这样作想：假使能够有人细心地把这两位大师作比较研究，考核他们的精神发展的路径，和成就上的异同，那应该不会是无益的工作。可惜我对于两位先生的生前都不曾接近，著作以外的生活态度，思想历程，及一切的客观环境，我都缺乏直接的亲炙。因此我对于这项工作虽然感觉兴趣，而要让我来作，却自认为不甚适当。六年前，在鲁迅逝世第四周年纪念会上，我在重庆曾经作过一次讲演，简单地把两位先生作过一番比较。我的意思是想引起更适当的人来从事研究，但六年以来，影响却依然是沉寂的。有一次许寿裳先生问过我，我那一次的讲演，究竟有没有底稿。可见许先生对于这事很注意。底稿我是没有的，我倒感觉着假使让许先生来写这样的题目，那必然是更适当了。许先生是鲁迅先生的至友，关于鲁迅的一切知道得很详，而同王国维先生想来也必定相识，他们在北京城的学术氛围气里同处了五年，以许先生的学力和衡鉴必然更能够对王国维作正确的批判。但我不知道许先生自己有没有这样的兴趣。

首先我所感觉着的，是王国维和鲁迅相同的地方太多。王先生生于一八七七年，长鲁迅先生五岁，死于一九二七年，比鲁迅先生早死九年，他们可以说是正整同时代的人。王先生生于浙江海宁，鲁迅先生生于浙江绍兴，自然要算是同乡。他们两人幼年时家况都很不好。王先生经过上海的东文学社，以一九〇一年赴日本留学，进过东京的物理学校。鲁迅先生则经过南京的水师学堂，路矿学堂，以一九〇二年赴日本留学，进过东京的弘文学院，两年后又进过仙台的医学专门学校。王先生研究物理学只有一年，没有继续，而鲁迅先生的研究医学也只有一年，然而两位先生就这样都是受过相当严格的科学训练的。在那时两位先生都喜欢文艺和哲学，而尤其有趣的是都曾醉心过尼采。这理由是容易说明的，因为在本世纪的初期，尼采思想乃至德意志哲学，在日本学术界是磅礴着的。两位先生回国之后都从事于教育，而且是最狭义的教育的教育。王先生以一九〇三年曾任南通师范学堂教习，讲授心理、论理、哲学，一九〇四年转任苏州师范学堂教习，除心理、论理、哲学之外，更曾担任过社会学的讲授。鲁迅先生则以一九〇九年担任浙江两级师范学堂的生理和化学的教员，第二年曾经短期担任过绍兴中学的教员兼监学之外，又第二年即辛亥革命的一九一一年，担任了绍兴师范学校的校长。就那样在同样担任过师范教育之后，更有趣的是，复同样进了教育部，参加了教育行政的工作。王先生是以一九〇六年在当时的学部（即后来的教育部）总务司行走，其后改充京师图书馆的编译，旋复充任名词馆的协调。都是属于学部的，任职至辛亥革命而止。鲁迅先生则以一九一二年任南京临时政府教育部的部员，初任社会教育司第一科科长，后迁北京，又改为签事，任职直至一九二六年。而到晚年来，又同样从事大学教育，王先生担任过北京大学的通信导师，清华大学研究院教授，鲁迅先生则担任过北大、北京师大、北京女子师大、厦门大学、中山大学等的讲师或教授。

两位先生的履历，就这样，相似到实在可以令人惊异的地步。而两位先生的思想历程和治学的方法及态度，也差不多有同样令人惊异的相似。他们两位都处在新旧交替的时代，对于旧学都在幼年已经储备了相当的积蓄，而又同受了相当严格的科学训练。他们想要成为物理学家或医学家的志望虽然没有达到，但他们用科学的方法来回治旧学或创作，却同样获得了辉煌的成功。王先生的《宋元戏曲史》和鲁迅先生的《中国小说史略》，毫无疑问，是中国文艺史研究上的双璧；不仅是拓荒的工作，前无古人，而且是权威的成就，一直领导着百万的后学。王先生的力量自然多多用在史学研究方面去了，他的甲骨文字的研究，殷周金文的研究，汉晋竹简和封泥等的研究，是划时代的工作。西北地理和蒙古史料的研究也有些惊人的成绩。鲁迅先生对于先秦古物虽然不大致力，而对于秦以后的金石铭刻，尤其北朝的造象与隋唐的墓志等，听说都有丰富的搜罗，但可惜关于这方面的成绩，我们在《全集》中不能够见到。大抵两位先生在研究国故上，除运用科学方法之外，都同样承继了清代乾嘉学派的遗烈，他们爱搜罗古物，辑录逸书，校订典集，严格地遵守着实事求是的规则。鲁迅先生的力量自然多多用在文艺创作方面去了，在这方面的伟大的成就差不多掩盖了他的学术研究方面的业绩，一般人所了解的鲁迅先生大抵是这一方面的。就和王国维是新史学的开山一样，鲁迅是新文艺的开山。但王国维初年也同样是对于文学感觉兴趣的人。他曾经介绍过歌德的《浮士德》，根据叔本华的美学思想写过《红楼梦评论》，尽力赞美元曲，而在词曲的意境中提倡"不隔"的理论（"不隔"是直观自然，不假修饰），自己对于诗词的写作，尤其词，很有自信，而且曾经有过这样的志愿，想写戏曲。据这些看来，三十岁以前，王国维分明是一位文学家。假如这个志趣不中断，照着他的理论和素养发展下去，他在文学上的建树必然更有可观，而且说不定也能打破旧有的窠臼，而成为新时代的一位前驱者的。

两位先生都富于理性，养成了科学的头脑，这很容易得到公认。但他们的生活也并不偏枯，他们是厚于感情，而特别是笃于友谊的。和王国维"相识将近三十年"的殷南先生所写的《我所知道的王静安先生》里面有这样的一节话。"他平生的交游很少，而且沉默寡言，见了不甚相熟的朋友是不愿意多说话的，所以有许多的人都以为他是个孤僻冷酷的人。但是其实不然，他对于熟人很爱谈天，不但是谈学问，尤其爱谈国内外的时事。他对于质疑问难的人是知无不言，言无不尽。偶尔遇到辩难的时候，他也不坚持他的主观的见解，有时也可以抛弃他的主张。真不失真正学者的态度。"（见述学社《国学月报·王静安先生专号》，十六年①十月三十一日出版。）这样的态度，据我从鲁迅先生的亲近者所得来的认识，似乎和鲁迅先生的态度也很类似。据说鲁迅先生对于不甚相熟的朋友也是不愿意多说话的，因此有好些人也似乎以为鲁迅是一位孤僻冷酷的人，但他对于熟人或质疑问难的人，却一样是知无不言，言无不尽的。两位先生都获得了许多青年的爱戴，即此也可以证明，他们的性格是博爱容众的。

但在这相同的种种迹象之外，却有不能混淆的断然不同的大节所在之处。那便是鲁迅先生随着时代的进展而进展，并且领导了时代的前进，而王国维先生却中止在了一个阶段上，竟成为了时代的牺牲。王先生很不幸地早生了几年，做了几年清朝的官，到了一九二三年更不幸地受了废帝溥仪的征召，任清宫南书房行走，食五品俸，这样的一个菲薄的蜘蛛网，却把他紧紧套着了。在一九二七年的夏间，国民革命军在河南打败了张作霖，一部分人正在兴高采烈的时候，而他却在六月二日（农历五月三日）跳进颐和园的湖水里面淹死了。在表面上看来，他的一生好像很眷念着旧朝，入了民国之后虽然已经十六年，而他始终不曾剪去发辫，俨然以清室遗臣自居，这是和鲁迅先生迥然不同的地方，而且也是一件很稀奇的事。他是很有科学头脑的人，做学问是实事求是，丝毫不为成见所囿，并且异常胆大，能发前人所未能发，言腐儒所不敢言，而独于在这生活实践上却呈出了极大的矛盾。清朝的遗老们在王先生死了之后，曾谥之为忠悫公，这谥号与其说在尊敬他，无宁是在骂他。忠而悫，不是骂他是愚忠吗？真正受了清朝的深恩厚泽的大遗老们，在清朝灭亡时不曾有人死节，就连身居太师太傅之职的徐世昌，后来不是都做过民国的总统吗？而一个小小的亡国后的五品官，到了民国十六年却还要"殉节"，不真是愚而不可救吗？遗老们在下意识中实在流露了对于他的嘲悯。不过问题有点蹊跷，知道底里的人能够为王先生辩白。据说他并不是忠于前朝，而是别有死因的。他临死前写好了的遗书，重要的几句是"五十之年，只欠一死，经此世变，义无再辱"，绝没有一字一句提到了前朝或者逊帝来。这样要说他是"殉节"，实在是有点说不过去。况且当时时局即使危迫，而逊帝溥仪还安然无恙，他假如真是一位愚忠，也应该等溥仪有了三长两短之后，再来死难不迟，他为什么要那样着急？所以他的自杀，我倒也同意不能把它作为"殉节"

---

① "十六年"，指民国十六年。

看待。据说他的死，实际上是受了罗振玉的逼迫。详细的情形虽然不十分知道，大体的经过是这样的。罗在天津开书店，王氏之子参预其事，大折其本。罗竟大不满于王，王之媳乃罗之女，竟因而大归。这很伤了王国维的情谊，所以逼得他竟走上了自杀的路。前殷南先生的文字里面也有这样的话："偏偏去年秋天，既有长子之丧，又遭挚友之绝，愤世嫉俗，而有今日之自杀。"所谓"挚友之绝"，所指的应该就是这件事。伪君子罗振玉，后来出仕伪满，可以说已经沦为了真小人，我们今天丝毫也没有替他隐讳的必要了。我很希望深知王先生的身世的人，把这一段隐事更详细地表露出来，替王先生洗冤，并彰明罗振玉的罪恶。

但我在这儿，主要的目的是想提说一项重要的关系，就是朋友或者师友。这项关系在古时也很知道重视，把它作为五伦之一，而在今天看来，它的重要性更是有增无已了。这也就是一种重要的社会关系，在一个人的成就上，是一个极其重要的因数。王先生和鲁迅先生的主要不同处，差不多就判别在他们所有的这个朋友关系上面。王先生之所以划然止步，甚至遭到牺牲，主要的也就是朋友害了他。而鲁迅先生之所以始终前进，一直在时代的前头，未始也不是得到了朋友的帮助。且让我更就两位先生的这一项关系来叙述一下吧。

罗振玉对于王国维的一生是关系最密切的一个人，王国维受了他不少的帮助是事实，然而也受了他不少的束缚更是难移的铁案。王先生少年时代是很贫寒的，二十二岁时到上海入东文学社的时候，是半工半读的性质，在那个时候为罗振玉所赏识，便一直受到了他的帮助。后来他们两个人差不多始终没有分离过。罗振玉办《农学报》，办《教育世界》，都靠着王先生帮忙，王先生进学部做官也是出于罗的引荐。辛亥革命以后，罗到日本去亡命，王先生也跟着他。罗是一位搜藏家，所藏的古器物，拓本，书籍，甚为丰富。在亡命生活中，让王先生得到了静心研究的机会，于是便规范了三十以后的学术的成就。王对于罗似乎始终是感恩怀德的，他为了要报答他，竟不惜把自己的精心研究都奉献了给罗，而使罗坐享盛名。例如《殷虚书契考释》一书，实际上是王的著作，而署的却是罗振玉的名字，这本是学界周知的秘密。单只这一事也足证罗之卑劣无耻，而王是怎样的克己无私，报人以德的了。同样的事情尚有《戬寿堂所藏殷虚文字》和《重辑仓颉篇》等书，本是王所编次的，而书上却署的是姬觉弥的名字。这也和鲁迅先生辑成《会稽郡故书杂集》，而用乃弟周作人名字印行的相仿佛。就因为这样的关系，王更得与一批遗老或准遗老沈曾植、柯绍忞之伦相识，更因缘而被征召入清宫，一层层封建的网便把王先生封锁着了。厚于情谊的王国维不能自拔，便逐渐逐渐地被强迫成为了一位"遗臣"。我想他自己不一定是心甘情愿的。罗振玉是一位极端的伪君子，他以假古董骗日本人的钱，日本人类能言之，他的自充遗老，其实也是一片虚伪，聊借此以沽誉钓名而已。王国维的一生受了这样一位伪君子的束缚，实在是莫大的遗憾。假使王国维初年所遇到的不是这样一位落伍的虚伪者，又或者这位虚伪者比王国维早死若干年，王的晚年或许不会落到那样悲剧的结局吧。王的自杀，无疑是学术界的一个损失。

鲁迅先生的朋友关系便幸运得多。鲁迅先生在留学日本的期中便师事过章太炎。太炎先生的晚年虽然不一定为鲁迅先生所悦服，但早年的革命精神和治学的态度，无疑是给了鲁迅先生以深厚的影响的。在太炎先生之外，影响到鲁迅生活颇深的人应该推数蔡元培先生吧？这位精神博大的自由主义者，对于中国的文化教育界的贡献十分宏大，而他对于鲁迅先生始终是刮目相看的。鲁迅的进教育部乃至进入北京教育界都是由于蔡先生的援引，一直到鲁迅的病殁，蔡先生是尽了他没世不渝的友谊的。蔡、鲁之间的关系，在我看来差不多有点像罗、王之间的关系。或许不正确吧？然而他们相互间的影响却恰恰相反。鲁迅先生的此外的朋友，年辈相同的如许寿裳、钱玄同，年轻一些的如瞿秋白、茅盾，以及成为了终生伴侣的许广平，这些先生们在接受了鲁迅的影响之一面，应该对于鲁迅也发生了回报的影响。就连有一个时期曾经和鲁迅笔战过的后期创造社的几位朋友，鲁迅也明明说过是被他们逼着阅读了好些关于唯物辩证法的文艺理论的书籍的。我这样说，但请读者不要误会，以为我有意抹杀鲁迅先生的主观上的努力。我丝毫也没有那样的意思。我认为朋友的关系是相互的，这是一种社会关系，同时也就是一种阶级关系，我们固然谁也不能够脱离这种关系的影响，然而单靠这种关系，也不一定会收获到如愿的成就。例如岂明老人的环境和社会关系应该和鲁迅先生的是大同小异的吧，然而成就却相反。这也就足以证明主观努力是断然不能抹杀的了。

准上所述，王国维先生和鲁迅先生的精神发展过程，确实是有很多地方相同，然而在很关重要的地方也确实是有很大的相异。在大体上两位先生在幼年乃至少年时代都受过些封建社会的影响。他们从这里蜕变了出来，不可忽视地，两位都曾经经历一段浪漫主义的时期。王国维喜欢德国浪漫派的哲学和文艺，鲁迅也喜欢尼采，尼采根本就是一位浪漫派。鲁迅的早年译著都浓厚地带着浪漫派的风味。这层我们不要忽略。经过了这个阶段之后，两位都走了写实主义的道路，虽然发展的方向各有不同，一位偏重于学术研究，一位偏重于文艺创作，然而方法和态度确是相同的。到这儿，两位先生所经历的是同样的过程，但从这儿以往便生出了悬隔。王国维停顿在了旧写实主义的阶段上，受着重重的束缚不能自拔，最后只好以死来解决自己的苦闷，事实上是成了苦闷的俘虏。鲁迅先生则从此骎骎日进了。他从旧写实主义突进到新现实主义的阶段，解脱了一切旧时代的桎梏，而认定了为人民大众服务的神圣任务，他扫荡了敌人，也扫荡了苦闷，虽然他是为肺结核的亢进而终止了战斗，事实上他是克服了死而大踏步地前进了。

我要再说一遍，两位先生都是我所十分钦佩的，他们的影响都会永垂不朽。在这儿我倒可以负责推荐，并补充一项两位先生完全相同的地方，那便是他们都有很好的《全集》传世。《王国维遗书全集》（商务版，其中包括《观堂集林》）和《鲁迅全集》这两部书，倒真是"虽与日月争光可也"的一对现代文化上的金字塔呵！

但我有点惶恐，我目前写着这篇小论时，两个《全集》都不在我的手边，而我仅凭着一本《国学月报》的《王静安先生专号》和许广平先生借给我的一份《鲁迅先生年谱》的校样；因此我只能写出这么一点白描式的轮廓，我是应该向读者告罪的。

再还有一点余波也让它在这儿摇曳一下吧。我听说两位先生都喜欢吸香烟，而且都是连珠炮式的吸法。两位先生也都患着肺结核，然而他们的精神都没有被这种痼疾所征服。特别是这后一项，对于不幸而患了同样病症的朋友，或许不失为一种精神上的安慰和鼓励吧。

一九四六年九月十四日

（本篇最初发表于 1946 年 10 月 1 日上海《文艺复兴》月刊第 2 卷第 3 期，选自《历史人物》，上海海燕书店，1947 年 8 月初版）

考

古

考古部分，选录《卜辞通纂》、《两周金文辞大系图录》并《考释》、《古代铭刻汇考四种》四部著述中带结论性的论述以及《美术考古一世纪》的译者前言，集中反映郭沫若甲骨文、金文研究方面的开拓性成就和历史编纂思想。

四部著述按照初版的先后顺序排列，《美术考古一世纪》的译者前言在后。

卜辞通纂[*]

序

　　殷虚出土甲骨多流入日本，顾自故林泰辅博士著《龟甲兽骨文字》以来，未见著录，学者亦罕有称道。余以寄寓此邦之便，颇欲征集诸家所藏以为一书。去岁夏秋之交即从事探访，计于江户所见者，有东大考古学教室所藏约百片、上野博物馆廿余片、东洋文库五百余片（林博士旧藏）、中村不折氏约千片、中岛蠔山氏二百片、田中子祥氏四百余片，已在二千片以上。十一月初旬，偕子祥次子震二君赴京都，复见京大考古学教室所藏四五十片（半为罗叔言氏寄赠，半为滨田青陵博士于殷虚所拾得）、内藤湖南博士廿余片、故富冈君㧑氏七八百片。合计已在三千片左右。此外闻尚有大宗搜藏家，因种种关系，未得寓目；又因此间无拓工，余亦不长于此，所见未能拓存，于是余之初志遂不能不稍稍改变。其改变后之成果则本书是也。

　　本书之目的，在选辑传世卜辞之菁粹者，依余所怀抱之系统而排比之，并一一加以考释，以便观览。所据资料多采自刘、罗、王、林诸氏之书，然亦有未经著录者，如马叔平氏之《凡将斋藏甲骨文字》拓本（计百十八片，未印行）、何叙甫氏所藏品之拓墨（计七十一片。闻其原骨已悉交北平图书馆云）及余于此间所得公私家藏品之拓墨或照片均选尤择异而著录之。其已见著录者，由二片以上之断片经余所复合，亦在三十事以上。中有合四而成整简（本书第五九六片）、合三而成整简

* 《卜辞通纂》，日本东京文求堂书店 1935 年 5 月景印本为 1949 年以前唯一版本。

（第二五九片）、合二而成整简者（第七三〇片），均为本书所独有。故仅就资料而言，本书似已可要求其独立之存在矣。进而言乎考释，亦颇有意外之收获。

初余纵览东大考古学教室藏品时仅选其二片：其一与马氏所赠拓本复合，得破"王宾"之旧说（第一六一片），又其一文为"庚寅卜［贞］其🐗又［于］𦍌南庚🔸□□，小辛"（第一一八片）。🔸名屡见，罗王均未能识。今此在南庚之次、小辛之前，决为阳甲无疑。采其字乃从口象声，盖餤之古字，亦有单作象者。象阳古音同部，故音变而为阳甲。阳甲或作和甲（《山海经·大荒北经》注），又因喙咮形近而讹者也。又𦍌，罗王释"羊甲"，或释"羌甲"，均说为阳甲。今此在南庚之上，尤其下已出喙甲，则决非阳甲可知。盖𦍌乃狗之初文，亦即苟字，𦍌甲乃沃甲也。得此，余更发现殷人于甲日卜祭某甲而合祭某甲时，此二甲于先世中必相次，所祭者在后，所合祭者在前，如：

　　　　甲申祭祖甲叠喙甲。（第六九片）
　　　　甲午🔸喙甲叠𦍌甲。（第一一五片，𦍌亦𦍌字。）
　　　　甲□🔸小甲□大甲。（第二一三片）
　　　　甲□祭大甲叠上甲。（第三百片）

均其例证。卜辞屡见"祭𤟭甲叠日小甲"（第一七八片及一七六片），小甲之次，殷王之名甲者为河亶甲，则𤟭甲比为河亶甲；采其字乃从二戈相对，盖古之戈字，河亶即戈之缓言也。因此余于殷之世系，除仲壬、廪辛而外，其为罗王诸家所未知或遗误者，遂得有所揭发。更进在余排比其世系而为表式时（表见《考释》第七四叶），举凡有妣名者悉以祖妣配列，乃不期而又获得一重要之史实：即有妣名者为王统之直系，其属于旁系者则无之。由此可以推证者，则殷代祀典虽先妣特祭，犹保存母权时代之孑遗，然仅祭其所自出之妣，于非所自出之妣则不及，是其父权系统固确已成立矣。又王静安氏谓"祖乙为仲丁子"，以《史记·殷本纪》说为河亶甲子者为误，由余之表亦已得其确证。

卜辞年代，罗王诸家均谓在盘庚迁殷以后，此固无可易。至其下限，则尚有游移。古本《纪年》云"自盘庚徙殷至纣之灭七百七十三年更不徙都"（《史记·殷本纪》正义引。"七百"，当作二百），是言纣亦居于殷虚。而今本《纪年》于武乙十五年言"自河北迁于沫"，《帝王世纪》则谓"帝乙复济河北徙朝歌"（《史记·周本纪》正义所引。王应麟

《诗地理考》据此）。罗氏据《帝王世纪》说，定迁沬为帝乙，以卜辞帝王名迄于武乙文丁为证。案此证仅足破今本《纪年》之误，而于古本《纪年》则未也。盖文丁之后仅帝乙受辛二世，受辛自不得见于祀典，受辛之祀帝乙，可直称为父乙。卜辞中"父乙"之名多见，无由判定其必非帝乙，即无由判定《帝王世纪》说之必是而古本《纪年》说之必非。于是卜辞年代之下限遂漫无着落。（近人有讥为亡国埋契说者，即由于此。）然余于排比世系时，亦不期而得一消极之现象，足证帝乙之世确曾迁沬。盖武乙之配妣戊，其名见于《戊辰彝》，而于卜辞迄未见也。传世卜辞有文丁以后物。文丁在位十三年，帝乙三十七年，受辛五十三年，若帝乙无迁沬事，不应终殷之世无妣戊之名。且受辛当称文丁配为妣，而其妣名亦未见。若说以尚未出土，无解于文丁以后物之特多，更无解于其它妣名均屡见，而此独不一见。故卜辞之不见妣戊乃其逝世在帝乙迁沬以后也。卜辞有帝乙廿祀之物，是知妣戊之逝世在帝乙廿祀以后。《戊辰彝》言"王廿祀"，彼彝之王，知是受辛矣。

得知卜辞迄于帝乙，则知凡卜祭文武丁及武祖乙之片均为帝乙时代之物（如第三七片及第五七九片等），而此等骨片遂得为判别时代之标准，凡文辞字迹事项之相同者均必同时。因而得知帝乙一代所遗之物特多，盖以物属今王，故保存加慎也。且由此等多数之遗骨，尤有重要史实得以发现。帝乙十祀曾征夷方，经时甚久。夷方者，山东半岛之岛夷及淮夷也。同时曾征盂方，其地当在河南睢县附近。又其廿祀，曾远赴上𧽡，征讨芦、林、𢼸、𤓽等国，经时半载有几。上𧽡者，余疑即是上虞，其地距殷京甚远。据余由四个断片所合成之一整骨，知其路程在四旬以上。是知殷时疆域似已越长江而南，而其东南之敌亦即平定于帝乙之世。未几，殷灭于周，其遗民即聚于东南，所谓南夷东夷亘宗周三百年间恒为周室之大患矣。

帝乙亦好畋游，其畋游之地多在今河南沁阳县附近。此由左揭数片得以证知。

> 戊辰卜，在䨲，贞王田于衣。（第六三五片）
> 辛未卜，在盂，贞王田衣。（第六五七片）
> 辛丑卜，贞王田于䨲，往来亡𡿩，弘吉。壬寅卜，贞王田雍，
> 往来亡𡿩。（第六四二片）

据此四辞，足见䨲、衣、盂、雍四地必相近。王氏静安云"盂，《史记·殷本纪》'以西伯昌、九侯、鄂侯为三公'，徐广曰'鄂一作邘，音

于，野王县有邘城’。《左传》‘邘、晋、应、韩’，杜注亦云‘河内野王县西北有邘城’。盂疑即邘也”。又云“雍，《左传》‘郜、雍、曹、滕’，杜注‘雍国在河内山阳县西’。《续汉志》河内郡山阳县下有雍城”（《观堂别集·补遗·殷虚卜辞中所见地名考》）。今案王说是也。邘城在今沁阳县西北，雍城在其东北，地正相近。噩即鄂侯之鄂，盂、噩相邻，故统称其国时，或谓之鄂，或谓之邘也。衣读如殷，《书·康诰》“殪戎殷”，《中庸》作“壹戎衣”，郑注“衣读如殷，齐人言殷声如衣”。《吕览·慎大》“亲郼如夏”，高注“郼读如衣，今兖州人谓殷氏皆曰衣”。新出《沈子也毁》“念自先王先公乃妹（牧）兖衣”，亦正以衣为殷。卜辞衣地与盂、噩近，当即殷城。《水经注》沁水下“朱沟自枝渠东南径州城南，又东径怀城南，又东径殷城北”，注引《竹书纪年》“秦师伐郑次于怀，城殷”，谓即是城，以证殷名之古。其地仍在今沁阳。是则噩、盂、衣、雍相近四地均在沁阳矣。王氏《地名考》本极简略，其法在就个别之地名，以声类为媒介，故所得仅能存疑。余今就四地以归纳之，亦毫无可疑矣。知衣为殷城，卜田于此地之辞极多，盖殷人设有离宫别苑于此。故其国号本自称商（卜辞屡言“入商”及“大邑商”）而周人称之为衣，后又转变为殷也。又周王发伐纣，由孟津涉河，盖即先攻殷城矣。

此外，则高辛氏之才子伯虎、仲熊均见祀典（第三四八及三四九片）。称凤（风）为“帝史”，祭之用牲（第三九八片），足证大鹏传说起自殷人。雲作云，霾作𩅁，均视为灾异。蜺作𧍢，象形而有两首，并有饮水之纪录，与汉人缀蝀啜水，及今民间俗说相符（详天象组）。卜雨有兼卜其四方之自者（第三七五片）。祈年多于二三月，亦于十月十一月以卜来年，足见周人三社之礼实有所本（详食货组）。殷王之车仅驾二马（第七三〇片），足见骖驷之制后起，王肃所谓“夏后氏驾两谓之丽，殷益以一骈谓之骖，周人又益以一骈谓之驷”（《诗·干旄疏》所引），实属自我作故。卜每纪其应，应有见于百七十九日以后者（第七八八片），足见殷人之迷信实深。凡此均罗、王诸家所未识，即余于纂述此书以前亦所未预料者也。至于文字，亦不无新得。其主要者如𡧛当释㑥，脈当释洮，𡔷当释蠱，𢽨当释魃，𤓰当释瀵，𤝷当释迍（罗误释为後），其说具详本书。又“某日卜某贞某事”之例所在皆是，曩于卜贞之间一字未明其意，近时董氏彦堂解为贞人之名，遂顿若凿破鸿蒙。今据其说以诠之，乃谓于某日卜，卜者某，贞问某事之吉凶；贞下辞语当付以问符。且贞人之说创通，于卜辞断代遂多一线索。例如本书第七五片，中有辞云"癸酉卜，行，贞王〔盅〕父丁岁三牛，眔兄己一牛，兄庚□□，亡尤"，乃祖甲时所卜也，而卜人名行，则凡有行名者均祖甲时物。逐片按之，其文辞字迹无一或爽。余为此书，初有意于书后附以《卜辞断代表》，凡编中所列，就其世代可知者，一一表出之。继得董氏来书言有《甲骨文断代研究》之作，分世系、称谓、贞人、坑位、方国、人物、事类、文法、字形、书体十项以求之，体例綦密。贞人本董氏所揭发，坑位一项尤非身亲发掘者不能为。文虽尚未见，知必大有可观，故兹亦不复论列。大抵卜辞研究自罗、王而外以董氏所获为多。董氏之贡献在与李济之博士同辟出殷虚发掘之新纪元，其所为文如《大龟四版考释》（见《安阳发掘报告》第三期）及《甲骨年表》（《集刊》二、二）均有益之作也。怀疑甲骨者之口已被闲执，即骨董趣味之刘罗时代亦早见超越矣。

抑余犹有不能已于言者，则为阙疑之一例。罗、王诸家之研究卜辞屡以阙疑待问相号召，其意甚善。然所谓阙疑者乃谓疑之而思之，而苦思之，苦思之不得，始无可奈何而阙之，以待能者，非谓疑而置之不问也。并世学者多优游岁月，碌碌无为，其或亘数年而成一编者，语其内容则依样葫芦，毫无心得，略加考释，即多乖互，而彼辈乃动辄以阙疑勤慎自矜许，而讥人以妄腾口说。呜呼勤慎，呜呼阙疑，汝乃成为偷惰藏拙之雅名耶？余实不敏，亦颇知用心，妄腾之讥在所不免，阙疑之妙期能善用矣。知我罪我，付之悠悠。

一九三三年一月十一日全书
录成后序于江户川畔之鸿台
郭沫若

（录自《卜辞通纂》，日本东京文求堂书店，1935 年 5 月景印本）

述　例

一、本编就传世卜辞择其菁粹者凡八百片，分干支、数字、世系、天象、食货、征伐、畋游、杂纂八项而排比之。干支录多数之干支表，本非卜辞，然以卜辞各卜几均有日辰，诸表适为判读之键，故首出之。纪卜之数亦几于每卜必有，其中有特异之文字为自来所遗误者；又其十以上之数有其固有之表现法，同为判读卜辞之基础智识，故以数字次于干支。世系在定夺卜辞之年代与历史性。卜辞乃盘庚迁殷至帝乙末年徙沫之物，帝王之名迄于文丁，世系之排比由文丁以至于夒，倒溯而上以入于神话之域。夒即帝俊，亦即帝喾，乃天帝而非人王，故以天象次于世系。天时之风雨晦冥与牧畜种植有关，故以食货次之。食货为人类社会之基础，殷代社会之真相具在此中。殷时已驱使奴隶从事生产事业，奴隶得自俘虏，故以征伐次之。征伐与畋游每相因，卜辞中尤多不别，故以畋游次之。余则零辞散简汇为杂纂以殿于后，大抵以属于抽象事项者为多。

二、本编所选资料，其来源悉注于释文各片标题之下，未著录者注其藏家及惠者姓氏，已著录者注其书名、卷数、叶数、片数。其书名、著者及略称，揭之于次：

《铁云藏龟》不分卷　刘鹗编　略称《铁》。

近时坊间有附释本行世，文字上粉，考释钉饾，可称此书之一厄。

《殷虚书契》前编八卷　罗振玉编　略称《前》。

此书多精品，然价值甚昂，余所未能备；蒙内藤湖南博士惠赠一部，志此鸣谢。

《殷虚书契》后编二卷　罗振玉编　略称《后》。

《殷虚书契菁华》一卷　罗振玉编　略称《菁》。

《铁云藏龟之余》一卷　罗振玉编　略称《余》。

《戬寿堂所藏殷虚文字》一卷　王国维编　略称《戬》。

此书乃王氏所编次，王氏《随庵所藏殷虚文字跋》云"丙辰冬，铁云所藏一部归英人哈同君，余为编次考释之"（《观堂别集补遗》廿三）。

《龟甲兽骨文字》二卷　林泰辅编　略称《林》。

此书所录有与《殷虚书契》同出者，闻罗氏所据仅拓片，多为河井荃卢氏所拓赠云。

此外摹录之本（如明义士《殷虚卜辞》）、拓印不精之本（如叶玉森《铁云藏龟拾遗》及王襄《簠室殷契徵文》）均所不录。（《徵文》一书余曩声言其伪。今案乃拓印不精，文字多上粉，原物不伪，特附正于此。）

三、原骨破碎多可复合，著录之家每漫不经意，以致一骨之折散置数卷；亦有未著录之品而分藏于海内外者。今悉为复合之，特标其片数如次：

甲、由四片复合者一片；

乙、由三片复合者二片；

丙、由二片复合者卅片。（本书第二七六及二七七由王国维所复合之一片，未计入。）

此外为余所未发见者当尚多有，恐选入余书中亦有可以复合者在也。大抵兽骨之复合较易，龟甲之复合则颇难，因龟甲之破片过于零碎也。

四、原有甲骨既多残破，而于方寸之片每刻列数辞，文多不具，初学之士最易淆惑（即罗、王诸家时亦不免）；本编所附释文，主就原片画出，逐字移译。其缺文之可补者补之，不可补者□之文之。右行或上行者以矢形表示，各辞之界以虚线表示。其有单辞完整无淆乱之虞者则贯行直译之，所补缺字则限以方括弧。文辞全体施以句读。人名地名于字旁以直线界之。

五、原辞有当疏证之事项，悉述于辞后。所采他人之说以下列诸书为多：

《契文举例》二卷　孙诒让著　略称《契》。

此书仅就《铁云藏龟》一书演为说辞，所见之资料有限，所得发明者自亦鲜少；除通常文字外，说之可存者百一而已。然考释之业，此为创始。

《增订殷虚书契考释》三卷　罗振玉著　略称《殷释》。

罗氏与卜辞在前期研究中有不可分之形势，此书为其研究之总汇，自有其历史上之价值。然已多历年，所纰缪之处颇多。其所言"礼制""卜法"等，说之可存者十无一二。罗氏闻尚健在，与其妄参伪议，何如于此书再作一番增订耶？

《戬寿堂所藏殷虚文字考释》一卷　王国维著　略称《戬释》。

此书随文考释，不作通论，说之可存者大抵已采入《观堂集林》及《殷礼徵文》等中。然因原拓景印本不精，文字多晦，有此《考释》足供寻绎原辞之便。

《观堂集林》二十四卷（遗书全集本）　王国维著　略称《观》。

王氏于卜辞研究实当首屈一指，孙、罗均非其比也。其所为《殷卜辞中所见先公先王考》及《续考》（见集中卷九）乃自有卜辞研究以来之最大贡献。其中虽有少许当更正之处（如释芍甲为羊甲之类），然其大体固皎然无恙也。大抵王氏之学以殷周古文字之研究为其根源之一主脉，除此二《考》外，凡有涉卜辞之论著散见此集中。又其遗书全集中所收之《观堂别集》及《殷礼徵文》、《古本竹书纪年辑校》等，均为研究卜辞者所必读之书。

《殷虚文字类编》十四卷　商承祚类次　略称《类编》。

此书专收集罗、王二家之说，依《说文》体例编次，间亦出以己见。所收文字，异形颇多，均标出处，颇便初学。然选录有过滥之处，说解已多罅隙。且罗、王而外所被发明之文字今已不鲜，此编亦急宜增订者也。

此外凡所征引之书均已随文附注，不及一一胪列。又余所著书《甲骨文字研究》略称《甲研》，《殷周青铜器铭文研究》略称《青研》，《两周金文辞大系》略称《大系》。凡所引金文著录之略称，悉依《大系》索引。

六、中央研究院历史语言研究所李济之博士及董彦堂氏以新拓之《大龟四版》及《新获卜辞》之拓墨惠假，并蒙特别允许其选录；又蒙何叙甫氏示以所藏甲骨拓本，然均在《通纂》业已编成之后，爰选《新获卜辞》二十二片，何氏拓本十六片，及大龟四版，辑为"别录之一"以附于书后。又日本所藏甲骨，先后蒙诸家所惠赠之影片，计有大龟二版、巨兽骨一枚，及零碎甲骨若干片，全体均曾经余之选择、通辑为"别录之二"，更颜之曰"日本所藏甲骨择尤"。此录所收均系影片，更蒙本书之出版者田中子祥氏特以珂罗版精印之。未能与甲骨原物接近者，于此亦可略得其仿佛也。

七、为读者检阅之便，本书之后附有人名及地名索引表各一，乃成于田中震二君之手，其劳有足多者。又本书之成多仰于国内外公私诸家之惠助，今当辍笔，并一一深致谢意。

一九三三年一月十六日　笔者识

（录自《卜辞通纂》，日本东京文求堂书店，1935 年 5 月景印本）

两周金文辞大系[*]

序 文

传世两周彝器，其有铭者已在三四千具以上。铭辞之长有几及五百字者，说者每谓足抵《尚书》一篇，然其史料价值殆有过之而无不及。《尚书》自当以今文为限，今文中亦有周秦间人所伪托，其属于周初者，如《金縢》、《洪范》诸篇皆不足信，周文而可信者仅十五六篇耳。而此十五六篇复已屡经传写，屡经隶定，简篇每有夺乱，文辞复多窜改，作为史料，不无疑难。而彝铭除少数伪器触目可辨者外，则虽一字一句均古人之真迹也。是其可贵，似未可同列而论。

虽然，有遗憾焉。彝器之传世者虽多，而其年代与来历亦多不明。间有传其出土地者，大抵因农人锄地或它种土木工事之偶尔发现：发掘者本不具学术智识，发掘后又未经调查纪录，地层关系既已无由确知，而其表面遗迹亦复终遭湮灭，甚可惜也。至于著录之书，自赵宋以讫于今，颇多名世之作，或仅采铭文，或兼收图像，或详加考释，或不著一语，虽各小有出入，然其著录之方率以器为类聚。同类之器以铭文之多寡有无为后先，骤视之虽若井井有条，实则于年代国别之既明者犹复加以淆乱，六国之文窜列商周，一人之器分载数卷，视《尚书》篇次之有历史系统之条贯者，迥不相侔矣。

夫彝铭之可贵在足以征史，苟时代不明，国别不明，虽有亦无可

---

*《两周金文辞大系》，日本东京文求堂书店 1932 年 1 月景印本为 1949 年以前唯一版本，不久作废，另成《两周金文辞大系图录》并《考释》。

征。故历来谈史地之学者每置古器彝铭①于不顾，其或加以鄙夷；而谈古器物古文字之学者，于史地之学亦复少所贡献。王氏国维所谓"于创通条例，开拓阃奥，概乎其未有闻"者，殆谓是也。（王语见《殷虚书契考释序》。）顾条例之当如何创通，阃奥之当如何开拓，卓荦如王氏，则亦秘而未宣。间尝观其所曾为，多文字考释、器物鉴别之零什，虽饶精当，而与古法无多殊。其两《金文著录表》仅就已成之书而为之作通目，亦未足以当此。王氏殆有志而未竟者耶？

频年以来颇有志于中国古代社会之探讨，乃潜心于殷代卜辞与周京彝铭之译读。卜辞出土于一地，其出土地之地层，近由发掘，亦已略得明其真相，据为史料，无多问题。然至周彝则事乃迥别。彝器出土之地既多不明，而有周一代载祀八百，其绵延几与宋、元、明、清四代相埒，统称曰周，实至含混。故器物愈富，著录愈多，愈苦难于驾驭②。寝馈于此者数易寒暑，深感周代彝铭在能作为史料之前，其本身之历史尚待有一番精密之整理也。

整理之方将奈何？窃谓即当以年代与国别为之条贯。此法古人已早创通，《尚书》、《风》《雅》、《国语》、《国策》诸书是也。《尚书》诸诰命，以彝铭例之，尤疑录自钟鼎盘盂之铭文。周代王室之器罕见，其列王重器或尚埋藏于地而未尽佚者亦未可期。故谓《尚书》为最古之金文之著录，似亦无所不可。

国别之征至易易，于铭文每多透露，可无多言。年代之考订则戛戛乎其难。自来学者亦颇苦心于此，其法每专依后代历术以事推步，近时海内外承学之士尤多作大规模之运用者，案此实大有可议。盖殷周古历迄未确知，即周代列王之年代亦多有异说。例以恭王言，《太平御览》八十五引《帝王世纪》云在位二十年。《通鉴外纪》云在位十年，又引皇甫谧说在位二十五年。后世《皇极经世》诸书复推算为十二年，世多视为定说。然今存世有《趞曹鼎》第二器，其铭云"隹十又五年五月既生霸壬午，龚王在周新宫，王射于射卢"。龚王即恭王，谥法之兴当在战国中叶③以后，此之生称龚王，犹《献侯鼎》之生称成王，《宗周钟》之生称邵王，《遹𣪘》之生称穆王，《匡卣》之生称懿王。本器明言恭王有十又五年，彼二十五年说与二十年说虽未知孰是，然如十二年说与十

---

① "古器彝铭"，原作"古器物古文字之学"，1945 年收入《青铜时代》一书时改。
② "驾驭"，原作"驾骏"，1945 年收入《青铜时代》一书时改。
③ "战国中叶"，原作"春秋中叶"，1945 年收入《青铜时代》一书时改。

年说则皆非也。视此可知专据后代历术以推步彝铭者之不足信，盖其法乃操持另一尺度以事剪裁，虽亦斐然成章，奈无当于实际。学者如就彝铭历朔相互间之关系以恢复殷周古历，再据古历为标准以校量其它，则尚矣。然此事殊未易言：盖资料尚未充，而资料之整理尚当先决也。

余于年代之推定则异是。余专就彝铭器物本身以求之，不怀若何之成见，亦不据外在之尺度。盖器物年代每有于铭文透露者，如上举之《献侯鼎》、《宗周钟》、《遹毁》、《趞曹鼎》、《匡卣》等皆是。此外如《大丰毁》云"王衣祀于王丕显考文王"，自为武王时器；《小盂鼎》云"用牲啻（禘）周王、□王、成王"，当为康王时器，均不待辩而自明。而由新旧史料之合证，足以确实考订者，为数亦不鲜。据此等器物为中心以推证它器，其人名事迹每有一贯之脉络可寻。得此，更就文字之体例，文辞之格调，及器物之花纹形式以参验之，一时代之器大抵可以踪迹，即其近是者，于先后之相去要必不甚远。至其有历朔之纪载者，亦于年月日辰间之相互关系求其合与不合，然此仅作为消极之副证而已。

本此诸法，余于西周文字得其年代可征或近是者凡一百六十又二器，大抵乃王臣之物。其依据国别者，于国别之中亦贯以年代，得列国之文凡一百六十又一器，器则大抵属于东周。故宗周盛时列国之器罕见，东迁而后王室之器无征，此可考见两周之政治情形与文化状况之演进矣。

国别之器得国三十又二，曰吴、曰越、曰徐、曰楚、曰江、曰黄、曰鄀、曰邓、曰蔡、曰许、曰郑、曰陈、曰宋、曰鄙、曰滕、曰薛、曰邾、曰邦、曰鲁、曰杞、曰纪、曰祝、曰莒、曰齐、曰戴、曰卫、曰燕、曰晋、曰苏、曰虢、曰虞、曰秦。由长江流域溯流而上，于江河之间顺流而下，更由黄河流域溯流而上，地之比邻者，其文化色彩大抵相同。更综而言之，可得南北二系。江淮流域诸国南系也，黄河流域北系也。南文尚华藻，字多秀丽；北文重事实，字多浑厚，此其大较也。徐、楚乃南系之中心，而徐多古器，旧文献中每视荆、舒为蛮夷化外，足征乃出于周人之敌忾。徐、楚均商之同盟，自商之亡即与周为敌国，此于旧史有征，而于宗周彝铭，凡周室与南夷用兵之事尤几于累代不绝。故徐、楚实商文化之嫡系，南北二流实商周文化①之派演。商人气质倾向艺术，彝器之制作精绝千古，而好饮酒，好田猎，好崇祀鬼神，

① "商周文化"，原作"商周"，1945 年收入《青铜时代》一书时改。

均其超现实性之证。周人气质则偏重现实，与古人所谓"殷尚质，周尚文"者适得其反。民族之商、周，益以地域之南北，故二系之色彩浑如泾、渭之异流。然自春秋而后，民族畛域渐就混同，文化色彩亦渐趋画一，证诸彝铭，则北自燕、晋，南迄徐、吴，东自齐、邾，西迄秦、鄀，构思既见从同，用韵亦复一致，是足征周末之中州确已有"书同文，行同伦"之实际。未几至嬴秦而一统，势所必然也。

综合两周彝铭，其年代国别之可征或近是者，凡得三百二十又三器。于存世之器虽未及十分之一，大抵乃金文辞中之菁华也。儵忽相凿而浑沌果死，辛莫如之。

一九三一年九月九日初版录成时所序。其后三年为增订版重录之，凡于国名次第及器铭数目有所更改外，余均仍旧。

一九三四年九月九日　沫若识

（录自《两周金文辞大系考释》，日本东京文求堂书店，1935 年 8 月景印本）

两周金文辞大系图录[*]

图编序说——彝器形象学试探^{**}

《图编》所辑凡二百五十三器，以其类而言，有鼎鬲甗斝毁簠盨敦铱盉盘匜盆监盌鑐卣盂尊觯壶罉钟铎（句鑃）及不知名之器自来称为"方彝"者，凡二十五种。铭少之器如瓿罍戈戟之类本书未录，故图亦缺如。唯标准器如《大丰毁》、《趞曹鼎》、《匡卣》及殷代之器如《戊辰彝》（帝辛廿年器）、《毓且丁卣》（武乙以后器）等，其图象迄未征得，故于周器之渊源及其形制纹缋，欲求一严密之系统，今尚非其时，然其大略亦有可得而言者。^①

中国青铜器时代大率含盖殷周二代。殷之末期铜器制作已臻美善，则其滥觞时期必尚在远古，或者在夏殷之际亦未可知。周乃后起民族，武王以前器未见，成康以来则勃然盛兴，其因袭殷人，固明白如火。据余所见，中国青铜器时代大率可分为四大期。

第一　滥觞期　大率当于殷商前期；

第二　勃古期　殷商后期及周初成康昭穆之世；

第三　开放期　恭懿以后至春秋中叶；

第四　新式期　春秋中叶至战国末年。

滥觞期目前尚无若何明确之智识，然为事理上所必有，盖铜器脱胎于陶器石器等之幼稚时期也。此期有待于将来之发掘。

勃古期之器物为向来嗜古者所宝重，其器多鼎而鬲罕见，多"方彝"与无盖之毁（旧称为彝）而无簠，多尊卣爵斝之类而无壶，盘匜所

＊《两周金文辞大系图录》，日本东京文求堂书店1935年3月景印本为1949年以前唯一版本。

＊＊ 此篇为《两周金文辞大系图录》第四部分。

① 以上一段文字，1945年《青铜时代》未收录。

未见，有铎而罕钟。形制率厚重。其有纹缋者，刻镂率深沉，多于全身雷纹之中施以饕餮纹（图一与二）。夔凤（图三、六、七）、夔龙（图五、九）、象纹（图六一、一六五、二百）① 等次之。大抵以雷纹饕餮为纹缋之领导。雷纹者，余意盖脱胎于指纹。古者陶器以手制，其上多印有指纹，其后仿刻之而成雷纹也。彝器之古者多施雷纹，即其脱胎于陶器之一证。饕餮、夔龙、夔凤，均想象中之奇异动物。《吕氏春秋》云"周鼎著饕餮，有首无身，食人未咽，害及其身"（《先识览·先识》）。古盖有此神话而今失传。《皋陶谟》云"余欲观古人之象，日月星辰，山龙华虫，作绘宗彝"②。山龙当即夔龙，华虫当即夔凤（古者鸟亦称虫），盖星辰之象也。象纹亦见《吕氏春秋》，言"周鼎著象（即犀象之象）为其理之通也"（《审分览·慎势》）。然彝器上之象纹，率经幻想化而非写实。故此时期之器物，美言之可云古味盎然，恶言之则未脱野蛮畛域。试观台湾高山族③或澳洲土人之土木器，可以恍悟已。旧时有谓钟鼎为祟而毁器之事，盖即缘于此等形象之可骇怪而致。④

开放期之器物，鼎鬲簠簋多有之，"方彝"绝迹。有器名"须"（下或从皿）⑤ 者出；酒器则卣爵斝觚之类绝迹，有壶出而代之；盘匜初见，钟镈之类渐多。形制率较前期简便。有纹缋者，刻镂渐浮浅，多粗花。前期盛极一时之雷纹几至绝迹。饕餮失其权威，多缩小而降低于附庸部位（如鼎簋等之足）。夔龙、夔凤等化为变相夔纹（图八六盖缘及器缘）、盘夔形（图一三二口缘）、变相盘夔纹（图九七）。而有穷曲纹（图一六腹纹）起而为本期纹缋之领袖。《吕氏春秋》云"周鼎有穷曲⑥

---

① 本文凡用括号标注图第几第几者，1945年收入《青铜时代》时均删去。

② 《皋陶谟》此语，（伪古文《尚书》在《益稷》篇，）余读与古人有异。下文"藻、火、粉、米、黼、黻、绨绣以五采，彰施以五色，作服"，与"作绘宗彝"为对文。旧于下句亦失其读。——郭沫若原注。案：（）内之文系1945年收入《青铜时代》一书时所增。

③ "高山族"，原文作"生番"，1949年以后改称高山族。

④ 《隋书》开皇十一年正月丁亥，以平陈所（得）古器多为妖变，悉命毁之。又《大金（国）志》，海陵正隆三年，诏毁平辽宋所得古器。冯子振序《增广钟鼎篆韵》"靖康北徙，器亦并迁。金汴季年，钟鼎为祟，宫殿之玩悉毁无余"。——郭沫若原注。

⑤ "有器名'须'（下或从皿）"，原文作"有器名'盨'"，系1945年收入《青铜时代》一书时改。

⑥ "穷曲"原作"窃曲"，注云"一作穷"。案以作穷为是。盖言穷则曲，故下文谓"以见极之败也"。又《吕氏春秋》言鼎象处凡五，本文已引其三，余二事并引之于此。《审应览·离谓》"周鼎著倕而龁其指，先王有以见大巧之不可为也"。《恃君览·达郁》"周鼎著鼠，令马履之，为其不阳也"。又凡《吕览》所言象均解说其用意，如饕餮谓"以言报更也"，象——"为其理之通也"（意谓象能通人理）。穷曲——"以见极之败也"。此于第二期之纹缋庸或有当，然如第三第四期则仅为简纯之装饰。——郭沫若原注。

状甚长，上下皆曲"（《离俗览·适威》）。揆其纹意，盖仿于鬼柳或榉柳①之木理。古器多以木为之，《庄子》云"百年之木破为牺樽"（《外篇·天地》），《孟子》云"以杞柳为杯棬"（《告子上》），《考工记》"梓人为饮器"，皆其证。鬼柳等之木理至幻美，或如盘云，或似长虹，又或类龙蛇飞舞，故铸器亦仿效之也。象纹绝迹，有鳞纹（图二四腹）、回纹（图二二及二三）等出现。凡此均本期纹缋习见之定式。大抵本期之器已脱去神话传统之束缚而有自由奔放之精神，然自嗜古者言之，则不免粗率。

新式期之器物于前期所有者中，鬲甗之类罕见，盨亦绝迹，有敦盏诸器新出，而编钟之制盛行。形制可分堕落式与精进式两种。堕落式沿前期之路线而益趋简陋，多无纹缋，其简陋之极者几与后来之汉器无别，旧亦多误为汉器。精进式则轻灵而多奇构。纹缋刻镂更浅细，前期之粗花一变而为极工整之细花。发明印板之使用，器之纹缋多为同一印板之反复。② 纹样繁多，不主故常，与前二期之每成定式大异其撰。其较习见者为蟠螭纹或蟠虺纹（图一二七及一三八），乃前期蟠夔纹之精巧化也。有镶嵌错金之新奇③，有羽人飞兽之跃进，附丽于器体之动物，多用写实形而呈生动之气韵。古器至此期，俨若荒废之园林一经精灵之吹嘘而突见奇花怒放。读者如念及近年于山西李峪村、洛阳韩君墓、寿县楚王墓所出之古器群④即可知余言之非夸诞矣。此期之物近时海外学者多称为"秦式"，命名虽云未当，然有疑曾受斯基泰艺术之影响者，于事殊有可能。斯基泰人于春秋战国之时曾扩充其版图于外蒙古北部，与中山燕赵诸国壤土相近。《枎氏壶》（图一九三）新式期器之翘楚也，实中山人所作。中山之俗古称好康乐歌谣⑤，则其人盖亦艺术的

---

① 学名 Zelkowa（zelkceroa）acuminata Pl. 日本名为 Keyaki，制器多用之。——郭沫若原注。案：（）内之文系 1945 年收入《青铜时代》一书时所改。

② 印板之使用就《秦公毁》（图一二七）及《楚王酓忎鼎》（图四十一）观之，最为明了。——郭沫若原注。

③ "新奇"，原文作"出现"，系 1945 年收入《青铜时代》一书时所改。

④ 李峪村器于《古铜精华》可见其一部分。韩君墓器见《洛阳故都古墓考》，唯所收多汉器，盖有汉墓同时被发掘也。楚王墓器多藏安徽图书馆。其一部分见图（四十一）。——郭沫若原注。案："其一部分见图（四十一）"，1945 年收入《青铜时代》一书时亦删去。

⑤ 《吕氏·先识》"中山之俗，以昼为夜，以夜继日，男女切倚，固无休息。康乐，歌谣好悲。"（《康乐》上，依注似夺"淫酒"二字。）——郭沫若原注。案："《康乐》上，依注似夺'淫酒'二字"，1945 年收入《青铜时代》一书时改作"《康乐》上，《说苑·权谋篇》有'淫昏'二字"。

民（族）。是则外来影响盖由中山人所介绍。又古称中山人为"白狄别种"，或者其即斯基泰人之混血人种耶？此事大有待于地底之证据。然新式期之有堕落与精进二式固皎然也。绵延至于秦汉，随青铜器时代之退禅，堕落式日趋于堕落而终至消亡，精进式则集中于鉴镜而别构成文化之一环矣。

以上时期之分，除第一期外，均有其坚实之根据，而事且出于自然。盖余之法乃先让铭辞史实自述其年代，年代既明，形制与纹缋遂自呈其条贯也。形制与纹缋如是，即铭辞之文章与字体亦莫不如是。大抵勃古期之铭，其文简约，其字谨严；开放期之铭，文多长篇大作，字体渐舒散而多以任意出之；新式期亦有精进与堕落二式，精进者文多用韵，字多有意求工，开后世碑铭文体与文字美术之先河；堕落者则"物勒工名"之类也。诸项之关系大抵平行，然亦偶有错见者，如末期之《楚王酓志鼎》（图四一），其形制与纹缋为精进式，而铭辞字迹则堕落式也。又其时代之相禅，亦非如刀截斧断决然而判然者。大抵穆恭懿孝为第二第三期间之推移期，春秋中叶为第三第四期间之推移期，其或属前属后，视其时代色彩之浓淡为准则。

更有进者，形制、纹缋、文字之三者均当作个别之专论方能藏事，而尤以形制论为非从个别入手不为工。盖后二者通于各器物，多有一般之倾向，而形制则器类繁多，各类各有其独立之系统也。今暂以钟鼎二类为例以示其大凡。

殷人无钟，钟乃周人所造，大率起于第二期之末造。然其形制实有所本，即古器中昔人所称为铎者也[1]。其形状与钟相同而小。器之古者口向上，有柄执而鸣之。有铭者多仅一二字而刻于柄，有纹者多用饕餮纹。器本无自名，亦无自注其年代者，然可知其必为铎，且必为商器，盖其器之演进入第四期于徐、越诸国有所谓句鑃者在也（图二〇八）。句鑃即铎之音变[2]。而越器之《姑冯句鑃》言"铸商句鑃"，犹后人言胡弓洋琴，足证铎实商制也。盖商人文化多为徐人所保，越又受徐人之影响，故其器制亡于中原者而存于"化外"。徐人之句鑃又自名为征城（徐醓尹征），别有器名为钲铖者（冉钲），是又钲铎为一之证。盖铎之

---

[1]　有《中铎》、《嬭铎》等，罗振玉说为铙，非是。——郭沫若原注。

[2]　王国维说，"古音瞿声与睪声同部，又瞿铎双声字，疑鑃即铎"，见所著《古礼器略说》、《说句鑃》（收在《雪堂丛刊》中）。此说学者多不以为然，王氏于其《观堂集林》中亦未收入，盖亦自信未坚。又镯与铎亦一而二、二而一者。——郭沫若原注。

始，以木竹为之，其声罦蜀，故呼之为铎为镯。后以金为之，其声丁宁，故旧文献中即呼之为丁宁①，而器铭则书之为征城，若钲铤，其后更简称为钲也。此钲铎本身之演进，形制固不无差异。古铎形较短，徐、越之器形较长；纹缋铭体亦迥有时代之别，然其一脉相承之迹不能掩也。

古器亦有自铭为铎者，文曰"倗闹乍宝铎，其万年永宝用"（存一，七五；研一一〇），以铭辞字体观之，固是周器，而铭则倒刻。所谓周因于殷，有所损益也。周人之钟亦即殷铎之倒耳。周人因殷铎而大之，大则不能举，于是昔之柄者今乃成为甬，昔之仰持者今乃成为倒悬矣。钟既倒悬，因有长甬突出，故不能不于甬之中央近舞处设为斡旋以侧悬之。此斡旋亦非周人之创制，盖古铎有于柄之中央处设横穿者，揆其意盖以备击铎之物之贯系，兼备挂置。此铎柄之横穿即斡旋之前身矣。

较钟稍后起者为镈，镈乃钟与拊之合体也②。镈与钟之异在钟有甬而镈用纽，钟枚长而镈枚浅，钟铣侈而镈铣弇，钟于弯而镈于平。镈仅第三期之物，入第四期与钟合而为一，故如《秦公钟》、《宋公戍钟》、《沇儿钟》、《儠儿钟》、《许子钟》等，形均是镈而自铭为钟③。又如《者汈钟》、《子璋钟》、《厵氏钟》等，虽铣侈于弯如有甬之钟，而枚浅用纽则如镈。盖钟之制形至第四期而大变矣。故第三期以后无甬钟，第四期以前无纽钟，有之者，乃伪器也④。钟较晚出，第四期中无堕落式可言。

其次论鼎。鼎之为物盖导源于陶器之鬲，其通状为圆体二耳三足。

① 《左传》宣四年"著于丁宁"，《晋语》"战以淳于丁宁"，又《吴语》"鸣钟鼓丁宁淳于"，杜注韦注均云"丁宁钲也"。丁宁与征城，均叠韵字。——郭沫若原注。

② 近时唐兰谓"镈之起源本自于搏拊，郑康成注《皋陶谟》曰'搏拊以韦为之，装之以糠，所以节乐'。《明堂位》谓之拊搏，《周礼·大师》谓之拊，《乐记》谓之拊鼓，皆一物也。……"见所著《古乐器小记》（《燕京学报》十四期）。此以镈音近搏拊，又以镈形如囊而推得之，近是。然镈亦脱胎于钟，乃明白之事实。——郭沫若原注。

③ 此中《沇儿钟》（图二三九），纽适坠，故于舞上仅存六孔。徐仲舒以为无甬无纽之钟，谓"孔之下端相连，可以系绳"（《厵氏编钟图释》二页）非是。——郭沫若原注。

④ 《双王銕斋吉金图》著录一钟，文曰"奠井叔（作）灵钟用妥（宾）"，同人所著之《周金文存》亦录此文。文与《积古》所录一器同，乃妄人所仿刻。知其然者，"妥（宾）"二字，依钟铭恒式当刻左鼓者，乃妄刻于右鼓，其意盖将以假充"龏（宾）"也。钟乃纽钟，本不伪，而井叔乃孝王时人，当时不应有此纽钟，余初颇为所惑，后乃辨别其铭之伪刻。作此种恶剧者不知存何心肝。形象学如一成立，于辨伪上可得一强有力之根据，此即其一例。——郭沫若原注。

勃古期之鼎，口微敛，腹弛，耳在鼎沿直上，足为直立之圆柱形而较高（以全器之比例而言），多于全身施以雷纹及三饕餮纹。饕餮各含一足而鼓出，故器体分为三股，此即鬲之三款足之演化，甚显著也。此时期之器可以《献侯鼎》（图一）及《盂鼎》（图五）为标准。开放期之器则口弛而腹稍敛，耳有附于鼎外者，足较低，弯曲作势而呈马蹄形，《克鼎》（图十六至二十）、《鬲攸从鼎》（图二十二）其标准也。鼎之新式期，其堕落与精进二式之分最为显著。堕落式沿第三期之路线而前进，口愈弛，腹愈敛，器愈浅[①]，足愈低愈曲，多无纹而有盖，《宋公䜌鼎》（图三十八）、《大梁鼎》等其确例也。精进式则花样繁多，难于概括。或与鬵相连而为鬵鼎（图四十一），或与匜相连而为钯鼎，大抵样式奇，花纹巧，耳附外，有盖者多，盖可却置。凡新式期之鼎，无论堕落式与精进式，大率耳附外而有盖，此实为本期之一特征。《尔雅·释器》云"圜弇上谓之鬵，附耳外谓之钯"，此足证其成书之晚。又器物亦无自名为鬵钯者，疑是秦汉人之新语也。鼎有体方而四足者，每自名为鼎，此亦鬲所演化，盖鬲亦有四足者也。鼎多第二期之物，三期以后罕见。有《毛公旅鼎》乃三期中叶之物，长方而刓角。李裕村所出有有盖而呈孪茧形者（欧，图一六六），韩君墓所出于椭圆有盖之外，更于盖上加饰如著王冠（洛，图二三一），大抵均鼎之流派也。

　　一九三四年十一月廿五日夜，书至此辍笔，此外欲论之事项尚多，然以牵于种种人事不能尽情叙述，读者谅之。

　　附注一[②]：《叔夷镈》与《秦公钟》（图二三六及二三八）二图均采自黄晟《三古图》本，板本全同，初疑有一为误。检视别本，则二器亦如出自一范。盖黄晟本以其形象相同，遂仅绘一图以通用也。《秦公钟》年代自宋以来久为悬案。其所言"十有二公"，自非子起算，则作器者为成公；自秦仲，则为共公；自襄公，则为景公。近人罗振玉又创一新说，谓自秦侯始，作器者为穆公。案罗乃因铭中有"烈烈桓桓"之语遂联想至穆公，更倒数十二世而得秦侯耳，毫无根据也。今知与《叔夷镈》形象相同，断为景公无疑：景公与齐灵公同时，故有此现象。此亦应用形象学之一例。

────────────

① "器愈浅"，收入《青铜时代》后，各个版本均无此三字。
② "附注一"，原文注文统排文末，故作"附注十四"，今改为页下注，原"附注十四"、"附注十五"改作"附注一"、"附注二"存于文末。

附注二：上述钟铎之演进颇有穿插，今为豁目之便，别为图以明之。

（录自《两周金文辞大系图录》，日本东京文求堂书店，1935 年 3 月景印本）

古代铭刻汇考四种 *

周代彝铭进化观

周代乃青铜器时代。存世古青铜器,其有铭者已在四千具以上,大抵乃周代遗物。周代以前之器,确可断定属于殷末者亦稍稍有之,然不及十数。前人于器之有以甲乙为名者尽以属之于殷,然以日为名之习至周之中叶犹有遗存,旧说未可尽信也。秦汉迄今,亦未尝无铜器,所异者在兵戎、享祀、饮食、服御之器悉以青铜为之,而以戎器为尤著。周代铁兵迄未有见,而汉代以后,则铜兵罕见诸实用矣。

铸器习用青铜,故于青铜冶铸之技艺独精,远为后世所不及。且器之愈古者其技愈精,揆其所由,要亦不外熟则生巧。多铸则熟,少铸则生,不铸则其技全废。此乃事理之常,非关古人之独神异也。嗜古者不察,每谓今人之不如古,而以浩叹系之,是犹见长尾猿之善用其尾,而叹人类之不如猿猴也。

铸器之意本在服用,其或施以文镂,巧其形制,以求美观,在作器者庸或于潜意识之下,自发挥其爱美之本能,然其究极仍不外有便于实用也。间或施之以铭,铭之为用,其初殆私人图记之类,于器本无足轻重。知者,有铭之器少,无铭之器多,如新郑蠭于一墓中所出古器近百事,而有铭者仅二,此其证一。铭勒于器,多在底里,如盉爵之类则每在鋬阴,所占地位实等附庸,此其证二。器之古者铭恒简,间仅一二图

---

* 《古代铭刻汇考四种》,日本东京文求堂书店 1933 年 12 月景印本为 1949 年以前唯一版本。

形文字而已。同样之图形文字间亦施于铭之成文者之首若尾，或则以亚字形范之，或则于其下系以册字。亚字形者如后人之刻印章而加以花边。册者题识之谓，某某册犹言某某人题也。

《礼记·祭统》有云："夫鼎有铭，铭者自名也，自名以称扬其先祖之美而明著之后世者也。"又云："铭者论撰其先祖之有德善、功烈、勋劳、庆赏、声名，列于天下而酌之祭器，自成其名焉以祀其先祖者也。"此所言于祭器之例，大抵近是。然存世古器，其名己之功烈庆赏者实多，追述其先祖若考者尚在少数。且于祭器之外有媵女之器焉，有服御之器焉，有兵戎之器焉，有嘉量之器焉，而大抵勒之以铭。是知《祭统》仅据一《孔悝鼎铭》所赋与之铭义，实偏隘而未能得当。然而其"铭者自名也"之说，则终古不刊之论也。

是故铭文之起，仅在自名，自勒其私人之名或图记以示其所有。铭之有类于图画者乃古代图腾之孑遗，非有异义存于其间。前人不明此意，每好逞臆度，见有人形文则释为子孙，见有戈形文则说以武功，见有兽形文乃至如蛙龟之类，亦以享祀之牲牷为解。此乃蔽于后世礼家之说，随其成心而师之者矣。

文化递进，器铭加详。入后更喧宾夺主，乃有专为勒铭而作器之事。《周官·司约》"凡大约剂书于鼎彝"，此专为书约剂而铸器也。证以存世古器则如《曶鼎》、《鬲攸从鼎》、《格伯簋》、《散氏盘》之类皆是。《墨子·鲁问篇》云："攻其邻国，杀其民人，取其牛马粟米货财，则书之于竹帛，镂之于金石，以为铭于钟鼎，传遗后世子孙"，此为记功而铸器也。证以存世古器，则如《小盂鼎》、《宗周钟》、《大克鼎》、《兮甲盘》之类正举不胜举。凡此乃彝铭之第二阶段进化也。此阶段之彝器与竹帛同科，直古人之书史矣。

古人于文字发明之初或其尚未普及之时，并无专门著书立说之事。文字为宰制者所擅有，非寻常人所能近，能近之者，宰制者自身及其子孙姻娅也，故书说无所致其用。其有事须书，有言须记者，率临时断片为之，所谓或书之竹帛，或镂之金石，或铭之钟鼎，皆此类也。竹集之而成册，帛集之而成卷，日久而典籍以成，故古人之书乃于时辰累进中所自然集成之史也。帛之用不知始于何时，竹则自殷代以来。《书·多士》云，"惟殷先人有册有典"，卜辞亦有典册字，揆其字形故竹简之汇集也。存世古简出自西北流沙者仅汉晋物，殷周古简已不可见，帛固无论矣。古之所谓金石，稍有异于后人。后人称金，指钟鼎盘盂之属，而

《墨子》则以钟鼎盘盂列诸金石之外。《鲁问篇》文已如上述，其《兼爱篇下》云："吾非与之并世同时，亲闻其声，见其色也，以其所书于竹帛，镂于金石，琢于槃盂，传遗后世子孙者知之。"《非命篇下》亦云："书之竹帛，镂之金石，琢之盘盂。"是则古人所谓金乃别有所指，古有所谓金版玉版者殆即古之金石也。《秦诏版》与《秦刻石》即金版玉版之遗，而秦以前之物迄未有见，庸尚有淹埋于地而待人发掘者未可知也。金玉竹帛之书版虽不可见，而钟鼎盘盂之典献则优有遗存。以器而言固钟鼎盘盂，以铭而言直可称为《周书》之逸篇。《左氏》昭六年郑人铸《刑书》，士文伯曰"作火以铸刑器"。二十九年晋赵鞅、荀寅"赋晋国一鼓铁以铸刑鼎，著范宣子所为《刑书》"。是则铸于鼎器者，古人亦直称之为书矣。

彼周秦诸子，广义而言，余谓均可称为金石学家。墨子曾读金石盘盂之书，其言已自明。儒家典籍如《尚书》之周代诸篇及《诗》之雅、颂，余谓殆亦有琢镂于金石盘盂之文为孔子所辑录者。《尚书·文侯之命》，其文辞与存世《毛公鼎铭》如出一人手笔，而鼎铭尚矞皇过之，则《文侯之命》安知非本器物之铭？《大雅·江汉》之篇与存世《召伯虎簋》之一，所记乃同时事。簋铭云，"对扬朕宗君其休，用作列祖召公尝簋"，《诗》云，"作召公考，天子万寿"，文例相同，考乃簋之假借字。是则《江汉》之诗实亦簋铭之一也。《公羊疏》引闵因叙曰："昔孔子受端门之命，制《春秋》之义，使子夏等十四人求周史记，得百二十国宝书。"《疏》谓："周史而言宝书者，宝者保也，以其可世世传保以为戒，故云宝书也。"余案"宝书"当即钟鼎盘盂之铭，钟鼎盘盂为宝，故其铭称曰"宝书"。孔子与其弟子周游列国，于列国宝器必多目验，盖曾一一纪录其铭辞以为修史之资。书得百二十国，而国名之见于《春秋》者仅及其半，盖其无足轻重之文献未经采纳也。

要之钟鼎铭文在其进化之第二阶段有书史之性质。此性质以西周遗器为最著，自春秋之中叶以降而衰微，盖竹帛之用已繁，文史亦逐渐茂密，不能为鼎彝所容也。东周而后，书史之性质变而为文饰，如钟镈之铭多韵语，以规整之款式镂刻于器表，其字体亦多作波磔而有意求工。又如齐国《差䣙铭》亦韵语，勒于器肩，以一兽环为中轴而整列成九十度之扇面形。凡此均为审美意识之下所施之文饰也，其效用与花纹同。中国以文字为艺术品之习尚当自此始。然以彝铭而言，则其第三阶段之进化也。逮至晚周，青铜器时代渐就终结。铸器日趋于简陋，勒铭亦日趋于简陋。铭辞之书史性质与文饰性质俱失，复返于粗略之自名，或委之于工匠之手而成为"物勒工名"。此彝铭之第四阶段进化，亦即其死灭期矣。

　　以上为彝铭进化之四阶段，以岁时喻之当于春夏秋冬，以人生喻之当于幼壮老死，整个青铜时代之进化亦复如是。

　　　　　　　　　（录自《古代铭刻汇考四种》，日本东京文求堂书店，1933 年 12 月景印本）

美术考古一世纪 *

译者前言

一九二九年我陷在日本的时候，为了要想弄清楚中国社会的史的发展，我开始了古代社会的研究，除了要把先秦的典籍作为资料之外，不能不涉历到殷墟卜辞和殷周两代的青铜器铭刻。就这样我就感觉了有关于考古学上的智识的必要。因此我便选择了这部书来阅读。但我最初得到手的并不是这部书的原文，而是日本滨田耕作博士的译本。我对于原作及原作者本来是毫无准备智识的，因为我信赖滨田博士，他是日本考古学界的权威，他所翻译的书一定是有价值的，这就是使我选择了这部书的动机。

阅读滨田博士的译本，愈读愈感着兴趣，我就开始了翻译。我是一面读，一面译的。为了要维持一家的生计，译了便寄回国来出版，因此这书的出版也就在同一年内很快的便和读者见了面。但我是应该告罪的，译文既是重译，相当草率，而出版处又图急就，校对得相当马虎，这书的初版实在是成为了一种很难读的东西。我起先的打算是自己再对照着德文原本来校对一遍。当我开始翻译的时候，我同时写了一封信给当时在柏林留学的成仿吾，请他立即为我购寄一册原书。我预料到印刷的校样寄到的时候，原书也会同时寄到了，但不料原书寄到了，而校对却没有寄我校对，便径行出版了。这样真使我感觉着惶恐，我对于初版的购读者，实在是应该谢罪的。

有了原书，屡次想整个对照着校改一遍，但一直都没有着手。一来

---

　　* 该书最初译名为《美术考古学发现史》，上海乐群书店 1929 年 7 月初版、上海湖风书局 1931 年 9 月再版，上海群益出版社 1948 年 8 月改版，改译书名为《美术考古一世纪》，为 1949 年以前最后一个版本。

是有别的工作，二来也是中国的书籍一经出版之后，要想改版是很不容易的事情。荏苒之间，卢沟桥事变发生，我结束了我十年亡命生活，一个人单身从日本跑回来了。原书不用说是被抛在日本的。

回国之后在战争生活当中不觉也就过了九年，国内国外都起了很大的变化。现在有出版社想把这书重新改版印行，我又算费了好几天的工夫整个校读了一遍。译文实在生涩的可观，自己一面校读，一面修改，修改的煞费气力。最遗憾的是，原书目前无法再到手了。就是滨田博士的日译本也没有方法得到，这在校改上分外使我增加了困难。有些地方大约是我译错了，有些地方是校对印刷的错误，但要把错处改正过来，无所依据，有时实在是件难事。我算尽了我的能事把文字改得更顺畅了，虽不敢说到了可以满意的地步，但比起初版来应该要好读得多了。自然我也很愿意，将来如能得到原书或日译本，能够让我再忠实地校对一遍。

或许有朋友要诘问我：这样的书为什么到了现在还有改版的必要呢？在我是因为我受这书的教益太大，所以认为有必要。我的关于殷墟卜辞和青铜器铭文的研究，主要是这部书把方法告诉了我，因而我的关于古代社会的研究，如果多少有些成绩的话，也多是本书赐给我的。这书实在是一本好书，它把十九世纪欧洲方面的考古学上的发掘成绩叙述得头头是道。因为站在美术考古的立场，令人读起来只是感觉兴趣，而一点也不感觉枯燥。最要紧的是它对于历史研究的方法，真是勤勤恳恳地说得非常动人。作者不惜辞句地，教人要注重历史的发展，要实事求是地作科学的观察，要精细地分析考证而且留心着全体。这些方法在本书的叙述上也正是很成功地运用着的，本书不啻为这些方法提供出了良好的范本。我受了很大的教益的，主要就在这儿。我自己要坦白地承认：假如我没有译读这本书，我一定没有本领把殷墟卜辞和殷周青铜器整理得出一个头绪来，因而我的古代社会研究也就会成为砂上楼台的。我得的教益太深，故我不能忘情于这部书，而希望和我有同好的初学者也能从这儿得到深厚的教益。这就是我乐于在今天使它改版的原因。在历史研究的兴趣尚还浓厚的今天，这样的书我相信也不会太不合时宜的。

本书如原著者米海里司（Amichaelis）教授的序文所说：本来是名为《第十九世纪考古学的发见》（"Die Archäeologischen Entdekungen[①] des Neunzehnten Jahrhunderts"）的，因所叙述有时溢出了十九世纪的范围，

---

① Entdekungen，当作 Entdecungen。

再版时便改名为《美术考古学的发现之一世纪》（"Ein Jahrhundert Kunstarchäeologischer① Entdeckungen"）。日译者滨田博士复定名为《美术考古学发现史》，我的初版也就蹈袭了这个名称，但我想这个名称既有失原作者之意，而且是有毛病的。十九世纪以前，原书既非常简略，而十九世纪以后在现今快要到半世纪了，仅仅本世纪的开头的几年有所涉及，这样便赋之以"史"的称号，似乎是不妥当的。因此我在这次的改版上我改用了现在的名字：《美术考古一世纪》。这样似乎更要简核一些。

我很抱歉，自己并不是这项学问的专家，近十年来和世界学术界也几乎绝了缘，二十世纪虽然已经快要到一半，这半百年中的美术考古的发见究竟是怎么样，我不能作出适当的增补。只是本书所述是偏于西方的，主要是以希腊、罗马为本位，而渐次地叙述到了埃及、波斯，更朝东方走的情形便完全没有说到。二十世纪的考古发见却是偏于东方了。东方的一面白页要由印度与中国方面的发掘来填满了。我读过一本印度学者苦摩罗斯华弥著的《印度与印度尼西亚的美术》（Coomvraswamy："History of Indianand Indonesian Art"，1927），关于印度和东南亚细亚方面的情形叙述的扼要，而且还提到了西藏与西域，更略略说到中国本部与朝鲜、日本。这无疑也是一部好著作。但特别关于中国方面是应该由我们自己来补充的。

中国考古学的发现，可惜现在还寂寥的很。不仅西藏和西域的研究已经由外国的学者着了先鞭，就是本部的调查研究也大体上是落在外人后面了。云冈、龙门的佛窟，日本人有详细的调查和摄影，敦煌石室是由石泰因②（Stein）与伯希和（Pelliot）诸氏所发现的，还有好些地面遗迹的调查，甚至地下发掘都成于外人，而我们所能夸耀的似乎就仅仅有殷墟发掘的一件大事了。但这发掘的学术性的详细报告至今都还没有问世，实在是一件遗憾。中国应该做的事情实在太多，就在考古发掘方面，大地实在是等待得有点不耐烦的光景了。这样的工作在政治上了轨道之后，是迫切需要人完成的，全世界都在盼望着。一部世界完整的美术史，甚至人类文化发展全史，就缺少着中国人的努力，还不容易完成。单是欧洲，不能算是世界。加上了埃及、波斯、印度，也还没有构成一个整体。由于中国文化及其影响之下的朝鲜、日本等之得到阐明，也同于中国及东方民族之得到解放的一样，人类前史的表演，倒真可以

---

① Kunstarchäeologischer，当作 Kunstarchäologischer。

② 石泰因，通译作"斯坦因"。

看见它的大团圆的闭幕了。百川殊途，同归于海以后便是人类文化的海洋时期。海洋里面的水是分不出莱茵、多脑、尼罗、迪格里斯、幽佛拉底、印度河、恒河、黄河、扬子江等等的水份来的。① 人类的文化终有一天也会达到这样。

然而本译著在阅读上，我相信始终是一件相当吃力的事。插图不够，而参考的图谱又不容易到手，满纸差不多都是术语或专名，在外国人读来本是普通常识的神话史事或人物，在我们中国人特别初学者，差不多全部都需要注释。这些都应该是很大的障碍。日译者对于术语或专名之类大抵附上了原文，揆其用意是便宜于读者翻阅外文的百科全书，我也蹈袭了他，希望有耐心的朋友，遇着常识上的困难时可以多跑跑图书馆以求解答。是要耐心才可以有收获的，就要吃个胡桃吧，也须得你敲碎硬壳，再剔出果仁；如果嫌那果仁的内皮尚有涩味，还须得你发泡它，把它细细地剥去，然后才有精白而爽脆的"脑髓"满足你的口腹。读书也应该有这样的耐心吧。再有一个办法，便是"好读书不求甚解"，不必过分拘泥于形迹，而只挹取书中的精神。书中的精神是什么？我在前面已经说过了，不妨再说一遍，原作者谆谆告诫我们的，是要我们注重整个的历史的发展，自然要注意到的客观的分析，然而不要忘记了全体。研究任何学问都应该这样。书里面引用过的德国诗人席勒的一句话，我感觉着可以重引在这儿，以作为我这篇小序的结束。

Immer strebe zum Ganzen • Und Kannst du selber kein Ganzes werden • als Dienendes Glied schliess an ein Ganzes dich an. （Schiller）

"总得向全体努力，即使你自己不能成为全体，当得作为有用的肢体与全体联系。席勒"

一九四六年十二月十六日于上海

（本篇最初发表于 1947 年 1 月 1 日《唯民》周刊，名为《关于美术考古一世纪》，选自米海里司著、郭沫若译《美术考古一世纪》，上海群益出版社，1948 年 8 月版）

---

① 多脑，通译作"多瑙"；迪格里斯，通译作"底格里斯"；幽佛拉底，通译作"幼发拉底"。

科学

科学部分，选录《生命之科学》的译者弁言、第三册序、译后，《人类展望》书后，为《大众科学丛书》所写序以及《沸羹集》、《天地玄黄》中的三篇关于科学的文论，集中反映郭沫若"接受科学，走科学的中国化途径"的科学思想以及"以大众化为其目标，以文学化为其手段"和"政治的民主化以为前提"的完整内容。

生命之科学 *

译者弁言

1. 本书在英国是 1929 年三月开始出版的，起初以期刊形式，每隔一周出版一期，出到 1930 年五月第三十一期上，才全部完结了。最近又将全部汇集成为了三大册。本译书即依据汇集本为蓝本。

2. 原书在主题"生命之科学"下尚有一个副目，是"A summary of contemporary knowledge about life and its possibilities"（《关于生命及其诸多可能性上的现代学识之集粹》），由这个副目我们便可以知道原作者之志趣是想把生物学和与生物学有关联的各种近代的智识作一综合化。但这个综合化是以大众化为其目标，以文学化为其手段的。作者三人中之主裁大威尔士（H. G. Wells）是英国有名的文艺家兼文化批评家，是那综合的世界文化史之大著《历史大系》（The Outline of History）之作者。但他本是专门研究动物学的人。在这次的著作更辅以鸠良·赫胥黎（Julian Huxley）与小威尔士（P. G. Wells）二人，都是专门的生物学家。鸠良·赫胥黎便是有名的《天演论》之作者赫胥黎之孙，小威尔士是大威尔士之子。所以这部书在科学智识上的渊博与正确，在文字构成上的流丽与巧妙，是从来以大众为对象的科学书籍所罕见。译者自己是专门研究过近代医学的人，同时对于文学也没有大的嗜

---

* 《生命之科学》，英国威尔士父子（H. G. Wells and G. P. Wells）和鸠良·赫胥黎（Julian Huxley）合著。全书分三册译出：第一册，上海商务印书馆 1934 年 10 月初版，有郭沫若《译者弁言》；第二册，上海商务印书馆 1935 年 11 月初版；第三册（上、下），上海商务印书馆 1949 年 11 月初版，前有郭沫若《序》，末有郭沫若所写"译后"。

好，所以便起了这个野心，以一人的力量来移译这部巨制。译者对于作者之原旨，科学之综合化，大众化，与文艺化，是想十分忠实地体贴着的，特别是在第三化。原著实可以称为科学的文艺作品。译者对于原作者在文学修辞上的苦心是尽力保存着的，译文自始至终都是逐字移译，尽力在保存原文之风貌。但译者也没有忘记，他是在用中国文字译书，所以他的译文同时是照顾着要在中国文字上带有文艺的性格。

3. 科学译名在中国苦未画一，这是译者在译述中所感受的最大的困难。本书大抵依照较为通行的译名，亦有为见闻所限由译者自行新订的，这层在大众化上颇是障碍。为稍稍免除这种障碍起见，在每一新见的学名之下大抵注以原文或拉丁文，以使读者之一部分得以与他种译名求其汇通。以后如有更适当的译名出现，本译书如能重版时，自当尽力遵改。

4. 原文风貌大抵一律仍旧，标点章节间有在便宜上略加改易者，然百不及一；原文有注意文句用斜体字者，在本译书中一律于字下用圆点表示。

5. 原书插图注重在引起读者兴会，观其编制大抵每页必有一图，因而图中所表示每与文中所论述不甚相照应。译书遵照其图次，然其插入地点稍稍有所进退。其有完全无所照应之处仍依原次插入。

6. 本译书之出版，专赖学友郑贞文、周昌寿两先生之斡旋，译者对于郑、周两先生及承印本译书的出版处特致谢意。

1931 年 3 月 12 日

（本篇选自石沱译《生命之科学》第一册，
上海商务印书馆，1934 年 10 月初版）

第三册序

此书系十五年前的旧译。在这十五年中全世界全中国都有了天变地异的改变。就在生物科学方面也有了很大的进展。大战中所发明的药品，如硫安类、彭尼西林等，对于人生幸福确有了很大的贡献。特别是在遗传学方面，有苏联生物学家李森珂博士所努力的米丘林学说的建立，使以前建立在魏斯曼、摩尔刚等的假说上的旧说完全改观，而使达尔文的进化学说也得到更正确的修正。这些在本译书中都未提到。这是很大的一个缺陷，希望读者注意。科学的研究，尤其在苏联方面，进展得很快。我们切不要故步自封，务必迎头赶上，就请把这部书作为科学故事一样去读吧。

一九四九年十月八日于北京

（本篇选自《生命之科学》第三册（上），上海商务印书馆，1949 年 11 月初版）

译 后

这部书是一九三一年（民二十）的三月着手译的，中间经过了"九一八"之变，又经过了翌年的"一·二八"之变，荏苒到现在，足足经过了五年有半的光阴才勉强完成了。在"一·二八"之变时，本书已经译就了有一半的光景，以四百字一张的原稿纸计算时已有一千七百页，以字数计算时已有六十万字，但不幸除掉开首的一二百页之外，在商务印书局编译所里，随着闸北的几万同胞，无数的建筑，无数的名著珍籍，一同成了"一·二八"的炮灰。在那时因为一九三二年是德国诗人歌德死后的百年祭，我和本书的译述并进着在从事歌德的自传《文与质》（*Dichtung und Wahrheit*）的移述，作为纪念出版。译到了有三百页的光景，也一样的成为了炮灰。这些稿件通是没有副本的，这在我是白白地耗损了一年的精力。

商务印书馆复兴之后，在一九三三年的年底我也"卷土重来"，又把本书的译述继续下去。尔来世变日急，寄身在外邦时时有朝不保夕之概。生活的压迫几乎屡屡使人窒气。记得一家七口有专靠本书的预支版税月六七十元而过活者，因译述之进行时有阻碍，即此月六七十元之数亦不能按月必保。在这样的形势之下，我自己实在是没有想到终竟能够把这部巨制译出。算好，赖着商务印书馆的后援与忍耐，赖着学友郑心南、周颂久两先生的援引与鞭挞，虽是费了很长久的时间，终于把这部百五十万言的巨制移植到中国的读书界来了，这在我个人也可以勉强算得一个小小的事业。

译完全书之后，重把全书的有系统的知识来咀嚼一下，觉得这在外观上虽是一部通俗的科学介绍书，但其实是一部极有益于人生和社会的经典。著者的知识的渊博和笔力的雄厚，实在是足以惊人。新近的关于生命的科学知识，大抵是网罗尽致了，而浩瀚的零碎的知识，经著者的系统化与体制化，完全成了一座有生命的大众殿堂。而这殿堂中所奉仕的精神是生命之合理的解释，宇宙进化观之推阐，人类向大一统之综合。这些都是救济人类的福音，而在我们中国，大多数人的生命观是还没有脱掉巫觋式的迷信畛域的，关于这些福音的传播尤其是根本切要的事情。一切人的对于宇宙人生国家社会的根本观念，是当经受一番彻底的科学洗礼，而加以根本的改造的。这部书在说到人类社会的范围处时，为资料及现行的社会制度所限，著者似乎尚未能畅所欲言。但他的大体的针路是不错的。人类当废弃向来的狭隘的传统主义，废止国家本位的战争，改良教育，改良人种，集全人类的精神意志于同一集体之下而施以统制——这的的确确是人类社会之发展史所昭示于我们的使命，也是宇宙生命之发展史所昭示于我们的使命。我们人类是应该及早完成这项使命，而这项使命在世界上的一局部，由实践的先觉者们，已经在以最合理的方法而被完成着了。我们中国人也应该赶快觉醒起来，急起直追地成为完成这项使命的选士。

著者的三位，尤其大威尔士，的确是百科全书式的全才。他的努力对于人类社会的寄与的确是很丰富的。但是他自己说过，一个作者不能不有他自己的偏见，威尔士先生尽管博大，偏见的这一层似乎真是有未能免。往年他访问过苏俄，但他的访问的收获却没有他所不甚满意的那位刻薄老先生萧伯纳来得丰年。最近国际保卫文化著作家协会在伦敦开第二次大会，所讨论的中心问题是新的《科学艺术百科大全书》的编制。据报称，本书著者威尔士及赫胥黎均不甚赞成，假使传闻属实，这也是使人出乎意外的事。威尔士先生在本书中高调着"自制"（self-control）与"克己"（self-subordination）之必要与困难，在这些地方是尤其令人想起的。

本书的译述，因为图求食粮之接济，是取的随译随寄的办法，译得一部分便寄出一部分以预支一部分的印税来维持生活。因此，本书的译笔译语便大有不能画一的缺点，尤其学名与固有名词，前后是大有参差的。不过，大凡的学名与固有名词，都不嫌重复地在译名下屡屡把原文注出了，虽未能做到尽善的地步，想来当未至于坏到不可读的程度吧。将来如有机会，这些缺点是想通盘加以补正的。

末了，我对于出版处及督率着我完成了此项工作的友人们敬致谢意。

一九三六年九月二十六日　译者跋

（本篇选自《生命之科学》第三册（上），上海商务印书馆，1949 年 11 月初版）

人类展望[*]

书　后

本书乃由威尔斯父子（H. G. Wells 与 G. P. Wells）及鸠良·赫胥黎（Julian Huxley）三氏所合著的《生命之科学》（"The Science of Life"）的第九篇之抄译，原题为 "Biology of the Human Race"（人种之生物学），因题目过硬及其行文笔调不甚相符，故改为今名。

《生命之科学》共分九篇，前八篇均专门学识之汇集，虽经大众化，但读之亦颇不易。且全书乃一百五十万言之巨制，其在普通读者，连于购买与阅读的时间上均感觉著相当的困难。故余将这第九篇抄译了出来让它独立，以图读者的方便。这篇可以说是"生命之科学"的结穴，同时也可以说是威尔斯的另一巨制《世界文化史大系》（Outline of History）的绪论。威尔斯的人生观世界观是由他自己撮要地提示了在这儿的。

威尔斯的学殖的渊博，行文的规模之宏大，实在是足以惊人。他对于人类社会的展望，主张传统主义的废止，全人类向整一的集体而综合，人类要统制自己的运命并统制一切生命之运命——这见解也是很正确的。他对于我国儒家的理论，尤其像"赞天地之化育"的一类观念，似乎别有会心；书中也提到了"东方的圣贤"，大约把孔门中人是包含著的吧。

---

[*] 《人类展望》为《生命之科学》第三册第九编"人类生物学"，郭沫若单独译出，采用此名，上海开明书店 1937 年 3 月初版，为 1949 年以前唯一一版本。

　　然而一个人的思想和行为，似乎每每有不能一致的地方。威尔斯尽管有那么开明的见解，而对于实际在废止著传统主义，促进人类向整一的集体之综合的那样的国家却没有什么深厚的同情。他在英国文艺界和萧伯讷（Bernard Shaw）处在对立的地位，两人都曾访问过苏俄，而访问过后的感应则相悬异。萧伯讷说，"史达林之劝说威尔斯，好像在鸭子身上淋了一瓢水"（大意）。识水性的鸭子而不能与水和亲，是使我们出乎意外的。本年六月，国际文化保卫作家协会在伦敦开第二次大会，主要的议题是"新的科学文艺百科全书"之编制，听说威尔斯的态度也很冷淡。这些地方，或者也怕就是威尔斯所屡次道及的"克己"（self-suppression）之困难吧？

　　再，本编中所论古代社会，据亚特金孙的见解，于母系社会说，系采取著否认的态度。其主要根据乃在类人猿社会之实况。然而古代人类之遗迹有多数母系社会制之痕蒂，本书中多置之不论。所言"它怖"禁制，于母系社会亦无抵触。故译者于此说期期未能同意，唯于此处如欲论驳则牵涉过远，只得暂时保留。

一九三六年十月八日译者识

　　　　（本篇选自郭沫若译《人类展望》，上海开明书店，1937 年 3 月初版）

大众科学丛书*

序

一般人对于科学的了解，似乎都不大正确而且肤浅。

有一种最普通的见解可以说就是这样的：科学是科学家的事，与一般人没有什么关系。这自然是肤浅得可笑。

其次是科学是物质文明，与精神文明无关。要使物质享受好些或者要得国富兵强，那是离不了科学，但在个人和民族的精神生活上，科学是不济事的。认真说，这也一样是肤浅得可笑。

科学在今天是我们的思维方式，也是我们的生活方式，是我们人类精神所发展到的最高阶段。一切的生活没有经过科学的洗礼都是不合理的存在，那是应该让它早早消灭的。

当然，科学也并不是究竟，而是利用厚生的最优良的工具。人类生活的究竟目标是在使全体人类能够生活得更合理，更幸福，科学的应用正应该适合于这种目标。真正的科学和科学家的精神，一句话归总，就是在为人民服务。

然而是被人恶用了。科学虽然随资本主义的发达而昌明，但被资本主义的国度恶用于为少数个人服务，即为少数独占资本家服务；因而活人的科学便成为杀人的科学。在今天科学的分野里确实是起了这样的分化的。

---

* 《大众科学丛书》为上海中苏文化研究委员会编选的一套丛书，这是请郭沫若为《丛书》所写序言。

我们今天需要真正的科学，要使科学回复到为人民服务的本位上来，使它成为不折不扣的人民科学。今天苏联的科学和科学家所走的正是这个方向。我们愿意向他们看齐。在这儿选译了这套《大众科学丛书》，不仅要使科学知识大众化，而且要使科学精神大众化。不仅普通的读者应该在这儿找寻精神粮食，就是专门的科学家也应该在这儿受一番再教育。

一九四七年五月十七日序于上海

（本篇最初发表于 1947 年 8 月 2 日上海《时代日报》，选自苏联波拉克著、梁季译《宇宙的构造》（《大众科学丛书》之一），上海天下图书公司，1947 年 8 月版）

论集中的文章 *

"五四"课题的重提 **

"五四"运动的课题是接受赛先生（科学）与发展德先生（民主）。这课题依然还是一个悬案。

科学底接受并未成功，民主底发展在今天差不多才正在开始发轫。因而也有人干脆否认"五四"运动的成绩，甚至于想从历史上抹去"五四"这个纪念。这不用说完全是一种逆流。有这种逆流存在，也正是"五四"精神之须得继续发展下去的一个主要的因素。

封建社会底长期停滞，对于改革事业实在是一个过重的累赘。外来资本主义的洪水不仅没有把这累赘冲掉，反而使新苗失去自己的基地，得不到畅遂的发育。在这样的情形下边，拖延了二十八年，毫无疑问，运动当初所悬的鹄的，依然还没有达到。

今天底任务中我们依然要继续"五四"精神，加紧解决我们的悬案：接受科学并发展民主。

纯粹的翻译时代应该已经过去了，今天要接受科学，主要的途径应该是科学底中国化。要使科学在中国的土壤里生了根，从那儿发育出来，开花结实。科学底理论和实践要能和中国的现实生活配合得起来，要使它不再是借来的衣裳，而是很合身的裁剪或甚至自己的血肉。

要做到这一层，总要有政治的民主化以为前提，学术研究得到自

---

* 这一部分选收《沸羹集》、《天地玄黄》中三篇相关文章。

** 此为收入《沸羹集》中的一篇。

由，科学者的生活得到保障，一切都以人民为对象，科学才能够脱掉买办性质，而不致遭受恶用。科学精神也才能够得到鼓励而发扬起来。

这课题倒不仅限于中国，它有全世界性。科学的恶用，在这次大战中，落在法西斯手里，已经是到了登峰造极的地步。要救济人类，就须救济科学。救济科学的要径也就是国际民主。在这种国际民主精神的保障之下，科学的利用厚生之道必然会更加幸福而安全的。

我们必须重提起"五四"精神，为拯救中国，为拯救全人类。

一九四五年四月二十七日

（本篇最初发表于 1945 年 5 月 15 日重庆
《群众》月刊第 10 卷第 9 期，选自《沸羹
集》，上海大孚出版公司，1947 年 12 月版）

文艺与科学[*]

在一般的见解里面似乎文艺与科学是被认为极端对立的东西。我们常常听见爱好文艺的青年们说，因为我不喜欢科学那种机械式的东西，所以我要搞文艺。这种见解是皮相的见解，不仅对于科学没有认识，就是对于文艺也没有真正的理会。

一般人眼中的科学大抵是一些粗浅的自然科学的常识或者技术科学的应用，这些固然是科学的，但并不就是科学。科学是人类智慧所达到的最高的阶段，是人类精神辨别是非、认识真理的最高成就。在今天人类的一切部门的认识都不能离开科学，而尤其重要的是科学的精神。科学的精神是什么？这是祛除主观的成见（私），而以客观的真实（公）为依归的纯正的精神动向。认识客观的真理，更依据真理以处理客观或促成客观的进展，而使之服务于人生，以增进人类生活的幸福，这便是科学的精神。这种精神态度如以运用于国家行政或社会事业，也就是民主主义。这在今天是一切的人生活动的准则，文艺工作何能除外？

文艺工作假使是属于研究或批评的范围，那完全是科学的一个分

---

[*]　此为收入《天地玄黄》中的一篇。

枝，二者的密切关系可以无须乎多说。即使是属于创作的范围，我们也可以说只是科学精神的另外一种化装表演而已，文艺创作本质是人生的批判。即使粗浅一点说，任何创作都不能不经过一道研究过程，伟大的剧曲或小说固不用说，就是一首短短的即兴诗，它也是经过认识过程而来的。虽不必在做即兴诗的当时，而是在能做即兴诗的前阶段上的准备。例如旧式的诗人听见杜鹃的叫声必然要引起怀乡的情绪，他可以做一首即兴的怀乡诗，但在我们今天知道杜鹃是一种残忍的鸟，根本和望帝的灵魂无涉，我们还能够装着傻瓜，无批判地认为那鸟儿是在喊"不如归去"吗？

没有研究便没有创作。生活体验也依然是一种研究，文艺工作和科学精神是分不开来的。或者有人会说创作过程是综合，而它的目标在求完美，科学研究是分析，而它的目标在求真实，二者毕竟有划然不同的地方。但这也只是一种皮相的观察。例如科学家研究之余写他的论文时，又何尝不是在行综合而求完美？要说到更伟大的科学著作，那情形是更为明显的。例如马克思的《资本论》便有人说它是一部伟大的剧曲，前几年日本有一位马克思主义者甚至把它戏剧化了。

有的朋友爱强调主观，以为科学是纯客观的态度，那样是把主观的能动力量阉割了。文艺创作如也要采取纯客观的科学态度，那是自然主义所已经走过的绝路，今天的现实主义是不能抹杀主观的。诚然，但我们要说：真正的科学精神并不是纯客观的机械式的态度，它是要经过客观真理之明朗的认识以养成主观定见之坚毅的操守。科学正是在养成主观的能动力量而不是阉割它。布鲁诺、喀利略①诸位科学大师宁受炮烙缧绁之刑而不肯歪曲真理，你以为他们是把主观阉割了的吗？

文艺的主观也必然要经过科学的客观才能养成，在我看来是毫无疑问的事。

一九四六年三月十七日

（本篇最初发表于 1946 年 5 月重庆《中原、
希望、文艺杂志、文哨联合特刊》第 1 卷第
5 期，选自《天地玄黄》，上海大孚出版公
司，1947 年 12 月版）

---

① "喀利略"，通译作"伽利略"（G. Galilei）。

学术工作展望*

"五四"以来的课题：实现科学与民主，到今天依然是我们学术工作者急待解决的课题。科学在中国的土壤里并没有生根，学术工作和生活实践依然脱离，学术没有真正科学化，科学没有真正中国化，因而中国的政治乃至其它一切社会现象都没有真正民主化。民国的招牌虽然挂了多年，而事实上适得其反。在今天是我们应该急起直追的时候。

民主与科学，在本质上并不是两种对立的东西，科学的思维与方法用之于实际生活的处理便成为民主。科学的基本要求是利用厚生，为人民服务。它首先承认客观世界的真实，静心地去体察，发现一切对象的性质、关系、变化与变化所遵循的轨则，进而加以人力的促成、组织、淘汰、提炼，以增加人类生活的幸福。科学是始于人民终于人民的，故科学精神实质上也就是民主精神。

但一般人对于科学的认识，却把这种基本的常识忘记了。不仅一般对于科学没有素养的人未能了解科学，就是有好些科学的专家，都只精通了他所专门研究的学科的迹象，而忽略了为人民服务的，也就是民主精神的，这种科学的精神。严格地说来，我们只有一些专门的技术师，而并没有多少真正的科学者。这应该是我们所宜坦白承认的一个巨大的缺陷。

因此，今天我们学术工作者所应该担负的使命，也就摆在我们的面前了。

首先我们自己应该深切地体验科学的精神，不断地加以阐扬，把这种精神播种在任何角落里，让它发出苗条来。这首先要求我们要成为一个切实的为人民服务的民主战士。我们要以科学的武器，来为民主的实现而斗争。我们的工作场所不应该局限于狭隘的研究室或实验室，应该扩大成为社会或国家。或许有人以为这样是使科学成为"政治的奴婢"了，不，不是成为"政治的奴婢"，而是成为"政治的主人"，是把科学精神来切实地领导政治。这是我们目前学术工作者的首要任务，如有人要规避或反对这个任务，那种人倒真是"政治的奴婢"。真正的学术工作者是应该鄙夷他，和他作正面的斗争的。

---

* 此为收入《天地玄黄》中的一篇。

学术研究应该和社会生产相配合，社会生产应该和人民生活相配合，要这样科学才能真正中国化，中国也才能真正科学化。但这需要有高度的政治上的努力才能解决，这不应该是少数政治家的任务，而同时是一切学术工作者的任务，全中国人民的任务。一朝一刻是不能完成的，只好一点一滴的来，多方面地策划着全面的进展。在争取政治的民主化，丝毫也不容许我们怠工之外，在可能范围内科学生产与人民生活配合，我们是应该作个别的多方面的努力的。简单说来，这就是科学的普及，在以前的学术工作者认为是不屑为的事情，今天正需要我们低首下心地去做。

高深的研究自然我们也不容怠慢，在我们中国，科学还没有脱离翻译的阶段。随着买办政权的建立，科学也差不多成为了买办科学。中国自己切身的问题，我们很少有深入的有价值的研究。不管是自然科学或社会科学都是这样。好些部门都还是等待开辟的处女地。这儿正是我们应该集中力量从事的地方，或许也就是我们从事研究者的本位工作。高深的研究固然需要我们，即如中小学校乃至幼稚园的教科书或读物，都须得我们不断地加以研究，使它尽量科学化，而且中国化。这可以说是另一种意义的深入，而是将科学精神深入人心。

欧美先进科学国家的科学成就，我们要不断地注意，研讨，介绍，是无庸多说的。但在今天对我们有一件切要的事情，便是对于苏联科学的接受准备。我们今天对于英、美，乃至法、德、日的科学成就，在接受上是有相当的准备的：因为我们对于这些国家的语言，通晓的人比较多。独于苏联，尽管她和我们有着极密切的关系，而苏联科学又有着惊人的进展，足供我们借鉴的地方极其多，然而我们的接受准备，却非常不够。在这一方面我们是应该加紧的努力的。我们应该不断地介绍而且保持着两国学者间的密切的联系。

苏联对于科学的重视是超过英、美等国的。学术研究，社会生产，人民生活，在苏联成为了三位一体，这也是英、美等资本主义的国家所未能做到的。科学成就的突飞猛进是有目共睹的事实。在帝俄时代比较落后的一个庞杂的国家，革命以来仅仅二十八年，已经和先进的英、美并驾齐驱了，比这还需要有什么更显著的证明吗？这进步是方兴未艾，没有底止的。人民力量的无尽藏开发了出来，便成为学术成就的奔流。我们可以断言：在不久的将来，她的成就一定会要超过英、美的。这个国家在一切方面都是我们一个很好的模范，我们对于她的认识，不仅在科学方面，就是其它方面的一切，都不容许我们忽略。

一切学术工作者团结起来，努力科学的中国化，中国的科学化，以科学的思维和方法来领导中国的一切，尽力争取中国的民主化，为中国人民的解放作澈底的斗争。

一九四六年五月六日于重庆

（本篇最初发表于 1946 年 8 月重庆《中国学术》季刊创刊号，选自《天地玄黄》，上海大孚出版公司，1947 年 12 月版）

郭沫若年谱简编

郭沫若，1892 年 11 月 16 日出生在四川乐山沙湾，乳名文豹，学名开贞，号尚武。1919 年始自名沫若，1931 年始自号鼎堂。

1912 20 岁①
3 月　（农历正月十五）奉父母之命与张琼华草率完婚。
冬　考入成都高等学校理科。

1914 22 岁
7 月　考入日本东京第一高等学校预备班医科。

1915 23 岁
7 月　升入日本冈山第六高等学校。

1916 24 岁
8 月　在东京圣路加病院与看护妇佐藤富子相遇，很快"认作兄妹"，为其取名安娜。
12 月　迎安娜至冈山同居，住在冈山市内一个偏僻的小巷里。

1918 26 岁
8 月　升入日本九州帝国大学医科。

---

① 本年谱年岁以周岁计。

1921　29 岁

5 月　发表《我国思想史上之澎湃城》（未完稿，上海《学艺》第 3 卷第 1 号）。

5 月　作《〈西厢〉艺术上之批判与其作者之性格》，收入 9 月上海新文艺书社出版的《西厢》、1925 年 12 月上海光华书局出版的自选集《文艺论集》。

8 月　诗集《女神》由泰东图书局出版。

1923　31 岁

3 月　日本九州帝国大学医科毕业，获医学士学位。

4 月　携安娜母子归国，抵达上海。

6 月　发表致宗白华信，讨论中德文化问题，题为《论中德文化书——致宗白华兄》（上海《创造周报》第 5 号）。

6 月　发表《读梁任公〈墨子新社会之组织法〉》（上海《创造周报》第 7 号）。

8 月　《卷耳集》由泰东图书局出版，今译《诗经·国风》40 首。

12 月　发表《惠施的性格与思想》（上海《创造周报》第 32 号）。

1924　32 岁

1 月　发表《整理国故的评价》（上海《创造周报》第 36 号）。

1 月　发表《古书今译的问题》（上海《创造周报》第 37 号）。

6 月　作《伟大的精神生活者王阳明》，收入 1925 年 1 月泰东图书局出版的《阳明全书》、1925 年 12 月光华书局出版的自选集《文艺论集》，后改名为《王阳明礼赞》。

1926　34 岁

3 月　赴广州应聘广东大学（后改名为中山大学）文科学长。

5 月　《周秦以前古代思想之蠡测》收入上海商务印书馆出版的《国故论丛》。

7 月　投身北伐。

7 月　《西洋美术史提要》由上海商务印书馆出版。

8 月　为北伐军总政治部专任秘书长、少将。

10 月　为北伐军总政治部副主任、中将。

1927　35 岁

3 月　被蒋介石秘密委任为"总司令行营政治部主任"。

5 月　发表《请看今日之蒋介石》(《中央日报》2 日副刊)。

5 月　被国民党南京政府通缉。

8 月　赶赴南昌参加起义,由周恩来、李一氓介绍,与贺龙等一道加入中国共产党。

1928　36 岁

2 月　到达日本神户,先期返日的安娜来接。

3 月　迁居千叶县市川市。

8 月　往东京上野图书馆查阅罗振玉《殷虚书契前编》,开始甲骨文研究。

9—10 月　读完上野图书馆所藏甲骨文和金文著作以及王国维《观堂集林》。

11 月　发表《周易的时代背景与精神生产》(上海《东方杂志》第 25 卷第 21、22 号连载),署名杜衍。

12 月　发表《中国社会之历史的发展阶段》(上海《思想》第 4 期),署名杜顽庶。

1929　37 岁

4—6 月　发表《诗书时代的社会变革与其思想上的反映》(上海《东方杂志》第 26 卷第 8、9、11、12 期连载),署名杜衍。

7 月　译作 [德] 米海里司《美术考古学发现史》由上海乐群书店出版,1931 年 9 月上海湖风书局再版。1948 年 8 月上海群益出版社改版,改名《美术考古一世纪》。

9 月　作《卜辞中之古代社会》。

9 月　作《中国古代社会研究》自序、解题。

11 月　作《周金中的社会史观》,后改为《周代彝铭中的社会史观》。

1930　38 岁

1 月　发表《读〈中国封建社会史〉》(《新思潮》第 2、3 期合刊),署名杜荃,评论陶希圣《中国封建社会史》。

2 月　《中国古代社会研究》由上海联合书店出版,收《周易的时代背景与精神生产》、《诗书时代的社会变革与其思想上之反映》、《卜辞中之古代社会》、《周金中之社会史观》4篇，以《中国社会之历史的发展阶段》为导论，另有"追论及补遗"3篇。

5月　《中国古代社会研究》由上海联合书店出版第3版，"追论及补遗"由3篇增至10篇。

1931　39岁

5月　《甲骨文字研究》由上海大东书局据手迹景印出版，第1卷收文16篇，第2卷收文1篇。

6月　《殷周青铜器铭文研究》由上海大东书局据手迹景印出版，第1卷收文6篇，第2卷收文10篇。

7月　发表《"毛公鼎"之年代》（上海《东方杂志》第28卷第13期），署名郭鼎堂。

12月　译作马克思《政治经济学批判》由上海神州国光社出版。

本年　作《周代彝铭进化观》，收入日本东京文求堂书店1933年12月出版的《古代铭刻汇考四种》。

1932　40岁

1月　《两周金文辞大系》由日本东京文求堂书店据手稿景印出版。

8月　《金文丛考》由日本东京文求堂书店据手稿景印出版，收《两周金文辞大系》之外金文研究论文11篇，与《大系》为姊妹篇。

11月　《金文余释之余》由日本东京文求堂书店据手稿景印出版。

1933　41岁

5月　《卜辞通纂》由日本东京文求堂书店据手稿景印出版。

12月　《古代铭刻汇考四种》由日本东京文求堂书店据手稿景印出版，包括《殷契余论》、《金文续考》、《石鼓文研究》、《汉代刻石二种》。

1934　42岁

5月　《古代铭刻汇考续编》由日本东京文求堂书店据手迹景印出版，收研究论文9篇，附图。

10月　译作［英］威尔士（H. G. Wells）《生命之科学》（*The Sci-*

ence of Life）第 1 册由上海商务印书馆出版，署名石沱。第 2 册 1935 年 11 月出版，第 3 册 1949 年 11 月出版。

11 月　作《彝器形象学试探》，收入日本东京文求堂书店 1935 年 3 月出版的《两周金文辞大系图录》。

1935　43 岁

3 月　《两周金文辞大系图录》由日本东京文求堂书店据手迹景印出版。

3 月　以日文作《周易的构成时代》，1940 年 3 月由长沙商务印书馆出版，中法文对照。收入 1945 年 3 月重庆文治出版社出版的《青铜时代》时改为《周易之制作时代》。

4 月　发表《老聃·关尹·环渊》（上海《新文学》第 1 卷第 1 期）。

4 月　应上海开明书店邀约为"中学生丛书"所作《屈原》由开明书店出版，包括"屈原的存在"、"屈原的作品"、"屈原的艺术与思想"三部分，附"《离骚》今言译"。

8 月　《两周金文辞大系考释》由日本东京文求堂书店据手迹景印出版。

9 月　发表《隋代大音乐家——万宝常（附年表）》（上海《文学》第 5 卷第 3 期）。

1936　44 岁

2 月　发表《屈原时代》（上海《文学》第 6 卷第 2 期）。

5 月　《先秦天道观之进展》由上海商务印书馆出版，收入 1945 年 3 月重庆文治出版社出版的《青铜时代》。

7 月　发表《社会发展阶段的新认识——主于论究所谓"亚细亚的生产方式"》（上海《文物》第 1 卷第 2 期），后改为《社会发展阶段之再认识》。

10 月　历史小说集《豕蹄》由上海不二书店出版，收历史小说 6 篇、自叙传 5 篇。

11 月　译作［日］林谦三《隋唐燕乐调研究》由上海商务印书馆出版。

12 月　发表《〈资本论〉中的王茂荫》（上海《光明》第 2 卷第 2 期）。

1937　45 岁

1 月　发表《评章太炎先生给金祖同的甲骨文论书》（日文手迹载日本《书苑》第 1 卷第 5 号，中文载重庆《说文月刊》1940 年第 2 卷第 6、7 期合刊，1941 年为金祖同《甲骨文辩证》序）。

5 月　《殷契粹编》由日本东京文求堂书店据手迹景印出版。

6 月　发表《再谈官票宝钞》（上海《光明》第 3 卷第 1 期）。

7 月　发表《责问胡适——由当前的文化动态说到儒家》（上海《中华公论》第 1 卷第 1 期），收入 1945 年 3 月重庆文治出版社出版的《青铜时代》时改为《驳〈说儒〉》。

7 月　发表《读〈实庵字说〉》（1—13 日成都《新民报·百花潭》连载），后改为《驳〈实庵字说〉》。

7 月　25 日晨为妻及四儿一女写好留白，晚 9 时启程回国。27 日下午抵达上海。

7 月　由林林、姚潜修、黄定慧等介绍，与于立群相识。

9 月　应江防总司令陈诚之邀视察昆山前线，又受蒋介石接见，感觉"蒋先生的眼神充分地保证着钢铁样的抗战的决心，蒋先生的健康也充分地保证着钢铁样的抗战持久性"。

10 月　发表《持久抗战的必要条件》（30 日上海《救亡日报》）。

11 月　发表《全面抗战的再认识》（《抗战》第 3 期）。

12 月　与林林、于立群等赴广州，"与立群相爱"。

1938　46 岁

1 月　由广州启程赴武汉，"与立群同居"。

4 月　国民政府军事委员会政治部第三厅成立，任厅长。

10 月　迁长沙。

11 月　译作马克思、恩格斯《德意志意识形态》由言行出版社出版。

11 月　往南岳参加蒋介石召集的国民政府军事委员会高级将领政工会。

年底　辗转桂林至重庆。

1939　47 岁

7 月　父病逝，奔丧、守丧。

7 月　《石鼓文研究》由长沙商务印书馆据手迹景印出版。

10月　举行家祭。"国府主席、党军领袖"蒋介石以及毛泽东、周恩来等送挽联表示"深切之哀悼"。

1940　48 岁

4月　发表《关于发见汉墓的经过》（28、29 日重庆《大公报》连载）。

6月　发表《关于屈原》（9 日重庆《大公报》）。

10月　国民政府军事委员会政治部文化工作委员会成立，任主任。

1941　49 岁

11月　16 日，重庆、延安、桂林、香港以及新加坡等地举办"郭沫若先生创作生活二十五周年暨五十寿辰"纪念活动，周恩来发表《我要说的话》，说："鲁迅是新文化运动的导师，郭沫若便是新文化运动的主将。鲁迅如果是将没有路的路开辟出来的先锋，郭沫若便是带着大家一道前进的向导。"

12月　往中华职业学校演讲，题为《屈原考》。

1942　50 岁

1月　发表《屈原的艺术与思想》（8、9 日《中央日报》连载）。

2月　发表致胡危舟信，题为《由诗剧说到奴隶制度》（桂林《诗创作》第 8 期）。

3月　发表《屈原思想》（10 日重庆《新华日报》）。

3月　五幕史剧《屈原》由重庆文林出版社出版。

4月　发表《殷周是奴隶社会考》（重庆《学习生活》第 3 卷第 1 期）。

5月　发表《由葛录亚想到夏完淳》（5 日重庆《新华日报》）。

7月　发表《论儒家的发生》（重庆《学习生活》第 3 卷第 2 期）。

7月　五幕史剧《棠棣之花》由重庆作家书屋出版。

8月　发表《钓鱼城访古》（重庆《说文月刊》第 3 卷第 7 期，误为《钓鱼台访古》）。

8月　作《论古代社会》，收入 1943 年 10 月重庆东方书店出版的《今昔集》。

9月　发表《论古代文学》（重庆《学习生活》第 3 卷第 4 期）。

10 月　五幕史剧《虎符》由重庆群益出版社出版。

10 月　发表五幕史剧《高渐离》（桂林《戏剧春秋》第 2 卷第 4 期），后一度改名《筑》。

12 月　发表《屈原·招魂·天问·九歌》（5、6 日重庆《新华日报》）。

12 月　《屈原——五幕史剧及其他》由新华书店出版。

1943　51 岁

1 月　发表《关于"接受文学遗产"》（重庆《抗战文艺》第 8 卷第 3 期）。

1 月　发表《关于古代社会研究答客难》（桂林《文化杂志》第 3 卷第 3 期）。

1 月　发表《杜鹃与道学——读梁任公〈王安石评传〉有感》（重庆《学习生活》第 4 卷第 1 期）。

4 月　发表历史剧《孔雀胆》（桂林《文学创作》第 1 卷第 6 期）。

4 月　发表《历史·史剧·现实》（重庆《戏剧月报》第 1 卷第 4 期）。

5 月　发表《陕西新出土器铭考释》（重庆《说文月刊》第 3 卷第 10 期）。

7 月　《屈原研究》由重庆群益出版社出版。

9 月　发表《墨子的思想》（重庆《群众》第 8 卷第 15 期），收入 1945 年 3 月重庆文治出版社出版的《青铜时代》。

9 月　发表《夏完淳之家庭师友及其殉国前后》（重庆《中原》第 1 卷第 2 期），收入 1944 年 3 月重庆群益出版社出版的《南冠草》，后改为《夏完淳》。

10 月　发表《公孙尼子与其音乐理论》（重庆《群众》第 8 卷第 17 期），收入 1945 年 3 月重庆文治出版社出版的《青铜时代》。

12 月　发表《吕不韦与秦代政治》（重庆《群众》第 8 卷第 21、22 期合刊），后改为《吕氏春秋与秦代政治》，定为《吕不韦与秦王政的批判》，收入 1945 年 9 月重庆群益出版社出版的《十批判书》。

1944　52 岁

1 月　发表《述吴起》（上海《东方杂志》第 40 卷第 1 期），收入 1945 年 3 月重庆文治出版社出版的《青铜时代》。

2月　发表《秦楚之际的儒者》（重庆《中苏文化》第 15 卷第 2 期），收入 1945 年 3 月重庆文治出版社出版的《青铜时代》。

2月　作《〈先秦学说述林〉后叙》，收入 1946 年 5 月上海群益出版社出版的《青铜时代》时改作《后记》。

3月　发表《论曹植》（重庆《中原》第 1 卷第 3 期）。

3月　发表《甲申三百年祭》（19—22 日重庆《新华日报》），1944 年苏中出版社出版单行本，印有中共中央宣传部、总政治部通知。

3月　五幕历史悲剧《南冠草》由重庆群益出版社出版。

5月　发表《〈韩非子·初见秦篇〉发微》（重庆《说文月刊》合订本《吴稚晖先生八十大寿纪念专号》），收入 1945 年 3 月重庆文治出版社出版的《青铜时代》。

5月　集成《商周古文字类纂》，文物出版社 1991 年 7 月出版。

9月　发表《由周代农事诗论到周代社会》（重庆《中原》第 1 卷第 4 期），收入 1945 年 3 月重庆文治出版社出版的《青铜时代》。

10月　发表《古代研究的自我批判》（重庆《群众》第 9 卷第 20 期），收入 1945 年 9 月重庆群益出版社出版的《十批判书》。

10月　发表《宋钘尹文遗著考》（上海《东方杂志》第 40 卷第 19 期），收入 1945 年 3 月重庆文治出版社出版的《青铜时代》。

12月　发表《稷下黄老学派的批判》（重庆《群众》第 9 卷第 23、24 期合刊），收入 1945 年 9 月重庆群益出版社出版的《十批判书》。

1945　53 岁

1月　始作《前期法家的批判》，收入 9 月重庆群益出版社出版的《十批判书》。

2月　发表《名辩思潮的批判》（重庆《中华论坛》第 2、3 期连载），收入 9 月重庆群益出版社出版的《十批判书》。

2月　作《青铜器时代》，收入 3 月重庆文治出版社出版的《青铜时代》。

3月　发表《孔墨底批判》（重庆《群众》第 10 卷第 3、4 期合刊附册），后改为《孔墨的批判》，收入 9 月重庆群益出版社出版的《十批判书》。

3月　发表《儒家八派的检讨》（重庆《中原》第 2 卷第 1 期），后改名为《儒家八派的批判》，收入 9 月重庆群益出版社出版的《十批判书》。

3月　发表《庄子的批判》（成都《大学》第4卷第1、2期合刊），收入9月重庆群益出版社出版的《十批判书》。

3月　发表《荀子的批判》（重庆《抗战文艺》第10卷第1期），收入9月重庆群益出版社出版的《十批判书》。

3月　《青铜时代》由重庆文治出版社出版，包括序、正文12篇和附录3篇。

4月　《先秦学说述林》由福建永安东南出版社出版，收论文14篇。

5月　作《我怎样写〈青铜时代〉和〈十批判书〉》，收入9月重庆群益出版社出版的《十批判书》时改题为《后记》，原题为副题。

9月　《十批判书》由重庆群益出版社出版。

10月　发表演讲记录《王安石》（重庆《青年知识》第1卷第3期）。

11月　发表《韩非子的批判》（上海《新文化》第1卷第3～9期连载），收入9月重庆群益出版社出版的《十批判书》。

1946　54岁

5月　发表《关于李岩》（上海《清明》月刊创刊号）。

5月　8日举家飞赴上海。

5月　发表《抗战八年的历史剧》（22日重庆《新华日报》），为在戏剧工作者协会第一次学术讲演会上的演讲。

5月　《青铜时代》由上海群益出版社再版，文字有重要改动。

6月　在上海市立戏剧学校发表关于历史剧的演讲，编者题为《郭沫若讲历史剧》。

8月　发表《战时的中国历史研究》（重庆《中国学术》创刊号），为1945年8月访苏期间讲演记录的节译。

10月　发表《鲁迅与王国维》（上海《文艺复兴》第2卷第3期）。

12月　发表《王安石的〈明妃曲〉》（上海《评论报》第8号）。

1947　55岁

3月　《〈考工记〉的年代与国别》收入开明书店出版的《开明书店二十周年纪念文集》。

3月　译作马克思《政治经济学批判》由上海群益出版社出版。

4 月 《中国古代社会研究》由上海群益出版社再版，对 1930 年上海联合书店版文字"有所删改"，增写一篇《后记》，并加〔后案〕"作为错误的修正或缺陷的补充"。

7 月 发表《"格物"解》及《后记》（成都《大学月刊》第 6 卷第 2 期）。

8 月 《历史人物》由上海海燕书店出版，收论文 9 篇，附录 5 篇。

8 月 发表《〈行气铭〉释文》（上海《中国建设》第 4 卷第 5 期）。

9 月 发表《〈诅楚文〉考释》（上海《中国建设》第 4 卷第 6 期）。

11 月 14 日启程赴香港，16 日抵达。

11 月 17 日被中央研究院评议会第二届第四次会议评选为中央研究院第一届院士（1948 年 3 月公布名单，4 月在南京召开的第一届院士会议，未出席）。

1948　56 岁

6 月 发表《关于青铜时代和黄帝造指南针》（26 日香港《华商报》）。

9 月 发表《少年爱国诗人夏完淳》（香港《青年知识》第 37 期）。

1949　57 岁

2 月 25 日自沈阳抵北平。

10 月 出席政协全国委员会第一次会议，被选为副主席。出席中央人民政府委员会第三次会议，被任命为政务院副总理兼文化教育委员会主任。

11 月 中国科学院成立，任院长。

1950　58 岁

2 月 作《蜥蜴的残梦——〈十批判书〉改版书后》，收入 1951 年 8 月上海新文艺出版社出版的《十批判书》、1952 年 6 月上海新文艺出版社出版的《奴隶制时代》。

3 月 发表《读了〈记殷周殉人之史实〉》（21 日《光明日报》）。

6 月 发表《吴王寿梦之戈》（7 日《光明日报》）。

6 月 发表《人民诗人屈原》（《中国青年》第 42 期）。

6 月 发表在北京大学理学院演讲记录《中国奴隶社会》（10 日《文汇报》、29 日《光明日报》、《新建设》第 3 卷第 1 期）。1952 年 2 月声明此讲演录"作废"。

7 月　发表《申述一下关于殷代殉人的问题》（5 日《光明日报》）。

1951　59 岁

3 月　发表《简单地谈谈〈诗经〉》（《文艺报》第 3 卷第 7 期）。

5 月　发表《评〈离骚底作者〉》、《评〈离骚以外的屈赋〉》（26 日《人民日报》）。

6 月　发表《联系着武训批判的自我检讨》（7 日《人民日报》）。

7 月　发表《禹鼎跋》（7 日《光明日报》）。

7 月　发表《关于周代社会的商讨》（《新建设》第 4 卷第 4 期）。

7 月　发表在中国史学会成立大会上的致词（29 日《光明日报》）。

8 月　发表《由〈虎符〉说到悲剧精神》（4 日《福建日报》、《戏剧报》第 5 卷第 2 期）。

8 月　发表《读〈武训历史调查记〉》（4 日《人民日报》、《文艺报》第 9 期）。

8 月　发表《关于奴隶与农奴的纠葛》（《新建设》第 4 卷第 5 期）。

9 月　发表《墨家节葬不非殉》（《新建设》第 4 卷第 6 期）。

1952　60 岁

2 月　作《奴隶制时代》一文，收入 6 月上海新文艺出版社出版的《奴隶制时代》。

6 月　《奴隶制时代》由上海新文艺出版社出版，收学术论文和文艺论文 15 篇以及 5 封关于古代研究的信。

9 月　《甲骨文字研究》修订本由人民出版社影印出版。

1953　61 岁

6 月　发表《屈原简述》（《人民文学》6 月号）。

6 月　发表《伟大的爱国诗人——屈原》（15 日《人民日报》）。

6 月　《屈原赋今译》由人民文学出版社出版。

11 月　发表《关于晚周帛画的考察》（《人民文学》第 11 号）。

12 月　发表《关于"晚周帛画"的补充说明》（《人民文学》第 12 号）。

1954　62 岁

2 月　发表《开展历史研究，迎接文化建设高潮——为〈历史研究〉发刊而作》（《历史研究》创刊号）。

4 月　《奴隶制时代》修订本由人民出版社出版。

6 月　发表《〈侈靡篇〉的研究》（《历史研究》第 3 期）。

6 月　《金文丛考》修订本由人民出版社出版。

8 月　《殷周青铜器铭文研究》修订本由人民出版社出版。

9 月　整理、校补许维遹、闻一多遗稿《管子校释》完成，作《管子集校》叙录，收入 1956 年 3 月科学出版社出版的《管子集校》。

9 月　《中国古代社会研究》修订本由人民出版社出版。

9 月　当选为全国人民代表大会常务委员会副委员长。

1955　63 岁

6 月　中国科学院四学部成立，兼哲学社会科学部主任。

7 月　《石鼓文研究》修订本由人民文学出版社出版。

11 月　作《〈管子集校〉校毕书后》，收入 1956 年 3 月科学出版社出版的《管子集校》。

12 月　发表《〈太史公行年考〉有问题》（《历史研究》第 6 期）。

1956　64 岁

2 月　发表《关于宋玉》（《新建设》2 月号）。

3 月　发表《由寿县蔡器论到蔡墓的年代》、《〈夨毁〉铭考释》（《考古学报》第 1 期）。

3 月　发表《〈红楼梦〉第二十五回的一种解释》（《文艺月报》3 月号）。

3 月　《管子集校》由科学出版社出版。

8 月　发表《关于司马迁之死》（《历史研究》第 4 期）。

8 月　发表《读了〈关于"周颂·噫嘻篇"的解释〉》（12 日《光明日报》）。

9 月　发表《希望有更多的古代铁器出土——关于古代分期问题的一个关键》（8 日《人民日报》）。

12 月　发表《汉代政权严重打击奴隶主——古代史分期争论中的又一关键性问题》（6 日《人民日报》）。

1957　65岁

3月　发表《略论汉代政权的本质——答复日知先生》（5日《人民日报》）。

3月　《沫若文集》第1至4卷由人民文学出版社出版。第2卷收有《卷耳集》、《屈原赋今译》等；第3卷收有《卓文君》、《王昭君》、《棠棣之花》、《屈原》和《虎符》等5个历史剧及附录；第4卷收有《高渐离》、《孔雀胆》和《南冠草》等3个历史剧及附录。

4月　《沫若文集》第5卷由人民文学出版社出版，收入中短篇小说38篇。

6月　发表《盄器铭考释》（《考古学报》第2期）。

6月　《盐铁论读本》由科学出版社出版。

12月　《两周金文辞大系图录考释》增订本由科学出版社出版。

1958　66岁

1月　发表《信阳墓的年代与国别》（《文物参考资料》第1期）。

3月　发表《〈保卣〉铭释文》、《〈者汈钟〉铭考释》（《考古学报》第1期）。

4月　发表《关于〈鄂君启节〉的研究》（《文物参考资料》第4期）。

6月　发表《〈辅师嫠簋〉考释》（《考古学报》第2期）。

6月　发表《关于厚今薄古问题——答北京大学历史学系师生的一封信》（10日《光明日报》）。

7月　发表《浪漫主义与现实主义》（《红旗》第3期）。

8月　《沫若文集》第6卷、第7卷由人民文学出版社出版，收《沫若自传》第1卷、第2卷《少年时代》、《学生时代》等。

9月　《沫若文集》第8卷由人民文学出版社出版，收《沫若自传》第3卷《革命春秋》。

10月　《离骚今译》由人民文学出版社出版。

12月　作《蔡琰〈胡笳十八拍〉》，收入1959年文物出版社出版的《蔡文姬》。

12月　27日《人民日报》报道，郭沫若、李四光、李德全、钱学森等加入中国共产党，公开党员身份。

1959 67 岁

1 月　发表《谈蔡文姬的〈胡笳十八拍〉》(25 日《光明日报》)。

1 月　发表《三门峡出土铜器二三事》(《文物》第 1 期)。

3 月　发表《再谈蔡文姬的〈胡笳十八拍〉》(20 日《光明日报》)。

3 月　发表《替曹操翻案》(23 日《人民日报》)。

3 月　发表《跋〈胡笳十八拍〉画卷》(29 日《光明日报》)。

4 月　发表《关于目前历史研究中的几个问题——答〈新建设〉编辑部问》(《新建设》4 月号、9 日《人民日报》)。

5 月　发表《中国农民起义的历史发展过程——序〈蔡文姬〉》(16 日《人民日报》)。

5 月　五幕历史剧《蔡文姬》发表于《收获》第 3 期。

5 月　历史剧《蔡文姬》由文物出版社出版,7 月出版第 2 版,9 月出版第 3 版。

6 月　发表《关于中国古史研究中的两个问题》(《历史研究》第 6 期)。

6 月　发表《三谈蔡文姬的〈胡笳十八拍〉》(8 日《光明日报》)。

6 月　发表《四谈蔡文姬的〈胡笳十八拍〉》(21 日《光明日报》)。

6 月　作《五谈蔡文姬的〈胡笳十八拍〉》,收入文物出版社 9 月出版的《蔡文姬》第 3 版。

6 月　《沫若文集》第 10 至 12 卷由人民文学出版社出版,收有《今昔蒲剑》、《历史人物》等。

7 月　发表《由周初四德器的考释谈到殷代已在进行文字简化》(《文物》第 7 期)。

8 月　发表《六谈蔡文姬的〈胡笳十八拍〉》(4 日《光明日报》)。

8 月　作《林景熙的〈蔡琰归汉图〉》,收入文物出版社 9 月出版的《蔡文姬》第 3 版。

9 月　发表《影印〈永乐大典〉序》(8 日《光明日报》),收入中华书局本月影印版《永乐大典》。

9 月　《沫若文集》第 9 卷由人民文学出版社出版,收《沫若自传》第 4 卷《洪波曲》。

10 月　《沫若文集》第 13 卷由人民文学出版社出版,收《沸羹集》、《天地玄黄》等。

本年　任《甲骨文合集》编辑委员会主任委员,兼任主编。

1960　68 岁

2 月　发表《〈弭叔簋〉及〈訇簋〉考释》（《文物》第 2 期）。

2 月　发表《为"拍"字进一解》（《文学评论》第 1 期）。

3 月　发表《安阳圆坑墓中鼎铭考释》、《释应监甗》（《考古学报》第 1 期）。

5 月　发表四幕历史剧《武则天》（《人民文学》5 月号）。

9 月　应吕集义之请，作《忠王李秀成自述校补本》卷头语，收入 1961 年 11 月广西人民出版社出版的《忠王李秀成自述校补本》。

1961　69 岁

1 月　《文史论集》由人民出版社出版，收 1949 年 10 月至 1960 年 3 月历史论文和文艺论文 49 篇。

3 月　因陈端生《再生缘》访陈寅恪。

4 月　《甲骨文合集》正式开始编辑。

5 月　发表《〈再生缘〉前十七卷和它的作者陈端生》（4 日《光明日报》）。

5 月　发表《武则天生在广元的根据》（28 日《光明日报》）。

6 月　发表《再谈〈再生缘〉的作者陈端生》（8 日《光明日报》）。

6 月　发表《陈云贞〈寄外书〉之谜》（29 日《光明日报》）。

8 月　发表《序〈再生缘〉前十七卷校订本》，附录《陈端生年谱》、《关于范荑充军伊犁的经过》（7 日《光明日报》）。

10 月　发表《有关陈端生的讨论二三事》（5 日《光明日报》）。

10 月　发表《关于陈云贞〈寄外书〉的一项新资料》（22 日《光明日报》）。

11 月　再访陈寅恪，成就对联"壬水庚金龙虎斗，郭聋陈瞽马牛风"。

11 月　《沫若文集》第 15 卷由人民文学出版社出版，收有《十批判书》。

1962　70 岁

1 月　发表《读了〈绘声阁续稿〉与〈雕菰楼集〉》（2 日《羊城晚报》）。

1 月　应中共崖县县委请求，整理、校订《崖州志》，作《崖州志》按语 29 则，收入 1963 年广东人民印刷厂印《崖州志》。

2月　作《序重印〈崖州志〉》，收入1963年广东人民印刷厂印《崖州志》。

2月　作《扶风齐家村铜器群铭文汇释》，收入1963年1月文物出版社出版的《扶风齐家村青铜器群》。

3月　发表《李德裕在海南岛上》（16日《光明日报》）。

6月　发表《诗歌史中的双子星座》（9日《光明日报》）。

6月　发表《师克盨铭考释》（《文物》第6期）。

6月　主编《中国史稿》第一册由人民出版社出版。

7月　发表《〈武则天〉序》（8日《光明日报》）。

7月　发表《长安县张家坡铜器群铭文汇释》（《考古学报》第1期）。

8月　发表《关于秦良玉的问题》（26日《四川日报》）。

9月　发表《关于武则天的两个问题》（26日《光明日报》）。

9月　历史剧《武则天》由中国戏剧出版社出版。

9月　《读〈随园诗话〉札记》由作家出版社出版。

11月　《沫若文集》第16卷由人民文学出版社出版，收《青铜时代》与研究《石鼓文》的著作及其他学术论文。

1963　71岁

2月　发表《由郑成功银币的发现说到郑氏经济政策的转变》（《历史研究》第1期）。

2月　《沫若文集》第17卷由人民文学出版社出版，收《奴隶制时代》等。

3月、5月　发表电影文学剧本《郑成功》（《电影剧作》第2、3期连载）。

4月　发表《跋江陵与寿县出土铜器群》（《考古》第4期）。

4月　发表《再谈有关郑成功银币的一些问题》（《历史研究》第2期）。

6月　《沫若文集》第14卷由人民文学出版社出版，收《中国古代社会研究》全书及选自《甲骨文字研究》、《殷周青铜器铭文研究》、《金文丛考》三书中研究甲骨文、金文的篇章13篇。

11月　定居北京前海西街18号，今为郭沫若纪念馆。

12月　主编《中国史稿》第二册由人民出版社出版。

1964　72 岁

6 月　发表《关于〈资本论〉一处译文的信》（《历史研究》第 3 期）。

7 月　发表《谈金人张瑀的〈文姬归汉图〉》（《文物》第 7 期）。

8 月　发表《对临夏遗迹合葬墓的一点说明》（《考古》第 8 期）。

9 月　发表《曾子斿鼎，无者俞钲及其他》（《文物》第 9 期）。

12 月　发表《洛阳汉墓壁画试探》（《考古学报》第 2 期）。

1965　73 岁

4 月　发表《"乌还哺母"石刻的补充考释》（《文物》第 4 期）。

5 月　《殷契粹编》经考古研究所委托于省吾校阅后，由科学出版社重新出版。

6 月　发表《由王谢墓志的出土论到兰亭序的真伪》（《文物》第 6 期）。

8 月　发表《〈兰亭序〉与老庄思想》（24 日《光明日报》）。

9 月　发表《〈驳议〉的商讨》（《文物》第 9 期）。

9 月　为《兰亭序》的讨论，前往励耘书屋访陈垣。

10 月　发表《〈兰亭序〉并非铁案》（《文物》第 10 期），署名于硕。

11 月　发表《东吴已有"暮"字》（《文物》第 11 期），署名于硕。

12 月　发表《武威"王杖十简"商兑》（《考古学报》第 2 期）。

1966　74 岁

2 月　发表《侯马盟书试探》（《文物》第 2 期）。

1969　77 岁

4 月　当选为中国共产党第九届中央委员会委员。

1971　79 岁

7 月　作《关于〈考古学报〉、〈文物〉、〈考古〉复刊的报告》，手迹见《文物》1978 年第 7 期。

10 月　《李白与杜甫》（精装本）由人民文学出版社出版。

1972　80 岁

1 月　发表《卜天寿〈论语〉抄本后的诗词杂录》（《考古》第 1 期）。

2月　发表《〈坎曼尔诗签〉试探》(《文物》第 2 期)。

2月　《甲申三百年祭》由人民出版社出版第 2 版。"出版者说明"中写道："这次重印，作者作了个别文字上的修改。"

3月　发表《日本银币〈和同开宝〉的定年》、《新出土侯马盟书释文》、《扶桑木与广寒宫》(《文物》第 3 期)。

3月　发表《安阳新出土的牛胛骨及其刻辞》及《追记》(《考古》第 2 期)。

5月　发表《古代文字之辩证的发展》(《考古》第 3 期)。

7月　发表《中国古代史的分期问题》(《红旗》第 7 期、《考古》第 5 期)，收入《奴隶制时代》(1973 年版)时加副题"——代序"。

7月　发表《关于眉县大鼎铭辞考释》(《文物》第 7 期)。

8月　发表《新疆新出土的晋人写本〈三国志〉残卷》(《文物》第 8 期)。

8月　《出土文物二三事》由人民出版社出版。

9月　发表《〈班𣪏〉的再发现》(《文物》第 9 期)。

1973　81 岁

1月　发表《桃都·女娲·加陵》(《文物》第 1 期)。

3月　发表《〈䤽敖簋铭〉考释》(《考古》第 2 期)。

5月　《奴隶制时代》由人民出版社出版第 2 版。"出版说明"中写道："本书是著者研究中国古代历史的主要论集之一，作于一九五〇年至一九五二年。一九五二年曾由上海新文艺出版社印行，一九五四年本社改排出版。这次重新改编，删去原书中的文艺论文八篇，增加了八篇有关中国古代社会性质和分期问题的论文，并经著者校阅，在文字上作了若干订正。一九七二年九月。"

8月　当选为中国共产党第十届中央委员会委员。

1975　83 岁

1月　当选为第四届全国人民代表大会常务委员会副委员长。

1977　85 岁

8月　当选为中国共产党第十一届中央委员会委员。

1978　86 岁

3 月　当选为第五届全国人民代表大会常务委员会副委员长、中国人民政治协商会议第五届全国委员会副主席。

3 月　题写"全国科学大学"会标，出席全国科学大会开幕式。在闭幕式上发表书面讲话《科学的春天》（《人民日报》4 月 1 日）。

6 月　12 日 16 时 50 分心脏停止跳动。18 日下午在人民大会堂举行追悼大会，叶剑英主持，邓小平致悼词。

中国近代思想家文库

图书在版编目（CIP）数据

中国近代思想家文库. 郭沫若卷/谢保成，魏红珊，潘素龙编. —北京：中国人民大学出版社，2014.10

ISBN 978-7-300-18839-3

Ⅰ. ①中… Ⅱ. ①谢…②魏…③潘… Ⅲ. ①思想史-研究-中国-近代②郭沫若（1892～1978）-思想评论 Ⅳ. ①B250.5

中国版本图书馆 CIP 数据核字（2014）第 234354 号

中国近代思想家文库
郭沫若卷
谢保成　魏红珊　潘素龙　编
Guo Moruo Juan

出版发行	中国人民大学出版社			
社　　址	北京中关村大街 31 号		**邮政编码**	100080
电　　话	010 – 62511242（总编室）		010 – 62511770（质管部）	
	010 – 82501766（邮购部）		010 – 62514148（门市部）	
	010 – 62515195（发行公司）		010 – 62515275（盗版举报）	
网　　址	http://www.crup.com.cn			
经　　销	新华书店			
印　　刷	涿州市星河印刷有限公司			
开　　本	720 mm×1000 mm　1/16		**版　　次**	2014 年 11 月第 1 版
印　　张	36.75 插页 1		**印　　次**	2025 年 1 月第 3 次印刷
字　　数	584 000		**定　　价**	126.00 元